中国财经经典系列

中国财政思想史

胡寄窗 谈 敏 著

中国财经出版传媒集团
中国财政经济出版社

图书在版编目（CIP）数据

中国财政思想史 / 胡寄窗，谈敏著 . —北京：中国财政经济出版社，2015.7

ISBN 978 - 7 - 5095 - 6243 - 7

Ⅰ. ①中… Ⅱ. ①胡…②谈… Ⅲ. ①财政 - 经济思想史 - 研究 - 中国 Ⅳ. ①F812.9

中国版本图书馆 CIP 数据核字（2015）第 122395 号

责任编辑：杨　静　　　　　　　责任校对：徐艳丽
封面设计：思梵星尚　　　　　　版式设计：兰　波

中国财政经济出版社 出版

URL：http：//www.cfeph.cn
E - mail：cfeph @ cfeph.cn
（版权所有　翻印必究）
社址：北京市海淀区阜成路甲 28 号　邮政编码：100142
营销中心电话：010 - 88191537　北京财经书店电话：010 - 64033436
北京富生印刷厂印刷　各地新华书店经销
787×1092 毫米　16 开　45.5 印张　691 000 字
2016 年 12 月第 1 版　2018 年 8 月北京第 2 次印刷
定价：118.00 元
ISBN 978 - 7 - 5095 - 6243 - 7/F·5028
（图书出现印装问题，本社负责调换）
本社质量投诉电话：010 - 88190744
打击盗版举报热线：010 - 88191661 、QQ：2242791300

序 言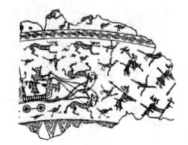

  如果说古代中国有极丰富的经济思想，而财政思想则是其中最为丰富的一部分。但这种现象不是一切古代文明国家所共有的，因为财政思想虽系经济思想的一个组成部分，而一个国家较丰富的财政思想及其赖以建立的有系统的财政制度的形成，须取决于较多的客观条件。此所以许多东西方古代文明国家曾出现了不少可贵的经济思想，却不曾有较多的财政思想。一般地说，财政思想之形成和发展要求有较长期统治的中央政权和较广袤的领土为其基础。此外还要求有保存历史文献的优良传统。如果未具备这些条件，就很难产生较丰富的财政思想。

  我国自公元前十一世纪起已建成一个大一统的封建帝国，特别是公元前二三世纪之交秦汉帝国建立以后，大一统格局更是日益牢固。三千年来虽有二十多次的朝代更替，而改姓受命，从马克思主义观点来说不外是重复地以一个封建王朝代替另一个封建王朝，殊无本质的变革；但从中国的政治体制来看这倒是大一统的民族传统精神之延续，并随着朝代更迭而日益增强。长期的大一统政治格局，不论各王朝的最高统治者个人意愿的邪恶或善良，而保持他们的政权的长期统治总是其共同目的。为了实现此目的，作为封建国家"奶娘"的财政就不可能完全依照统治者的无厌贪欲而任意征课，有时也会存在某些从长远之计设想而制定的合理财政设施。这些合理设施的长期积累自会逐渐发展成为具备一定系统的财政制度，并涌现出相应的财政思想。

  领土辽阔不仅是形成财政制度另一重要原因，还使财政管理制度化成为必要。且不谈领土内各地区间之社会和经济发展水平的差异，仅就财政事项及其附属机构之繁多这一点来说，没有一定的制度就无法进行管理，不像领土很小的国家那样仅凭统治者的颐指气使即可竣事。此所以古雅典城邦曾产生一些光辉的经济思想，而财政思想却相对贫乏。我国即使在几国分立的战国和五代以及两国对立的南北朝和南宋时代，各国领土仍属不小，并各有其财政管理制度和思想。

即使具备了上述两个客观条件，如果一代王朝的兴起就将所取代的旧王朝的财政制度和典章全部予以摧毁，也不可能在原有财政制度和思想的基础上获得改进和发展。我国自先秦特别是汉初以来已形成保存前代文化遗产的优良史学传统。每个新王朝之建立对所取代的旧王朝的典章文物常妥善地加以保存，甚至在编纂旧王朝的历史时也不是全盘予以否定，而是设身处地从旧王朝立场出发进行编纂。这一优良传统使人们在批判和借鉴前代得失之同时，对现实的财政措施和思想更能有所发展。

基于以上的主客观因素，我国的古代财政思想能拥有较世界上任何其他文明国家更为丰富的内涵。二十世纪开始后又大量引进西方财政学说，基于同样的主客观因素，近代财政学说著作刊行的数量也较同期刊行的任何其他经济分支学科为多。尽管传统的封建财政思想在二十世纪初因不合时宜已基本上被淘汰，但从中国财政思想史角度考察，无论是传统的或引进的，仍系比较丰富的。因此，从事中国财政思想史的研究，常以史料繁多，每生难以割爱之感。

本书研究从西周到"五四运动"的财政思想。在此三千年的历史时期中，除鸦片战争到"五四运动"这最后八十年系属于半封建半殖民地经济而外，其余均属于中国封建经济时期。关于封建经济时期，我们把它的财政思想分为三个阶段来论述。第一阶段包括典型的封建领主制的西周及其向封建地主经济转型的春秋战国时代，称之为先秦财政思想。第二阶段包括秦汉到唐王朝，称之为封建地主经济前期的财政思想。第三阶段由北宋到鸦片战争前夕，称之为封建地主经济后期的财政思想。至于从鸦片战争到"五四运动"这一时期则属于半封建半殖民地时期的财政思想。

应该指出，中国传统的封建财政思想之支配时期，并未因第一次鸦

片战争之失败而告终。它一直支配到十九世纪之末,从二十世纪开始后才逐渐地被新引进的近代西方财政学说所取代。因此,本书所探讨的财政思想,除它的最后二十年而外,全属于典型的中国封建财政思想。故本书所论述的许多思想观点,如讳言财利、殖边、屯垦、均输、常平、漕运以及其他等等封建财政观点,均系在大一统中国的历史条件下所特有,而为西方财政学说史中所罕见。这些观点所反映的具体财政措施,在二十世纪以前早已先后消亡,然而历史是难以割断的,在新的历史条件下,这些观点常会在人们头脑中起着这样或那样的直接或间接影响,它们对现实中的财政决策不是毫无关联的。至于那些曾在我国起过半个世纪支配作用的外来西方财政学说,我们总结一下其经验教训,也不无现实的借鉴意义。

此外,目前各高等院校设立财政科系者日渐增多,本书的问世,可为各财政科系的教学和科研提供参考资料。

本书是由中国财政经济出版社的同志建议编写的,这种发扬祖国财政文化遗产的精神,足资钦佩。在编写过程中,全书的体系设计、主导思想和总纂工作由胡寄窗负责;资料搜集和撰写任务全由谈敏负责。但是我们观点是基本一致的,如果出现不妥之处,共同负责。

胡寄窗　谈　敏
1987 年 5 月 30 日

目 录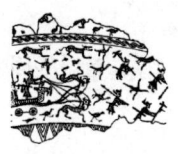

第一部分　先秦财政思想

第一章　西周时代及以前的财政思想 …………………………（ 3 ）
　第一节　西周以前的财政传说 ………………………………（ 3 ）
　第二节　西周财政思想 ………………………………………（ 9 ）
　第三节　《禹贡》的财政观点 …………………………………（ 25 ）

第二章　春秋时代的财政思想 …………………………………（ 30 ）
　第一节　管仲的相地而衰征 …………………………………（ 31 ）
　第二节　公孙侨的"作丘赋"政策 ……………………………（ 32 ）
　第三节　孙武的赋税观点 ……………………………………（ 33 ）

第三章　先秦儒家的财政思想 …………………………………（ 37 ）
　第一节　孔丘的财政思想 ……………………………………（ 37 ）
　第二节　《周易》与《大学》的财政概念 ………………………（ 42 ）
　第三节　孟轲的财政思想 ……………………………………（ 47 ）
　第四节　荀况的富国思想 ……………………………………（ 54 ）

第四章　墨家、法家及战国的其他财政思想 …………………（ 62 ）
　第一节　墨翟的财政观念 ……………………………………（ 62 ）

1

第二节　法家与战国的其他财政思想 …………………………（67）

第五章　《周礼》的财政思想 ………………………………………（81）
　　第一节　财务行政机构及其组织原则 …………………………（82）
　　第二节　财政总原则 ……………………………………………（87）
　　第三节　贡赋思想 ………………………………………………（92）
　　第四节　力政 ……………………………………………………（102）
　　第五节　财政支出观点 …………………………………………（108）
　　第六节　会计稽核思想 …………………………………………（115）
　　第七节　结束语 …………………………………………………（122）

第六章　《管子》的财政思想 ………………………………………（128）
　　第一节　基本财政方针 …………………………………………（129）
　　第二节　租税思想 ………………………………………………（133）
　　第三节　强调经济收入的财政观点 ……………………………（139）
　　第四节　其他公共收入 …………………………………………（142）
　　第五节　国用原则 ………………………………………………（148）
　　第六节　结束语 …………………………………………………（155）

第二部分　封建地主经济前期的财政思想

第七章　秦汉财政思想 ………………………………………………（161）
　　第一节　统一的封建地主政权建立初期的财政思想 …………（161）
　　第二节　西汉前期的财政思想 …………………………………（172）
　　第三节　汉武帝时期的工商资产税思想 ………………………（177）
　　第四节　桑弘羊的财政政策与盐铁争议 ………………………（185）
　　第五节　西汉后期的财政思想 …………………………………（200）

第八章　新与东汉时代的财政思想 …………………………………（215）
　　第一节　王莽的财政政策 ………………………………………（215）

目　录

第二节　东汉财政思想 …………………………………………（230）

第九章　魏晋南北朝的财政思想 ………………………………（239）
　　第一节　魏晋时期的财政思想 …………………………………（239）
　　第二节　南朝财政思想 …………………………………………（257）
　　第三节　北朝财政思想 …………………………………………（265）

第十章　隋唐财政思想 …………………………………………（275）
　　第一节　隋代财政思想 …………………………………………（275）
　　第二节　唐初的财政思想 ………………………………………（280）
　　第三节　刘晏的财政思想 ………………………………………（289）
　　第四节　杨炎与两税法 …………………………………………（297）
　　第五节　陆贽与两税法反对派 …………………………………（307）
　　第六节　唐中叶以后的其他财政思想 …………………………（316）

第三部分　封建地主经济后期的财政思想

第十一章　两宋财政思想 ………………………………………（337）
　　第一节　北宋前期的财政思想 …………………………………（338）
　　第二节　李觏的财政思想 ………………………………………（348）
　　第三节　王安石的理财思想 ……………………………………（356）
　　第四节　变法反对派及北宋后期的其他财政思想 ……………（374）
　　第五节　叶适的财政思想 ………………………………………（389）
　　第六节　十二世纪到十三世纪初的财政思想 …………………（398）

第十二章　元代财政思想 ………………………………………（412）
　　第一节　耶律楚材、卢世荣与元初其他人的财政思想
　　　　　　…………………………………………………………（415）
　　第二节　马端临与元末的财政思想 ……………………………（427）

3

第十三章 明代财政思想 ……………………………………… (437)
第一节 明初的财政言论 …………………………………… (437)
第二节 丘浚的财政思想 …………………………………… (445)
第三节 张居正与一条鞭法 ………………………………… (462)
第四节 明代中晚期的财政思想 …………………………… (476)
第五节 明末财政思想 ……………………………………… (491)

第十四章 明清之际的财政思想 ……………………………… (500)
第一节 黄宗羲与顾炎武的财政思想 ……………………… (501)
第二节 王夫之的财政思想 ………………………………… (508)
第三节 颜李学派的财政思想 ……………………………… (524)

第十五章 清中叶到鸦片战争前夕的财政思想 ……………… (531)
第一节 摊丁入地及其他田赋思想 ………………………… (532)
第二节 清代中期矿政、商税观点及经济干涉政策的演变 ……………………………………………………… (542)
第三节 鸦片战争前夕的财政思想 ………………………… (554)

第四部分 鸦片战争到"五四运动"时期的财政思想

第十六章 鸦片战争到太平天国时期的财政思想 …………… (563)
第一节 魏源等人的财政思想 ……………………………… (563)
第二节 太平天国时期的财政思想 ………………………… (578)

第十七章 太平天国革命失败至甲午战争前后的财政思想 …… (591)
第一节 西方通俗财政知识的传播者 ……………………… (592)
第二节 资产阶级财政理论的传播者——马建忠与严复 ………………………………………………………… (609)

第三节　戊戌维新派的财政思想 …………………（627）
第四节　洋务派首领与封建顽固派的财政议论 ……（635）

第十八章　清末民初的财政思想 ……………………（646）
第一节　梁启超及北洋政府官员的财政思想 ………（647）
第二节　孙中山及其他资产阶级革命派的财政思想
　　　　………………………………………………（663）
第三节　"五四运动"以前近代财政科学的传播与
　　　　应用概况 ……………………………………（676）

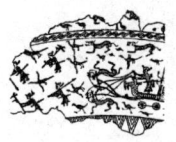 第一部分

先秦财政思想

第一章

西周时代及以前的财政思想

财政思想的发生可以追溯到很古老的年代。在我国,从公元前21世纪建立夏王朝起,就已出现一些有关国家财政活动的传说。财政思想作为国家形成以后的产物,它所反映的对象,是国家在实现其职能过程中所参与社会产品分配的经济活动。因此,财政思想的发生,应较国家形成以前反映日常经济生活实践的一般经济思想的产生为迟。

根据现存的古代典籍,在西周以前,仅保存有一些简单而零星的财政概念。比较有系统的财政概念,始见于古文献中有关西周部分的记载。所以,我们论述古代财政思想的起源,虽可上溯到夏禹时代,但主要以公元前11世纪开始的西周为考察对象。

第一节
西周以前的财政传说

夏商以前的古代中国,虽然出现过一些有关农业和工商业的经济传说,但涉及财政方面的传说却甚为罕见。后人在描绘远古社会时,还特别指出那是"无君无臣"的曩古之世,人们"身无在公之役,家无输调之费"①，亦即将财政赋役的存在与否，作为区分原始社会与后世社会的重要标志。由此也证明财政关系以及与此相适应的财政思想，只能是古代社会脱离原始状态而进入国家形成阶段以后的产物。②

关于财政征课的传说，发端于夏禹时代，如谓"夏后氏五十而贡"③。或言："自虞夏时，贡赋备矣"④。古今财政论者大都确信这是我国赋税的开始⑤。根据这一传说，即夏代按50亩土地为一单位征收贡赋的规定，表明古代赋税思想的产生，最早是以包括田赋在内的"贡"为其基本形式⑥。至于贡纳方式是否如孟轲所言，系根据当地若干年收获的平均数事先确定征收标准，并按什一税率实行征收，不得而知。但可以肯定，贡赋制度作为赋税征课的古老形式，是夏代国家的一个重要标记。正如恩格斯所说：国家区别于旧的氏族组织的不同点之一，是公共权力的设立。"为了维持这种公共权力，就需要公民缴纳费用——捐税。捐税是以前的氏族社会完全没有的"⑦。

传说禹王在治水的同时，即参照各地地理条件和产品的不同，创立了最初的贡赋制度。如《史记·夏本纪》谓："禹乃行相地宜所有以贡"。《汉书·食货志》也说："禹平洪水，定九州，制土田，各因所生远近，赋入贡棐。"于此可见，我国早在四千年前实行财政征课时，已

---

① 《抱朴子·诘鲍》。又《唐会要》卷九十六记载，与唐朝相毗邻的突厥、室韦、契丹等"古代部落"的习俗："时聚戈猎，事毕而散，其人土著，无赋役，人牵犁以种"，亦将"无赋税"作为古代部落的重要经济特征，可作旁证。

② 在国家形成以前的原始公社时代，也有一些体现原始社会经济关系的朴素经济观念或行为规范，可能成为后代若干财政思想的先行思想资料。如传说中古代部落首领帝喾、能"普施利物，不於其身"，"取地之财而节用之，抚教万民而利诲之"《史记·五帝本纪》；他还提出"政莫高于博利人"（贾谊：《新书·修政语上》）的执政原则，这些反映原始社会生产力水平低下和氏族成员地位平等的"普施"、"节用"、"利人"等观念，对于后代的财政思想或理财原则，均产生很大影响。

③ 《孟子·滕文公上》。

④ 《史记·夏本纪》。

⑤ 古人中可以顾炎武的说法为其代表，如谓"古来田赋之制，实始于禹，水土既平，咸则三壤，后之王者，不过因其成迹而已。"（《日知录》卷七，"其实皆什一也"条）近代财政学家中沿袭此说者甚多。

⑥ 除农业赋税而外，夏代还有所谓"门关之征"。如《国语·周语下》：《夏书》有之曰："关石、和钧，王府皆有。"（《尚书》所载《夏书·五子之歌》中亦有此段文字）此"关石"之"关"，据三国时吴国人韦昭注，系指"门关之征"。全句之意为：征赋调钧，则王之府藏常有也。

⑦ 《马克思恩格斯选集》第4卷，第167页。

第一章　西周时代及以前的财政思想

形成诸如贡纳产品须"相地宜所有",贡品的交纳应考虑产地距离的远近等初步的财政概念。这些财政概念虽然极其粗疏,却是初期简单财政征课实践的真实反映,并成为古代财政思想由以发展和不断丰富的起源。

关于古代会计的传说,其来源也可追溯到夏禹时代。据《史记·夏本纪》称:"自虞、夏时,贡赋备矣。或言禹会诸侯江南,计功而崩,因葬焉,命曰会稽。会稽者,会计也"。这里所谓"会稽",显然与财政贡赋有关。惟其涵义不必专指国家财政事务方面的会计,而是包含更为广泛的内容,诸如"爵有德,封有功"① 之类。无论如何,财政贡纳总是禹王会集诸侯计功议事的一项重要内容。特别是远古亚洲国家一般只有财政、军事和公共工程三个政府部门,"对内进行掠夺"的财政部门在政府部门中又居于首位②。因此,关于贡赋数额的分配、计量和考核等财政征课问题,必然在国家形成期的夏禹时代占有突出地位,并且须凭借政治权力强制地向各部落首领征收贡赋③。于此可见,会稽一词的内涵尽管与后世所谓会计不尽相同,而"会稽者,会计也"的断语,又显系后人的臆测,难于凭信④,但从财政思想史角度考察,这一说法毕竟对于后代理财家尤其是重视会计论者产生了极大影响。而自宋明以后,不少学者在探索我国会计制度的源流时,常将禹会诸侯于会稽之说尊奉为古代会计的最早开端。连近代财政学家也认为此说表明"会计制度,中国之发明为最古"⑤。

在传说中的虞夏时代,政府机构(包括财政部门在内)的主要职能,据说是"养民"或"安民"。《尚书》中曾记载了当时禹与皋陶的有关议论:

---

① 裴骃:《史记集解》:"越传曰禹到大越,上苗山,大会计,爵有德,封有功,因而更名苗山曰会稽"。
② 《马克思恩格斯选集》第2卷,第64页。
③ 根据古代文献中关于禹会诸侯于会稽的记载,可以看出禹王在行使国家权力方面是十分严厉的。如《国语·鲁语》中载:"昔禹致群神于会稽之山,防风氏后至,禹杀而戮之。"《韩非子·饰邪》中亦称:"禹朝诸侯之君会稽之上,防风之君后至,而禹斩之。"
④ 东汉赵晔《吴越春秋·越王无余外传》载:禹"三载考功,五年政令,周行天下,归还大越,登茅山,以朝四方群臣,……乃大会计。……遂更名茅山曰会稽之山"。此"会计"一词同司马迁《史记》中的"会计"说法一样,均非夏禹时的用语。
⑤ 胡钧:《中国财政史》,商务印书馆1920年版,第22页。

"禹曰：'於！帝念哉。德惟善政，政在养民。水、火、金、木、土、谷，惟修。正德，利用，厚生，惟和。九功惟叙，九叙惟歌'。"（《大禹谟》）

"皋陶曰：'都！在知人，在安民'。禹曰：'……知人则哲，能官人。安民则惠，黎民怀之'。"（《皋陶谟》）

"安民"的内容比较广泛，"养民"则主要指维系人们的经济生活而言，这也是"安民"的基本内容。强调政府的这些经济职能，既能稳定人民生活借以保障统治地位的政治目的，又与财政问题有着密切关联。因为政府参与或指导社会生产活动以促进经济发展的结果，必然会扩大赋税来源，从而导致财政收入的增加。此所以古代帝王称颂"养民"之政为"万世永赖"的"善政"①。

"政在养民"一说实际上是一种颠倒的观念，因为从来都是劳动人民养活统治者而绝不是统治者去"养民"。然而，此说所隐含的发展社会经济以扩大税源之意，却对古代财政指导原则的形成与发展，有着巨大影响，而"养民"一词也成为历代理财家谈论培养税源或反对聚敛的专用名词。如果说禹王提出"政在养民"系后人伪托，未必可靠②，那么传说中的夏禹时代已开始重视粮食之类的财政储备，则比较可信。如谓：

"民无食也，则我弗能使也"③。

"小人无兼年之食，遇天饥，妻子非其有也；大夫无兼年之食，遇天饥，臣妾舆马非其有也；国无兼年之食，遇天饥，百姓非其有也。"④

"土广无守，可袭伐。土狭无食，可围竭。二祸之来，不

---

① 《尚书·大禹谟》中继夏禹关于"政在养民"的议论之后，帝舜表示赞同说："俞！地平天成，六府三事允治，万世永赖，时乃功。"此"六府"指修治水、火、金、木、土、谷；"三事"指正德、利用、厚生。
② 《大禹谟》篇属伪《古文尚书》，其内容系后人根据传说中的夏禹辅政虞舜之事伪托而成。
③ 贾谊：《新书·修政语》。
④ 《逸周书·文传篇》引《夏箴》。这段引文中关于"国无兼年之食，遇天饥，百姓非其有也"一句，在现存《逸周书》的各种版本的记载中有出入。如湖北崇文书局刊本《逸周书集训校释》中有此段文句，而《四部备要》收录的《逸周书》版本则无此文句。兹据前本转引。

第一章 西周时代及以前的财政思想

称之灾。天有四殃,水旱饥荒。其至无时,非务积聚,何以备之。"①

鼓励粮食储备的观点,既反映夏代农业生产力水平较原始社会初期已有所提高,同时也反映古代财政自始就是以粮食储备作为调节财政收支的重要手段。因为在农业是"决定性的生产部门"②,而商品货币关系还刚刚露头的古代社会,国家财政除进行粮食的积蓄以防不虞外,别无其他更好的办法。

总之,传说中的夏禹时代,已把财政贡赋问题放在重要位置上,初步形成一些简单的财政概念,如根据地宜所有与距离远近交纳贡品,重视以粮食为主的财政积蓄,反映财政贡纳关系的会计思想的萌芽等。

关于夏代的财政传说,尚有赖于后代的文字记载才得以保存下来。继起的殷商国家对财政征课的重视,则有它自己的文字记载可资证明。近代出土的殷墟甲骨文,其中就有不少关于贡赋缴纳方面的卜辞资料。下面是一些例子:

"𠂤宾入赤玛。"③

"□子入玛。"④

"己卯□子䆠入圜芍十。"⑤

"贞,王贝赓亡来,自一月。"⑥

"贞,有来惠贝。"⑦

"贞,土方×贝。"⑧

以上卜辞中关于各地贡品的记载,尽管简单、残缺,毕竟提供了殷商时代对待贡赋的态度的第一手资料。它们表明殷商政权出于维护自身

---

① 《逸周书·文传篇》。
② 《马克思恩格斯选集》第 4 卷,第 145 页。
③ 《卜辞通纂》,第 157 页,《畋游》。
④ 《卜辞通纂》,第 157 页,《畋游》。
⑤ 《殷墟书契菁华》,一。
⑥ 《殷墟书契前编》,四,三〇,二。
⑦ 《殷墟文字乙编》,二七〇四。
⑧ 《殷墟书契前编》,五,一〇,二。

统治的需要,十分关心其属领各族及被征服者的财政贡纳并以此作为占卜凶吉的重要内容。更值得注意的是,这一时期的财政征课虽仍以实物贡纳为主,但已出现用货币充作贡品或以货币形式来计量贡赋数额的趋向。例如卜辞中的所谓"贝",既是珍奇贡品,又是我国最早的货币。传说中殷商的末年曾经"厚赋税以实鹿台之钱而盈巨桥之粟"①,这意味着当时国家能征课大量金属货币并把它聚集起来。此说也可与甲骨文的记载相互印证。货币"贝"成为贡纳对象并用作财政贡赋的计量单位,显示古代财政思想的发展已非单纯指实物征课,也包含一些货币征课。

根据稍后文献记载,殷商时代已典型地体现了古代亚洲国家的重要特征,即将"对内进行掠夺"的财政部门和"对外进行掠夺"的军事部门,放在政府部门的首位②。在对内掠夺方面,殷商统治者日益为甚的财政榨取行为,已引起社会各阶层的普遍不满和反抗。这可以从《尚书》关于殷末财政状况的记载中,得到证明:

《微子》:"降监殷民,用乂雠敛,召敌雠不怠。"

《泰誓》:"今商王受,弗敬上天,降灾下民。沉湎冒色,敢行暴虐。罪人以族,官人以世。惟宫室,台榭,陂池,侈服,以残害于尔万姓。"

《牧誓》:"俾暴虐于百姓,以奸宄于商邑。"

《武成》:"今商王受无道,暴殄天物,害虐烝民。"

以上谴责商纣王"重赋伤民、敛聚怨雠"③的呼声,是我国古代财政思想上最早出现的公开反对统治阶级肆意进行财政掠夺的观念,也是后代反对重税,形成"薄税敛"思想的先导。

在对外掠夺方面,殷商社会流行着"富以其邻"与"不富以其邻"④之类的观念。古代注疏家一般解释为用财物周赡邻里,而近年来有人认为这是指通过征伐来掠夺邻国的财富而言。照后一种解释,表明

---

① 《史记》卷三,《殷本纪》。
② 参见马克思:《不列颠在印度的统治》,《马克思恩格斯选集》第2卷,第64页。
③ 《尚书·微子》孔颖达传云。
④ 如《易经》中有:"有孚挛如,富以其邻"(《小畜·九五》);"不富以其邻,不戒以孚"(《泰·六四》);"不富以其邻,利用侵伐,无不利"(《谦·六五》)等语句。

第一章 西周时代及以前的财政思想

殷商统治阶级把通过战争以获取财富视为"最重要的生活目的之一"①。从财政思想上考察,"富以其邻"的新理解又表明殷商国家除对内征收贡赋外,还以进行对外掠夺财富的战争,作为增加国家财政收入的重要手段。

殷商建立之初,其财政因袭大禹时"相地宜所有"的贡赋方式,采取"因其地势所有而献"原则,成汤命伊尹所规定的《四方献令》指出:

> "诸侯来献,或无牛羊之所生,而献远方之物,事实相反,不利。今吾欲因其地势所有而献之,必易得而不贵,其为四方献令。"②

在自然经济支配的古代社会,各臣属氏族的贡献,不能不以当地生产的土特产为主。所谓"易得而不贵"是以当地生产数量较多的产品为标准。成汤采取财政上的这一献纳规定,也反映殷商初期的畜牧业在社会生产中还占比较重要的地位;特别是殷商所统治的许多氏族还处在游牧时代,这些客观事实,必然在财政上得到反映。到了殷商末年,农业在社会生产中日益取得重要地位,所以,国家的财政积蓄才表现为巨量的粮食,"盈巨桥之粟"。

第二节
西周财政思想

西周是中国历史上第一次建立的封建国家。这一时期的历史记载,比较明确和具体地描述了西周的一套财政榨取制度和措施,并通过这些制度或措施反映出来不少重要的财政观点。其中尤以《周礼》一书的记载最为集中而详尽。惟此书的成书年代一直存在争议,且书中个别地

---

① 见恩格斯:《家庭、私有制和国家的起源》,《马克思恩格斯选集》第4卷,第60页。
② 严可均:《全三代文》卷一,第12页。又《逸周书·王会》中亦有相同记载,惟文字稍有出入。

方亦有后人参以己意之内容，故我们对《周礼》的分析以放在后面作为专章论述较为妥善。这里，我们先根据其他的古代文献资料，来考察西周时期的财政思想及其特点。

一、租赋概念

古代赋税传说中以"贡"作为最早出现的财政征课方式和贡纳者必须履行的奉献义务。进入西周以后，由于封建领主土地所有制成为社会经济的支配形式，其财政征课观念也相应地发生重要变化，即由贡赋思想向租赋思想转化。

西周曾以"贮"字作为租赋概念的专用语，它同时具有地租与赋税双重涵义。兹将西周金文中有关"贮"字的部分记载转录如下：

《沈子殷铭》："敦狃贮夷"。

《颂鼎铭》："令女官翮成周，贮廿家。监翮新寤（造），贮用宫御。"

《格伯殷铭》："格伯受良马乘于倗生，氒（厥）贮卅田。"

《卫盉铭》："氒（厥）贮，其舍田十田。"

《毛公鼎铭》："贮，毋敢龚橐。"

《卫鼎（甲）铭》："正乃嘴（讯）厉曰：女贮田不？厉乃许，曰：余害（审）贮田五田"。

据郭沫若考释，"贮"意为"赋"或"租"①。照此解释，上述铭文的含义分别指租赋的委积；供驱使提供劳役地租和宫室徭役的农奴数目；用作偿付他物之价的一定领地的地租额；禁止贡赋的中饱私囊；贵族领主间的租田关系；如此等等。由此可见，"贮"既指封建贵族领主与农奴之间的地租剥削关系，又表示一般贵族领主向封建最高领主国王

---

① 郭沫若：《两周金文辞大系图录考释》。

第一章 西周时代及以前的财政思想

交纳贡赋的财政关系,这是一个具有租赋合一性质的特定经济概念①。

租赋概念出现于西周时代,是当时封建领主土地所有制的基本特征在意识形态领域的反映。在领主土地所有制的情况下,"溥天之下,莫非王土"②,土地所有权原则上统一于最高地主③——周室的天子。周天子一般地把自己直辖的土地(即所谓甸服)以外的疆土分封给诸侯。天子的甸服或诸侯的领地又可以采邑方式分赐大夫,大夫又可以其一部分转赐家臣。由天子下至于士,层层领有土地,形成土地占有的等级制。这种封建贵族领主土地占有制,决定着西周的财政征课制度及其思想,同它以前经济时期相比有明显差别,也与以后各封建时期有不同的具体特点。

封建领主土地占有制的基础是广大的徭役农民。他们从所属领主那里领有自己的份地,即所谓"私田"。徭役农民除了应首先耕种领主的公田④外,有给领主服兵役的义务⑤,有向领主贡纳家庭手工业产品的义务,还有多得不可胜计的服役⑥,只要领主认为必要,农民就须前往应役,可见,在封建领地内,贵族领主不仅作为土地所有者,支配对份地农民的土地分配和收取地租,还拥有政治、军事和司法的全权,俨然各国家统治者。封建领主为了统治的需要,必须建立起一定的财政征课制度以资挹注,而课税的税源,又只能来自份地农民的劳役地租。应当指出,在殷商时代的末期,已开始采取徭役劳动的形式,所以,封建生

---

① 对于郭沫若将"贮"释为"赋"或"租",学术界存在着不同意见,但郭说已为许多学者所接受。较早者如吕振羽曾把"贮"字理解为既是地租,又是贡赋。(见吕振羽:《殷周时代的中国社会》,第154页)。最近,巫宝三的《我国先秦时代租赋思想的探讨》一文对此解又作了更为充分的论证(见《中国经济思想史论》,第3~14页)。

② 《诗经·小雅·北山》。

③ 参见马克思:《资本论》第3卷,人民出版社1975年版,第891页。马克思所说的"最高地主"是指封建最高领主国王而言。

④ 《诗经·大田》:"有渰萋萋,兴雨祈祈,雨我公田,遂及我私。"

⑤ 《国语·周语》:"王事惟农是务,……三时务农,而一时讲武"。《诗经·七月》:"载缵武功"。

⑥ 如《诗经》中《有狐》篇:"有狐绥绥,在彼淇梁,心之忧矣,之子无裳"。《瓠叶》篇:"有兔斯首,炮之燔之,君子有酒,酌言献之"。《采菽》篇:"采菽采菽,筐之筥之,君子来朝,何锡予之?"《七月》篇:"取彼狐狸,为公子裘";"言私其豵,献豜于公";"献羔祭韭";"曰杀羔羊,跻彼公堂"。《灵台》篇:"往始灵台,经之营之,庶民攻之,不日成之,经始勿亟,庶民子来";诸如此类。

产关系并不是从西周突然出现的。殷商的农业系以农民助耕公田①，公田之所出全部缴纳给国家。因此，农民在公田上劳动与私田的劳动在时间和空间上可以截然区分。②周氏族自公刘时代起就实行"彻田为粮"③，田虽有公田、私田之分，但耕种时则由一井农民在一井土地上"通力而作"，收获时勿论公私都"计亩而分"。所谓计亩而分，就是把总产量依公私田亩数量的比例予以分配。这种方式，对统治阶级来说可以防止农民耕作公田不力之弊，对农民来说，可以避免把劳动时间过多地被强迫使用在公田上，使公田私田都能以同等的劳动耕种。周氏族征服了殷商后，彻田为粮的劳役地租形式被广泛推行，成为封建领主土地占有制的基础。

在西周的领主土地所有制形式下，国家就是"最高的地主"，兼有土地所有者和主权者两重身份，而封建阶梯上的各级领主在其领地内，也是既作为土地所有者向份地农民榨取劳役地租，同时又作为主权者向同一直接生产者征收赋税。因此表现在封建财政形态上，"地租和赋税就会合为一体"，不再有和这个地租形式不同的赋税④。这种地租和赋税合为一体的财政征课性质，就是产生租赋思想的客观原因，也是导致西周的财政思想有别于夏、商时代以及后代的重要条件。

封建领主制下的劳役农民可以有财产或财富的独立发展⑤，而他们提供的劳役地租，又是财政收入的主要源泉；那么，封建贵族领主集团在实行财政征课时，不能不对劳役农民的艰难表示关注。据从尚书记载，周公曾一再告诫成王⑥："先知稼穑之艰难，乃逸，则知小人之依"。训诫封建帝王须预先了解小人（劳役农民）耕作之艰难，不能用庶邦万民交纳的正税供其骄奢用度。这同传说中的夏、商仅仅关注各地

---

① 《孟子·滕文公上》："殷人七十而助，……助者藉也。……惟助为有公田"。
② 《礼记·王制》载："古者公田藉而不税"。郑玄注曰："藉之言借也，借民力治公田，美恶取于此，不税民之所自治也。"于此可知，农民在公田和私田上的劳动是可以截然分开的。
③ 《诗经·大雅·公刘》。《孟子·滕文公上》亦曰："周人百亩而彻"。朱熹注："周时一夫授百亩，……都鄙用助法，八家同井，耕作通力而作，收则计亩而分，故谓之彻。"
④ 参见马克思：《资本论》第3卷，人民出版社1975年版，第831页。
⑤ 参见马克思：《资本论》第3卷，人民出版社1975年版，第894页。
⑥ 《周书·无逸》。

第一章 西周时代及以前的财政思想

区的财政贡赋的方式是有区别的。

在租赋合一的思想支配下,西周统治阶级对于农业生产十分重视,特别是对农业生产品的收获规模表现出极大的关注。《诗经》中即有不少篇反映了统治阶级的这一情趣:

"多黍,多稌,亦有高廪,万亿及秭。"①

"茨之挃挃,积之栗栗,其崇如墉,其比如栉,以开百室。"②

"倬彼甫田,岁取十千,……乃求千斯仓,乃求万斯箱。"③

"我仓既盈,我庾维亿。"④

这里不必拘泥"万亿"、"十千"等具体数字,那只意味封建贵族领主榨取农民劳役的成果的厚藏。正是在获取"千斯仓"、"万斯箱"的农业剩余生产物基础上,封建贵族领主集团才能借以维持其统治地位并供其奢侈享受,从这个意义上,他们也不能不重视农事。

在西周,除了金文"貯"字同时含有地租和赋税双重意义外,还分别出现了"租"与"赋"字。"租"字最初表示封建劳役地租,这一经济范畴的出现,无疑是封建领主土地所有制下的地租剥削制度形成以后的产物。"赋"的涵义较为复杂,原意从"武",系指兵或军赋⑤,即按田亩所应交纳的甲车徒卒。由于古代军赋征课以田地为基础,故赋的涵义又泛指一般谷米税。此外也包括对关市、山林川泽乃至力役⑥的征课,更是对赋的含义的引申使用。"租"、"赋"二字的分别出现,为地租与赋税概念的分离,提供了先行思想资料。

---

① 《周颂·丰年》。
② 《周颂·良耜》。
③ 《小雅·甫田》。
④ 《小雅·楚茨》。
⑤ 如《左传·隐公四年》:"君为主,敝君以赋与陈、蔡从,则卫国之愿也"。服虔注:"赋,兵也。以田赋出兵,故谓之赋"。
⑥ 《尚书大传》中有"越惟有胥赋(《周书·多方》作"胥伯")大小多正"一语。王静安释"大小多正"指"布、缕、粟、米、力役诸征。参见王静安:《观堂集林》卷二,《与友人论诗书中成语书二》)。

二、财政基本原则

相传西周建立之初,周武王曾向归顺宗周的原商代贵族箕子询问治国之大法,由此引出农用八政,"一曰食,二曰货"①的名论。这一论断在我国古代理财思想的形成与发展上产生了重要影响。两汉以来谈理财问题者总是首先提及"洪范八政,食货为先"。自班固在《汉书》中创立《食货志》体例后,"食货"一词几乎成了现代"经济"的同义语,到19世纪末还有人将近代经济学名称译为"食货学"。这就是说人们认为在我国古代文献中提倡重视财政经济问题者以《洪范》为最早也最重要。但在《洪范·九畴》中讲了许多伦理生活准则以及五行、气候、祸福之类的问题,只在第三畴"农用八政"提到"一曰食,二曰货",其余六政都是官职名称。就原文前后辞意看来,"食"与"货"也可能是掌管此二事的政府机构的名称②,谈不到有经济学上的意义。但《洪范》八政既突出食、货,因而"食货为先"之说成了后代理财家的座右铭,事实上变成了一个重要财政观点。

在西周"真正的自然经济"时代,将食、货尤其是食物的占有和分配列于国家八项政务的首位,这不仅因食物是"直接生产者的生存和一切生产的首要的条件"③,也体现了那一时期国家财政工作不能不把农产品收获作为经常性财政收入的源泉,用以满足最高统治者的个人享受和豢养大批封建官僚的需要,如所谓"天子之田九畡,以食兆民,

---

① 《尚书·洪范》。
② 第三畴"农用八政"的原文是:"一曰食,二曰货,三曰祀,四曰司空,五曰司徒,六曰司寇,七曰宾,八曰师"。内容彼此不相配称,又与"农用八政"标题不相调协。专就其特加重视的"食"与"货"来说,"食"为农民自己生产品,不必官府代为关心,只有从税课角度出发,才是官府关心"食"的焦点。至于"货"究系指货币还是指货物,迄今尚无确定解释,但不论哪种解释,对古代自然经济条件下的农民本身的关系都不大。如将八政理解为管理一个以农业为主的国家的八种政府机构组织,比较可通。
③ 《资本论》第3卷,人民出版社1975年版,第715页。

第一章 西周时代及以前的财政思想

王取经入焉，以食万官"①。

西周王朝财政的基本原则是量入为出。这在近代财政思想上虽是不甚全面的原则，但在中世纪及古代世界却曾被视为政府财政的金科玉律。在世界财政史上，量入为出是最早出现的原则，其原文如下：

"冢宰制国用，必于岁之杪，五谷皆入，然后制国用。用地大小，视年之丰耗，以三十年之通制国用，量入以为出。"②

封建社会初期的财政以劳役地租的榨取为基础，而农业的丰歉又不能事先预定，故国用在原则上只能而且必须在榨取的实物已经得到以后才能制定。这是封建财政量入为出的原则赖以产生的客观基础。由于封建王朝的王室费用与国家经费很难严格划分以及君主个人的奢侈浪费，这个原则也就成了一句空话，经常不能实现。但它始终不失为我国3000年来经常被人们称道的财政格言。19世纪末特别是20世纪以来，许多经济学者又根据西方财政学的基本原理，将上述说法确定为我国古代预算制度或预算理论之滥觞。

西周以一个在中国历史上第一次建立并至少在形式上统驭了相当大领土的封建国家，其统治者必然会在统治这个庞大国家的过程中，逐渐形成若干财政制度，包括类似现代国家预算制度的某种雏形。根据这一

---

① 《国语·楚语》。类似说法还有："百姓、千品、万官、亿醜，兆民经入畡数以奉之"（《楚语》）；"故王者居九畡之田，收经入以食兆民"（《郑语》）等等。

② 《礼记·王制》。文中"以三十年之通"一语，大都解之为"九年之蓄"。因为在此段引文之后，《王制》又有"三年耕必有一年之食，九年耕必有三年之食，以三十年之通，虽有凶旱水溢，民无菜色"的说法。这里有几点须得指出：第一，以三十年时间储存九年之用之食量，仅就食粮质量能否保存如此之久一点来说，已属不可能之事，何况尚有仓储设备以及三十年能否年年丰收等问题。但此不现实的设想，用作鼓励储粮备荒的宣传，尚无不意义。如以三十年之存粮作为"制国用"的根据，就毫无意义。因为既有如此多的存粮，在制定下年国用时，何必再考虑"用地大小"和本"年之丰耗"。第二，所谓"量入以为出"，究竟量过去三十年之入，还是量当年收成之入？如系量过去三十年之存量，无多大作用，如系当年之收成，又何必考虑三十年之存量。所以，将这里"三十年之通"一语作九年粮食积蓄理解，于理欠通。这句话如不是衍文，便是有讹夺。《礼记·王制》这一大段文字主要是讲丧祭礼节问题，其中竟出现"冢宰制国用"和"三年耕必有一年之食"这两小段记载，与前后文毫无关联。而且在这两段文字中间又插入一小段有关丧祭礼仪的记载。因此，可以肯定"制国用"和"三年耕"这两小段是错简，而"冢宰制国用"一小段中的"三十年之通"一语可能不是原文，而是后人从"三年耕"一小段中移植来的。又或者"十"为衍文，原文为"以三年之通"，尚比较合理。由于有这些颇值怀疑之点，我们宁可暂时将此语理解为三十年收支之平均数估计。

15

理解，西周的财政收支计划具有以下几点特征：一是由辅佐天子、总揽政务的冢宰亲自掌管国用收支规划的制定工作，以示封建国家对此事的高度重视。二是制定财政收支规划的时间通常在一年之末即"岁之杪"，并以农作物的生长周期作为确定财政年度的自然标准。三是在编制国用规划时，以五谷实物为计算收支数额所用的基本单位。四是国用规模虽受耕地面积大小及农业收成丰歉之制约，但年度财政收支的估算，还须考虑30年收成的平均数，即所谓"三十年之通"，这恐怕也是"平均数"这个概念在财政历史上的最早运用。

既然西周时代的公共收入，主要是谷物收入。因此储藏谷物以备将来不时之用，也就成了封建政权的一项必要财政措施，由是而引出了另一个更加不能实现的财政教条："国无九年之蓄，曰不足；无六年之蓄，曰急；无三年之蓄，曰国非其国也"[①]。这个财政教条的另一表达方式则结合农业耕作年限来估算谷物积蓄的额度，如谓：三年耕，必有一年之食。九年耕，必有三年之食。以三十年之通，虽有凶旱水溢，民无菜色，然后天子食，日举以乐。"[②]在古代社会，由于自然和技术条件的限制，封建国家保持九年、六年之蓄，或者每年从全部农业收成中，稳定地获得相当于三分之一年收成的谷物作为储备，是不可能的。况且封建财政的丰裕，往往是造成统治阶级穷极奢侈，从而造成对被统治阶级更残酷的压榨的原因，财政丰裕本身导致它赖以形成的条件的摧毁。因此，所谓"九年"、"六年"之蓄，即使不考虑农业自然条件的可能性，从封建社会生产关系来考察，也是无法实现的空想。如果照历代注疏家的解释，将"三十年之通"理解为实现"九年"之蓄的耕作年限，而封建国家制国用时又须以九年的谷物储备作为前提条件，这就使得"量入为出"的原则必然缺乏现实意义，尽管事前的粮食积储，仍是封建政权借以调节年度收支计划的非常必要的财政措施。

①② 《礼制·王制》。

第一章 西周时代及以前的财政思想

三、赋役征课思想

西周的财政收入分为两大类：一为封建诸侯对王室的贡纳；一为人民对王室贡纳。

诸侯对王室的贡纳是以封国内所出的物品为贡纳品，即所谓"各以其方贿来贡。"① 贡物数量取决于爵位的高低，一般是爵高者地广而贡多，反之则贡少。② 按爵位高低决定贡纳品的多寡，实际就是按分封领地面积的大小以规定交纳贡物的数量。贡物标准除了领地面积大小这条件而外，封国距离王城的远近也是规定贡纳品的品种的重要条件。据说成王时周公赞成以洛邑作为王城的一个重要理由，就是洛邑居"天下之中，四方入贡道里均。"③ 大抵距王城近者其贡物多为粗重而价值小的东西，如牺牲、用器、嫔物（妇女所制作之物）之属，距王城愈远者其贡物多为轻便而价值高的东西，为珠、象、玉、金、龟、贝之属。

从原则上说，王室向诸侯或统治阶级中的下层人士征收贡赋，须遵循一定标准。征收标准大致包括两个方面：一方面是贡纳者对王室承担的贡纳义务，须以不过分侵害贡纳者本人的经济利益为限度。所谓"古者聚货不妨民衣食之利，……公货足以宾献，家（指大夫）货足以供用，不是过也"④，即指此意。另一方面是在各级贡纳者之间，其贡物数额或价值须与他们各自的实际负担能力基本相适应。如果发生不相适应的情况，王室应设法利用财政手段来实现赋税的均等分配，以防止纳税人之间的苦乐不均，如所谓"公货少多，振赐穷士；救瘠补病，赋均田布"⑤。但实际上，这些原则常常得不到遵守。仅以赋役不均的

---

① 《国语·鲁语》。
② 甸服以内的诸侯与甸服以外的诸侯比较，前者可能是位卑而贡重。见《左传·昭公》十三年："昔天子班贡，轻重以列，列尊贡重，周之制也，卑而贡重者，甸服也。"
③ 《史记·周本纪》。
④ 《国语·梦语下》。
⑤ 《逸周书·允文解》。

现象而言,《诗经》中曾记载了不少诸侯、大夫一类人士对此抱怨的诗句。例如:

"东人之子,职劳不来;西人之子,粲粲服。舟人之子,熊罴是裘;私人之子,百僚是试。"①

"大夫不均,我从事独贤(劳)。……或燕燕居息,或尽瘁事国;或息偃在床,或不已于行;或不知叫号,或惨惨劬劳;或湛乐饮酒,或惨惨畏处;或出入风议,或靡事不为。"②

这表明那一时期虽存在着某种按一定均等标准来分配各种赋役的制度,但赋役轻重不均的现象仍是相当严重的。

在西周,诸侯能否按期完成规定的贡纳任务,成为断定他们是否奉守国法或有叛逆之心的重要标准③。周天子对于诸侯的贡纳,不仅有贡物数量及品种方面的规定,还要求其贡纳须符合一定的礼仪规范。如周公劝导成王亲授百辟朝享(诸侯进献贡物)时说:

"汝其敬识百辟享,亦识其有不享。享多仪、仪不及物,惟曰不享。惟不役志于享,凡民惟曰不享,惟事其爽侮。"④

此意即最高统治者既要考虑诸侯们谁贡纳谁不贡纳,对不贡纳者实行征伐⑤;还十分重视他们纳贡时是否遵守礼仪规范,纳贡者如果其行为不合礼仪标准,即是侮慢天子,等于不贡。若此诸侯不贡天子,庶民也可不贡诸侯,到那时国事就乱了。可见,西周的封建政权对地方贡纳除重视其经济意义外,还很强调通过这一有完全强制意义的财政征收行为,从政治上维护统治阶级的尊严。至于对进献贡物时各种礼仪规定的严格要求,则不仅借此来判断各地诸侯对王室忠诚与否,更重要的是使贡纳征课不断制度化和法律化,以防止或镇压人民的任何反抗行为。

---

① 《小雅·大东》。
② 《小雅·北山》。
③ 《尚书·多方》载周公称成王命,告所属诸侯说:"今尔奔走臣我监五祀,越惟有胥伯小大多正,尔罔不克臬。"意即表彰臣属诸侯五年来对于徭役赋税等大小政事,无不奉法。
④ 《尚书·洛诰》。
⑤ 《史记·周本记》载:"夫先王之制,……甸服者祭,侯服者祀,宾服者享,要服者贡,荒服者王。……刑不祭,伐不祀,征不享,让不贡,告不王。……天子曰:"予必以不享征之,且观之兵,无乃废先王之训。"

第一章 西周时代及以前的财政思想

直接由国王控制的王畿以内的人民对封建政权的负担分为两种：一种是贡赋，一种是力役。贡赋一般是按土地面积征收实物。这种实物地租，在耕地方面因采用"彻"法，事实上也是劳役地租的变种，并非真正的实物地租①。关于西周的贡赋制度，曾有如下描述：

"先王制土，籍田以力，而砥其远迩；赋里以入，而量其有无；任力以夫，而议其老幼。于是乎有鳏、寡、孤、疾，有军旅之出则征之，无则已。其岁收，田一井，出稷禾、秉刍、缶米，不是过也。先王以为足。"②

这段描述虽有后人的设想成分掺杂其间，但仍能从中看到西周旧制的梗概。一是王畿内的人民须交纳地租，并按距离王城远近而定其税率。二是征收商税和以夫家为单位摊派力役，关于商税和力役问题下文另行论述。三是军赋在当时贡赋中占有极重要地位，而军赋的征收又与有无军事行动有着密切联系，其征收标准系以井为单位，每井应交纳一定数量或比例的稻、草和米③。王畿贡赋之征收也注意到人民的负担能力问题，如谓"财殖足食，克赋为征，数口以食，食均有赋"④，即强调按照人民的供赋能力来实行征课。

西周的财政收入虽以农业贡赋为主，但也不排除向手工工人和商人征收赋税。西周工商业分为官营和民营两部分。在各级封建贵族领地的官营手工业和商业中，仍大量使用奴隶。很显然，那时的官府不可能向官营工商业征税，其征课对象主要是指那些"治产业，力工商，逐什二以为务"⑤的民间工商业者，他们和其他直接从事农业生产的农奴一样，对封建政权负有贡纳义务，即所谓"庶人工商，各守其业，以共其上。"⑥对商人的征课分为关与市两种。据说周文王治岐时，奉行

---

① 据《左传》宣公十五年载："谷出不过藉，以丰财也。"杜预注曰："周法：民耕百亩，公田十亩，借民力而治之，税不过此也。"这表明西周征收的是劳役地租。
② 《国语·鲁语》。
③ 引文"稷禾，秉刍，缶米"中的"稷"、"秉"、"缶"（即庚）字，均系量词。据《仪礼·聘礼》载："十六斗曰庚，十庚曰秉。秉，二百四十斗也（应为一百六十斗——注）。四秉曰筥，十筥曰稷。稷，六百四十斛也"。
④ 《逸周书·大匡篇》。
⑤ 《史记》卷六九，《苏秦列传》所载周人认谷。
⑥ 《国语·周语》。

"关市讥而不征"①的政策，官府在关市仅仅履行稽查的职责，而不征商贾之税。此说是否真实，难于凭信，至少可以说这一政策在西周时代不可能得到长久推行②。以征收关税来说，早在夏代已有所谓"门关之征"的记载，并将此税视为王府库藏的收入来源③。西周的商业交换活动又有进一步发展，故应更能理解关税的财政意义和作用。特别是在当时诸侯封国林立的形势下，因"关税起源于封建主对其领地上的过往客商所征收的捐税"④，这样就从客观经济因素和主观动机两个方面为关税的征收和推广提供了有利条件。在市税方面，不论这是否由于贱大夫在市场上从事商业垄断活动而引起⑤，可以肯定西周已有商业税之征收。如果确系如此，这倒是一种比较合理的纳税方法。至于传说中西周的关市之征多集中在仲秋之月（阴历八月）⑥，则未必完全可靠。但由此也可以说明在那一时期，征收商税已是封建财政收入的一个比较经常性的来源。

王畿内人民还须负担力役，即须向最高地主提供无偿徭役。力役在严格意义上本不属于赋税范畴，但因为古代力役常为农民耕种份地时对领主的附属义务，古代一直把力役视为赋税的一种。西周的力役以成年壮丁为其服役对象，达不到或超过一定年龄规定者准其免服力役⑦。力役的期限，形式上的规定是每年三天，"用民之力，岁不过三日"⑧。这一辞句曾经迷惑过许许多多的古代思想家。要真正理解这一规定，应注意以下几点：第一，这种封建徭役，以广大的农民来说，是在劳役地租变种的实物交纳以外，对他们的必要劳动的另一种榨取方式，绝不是全

---

① 《孟子·梁惠王下》。
② 据《逸周书·大匡》记载：周文王居程地时遭大荒，曾向众官吏询问灾情，其中就包括"关市之征"的损失。可见连文王本人也并非始终奉行"关市讥而不征"的政策。
③ 《夏书》："关石、和钧，王府则有"。（见《国语·周语》及《尚书·五子之歌》）按"关石"，据韦昭注：意为"门关之征"。
④ 《马克思恩格斯全集》第3卷，人民出版社1960年版，第65页。
⑤ 《孟子·公孙丑下》。
⑥ 见《逸周书·月令》："是月也（指仲秋之月），易关市，来商旅，入货贿，以便民事。四方来杂，远乡皆至，则财物不匮，上无乏用……"
⑦ 西周免役规定除《周礼》中有详细记载外，其他古代文献也曾涉及这一问题。如《国语·鲁语》："任力以夫，而议其老幼"。《礼记·王制》："五十不从力政，六十不与服戎"。
⑧ 《礼记·王制》。

第一章 西周时代及以前的财政思想

部徭役每年只有三天;第二,所谓"三日"力役,不包括许多其他临时性服役,如国王外出游猎时,当地人民就得放弃自己的工作前往侍候;第三,规定力役如是参加一种紧急工程的兴建,服役期限可以被任意延长;第四,即使按照规定只服役三天,而服役地点可能在服务者家乡数十百里以外,因此,往返时间以及到达服役地点后等候编组的时间,可能若干倍于法定的"三日"力役时间;第五,由参加力役所引起的一切个人费用均须由服役者自己负担。所以,力役一直是人民特别是农民的一种极沉重的负担。

从以上的分析可以看出,西周的财政贡纳制度体现了一些封建的财政征课原则。首先,西周的财政榨取原则是建立在劳役地租基础之上的。支配着西周的"彻田为粮"的财政剥削方法,是带着实物地租外观的劳役地租,此外,劳动人民还要负担规定的徭役和各种各样的对贵族领主们的无偿服役,至于都城及郊区人民的实物贡纳不过是封建劳役制内的附着物而已;其次,是生产什么贡纳什么的"任土所宜"的原则[①]。在以自然经济为基础的社会中,这是最一般的课征方法。殷商奴隶国家所注意到的"因其地势所有而献之",就是贡土所宜的雏形,西周不过加以明确和合法化而已,当然,"任土所宜"也仅是一项基本原则,并不排除商人或关市之征等以货币交纳。"任土所宜"原则在土地征课方面曾经实行了一二千年,在货币征课占统治地位以后,还有不少人在怀念;最后,在一定程度上已注意到平均负担的原则,如对财政的交纳考虑到土地面积的大小,距离王城的远近、资产或盈利的多寡、年龄的老幼等条件。必须指出,当时考虑财政负担的平均,并不完全为了纳税者的利益,其根本出发点是想借此以减少因财政征课所可能引起的矛盾,使统治地位更加巩固,使封建财政更符合于统治者的长期榨取的意图。这从控制一个广大王国的长远观点来说是非常必要而且明智的。

---

① 如《逸周书·月令》载:"……与诸侯所税于民,轻重之法,贡职之数,以远近土地所宜为度"。

四、财政支出

西周的财政支出以节用作为最高原则。这并不是说节用原则在封建财政实践中已经得到贯彻,恰恰相反,它正意味着封建统治者的奢侈滥用所造成的严重结果,已经在统治集团内部日益引起人们的重视,故不得不高唱节用以期对财政奢侈行为能有所限制。另一方面,在社会经济的缓慢发展只能提供极其有限的剩余生产品的条件下,统治阶级能够榨取到的财政收入也很有限,因而更需要有节制地进行财政支出。这也是节用原则必然会受到重视的客观经济原因。节用作为一个支配原则,从大禹时"克勤于邦,克俭于家"①的古训,以及殷商时代提出的"俭德"号召中已可见其端倪。惟在后人的心目中,一直把周文王视为封建君王中言传身教的节用典范。据《尚书·无逸》所载,周公在总结文王享国五十余年的经验时,反复强调文王"卑服"或"无淫于观、于逸、于游、于田"之类的俭省举止,并以此作为治国的成规和楷模来训诫成王。而传说中文王本人的戒条,更被历代理财者奉为处理财政用度的指导原则。他说:

"人君之行,不为骄侈,不为泰靡,不淫于美,括柱茅茨,为民爱费"②。

"生穑省用,不滥其度"③。

侈靡与"爱费"即节省开支是财政上的两个对立方针,不过在封建社会内,所谓"骄侈"、"泰靡"均系指最高统治者个人贪欲的膨胀,由此而造成的财政费用的扩大,除了靠更残酷地向人民榨取来维持外,于社会生产毫无裨益。因此,提倡"爱费"、"节用",对于企求长治久安的封建统治者来说,总是比较明智的财政方针。

---

① 《尚书·六禹谟》。
② 《逸周书·文传篇》。
③ 《逸周书·程典篇》。

第一章 西周时代及以前的财政思想

此外,节用的另一个重要作用是借此可以保证财政积储的稳定增长。在这方面,传说周文王对其子武王的训示中也有所涉及。他认为储备问题直接关系到国家的存亡,而有无储备又取决于节用。如谓:

"有十年之积者王,有五年之积者霸,无一年之积者亡。生十杀一者,物十重;生一杀十者,物顿空。十重者王,顿空者亡。"①

所谓"生十杀一"或"生一杀十",可以理解为财政收入与支出的关系,如与上句的"十年"、"五年"之积结合起来看,这句话的大意是:十分收入中仅用去一分,则积存的财物可增长十倍,反之,收入一分而支出十分,则储备"顿空",即全部丧失。积贮增十倍者可以统治天下,积贮"顿空"者势必自取灭亡。前已述及,在古代社会,要取得"十年"或"五年"的谷物储备,只能是一句空话。惟从节用的角度去论证积储的比例、途径或方式,却在某种程度上触及通过财政分配来调节消费与积累的比例关系问题。不过在西周,进行财政积蓄的主要目的,一是用于争夺或巩固王业,如文王在强调能否实现积储的意义时所说,"能制其有者则能制人之有;不能制其有者,则人制之"。另一个目的就是用于备荒,即所谓"天有四殃,水旱饥荒,其至无时,非务积聚,何以备之?"至于用于发展社会生产方面的费用,在那一时期的文献资料中极难见到,即使有,估计也是微乎其微。

如遭荒歉,封建政府原则上须进一步节制财政开支,"以数度多少,省用"②,而在平时,政府应优先考虑和赈济那些缺乏或丧失劳动能力的老弱、疾病、孤寡者③。这种小恩小惠和殷商的"畜民"政策,在思想上是一脉相承的。它既不会在封建财政开支中占有很多份额,又能对被统治阶级产生极大的欺骗作用。难怪代表剥削阶级利益的封建政权总是以"怀保小民,惠鲜鳏寡"④相标榜。

当然,西周封建统治者为了稳定人民生活,巩固其统治基础,并非

---

① 本段引文均见《逸周书·文传篇》。
② 《逸周书·大匡篇》。据此篇记载,周文王遭大荒时,曾下令节制朝廷开支:"人食不举,百官质方,口不食饗。及期日质明,王麻衣以朝,朝中无采衣"。
③ 《逸周书·大聚篇》:"老弱疾病,孤子寡独,惟政所先"。
④ 《尚书·无逸》。

只此财政救济之一道,据说周初还采取了其他一些财政经济措施。诸如由官府在各乡建立粮仓,收买粮食以资储备,并以储粮多少作为考核地方官吏的重要依据;储粮不得轻易变卖,亦不许囤积居奇,应以备荒为目的;由官府经乡正担保,向乡人提供货币借贷,当年不必偿还,以辅佐乡人殖财;赋税征课应以人们"财殖足食"为前提,如能达到"足食"即能维持基本生活需要,方才实行征课;外地缺粮,可出售本地储粮资助,若本地粮少,则停止输出,以恤孤寡;为促进粮食在缺粮和余粮地区之间的流转,戍边城地储粮以"众足以守"为准而不过多留存,出征军粮亦以"驰车送逝,旦夕运粮"的方式供应①。这些措施主要涉及国家对于基层粮食储备的督促和管理,以及官府借贷两个问题,它们均与国家财政支出有着密切联系。

值得注意的是,以上财政措施相当重视商业原则,而通过市场买卖方式来从事粮食的储备活动,无疑会减少国家因单纯用行政手段直接调拨粮食所带来的诸多不便和烦扰,同时也能节省财政开支甚或在粮食买卖中盈利。不仅如此,在荒歉之年,周文王还专门"告四方游旅",鼓励各地游商到受灾地区进行贸易以解决困难②。此类措施连同官府的平均市价政策③,均对后世理财活动产生过一定影响。

根据西周封建领主经济的特质,封建政权的官僚各自有其"食邑"或"田禄",他们的费用均由农民负担,不在封建国家财政支出之内。所有开支都和最高地主的个人享受与支用有关④,这一点与秦汉以后的封建财政支出也有所不同。但是,应当指出,在领主经济条件下,王室

---

① 《逸周书·大匡篇》:"王既发命……农廪分乡,乡命受粮;程课物征,躬竞比藏。藏不粥籴,籴不加均。赋洒其币,乡正保贷,成年不偿,信诚匡助,以辅殖财。财殖足食,克赋为征,数口以食,食均有赋。外食不赡,开关通粮,粮穷不转,孤寡不废。滞不转留,戍城不留,众足以守。出旅分均,驰车送逝,旦夕运粮"。

② 《逸周书·大匡》。

③ 如《逸周书·大匡》:"告四方旅游,……数内外以立均,无蚤莫,间次以行,均行众从";《大聚》:"市有五均,早暮如一","……关夷市平,财无郁废,……此谓如德";等等。

④ 如《国语·周语》中载:"昔我先王之有天下也,规方千里以为甸服,以供上帝山川百神之祀,以备百姓兆民之用,以待不庭不虞之患。其余以均分公侯伯子男,使各有宁宇,以顺及天地,无逢其灾害,……内官不过九御,外官不过九品,足以供给神祇而已,……"。可见西周的诸侯和官僚各有其领地或田禄,不需要国家从其财政费用中支拨。

向各级官僚颁行爵禄,必须依照一定的标准,而这一标准与后代属于国家财政开支范围的官禄制度之间,不能不存在着某种继承关系。对于西周的爵禄等级制度,孟轲在回答北宫锜的询问时,曾提出一个较具体的方案。他根据爵位的高低和领地的大小,将各级属官的食禄标准详细划分如下:

"大国地方百里:君十卿禄;卿禄四大夫;大夫倍上士;上士倍中士;中士倍下士;下士与庶人在官者同禄,禄足以代其耕也。次国地方七十里:君十卿禄;卿禄三大夫;大夫倍上士;上士倍中士;中士倍下士;下士与庶人在官者同禄,禄足以代其耕也。小国地方五十里;君十卿禄;卿禄二大夫;大夫倍上士;上士倍中士;中士倍下士;下士与庶人在官者同禄,禄足以代其耕也。耕者之所获,一夫百亩。百亩之粪,上农夫食九人,上次食八人,中食七人,中次食六人,下食五人,庶人在官者,其禄以是为差"①。

以上食禄等级的排列如此整齐划一,肯定经过孟轲的润饰,包含着一些虚构成分。然而各级食禄之间须保持一定的等差或比例,根据农业生产水平来确定食禄的标准等等,这显然也是秦汉以后的封建官俸制度所必须遵行的原则。

第三节
《禹贡》的财政观点

《尚书·禹贡》,前代学者多认定是夏禹王时代的赋税制度的记录,近代学者多认为其成书年代约在公元前四五世纪的战国,是我国最早的一部有价值的经济地理著作。《禹贡》中关于财政部分的记载绝不

---

① 《孟子·万章下》。又《逸周书·月令》中亦有"行爵出禄,必当其位"的说法。

是反映夏代的实际财政制度①，也不是春秋战国时代财政实况的倒影。它所反映的财政观点与下面将作专门论述的《周礼》的内容有些近似，但所涉及的地域较《周礼》所载更为广阔而记述也较为具体。因《禹贡》所反映的时代背景尚未完全肯定，故附在本章之后加以分析。

《禹贡》所记载的田赋贡纳的规定，将九州的田地及其贡赋均划分为上中下三等，每等又细分为上中下三级，共为三等九级，如下表②：

地区	田等	赋等
冀州	三等五级	一等一级
兖州	二等六级	三等九级
青州	一等三级	二等一级
徐州	一等二级	二等五级
扬州	三等九级	三等七级或二等六级
荆州	三等八级	一等三级
豫州	二等四级	一等二级或一等一级
梁州	三等七级	三等八级或七、九级
雍州	一等一级	二等六级

从上表可以看出，部分地区如冀、扬、荆、豫等州是赋的等级高于田的等级，而另一部分地区如兖、青、徐、梁、雍等州则为赋的等级低于田的等级。另一方面，有的地区如青、豫、梁等州则田与赋的等级大致接近，而另一些地区如冀、荆、雍等州则田与赋的等级相差甚大。这些差别的规定，大致是考虑距离帝都的远近、交通条件、土地肥度、产品价值以及经济发展情况等等作为规定的根据。如冀州田为五级，但以距帝都最近，有水运之便，而经济又较为发达，故其赋列为一等一级；荆州和扬州的土地肥度较差、距离也较远，因贡品价值较高，如所贡为

---

① 近年来研究夏代社会制度者，有的引用《禹贡》的内容包括其中的财政征课体系，作为考察的重要依据。如顾颉刚题字的李民著《尚书与古史研究》（中州书画社，1983年版）文集中，即一再强调《禹贡》为夏史研究提供了不少重要参考资料。"不能由于它是后人所写定，而抹煞其原始素材的真实性。"这一论断尚有可商榷之处。

② 《史记·夏本纪》中关于夏代赋税等级制度的记载，几乎是逐字逐句地转述《禹贡》的内容。

第一章 西周时代及以前的财政思想

"金三品"或纺织品等,故赋的等级也较高;又如雍州与徐州虽田的等级甚高,因地远或交通不便而又不产珍贵产品,故赋的等级也较低。另外,有的地区如兖州因常遭受水患,故在治水期间可暂予免赋①。上述三等九级的分类在以后各封建王朝一直成为典型的课赋分类法,并曾扩大应用到官阶和军级方面。

在王室直接管辖的五百里甸服之内,其田赋缴纳又有如下规定:

"五百里甸服。百里赋纳总,二百里纳铚,三百里纳秸服,四百里粟,五百里米。"

此规定的支配思想,是考虑到道路愈远者交纳实物贡赋困难愈多这一现实情况,故其赋税缴纳方式也相应地按道路远近而交纳精粗不同程度的农产品,即百里内纳全禾,二百里纳半禾,三百里纳去皮半禾,四百里纳谷,五百里纳米。

对于这种田与赋的差别规定,有人运用级差地租理论来解释②,有人则仅称它类似于屠能(J. H. V. Thünen)的区位理论③。大体说来,《禹贡》财政征课的总精神体现了两个原则:第一是贡土所宜,当地生产什么即贡纳什么④。这是经济不发展的古代财政贡献的基本形式,与夏代以来的原则相同,只是《禹贡》将各州贡纳品的具体名称都作了详细列举⑤。第二是负担平均的原则,这在《禹贡》中体现得最为突出。前面所提到的一些规定田与赋等级及其缴纳方式,不外乎体现这一原则。

关于财政贡纳的负担平均原则,在我国古代有关财政的文献中大都

---

① 《禹贡》:兖州"厥田惟中下,厥赋贞,作十有三载乃同"。据郑玄注:此系指兖州治水正兴作不休,十三年后乃有赋与其他八州同。亦即十三年内予以免赋。
② 参见巫宝三所撰《我国先秦时代租赋思想的探讨》一文中关于《禹贡》的租赋思想。见《中国经济思想史论》第26~27页。
③ 见侯家驹:《中国经济思想史》(台湾"中央文物供应社"1982版),第21页。
④ 《禹贡》篇首称:"禹别九州,随山浚川,任土作贡。"此"任土作贡"即贡土所宜之意。
⑤ 如兖州"厥贡漆丝,厥篚织文";青州"厥贡盐絺,海物惟错,岱畎丝、枲、铅、松、怪石";徐州"厥贡惟土五色,羽畎夏翟,峄阳孤桐,泗滨浮磬,淮夷蠙珠暨鱼";扬州"厥贡惟金三品、瑶、琨、篠、簜、齿、革、羽、毛惟木,岛夷卉服";荆州"厥贡羽、毛、齿、革惟金三品、杶、幹、栝、柏、砺、砥、砮、丹惟箘、簵、楛";豫州"厥贡漆、枲、絺、纻,厥篚纤、纩";梁州"厥贡璆、铁、银、镂、砮、磬、熊、羆、狐狸";雍州"厥贡惟球、琳、琅玕"。

有所体现。这说明,这一原则在春秋以前已不断有所体现,而不是偶然地透露。中国很早即已形成领土辽阔的统一国家,因此,在财政征课上必须根据某种原则来规定其制度。以封建的西周为例,最高领主所征课的贡赋,在王畿以内系由劳动人民直接负担,此外广大地区的贡赋由分封诸侯交纳。分封诸侯向王室交纳的贡赋,虽然实际上是由领地内的徭役农民负担,但因诸侯在其领地内享有政治经济的全部特权,在他们看来,上缴王室的贡赋无疑是出自他们的私囊。最高地主在规定征课制度时,即使不考虑劳动人民赋税负担的是否平均,总不能不考虑各级大小贵族的贡赋负担是否平均的问题。须知,负担平均与负担沉重是两回事,即使是极其沉重的负担也可应用负担平均原则来榨取。如果对贡赋的征课畸轻畸重,标准全无,恣意而行,这对最高领主的统治是很不利的,恐怕不等到农民起来反抗,贵族统治阶级内部就会有人起而反对。所以,财政贡纳制度采取负担平均原则,不是什么"仁政",而是更有利于统治者政权的巩固和财政的榨取。同时,我们也不能因《禹贡》所记载的是古代剥削阶级政权的财政榨取方式而认为它不可能反映负担平均原则。事实上,负担平均是存在着财政剥削关系的任何社会形态中的统治者必须考虑的问题,只有荒唐的统治者才是例外,所不同的仅是在贡纳的程度、应用的范围,特别是反映的阶级内容上有所区别而已。

但在古代文献中并未明确提出负担平均原则,这是我们经过对古代财政制度、财政措施乃至各种财政设想的整理和分析后得出的结论。从世界范围内看,这种财政原则先是在1755年由德国的官房学者尤士惕(Justi)开其端,到亚当·斯密的《国富论》中才成为举世闻名的财政原则。惟我国早在2000多年前的古代社会,这一思想已在许多典籍中有不同程度的反映,而以《禹贡》为最典型。不过一位现代日本经济学者桑田幸三却认为《禹贡》的田的等级不是指土地的肥沃程度,而是指"狩猎"的等级而言①。这种主张是不能被接受的。因为"田"如理解为狩猎的话,它本身就不可能划分等级,如指狩猎的产物。它们已列在贡赋等级之中,也不可能另分等级。此外,国内学术界近来也有人

---

① 桑田幸三:《中国经济思想史论》中有关《禹贡》一文。

对《禹贡》中的"贡赋"提出不同理解,认为所谓贡赋应理解为"交换和贸易往来"关系,不是指财政贡纳制度。惟此解释仅为一种推测,缺乏可信的论据①。总之,对于研究我国春秋以前的财政制度与思想来说,《禹贡》仍是现存古代文献中具有较高参考价值的一部重要典籍,足资珍视。

---

① 参见李民著:《尚书与古史研究》,第 56~60 页。书中仅凭《史记·夏本纪》所载"(禹)与益予众庶稻鲜食,……与稷予众庶难得之食,食少,调有余补不足"一语,即推断"《禹贡》中所说的贡赋制度,实则是把当时各地的物产说成是贡赋的内容,把当时的交换、贸易来往说成是'贡赋'关系"。书中又说:《禹贡》的贡赋内容,"与其说是'贡赋',倒不如说是交换和贸易往来"。应当指出,从前面的《史记》记载,很难得出否定《禹贡》中的贡赋为财政贡纳制度的结论。何况统治者利用施予或"调有余补不足"等方式来维系庶民的生活,这本身就是财政分配关系的一种表现。而书中认为各地物产是贡赋的内容,这也进一步证明《禹贡》中的财政贡赋制度是以贡土所宜为其重要原则。

第二章

春秋时代的财政思想

春秋（公元前772年至公元前476年）及战国时代（公元前475年至公元前221年）是我国古代历史文明的光辉时代。由于社会经济的急剧变革，自春秋后期起在财政思想方面，也和在其他学术领域一样，出现了持续几个世纪的百家争鸣局面，涌现出许多极为重要的财政观点。这些观点均在后代产生了不同程度的影响，其中少数观点至今还具有某种程度的现实意义，而绝大部分则成为传统的财政教条。

前已指出，西周是以领主土地占有形式为基础的经济形式。春秋时代生产力的发展已使封建生产关系的最主要内容即土地所有制发生巨大变革。春秋后期土地自由买卖的出现，打破了西周以来"田里不鬻"的传统，产生了新兴的封建地主阶级以及大量的小土地私有者，从而加速了领主土地占有制的崩溃。这种由贵族领主土地占有形式向封建地主土地占有形式的过渡，随着时间的前进而愈演愈烈，到战国时代，地主土地占有形式已成为社会经济的支配形态。

土地占有形式的这个重要变革，反映在封建财政榨取的方式上也出现一系列的重要改变。如公元前594年鲁国的"初税亩"①，反映鲁国农业公社组织的彻底瓦解，有田无税的土地增多，不得不改变旧有的

---

① 《左传》，宣公十五年。

"彻"法,实行"履亩而税"。在兵役负担上,如公元前590年的鲁国"作丘赋"①,公元前548年楚国的按土田定军赋②,公元前538年郑国的"作丘赋"③,公元前483年鲁国"用田赋"④ 等等,都是适应新的土地占有形式的重要变革。因而形成了各种各样的新的财政观点。本节先研究春秋末年出现的一些新财政思想。

第一节
管仲的相地而衰征

管仲(约公元前730年至公元前645年)是春秋时代最著名而且最有影响的政治家。他处在领主经济开始瓦解、地主土地占有形式开始发展的初期,因此,在他的财政思想中既有强烈的适应于新的土地占有形式的观点,也保存着一些旧的领主经济的残余观点。

在财政方面他的重要主张是提出"相地而衰征"⑤ 的赋税征课原则,即按照土地的肥沃程度以定征赋的轻重。这是劳役地租被实物地租所代替的情况在财政征课方式上的反映。同时,在旧的劳役制崩溃的情况下,原来的劳役农民初被解放出来,他们可能因种种原因而移动性较大,不利于封建生产关系的巩固,故实行一种较能鼓励农民的生产积极性的课征方式,也能产生一种"使民不移"的有效作用。因此,"相地而衰征"并不完全着眼于财政收入,其目的还在于将具有一定程度人身自由的直接生产者束缚在他们的土地上,这又反映了正在成长中的新封建生产关系的要求。

按土地肥瘠程度以征课赋税的方式是我国古代财政征课制度上的一

---

① 《左传》,成公元年。
② 《左传》,襄公二十五年:"楚蔿掩为司马,子近使庀赋,数甲兵。甲午,蔿掩书土田,度山林,……量入修赋,赋车籍马,赋车兵、徒兵、甲楯之数。"
③ 《左传》,昭公四年。
④ 《左传》,哀公十二年。
⑤ 《国语·齐语》。以下关于管仲财政思想的引文除另注外,均采自《国语·齐语》。

个重要变革。虽然西周时也有根据土地等列实行差别课税的说法,如所谓"修其等列,务其土实,差其施赋,设得其宜"①,但那是领主经济时期最高地主向各级领主分封土地并摊派贡赋时考虑的标准,却与固定在农村公社内的广大劳役农民无关。不过,如把相地衰征直接理解为是生产关系的变革,显然也是不妥当的。因为领主制向地主制的过渡,仍然是同质的封建生产关系,而且管仲要求做到是"陆、阜、陵、墐、井、田、畴均"。就是说无论是山地("陆阜"),墓地道路("陵墐"),市地("井"),耕地("田畴")均须有合理的配置,才不至于引起人民的怨恨,"则民不憾"②。这表明相地衰征只是改为直接以封建农民为征课对象。

在其他财政收入方面,管仲主张"通齐国之鱼盐于东莱,关市讥而不征,以为诸侯利",即齐国的鱼盐可以自由出口,一般进出口物品也免税。这样的财政贸易政策对齐国经济的发展起了很大的作用。

管仲的财政观点,在后来的《管子》一书中得到进一步的丰富和发展,我们将留待下面研究《管子》时再作讨论。

第二节
公孙侨的"作丘赋"政策

公孙侨即子产(公元前 574 年至公元前 522 年)在郑国执政 20 余年,曾因铸刑书而被称为法家的始祖。

子产执政时的一个重大措施是"作丘赋"(公元前 536 年),这是仿效 53 年前鲁国所行的办法,增加人民的军赋负担,把每甸人民所应负担的军赋改由一丘(四丘为一甸)的人民负担。丘赋表面看来是军事问题,而实质上也是财政问题。他扩大军赋的征调,使小小的郑国也

---

① 《逸周书·程典》。
② 《国语·齐语》。

第二章 春秋时代的财政思想

拥有七百乘以上的战车。从当时土地私有者传诵"我有田畴，子产殖之"[①] 看来，似乎子产的财政榨取还不特别苛刻。作丘赋这一措施的意义不仅在于增加军赋，还在于使以往并未纳税的许多新辟私有土地也负担一定的军赋。土地私有者乐意负担军赋，是由于通过军赋的交纳即为他们土地所有权获得法律的认可。考虑到子产重视对私有田地的整顿和编定，在领主土地所有制濒临瓦解时作丘赋，也同"初税亩"一样标志着封建地主土地私有制之确立，其经济意义不仅在财政方面。

第三节
孙武的赋税观点

孙武系春秋末年人，生卒年月不详，约与孔子同时。他和战国时代的孙膑同为中国古代著名的军事学家。反映孙武思想的古代文献有传世本《孙子兵法》，而 1972 年临沂银雀山汉墓出土的竹简《孙子兵法》，对于研究他的赋税思想来说，尤为珍贵。

孙武的赋税观点常常指军赋问题，这在《孙子兵法》中有不少记载：

《作战篇》："善用兵者，役不再籍，粮不三载。取用于国，因粮于敌，故军食可足也。"

"国之贫于师者远输，远输则百姓贫。近于师者贵卖，贵卖则百姓财竭，财竭则急于丘役。力屈，财殚，中原内虚于家。百姓之费，十去其七。公家之费，破车罢马，甲胄矢弩，戟盾蔽橹，丘牛大车，十去其六。"

《军事篇》："是故军无辎重则亡，无粮食则亡，无委积则亡。"

《用问篇》："凡兴师十万，出征千里，百姓之费，公家之奉，日费

---

① 《左传》襄公三十年。本段引文除另注外，均见《左传》襄公三十年。

千金。内外骚动，怠于道路，不得操事者，七十万家。"

于此可见，他既认为军赋的征收，是决定战争胜败的关键，又坚决反对因过度征取而造成百姓的力屈财殚。其基本思想是用于战争目的的军赋筹措，应与本国的人力、物力相配合而保持在某种合理的限度内，如以"役不再籍，粮不三载"作为征课标准；国家则根据收取军赋的多少，制定相应的军事战略，即所谓"取用于国，因粮于敌"。孙武的军事策略，十分重视赋税征课问题，并以赋税制度的优劣，作为分析各国政治军事形势以及估计事态发展进程的极重要依据。这一观点在《吴问》篇中表现得最为明显。

《吴问》是竹简《孙子兵法》中新发现的一篇佚文，记载了孙武根据晋国国内韩、赵、魏、范、中行、智伯六家所推行的田制和税制，预言晋国最后将归赵氏统治的问题。他提出的理由是：

"范、中行是（氏）制田，以八十步为婉（畹），以百六十步为吻（亩），而伍税之。其□田陕（狭）、置士多，伍税之，公家富。公家富，置士多，主乔（骄）臣奢，冀功数战，故曰先〔亡〕。……韩、巍（魏）制田，以百步为婉，以二百步为吻，而伍税〔之〕。其□田陕，其置士多，伍税之，公家富。公家富，置士多，主乔臣奢，冀功数战，故为智是次。赵是制田，以百二十步为婉，以二百四十步为吻，公无税焉。公家贫，其置士少，主金臣收，以御富民，故曰固国，晋国归焉。"①

以上分析从田制和税制的区别入手去推测晋国六卿的政治前景。马克思在谈到欧洲封建领主制国家时指出，那时"封建生产的特点是土地分给尽可能多的臣属。同一切君主的权力一样，封建主的权力不是由他的地租的多少，而是由他的臣民的人数决定的，后者又取决于自耕农

---

① 引文中〔〕号处系缺简，据上下文意，此处阙文似应补为"智是制田，以九十步为婉，以百八十步为吻，而伍税之。其制田陕，其置士多。伍税之，"共二十九个字。

的人数"①。这一论述同样适用于我国春秋末期的封建割据国家。孙武的敏锐之处就在于他在当时土地占有形式和财政征课制度发生重大变革时期，深刻地认识到扩大田亩定制和降低赋税征收标准对于争取民心的决定性作用。

这里有几点需要指出，第一，对土地面积的划分，晋国六卿分别采取了四种不同标准：一是范、中行二氏以八十步为畹②，以一百六十方步为亩；二是智氏以九十步为畹，以一百八十方步为亩；三是韩、魏二氏以一百步为畹，以二百方步为亩；四是赵氏以一百二十步为畹，以二百四十方步为亩。土地面积单位标准的扩大对赋税征课有很大的影响。如果每亩田赋征收额不变，亩积扩大意味着每亩实际收获量中用于赋税交纳的部分相对减少。这对于土地私有者变公有土地为私有，广泛开垦荒地具有很大的刺激作用。

第二，关于晋国六家的税收方式，除赵氏采取"无税"政策外，其他五家均实行"伍税"制。所谓"伍税"，有两种理解。一种认为"伍"代表基层行政单位，"伍税"指按基层单位的编制形式"伍"来收税。另一种认为"伍"表示税率，即按五分之一的比率征税。无论采用上述两种说法中的哪一种，均不致影响孙武的结论。但在孙武的心目中，五税制仍不及赵氏的"无税"制。所谓"无税"，仅系赵氏统治者对新增加的私有土地免予征税③，并不是说停止一切财政征收。其目的不外乎笼络民心，争夺民众，借此扩充自己的势力。但也说明那一时期新兴剥削阶级集团已重视运用赋税轻减作为争夺领导权的斗争手段。

第三，制田的宽狭，关系到摊派兵役和军赋亦即"置士"的多少。在当时兼并战争频繁状态下，各势力集团无不追求兵多财足。孙武却认

---

① 《资本论》第一卷，人民出版社1975年版，第785页。

② 关于"畹"的涵义，古人有两种看法：一种认为"畹"指田亩面积，如称一畹等于三十亩或十二亩之类；另一种认为"畹"指田边长度，有"田之长为畹"之说。对于我们的研究来说，更重要的是那些作为土地面积标准的具体数字的变化，至于"畹"字的本义，则不必拘泥它究竟指田亩面积还是指边长。

③ 有人认为"无税"的"无"同元，即"原"的意思。照此意理解，原税似指原来的税制，即不同于上文所谓"伍税"制的旧有制度，那么这一旧税制究竟为何物，不得而知。这里暂且存疑。

为"公家富、置士多"者势必败亡,而"公家贫,置士少"者,才可望日益强盛。在他看来,"公家富"会导致"主骄臣奢","置士多"会趋于"冀功数战",二者均是造成败亡的原因。

他所谓"公家贫,置士少",只是个相对的说法,所谓"贫"实际指"主敛臣收,以御富民",而"少"意谓不"冀功数战"。这虽是政治军事方面的斗争策略,但在军赋占重要地位的古代,它也是一种财政策略。特别是孙武把军赋提高到决定国家存亡水平来考虑,更是很独特的古代财政观点。

第三章 先秦儒家的财政思想

第三章

先秦儒家的财政思想

从春秋开始,由于社会经济的深刻变革和阶级关系的巨大变化,出现了各种反映各新旧阶级和阶层要求的财政观点。其中以孔丘及其儒家学派所提出的观点对后代的影响最为深远。为了便于较完整地掌握儒家财政思想的总体,我们在这里除了分析儒家创始人孔丘的财政思想外,还将先秦儒家经典以及儒家重要代表人物的思想结合在本节内加以介绍。

第一节
孔丘的财政思想

孔丘(公元前551年至公元前479年)在鲁国做过三个月大司冠摄行相事,并周游列国宣扬他的主张。孔丘的经济思想虽不仅指国家财政而言,但它们却对以后两千多年封建财政思想产生过极重大的影响。

一、义利观念

春秋后期以来已出现了一种以社会伦理规范制约人们获取财富活动

中国财政思想史

的倾向,此倾向在孔丘那里又得到进一步的强调和深化,如他曾明确地肯定"君子喻于义,小人喻于利"①。又说他对待个人富贵的态度是:"不义而富且贵,于我如浮云"②,"富与贵是人之所欲也,不以其道得之,不处也"③。从此形成了后世的支配义利观点。这一观点的本意是泛指伦理规范对人们一切经济活动的制约作用,并非专对国家财政而言。但以早期儒家尤其是孔、孟在涉及义利问题时曾一再把治理国家财政视为不义的行为,甚至等同于盗贼。因此,"讳言财利"不仅成为制约人们日常经济生活的准则,更是儒者绝对不能违反的财政教条。故在研究早期儒家的财政思想时,必须首先提及他们的义利观点。

实际上,孔丘较少接触财政问题。最突出的一处是他指责门人冉求为季氏搜括财富,他说:"非吾徒也,小子鸣鼓而攻之,可也"④。但也不过说说而已,冉求仍是门徒中经常被孔丘称赞的弟子之一,绝不会为季氏作残酷的财政搜括。又一次是季康子想加税,命冉求来征询孔丘的意见。他也只说有周公之法,不必改变税率⑤。另一处是门人闵子骞批评鲁国扩大官府仓库,"鲁人为长府"是不必要的,孔丘甚为赞赏⑥。关于"为长府",明清之际的王夫之曾将它理解为铸造不足值的大钱⑦,颇有新意,果真如此,那又成了货币问题了。

在孔丘的言论中尚未出现公开反对儒者从事财政工作的观点,他只反对为统治阶级"聚敛"。而且他在个人财富上虽强调伦理规范的限制,而对于人民大众的经济活动,却是十分重视的。在《论语》中,这种辞句很多,例如:《论语·子路》写道:"子适卫,冉有仆。子曰,庶矣哉!冉有曰,既庶矣,又何加焉?曰,富之。曰,既富矣,又何加焉?曰,教之。"人口众多了,第一件应做的事是"富之",其次才是

---

① 《论语·里仁》。
② 《论语·述而》。
③ 《论语·里仁》。
④ 《论语·先进》。
⑤ 《国语·鲁语下》:"鲁人为长府。闵子骞曰:仍旧贯如之何,何必改作。子曰:夫人不言,言必有中"。
⑥ 《论语·先进》。
⑦ 王夫之:《四书稗疏·论语下篇·长府条》。

加以教育。《论语·尧曰》中他又说:"所重民,食、丧、祭",又把"食"放在第一位。从整个国家的角度来看,既重视"富"、"食"等活动,如无人从事财政工作,如何能将这些问题处理好。西汉儒家将"子罕言利"[①]一语曲解为孔丘不重视财政问题,造成此后2000多年的儒者偏见。但是,尽管这是一种偏见,在儒家思想长期支配的旧中国,事实上是个极为重要的财政观点。

二、维护"籍田",反对"税亩"

孔丘对周公时代的"籍田以力"制度十分推崇,认为这是后代必须遵守而不可更易的先王法典,如有冒犯,即斥之为"犯法"[②]。所谓"籍田",实质上是在封建生产关系发展的初期阶段榨取农民劳役地租的一种赋税方式。其具体榨取形式又可分为两种:一种是由农民助耕公田,公田收获全部归天子或诸侯所有;另一种是实行"彻田为粮",农民在公田与私田上通力耕作,然后按公私田亩数量的比例将总生产中属于公田的部分缴纳给贵族统治者。孔丘所说的籍田制,可能是就后一种榨取形式而言。但这两种形式都是指借民力以治田,而征收劳役地租的方式。

然而,在孔丘的时代,由于封建领主土地占有制的迅速崩溃,封建传统的财政征课方式也必然发生重要改变。对此,孔丘深为不满,因而他在修订鲁国史书《春秋》时,专门记下"初税亩"这一事件,以贬抑鲁国在公元前594年对传统税制所作的变革。"税亩"制的实质,是打破以往按公田缴纳劳役地租的旧法,不分公田私田,一律"履亩而税"。这标志着封建税制正由征收劳役地租转向征收实物地租的重要变革。孔丘推崇"籍田"而反对"税亩",从租税思想上说,就是坚持较原始的劳役地租形式,而不接受较进步的实物地租形式。

---

① 《论语·子罕》。
② 《国语·鲁语下》。

三、提倡节用，反对聚敛

在财政支出上孔丘的主张是"政在节财"①；"道（治）千乘之国……节用而爱人，使民以时"②，这里所谓节用，并不是要减少财政支出，而是须在封建礼义规范的制约下做到俭不违礼。因此，我们绝不能把孔丘的节用概念，单纯地理解为要求统治者节省财政开支而过一种俭朴的生活，还必须看到他的这一概念也浸透着封建伦理规范。

在财政征收上他从"惠民"思想出发③，坚决反对重税，即所谓"聚敛"。例如前面已提到过的，他指责门人冉求说："季氏富于周公，而求也为之聚敛而附益之"。子曰，"非吾徒也"④。又如鲁用田赋，即把按丘（每丘为十六井）为单位征课的军赋，改为按每户田亩征收，孔丘也不赞成，认为"丘赋"已经可以足用，不必按田纳赋以增加人民负担，主张"敛从其薄"⑤。可见，他反对在财政征课上过分地搜括人民的态度是既鲜明而又坚决。增课田地的赋税，对新兴地主阶级总是不利的，因为在这时候它还只是"一个被压迫的等级"，不得不向贵族领主政权交纳赋税。

但如将孔丘主张的薄敛理解为完全为着地主阶级的利益，那又是不全面的。薄敛也可能兼顾到一些独立的土地小私有农民的利益，他的主张并非对人民没有一点好处。而且，一个新兴的剥削阶级最初出现于历史舞台的时候，为着反抗腐朽的统治阶级，常和被剥削的劳动大众结合在一起以为彼此暂时共同的利益而斗争。因此，孔丘薄敛主张既代表了地主阶级的利益，也反映了被剥削的劳动群众的要求。其他如节用爱人，使民以时等等，也说明了同一问题。

---

① 《史记·孔子世家》。
② 《论语·学而》。
③ 见《论语·公冶长》："子谓子产有君子之道四焉……其养民也惠，其使民也义"。《尧曰》篇亦称："因民之所利而利之，斯不亦惠而不费乎？"
④ 《论语·先进》。
⑤ 《左传》哀公十一年。

薄敛思想在孔丘以前已经广为流行。如公元前 636 年，晋文公"弃责薄敛"①；公元前 573 年，晋悼公"薄赋敛"② 等等。但它经孔丘特别予以强调，成为以后儒家经常复述的一个响亮口号，在我国古代财政思想上产生了极大影响，虽然它不曾起过什么实际作用。

四、税源与税率

孔丘很强调培养税源，不同意竭泽而渔的征课方式。他的这一观点，通过门人有若的一段议论可以反映出来："百姓足，君孰与不足；百姓不足，君孰与足"③。这里所谓"百姓"，当然包括新兴地主阶级在内，他的这一租税观点虽不免于为一定剥削阶级的利益而说教，但他第一个正确地认识到培养税源的重要意义④，能从生产观点去理解租税问题，在财政思想上的确是一种卓见。如果把这一观点同法国重农学派创始人魁奈的名言对比一下，会更饶有兴趣。这位近代资产阶级经济学的奠基者、"欧洲的孔夫子"曾在他有名的"经济表"上写下这一格言——"农民贫穷则王国贫穷，王国贫穷则君主贫穷"。两者均重视发展生产使人民富裕以培养税源。魁奈的格言在资产阶级经济学成为一种科学之初的 18 世纪，已是一种杰出见解，《论语》这一观点出现在公元前 5 世纪更为难能可贵。这虽不是孔丘的直接言论，却一直被 2000 多年来的儒家认为是这个学派的代表观点。

在税收负担上，孔丘主张什一之税。这可以从有若的话中反映出

---

① 《国语·晋语四》。
② 《左传》成公十八年。
③ 《论语·颜渊》。
④ 《左传》文公十三年（公元前 614 年）载邾文公的一段话："苟利于民，孤之利也。天生民而树之君，以利之也。民既利矣，孤必与焉。"此"利"字可以包括各种非物质利益在内，如从物质生产活动的意义上去理解，那么"民既利矣，孤（君主）必与焉"一语，则可以看作古代关于培养税源思想的另一种最早的表达方式，惟其不及《论语》的表述明确和影响深远。另外，楚大夫伍举指责灵王（公元前 540—前 529 年）造章华之台"是聚民利以自封而瘠民"时，也说"民实瘠矣，君安得肥？"（见《国语·楚语上》）伍举约与孔丘同时而稍前，他的"民瘠君不得肥"观点与上述邾文公的"民利孤必与"之说，均与孔丘培养税源观点异曲同工。

来。"哀公问于有若曰：年饥用不足，如之何？有若对曰，盍彻乎。"①"彻"是十分之一的税。我们要知道所谓什一之税，既不包括劳役也不包括军赋在内，只从什一之税这一点来看，即使能够实现，也不足以反映人民的实际财政负担情况。《论语》中的这一观点经过百多年后的孟轲加以渲染，遂成为后代儒家的另一响亮政治口号，也是经常不能兑现的空头支票。但是它的重要意义不在于其现实性，而在于它是一面所有历史上反对重税者的鲜明旗帜。

第二节
《周易》与《大学》的财政概念

一、《周易》的理财概念

在现存的古代典籍中，《周易》一般认为是成书最早的一部，并被列为后世流传甚广的儒家十三经的首位。近代学者大多认为它最早萌芽于殷周之际，系长期积累的产物。《周易》是早期儒家重要经典，它所反映的财政观点对后代儒家的影响最大者主要有以下两点：

第一，重视理财。在儒家经典中，《周易》重视财利的态度很突出。甚至宣称"崇高莫大乎富贵"②。此外，《周易》经传中单"利"字就出现过190余次，此"利"字虽不必专指经济利益而言，但物质财利无疑是"利"的一个极为重要的内容。关于义与利的关系，《易传》认为：

"利者，义之和也。……利物是以和义。"③

---

① 《论语·颜渊》。
② 《周易·系辞上》。
③ 《周易·乾·文言传》。

第三章　先秦儒家的财政思想

这是以财利的各得其宜作为"义"的基本内涵，接着又指出"利"是君子的"四德"之一。① 这一观点不那么强调伦理规范对利的限制作用，因为它在从整个社会的角度来考虑问题时，不能不把物质财富放在重要的地位上，并主张"能以美利利天下"。此所谓：

"乾始能以美利利天下，不言所利，大矣哉！"②

这里既说"以美利利天下"，又称"不言所利"，似乎是一种矛盾。其实，"不言所利"正是由"利天下"思想引申而出，因为既以天下为利，自不应再言一人或一事之利；惟其如此，才会达到天下无所不利的崇高境界。

《易传》作者认为，能顺应自然而为天下利者，唯有"圣人"（指最高统治者），圣人的主要职能是"守位"和"聚人"，而要做到这两点，又必须通过"理财"才能实现。如说：

"天地之大德曰生，圣人之大宝曰位，何以守位曰仁（"仁"字一本作"人"），何以聚人曰财。理财正辞，禁民为非曰义"③。

所谓的"位"，在封建社会中，就是封建统治政权，而守护这个政权无疑需要"人"，但归根结底是"财"。"财"既如此重要，封建统治者不能不首先考虑"理财"问题。自此以后，"理财"二字就成为封建国家处理财政经济事务的专有名词，举凡一切与国家财政有关的经济理论或思想原则，均可包括在"理财"这一经济范畴之内。但是，汉唐时代的儒生虽然自幼就背诵《周易》，却囿于讳言财利之传统，将"理财"看成小人之事。直到北宋初才有思想家出而引证《周易》，强调"理财乃所谓义"④，纠正了鄙视理财的偏见。

第二，"中正"的节用观。《周易》作者像大多数古代思想家一样，崇尚节俭。如谓：

---

① 《周易·乾·文言传》："君子行此四德者，故曰：'乾；元、亨、利、贞'"。
② 《周易·乾·文言传》。
③ 《周易·系辞下》。
④ 王安石：《临川集》卷七十三，《答曾公立书》。

"君子以慎言语，节饮食"①。

"天地不交，否。君子以俭德辟难，不可荣以禄"②。

"君子"指封建统治者而言。因此"君子"个人的消费用度是否节俭，直接关系到封建国家的财政开支是扩大还是缩小。

但是，《周易》作者也不赞成封建君主的用度过分节俭，甚至认为"用过乎俭"是一种过失③。故主张节用应力求"得中"：

"'节'亨，刚柔分而刚得中。'苦节不可贞'，其道穷也。说以行俭，当位以节，中正以通。天地节而四时成。节以制度，不伤财，不害民"④。

"利有攸往，中正有庆。"⑤

以上引文与其他重视节用的观点不同之处，就是很注意把节用控制在某种合理的程度内。在《周易》作者看来，为节过苦是"道穷"的一种表现，故当权者奉行节用，应以"中正"为其宗旨。而所谓"中正"，其客观标准是"不伤财，不害民"，并且须有固定的制度作为保证。这一节用观点，我们可以称之为"中正"的节用观。它的特点是给人们所公认的节用之说，加上了新的限制条件；如果节用违反了"中正"标准，那就意味着其道困穷；反之，若以"中正"的制度为节，则天下庆顺，所往无不利。

《周易》中的节用观点虽然和《论语》所谓"节用而爱人"一样常常为人们所引用，而在封建财政实践中却总是流于形式。但从财政思想上考察，"中正"的节用观毕竟是为古代财政支出观点补充了一个新内容。

---

① 《周易·颐·象传》。
② 《周易·否·象传》。
③ 《周易·小过·象传》。
④ 《周易·节象传》。
⑤ 《周易·益·象传》。

第三章 先秦儒家的财政思想

二、《大学》中的财政观点

在封建中国特别是在 11 世纪以后,《大学》一书中所反映的财政观点,其指导作用决不下于《论语》。但前书中某些财政观点,却不完全和《论语》中的观点相一致。但后来的儒家似乎未察觉到这一点,而经常予以引证。

《大学》经传作者在国家财富问题上,严格地说是在国家财政问题上所反映的观点,与《论语》中所反映的观点,颇异其趣。我们知道,关于国民财富问题,孔丘是把人民所需的物质生活资料置于非常重要的地位,而在《大学》中,"德"是应首先注意的问题。《大学》中写道:

"是故君子先慎乎德。有德此有人,有人此有土,有土此有财,有财此有用"①。

主持国政的"君子"首先要重视"德",所谓"大学之道在明德",有了"德"则天下的百姓都愿归顺到有德者之国,有了百姓自然会有土地,有了土地就能生产财富,有了财富然后可供国家使用。因此《大学》在伦理规范与物质财富的关系上得出一个和《论语》不同的结论,即"德者本也,财者末也。"②

主持国政,如果将财富放在首要地位,那是"外本内末",无异是教人民相率而从事于财富的争夺,所以,国家不能"以利为利",要"以义为利"。这就把孔丘的唯心主义倾向作了进一步的发展。

在这样的国民财富观念的基础上,《大学》对孔丘的财政思想作了以下两个方面的补充:

第一,孔丘反对聚敛的原因是封建贵族领土的财政剥削已经很重了,不应"为之聚敛而附益之"。《大学》将这一反聚敛思想提到了更严厉的水平,认为国家拥有人民与拥有财富二者是相互矛盾的,"财聚

---

① 《大学》传第十章。
② 本段引文均见《大学经传》。

45

则民散,财散则民聚"。这一命题不外乎表示要"藏富于民"。这一观点自有它可取的一面,那就是它强调财政的源泉,反对无休止的聚敛。在这方面,《大学》的作者反对聚敛的态度较孔丘更为严厉。他甚至把"聚敛"指责为盗窃,认为"与其有聚敛之臣,宁有盗臣"。故一个国家不仅不能有聚敛之臣,就是为国家君长者亦不能专致力于财用问题。如果这样,那必是受了"小人"的影响,所谓"长国家而务财用者,必自小人矣"。

第二,对税源的培养,《大学》发展了《论语》中"百姓足,君孰与不足"的观点,从生产与消费的对比关系上去了解财用之是否充足:

"生财有大道。生之者众,食之者寡;为之者疾,用之者舒;则财恒足矣。"

《论语》中只指出百姓的"足"与"不足"关系到国家的"足"与"不足",并未说明怎样才能使百姓"足"。《大学》进一步指出使国家财用充足的最有效办法是使从事生产的人多,专门坐食的人少,同时还须加紧生产和缓慢地使用。这里清楚地反映出《大学》的作者已认识到国民财富的充足与否不能只从它的绝对量去看,还须从它的生产与消费的相对关系上去考察。"在任何时候,社会的实际财富的数量,相对地说,都是微不足道的。这是生产和消费的永久的循环。"① 从整个国家的角度去认识生产与消费的关系及其对国家财政的影响,那么《大学》的作者能够提出这一观点,却不是一件简单的事情。

尽管《大学》所接触到的财政问题未超出《论语》,在儒家财政思想中却不可忽略。特别是从孔丘到孟轲、荀况之间的思想发展过程,如抛开《大学》,在某些问题上的线索是不容易衔接的。

---

① 《资本论》第2卷,人民出版社1975年版,第359页。

第三节
孟轲的财政思想

孟轲（约公元前372年至公元前289年）生活在战国中期，与孔丘相差有一个多世纪之久。这一百多年间，由于春秋以来的巨大社会经济变革包括财政税收制度上的重要改变，继续而急剧地扩大，因此，孟轲的财政思想虽是全部接受了孔丘的若干重要原则，却补充了不少新的内容。下面从对待财利的基本态度、租税思想和谷禄观点等方面来研究他的财政思想。

一、对待财利的基本态度

《孟子》一书一开始对梁惠王提出的"何以利吾国"的答复就是"仁义而已矣，何必曰利"①。这句话首先就给人一种印象，似乎他也和孔丘一样是"罕言利"的。其实，这完全是一种错觉。在早期儒家中，他不但讲了许多经济问题，而且还提出不少杰出的经济观点。

孟轲在对待个人财富问题上强调伦理规范的制约一点，与孔丘是一致的，但在对待国家财富问题上，他也坚持首先考虑道德规范，这就与孔丘的观点不完全相一致。后来儒家"讳言财利"教条之形成，固然渊源于孔丘，而孟轲之说却具有更大的影响。他猛烈地攻击那些从事于财政经济工作的人们：

"善战者服上刑，连诸侯者次之，辟草莱任土地者又次之。"②

---

① 《孟子·梁惠王上》。
② 《孟子·梁惠王上》。

"田野不辟，货财不聚，非国之害也。上无礼，下无学，贼民兴，丧无日矣。"①

"今之事君者曰，我能为君辟土地，充府库。今之所谓良臣，古之所谓民贼也。"②

他不仅反对为政先谈一般的利，连"辟草莱、任土地"等古代思想家一向认为须首先考虑的农业生产要政，都在被反对之列。实际上孟轲并不是一个主张治国而完全忽视经济事务的思想家，如滕文公向他请教治理国家的办法，他即指出"民事（即农事），不可缓也"③。不仅此也，他对整个国民经济还很有一套办法。他口头上反对为国先谈财利，主要是要通过强调伦理规范以抑制当时一切为兼并战争服务的倾向。

由于他在政治上猛烈而坚决地反对先谈财利，一味地标榜所谓仁义，所以连当时贵族统治阶级也认为他"迂远而阔于事情"④。

我们不惜在这里反复论述孔、孟对待财富的基本态度，一方面因为这是儒家财政思想以至其整个经济思想的核心。舍此而谈儒家财政思想是舍本求末；另一方面，儒家思想对后代财政经济的不利影响也以这一观点为最严重，漏掉了这一点无异捡了芝麻而丢了西瓜。

二、租税思想

孟轲的财政思想大多与租税问题有关，而租税思想也以他的政治思想即所谓"仁政"为基础。封建政权要实行"仁政"就非有较充裕的租税收入不可，因为要"春省耕而补不足，秋省敛而助不给"⑤。凡人民之"所欲，与之聚之；所恶，勿施尔也"⑥。封建财政税收要以是否

---

① 《孟子·离娄上》。
② 《孟子·告子下》。
③ 《孟子·滕文公上》。
④ 《史记·孟荀列传》。
⑤ 《孟子·告子下》。
⑥ 《孟子·离娄上》。

于人民有利以为断，这是他的最突出的财政观点。他说：

"君不乡道，不志于仁，而求富之，是富桀也"①。

"君不行仁政而富之，皆弃于孔子者也。"②

他的这一租税观点，在战国中期表达了一般新兴地主阶级争取减轻自己的租税负担的要求，而在地主阶级取得政权以后的封建社会中，也就成了农民阶级及进步思想家反对封建租税压榨的有力思想武器。

其次，孟轲建议一种近乎农业单一税的制度。他说：

"市廛而不征，法而不廛，则天下之商皆悦而愿藏于其市矣。关讥而不征，则天下之旅皆悦而愿出于路矣。耕者助而不税，则天下之农皆悦而愿耕于其野矣。廛无夫里之布，则天下之民皆悦而愿为之氓矣。"③

市场中的商舍不征税，货物按照规定办法出售而不收税，即所谓"市廛而不征，法而不廛"。关门也只缉查行旅而免征关税。城市不生产的宅地不纳房地税，即"里布"。无职业之人不收人头税即"夫家之征"。这些租税都不征收，则财政来源只剩农业生产上的收入一项。

从表面上看，"耕者助而不税"一说好像也否定了农业税。其实不然。孟轲不懂得他自己一再宣扬的所谓"助而不税"，也是一种"税"，从政治经济学角度考察，国家以大地主资格使人民助耕公田而榨取劳役地租，其他形式征课的实物地租，本质上都是以不同形式的地租所交纳的"税"而已。因此，孟轲自诩为他在宣扬无税制，而实际所宣扬的是一种农业单一税制。

在他所处的时代，对农民的课税可能同时存在三种形式："有布缕之征，有粟米之征，有力役之征"④。前两种是实物征课，后一种是力役。他反对三者同时征课，主张最好是"用其一，缓其二"。在只采用一种征课形式时，以哪一种形式为最佳，未加说明，只说如采用两种形

---

① 《孟子·告子下》。
② 《孟子·离娄上》。
③ 《孟子·公孙丑》。
④ 《孟子·尽心下》。

式,则民有饿莩之可能;倘使三者同时采用,那就连父子都要离散了。孟轲的这一租税观点,又是迂阔之论,在他生活的时代,农民同时负担这三种征课,是极普通的现象,并无他所想象的那样严重。但他反对重税的基本精神则是可以肯定的。

再次,孟轲对农业税的征收方式也有较深入的分析。他赞同龙子的主张,认为"贡"的方式最差,"助"的方式最好。更具体地说,他反对的"贡"法,是要农民缴纳一种固定税额的农业实物税。他的论点是贡赋交纳必须"较数岁之中以为常",即税额是以预计各年度的平均收获量而确定,采取此种税制即会产生如下的弊病:

"乐岁粒米狼戾,多取之而不为虐,则寡取之。凶年粪其田而不足,则必取盈焉。"①

换言之,"贡"法的税率固定以后,缺乏灵活性和伸缩性。年岁丰收时人民粮食很多,多征收一点也不算苛虐,但限于贡额已确定而不能加以多收。凶荒之年人民收获连粪肥之用都不够,却仍须按贡额交纳,当然不胜其负担。"助"法则不然,农民只在公田上提供劳役,私田不再交纳租税,也就不会因年岁丰歉而产生上述矛盾。这里,他不仅不懂得强迫劳役作为一种税制是较实物税更为落后的制度,也不懂得固定税额还有它的优点,而按当年实物征课的税制远非完美无缺的。然而他毕竟是古代世界分析税率制度的第一人。

最后,关于一般税率,孟轲基本上主张抽十分之一的农业税。他说夏、商、周三代的税率"其实皆什一也",又说"国中什一使自赋"②,对戴盈之的谈话也提出要迅速实行税"什一,去关市之征"③。然而他所宣扬"助而不税"的税率就不是十分之一,亦即"请野(农村)九一而助"。这是他在税率问题主张上的一个小矛盾。虽然孟轲本人非常倾向于"九一而助",但更多的时候是宣扬什一之税,因此"什一而税"被后世儒家崇奉为税率制度中最理想的"中正之制"。

---

① 《孟子·滕文公上》。
② 《孟子·滕文公上》。
③ 《孟子·滕文公下》。

第三章 先秦儒家的财政思想

孟轲也主张薄税敛，认为这是促进农业生产和实现人民富裕的前提条件。他说：

"省刑罚，薄税敛，深耕易耨。"①

"易其田畴，薄其税敛，民可使富也。"②

"薄税敛"只是财政征课的一般性原则，还须有具体的税制规定为之保证，此即"取于民有制"③。在这方面，孟轲把"什一而税"看成一种绝对正确而丝毫不可变更的税率制度：

"白圭曰，吾欲二十而取一，何如？孟子曰，子之道，貉道也。万室之国，一人陶，可乎？曰，不可，器用不足也。曰，夫貉五谷不生，惟黍生之。无城郭宫室宗庙祭祀之礼，无诸侯币帛饔飧，无百官有司，故二十取一而足也。……欲轻之于尧舜之道者，大貉小貉也；欲重之于尧舜之道者，大桀小桀也。"④

白圭是战国大理财家之一，他主张二十而取一，可能是通过各种经济活动以充实封建财政，并由此以减轻土地及其他工商税率。孟轲坚持孔丘以来遵守"周公之法"和称赞什一之税的传统，并僵化地反对任何高于或低于十分之一的税率。他丝毫未考虑如果二十而取一岂不更符合于他的"薄税敛"，何能斥为"大貉小貉"。相反地，他所特别赞赏的"九一而助"，正好是"重之于尧舜之道"，岂不是连他自己也变成了"大桀小桀"。这不是什么理论上的分歧，而是孟轲的主观武断的个性所使然。常是坚持自己的主张，猛烈攻击任何与他自己主张稍有不同的意见，不仅在税率问题上如此，在其他问题上出现类似情况的，在《孟子》一书还非止一处，故当时人称他为"好辩"。但如以《告子》这段引文来显示他宣扬"什一之税"的坚决立场，倒是很得力的。

---

① 《孟子·梁惠王上》。
② 《孟子·尽心上》。
③ 《孟子·滕文公上》。
④ 《孟子·告子下》。

三、俸禄观点及其他

在封建领主经济时期，各级贵族均按其爵位的高低、领土的大小而享受世卿世禄，如所谓"公食贡，大夫食邑，士食田"①。贵族们的费用既由各自领地或食邑内的劳役农民来负担，故封建国家的财政开支中不必多考虑官俸一项。到春秋后期，由于封建领主土地占有形式的重要变革，不能不直接影响到传统的世爵世禄制度。一方面，随着诸侯或大夫的世袭领地、农民的份地逐渐转变为私有土地，以及公田、官地和空荒土地之被人们侵占或开垦而归私人所有，能由最高地主支配和供封赐贵族之用的土地已日渐减少，故在一些新出现的贵族中开始产生"无禄"的问题②。这批新贵族的俸禄就只有从国家财政中去解决，形成新的财政俸禄制度。

不过，在春秋末期，新兴俸禄制度尚未引起人们的注意，如孔丘也只是说领取谷禄应以国家是否"有道"为转移，至于封建国家究竟应实行一套什么样的俸禄制度，他尚未曾论及。孟轲是较早论述俸禄制的思想家，他特别推崇西周"文王之政"，但对此制也是只闻"其略"而不能闻"其详"。旧的爵禄制度既已破坏无遗，而现行谷禄制度又不能令人满意。在这种情况下，孟轲急于设计一整套新的俸禄方案，以适应当时维护封建等级秩序的需要。为此，他以西周古制为依托，充分发挥了自己的想象力。

他说他所理解的周代爵禄制度是：先按爵位高低分为天子、公、侯、伯、子男共五等，又按官阶大小分为君、卿、大夫、上士、中士、下士共六等。这些等级是划分领土和确定俸禄的主要依据。其制：天子地方千里，公侯皆方百里称"大国"，伯七十里称"次国"，子男五十里称"小国"，凡四等；"天子之卿，受地视诸侯，大夫受地视伯，元

---

① 《国语·晋语四》。
② 《左传》昭公十年（公元前532年）："凡公子、公孙之无禄者，私分之邑"。

士受地视子男"。依据受地标准,"大国"、"次国"和"小国"的各级官禄比例分别定为:君禄十倍于卿;卿禄四倍于大夫(次国和小国的卿禄分别三倍和二倍于大夫);大夫倍于上士;上士倍于中士;中士倍于下士;"下士与庶人在官者同禄,禄足以代其耕也"。而"庶人在官者"的俸禄是否足以代其耕,又须考虑到一夫百亩的"耕者之所获",并根据土地肥度的不同而分为五个级差,即"百亩之粪,上农夫食九人,上次食八人,中食七人,中次食六人,下食五人。庶人在官者,其禄以是为差"①。

他的这一爵禄制设想,儒家经典《礼记·王制》中有相同的记载,并较《万章》中的记载更为详细。但两者均系矛盾重重的书生之见,毫无实际意义,因此后世儒家对此问题均不甚关心。

在财政开支方面,孟轲的另一观点是主张以救济鳏寡孤独为王政之先声,即所谓"老而无妻曰鳏,老而无夫曰寡,老而无子曰独,幼而无父曰孤。此四者天下之穷民而无告者,文王发政施仁,必先斯四者。"② 但他对子产"以其乘舆济人于溱洧"③ 的救济行为又加以非议。有人说这是孟轲提倡生产反对救济政策的表现。提倡生产是正确的,但如对有困难的人民来说,既不求"人人而济之",又不求"每人而悦之",于王政精神总不相符。由此也表明,他在复杂的阶级斗争中为了打击敌人,强调自己的主张,常不顾原来的观点而逞一时的强辩,故在他的财政思想中造成不少相互矛盾之处。以上救济观点的前后不一致便是一个例子,而前述他对于税率的主张之矛盾则更为显明。至于在他的其他政治或经济主张的矛盾和强辩的情况更不必提。

---

① 《孟子·万章下》。
② 《孟子·梁惠王下》。
③ 《孟子·离娄下》。

第四节
荀况的富国思想

荀况（约公元前310年至公元前238年）是先秦儒家除孔孟而外的另一位重要代表人物。他在财政思想上的主要贡献，是对客观财政经济现象进行了较前期儒家更为深刻而细致的分析。

一、财政思想之基本点

荀况财政思想的基本点是他的"富国"哲学。"富国"和"理财"是中国古代谈论国家财政问题者经常使用的两个经济概念。惟"理财"一辞经《易传》作者首次提出后，在当时及以后相当长历史时期内尚未成为人们所习用的财政术语；与之不同，"富国"概念自战国后期各封建诸侯割据国家竞相提出富国强兵的口号以来，一直在封建时期普遍流行。而以"富国"为题进行专篇论述者，当以荀况为第一人。自此以后，所谓"富国"即成为封建人士特指有关处理国家财政经济事务的专有名词，直至19世纪末20世纪之初，国内学术界仍盛行以"富国策"或"富国学"之类的传统术语作为西方经济学的中译名。《荀子》书共32篇，有不少篇章涉及财政问题。其中《富国》一篇涉及的财政问题更多。

《富国》篇以"欲多"与"物寡"之矛盾为前提，肯定："人之生不能无群，群而无分则争，争则乱，乱则穷矣。"故"无分"乃是国家贫穷的根源，"兼足天下之道在明分"[1]。所谓"明分"指人们各安于其一定的社会等级和职业。相应于"明分"的社会财富的分配制度是

---

[1] 以下引文除另注外，均见《荀子·富国篇》。

"贵贱有等，长幼有差，贫富轻重皆有称"。他又说：

> "量地而立国、计利而畜民，度人力而授事，使民必胜事，事必出利，利足以生民，皆使衣食百用出入相揜（抵也），必时藏余，谓之称数。故自天子通于庶人，事无大小多少，由是推之。"

这里所谓"称数"，一方面是指不同等级的人应享有不平等的分配条件；另一方面对于封建国家来说，它的职能就是根据"称数"原则，进行土地、收益和赋役负担的"合理"分配，做到"量地而立国，计利而畜民，度人力而授事"。因此，等差的分配原则，既是荀况主张建立全部封建等级秩序的理论基础，又是他借以实行财政分配的指导原则。

他在等级分配制度基础上所提出的一套具体富国方针，可以概括为"节用裕民"四个字。这一方针包括了国家在奖励与保护生产、划分生产与非生产性职业、适当地限制消费以及采取相应的财政措施等各方面的经济活动。

从对古代财政思想的影响来看，荀况的《富国》篇可以说是我国古代第一篇直接以国家财政问题命题的专门经济论文。文中广泛涉及了分配、社会分工、生产、消费、租税政策乃至对外经济关系等各类经济问题，它们都围绕着"富国"亦即主要是国家财政这一中心议题而发。这种抛弃仁义的保护色而公开谈论如何富国的态度，尽管在受到讳言财利思想排挤的后世，它对一些富国论者从事国家财政事务的理论探索和实际筹划，仍产生了积极作用。

二、"开源节流"的原则

荀况在考察整个国民经济的基础上，第一次明确地提出了"节其流，开其源"的著名财政原则。他说：

> "下贫则上贫，下富则上富。故田野县鄙者，财之本也；

垣窌仓廪者，财之末也。百姓时和，事业得叙者，货之源也；等赋府库者，货之流也。故明主必谨养其和，节其流，开其源，而时斟酌焉，潢然使天下必有余，而上不忧不足。如是，则上下俱富，交（相互）无所藏之。是知国计之极也。"①

以上财政观念在理论原则上是继承了《论语》的"百姓足君孰与不足"的基本思想而加以发扬，它的新颖之处在于，一方面使用本末、源流等对比概念，更准确地表达了社会生产决定财政的主导作用。因此，"开源"即发展社会生产，也就意味着其"流"即财政开支的相应增长。另一方面，荀况又注意到"节流"即财政分配对于社会生产的制约作用。所以，他不是消极地等待社会经济的自然发展，而是主张积极地运用轻税节用等财政手段来达到"上下俱富"的理想境界。所谓"知国计之极"，即含有从"开源"和"节流"两个方面来考虑生产与财政的相互关系之意，用现代的话来说，也就是生产决定财政，而财政又反转过来推进和制约生产。这一理解从财政的意义上说，体现了一种与前期儒家不同的积极进取精神。

荀况所说的"开源节流"，系指生产发展规模与财政收支规模之间的相互关系而言。在开源方面，他对财富生产问题充满了浓厚的乐观主义气氛。他以为土地所生产的五谷、瓜果、菜蔬的产量都很丰富，而禽兽、鱼鳖、昆虫等万物之生产，其可以食养人者又是"不可胜数也"②。若以财富之生产与人口之需要相对比，他又认为总是百姓"有余食"，"有余用"，衣食都不成问题③。甚至还可以多到这样一种程度："财货浑浑如泉流，汸汸如河海，暴暴如丘山，不时焚烧，无所藏之"④。所以，他坚决反对墨子"昭昭然为天下忧不足"的态度，以为"不足，非天下之公患也，特墨子之私忧过计也"⑤。他把财富的生产看作是永

---

① 《荀子·富国篇》。
② 《荀子·富国篇》。
③ 《荀子·王制篇》。
④ 《荀子·富国篇》。
⑤ 《荀子·富国篇》。

第三章　先秦儒家的财政思想

不会困乏的,这固然与他宣扬人类能"制天命而用之"[①]的哲学思想有关,同时也说明到了荀况的时代,新的生产关系已显示了它对领主经济的优越性。

关于"节流",可以从节制租税征收和节省财政开支两方面去理解。有关税收的观点留待下面讨论,这里先研究节流的一个重要内容即节约国家财政支出问题,或简称"节用"。

节用是久经流行的传统财政观点,荀况的特点是把实行节用作为和自然进行斗争的一种手段。他说:

"强本节用,则天不能贫。……本荒而用侈,则天不能使之富"[②]。

这是对早期儒家"富贵在天"思想的直接否定,也是在那种超自然的天道观在人们意识中还具有强烈影响的时代出现的极有价值的观念。此外,他认为节用是富国裕民的良好办法。他说:"足国之道,节用裕民,善藏其余"[③],这样可使财富积如丘山,反之,则难免于贫穷。

但是,他也不主张在任何条件下都须节用。他认为过度的节用会阻碍赏罚制度的推行,最后会影响财富的生产以致"使天下贫"。这从他反对墨子节用说的论点中可以看出来[④]。特别是从"节用以礼"观点出发,为了区别贵贱尊卑,维护封建政权的威严,统治阶级尤其是最高统治者的消费,有必要无比的豪华[⑤]。

由此可见,在荀况的手中,所谓"节用"是一个具有很大伸缩性的尺度,当用它来衡量一般人民的消费时,须严格加以限制,使之"不得以有余过度"[⑥]。当用它衡量统治阶级的消费时,又搬出"礼"这一等级标准而大大放宽其尺度,竟至宽松到"重色而衣之,重味而食

---

① 《荀子·天论篇》。
② 《荀子·天论篇》。
③ 《荀子·富国篇》。
④ 《荀子·富国》。
⑤ 《荀子·礼论》。
⑥ 《荀子·正论》。

之，重财物而制之"的"淫泰夸丽"程度①。所以，荀况的财政支出观点也渗透着极强烈的阶级意识。

"节其流，开其源"的财政原则，尽管其本身并没有什么了不起的理论意义，却是极具影响力的，后世将此原则概括为"开源节流"，成为二十世纪中叶以前一直被广泛接受的一个财政格言。

三、租税思想及其他

荀况的租税思想系以"上下俱富，交无所藏"的基本财政观点作为其出发点，既主张富国，又强调"王者富民"，而财政税收工作的重点，应首先放在"养民"上，如称："王者之等赋政事，财万物，所以养万民也"②。因此，他坚决反对聚敛，他说：

> "故王者富民，霸者富士，仅存之国富大夫，亡国富筐箧、实府库。府库已实而百姓贫，夫是之谓上溢而下漏，入不可以守，出不可以战，则倾复灭亡可立而待也。故我聚之以亡，敌得之以强。聚敛者，召寇肥敌，亡国危身之道也。"③

早期儒家只提到聚敛和聚敛之臣是可耻的或不好的，而荀况则把聚敛的危害性提到关系国家存亡的高度。巧立税收名目作为聚敛的一种形式自然也在他的反对之列，并认为这种行为是危害国家的大灾祸，即"以非所取于民而巧，是伤国之大灾也。"④

在征税的对象上，荀况虽然第一次从农业是财富生产的来源的观点出发，肯定工商业是不生产的，但他并不坚持孟轲的农业单一税主张。荀况完全着眼于增加国民财富，既肯定农业是唯一创造财富的社会生产部门，就要求在一定程度上抑制工商业。他说：

---

① 《荀子·富国》。
② 《荀子·王制》。
③ 《荀子·王制》。
④ 《荀子·王霸》。

第三章 先秦儒家的财政思想

"士大夫众则国贫。工商众则国贫。……故田野县鄙者，财之本也。"①

"轻田野之税，平关市之征，省商贾之数，罕兴力役，无夺农时，如是则国富矣。"②

在农工商三者中，农业可以生产财富，而"工商众则国贫"，"省商贾之数"又可以使国富，则工商不生产财富是很显明的，故必须予以抑制。然而，工商的不生产财富性质以及由此而形成的重农抑工商思想，非但不影响荀况仍以征收工商税作为国家税收的一个组成部分，他还一贯主张国家对工商税与农业税一样，均实行轻税政策。如谓"轻田野之税，平关市之税"，反对"重田野之税以夺之食，苛关市之征以难其事"。他在《王霸》篇也说：

"关市讥而不征，质律禁止而不偏，如是则商贾莫不敦愨而无诈矣。……县鄙将轻田野之税，省刀布之敛，罕举力役，无夺农时，如是则农夫莫不朴力而寡能矣。""商贾敦愨无诈，则商旅安，货通财，而国求给矣。……农夫朴力而寡能，则上不失天时，下不失地利，中得人和，而百事不废矣。"

以上观点表明在荀况的心目中，既肯定只有农业才是生产的，其他非农业的劳动都是非生产的；同时又不放弃征收工商税。这是由于他还不懂得租税的转嫁与归宿理论，故未像18世纪法国重农学派那样，从肯定农业是财富的唯一本源的相同前提出发而引申出农业单一税的财政观点。

在其他租税观点方面，由于荀况对劳动力的适当使用颇为重视，如称："用国者，得百姓之力者富"③，因而多次主张减轻力役之征以免妨碍农业生产。他说："罕兴力役，无夺农时"，既可使国富，又可以使农民专心于农业④。儒者关市讥而不征，不对山泽产品进行课税的传

---

① 《荀子·富国》。
② 《荀子·富国》。
③ 《荀子·王霸》。
④ 见《荀子·王制》、《富国》及《王霸》等篇。

统,他也继承下来。在税率上他也遵守了儒家的传统,反对重税,坚持农业什一税的主张。同时还接受《禹贡》和管仲的观点,主张:"相地而衰政,理道之远近而致贡。"①

如果行什一之税而又以土地美恶为计算基础,那必须是为不同等级的土地各按其数年平均的收获量规定应交纳的税额,亦即所谓"等赋"。这正是孟轲所反对的"较数岁之中以为常"的贡法。看来荀况是赞成贡法的,因而在税率问题上是孟轲的反对论者。

除以上租税观点而外,荀况的财政思想中还有两点值得注意。

一是在官俸问题上,他将孔孟的谷禄思想大大向前推进了一步,明确反对世卿世禄制度,公开提倡"洪德而定次,量能而授官"②,并以此作为确定官俸多少的主要依据。他说:

"德必称位,位必称禄,禄必称用。"③

此即德行必须与官位相适应,官位必须与俸禄相适应,俸禄必须与官吏的开支费用相适应。这一官俸原则首先否定了封建官爵与世袭土地占有权力的固定联系,同时也意味着官俸支出到战国末年已成为封建财政开支的重要内容,故在根据新兴地主阶级的德才标准选录官员时,不能不把俸禄必须与官吏的职位以及消费水平相称的问题,提到重要的地位。

二是对战时财政问题作了较细致的分析。荀况所处的时代,用于兼并战争的费用,在各国财政开支中占有极大比重,因此,如何处理好战争与财政的关系,就成为当时代表新兴势力的思想家所必须考虑的重要问题。荀况认为,兼并别国人民可以有三种方式,即"以德兼人"、"以力兼人"和"以富兼人"④。他肯定第一种方式而对后两种方式持否定态度,其反对理由均系从国家财政的承受能力着眼,分别指出"以力兼人"或"以富兼人"的兼并形式将给国家财政带来沉重负担。他

---

① 《荀子·王制》。
② 《荀子·正论》。
③ 《荀子·富国》。
④ 以下引文均见《荀子·议兵》。

说,在"以力兼人"的情况下,被兼并人民之所以屈从于兼并之国,主要是为他们的军事威力所胁迫,唯其如此,为了继续保持这种军事上的威势,兼并之国就要大量增加兵力,"戎甲俞众,奉养必费",引起财政上的巨大耗费。故靠武力扩张领土和兼并人民的结果,反而是"得地而权弥轻,兼人而兵俞弱"。同样道理,在"以富兼人"的情况下,被兼并人民为了摆脱贫困和饥饿才归顺富有的兼并之国,"用贫求富,用饥求饱,虚腹张口来归我食"。照此办法,富国要吸引和控制被兼并的人民,只有动用财政积蓄和增设官员以满足他们的"求富"、"求饱"欲望,"必发夫掌窌之粟以食之,委之财货以富之,立良有司以接之"。据说,以富兼人者须如此进行财政接济达3年之后,才可能获得被兼并人民的信任。然而这样一来,兼并之国的财政终将难以为继,即所谓"得地而权弥轻,兼人而国俞贫"。因此,荀况主张"以德兼人,借重名声"和"德行"来争取民心,则"得地而权弥重,兼人而兵俞强"。以上三种兼并形式的优劣如以一句话来概括,就是"以德兼人者,王;以力兼人者,弱;以富兼人者,贫"。荀况的这一结论,不论其正确与否,他能从错综复杂的战时现象中,观察到国家财政对兼并扩张的相互关系,这在古代思想家中毕竟是难能可贵的。

第四章

墨家、法家及战国的其他财政思想

第一节
墨翟的财政观念

墨翟（约公元前468年至公元前376年）是先秦墨家的创始人，出身于小生产者阶层，他在财政问题上的许多看法，都同儒家大异其趣。

首先是在对待包括财政在内的一切经济利益的态度上，儒墨两家形成鲜明的对照。儒家至少在口头上不大谈"利"，要谈"利"时也常和伦理规范联系起来谈。相反，墨翟几乎是离开"利"不讲话，他也时常提到"义"，但所谓"义"也是以利为依归。"利"被看作社会伦理的基础，分辨利与不利的标准以其行为之利民与否以为断。利于民就是义，不利于民就是不义。墨翟不仅公开提出以"利"为其哲学基本原则，最重要的是他从"兼爱"原则引申出有名的"交相利"思想。在他看来，"兼相爱"与"交相利"几乎可以说是同义语，或者说"交相利"是"兼相爱"这一伦理观念的基础。他把交相利的原则广泛应用于人际之间乃至国家之间的关系上，认为利人就是利己，损人即是损己。只有人们各不相害，彼此相利，然后天下之"祸、篡、怨、恨可使毋起"①，然后能兴天下之利，除天下之害。

掌握了墨翟对待财利的基本态度后，下面就来进一步分析他的财政观点。

一、宣扬国家财政充实

墨翟的财政观念是"官府实而财不散"或"官府实而万民富"②，把充实仓廪府库视为重要财政措施。而儒家则主张"财散则民聚，财聚则民散"，与墨翟意见是对立的。墨翟以一个小私有者阶层的思想家而赞成封建国家充实官府仓廪，似乎难以理解。可是，如果联系墨翟本人的学说予以剖析，他提出"官府实"即肯定国家充实财政的观点，自有其理由。

首先，墨翟关于国家起源的学说，把国家产生归结为解决百姓的衣、食等经济问题，因而也就需要国家有充足的财政积蓄。

另外，他在分析国家内政外交事务时，也提到充实官府仓廪的必要和意义。他说：

"上有以絜为酒醴粢盛，以祭祀天鬼；外有以为皮币，与四邻诸侯交接；内有以食饥息劳，将养其万民；外有以怀天下之贤人。是故上者天鬼富之，外者诸侯与之，内者万民亲之，贤人归之。以此谋事则得，举事则成，入守则固，出诛则强"③。

可见，国家的各种政治、经济、外交活动，必须掌握有皮币、谷食等大量财货物资，才能有效地进行国事谋划而立于不败之地。

此外，他还接受传统的备荒思想，赞成《周书》所说"国无三年之食者，国非其国也"，主张积储三年之食作为"国备"。他又把备战

---

① 《墨子·兼爱中》。
②③ 《墨子·尚贤中》。

的重要性与备荒相提并论,认为"仓无备粟,不可以待凶饥;库无备兵,虽有义不能征无义;城郭不备全,不可以自守"①。所有这些预为储备的建议,无疑都要求以官府收入的充实作为前提。

二、赋役思想

在财政征课上,墨翟也反对厚敛,认为横征暴敛的结果,"其使民劳,其籍敛厚,民财不足,冻饿死者,不可胜数也"②。如能以其"常"役使民,以其"常"征课税,则民劳而不伤,费而不病,可以保证百姓有充实的财力以备凶年饥馑,不至于因冻馁而死亡。

对于农业课税,先秦各学派几乎均认为是理所当然的,墨家也不能例外,如墨翟曾提到"今农夫入其税于大人"③,这句话至少反映他并不反对征农。对于关市之征,墨翟却抱着与儒家不同的另一种态度。

"贤者之长官也。夜寝夙兴,内敛关市山林泽梁之利,以实官府。是官府实而财不散。"

"士君子竭股肱之力,亶其思虑之智,内治官府,外收敛关市山林泽梁之利,以实仓廪府库,此其分事也。"④

墨翟赞成征收关市、山林、泽梁之利。这与儒家所谓"关市讥而不征,泽梁无禁"⑤的"仁政",显然又是相对立的。

关于税率问题,怎样才算是适当,墨翟未加说明,只说:"以其常征,收其租税,则民费而不病。"⑥他认为"常征"非民之所苦,所苦的是"厚作敛于百姓"。墨翟主张节宫室、节衣服、节饮食、节舟车、节葬,以及非攻非乐等等,恐"王公大人"借此而加重百姓的负担也

---

① 以上均见《墨子·七患》。
② 《墨子·节用上》。
③ 《墨子·贵义》。
④ 《墨子·非乐上》。
⑤ 《孟子·梁惠王下》。
⑥ 《墨子·节用上》。

是其重要原因之一。因此，区别"厚敛"与"常征"的标准是十分重要的。可惜墨翟虽不时提到"常征"，却对正常税率的标准是多少，没有明白表示。至于赞成征关市、山林、泽梁之利，应是较接近于现实的观点。

三、财政支出观点

墨翟在财政支出方面的主要观点为"节用"，兼指节约公共开支和私人开支而言，其中尤为强调公共开支的节约。所以，墨翟主张"节用"，首先是要求去掉财政上的"无用"之费，亦即超过正常开支标准以上的那部分费用。他甚至认为统治者仅去"无用之费"即可以成倍增加国家的财富。他说：

>"圣人为政一国，一国可倍也。大之为政天下，天下可倍也。其倍之，非外地取也，因其国家去其无用之费，足以倍之。"①

实际上，单就"去无用之费"而言，这只是对现有财富的节省，并未增加国家财富的总量。故他所谓"可倍"是指统治阶级挥霍浪费的财富如能节约下来，即可使正当的公共开支增多一倍，而非指社会财富总量的绝对增加。他甚至将力行节俭、反对淫佚的意义提到关系国家存亡的高度，即所谓"俭节则昌，淫佚则亡"②。

当然，墨翟并不反对必要的财政支出，为了应付战时或荒歉年岁的支出费用，国家必须保持充足的财政储备，所谓"备者国之重也"③。尤其是小国如要抵御大国的进攻，更是积储越多越好，此即"凡大国之所以不攻小国者，积委多，城郭修，上下调和是故大国不耆（嗜）

---

① 《墨子·节用上》。
② 《墨子·辞过》。
③ 《墨子·七患》。

攻之"①。

更为突出的是墨翟一再强调国家的财政支出必须以利民为其原则,他反复指出:"诸加费不加于民利者圣王不为"②,系指费用开支须以符合人民的利益为准则。因此,墨翟所设想的财政开支,不只是为了维系统治阶级的正常支出,而更多的还是着眼于"万民之大利"。而且"诸加费不加于民利者,圣王不为"一语,如倒转来说,那就是一切加费均应能"加于民利",亦即含有提高财政支出的经济效益之意。这一含意在墨翟关于费用支出的议论中曾不时有所流露。如说:

"费财劳力,不加利者,不为也"③。

"圣王为政,其发令、兴事、使民、用财也,无不加用而为者。是故用财不费,民德不劳,其兴利多矣"④。

此"不加利者不为也"和"无不加用而为者"二句,系以不同方式表达了同一个意思,即国家应以"加利"或"加用"与否作为判断财政开支是否具有经济效益的重要标准从而决定应否予以支用。这是古代财政支出思想中一个值得称述的观点。

墨翟在论及财政支出时,还把节用与生产联系起来。他认为,要节用,总得维持一定的消费水平,要维持一定的消费水平,就得加紧生产。只有一面加紧生产,一面厉行节约,做到"生财密而其用节",才能感到财货充足,亦即"固本而用财则财足"⑤。这样从发展经济和节省开支两个方面去解决财政问题,应当说比仅持节用一端考虑得更为全面而合理。如果再将这里的"生财"与"用财"之说结合前面的"用财不费"一语来看,则"生财"须辅之以"用财"上的节约,而节约"用财"又须以提高经济效益即发展生产为原则,这就进一步表明墨翟已能较正确地认识到"生财"与"用财"这两个环节对于解决财政收支矛盾所具有的相互促进、相互制约的关系。

---

① 《墨子·节葬下》。
② 《墨子·节用中》。
③ 《墨子·辞过》。
④ 《墨子·节用上》。
⑤ 《墨子·七患》。

此外，他还提出过一种随年时饥馑的程度以紧缩财政开支的办法，值得一提。其办法的具体内容是："一谷不收谓之馑……岁馑则仕者大夫以下皆损禄五分之一"；二谷不收谓之"旱"，旱则减少官俸五分之二；三谷不收谓之"凶"，凶则减少官俸五分之三；四谷不收谓之"馈"，馈则减少官俸五分之四；五谷不收谓之"饥"，不熟谓之"大侵"，饥与大侵则尽无官俸，只领口粮①。这里只提到官俸的紧缩，它表明这一项费用已构成政府总开支的重要项目。因此，减低官俸就可以和缓政府在凶荒年份的财政压迫。不论他的这一主张之可行性如何，其设想总是很别致的。

第二节 法家与战国的其他财政思想

本节介绍的主要是先秦法家代表人物的财政思想。先秦法家多为政治家或政治改革家，他们在为新兴地主阶级利益而斗争的亲身实践中，崇尚封建法权的威力，积极擘画充实国家财政以为建立统一地主政权的物质基础。因此，他们相信法治可以更为有效地实现其政治经济斗争的最终目标。这一思想倾向反映在财政方面，自会形成一种与当时其他各学派所普遍赞成的租税政策不同甚至对立的财政观点。下面将研究法家代表人物商鞅和韩非的财政思想。

一、商鞅的财政观念

商鞅（约公元前390年至公元前338年）是中国历史上的伟大政治改革家。他给我们留下来的财政思想并不多，却都是比较独特的。

---

① 《墨子·七患》。

（一）坚持封建财政的统一

商鞅在秦国的改革包括许多重要内容，其中最基本的是运用政治权力决裂田地的封疆阡陌，彻底摧毁了旧领主贵族在土地上的世袭垄断特权，使土地得以自由买卖，为新兴地主经济的建立和发展开辟了广阔的道路。在财政方面，这一巨大变革也意味着封建财政之由分散到统一。

决裂阡陌封疆以前，各大小贵族封君在领地内享有财政特权，无论是对军赋或一般租税均各自为政，封建国家无从过问。商鞅"开阡陌"①或"决裂阡陌"②，为在新兴土地所有权关系上创立封建统一征赋制度提供了先决条件。在决裂阡陌的翌年（公元前349年），商鞅普遍地推行了县制，县是直属于国君的行政组织，县的财政收入尤其是军赋（包括兵役）也统一隶属于封建中央。财政的统一与集中，加强了封建国家的军事力量，为中央集权的地主政权的实现创造了前提条件。

《史记·商君列传》称他"为田开阡陌封疆而赋税平"，这个"平"字含有两种意义：第一，财政统一的结果使全国范围内的赋税负担趋于平均，无此轻彼重之弊。第二，"平"是意味着租税负担可能暂时减轻。因为实行县制消灭了贵族封君在中层所进行的残酷剥削，赋税负担很可能会减轻些。同时，地主经济较贵族领主经济为优越，农民有较多的劳动时间从事于耕种，有利于提高劳动生产率，即使剥削率不变，也会相对减轻租税负担的压力。

司马迁指出"赋税平"是"开阡陌封疆"，即土地占有形式变革的结果，这一观察是很深刻的。而商鞅本人似乎更注重纳税目的物本身的形式，他说："訾粟而税，上壹而民平"③。换言之，国家税收统一与人民租税负担平均的实现，全在于以粟作为农业税征收的目的物。这一观点的产生，与商鞅主张"壹务（指壹于农）则国富"④的极端重视农业思想有关，故他把财富的范围仅局限在主要农产品"粟"上。但他坚

---

① 《史记·秦本纪》。
② 《史记·蔡泽列传》。
③ 《商君书·垦令篇》。
④ 《商君书·农战篇》。

第四章 墨家、法家及战国的其他财政思想

持把封建税制的统一（"上壹"）建立在实物地租基础之上，并认为征"粟"可以带来人民租税负担的平均（"民平"），这一认识仍是颇具见地的。

商鞅决裂阡陌封疆这一伟大变革反映在中国封建财政制度上无疑也是一次极重大的改变。他在为实现这一变革而斗争的过程中，未必即已意识到他是在执行从根本上改革经济制度的伟大任务。但是，这一伟大变革在军赋上和财政上的重要作用，也就是将财政尤其是军赋收归封建国家统一征课的意义，商鞅必然已有充分认识，如果对财政统一的意义没有充分的认识，即不会排除万难，坚决推行。

（二）国富民贫论

先秦各学派绝大多数思想家一般均宣扬在使人民富足的基础上充实封建国家财政，唯有商鞅首先提出与此相对立的见解，主张人民要贫穷，国家财政要富足。这一观点不论在当时及以后都是十分特殊的。

在他看来，富国、强国或治国是同义语，因为"强者必富，富者必强"[1]。换言之，富国必然会是国治而兵强。但对于人民来说，却又是另一回事，他以为要强兵就必须使民弱、民贫，因"民……弱则尊官，贫则重赏"[2]。只有民弱、民贫，才能通过重刑或重赏以使其转变成勇敢的兵士。他既要迫使人民专于农以富国，也要迫使人民成为"家不积粟"的贫者。因为人民贫穷了，才能重赏，才能被驱使去行其所恶或所难的事。如果人人富有，则统治阶级的工具刑与赏，就无从发挥作用。

由于将求富避贫认为是人民天生之情性，因此，商鞅坚持："治国之举，贵令贫者富，富者贫。贫者富，富者贫，国强"[3]。这里所谓"富"或"贫"，其差别仅是有无足够维持生活的粟帛而已。"贫者富"不外是使人努力从事农业以获取一定收入或因军功赐以官爵和维持生活的费用。反之使"富者贫"也不外是取消其官爵或维持生计的费用。

---

[1]《商君书·立本》。
[2]《商君书·弱民》。
[3]《商君书·说民》。

故使人民中的"贫者富"不是让他们真正富裕,而是只有国家的富足,才是愈富愈好。怎样才能做到"令贫者富,富者贫"呢,他是完全依靠封建国家的"刑"与"赏"来实现其意图。故他说:"贫者益之以刑则富,富者损之以赏则贫"①。这就是说,对贫者威之以刑,迫使他们专一于从事农业生产,就会富足起来,或减少对人民的赏赐即可能使民贫。由此可知,在商鞅的政治体系中,任何人致富(即获得足够的生活资料)的唯一可能性,除务农外,就是通过出色的军功以得赏,亦即所谓"利出一孔"。故刑与赏的确是使人民贫富的有效手段。商鞅运用这一手段并不是以均贫富为目的,而是要使人们的各种活动均服从于他所追求的增强新兴封建国家的经济和军事实力的需要。正是出于这一政治斗争的需要,他才极力鼓吹富国即充实封建国家财政而不要求富民,甚至不惜以民贫为其代价。

(三)重税政策

古代思想家,不论属于哪一个学派,一般都主张轻税,甚至有少数还主张取消大部分租税。商鞅独树一帜,坚持重税政策,所以他的租税观点,也是非常奇特的。商鞅对租税的基本观点是"不农之征必多,市利之租必重"②,即对非农业活动的捐税要既多且重。这和儒家关市不征的租税观点是一种鲜明的对立。在这一原则指导下,他提出:加重关市之赋,加重酒肉之租税,按每家游惰坐食不务农事的人口而重课人头税③。这样一来,对关卡、市场、货物及游惰人口无不征税,而且课以重税。至于税率重到何种程度,商鞅未明确指出。他只对酒肉之租曾提出"令十倍其朴",即按原价征课十倍的捐税。由此类推,则其他租税的税率之高也就可想而知。

对于农业的征课,商鞅只提出"征不烦,民不劳,则农多日。农多日,征不烦,业不败,则草必垦矣",又说"禄厚而税多,食口众

---

① 《商君书·说民》,又《去疆》作"贫者使以刑则富,富者使以赏则贫"。
② 《商君书·外内》。
③ 《商君书·垦令》。

第四章 墨家、法家及战国的其他财政思想

者，败农者也"①，可知他对农业课税的种类是主张"不烦"、"不多"的。至于农业税率，那也绝不会很高。商鞅不惜采用许多政治的和经济的措施以驱使人民从事农业，当然不会以较高的税率打击农民的生产积极性。其中最显著的如"大小僇力本业耕织，致粟帛多者复其身"②，即是以免服兵役的规定对地主阶级的优遇。又如招徕国外农民至秦可以"复之三世"③，连徭役都可免去，何能苦农民以重税。再说，为了奖励地主阶级与农民以余粮出售，不惜提高粮食价格，更难想象他会课农业以重税，因为加重农业税与他要达到重农目的是相矛盾的。

由于他以粟来表现财富，主张国富而民贫，主张"家不积粟"；再由于他对非农业课重税的目的是为了要减少非农业活动，非农业活动的减少，其课税收入亦必随之而减少；因而国家财政收入必须基本上来自对农业征课，农业税也就决不会太轻。

商鞅主张对非农业活动采取重税政策，其目的不是为了增加财政收入，而是以租税为工具来达到抑制非农业活动，迫使非农业的人口转向农业，也就是运用税率政策来指导社会经济活动的动向。这是他的租税思想中的一个很独特的观点。商鞅还将此税率政策应用于促进土地私有制的巩固和招徕人口等各方面。如他规定"民有二男以上不分异者，倍其赋"④。每一户主只许有一个成年的儿子同居，如有两个以上成年儿子，即必须分财分居，否则就要加倍负担军赋。他的这一措施是以赋役手段摧毁当时广泛残存于秦国的原始的大家庭共居制度，以利于私有制观念的确立。

在人口问题上，他为了尽快解决秦国"地广而民少"的问题，主张招徕国外农民至秦可以享受免征"三世"徭役⑤的优待条件。所有这些，都表明商鞅对租税的有无及税率的高低在指导社会经济活动方面的作用，有着清醒的认识。这一点不仅是前所未有的，而且从理论水平上

---

① 《商君书·垦令》。
② 《史记·商君列传》。
③ 《商君书·徕民》。
④ 《史记·商君列传》。
⑤ 《商君书·徕民》。

来看，也提高到了颇为不易的程度。

（四）俸禄问题

前已指出，自春秋后期以来，封建政权的官俸费用，逐渐转变为封建国家重要财政开支项目。这里，顺便将先秦世卿世禄制向俸禄制的转变过程作一些概略的论述。

在这一转变过程中，战国以来的法家代表人物凭借政治权力所实行的坚决改革，起到了十分重要的推进作用。先是李悝（约公元前450年至公元前390年）在魏国废除旧的封建世袭制度而倡导"食有劳而禄有功"的制度①。比李悝稍后的吴起（约公元前440年至公元前381年），也把废除世卿世禄作为他在楚国实行社会改革的重要内容。他劝楚悼王"使封君之子孙三世而收爵禄"②，封爵的贵族再传至三世，即取消其爵位，收回其领地。对疏远的贵族一律除籍，这是对旧贵族领主的土地占有制有力的打击，也就否定了建立在它上面的"爵禄"或世禄制度。在财政俸禄方面，他主张节约官俸费用以加强国防，"绝减百吏之禄秩，损不急之枝官，以奉选练之士"③。这里削减百官俸禄的目的仅在于适应军事的需要，与此前墨翟用于应付灾荒有所不同。这也是法家的强兵富国主张在俸禄问题上的反映。

在推进世禄制向俸禄制转变的过程中，以商鞅在秦国的改革最为全面而彻底。首先，他从割断官爵与土地占有权力的联系入手，把官爵分为二十级④，以军功为授爵的依据，以往爵位与土地分封联系在一起，有一定的爵位便对一定的领地及其贡赋有世袭的支配权力。商鞅把官爵与土地占有权力分割开来，二十等爵中除最高一级彻侯得分食邑外，其余均变成领俸禄的官吏。这种官爵制度在商鞅决裂阡陌封疆以前六年（公元前356年）即已实行，这是为废除旧贵族的土地占有特权打下基础。以后随着开阡陌摧毁了旧领主贵族土地割据以及县制的普遍推行，

---

① 《汉书·食货志》。
② 《韩非子·和氏篇》。《喻老篇》也说"楚邦之法，禄臣再世而收地"。
③ 《韩非子·和氏篇》；又见《史记·吴起列传》。
④ 参见《汉书·百官公卿表》。

第四章 墨家、法家及战国的其他财政思想

他又创立了一套完整的官俸制度，此所谓"初为县，有秩史"①。"秩史"指领取俸禄的官吏，据《汉书·百官公卿表》记载，秦的县级官吏根据置县大小与官位高低，分别领取六百至一千石、三百至五百石、二百至四百石及一百石以下不等的俸禄。为了彻底打破世卿世禄制的传统支配地位，商鞅采取了各种激进而有效的措施。其中最主要的办法是"作壹而得官爵"②，即人民除农战而外不能以任何方式取得官爵，亦即所谓"利出一孔"。取得官爵意味徭役的免除和享受廪食（由国家发给粮食）的待遇，而官爵的取得首先以立军功为条件。其法斩一首级者升官爵一级，为五十石之官；斩二首级者升官爵二级，为百石之官，"官爵之迁与斩首之功相称"③。若无军功，则连国君宗室亦不得享有官爵④，更不必说其他封君贵族。其次，人们可以通过从事农业交纳农产品的方式得到官爵，即所谓"粟爵粟任"。这样既为新兴地主阶级突破世卿世禄制的传统藩篱而走上政治舞台，开了方便之门；又为加强封建国家的财政经济实力，提供了新的途径。

在废除贵族的土地分封制度后，彻侯以下有军功者得爵也不能封邑，已有封邑者亦应撤销。因此，商鞅又建立"辕田"制⑤，以充作群臣备车马之用的田或作各级官府的公田。辕田与领土分封制有本质的不同，它系因官职而设，随职务而存在，并不世袭，不担任官职即不能享有辕田的待遇。不像分封领地那样是世袭的。我们除知道他反对"禄厚而税多"，认为过于丰厚的官俸会引起过多的课税从而招致"败农"⑥外，别无所知。但他建立的官俸制度、辕田制等，对秦汉以后的封建财政均具有很大的影响。

---

① 《史记·六国年表》。山系指秦孝公十三年即公元前三四九年。
② 《商君书·农战》。
③ 《韩非子·定法篇》中"商鞅之法"。
④ 《史记·商君列传》："宗室非有军功论，不得为属籍"。
⑤ 《汉书·地理志下》："（秦）孝公用商君，制辕田，开阡陌"。
⑥ 《商君书·垦令》。

二、韩非的租税观点

韩非（约公元前280年至公元前233年）是先秦法家之集大成者。在财政思想方面，他的观点基本上接近于商鞅，但更为偏激和更富于理论色彩。

韩非和其他法家代表人物一样，十分重视富国。他曾引用田鲔教子一段话："欲利而（尔）身，先利而君；欲富而家，先富而国"①，主张将"利君"、"富国"放在第一位。在如何"富国"问题上，他继承商鞅所谓"利出一孔"的农战思想，强调"富国以农，距敌恃卒"，认为只有将治国和强兵的基础建立在农业上，才能做到"无事则国富，有事则兵强"②。反之，如果农业生产荒废，那么"田荒则府仓虚，府仓虚则国贫"③。至于"富国"即充实封建国家财政的具体手段，不外乎是依靠租税和力役，如他说："悉租税，专民力，所以备难，充仓府也"④。同时，他也注意到其他增加财政收入的因素，曾指出："明于权计，审于地形，舟车机械之利，用力少，致功大，则入多"，指发挥交通工具及器械之功用可收增加财政收入之效。他又说："利商市关梁之行，能以所有致所无。客商归之，外货留之……则入多"⑤。这又明显地讲到必要的商业对于"入多"的作用。至此，韩非的富国观点似乎与先秦其他学派的观点没有很大差别，但如联系到人民生活来考虑，韩非与其他思想家之间的差异就十分突出地显现出来。

先秦儒家有一句名言，"百姓足君孰与不足，百姓不足君孰与足"，是以人民的富足作为充实封建国家财政的基础。这一强调培养税源的"足民"思想，也为儒、道等学派思想家在不同程度上予以肯定。韩非

---

① 《韩非子·外储说右下》。
② 《韩非子·五蠹》。
③ 《韩非子·解老》。
④ 《韩非子·诡使》。
⑤ 《韩非子·难二》。

第四章 墨家、法家及战国的其他财政思想

则不然，他从理论上公开反对足民，认为足民不独不足以言治，而且是有害的。其理由是①：

首先，他认为人们是生而自利的，他们无止境的个人欲望将不可能得到满足。因此，如果将足民作为治国的方针，那是不察当时之实事的书生之见。他说：

"老聃有言曰：知足不辱，知止不殆。夫以殆辱之故而不求于足之外者，老聃也。今以为足民而可以治，是以民为皆如老聃也。故桀贵为天子而不足于尊，富有四海之内而不足于宝。君人者虽足民不足使为天子，而桀未必以天子为足也。则虽足民，何可以为治也"。

一言以蔽之，只有极少数的特殊人物才可能"知足"、"知止"，绝大多数的人都是和"桀"一样贪得无厌。既然任何一个君主均不可能无限满足各个人的欲望，则足民将是永不能实现的梦想。

另一方面，他还认为人们在"财货足用"以后会产生奢侈及怠惰两种倾向，他说："凡人之生也，财用足则隳于用力"，又说："夫富家之爱子，财货足用。财货足用则轻用，轻用则侈泰，……侈泰则家贫"。按照他的逻辑，必须人人贫困然后可能加倍努力，必须家家贫寒然后不会因奢侈而陷入穷困。故足民政治既不可能也不必要实现。

既然反对足民②，对于当时学者指责"上不爱民，赋敛常重"的说法，也就不值他的一顾，而且他还认为轻税会使人民因财用多而流于奢侈，由奢侈而使家贫，以及因财用多而不努力工作。故轻税之害与轻刑相同。这是彻头彻尾的剥削阶级的观点。韩非在《六反》篇曾说："论其税赋以均贫富"，但对如何以税赋来均贫富的办法未加论列，使人无从知其内容，殊为可惜。仅就采用租税为工具以均贫富这一概念来说，已是先秦思想家中很突出的财政观点。商鞅也曾利用租税这个工具以驱

---

① 本节引韩非语除另有注明外，均见《韩非子·六反》。
② 韩非在反对足民的同时，也提到所谓"富民"。不过他对富民的理解基本上与商鞅相同，亦即使人民免于"饿饭"，而仅能维持生活，并非真的要使人民富足起来。参见《韩非子·八说》。

民为农,而韩非却是想借它来处理贫富不均问题,两者比较,韩非租税观点的理论意义就更深刻些。问题在于韩非是为私有财产辩护最坚决的思想家,对救济政策他尚且说"今上征敛于富人,以布施于贫家,是夺力俭与侈惰也",①,站在富人立场加以反对,又如何会产生通过税率以均贫富的进步思想。运用税率以减低财富分配的过分悬殊,虽是一种改良主义的财政思想,根本谈不到彻底解决贫富问题,但在欧洲也是到19世纪才有这一类的财政思想出现。就韩非所代表的阶级,就他的思想体系以及他所处的时代来说,似乎还不大可能产生这样的租税概念。如果将他将所要"均"的所谓"贫富",按照上述商鞅所谓"令贫者富、富者贫"的概念去理解,倒是说得过去的。无论如何,按贫富或财产的多寡而征课赋税的思想,在那个时代仍是不平凡的,可惜的是我们没有足够的史料证明他所要均的"贫富"是通常所说的"贫富"。

对于徭役,韩非倒是主张减轻的。他说:"徭役多则民苦,民苦则权势起,权势起则复除重,复除重则贵人富。苦民以富贵人,起势以借人臣,非天下长利也。故曰,徭役少则民安,民安则下无重权,下无重权则权势灭,权势灭则德在上矣"②。可见,韩非主张减少徭役是为了增高君主的权威,绝不是为了减轻农民徭役的重负。

韩非抽象地赞成节俭,但对国家的财政支出则不绝对主张节用,认为节用不是统治者的首要问题。他说:"为人主者,诚明于臣之所言,则虽銮弋驰骋,撞钟舞女,国犹且存也。不明臣之所言,虽节俭勤劳,布衣恶食,国犹自亡也"③。这是说如果在重要政策上都处置适当,即使国君稍为奢侈,也非国家之患;相反的,如过分节用以至于损害身份等级或不利于行政工作,反而是不足取的。在他看来,封建国君不必"自禁"、"自节",关键在于能"禁下"、"节下",善于利用赏罚手段使臣民百官都能竭力劳作,克己奉公。如能做到这一点,即使君主奢侈亦非国家之患。总之,不外乎要使最高统治者更加庄严华贵,更加神秘,使人民大众莫测高深。

---

① 《韩非子·显学》。
② 《韩非子·备内》。
③ 《韩非子·说疑》。

第四章 墨家、法家及战国的其他财政思想

关于国家财政支出问题，韩非也同其他先秦思想家一样特别关心备战备荒的费用，此所谓"征赋钱粟以实仓库，且以救饥馑，备军旅也"[1]。值得注意的是，他对人们一向称颂的"以公财分施"、"劝贷施赏赐"的惠民仁政，公开持反对态度，认为这和妄杀无辜的暴政一样，会导致"亡国"的结局[2]；尤其是反对臣属为提高自己的声誉而"散公财以说民人，行小惠以取百姓"[3]。这一观点的产生，一方面可能来自以往豪强贵族借加惠小民以夺取君位的经验，另一方面也与他反对敛富施贫的观点有关。在他看来，"侈而惰者贫，而力而俭者富"。既然一个人的财富由他自己的勤劳和节俭而得来，贫穷是由于自己的奢侈及懒惰所造成，如政府实行济贫政策或征敛富人以布施贫家，无异是"夺力俭而与侈惰"[4]。同时，政府对贫者小恩小惠，既不利于鼓励那些努力工作与节俭以致富的人，也使奢侈与懒惰以至于贫穷的人因抱有受惠的侥幸心理而不急于疾作，结果是对贫者或富者均无好处，更无助于生产并有招致"亡国"的危险。这是韩非为财产私有权辩护的论点，在政府惠民或济贫政策上的表现。

在官俸支出方面，韩非的意见归纳起来有两点：一是强调俸禄必须与官吏的才能和功劳相称，"官贤者量其能，赋禄者称其功"[5]。二是强调官吏不得擅自多征民财民力以增加俸禄，只能是"奉足以给事"，在俸禄之外不能再去谋取私利[6]。以上第二点是官俸制度创立初期才可能有的情况，秦汉以后不再存在此问题。

在韩非的财政支出观点中，另一个值得称道的是他非常讲求支出的经济效益。他指出，凡事只有"计其入多，其出少者"，方可去做。如果"计其入不计其出，出虽倍其入，不知其害"，那就是"名得而实亡"。这里所谓"其入"与"其出"，系泛指经济上的一般收支而言，主要是通过"入"和"出"二者之间的对比来判断从事某一事业是否

---

[1] 《韩非子·显学》。
[2] 《韩非子·八说》。
[3] 《韩非子·八奸》。
[4] 《韩非子·显学》。
[5] 《韩非子·八奸》。
[6] 《韩非子·八经》。

有效益，用韩非的话来讲，就是是否有"功"。如果入多出少，即表明有效益，反之则无效益。即所谓"凡功者，其入多，其出少，乃可谓功"。将这一论断运用到财政支出问题的分析上，就形成财政支出效益观点。他曾批评当时国家纵容官吏滥用财政经费而不讲求经济效益的做法。他说："今大费无罪而少得为功，则人臣出大费而成小功，小功成而主亦有害"①。"大费"而"少得"，用现代语言来解释，就是不计成本去完成一事之意。韩非认为在不讲支出效益的情况下，即便办成某项事业，对于君主也是有害的。这一认识从现代财政支出的观点看来仍是颇为深刻的。

三、战国的其他租税思想

战国中期以后虽有商鞅、韩非等法家公开推行重税政策，但在整个战国时期，仍以轻税为人们较普遍接受的租税观点。须指出的是，在崇奉同一轻税观点的众多思想家中，由于他们分别代表不同的阶级利益，因此各人要求轻税的出发点及其理由，也就存在着明显不同。如与孟轲同时的农家许行，代表了当时极广大的小农群众的观点，故在他们的心目中，贤明的君主应当与人民"并耕而食"、"饔飧而治"。如果统治者保持有"仓廪府库"，即通过租税等手段来充实国家财政，就是"厉民而以自养"。②"厉民自养"，这与韩非支持称霸诸侯的齐桓公以其国方三千里地之半"自养"③的态度，正相反对。这比起同样代表小私有者利益的墨翟只要求自己学派的信徒刻苦自励，并不反对封建政权按"常征"收取租税的观点，显然要激进得多。

除了以许行为代表的反重税观点直接反映了广大小农群众的意愿而外，另一种类型的轻税观点则体现了新兴商人阶级的利益。以擅长商业致富之术的白圭（约公元前370年至公元前300年）为例。他在当时人

---

① 引语均见《韩非子·南面》。
② 《孟子·滕文公上》引许行的论点。
③ 见《韩非子·难三》。

第四章 墨家、法家及战国的其他财政思想

们普遍肯定什一之税是最合理的税率的情况下,第一个公开主张二十而取一①。战国时代,各大国即使不是征伐频仍,封建财政也会发生困难,不得不加重对人民的压榨。白圭的轻税主张一方面反映了新兴商人阶级反抗沉重捐税的要求,另一方面,也反映了这个阶级的财政观点。先秦各学派主张"薄赋敛"者虽多,却仍然将财政收入的重点放在租税上面。唯有一些思想家如范蠡、白圭及下面将论述的《管子》作者等,他们却把财政中的经济收入看得比强制的租税收入更为重要。在国家财政上扩大其他经济收入,缩减租税的强制收入,是近代资产阶级财政学者所向往而尚未充分实现的财政理想。古代典籍关于管仲、范蠡及白圭的记载,能提出这样的财政政策,已是很难能可贵的。

战国时期的轻税观点,有不少系出自新兴地主阶级的代言人之口。他们立足于使人民富足的基础上充实国家财政,故坚决反对贵族领主政权的重敛,主张薄赋。这一观点尤以孔、孟等儒家代表人物的论述对后代的影响最为深远,而在其他一些学派思想家那里也得到不同程度的体现。如相传由吕望所作而实则为战国时作品的兵书《六韬》,曾宣称"天下非一人之天下,乃天下之天下也。同天下之利者,则得天下;擅天下之利者,则失天下"②。在"同天下之利"的思想指导下,为了统治天下人民,自应提倡薄赋而反对重敛,因为对广大人民来说,"薄赋敛则与之,俭宫室台榭则乐之",而"重赋敛则夺之,多营宫室台榭以疲民则苦之"。由此就得出古代社会常为人们所称道的另一财政箴言,"赋敛如取诸己,此爱民之道也"③。

《六韬》作者憧憬帝尧时代的俭约政治,认为那时统治者"其自奉也甚薄,其赋役也甚寡",故能节俭无为,"不以役作之故,害民耕织之时";又能"存养天下鳏孤寡独,赈赡祸亡之家"④。在战国时代,要求统治者效法帝尧而厉行节俭以减少赋役的观点,并非单纯的理论说

---

① 《孟子·告子下》:"白圭曰,吾欲二十而取一,如何?"
② 《六韬·文韬·文师》。
③ 《六韬·文韬·国务》。
④ 《六韬·文韬·盈虚》。

教，更重要的是为了争取民心以实现统一天下的政治目的。所以《六韬》书中一再提出封建君主对于天地之财，如"能与人共之者……天下归之"；对于人民所追求之利，如"能生利者，……天下归之"①。这些，在财政政策上的体现，即为"薄赋敛"。

---

① 《六韬·文韬·文师》。

第五章

《周礼》的财政思想

在我国古代文献中,《周礼》与《管子》二书,堪称论述封建财政问题的经典式著作。其论述之周密而系统,值得珍视的观点之层出不穷,对后世理论家的影响之久远和深刻,其他典籍没有一部能与它们相比拟。关于此二书的成书年代至今仍有争议。一般来说,近代学者绝大多数认定它们成于战国时代,当然也有不少人不同意此说。但可以肯定,《周礼》非如传统所说系周公旦所作,它所记载的也不完全是西周的政治经济制度。《管子》相传为管仲所作,亦属伪托,实则此书非一人一时之作,多为一些崇奉管仲的经济政策的后来学者所撰述。正由于此二书之重要而其成书年代尚无一致的定论,故将它们留待先秦财政思想的最后两章来论述。本章先分析《周礼》的财政思想,下一章再研究《管子》中的财政思想。

《周礼》系统而周密地构想了一整套的政治、经济和社会制度,其中有关经济方面的大量论述基本上均以财政为核心,甚至可以说它是一部以论述封建财政问题为主题之一的古代文献。中国在唐、宋以后日益尊崇《周礼》,大都是赞成它的理财原则或方式,把它作为封建国家财政经济改革的楷模和理论根据。

先秦文献中,像《周礼》这样以国家的经济活动作为重要论述对象者,只有《管子》一书能与它相媲美而另具特点。《周礼》的特点,一是将经济事务提高到国家决策的水平。二是在所设计的一大套政治纲领和政策原则中，几乎是每一种都具有一定的经济内容，有的如"九职"、"九赋"、"九式"、"九贡"则全是讲的财政问题。

第一节
财务行政机构及其组织原则

前已言之，《周礼》主要谈封建财政问题，涉及财务问题的面也比较广泛，由于没有统一的中央财政领导机构，各级财政机构又分设在不同部门，而经文对一些下级机构的职能的表述，常是简略而又不够准确，故不易整理出一个十分完备的财务机构体系。但要分析《周礼》的财政思想，如不先掌握其财务机构的大致轮廓，很易对其原意产生误解。下面就是其体系的大致轮廓。

从图5-1中可以发现《周礼》的财务行政机构的组织原则具有以下一些特点：

第一，财务行政没有一个统一的领导部门，而是由天官大宰和地官大司徒各管一大部分财务工作。冢宰虽有统管六官之职权，而实际的赋税和力役的课征任务全部是由地官大司徒主管，难收统一指挥之效。为什么古代政权的组织机构连礼乐、刑罚、工务等政务均可分别建立中央领导部门，而独立的财政部门就未能形成？这自有其赖以依据的古代社会经济的客观基础。原始时代的宗教礼仪与巫术的延续是设立春官大宗伯的历史根源。部落时代崇重军事首长权威之残留思想突出了夏官大司马的重要性。为了维护统治阶级特殊利益，掌管刑罚的秋官大司寇是必不可少的部门。古代对水利系统和军民用器械等技术的重视使冬官司空早就成为统治集团的重要政治职能之一。至于天官冢宰那是最高统治者的政治总管家，更是必须设置的。自古代社会进入农业公社阶段以后，农业构成社会经济的最主要生产部门，特别是封建时代的国家财政收入基本上来自农业，只要管理好农业生产就可以解决国家财政问题，所以

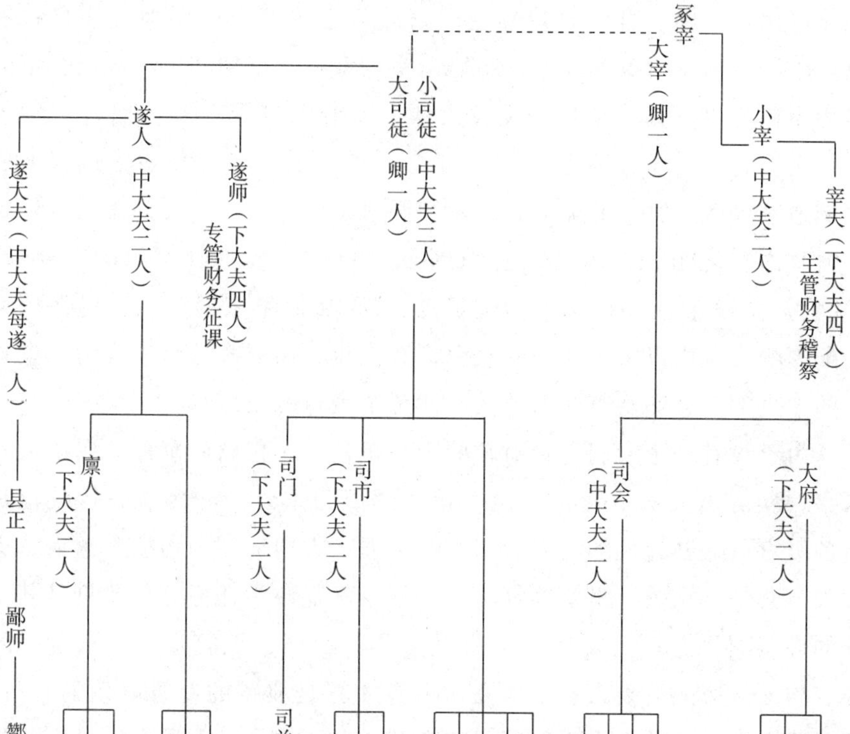

第五章 《周礼》的财政思想

图 5-1 《周礼》财务行政机构体系

地官大司徒的职务也以掌管农业生产为主。同时，古代封建国家的财政职能也比较单纯，各级封建领主的财政问题由各自的领地就能自行解决。故所谓国家财政实际上仅是以王室的祭祀、享用和中央各级官吏的实物俸禄为主，其他项目均无关大体。此所以《周书》曾倡言"国无三年之食者，国非其国也"，《墨子·七患》也倡议按年岁凶饥程度成比例地减少政府官吏的俸禄，以紧缩国家财政开支。这些都表明古代封建财政内容之单纯，也就未意识到设立中央财政主管部门的必要性。《周官》六卿不及财政这一传统观点，到19世纪末的中国，仍保持其支配影响。汉唐以来，六卿的执掌稍有变化，而财政始终未成为完全独立的中央部门，辛亥革命后才摆脱此传统观点的束缚。

由于没有一个专门主管财政的中央机构，不仅财政事务分属于天官冢宰（实际由大宰掌管）及地官司徒两部门掌管，许多财务行政也是由各级官员兼办，例如大宰、小宰、宰夫、大司徒、小司徒、遂人、遂大夫、县师、司关、里宰等等均另有不少其他政治任务，财政只是其主管的许多项目之一。只有大府和司会及其所属，地官遂师、载师、闾师、均人、廛人、委人、土均及司禄等才算是典型的专管财政的官员。至于遗人、舍人及仓人系保管谷粮和其他备用物资，而质人、泉府及旅师系管理市税或贷放业务，因他们是为封建财政服务，可算是隶属于广义的财政范围。

有人认为《周礼》无总揽财政大权的中央机构，是采取"分权制"原则，如谓"以天官所属之小宰掌财政之筹画及支出，地官大司徒掌税收"①。这是一种混乱观点。财政之"筹画及支出"与"掌税收"，如结合起来由一个机构主管，决不会产生权力上的弊端或矛盾，根本无采取"分权制"之必要。这是将经济不发达的古代社会条件下所形成的不完备的财政组织，误认为是采取"分权制"原则。《周礼》的财政行政的整体组织自有其不同于现代财政组织的特点，但这些特点是在早

---

① 张心澄：《周礼财计制度》，第5页。在同一页上，张氏又提到"出纳保管亦用分权制"，这本来是正确的，但他又把"司裘掌裘"、"司皮掌皮革"、"泉府掌泉币"、"廛人掌谷"等各有专职的情况也看成分权则是错误的。又说"会计审计则用集权制"，最后竟把这些他认为既有"分权"又有"集权"的机构，合称之为"七权鼎立"，可谓糊涂到了极点。

第五章 《周礼》的财政思想

期封建自然经济条件下自发形成的，绝不是基于一个什么原则的指导而形成的组织形式。

第二，《周礼》的财务行政组织有一个至今仍无法理解的特点。在《周礼》现存五官所列出三百多种官职中，只有少数是由一人主管，例如卿一级的职位，六乡州长以下和六遂遂大夫以下各级地方首长，各军、师以下军官首长，春官天府与鸡人，夏官服不氏、射鸟氏与罗氏，秋官象胥（翻译）等官职才是每一单位由一人负责掌管，此外每一官职的主管官员均系至少二人，多者竟达十余人。有人说，这是采取"合议制"[①]，这也是一个糊涂观点。一个政府执行机构如采"合议制"，如何能顺利推动工作。古代有氏族联盟或"周召共和"，那是不得已之举。假如真是采取"合议制"，为什么卿一级的官职以及乡大夫、遂大夫以下各级地方首长职务、军师以下各级军事机构的首长职务皆不是"合议制"而是各由一个首长负责主管。对于此点，合议制论者将如何解释。

《周礼》的这一组织特点，以财务行政机构为例，有些是比较容易作出解释的。如小宰二人、小司徒二人，可以理解为副职，即如今之副部长；宰夫四人、遂师四人，可以理解为协助部长、副部长各专管某项政务的中央高级官员；如司市下属有上士、中士、下士及府、史若干人，不外是司市主管单位的一些中下级职员；又如遂人一职为中大夫二人可以按"乡老二乡则公一人"之例，理解为遂人二人每人各主管三遂。而最难理解的是为什么天官大府及司会，地官司市及廪人均各由中或下大夫二人主持，又玉府、内府、外府、司书、职内、职岁、职币、质人、廛人、泉府等机构均系各由上士或中士二到四人主管。这些人的官阶相同，究竟谁作最后决定。如将他们理解为官阶相同而实职有主副之别，固然可以解决许多官职的问题，但对职岁、泉府等各有四个上士的机构，矛盾仍然存在。要说他们是轮流值班或分工各管部分事务，亦不尽妥当。至于小司徒下设载师等五个官职，遂人下设旅师等三官职还存在另一个有待解决的新问题。这些官职究竟是中央主管机构如现今部里的各司处，抑或是六乡六遂各下级机构中的主办官府如现今之各省、县财政局甚至

---

① 张心澄：《周礼财计制度》，第11页。

如各级地方政府中的主管财务的科室。照《周礼》经文及各注疏家注释，这些肯定是直属小司徒或遂人直接领导的中央机构。如这一解释正确，除载师作为处理课税原则性问题的中央机构只需有限几个官员即可勉强胜任外，其他遗人、均人、委人和土均各只有官员数人到十余人怎能办理千里王畿的野外贡物、力役的征课与委积事务；旅师共十二人怎办得了全王国的农贷收放事务；县师六人何足以胜任野外贡赋之征课事务；甚至连六乡之贡赋征课也绝对不是闾师二人所能负担得起的任务。倘使把它们作为各地方政府的财务管理机构理解，照各官职配备的人数来说，倒比较合理。可是，《周礼》对此无明确规定，而它们应隶属于哪一级的地方政府也费斟酌，例如旅师与均人必须设在最下级的地方机构方便于承办农贷或力役事务；委人须在距王城一百到三百里的甸、稍区域内广泛设置才能有效收集刍薪；遗人和土均则须按需要分点设置；闾师、县师可分置于各乡党正或各遂县正之下亦可。这些均系我们替古人设想之论，只有用它们来论证《周礼》设官分配的漏洞时才有意义。

总之，《周礼》官职多由两个或以上的官员主管这一点确是个难于解释的问题，前面所提及的一切设想均各有缺点。但《周礼》编者既将全部官职之绝大部分规定为至少由两个官员主管，必然有他的指导思想，只是我们现在还无法弄清楚。不论这一指导思想的内涵如何，决不会是什么高明见解。

第三，天官冢宰所主管的两个财务机构为大府与司会，前者的职权是总揽全王国的财政总收支，后者是对整个国家财务收支的总稽核，类此事务无疑须由冢宰主管。地官所掌系赋税、力役的实际征课事务以及谷粮仓储收发事务，这些自以由主管农业的部门大司徒领导为更便利。司市所管市场、贸易与赊贷在古代是相对次要问题，无设立中央专管部门之必要，且三者均与财政税赋有一定关联（泉府贷款可能来源于市税），故连同办理关税征课的司门也一并划归大司徒兼管。所以，财政官职分设于天官、地官两部门只是根据实际情况[1]，因利乘便之举，不

---

[1] 《大司马》所辖《怀方氏》也掌管"致方贡"，"治其委积、馆舍、饮食"，这是军队后勤部门职务，不属财务管理范围。又《山师》和《川师》均有"使致其珍异之物"的记载，这是调查建议性质，亦非直接办理财政事务。

必有什么理论原则的依据。尽管如此，根据客观需要而设置财政官职及其隶属关系，也是《周礼》财政机构体系的一个时代特点。

第四，实际掌握国家财政收支大权的机构——大府，其内部的组织分工系按货贿的性质区分，如玉府专管贡赋中属于金玉、兵器、珍宝之类，主要供王宫之用，如有颁赐也由国王决定。内府专管九赋九贡实物之收支，系国家财政之最重要部分，故称为邦之"大用"。外府专管货币税课之收支，其支出多用于购买丧祭、会同、军旅用品，故称邦之"小用"。货币支出中也包括王后世子之衣物购买且不必经会计核算，"唯王及后之服不会"。唐庆增说："《周礼》国家之财富，与天子私有者，划分最清"[①]，显然是误解。这种按货贿性质分设财政管理机构的方式，是在财政收入以实物为主的经济落后条件下的产物。但也必须指出，即使在商品货币关系高度发展的条件下，专门管理实物的部门的所属机构的设置也只能按实物性质而分工。所以，我们对《周礼》财务行政机构设置的评价，既不能估计过高，也不能说它是完全落后。如果再考虑一下司会所管下属机构的情况，此理更为显明。职内专管实物收入，职岁专管实物支出，使大宗收入与支出分为两个机构管理，可收防止舞弊之效。而职币则兼管货币的收与支，一方面由于货币为次要财政收入，另一方面货币收支可以统一核算，故不妨由一个机构兼管。所以，我们对《周礼》财会行政机构设置的总评价是：在以实物财政收支为主的条件下，其机构设置是比较合理可行的。

第二节
财政总原则

管理封建国家财政既是《周礼》论述的重要内容之一，必有其相应的指导原则之存在。只是有的曾在文字上有具体表述，有的则是从各

---

① 唐庆增：《中国经济思想史》上册，第57页。

项规定中折射出来。

一、任土所宜原则

任土所宜的财政思想在我国渊源甚早。如《禹贡》所载，九州所贡方物非常具体，均系因当地之所产而致贡[1]；殷商时代的《四方献令》也规定各诸侯的贡献为"因其地势所有而献之"[2]。尽管此两种文献的成书年代有问题，至少说明贡土所宜是先秦时代久已流行的财政观点。事实上这是商品经济不发达的古代社会的必然产物，无足为奇。

《周礼》的这一原则，在《职方氏》中作了明确的表达：

"凡邦国小大相维，王设其牧。制其职各以其所能，制其贡各以其所有。"

《闾师》的记载更为具体：

"闾师，掌国中及四郊人民六畜之数，以任其力，以待其政令，以时征其赋。凡任民：任农以耕事，贡九谷；任圃以树事，贡草木；任工以饬材事，贡器物；任商以市事，贡货贿；任牧以畜事，贡鸟兽；任嫔以女事，贡布帛；任衡以山事，贡其物；任虞以泽事，贡其物……。"

这是城郊的征课方式。关于甸稍县都的征课，《县师》只说："辨其物，……以岁时征野之贡赋"。这是有意省略以免与《闾师》所记重复。

所以，"任土所宜"不能机械地理解为只以农牧川泽产品为征课目的物，商品市场之货币课税也应包括在内，这也是《职方氏》所谓"制其贡各以其所有"，故"任土"只是概乎言之。在农业生产占绝对支配地位的古代，这一财政原则对纳税人民有利，从而也就是合理而又

---

[1] 参考本书，第一章第三节。
[2] 参考本书，第一章第一节。

第五章 《周礼》的财政思想

正确的原则。到隋唐以后，商品货币关系有了相当程度的发展，这个曾经一度有利于纳税人民的原则，也服从辩证法规律日益转变成不利于纳税人民的原则，出现所贡非所有之弊。但由于《周礼》在社会思想意识领域之影响，一些后世儒生仍然不断地宣扬此传统财政教条而对货币课税方式表示异议。

二、负担平均原则

负担平均的思想也和任土所宜一样是渊源甚早的财政原则。我们早就指出，这一思想在《禹贡》中表现得最鲜明。《周礼》虽也充分透露了这一指导思想，其表达方式则不如《禹贡》之明确。贡赋负担之平均与力役负担之平均，在《周礼》中是分别处理的。《土均》掌"平土地之政，……以均地贡，……皆以地媺（美也）恶为轻重之法"，专管野外土地征课均平。《均人》则专管"人民、牛马、车辇之力政，凡均力政，以岁上下"，大丰年服力役三日，中丰年二日，平年一日，凶荒年份免服力役。又如《小司徒》与《大司马》均有规定：上地"可任也者家三人"，中地"可任也者二家五人"，下地"可任也者家二人"，也是按民户人口多寡来分配上地、中地或下地，并据此确定其可能负担赋役的多寡。而不是一律计亩征课不考虑土质之优劣问题，或者以户为单位按户征兵，不考虑每户人口之多寡。又《载师》在规定土地税率时也考虑到王城附近人民的劳役较重，故税率距王城愈近而愈轻，愈远而愈重[①]。这些均体现了负担平均思想。古代这种负担平均原则对后世具有极深远的影响，虽事实上未能贯彻执行，而至少在理论原则上是被较普遍接受的。负担平均与"任土所宜"同为古代所共同尊重的合理财政原则，惟随着时代的前进，前者一直成为足资珍视的光辉思想，而后者则日益成为落后甚至有害的教条。由此可见，在研究或评价任何一种财政思想时，切忌形而上学或简单化理解，应以不同事物在其各自不

---

① 关于税率之高低可参考下面"贡赋思想"中的税率部分。

同历史经济条件下的情况为依据,反复考察,才能作出合理的论断。

三、专税专用原则

《周礼》对封建国家赋税的收入与支出均规定有明确项目。收入赋税分为邦中、四郊、邦甸、家削、邦县、邦都、关市、山泽和币馀等九项,称为"九赋",支出分为祭祀、宾客、丧荒、羞服、工事、币帛、刍秣、匪颁和好用等九项,称为"九式"。除此之外,还有其他项目如"九贡"之收入及其支用尚未包括在上述项目之内。

一定的赋税收入项目只能用作一定的财政支出项目,相反的,一定的财政支出也只限于一定赋税收入,故我们称之为专税专用原则。具体的规定如《大府》:

"关市之赋以待王之膳服(即羞服),邦中之赋以待宾客,四郊之赋以待稍秣(即刍秣),家削之赋以待匪颁,邦甸之赋以待工事,邦县之赋以待币帛,邦都之赋以待祭祀,山泽之赋以待丧纪(即丧荒),币馀之赋以待赐予(即好用)。"

为什么收入或支出项目要如此分类,特别是为什么某一收入项目必须与某一支出项目相联系,例如"关市之赋以待羞服"或"邦甸之赋以待工事",在古代可能有它们的意义,也可能完全是《周礼》编者的杜撰。我们无必要也不可能一一为它们作出解释,只需着重分析此专税专用原则的意义与作用。

首先,古代赋税多以实物为主,有可能按所收入的实物的自然属性核定其必要的用途,以免用于不必要方面而形成浪费。其次,专税专用无异是给使用部门规定了一个开支最高限额,使其在设计支出方案时有所依据,同时也使支出部门的开支能得到确定的赋税来源为之保证。最后,也是最重要的,专税专用原则既否定了最高统治者对财政收支的主观任意决定,也对他的奢侈滥用至少在理论上起着一定的限制作用。

总的来讲,这毕竟是在古代落后经济条件下才可能采用的财政原

第五章 《周礼》的财政思想

则,从现代看来,专税专用妨碍了国家在财政总收支决策方面的灵活性。但也须指出,即使是这样古旧的财政原则,也有其合理因素,例如,在现代国家预算规定的前提下,也须专款专用而不能任意挪用。

以上是我们从《周礼》中总结出来的财政原则。如将这些原则与《礼记·王制》的记载相比较,显示出各有其侧重点。《王制》作出了几条非常明确的原则规定:第一,冢宰对"制国用"负总责。而在《周礼》中冢宰虽也总揽治国之大权,但对制国用之权却未作单独规定,只在《小宰》之职权中提到"以均财,节邦用",仍不能算是负制国用之总责。第二,制国用必须在一年五谷收获之后,即"必于岁之杪,五谷皆入,然后制国用",这意味着根据当年的收入确定次年之国用。《周礼》多次提到一年之收支为"岁终,则以货贿之入出会之"(《大府》),"岁终则会"(《外府》),"岁终则会其出入而纳其余"(《泉府》)等等,表明大多数情况是以当年收入供当年的支出。《王制》所谓国用完全以五谷收入为根据,故必须以本年的收入确定下年之国用。《周礼》所谓国用或货贿,除以九谷为主外,还包括许多山泽畜牧产品以及货币收入,故可能以当年之收入作当年之国用,这就使它更接近于现代的财政原则。但它仍存在一个大缺点,即没有一个事先的国用总规划,而是一种随收随支的制度,故不能算是一种较《王制》为先进的财政原则。第三,照我们的理解,《王制》所谓"以三十年之通制国用",是指以若干年的收支平均数为制国用的估算标准,《周礼》系随收随支制度且收入种类复杂,无利用任何平均数估算之必需。第四,《王制》明确地提出了"量入以为出"这个古老的财政原则,这在世界范围内也是很值得称赞的。《周礼》虽无如此明确的文字表达,而根据岁入以定岁出的精神却也有所体现。例如《大宰》在阐述治国安邦的一系列总方针时,其关于国家财政部分,首先提出"以九赋敛财贿",接着就提出"以九式均节财用";又《廪人》掌九谷之数,"以岁之上下数邦用,以知足否,以诏谷用";亦具有以岁入制约岁出之意。唯《周礼》似乎更关注每岁在收支相抵之外尚有结余。例如,《小宰》掌理全国贡赋收支的总原则就是"以均财,节邦用"。《宰夫》主管"财用之出入",对"失财(泉谷)、用(货贿)物(畜兽)、辟名(文实不符）者"，要予以处罚；对"足用（度支有方）、长财（经理有法）、善物（牧养制作有术）者"，以其善于处理财务，使财有余裕，故应予奖赏。《大府》掌管全国财政收支，要求有"式贡之余财"，其他如《委人》要有"余聚"，《仓人》要"有余则藏之"等，均表示《周礼》编者主张在管理国家财政收支时要能做到岁岁有余财或结余。总的讲来，《王制》提出了一些具有时代意义的重要财政原则，其美中不足之处是语焉不详。《周礼》的优点则在于对财政实务有较多的论述，但对于重要财政原则之提出，除任土所宜一点外，专税专用的意义不太大，负担平均的表述又不够明朗。这也说明《周礼》的成书当在《王制》之前，否则它就可以吸收后者的"冢宰制国用"的原则以丰富其财政内容。

第三节
贡 赋 思 想

贡赋是《周礼》财政体系之核心，构成封建国家财政岁入的基本部分，尤以赋为最重要。贡与赋二字在古代财政收入方面并无标准涵义，有时可以互用。例如《禹贡》中对各州土特产之奉献与按土地质量交纳的田赋通称之曰贡，《孟子》中的"夏后氏五十而贡"的贡也指田赋而言。赋字除与贡字互用的涵义外，有时作"兵"解，如《论语》的"可使治其赋也"，因而引申为兵赋，也就将服兵役包括在内。在《周礼》及其各家注疏中也不时出现类似情况。不过，较多的时候是将赋理解为具有强制性的征课，并称此征课方式为"敛"，如"以九赋敛财贿"。将贡理解为诸侯卿大夫或万民自动奉献珍奇物品，并称此奉献方式为"致"，如"以九贡致邦国之用"。当然，所谓"自动"，仅能作相对的理解，因为"贡"常是下属所必须履行的义务，只是在所贡物品的品种与数量上有某种灵活性而已。正由于这一原因，故贡也构成封建王国财政收入的一个次要组成部分。

第五章 《周礼》的财政思想

一、九赋的收入

九赋是《周礼》财政岁入中极为重要的部分,九赋的区分是:

"以九赋敛财贿:一曰邦中之赋,二曰四郊之赋,三曰邦甸之赋,四曰家削之赋,五曰邦县之赋,六曰邦都之赋,七曰关市之赋,八曰山泽之赋,九曰币馀之赋。"

这一区分从表面看是较混乱的,既以地域,如邦中、邦都等为区分标准,也以税课类别如关市或职业类别如山泽为区分标准,而币馀一项更不知以什么为标准。东汉以来的注疏家不知花了多少心血,结果等于白费,没有一个较能被人接受的解释。但如以科学的思维方法予以分析,仍能把握其区分的要点。大抵从邦中到邦都的六种赋税主要是田赋收入①,并按《载师》所记也包括场圃、漆林和里布在内,全是按地区征收的。第七关市之赋指关税及城市商税,如《廛人》、《司关》所掌,此类课税国家设有专设机构管理,自不能归入地方税收范围。第八山泽之赋,根据古代传统,山泽系国有,故主要山泽税课系王国的直接收入,也和地方税无关。从以上八类看来,《周礼》的区分是合理的,只是未在前六种地方税之下标明其征课范围。最混乱的注释莫过于第九种"币馀之赋",各家对"币馀"的注释,约可分为三类:第一类认为在前八种赋税中缺百工之税,故"币馀"为"百工之馀"。照此解释,何以不直接称之为"百工"或"化材"之赋,而改称"币馀"。第二类认为"币馀"系前八种赋税支用后之馀财之上缴。如确系财政支出结余之上缴,怎么能称为"赋"呢?第三类是将"币馀"之"币"读如"弊",即把残余的无用物资变卖后归官。照此解释,则王国变成依靠废旧物资而存在的机构了。我们认为"币馀"很可能是指《地官·

---

① 家削、邦县和邦都的田赋有两种情况,一种是尚未分封而由王国直接管辖地区,称为公邑,其田赋之课征由闾师或县师负责,全部交纳大府。已分封给卿大夫及王子弟的采邑,则由各采邑领主征收,而按照规定数量上缴给国家。

泉府》的贷放利息收入。附带指出，《周礼》将主管官府贷放的机构泉府的贷放利息收入看成是封建国家财政收入的重要来源之一，这在世界古代社会中是个很独特的观点。泉府每年从事贷放，"岁终，则会其出入而纳其馀"。所谓"会其出入"决不是计算其贷出和归还的数字，而是核算每年贷放活动的利息总收入和办理此业务的经营费用（可能包括放款损失在内），收支相抵后的利润盈余。《周礼》未说明泉府官吏的俸禄是否原则上由其利息收入中自理，如有此原则性的规定，那泉府制度将是世界上最早出现的独立的国营信用机构设想。每年的这项贷放利润，为数必然相当庞大，所以《周礼》才说："凡国事之财用取县焉"。这里"凡国事之财用"绝非泛指所有国家财政支出，可能是专指王国燕好之类的开支而言。泉府的业务不是专管赊贷，还兼办市场滞销商品买卖事务，但这一业务原则上不以赢利为目的，故泉府的盈余须是完全来自贷放利息。古代封建国家的平时财政收支一般是以实物赋税为主，《周礼》能设想到以信贷收入来支应一定项目的国家财政经费，可谓不同凡响。现在再回到原来的问题上。泉府贷放的货币盈余作为一个不可忽视的财政收入项目，它既以货币形式上缴，又不能归入前面八种赋入之中，应可独立成为一项而称之为"币馀"之赋。如不将此项收入列在"九赋"中，则这一大笔王国收入在《周礼》中尚找不到其他可以上缴之处。且贷放利息既是按"国服为之息"①而交纳，已含有某种程度的赋税性质，未尝不可称之为"赋"，称为"币馀"更是名实相符。照此诠释，实为疑难最少之一种。这样一来，"九赋"之区分可谓极合理又全面的分类。

"九赋"还体现了《周礼》编者的另一些租税观点。首先，九赋基

---

① 《周礼·地官·泉府》。"以国服为之息"。究竟怎样才是其正确解释，至今无定论。学者多采郑玄之说，认为以借款人"于国服事之税为息"，例如，借款人为"受园廛之田"的农民，则贷款一万，应按法定税率"二十而一"即5%出息五百文。照《载师》的税率的规定，不同地区或不同行业的税率各异，其相差幅度由百分之五到百分之二十，专就国中及近郊而言其差距亦为5%—10%。有人认为同样借款一万而利率可能相差一倍，这是不公平，不合理。但如将借款人的行业与其生产借款的用途结合起来考虑，能负担高税率的行业其利润率必然也高，当然也就能负担并应该负担高利率。故从生产能力方面考虑，不同行业的借款支付不同利率反而是合理的。究竟《周礼》编者所谓"以国服为之息"的原意如何，是一个无法解决的悬案，后郑之说也只供参考而已。

第五章 《周礼》的财政思想

本上以《大宰》的"九职任万民"为基础，这九职中除"六曰商贾，阜通财贿一职是商品流通活动外，其余八职均为生产活动①，有生产活动为基础才能保证可靠的税源。"九赋"主要是对土地、山林、川泽之征课。此外，"币馀之赋"系来自贷放利息，本不属生产活动，但泉府的贷放系专指生产性的贷放而言，这又和生产活动联系起来。只有"关市之赋"才属于纯商品范围，而对商品流通的征课也是仅次于对生产活动征课的重要税源之一。故九赋的征课均有其相当可靠的税源。这在古代世界应较征收口赋、算赋的人头税更为合理，至于现代以所得税为主的租税方式，那是另一问题。

在九赋以"九职任万民"为基础这一问题上，需要澄清一个长期以来即存在的误解。人们常将"以九职任万民"本身看成是"征赋之法"，原因是《周礼》在"九职"之后，随即提出"以九赋敛财贿"、"以九式均节财用"和"以九贡致邦国之用"等财政原则，故产生将"九职"与征赋联系起来的错觉。由于这一错觉就出现了许多混乱的注疏②，至今未能正确解决。如果我们将"九职"理解为社会分业，则一切歧见均可迎刃而解。由于这是个一向被误解的重要问题，这里不妨暂时离开本题，作一些必要的说明。

第一，在"九职"条下明确地阐述了农、工、商、妇、奴婢的八项分类及其职责，连"闲民"的工作也定为"转移执事"，根本未涉及赋税问题③，故将"九职"与征赋联系起来是毫无根据的。以往注疏家大都不懂得社会分业的重要意义，因此觉得"九职"之分，除与下面的财政征课联系考虑，别无其他涵义，这是造成错觉的根源。

第二，如果将"九职"与征赋联系起来，须先解决一个问题，即

---

① 对九职中的"闲民"一项，我们作为"无常职"的临时工作理解，下面将对此予以说明。
② 这些混乱无必要一一列举，只举出两点。有人说"九职"是民各以其能受职，而贡其功以为赋税，于是就把大府、玉府、司会所提到的"九功"说成就是"九职"。可是九职中闲民，既无常职，有何"功"可贡呢？于是又有人说，闲民无贡，只有八贡，于是又将闾师提到的"八贡"与"九职"联系起来，说九职就是八贡。诸如此类的糊涂注释不知多少。
③ 《周礼·天官·冢宰》中"以九职任万民"的内容是："一曰三农，生九谷；二曰园圃，毓草木；三曰虞衡，作山泽之材，四曰薮牧，养蕃鸟兽；五曰百工，饬化八材；六曰商贾，阜通财贿；七曰嫔妇（家庭妇女），化治丝枲（麻）；八曰臣妾（家庭奴婢，聚敛疏材（草木根实）；九曰闲民，无常职，转移执事"。所谓"三农"是指平地山泽之农。

《周礼》征收王国赋贡的"九赋"与"九贡"范围已将"九职"各项全部包括并比它们更广泛而又重要得多,为什么还先将"九职"应缴纳的项目列举出来?如此做不仅重复而且毫无意义。倘将"九职"理解为对社会分业的设想,与征赋无直接关联,不仅不会出现上述矛盾,还更能反映两者的独立意义和作用。

第三,将"九职"与征赋联系起来,还须解决"闲民"纳税这个问题。"闲民"既无常职,哪有财力缴税?注疏家对此提出了两种不同的辩解。一是将"九职"的缴纳形式均理解为"任夫力"(即力役),例如任农以耕事贡九谷等,并举《闾师》所载为证①。这就是说将农民的缴纳理解为"力征"而不是实物,于是"闲民"无实物足资交纳,可以服劳役代替。这是削足适履的办法,由于"闲民"只能服力役,硬说其他各项也同样是代替劳役。另一种解释是将"闲民"看作"不受田地而无职事者"所受的处罚,即"出夫家之征"。这又是很牵强的。"九职"条明确地说闲民是"无常职,转移执事",怎能等同于"不受田地而无职者"。再说,"夫家之征"是一夫受田后应缴之税额,若是一个无职"闲民"如何交纳得起。

第四,"闲民"究竟是怎样一种人,向无较一致的解释。有人认为这是无职业的"闲惰之民",故应课以夫家之征以使逼其就业。但所谓"九职任万民",不论其是否与征赋有联系,总应是九种社会职业。"闲民"如为应行禁止的闲惰之民,怎能成为九职之一。又有人认为"闲民"为"佣力之人,执事于农、工、商贾、圃牧、虞衡之家,转徙无常",换言之,即指城乡无固定时期的临时雇工。这一理解与经文"无常职,转移执事"之本意甚为相合。但不足之处是持此观点的注疏家常将它与《闾师》所谓"凡无职者,出夫布"联系起来,又弄得不伦

---

① 《闾师》:"闾师,掌国中及四郊之人民六畜之数,以任其力,以待其政令,以时征其赋。凡任民,任农以耕事,贡九谷;任圃以树事,贡草木;任工以饬材事,贡器物;任商以市事,贡货贿;任牧以畜事,贡鸟兽;任嫔以女事,贡布帛;任衡以山事,贡其物;任虞以泽事,贡其物。凡无职者出夫布。"注意:(1)《闾师》规定只适用于都城及四郊,而"九职"则适用于全国。(2)这里未提及"臣妾",与"九职"不一致,且"无职者"也不等于"九职"的"闲民无常职"。(3)这里"任其力"、"待其政令"和"征其赋"系三种不同方式,不能将后面各类"贡"物均理解为"力征"。所以,引《闾师》为证,未必有说服力。

第五章 《周礼》的财政思想

不类。我们认为"闲民"既为"九职"之一,它就必须是一种职业。只是这种职业没有较长期的固定性,常是习惯的随季节的变动或雇主的需要而无拘束地受雇或解雇,从而受雇者可以不时转换其职务,这正是"无常职,转移执事"的实况。所谓"闲"是相对于固定职业者而言,是指他们有可以随时受临时雇用的条件和时间。从整个社会考察,这种劳动力如季节工、一般临时工、家庭雇工等均不被认为是固定职业,可是,却有相当多的人口正从事于这类工作。如考虑"万民"的职业,绝对不能漏掉这一类工作。所以,不管"闲民"这一称谓是否适当,《周礼》在社会分业问题上注意到这一客观事实,已是前代思想家中极为少有的卓越见解。《周礼》编者一直是从整个封建王国角度出发,而不是字斟句酌地纠缠在一些琐碎问题上,所以能发现这个在他以前甚至以后均被忽视的临时雇工阶层。

总之,"以九职任万民"是指社会分业,无必要与征赋问题联合考虑。我们指出《周礼》中"九赋"以"九职"的社会分业为基础,系借此证明九赋的征课均有其可靠的税源,绝不是说"九职"的划分设想本身就是"征赋之法"。

二、税率思想

研究赋税就得连带研究税率问题。关于税率,《周礼》的阐述较任何古代文献为明确而具体。《载师》的规定如下:

"凡任地,国宅无征。园廛二十而一;近郊十一;远郊二十而三;甸、稍、县、都,皆无过十二;唯其漆林之征,二十而五。"

这一税率规定反映了几个要点:第一,从"近郊"到县都之税均为田税,因为在这段引文前面已清楚地指出:"以宅田、士田、贾田任近郊之地,以官田、牛田、赏田、牧田任远郊之地,……以大都之田任畺地。"但田税随田地距王城之远近而有差别,即由一成增加到最高两

成。这就是后郑所谓"轻近而重远"的原则,其解释是距王城愈近的农民负担的劳役愈多,反之则反是,也就是我们在前面早就指出过的反映了负担平均原则。第二,园廛多在城郊,税率仅为百分之五。这一方面也反映了轻近重远之意,更为重要的是:廛里为私人住宅,既然"国宅无征",则私人住宅的纳税即不应过高,同时房屋税是以地基及地上建筑价值为基础而征课,故相同税率的收入也就比一般田税为多。又园圃为都市提供副食品:其税率也不应过高以免有损其供应,同样园圃的生产率也远较一般农耕地为高,故相同的税率收入亦不在少。这些理由,《载师》虽未明确指出,而"园廛二十而一"的规定必然有其不同于一般耕地的合理指导思想。第三,"漆林之征"是泛指各地区的漆林产品而言,其税也最高,这表明《周礼》编者对经济作物的特殊意义与作用已有所认识。尽管只提到"漆林"一项,在古代文献中也是仅见的。第四,什一而税的税率是先秦时代一般认为较合理的税率,除儒家大力宣扬而外,法家李悝在其"尽地力之教"中也将什一之税看作理所当然的[①]。至于齐桓公三会诸侯主张"田税百取五"[②],或白圭说"吾欲二十而取一"[③],均是以轻税为号召,这也反映出实际税率绝不止百分之五。《周礼》的税率规定突破了当时流行的什一之税观点,主张按不同地域或不同行业采取不同的税率,这在当时也是非常独特的见解。以上这些税率思想从总体来看在古代是很突出的,但缺乏深远的历史意义。即使就负担平均思想而言,由于它是以力役的轻重为依据,其光辉就大为降低了。

三、九贡收入

"贡"在《周礼》中有诸侯之贡与万民之贡的区分。万民之贡只

---

① 《汉书·食货志》上:"治田百亩,亩收一石半,为粟百五十石。除什一之税十五石,余百三十五石。"
② 《管子·幼官》。
③ 《孟子·告子下》。

第五章 《周礼》的财政思想

《大府》条提到"凡万民之贡以充府库",但未说明其贡的具体项目。这就引起许多不同的意见,主要有两种解释:一种认为"万民之贡"即为万民所缴之"九赋"。因任民以九职使贡其功以当赋,故赋即为万民之功所奉献之贡。这无异认为万民之"贡",既是"赋",也是"功"。照此解释,则此段引文前面经文"大府掌九贡、九赋、九功之贰"总职责,成了重复的赘言。另一种解释认为万民之贡系专指国中及四郊人民的"力征"而言,因为数不多故只能以之"充府库"。既系"力役",如何可以"充府库",如谓系力役所折收之"口钱",《周礼》尚无以纳钱代劳役的概念,这是以汉代人的眼光理解《周礼》。两种解释均不免于穿凿。其实万民在负担正常赋税之外,也可能以某种特产作贡物而奉献。这从个人角度看是很稀有的事,从整个国家考察可能为数不少,但与九赋收入比较仍是极少数。不论"万民之贡"是些什么内容,它系王国财政岁收中的一个小小组成部分,是不成问题的。

诸侯之贡又分为两种类型:职贡(又称常贡)和朝贡。职贡按冀爵位之高低及封国之大小以当地土特产为贡,即《职方氏》所谓"制其贡各以其所有"。贡物的类别如《大宰》"以九贡致邦国之用"所列举的内容。此种贡品必须每年奉献一次并规定在春天奉献,即《秋官·小行人》所谓"令诸侯春入贡",故又称常贡。为什么必须在春天奉献?据贾公彦疏认为诸侯之国于秋冬征收人民赋税后,大国将以总税额之半,次国三分之一,小国四分之一,另购当地珍品美物作为贡品,故须次年春始能奉献。此说未必可信,诸侯国家何能以如此大量百分比的税入作奉献之用,果真如此,则"九贡"之数决不下于"九赋",不会成为王国的次要收入。再说诸侯国家的税入也是农牧山泽之类的产品,如何能在大量出售后另购珍美物品作贡。无论如何,"职贡"是诸侯国家每年均须履行的贡献,不必由诸侯亲自呈送,这一点却是无疑的。

"朝贡"是诸侯定期赴都城朝见时所呈献的特殊珍异物品,"各以其贵宝为挚"。据《大行人》所记,邦畿方千里以外诸侯国家,按距离邦畿之远近每五百里为一服,共有侯、甸、男、采、卫、要等六服,其入朝期限也按里程分为每一、二、三、四、五或六年各一次,并规定了

99

所应奉献的贡物的种类。至于六服以外，或"九州之外"（即距王城三千五百里以外）的诸侯国家谓之"蕃国"①，只在父死子立或嗣王即位时入朝一次。所以，朝贡是诸侯定期入朝时亲自奉献贡品的方式。

不论职贡或朝贡，其贡物均为各诸侯国家的特产或珍异物品。据《大宰》所记职贡的"九贡"项目和《大行人》所记六服诸侯所奉献的朝贡物品看来，就不一定完全符合于这一原则。"九贡"是按贡物的品种分类的：有"祀贡"（祭祀用的牺牲、包茅等物）；"嫔贡"（妇女用的丝枲等材料）；"器贡"（银、铁、丹、漆等器物）；"币贡"（玉、马、皮、币等物）；"材贡"（柏、筱等竹木材料）；"货贡"（金、珠、龟、贝之属）；"服贡"（缔、纻等衣服用料）；"斿货"（羽、毛等可作旌旗之物）；"物贡"各地特产如鱼、盐、橘、柚之类。与此相比，《大行人》的朝贡物品少了"材贡"、"斿贡"和"物贡"三类属于竹木、羽毛、鱼盐橘柚的土产品，但对其他六贡则指出了应奉献贡品之地域，例如距王城五百里以外的侯服为"祀贡"，一千里外的甸服为"嫔贡"，一千五百里外的男服为"器贡"，二千里外的采服为"服贡"，二千五百里外的卫服为"币贡"和三千里外的蕃服为"货贡"，对三千五百里外的蕃国的贡物无明确规定。

从九贡的品种看来，它们全系各地的一些矿藏、山林、川泽和丝麻农作物等的特产。王畿以外的诸侯国家贡物未列竹木、羽毛、鱼盐、橘柚之属，可见此类贡品系由王畿以内的采邑领主所奉献，否则别无来源。因此采邑领主除田赋须分别上缴外，还须负担这一类的职贡。但他们大都经常在朝中担任官职，自无奉献朝贡之必要。可是《大行人》的朝贡规定，却忽视了一个极为重要的因素。各种矿藏山泽等特产系根据各地自然条件而形成，与距离王畿的路程之远近毫无必然联系，不可能肯定男服准产银铁或要服准产金珠而其他各服就不存在这些产品。这

---

① 诸侯国家的地域名称及其距离远近，各古籍所载颇有出入。即以《周礼》而论，《职方氏》有"九服"，即在这里的六服之外多了三服，其名称亦稍有出入。至于各诸侯朝见时期，各古籍所记的分歧更大。足见都是些没有事实为根据的主观设想。我们在这里只是分析这一资料，而不是相信这一资料。

第五章 《周礼》的财政思想

显然是《周礼》编者的闭门造车之见①。

关于《周礼》的贡赋制度问题，尚有一点须附带说明。《大宰》在叙述各项治国总方针时，于财政方面只列举了"九赋"、"九式"和"九贡"等三项并各有其具体内容。可是，在叙述《大府》、《内府》和《司会》的职掌时又于"九赋"、"九贡"之外，增加了一个"九功"，却未说明其内容，于是引起注疏家们的揣测。有人认为"九功"就是《大宰》"以九职任万民"之"九职"。其理由是人民受其事则为职，献其成则为功，其实一也，并引《司会》的"以九功之法，令民职之财用"以为证。有人不同意此说法，其理由是《大宰》所谓"九职"包括无常职的闲民在内，闲民无功可献，只八功；又据《闾师》所记，虽将《大宰》"九职"之山虞川衡分为两项，但臣妾不贡疏材，仍只有八功，故不能称"九功"。还有人说，古代"功"、"贡"相通，故"九功"即"九贡"。此说也有问题，既然九功即九贡，何必云"掌九贡、九赋、九功之贰"。"九功"涵义至今尚未解决。

又在《司书》的职掌中提到"九职、九正、九事"，以一个掌管会计簿书之上士司书，不管"赋"、"式"、"贡"的登记事务，反要主管任万民之九职，太不相称。即使此"九职"就是"大宰"之"九职"，而又提出两个无具体内容的"九正"与"九事"，再次令人坠入五里雾中。注疏家们之解释是："九正"之"正"字作征解，即指上文"九赋"、"九贡"之征，"九事"即"九式"之另变言。果系如此，那是《周礼》编者有意给读者开玩笑，叫他们猜谜藏。

这种只标数量名称而无内容的事例，在《周礼》中多得不胜举，不止上述这两处。例如，《司市》之"伪饰之禁"，对民、商、贾、工各有十二禁，共四十八禁，均不知所禁何事。至于《职方氏》之"四夷、八蛮、七闽、九貉、五戎、六狄"；《庖人》之"六畜、六兽、六

---

① 各家注疏亦不少类似情况。例如，郑司农注"九贡"中的"祀贡"时认为系指"牺牲包茅"之属，如与《大行人》的距王畿五百里以外侯服之"祀贡"联系考虑，就会发生问题。第一，牺牲用品如牛，随地均有，何必定要侯服贡献。第二，包茅距王畿一千里以外楚国的特产，他处不生产此物，故齐桓公伐楚曾以"尔贡包茅不入，王祭不共"为借口。何能要求侯服贡献其所不生产的包茅。

禽";《掌交》之"九税之利、九礼之亲、九牧之维、九禁之难、九戎之威"以及其他等等，均令人不明其所指何事。另一种情况是其内容可以大致理解，却与其他设想不相配称，甚至相互矛盾，此种事例亦复不少。例如，六乡管理一百家的《族师》之"五家为比，十家为联；五人为伍，十人为联；四闾为族，八闾为联；使之相保相受"。按照乡的社会基本编组形式是"五家为比，……五比为闾，……四闾为族，……五族为党，……，"其作用也是使其相保相受。如此，则"十家为联"即与"五比为闾"不相配合，"十人为联"又与"五比为闾"相抵触；"八闾为联"既超出族师之管辖范围又将割裂党的组织，不知应以哪一种编组为标准。至于"九夫为井"① 与"五家为比"的社会编组以及"十夫有沟"的水利系统之间的矛盾，更是显而易见，这一切混乱或矛盾之出现，主要由于《周礼》编者过分欣赏数字式标签并不顾事实的力求其整齐划一，因此既难免削足适履，也难免画蛇添足，并可能由于数字式标签太多以致出现前后矛盾或有所遗漏的情况而不自知。所以，我们研究《周礼》，应将注意力放在其字义比较清晰明确部分，此外不必枉费精力。

第四节
力　政

力政或劳役不属于现代财政学研究范围。从政治经济学角度看，只

---

① 自东汉郑康成注《地官·小司徒》"九夫为井"条将它肯定为井田制而后，即成为千古定论。到现在为止，除极少数古代和当代的学者不同意此观点外，几乎人人接受，视为当然。其实，《周礼》这一段郑注中自相矛盾之处甚多，无论他采取怎样的补苴办法，也无济于事。而《周礼》中的沟洫制度与基层社会编组，以及随农业之丰歉，农作之闲忙或气候之变化而迁移其农户以辗转相助的办法，亦均可证明《周礼》的土地制度不可能是井田式的。倘抛弃掉《周礼》为井田制之谬见，将"九夫为井"的"井"理解为"井田"以外的其他组织，如市井、耕地上的居民点之类，不特在社会编组方面不会有问题，即十进位的沟洫体系亦可随百夫、千夫、万夫之别而因地制宜的以从事水利设施工作。读者如对井田问题有兴趣，可参见胡寄窗著：《关于井田制的若干问题的探讨》〔《学术研究》（双月刊）1981年，第4、5期〕。

第五章 《周礼》的财政思想

有施用于领主土地上的劳役才形成地租,此外的无偿劳役属于超经济强制范围。但在中国古代,一向是将劳役作为国家财政的一个部分来考虑的,即使在以交纳现金代替劳役的时代,也只是交纳形式的改变,本质上仍是对劳役的征课。《周礼》一再强调民数之重要,绝不是为了人民本身的利益,而是为了王国有丰富的生产劳动力和劳役的来源,故后者成为王国财政征课之不可缺少部分。如从军赋角度考虑,兵员与兵车的征课更是紧密结合在一起的。

力政分为两大类,即非军事的一般劳役与兵役。但有一些征课原则是二者所共同的。

第一是服役的对象。《小司徒》规定:"上地家七人,可任也者家三人;中地家六人,可任也者二家五人;下地家五人,可任也者家二人"。《大司马》规定:"上地食者三之二,其民可用者家三人;中地食者半,其民可用者二家五人;下地食者三之一,其民可用者家二人"。两者的文字表达稍有出入,而每家可能负担劳役或兵役的人数标准是完全一致的。唯《小司徒》更明确地规定:"凡起徒役,毋过家一人"。所谓"徒役"是指大军大役士徒征调之事,包括服兵役在内。

第二是服役年龄。《乡大夫》谓:"以岁时登其夫家之众寡,辨其可任者,国中自七尺(二十岁)以及六十,野自六尺(十五岁)以及六十有五,皆征之"。为什么城内和野外的人民服役年龄相差如此之大,经文未加说明,各家注疏也未讲出一个道理。这可能由于野外的一般劳役较频繁,而农忙时间又不多,故其服役年龄较长。至于兵役因应征人数较少,按《司马法》规定,每十家才能有一人服兵役,可以选其中最壮健者,更不会超出此年龄限制。所谓"皆征之"是概乎言之,更准确说似应为"皆可征之",即具有服役条件,但不一定实际应征。

第三是免役规定,即《乡大夫》所谓"其舍者,国中贵者、贤者、能者、服公事者、老者、疾者,皆舍"。对野外未加免役的明确规定,唯此类具有免役资格的人,前四者多居国中,野外的老者、疾者以及少数服公事者,虽无明文规定,实际也是须免役的。事实上,在《遂大夫》的职掌中已有:"以岁时稽其夫家之众寡、六畜、田野,辨其可任者与可施舍者",表明各遂也有免役规定,只是未说明应免役的具体对

103

象。这可能是因《乡大夫》已有规定，为避免重复，故只概乎言之。

一、劳　役

　　一般的劳役是指正式应征为兵士之外的一切封建劳役，因此，人民群众为大军事征伐而负担的劳作，我们也称为一般的劳役。遇有征伐、会同、巩固堤防、修筑城郭等等所谓"大军大役"时，每家应出的一般劳役人数，不必是"毋过家一人"，可能二至三人。此类劳役均比较重，但要若干年才能碰见一次。平时的劳役多为在王公大人们出外田猎时，当地人民所应提供的服务，此外还有协同追捕盗贼的责任。在这些情况下，各家现有的负有应役义务的人数必得全部参加服役，即《小司徒》所谓"以其馀为羡，惟田与追胥竭作"。此类劳役较轻而每次服役时间也较短，唯在一年中的次数较为频繁，反而成为农民的沉重负担。又此类劳役大都出现在城郊，故赋税轻近重远以使负担平均的原则，即以此为其客观基础。

　　起大役时的劳役期限，《均人》有如下之规定：

　　　　"凡均力政，以岁上下。丰年则公旬用三日焉，中年则公
　　　　旬用二日焉，无年则公旬用一日焉。凶札则无力征。"

　　什么叫"公旬"，各家解释有分歧，主要有两种解释：一种认为"公"指公事，"旬"是平均，即公事平均之意，大丰年服役三日，中丰年服役二日，平年服役一日，凶荒年份无力役。照此解释，除较少的丰收年份有三日的服役外，其他年份不过服役一、二日而已，即有如此轻松的封建劳役，且每年只服役一、二日，其工作也不易安排。另一种解释认为"旬"即作十日解，古代官府工程常按"旬"计算，如《左传》就有"三旬而成"或"三旬而毕"等的记载，故"公旬"是公家力役的程日。服劳役者每公旬丰年只作三日，中年只作二日等等。又由于官府之工程兴作常是在每年秋收后举行，这就既可确定年事之丰歉，而工程时间也不会过长。此种解释存在一个大漏洞，征伐、会同、堤防

第五章 《周礼》的财政思想

工程绝不可能全部出现在秋收以后，较大的城郭园囿等工程也非二、三旬所能竣工。如公旬的期限延长，则每家服役日数，在丰年可达数十日之久，何足以言恤民力。对"旬"的不同诠释可使劳役很轻，也可使其特重。西汉初写成的《王制》云："用民之力，岁不过三日"，不知何所依据。因《周礼》"公旬"之说无确定涵义，后代儒生在渲染古代玫瑰色的轻徭思想时也多以《王制》为依据。但是，不论"旬"的涵义如何诠释，《周礼》经文的目的不外也是宣扬一种轻徭的政策思想。在古代，劳役往往较租税为沉重，因为租税的征课自有其实物收获量的客观限制，而劳役的多寡则是很少限制的。正因为劳役之重，才在古代思想家头脑中产生出各色各样的"轻徭"幻想，但任何美妙的减轻劳役幻想，均不会有实际意义的。

二、兵役——军赋

先秦时代特别是在战国初期以前，谈兵役必然要和军赋联系起来，不像秦汉以后可以将兵役与赋税截然划分。赋字从武，古代多指军和军赋，《大司马》"凡令赋，以地与民制之"，即是此意。那个时代的军事工具以甲车为主，国家的威力与大小也以甲车若干乘来表示，因此军赋包括甲士、徒卒、兵车及马牛，构成国家财政的重要部分。

关于车马的征课标准，《周礼》中无正式规定。照古代《司马法》的记载，每丘（十六井为丘）出戎马一匹，牛三头；每甸（四丘为甸）出长毂一乘，马四匹，牛十二头，甲士三人，徒卒七十二人，具备戈楯。《小司徒》有：

"乃经土地而井牧其田野。九夫为井，四井为邑，四邑为丘，四丘为甸，四甸为县，四县为都。"

故后郑即据此与井田制及《司马法》联系起来，并附以己意而大事发挥，于是《周礼》土地为井田制之说成为千古定论。实际上郑玄这一段经后世学者千万遍引证的注释，就存在很多矛盾，因超出本题之外，这里不必多赘。

照此甸丘规定，每甸六十四井计五百七十六个百亩之家共出车马之赋：车一乘、马四匹和牛十二头。换言之，即每一百四十四家共负担马赋一匹，约每四十一家共负担牛赋一头，五百七十六家负担车赋一乘，或者说以五万七千六百亩土地收入负担甲车一乘（包括马牛）的军赋，应该说其税率是不算重的。如已很沉重的话，则鲁成公"作丘甲"①，即将甲车之赋突然提高四倍，是绝对不可能的。

关于兵役的征集，《大司马》只提到按上、中、下地每家可任者二到三人，《小司徒》进一步指出："凡起徒役，毋过家一人"。按每甸六十四井计算共五百七十六家，亦即有五百七十六个具备服兵役条件的人。但甲车一乘只需甲士徒卒共七十五人，即平均在七个多具备服兵役条件的人中才有一人被实际征集入伍。但按照郑玄《小司徒》注所说则系："三百家，革车一乘，士十人，徒二十人。"因郑玄肯定一井不是九家而是三家，故车赋以井计算是减轻（由六十四井出一车到百井出一车）了，而按家计算则是加重（即由五百七十六家的负担变成由三百家负担）了。至于兵役却完全减轻了，因为每一百井只出甲士徒卒三十人，而三百家中具备服兵役条件的三百人中，每十人才有一人正式服役。

可是，照《大司马》军事编制计算，又是另一种情况。六军每军一万二千五百人，共七万五千人，其军赋在六乡征课。六乡土地方二百里（王城外百里为郊，其南北和东西各二百里），相当于四万井土地面积②，除去城郭、山泽、道路所占三分之一，约为二万五千六百井土地。如按每甸六十四井出甲车一乘标准计算，可得甲车四百乘，按每百井出车一乘标准征课，只有二百五十六乘。可是七万五千兵员所需甲车数目，按每乘甲士徒卒七十五人计，应有甲车千乘，如按每乘士徒三十人计共需二千五百乘。与按土地面积可能实际征收的甲车数量相比较，

---

① 《左传》成公元年。即将原来按甸（计576家）征课的甲车一乘改为按丘（计64家）征收。

② 这里说"相当于"，是因为许多《周礼》井田论者都认为六乡不采井田制。但无论是否采用井田制，六乡的土地面积总是四万平方里，故可以它为计算基础。

第五章 《周礼》的财政思想

前者仅为需要量的十分之四,后者仅为需要量的十分之一强。甲车的需要量与可能供征课到的数量相差太大。虽然如此,问题仍有办法解决,因短缺的甲车数量还可以由六乡以外广大的王畿地区征课来补足。

兵役征课方面又是另一种情况。《小司徒》规定,"凡起徒役,毋过家一人",平时更须如此。故六乡之六军的七万五千人必须自六乡的七万五千家中征集而来①。六乡土地面积为四万平方里,则三分之二的耕地约为二万五千六百平方里,相当于二万五千六百井。如按"九夫为井"计算,共有二十三万余家,则须每三个多具备服兵役条件的人就得一人正式服役。倘按一井三家计算,共只有七万六千八百家,几乎每家均有一人服兵役,如再考虑到四郊之田不少是官田、士田、贾田、牛田、牧田之类,很可能征集不足六军之七万五千兵员。

由上可知,不论甲车的征课或兵役的征集均存在问题,如将二者结合起来考虑,问题更大。所以出现这些矛盾,主要由于受井田制框框的局限。如抛弃这个局限,以甲车之赋为例,将甲车一乘由六十四井负担改为由不分农工商贾的若干人户负担,并稍微减少一点原来负担甲车一乘的人户数目,即可使征收的甲车总数大为增加,以适应六军的需要。同样,在兵役方面,也按农工商贾的人户征集,不仅限于向井田式的农业人口征集,以王城人户之多,兵员易于征足,还可以大大减少各农户负担兵役的压力。

还有一点值得指出的是:《周礼》对各军师的兵员编制,《小司徒》已有明确规定,而对甲车之赋并无具体论列。这至少表明其编者对甲车这种军事工具之不甚注意。这正好反映了战国初期以后车战已成为落后方式,渐为步卒战争所代替。《周礼》的军事编制,只考虑兵士的来源未联系甲车的征课问题,也正是反映了这一历史的客观现实。所以,我们在前面所指出的一些军赋征课与六军兵员之间的矛盾,全是主观的以井田制和《司马法》诠释《周礼》才出现的情况,而《周礼》本身不

----

① 《周礼》的兵制,六乡为正六军,六遂为副六军,接乡、遂区分,故甲士徒卒的来源应自本乡或本遂征集。否则不必要有乡、遂之别。且乡大夫也无权到本乡以外地区征集兵员,不像甲车的征课可以由别地补充。

必存在这些问题①。

第五节
财政支出观点

《周礼》在财政支出方面的论述并不如财政收入方面之周详，其总的精神是我们在前面已分析过的所谓专税专用原则，并一再强调节用，希望能做到每岁有所结余。

《大宰》先提出"以九赋敛财贿"，紧接着即提出"以九式均节财用"，把"九贡"也列在此条之后，可知对财政支出之重视。九式所列举的是每年的各类正常支出，其类别是：

"一曰祭祀之式"，指用于祭祀方面的玉帛牺牲等支出；

"二曰宾客之式"，指接待蕃国及诸侯朝觐费用；

"三曰丧荒之式"，丧荒《大府》称"丧纪"比较正确，因凶荒事出非常，不能列入经常支出，故此专指王家与诸侯诸臣之丧事所需的支出；

"四曰羞服之式"，指国王的膳食与衣冠等支出；

"五曰工事之式"，指官府百工制作器物所需的支出；

"六曰币帛之式"，指遣使聘问时所需的币帛馈赠，与前宾客之式有别；

"七曰刍秣之式"，指用于饲养马牛的刍秣支出；

"八曰匪颁之式"，指国王用于分赐（匪颁）诸臣的奖赏、振恤等物品；

"九曰好用之式"，指国王平时赐予诸侯及亲贵诸臣的支出，与前"匪颁之式"不同，前者为国家的正规颁赐，后者为对亲贵表示亲好之赐。

---

① 《小司徒》"九夫为井，四井为邑，四邑为丘……"的记载，仅是保持了春秋时代征课甲车基础之残余，事实上已不再征课甲车，只将它作为在野外征收贡赋或兵役的计算单位而已。

第五章 《周礼》的财政思想

从这些财政支出形式中可以看出古代封建国家的支出有几个特点：第一，王国财政支出以祭祀及大小丧纪为最重要，故列在首位。祭祀系氏族社会以来之牢固传统习俗，丧纪反映了封建宗法的特质。第二，款待宾客与遣使聘问是封建国家的重要政务之一，在财政支出中占不小比重。第三，工事支出反映了堤防城郭工程的重要性，而国家的各种器用，由于私人手工业未充分发展，均须由司空之官自行制造。可以说这九式支出中只有这一式才具有积极的生产意义。第四，所有各式支出全与统治者及其臣僚的私人消费有关，刍秣之式所饲养的牛马，也以作为统治集团乘骑、运输、祭祀、肉食之用为主要目的，可以说基本上均直接间接地作个人消费品之用，而匪颁、好用也成了国家财政支出之两"式"，更是其一个显明的特点。因此，从九式支出看来，更证明那种认为《周礼》已将国王私人费用和国家财政开支严格区分的观点，是极不妥当的。

在"九式"所规定的财政经常支出之外，《周礼》还提到一些临时性支出。首先是《廪人》积存有大量谷物以作荒凶年份救济之用，即《仓人》之"有馀，则藏之，以待凶而颁之"。关于救荒谷物支用，《周礼》确定了一个人民食粮消费水平的标准，《廪人》云：

"凡万民之食食者，人四鬴上也，人三鬴中也，人二鬴下也。若食不能人二鬴，则令邦移民就谷，诏王杀邦用。"

"鬴"被释作"釜"釜又理解为六斗四升。人民每月食粮大丰年四鬴，小丰年三鬴，平常年份二鬴，如果民食不到二鬴，就得移民到丰收地区并减少国家开支。这是将人食二鬴定为最低食粮标准。如人民食粮降低到此标准以下，封建国家即须采取各种措施加以救济。此时各地"遗人"所储存之谷物，即可作"周赐"（施惠）之用。在移民就谷时，被移人民的食粮总须有一段时间由官府供给。

每鬴六斗四升，则最低食粮消费标准每月二鬴为一石二斗八升。周量一石，约合今零点一九三六石①，故二鬴约为今量二斗五升，不应成

---

① 这是根据吴承洛著《中国度量衡史》推算的数字。

为人民粮食消费标准的最低限。据《汉书·食货志》载，李悝"尽地力之教"的每人每月的正常食粮消费量为"人食一石半"，合今量约二斗九升，比二䰞只多四升，不能算太低。但"䰞"是否即为"釜"，"釜"是否为六斗四升以及应折合今量若干，均系后人的推测，故对这些具体数字不必过分相信，在古代文献中涉及年岁丰歉问题时均以土地食粮收获量的多寡为标准。如只注意粮食收获量而不把它同食粮的人数联系起来考虑是不全面的。《周礼》把每人每月的食粮平均消费量的多寡作为反映年岁丰凶程度以及应否采取救济措施的标尺，这种设想的科学性就较强了。

《周礼》将官府的谷物救济列在救荒政策的首位，此外还提出一整套荒政措施，其中大多数措施均与国家财政有关联，另外几项措施则具有间接鼓励生产之意。如《大司徒》于救荒提出了十二种对策：

> "以荒政十有二聚万民，一曰散利，二曰薄征，三曰缓刑，四曰弛力，五曰舍禁，六曰去几，七曰眚礼，八曰杀哀，九曰蕃乐，十曰多昏，十有一曰索鬼神，十二曰除盗贼。"

这里排在第一位的措施"散利"即指贷给农户种子和食粮，或开公仓救济。"薄征"为轻减租税以稍减人民负担。"缓刑"为凶年犯罪者多，应弛刑罚，重罪减轻，轻者赦之。"弛力"是少兴力役之征。"舍禁"是弛山泽之禁，给人户扩大谋生范围。"去几"一说是关市不几，更不课税，另一说为只省去关市之几（稽查），但仍课税。"眚（省也）礼"为省减各种吉、宾礼节。"蕃乐"或释为"去乐"，但主要是省去宗庙祭礼和天子食寝时之音乐。"多昏"是免去婚礼要求，使不备聘礼而能婚娶者增多以繁育人口。因凶年人口因饥饿而死者多，应鼓励婚配。"索鬼神"是修缮废旧寺庙以祭鬼神，免其怨而为灾。"除盗贼"系饥馑时盗贼多，宜清除之。

《周礼》荒政十二措施充分体现了前期封建经济的特点。在那个时代的人民（主要是农民）生活甚为简单，而劳役赋税负担却很重，封建国家的经费主要花费在祭祀礼乐和最高统治集团的生活享用上。故在凶荒年份，其救荒政策的重点，一方面对灾荒农民采取"散利"、"薄征"、"弛力"、"舍禁"、"去几"和"多昏"等措施,另一方面是官府本身从事"眚礼"、"杀哀"、"蕃乐",减少国家财政开支以适应因荒年税收减少所造成的困境。其余如"缓刑"、"除盗贼"和"索鬼神",不过是些例行的或迷信的补充措施而已。在荒政十二之外,《周礼》中提及救荒之处很多,可资补充的是在《司市》条提到:"国凶荒、札丧,则市无征而作布(货币)"。此经文照前代注疏家的理解,其大意如下:如国家遇到自然灾害或重大丧事①,则人民困乏而物价又贵,故须免征赋税;另一方面,"金铜无凶年",百货价格虽贵而金铜之价仍贱,此时国家应大铸泉货以纾民困,即把发行货币看做是一种救荒重要措施。这是先秦时代较普遍的货币观点。很奇怪的是《大司徒》十二荒政中却未提到铸币发行这一措施,只在《司市》条下才提到"作布"以救荒札。

《周礼》的荒政思想虽然考虑的项目较多,但只具有在一定历史时期的特殊意义。后代对此十二荒政曾不断加以啴诵,而真正继承下来的只"散利"一端。但《大司徒》特别强调荒政,至少反映《周礼》编者对经常危害社会生产的凶荒问题是非常关心的。这不仅是为了救济灾荒中的人民,对封建统治阶级本身的利益来说,也决不能有所忽视。故《周礼》的财政支出中,特别注意应付凶荒之年的救济费用(主要是谷物),并主张荒年时相应减少官府的财政开支。

其次,在财政正式支出,即"九式"之外,尚保留有一些财赂作临时支出之用。《大府》云:

"凡邦国之贡,以待弔用;万民之贡,以充府库。凡式、贡之馀财,以共玩好之用。"

"九贡"物品不属于国家财政"九赋"的正常收入范围,故其支出也未列入"九式"之中,主要留归王室享用及颁赐。这里所谓"弔用",与"九式"中的"丧荒(纪)之式"是有区别的。因丧纪费用在前面经文中已明确规定由"山泽之赋"支付,故所谓"弔用"可能是在国家颁发的正式丧纪费用之外,由国王另给的弔礼品。"万民之

---

① 大丧如王后世子病故之类,全国上下均应停止各种活动一个时期以表示哀悼。人民在停止活动后,没有收入,自会发生困难。

贡"系万民在"九赋"之外奉献的土特产品，这类物品也留存府库之中以待不时之用。另外，在正常岁入（九赋）与正常岁出（九式）的收支相抵后之"馀财"以及诸侯和万民之贡支用后的"馀财"，可作"玩好之用"。此处之"玩好"与"九式"中的"好用之式"应区别开来。"好用"虽不如"匪颁"之正规化，仍为难于省略的赐予。例如，国王接见诸侯亲贵时，虽无法令规定非给惠赐不可，却是必须有所惠赐的，故也列在"九式"支出之中。而"玩好之用"则是在财政有较多剩余时，做一些可有可无的享乐之用，例如举办铺张的节日庆祝，兴建特别精致的亭台之类。这些财务支出规划，似乎太为繁琐，没什么重要意义。然而，这正是《周礼》的优点之一。《周礼》这部古籍的编者一直在抓西瓜，而抓到的却以芝麻为多。正因为其在设官分职方面论述许多微不足道的官称与职掌，才使后世对六官的职掌能得到较详细而具体的理解。此类支出，连同一些以货币形式支付的王家衣饰、祭丧、会同等费用，均称为"邦之小用"，以别于经常岁出的"邦之大用"。

值得注意的是，在《周礼》经过细致分类的"九式"支出项目中，竟只字未提封建官吏的俸禄支出一项。"设官分职"本系《周礼》所提出的"建国"总纲领的一个重要项目①，有官必有禄，既然连用于饲养马牛的刍秣支出都专门作为"九式"之一"式"，何以俸禄开支不能列入"九式"之内。如果说《周礼》所记"九式"内容是代表西周的政治制度的，而那一时期封建政权的官僚各有其"食邑"或"田禄"，他们的费用均由农民负担，不体现在封建国家的财政支出上，故也不必包含在"九式"正常支出之内。这仍难以说通。因为《周礼》作者对俸禄问题是相当重视的，《小宰》的"八成"中"五曰听禄位以礼命"，即将制订和颁发俸禄作为掌理国家政务的一个重要经济事项。其他治国原则如"以八则治都鄙"，则提到运用"禄位"（俸禄和官位）作为驾驭一般士人的手段；"以八柄诏王驭群臣"也提到驾驭群臣的方式有"二曰禄以驭其富"。更为重要的是，在《周礼》的财务行政机构体系中，还专设"司

---

① 《周礼》在《天官·冢宰》中一开始就提出了一套政治准则，其总纲领是："惟王建国，辨正方位，体国经野，设官分职，以为民极"。可见"设官分职"是实现使国野人民都能不失其所这一总目的的重要前提条件。

禄"一职以主管谷物俸禄事务。这表明俸禄的予夺不仅是封建最高统治者借以控制臣属士人的有效政治手段,还是封建国家财政支出内的一项重要项目,故须设置专职财政官员以掌理此事。既然如此重视俸禄问题,为何又不将俸禄支出列入"九式"支出之内?对于这一令人费解的矛盾现象,可能作出的解释是,《周礼》作者既托名于西周古制,那起码应在国家正常财政支出的形式上仍保持西周封建领主经济时代的特质,即不得将那时尚普遍享有食邑或田禄而不是领取俸禄的官僚的费用,也列入国家财政开支的"九式"之内。但另一方面,作者由于受到他所处时代(可能是战国末年)俸禄制已广为流行的影响,故在设想西周的政治经济制度时难免掺入己意,以致出现这种国家财政机构须设专职掌管俸禄事务而俸禄支出又不包括在国家财政支出之内的悖理之论。

如果联系俸禄支出问题来考虑《周礼》中的设官人数,则其矛盾和漏洞更为突出。前代曾有人仔细地计算过,《周礼》六官中只地官一项所属官员就有"三十万人有奇,府、吏、胥、徒及卫从等等不计在内"[①]。府吏胥徒以下人员数目至少也有下士以上官员总数之五、六倍。现假定其为五倍,则府胥以上公职人员共计仅地官就有二百八十多万人。其他五官人数虽不必如地官之多,但合计决不会在地官人员总额的二倍以下,故天、地等六官合计当在五百四十万人以上。下级人员的最低俸禄,按《孟子》中所说:"下士与庶人在官者同禄,禄足以代其耕也"[②],换言之,即其俸禄相当于百亩土地之收入。至中士及以上到公卿大夫的俸禄,将比庶人在官者的收入高出许多倍。为便于计算,假定公卿大夫的俸禄也和庶人在官者一样只有相当于百亩土地的收入。千里王畿的面积为一百万平方里,除去三分之一的山林川泽道路外,可耕地约为六十四万井,每井九百亩,即五百七十六万块百亩之地。但是,距王城二百里以外的稍、县、都土地多已分封给公卿大夫作为采邑,在二百里以内的耕地中又有不少场圃、官田、牛田、赏田、牧田占去许多耕地,其余剩下来可供六官俸禄之用耕地恐怕连五分之一还不到。照此计

---

① 祁骏佳:《遯翁随笔》,卷上。
② 《孟子·万章下》。

算，有三分之二以上的六官官员的相当于俸禄的百亩土地尚无处取给，更谈不到用来养活农民的耕地。再从人口角度考察，在官人户常为人口众多之家，兹假定每户均为八口之家，以五百四十多万户官户计共为四千三百多万人。人口稀少的古代的千里王畿那有这许多人口。即使能有这许多人口，又全是官户，也就是不存在民户，只有官而无民。既无农民户口又谁来代官户耕地呢。如说在官户人口四千多万之外还有农民户口，试问王畿全部土地均已供在官者的俸禄来源之用，纵有农民也无地可耕。

仅此一点已足表明《周礼》的编者只注意到把一个封建王国的政府体制刻画得如何庄严伟大、百官俱备，忘记了它同土地与人口的相对关系，也未考虑封建国家的财政承受能力。这显示《周礼》编者更可能是一个"四体不勤"，"不事家人生产"的儒生。

总之，《周礼》在财政支出问题上除了提出"以九式均节财用"以及其他一些临时性支出，并主张专税专用和财政结余外，无多论述。

《周礼》在财政岁出方面论述较其岁入部分为简单是可以理解的。岁入的种类繁多，如无较周密的考虑，可能会有所遗漏。岁出方面，一因各诸侯国家和卿大夫采邑的支出不属于王国支出范围，又因王国的开支项目仅限于丧祭、颁赐、禄食之类，自会比较简单，只需强调节用原则，确定岁入岁出的对口开支并加强财务支出程序的控制，即可适当处理岁出问题。

在分析了《周礼》岁入岁出的设想之后，有一个与此有密切关联的预算问题，须稍加说明。有不少现代研究《周礼》财计问题的著作，认为《周礼》中虽无"预算"这个名词，而事实上已在实行预算制度。其主要论据是《大宰》"九赋"、"九式"，"九贡"的规定，表明大宰掌握预算编制之总原则；《司会》"以九贡之法致邦国之财用，以九赋之法令田野之财用，以九功之法令民职之财用，以九式之法均节邦之财用"，表明司会实际从事岁入岁出预算之编制①。这完全是误解。《大宰》的"九赋"等三项规定，是须长远贯彻的财政总原则，既不会每年变动，更不必运用每年编制预算方式来推行。司会是掌管王国财计的

---

① 张心澄：《周礼财计制度》有一章专讨论《周礼》的预算制度。书中还提出一些别的论据，因理由太不充足，不必多赘。

入出法式之监督和财务簿籍保管的机构，不适用于主管预算之编制。且王国岁入的课征基本上均由大司徒掌管，王国岁出基本上由大府掌管，如要编制预算，非有大司徒与大府参加不可，司会何能专管此事。

按年编造预算的制度只有岁入岁出相当复杂而变动又多的近代社会才有必要性。我国封建经济发展到了唐代，才有"长行旨条"之实行，其主要精神不外是给各种财政支出规定一个长期性的指导原则，何能在先秦时代就产生每年编造预算的要求。再说，早期封建国家财政岁入主要是田赋，本年的税收已有定数，下年的田赋因天气变化而难于预测；岁出项目又较简单而易于控制，无论从岁入或岁出方面考虑，均无逐年编造预算之必要。只需坚持量入为出精神，严格控制支出项目，鼓励节用并有一定的粮食储备，即可解决国家财政问题。这些正是《周礼》所反映的财政指导原则，毋庸考虑其是否存在预算概念的问题。

第六节
会计稽核思想

研究古代会计问题，必须首先明确两点：第一，古代会计常指政府财政事务方面的会计，故与国家财政有不可分割的联系；第二，会计职能与审计职能常混杂在一起，而更多的时候是体现为审计的职能。我们下面所提到"会计"均作如是解。

先秦典籍中涉及会计事务之处为数不多，且语焉不详。如《韩非子·外储说左》记西门豹为邺令，"居期年上计"，只有"上计"二字并无内容，在此前的《管子·立政》有"州长以计于乡师"的"计"大约也是上计之意。《周礼》中始出现"会计"一词[①]，并记载了很多

---

① 《史记·夏本纪》中称大禹会诸侯时所谓"会稽"，即后代之"会计"。此系太史公的推断，不足凭信。在先秦典籍中，《孟子·万章》下有："孔子尝为委吏矣，曰，会计当而已矣。"此"会计"二字系指低级仓库小吏的记账工作，不一定指官府的会计职务。如《周礼》成书于《孟子》之后，则会计一词是最早出现于《孟子》，如成书于《孟子》之前，则会计一词仍以出现于《周礼》为最早。

有关会计的事务。在这个问题上,《周礼》是最为突出的,唐宋以来谈会计之学者莫不以此书为经典依据,足见其对后世影响之大。

一、会计管理机构的设置原则

前已言之,主管会计的独立机构——司会,直属于天官冢宰。这有两重意义,一是与实际掌管赋贡征课的大司徒之职权区分开来,二是与大宰直接管辖的主管王国财政收支的大府区别开来,以防止在会计职掌与赋税征课或财政收支职掌混合的情况下可能产生的弊端。司会之官阶为中大夫,较其他掌管有关财政事务的官员如大府、司市、廪人等的官阶均高一级,这既体现了王国对会计职能之重视,也便于司会执行其会计稽核的职权。

关于司会的职掌,是"以逆群吏之治,而听其会计",即掌理王国的会计稽核任务,这是毋庸置疑的。但有一些与此有关的问题必须弄清楚。第一,经文所谓"掌邦之六典、八法、八则之贰",一般理解为"此执国典之副",与小宰为"官联",这是错误的。小宰是协助大宰总管王国的政治任务,会计稽核只是职掌的项目之一,司会专管会计稽核,其主管范围不可能如小宰之大。因此,司会所主管的只是《大宰》的六典、八法、八则中的有关财计部分,如六典中的"事典","八法"中的"官计"和八则中的"禄位"和赋贡的会计事项。司会职掌中未提及《大宰》的"八柄"、"八统"等项,系以其与会计无关,这也是一个反证。第二,不少人认定宰夫之职是执行财政出入的就地稽查,也是不正确的。宰夫之官只有下大夫四人,又无专设机构,不可能对六官及其所属上千数机构的财务收支进行就地稽查。他们只可能是天官机构内高级官员,其职责是秉承大宰、小宰的旨意,审查包括会计稽核事务在内的各项政务文书并作出原则性建议以待上级最后核定。因此,宰夫职责是对王国内财计奖惩事件之审核,决非就地稽核。经文所谓"掌法治以考百官府、群都县鄙之治,乘其财用之出入。凡失财、用、物,辟名者,以官刑诏冢宰而诛之。其足用、长财、善物者,赏之,"应作

第五章 《周礼》的财政思想

如是解。第三，司会掌理全王国会计稽核工作，其全部职员共二百三十五人，包括胥、徒等一百二十五人在内，这表明它只是一个中央主管会计部门。会计稽核工作既如此严格，六官及其所属机构也必须有相当的办理此项事务的官员。在《周礼》中并无此类人员的配置。这是我们早已提到的一个《周礼》的严重缺点，只有中央主管部门，常少下属承办机构，不独司会之官如此。

司会机构的内部分工，亦有其特点，它将实物的岁入与岁出的会计分开，由两个内部组织——职内与职岁承办，职内管岁入，职岁管岁出。至于有关货币的收支会计则统一由一个内部组织——职币承办，与掌管货币收支的外府相类似。为什么对货币的收支及其会计事业要如此处理，可能是由于货币本身的特点所使然。此外，专设一个内部组织——司书，主管会计簿籍和会计稽核职务。

司书掌管全王国会计总收支之簿籍，唯其职责不限于簿籍之保管，而是在掌握了这些资料——包括"邦中之版，土地之图"以后，能"周知入出百物"情况，以核计实物或货币是否有余。如在收支相抵后有货币结余，应通知其上交到职币，这里未提实物结余之上缴，可能仍留原机构以作下年之规定用途。所以，司书是最适合于规划全国财政收支总估计的唯一机构。

职内掌邦之实物收入会计。它主管国家岁入会计事务，而更主要是管理百官机构由内府所领到的实物收入的会计事务。故从国家角度看后者反而是岁出。《职内》的这段经文将几种情况混杂在一起，极易引起误解。开始说："掌邦之赋入，辨其财用之物而执其总"。这并非"掌邦之赋入"，因为赋入系归内府掌管，职内所掌管仅是岁入的会计，这句经文应理解为：职内先要了解全国各种赋入的总额；接着说："以贰官府都鄙之财入之数，以逆邦国之赋用"，在了解赋入总额情况后，根据全国各领财（"财入"）机构的领财单据之副本作会计登记，这种单据副本留待年终结算时，与职岁所收到的各原领财机构的支出单据相核对，即可知各领财机构的收支是否正确和有否余财之留存。

职岁"掌邦之赋出"也应理解为掌国家贡赋的支出会计，并主管各领财机构领到财物后的支用情况，根据各机构支用单据进行审核。

将各领财机构的收支事项规定为分别由职内和职岁进行会计监督，必须有其暗含的某种新颖的指导思想，绝不是无目的随意划分。各领财机构将财物支出后必须按照规定"式法"向职岁报告。如所领到的是货币，其支出应报职币审核，不归职岁管理。总之，《职内》所谓"岁入"与《职岁》所谓"岁出"，主要是指百官机构的一年内部财用收支会计，不单是王国的岁入和岁出总会计。

职币的职掌是根据"式法"主管百官机构的和此外的一切货币收支的会计，并随时核算其结余以备邦之小用及国王赏赐之用，于年终再行总结。在职币所属的人员中，有"贾四人"，这是司书、职内和职岁均没有的情况。职币不大可能利用贾人到市场买卖货物，也许是利用贾人经验以审核各领款机构所报货币价格之是否属实，但直接管理全国货币收支的外府并负责办理王室服饰用品，却未配备贾人，颇属费解。

二、会计稽核程序

《周礼》的会计稽核程序是相当严密的。就整个国家财政来说，九赋收入与九式支出均有明确规定的项目，并规定了何种收入只能用于何种支出，九贡及泉府货币赢利也规定了一定的用途。这样一来，会计官员进行国家财政总收支的稽核，就有明确的法令根据。大府掌管全国财政收支，必然有它的一套会计簿籍，但与司会掌管范围无关联。

特别突出的是对各百官机构的收支的会计稽核。任何一项财务收支，均须有一定的"式法"或"令"为准。所谓"令"如今之支付命令，"式法"如今之一般支付凭证。不论哪一种均为一式两联，"令"之副联交由司会发交司书登记、职内存查，正联由领物机构持向财物保管部门领取规定数量的财物。"式法"通常由职岁发给，也是副联自行登记存查，正联由领物机构持往领取财物。职币的支付式法，也大致如此，只是收与支均由其办理登记存查。全国各机构的财务支出均应按期呈报各自的上级部门再转司会所属机构登记审核。关于大宰直接管理的生产机构如酒正、司裘、典丝之类，其所使用的原材料与制成品的会计

第五章 《周礼》的财政思想

收支,均须按期呈报小宰转交司会登记审核。总之,所有各部门及其所属机构的财务收支均应按照规定式法程序办理,不能有所违反。所以,《周礼》中关于"法"及"式法"等词多得不胜枚举。顾颉刚根据《周礼》中处处言"法"一点,就肯定它是法家之作的论断,是没有弄清楚《周礼》之所谓"法",很多都非法家之所谓"法"。

平时的定期报告有"日成"、"月要"和"岁会"。《司会》有"以参互考日成,以月要考月成,以岁会考岁成"。所谓"日成",系按日编造的计算文书。"日成"的"日"应作十日解,故日成乃一旬成绩的会计报告,因《宰夫》也有"旬终,则令正日成",即每一机构在一旬之终即须上报其十日之工作成绩,并提出会计报告,以供上级考核。日成报告的副本也须交给司会,由其所属司书、职内、职岁等根据同一机构前后所报材料核对审查。"月要"为每月终的会计报告。小宰就有考检各机构的"月要"的责任,故在"以官府之八成经邦治"中的第八即为"听出入以要会"。所以,百官机构的会计月报就得呈报小宰审查。事实上这类报告是由小宰发交司会作实际审查,故司会的职责也有"以月要考月成"。

"岁会"的意义最为重要,是年终的年度财计成绩的考核。这是国之大计,大宰也非常重视,于每年岁终令各官提出全年的会计收支报告,即"岁会"。大宰根据各官府报来的岁会,参考其月要、日成以决定各机构的全年财计工作成绩,并报请国王予以奖惩。据《礼记·王制》所载,国王在接受此岁要时,须事先斋戒以示郑重。当然,这种审查岁会的具体工作,均由司会及其所属承办,直到最后呈报国王。故司会的职责也规定有"以岁会考岁成"。

总之,"日成"由各主管部门审核,也分送司会备考。"月要"须得送呈小宰,而"岁会"则须呈送大宰转报国王。在国家财计范围内,每年年终的民数报告与财务收支报告两者均为国王十分重视的两件大事,甚至郑重到须"斋戒"或"拜而受之"。关于这些财务稽核的设想,形式上的确是冠冕堂皇的。国王"斋戒"不过说说而已。其余会计设想均过于繁琐,事实上很难实行。每一项财物及货币的收支,要按照一定"法"或"式法"办理是合理而必要的,但不可能事无巨细都

得通过中央会计部门、司会办理。古代各种收支"式法"均得书写在竹木之上,这一繁重任务何能全由司会主管。"日成"的数量巨大,更不可能一一由司会稽核。但是,这种重视会计稽核的思想本身,则极为可贵。这样的稽核方式,事实上已超出了会计稽核的范围,而是些审计工作。所以,有的学者认为《周礼》中已有事前审计与事后审计之规定。由于古代的会计的性质,具有更多的现代所谓审计的性质,故会计审计不分。出现此种情况是很自然的,但不能说《周礼》编者已有明确的事前事后审计思想。这种会审不分而又具有较多的审计性质的传统,使我国的政府审计机构能在世界范围内最早出现;相反的,也使我国的会计记录形式长期停留在简单的簿记形式水平,而真正的现代会计机构却较晚才出现。其客观的原因是,对于一个统一的庞大的政权机构,审计是其较迫切的需要,而在小生产经济占着支配地位的场合,简单的簿记形式倒更合乎需要,从而现代式的会计机构就更无早日出现之必要。

三、会计年度

既然强调"岁会"的考核作用,会计年度以一岁十二个月计算是理所当然的。但其起讫日期则不必与历年制的起讫日期相一致,如现代会计年度就有不少国家是从七月一日到下年六月三十日。《周礼》的会计年度也有类似情况。《周礼》适应春秋战国时代的流行习惯,采用周历与夏历两种历年制,凡称"正月"为周历,称"正岁"、"岁终"或"岁"时是用夏历。我国近代的阴历即为夏历,其正月在十二地支中属寅,故称夏历"建寅"。周历的正月为子,较夏历提前两个月,故称"建子"。换言之,夏历的正月系周历的三月,另一方面,周历正月是夏历的上年十一月。《周礼》的会计年度是按夏历计算的,即从周历的三月一日开始到下年二月底为止。为什么要采取此种方式呢?古代财政以农业赋税为主,故"制国用"也主要以谷物收成为依据。全年谷物收获到赋税征收完毕约为夏历九、十月之交(即周历的十一、十二月），然后由司会汇集各方报告协助大宰制定下年"国用"，连同其他重要政治设施于周历正月初一（即夏历上年十一月一日）公布，即《大宰》所谓："正月之吉，始和、布治于邦国都鄙，乃悬治象之法于象魏，使万民观象，挟日而敛之"。用十天的时间使王城万民周知下年度的各项政治设施（"治象之法"），政令传遍王畿更需要不少时日。故正式执行的期间，规定自政令公布后两个月（夏历正月一日，周历三月一日）开始。此时，小宰再次"帅治官之属而观治象之法，徇以木铎曰：不用法者，国有常刑"。总之，"国用"必须在秋收后才能制定，而秋收完毕已近周历年底，故国用制定后只能公布，而正式执行期限必须推迟一些时间，其他一切政治设施也随之而推迟到夏历正月一日才实行。所以，《周礼》的会计年度采取夏历而不用周历，如采用周历将因时间仓促而使其执行出现一些障碍。

《周礼》的会计年度与周代的历年制不同这一点，我们不能因为这是现代财会制度中较一般的情况而给以过高的评价。此种会计年度制度本来就是适应落后农业经济条件的产物，而且它还有一个严重缺点。假设，本年度的国用是根据上年度的丰收情况制定的，而本年秋收却是大荒年。歉收情况在本会计年度结束前两个多月即已知道。按《周礼》的规定，以本年歉收情况为依据的财计措施，必须到两个多月后的新的会计年度才开始实行。歉收出现后两个多月，即六分之一多的会计年度时间，其会计收支仍在按丰收年度的规定执行，宁非悖理。但也须看到，在那种非常尊崇和重视本王朝的历年制的古代，《周礼》编者在会计年度的确定上能采用夏正，而不用周正，甚至不用周正三月一日到下年二月末之说法，而直接用"岁正"、"岁终"等词代替，这种尊重客观现实的态度，还是很难得的。

最后，我们将分析一下关于《周礼》的会计稽核思想的另一个问题。《周礼》有关会计稽核问题的论述，无论从质或量方面考察，在中国和世界的古代都是极其罕有而又珍贵的，尽管它还存在着不少缺点。为什么在古代中国会出现这样丰富的会计稽核思想？唯心主义的古代学者对此问题的解答很简单：这是出于圣人周公的主观订定。我们在前面已约略的提到，一个统一的庞大国家，这不仅指周王朝，连春秋战国时代的强大诸侯国家也如此，较完备的财计制度在客观上是很必要的。因此，在战国初年的魏国，"上计"已成为法定的财会词汇①，其涵义是一年的财计核算。汉初的张苍曾为"计相"，后改称"主计"②，说明那时已有专管财计的中央部门，也进一步证明至少在春秋战国时代财计制度已有一定程度确立。此主计制度一直相沿下来，从未中断，只是其官称各代时有变更，到民国时期还有"主计处"之设置。故《周礼》中会计稽核制度主要是从现实财计设施中吸取滋养，并附以己意，但绝不是完全出于其编者的主观构想。

第七节
结 束 语

　　《周礼》与其他古籍多系论述个别事物或范畴，而很多的场合是所论述的各事物或各范畴之间不必有联系者不同，它所阐述的对象是一个极为复杂的政治体系，许多内容之间常有不同程度的联系，还具有主从之别。如要把它编写得体系周密完整而内容不相互矛盾，对六官的每一官至少要有一位精通本官组织体制和业务的专家参加共同编纂，才能避免错误与矛盾。《周礼》编者显然不具备此条件。因此，书中每一处提到某一概念或问题时，其涵义常常与其他各处相抵触。仅以贡赋及财务行政各官职掌而言，存在类此情况者即不知凡几。这也正是治《周礼》最感繁难之处。

　　就《周礼》的内容考察，其编者对六官各中央部门的官职和职掌有全面的了解，所以现存五官所涉及的大部是各中央部门的组织机构和

---

① 参考《韩非子·外储说左》："西门豹为邺令，……期年上计"，又《淮南子·人间训》记有魏文侯时代的事："解扁为东封，上计而入三倍"。此外，《六韬》卷三，《龙韬·王翼》记载："法算二人，主计会三军营壁，粮食财用出入"。《管子·立政》："三月一复，六月一计，十二月一著"，颇似"日成"、"月要"和"岁会"的稽核方式。此外，前引《孟子·万章》下也有"会计"一词之出现。

② 《史记·张丞相列传》。

第五章 《周礼》的财政思想

官职,特别有意思的是将一些中央部门中小得微不足道的官职如天官的"腊人"、"兽医"、地官的"掌炭"、"掌茶",春官的"鸡人",夏官的"射鸟氏"、秋官的"蕳氏"以及其他莫名其妙的官职列举了不下百种。相反的,对六官的中级组织机构反而很少提到,其财务行政机构中的官职设置情况亦复如此。看来《周礼》编者只掌握了一些关于中枢各部门的组织和官职的资料,此外则只好付之阙如。因此,全部《周礼》对五官的高级领导的官职及其职掌论述较多,对低级官职及其职掌的论列特别繁琐,唯独对担任实际政务的中级官职及其职能的论述则太少,仅天官的大府、司会和地官的司市才有一些较具体的内容,从而使我们稍具条件以探讨它的经济财计的思想。

《周礼》的这种上下大、中间小的缺点,使人们不能很好地把握其各官本身之纵的组织体系和各官及其所属机构之间的横的联系。兼以抽象的政治、伦理概念和简略的官职职掌之罗列各达数百种之多,恐怕连其编者自己也记忆不清楚,自不免出现许多同辞异义、条理不清或相互抵触之处。一千多年来治《周礼》的学者们已产生了无数的歧见,几乎对书中的每字每句均出现不同理解。唯歧见再多,也未能动摇一般封建文人对其政治、经济制度之伟大完善的信念。即使是坚决反对《周礼》的今文经学家,也只说它是"伪书",非圣王之作,很少抨击其中的政治、经济制度。因此,过去所有歧见基本上是在肯定其整个制度的前提下产生的对个别辞、句或个别设施之不同诠释。如以现代科学思维方法去研究《周礼》,对个别辞句或措施的诠释固是必要的,而更重要的却在于是从整体角度去把握其中所论述的各种制度及其相互之间之协调问题。以上对《周礼》财政思想的研究,正是试图以现代分析方法从整体把握这部古籍所构想的财政经济制度,由此可能得出的结论是:书是一部矛盾重重而又混乱的书,其制度也是决非完美的制度。

但是,由于它很重视经济在国家政务管理方面的作用并论述了许多与财政经济有关的问题,这在我国古代所谓经典中是唯一的一部接触财政经济问题最多的书。既有这许多的论述,就值得我们研究,不论它们是反映了当时的客观现实,或是吸收自当时的典籍,甚至是出于编者头脑中的构想。即使是出于编者的构想必然也或多或少有一些客观存在为其基础。所以，我们研究《周礼》的财政思想，是从杂乱而又矛盾的许多财政经济论述中淘沙金，而不是在肯定其合理财政经济措施或政策体系的前提下去求借鉴。

《周礼》的财政思想中的确存在着许多点滴的"发光的"东西：

第一，在国家的总政策方针上，它强调经济的作用。如《天官·冢宰》一开始就提出"惟王建国，辨正方位，体国经野，设官分职，以为民极"，即管理国家的总纲领是要使国都与农村的人民都能"不失其所"。在此总纲领的指导下提出"六典"即六项国策，其范围包括全部国家政务，而最后一典为"事典以富邦国，以任百官，以生万民"，将国家富裕与人民生计也列为六项国策之一。特别是《小宰》的"以官府八成经邦治"：

"一曰，听政役以比居；二曰，听师田以简稽；三曰，听闾里以版图；四曰，听称责（债也）以傅别（债券也）；五曰，听禄位以礼命；六曰，听取予以书契（合同也）；七曰，听卖买以质剂（卖买凭证也）；八曰，听出入以要会（会计表报也）。"

此即把管理国家各种经济活动作为官府的最主要职能之一，这在我国历史上是很罕见的观点。作为对"六典"的进一步发挥，《周礼》作者又设想了九套掌理国家政务的原则如"八法"、"八则"、"八柄"、"八统"、"九职"、"九赋"、"九式"、"九贡"和"九两"。其中"以九职任万民"系规划社会分工，"以九赋敛财贿"是人民向封建国家交纳赋税的类别，"以九式均节财用"是规定封建国家财政开支的类别，"以九贡致邦国之用"是区分诸侯所呈献的贡物的种类，全是讲经济问题，并把它们均列入天官冢宰应掌握的国家政策范围之内。《周礼》将赋与贡的种类和财政支付的规定也提高到国家经济决策水平来考虑，虽不尽妥当，但这点正好反映了《周礼》编者对财政问题之重视。这在古代典籍中也是难能可贵的。

第二，财务行政管理设想的丰富是史无前例的，尽管它还存在不少漏洞或缺点；提出了一些财政原则如"任土所宜"、"负担平均"而以

第五章 《周礼》的财政思想

"专税专用"原则为其特点;对封建国家贡赋的论述之详尽,无论从种类或税率角度考虑,均属创历史的先例;将生产性贷放之赢利列入国家收入项目,亦为《周礼》财政思想之极突出特点;对力役的设想涉及课征范围、应役年龄、免役等件等问题,也提供了按年岁丰歉酌减劳役的轻徭观点;另外涉及财政支出方面的救荒十二措施,在古代可算最早而又最周详的。

第三,会计稽核可算是《周礼》的最突出的特点,对会计机构的设置及其职掌,收支程序及凭证,年月日的定期考核,会计年度的确定,无不或多或少的有所论述,特别是会计机构与财务机构的分立原则,成为后世审计独立和会计监督理论之早期思想渊源。

除以上财政原则或观点而外,《周礼》的其他经济论述基本上均以财政论述为核心。如重视土地与人口是为了王国所必需的实物地税和劳役,从而必须强调农业生产。对市场、赊贷等的关注,取得市税及利息收入也是其重要原因之一。《周礼》特别重视市场商品价格之管理,要求商品价格稳定在一个习惯的水平上,即《贾师》所谓"使有恒价"。其所以如此,根据《周礼》中举出的几点理由,基本上均与国家财政有直接、间接的关联。一则在自然经济占支配地位的时代,产品受自然条件变化的影响很大也很容易被感知,《司救》谓:"凡岁时有天患民病,则以节巡国中及郊野,而以王命施惠",把救济"天患"作为王国的重要任务。所谓"天患"包括水旱疫病,此时米谷棺木价贵,使民重困。故管理市价特别是在"天患"时要"禁贵俵(作卖解)者"(《贾师》),以防物价尤其粮食价格的波动给人民生活带来严重影响。这是古代统治者重视市场价格问题的根本原因。二则封建国家机构除征收许多食粮布帛之类的实物税收入而外,还须从市场采购许多种类的产品,作为直接消费或原材料之用。《周礼》中有《大府》、《玉府》等十一个机构①雇用专业贾人若干人从事采买工作。这些以庶人身份在官府工作的贾人的任务,是为所在机构采购其所需用的特定商品。因此,

---

① 如《天官》的《大府》、《玉府》、《职币》、《妇典功》、《典丝》和《庖人》,《地官》的《泉府》,《夏官》的《马质》、《羊人》、《巫马》,《秋官》的《犬人》等。

他们必须"知物贾",即熟悉掌握各该商品价格之贵贱,才不至于被欺骗。封建国家各部门既须经常采购大量所需用之物资,自会注意价格问题并期望有一个稳定的价格。各官府的贾人的任务不仅在于采购,有时还可能出卖官府物资。如《贾师》条就明确指出:"凡国之卖俸(作买解)各帅其属而嗣掌其月",意思是说如遇国家有需要向市场买卖货物时,即由贾师率领所属贾人承办并按月轮流值班,以均劳逸。国家本身也不时在市场进行商品买卖,注意价格活动更是理所当然。三则《泉府》"敛市之不售货之滞于民用者,以其价买之,物楬而书之以待不时而买者。买者各从其抵,都鄙从其主,国人郊人从其有司,然后予之"。用现代语言来说就是:凡是一时价低仍卖不出去的滞货,由泉府以其市价收购,并标明原价以待不时需要此货物之购买者。唯购买此种货物的人,不论是来自都鄙或来自城郊,均须持有其所属机构的文书才准予按原价购买。这是为了防止有人以低价套购,然后以高价出售。泉府在一年中收售此类低价货物之次数必不在少,自会连带关心市场价格问题。

上述理由的第一点以稳定市价作为救济"天患"的重要手段。这不仅与荒政中的"散利"、"薄征"等其他财政措施互为补充,而且物价波动的幅度本身正是封建官府考虑动用财政储备或决定减免赋役征课的重要参考依据,同时实行财政救济的结果,也须以稳定物价作为其目标之一。第二点理由表明封建官府的财政活动绝非只会以强制方式向社会搜括财富。事实上,中国的封建政权从来就没有中止过对社会商品的采购,只是在唐、宋以后才较为显明,而《周礼》却是最早较系统地反映这一事实的古代文献。至于《周礼》肯定国家本身能够在市场上进行商品买卖,则为后世封建政府从事以增加财政收入为主要目的的国家专卖活动,提供了经典依据。第三点理由虽系《周礼》重视商品价格问题的较次要原因,但它主张由国家收购市场滞销商品,使卖者不致亏本以鼓励商品流通,从而间接推动商品生产的设想,也给后世封建政权的另一重要财政措施——平准政策提供了理论根据。总之,通过对价格问题的分析,已足以证明财政事务在《周礼》的经济论述中的极重要地位,因此可以说它是一部以论述封建财政问题为主题之一的古代

第五章 《周礼》的财政思想

文献。

　　整个《周礼》的指导思想,首先是以道德伦理规范为治国安邦的根本原则,这一点处处均有表现,而以《天官·冢宰》为最突出,故研究《周礼》财政思想的成就时,不能有所忽视。其次就是它在管理封建国家财计方面的丰富而卓越观点,其他经济论述均系对这一观点的补充。伦理与财政二者构成《周礼》的基本指导思想。至于它曾多次提到"法",其所谓"法"的内涵相当复杂,更多的时候是指作为指导原则的伦理规范、赋役征课规定、财务考核方式和财务收支凭证及其手续而言,除上述各方面之外的军事、政治法令是不多的。所以,《周礼》不同于一般儒家经典之处,是它在重视伦理规范之同时,强调了经济特别是理财的重要意义。伦理规范再重要也不外乎是些应遵循的抽象原则,经济管理与理财才是更具体的政治任务,故在《天官》与《地官》中也以"大府"、"司会"、"司市"、"廪人"、"载师"等财经机构及其职掌的论述较为详细而突出,表明《周礼》编者对财政经济问题之关注。在这方面,连一向认为在我国古代文献中提倡重视经济问题为最早也最重要的儒家经典《洪范》,其经济论述与《周礼》相比,也大为逊色。封建后期的实践充分地证明,《周礼》中真正被后人钦仰或真正发生过重要影响部分,全是它的财经思想,至于是否均行之有效。那是另一问题。

中国财政思想史

第六章

《管子》的财政思想

关于《管子》一书的成书年代问题，我们在第五章的开始时已约略提及。在现存的《管子》七十六篇中，约有三分之二涉及经济问题，约有三分之一专谈经济问题，这在先秦各学派的著作中是极其特殊的情况。如果说《管子》的经济思想曾对秦汉以后的各封建王朝发生过影响的话，更重要的是它的财政思想的影响。在19世纪中叶以前，中国历史上的重要经济改革家几乎都不同程度地从《管子》的财政思想中得到滋养。所以，《管子》的财政思想在实践上起了较长远的积极作用。

《管子》各篇由于非"一人一时"之作，故各篇的观点以及所使用的词汇也就不完全相同，出现了不少相互不一致的矛盾。再加上《管子》的错简甚多，经后代注疏家的校订，随己意增删，既可能恢复其原意，也可能使原作的面目全非。但有一点却是非常肯定的，那就是它的作者们均倾向于运用商品市场方式以处理国家经济问题，而不倾向于采用行政手段的直接干涉方式，甚至在处理封建国家的财政问题上也是如此。这是它的极为特殊的财政思想。如果说《周礼》的财政思想的特点是它的作者给国家财政管理设想出一整套颇为周密的财政体系的话，《管子》财政思想的特点就是提出一些利用市场机制的办法来充实封建国家的财政。因此，《管子》的财政思想虽不如《周礼》所设想那

第六章 《管子》的财政思想

样周详备至，它所注重阐述的一些财政方针和措施，均系新颖而又独特的创见，一直为后世所珍视。

第一节
基本财政方针

先秦各家的经济思想，一般均从宏观角度来考察国家经济问题，专从事于个人经济活动的论述并不很多。在这一点上，《管子》的经济思想表现得更为突出，可以说它所反映的经济思想大都直接或间接与国家财政收入有关联。正因为如此，要正确把握它的基本财政方针，有必要先理解它对待财富的态度。

在先秦诸子中，只有《管子》一部著作极鲜明地把社会物质经济条件作为伦理规范赖以建立的基础。《管子》书中有一句经常被引用的名言："仓廪实则知礼节，衣食足则知荣辱"[1]。这是说，伦理规范只有在一定的经济条件下才能发挥其作用，在另一些地方它甚至将"德"、"义"、"礼"或其他伦理概念，均赋予一定的物质经济内容。

对于物质资料的生产构成社会生活的基础这一点，《管子》一书表现得也很明确，书中开宗明义第一篇第一句话就说：

> "凡有地牧民者，务在四时，守在仓廪。国多财则远者来，地辟举则民留处。"[2]

管理国家必须先从经济入手，国家富裕，则远地的人民也会迁徙而来。土地开发，则人民方能定居下来。用《管子》的话来说，就是"富国"与"富民"的问题，兹不妨选录一部分原文如下：

> "凡治国之道，必先富民。民富则易治也，民贫则难治

---

[1] 《管子·牧民》。
[2] 《管子·牧民》。

也。……故治国常富,而乱国常贫。是以善为国者,必先富民,然后治之。"①

善为政者,田畴垦而国邑实,朝廷闲而官府治,公法行而私曲止,仓廪实而囹圄空。"②

《管子》坚持"治国之道必先富民",把财政的丰啬,乃至国家的安危,政治的良窳,都归结到能否充实人民的物质经济生活这一点上。人民的物质生活之充实,犹如封建国家将粮食和财货积藏在取之不尽、用之不竭的仓府之中,即"积于不涸之仓,藏于不竭之府"③。在《管子》中类此记载不胜枚举,足见其作者们在这一问题上态度之坚决。战国时代的所谓人民除广大的独立小私有者而外,尚包括被统治的新兴商人阶级与地主阶级在内。《管子》既是商人阶级理论的代表并在一定程度上反映了新兴地主的意愿,提出富民要求是很自然的。

既然"富国"须建立在"富民"的基础之上,故《管子》十分重视人民的物质生产活动,特别是以农业经济的发展与否作为判断一个国家贫富的根本标准。诸如:

"实墟圹,垦田畴,修墙屋,则国家富"④。

"务五谷,则食足。养桑麻,育六畜,则民富"⑤。

"地不辟,则六畜不育;六畜不育,则贫而用不足"⑥。

"行其山泽,观其桑麻,计其六畜之产,而贫富之国可知也"⑦。

《管子》作者和其他同时代的思想家一样也从自然形态去理解财富,以谷物为财富的主要代表,而六畜与桑麻也甚被重视。在这种财富概念的支配下,主张为国"必先富民"的《管子》,不能不把理财的重

---

① 《管子·治国》。
② 《管子·五辅》。
③ 《管子·牧民》。
④ 《管子·五辅》。
⑤ 《管子·牧民》。
⑥ 《管子·七法》。
⑦ 《管子·八观》。

第六章 《管子》的财政思想

点放在农业生产的发展上。由此又引申出它对财富产生源泉的颇为深刻的认识。《管子》说:"力地而动于时,则国必富矣"①。力是人民的劳动力,人民能即时从事于土地的耕作,则国家必富饶。又说:"彼民非谷不食,谷非地不生,地非民不动,民非作力毋以致财"②。这里很清楚地指出土地是一项很重要的生产资料,而劳动是财富的根源,土地没有劳动便无从发挥其自然作用,而不劳动就无从得到财富。17世纪威廉·配第所谓土地是财富之母,劳动是财富之父的说法③,正与《管子》的这一说法相同。

《管子》书中称述土地之处甚多,如谓"地者,万物之本原,诸生之根菀也。"④ 特别要指出的是《管子》对劳动在生产中的作用非常重视。"天下之所生,生于用力,用力之所生,生于劳身"⑤。肯定了财富是经过劳动创造出来的。《管子》还进一步主张以劳动教育去引导人民,这就可以使封建国家富裕,即"劳教定而国富"⑥。以上《管子》对财富及其有关问题的分析,均系从封建国家角度出发,力求实现"国富"与"民富"的总目标。

但是要注意两点。首先,《管子》所谓"民富"不是使人民无限制的富裕,而是要求富与贫均有适当的限度。其次,对财富生产《管子》坚持一种顺民所欲的态度,认为人之本性是"见利莫能勿就,见害莫能勿避。……故善者势(作执)利之在,而民自美安。不推而往,不引而来,不烦不扰,而民自富。如鸟之复卵,无形无声,而唯见其成"⑦。既然如此,为政者就必须顺民所欲,故"政之所兴在顺民心,政之所废在逆民心"⑧。总之,要从物质经济生活上使人民得到满足,"得人之道,莫如利之"⑨。《管子》作者既要充实国家财政使"国富",

---

① 《管子·小问》。
② 《管子·八观》。
③ 参见马克思:《资本论》第一卷,人民出版社1975年版,第57页。
④ 《管子·水地》。
⑤ 《管子·八观》。
⑥ 《管子·侈靡》。
⑦ 《管子·禁藏》。
⑧ 《管子·牧民》。
⑨ 《管子·五辅》。

又要使人民也富但又不是毫无限制而须由政府加以调节的"富",同时还须顺民所欲不妨碍其生产活动。这些显然是复杂而又可能相互矛盾的要求,《管子》的基本财政方针就是适应这些要求,我们把它概括为两点:在调节人民贫富上强调富而能夺,贫而能予;在充实国家财政上尽可能采取租税以外的政策。

在宣扬治国之道必先"富民"之同时,《管子》又认识到太富的人同太贫的人一样对封建国家都是不利的,因为民贫固然难于管理,而"甚富"的人民也"不可使"(《侈靡》),"家足其所者,不从圣人"(《轻重乙》)。因此,必须使贫富有度,而"贫富无度则失"(《五辅》),对国家不利。怎样才能实现"贫富有度"的情景,这就需要封建国家出面干预,做到"富能夺,贫能予,乃可以为天下"(《揆度》)。《管子》所谓富而能夺,贫而能予,绝不意味剥夺富人的财产以予贫民,它又与法家商鞅的"令贫者富,富者贫"的财政政策,似同而实异。因为商鞅的政策目标基本上是使民贫,其方式是完全依靠封建国家的刑与赏来实现①。而《管子》的目的则基本上是使民富,其"夺"的方式主要是封建国家运用价格政策使商人无法获取暴利,其"予"的方式主要是给农民以小额的生产或生活资料的贷放。因此《管子》一再宣扬它的富能夺、贫能予的政策是"故见予之形,不见夺之理,故民爱可洽于上也"②。这样的调节人民贫富的财政方针,不论它是否有效或是否被接受,在世界范围内也不能不算是新颖而又独特的。

至于《管子》富国的财政方针,那就更特殊了。古往今来的财政学说无不以租税作为公共收入的基本来源。19世纪之末的欧洲才有人主张把国营企业的收入列为国家财政收入的一个项目,但仍以强制的租税收入为主。《管子》作者一直强调运用市场活动以扩大国家的各种形式的经济收入,对强制的租税收入不但未予重视,并一再加以否定。关于它的租税观点和经济收入内容下面再详细分析,现在只指出这一财政基本方针在世界财政史上也是最早出现的独特观点。

---

① 参考本书第四章第二节(一)。
② 《国蓄》,又《轻重乙》篇也有类似文句。

无论哪一种财政方针,《管子》的作者均把我们引进到一个商人阶级的王国,在那里任何问题都由市场活动来解决,连国家财政收入也不例外。就《管子》的整个经济思想体系来说,这是理所当然的,因为这也是它的轻重理论应用范围。正因为《管子》的基本财政方针的独特,在我们下面分析它的各种经济收入时,初看好像不属于财政思想范围,但从《管子》的财政方针考察,这些才是它所设想的一个封建国家的真正财政收入。这里先说明一下是有必要的。

第二节
租 税 思 想

一、基本的租税观点

《管子》的租税概念,比较复杂,复杂的原因并不在于其理论高深,主要由于《管子》作者强调财政的经济收入,对租税收入不加重视甚至抱否定态度,再加上错简甚多,因此产生了两个主要的争议,一是《管子》是否主张"无税论",另一个是有关租税分类的歧见。

所谓"无税论"是梁启超在他的《管子评传》中首先提出来的,后来赞成此说者不乏其人[1],但较多的学者则持相反的意见。关于租税的分类问题,《管子》很明确地将租税划分为两类:一类是"强求"的,另一类是"君之所宜得"或"所虑而请"的[2]。这一问题的歧见是

---

[1] 见梁启超:《管子评传》第十一章第五节。赞同梁氏之说者有甘乃光、熊鏐、黄汉及唐庆增。

[2] 在《轻重乙》篇的原文是:"故租籍,君之所宜得也。正籍者,君之所强求也"在《国蓄》篇说:"租籍者,所以强求也,租税者,所虑而请也"。由于《管子》中"租"、"征"、"税"、"籍"等字的使用异常混乱,有时会引起误解,但区分为"强求"和"宜得"(或虑而请)则是很明确的。

133

有人将地税视为"君之所宜得"一类，有的人不同意此观点。实际上，两者可以合并为一个问题。如果将地税视为"强求"的，即成为无税论者，如肯定地税为"宜得"的，即《管子》就不是主张"无税"。所以，我们在这里先研究《管子》中的地税问题。

地租应归于强求的，或宜得的一类的争议产生的原因，由于《管子》中有三篇（《海王》、《国蓄》和《轻重甲》）涉及否定强制性课税问题。其中，《海王》和《轻重甲》均反对征收房屋、树木、六畜和人头的税，但在《国蓄》篇中除房屋、六畜和人头三项课税外，却没有树木税一项，但另增加了"正户"和"田亩"两项。因此，如照《国蓄》篇将田亩税也一并否定，必然得出无税论的结论；如照《海王》和《轻重甲》两篇来说，均未否定对地税的征课，那地租就成了"君之所宜得"。就文字上看，两种观点均有依据。但是，深入的斟酌一下，《国蓄》篇的"以田亩籍，谓之禁耕"一语有不少值得考虑之处。第一，《管子》中提到土地课税之处甚多，如《乘马》、《大匡》、《戒》、《轻重甲》等篇均有记载，并无否定土地征课之意①。第二，为什么《海王》和《轻重甲》两篇内容几乎完全相同，特别值得注意的是《轻重甲》篇在否定房屋、六畜等四项课税之后，又提到"是岁租税九月而具，粟又美"，充分证明《管子》并无否定土地税之意。而《国蓄》篇却多出"田亩"一项，是否讹夺或后人以己意增加。第三，在古代农业社会中，国家财政收入和支出常以五谷为主要形式，如果不对土地课征实物税，财政收入从那里来。最后，战国时代虽然土地私有制已广泛建立，而西周以来"溥天之下，莫非王土"的领主经济思想仍具有相当势力，一般认为土地，在原则上总是属于最高地主之所有。因此，向最高地主缴纳土地税——实质上正如马克思指出的，是与赋税并在一起的地租②。既是"君之所宜得"的收入，也是各种类型的土地

---

① 如《乘马》篇提到水旱年份的土地课税标准："一仞见水不大潦，五尺见水不大旱。一仞见水轻征，十分去一，二则去二，三则去三，四则去四，五则去半，比之于山。五尺见水，十分去一，四则去二，三则去三，二则去四。一尺而见水，比之于泽"。如非对耕地课税，不可能有如此细致的规定。又《大匡》篇有"赋禄以粟，按田而税"，《轻重甲》篇有"租税九月而具，粟又美"。《戒》篇有"人患饥而上薄赋敛，则人不患饥矣"。这些都证明土地税是绝对存在的。

② 参见马克思：《资本论》第三卷，人民出版社1975年版，第891页。

第六章 《管子》的财政思想

使用人"所虑而请"的自愿缴纳，可以不属于强制收入的范围。

总之，由于《管子》作者笃信运用轻重之术即可以从商品货币交换之中获得巨大利润以充实国家财政，因此对房屋、树木、六畜和万民的课税收入认为是微不足道，同时又认为这些"强求"的征课会引起人民之不满，故采取绝对否定的态度。至于地税所取得的实物，不仅是封建政府官兵所必需的东西，而且《管子》的轻重理论体系最为关键之事就是掌握"谷物"和"货币"以控制万物价格的变动。如不对谷物课税，岂非完全由国家以货币购买，这样做不仅不合理也是不可能的。因此，将土地税列入"君之所宜得"的一类是较为合理的。另外，即使将田亩之征也算作是强求的，也不能得出无税的结论，因为在《管子》中还提到其他租税，例如《轻重甲》中就有供军事用途的"皮干筋角之征"和齐国的渔税"泽鱼之征"，足见并不是否定一切强制的税课。无论土地税是否作为"强求"的征课，《管子》肯定租税为强制性征课这一观点在古代就是很杰出的。先秦思想家中主张"薄税敛"者也只反对重税，从未涉及租税的强制性质，甚至把什一税或低于什一的税率就视为"仁政"。把租税肯定为强制性的征课，在西方也要等到近代财政学教科书中才开始出现。

二、反对租税的论点

这里"租税"一词是按其现代意义用，在《管子》中作为强制性的租税，有时称为"租籍"如《国蓄》篇有"租籍者所以强求也"，有时称为"正籍"为《轻重乙》篇有"正籍者君之所强求也"。《管子》在它的最有代表性的经言部分的《权修》篇中突出强调"取于民有度，用之有止，国虽小必安。取于民无度，用之不止，国虽大必危"[①]。既然要求"取于民有度"。至少是不反对租税的征课，并曾主张"薄税

---

① 《管子·权修》。

敛，毋苛于民"。① 但在它的《轻重篇》中却一再反映了反对租税的意见。这也体现了《管子》作者们的经济思想的发展过程。现在，我们来看《管子》反对租税课征的理由。

第一，强求的征籍足以妨碍生产。《管子》指出："籍于室屋……是毁成也。……籍于万民……是隐情也。……籍于六畜……是杀生也。……籍于树木……是伐生也"②。征收房屋税只有使已建成之房屋日趋毁损；人头税使人心趋于作伪；牲畜税实足以阻碍牲畜之繁殖；树木税使人民砍伐其林木。这一切均会对社会生产带来不良影响。仔细考察《管子》所列举的这些强制征课的项目，均系与个人私有财产有关联的事情，故强制的征课将影响个人生产的积极性。由此推理，如租税与个人私产无关，是否也算强制的征课，《管子》未加说明。但对私产课税会影响当事人生产积极性一点，是有理由的。

第二，强制的征籍会给人民财物造成严重损失。《管子》说："今人君籍求于民，令曰：十日而具，则财物之价什去一。令曰：八日而具，则财物之价什去二。令曰：五日而具，则财物之价什去半。朝令而夕具，则财物之价什去九。"③ 人民为缴纳捐税，不惜贱价出售其商品以交付税款。催征之期限愈短促，则缴纳者在被迫低价出售商品上所受的损失愈大，财政榨取的时限给纳税人造成的损害，常会较沉重的赋税本身还要沉重得多。这一弊害在中国历史上是《管子》第一次指出来的，恩格斯也说，在这种情况下，"出售这种产品，不考虑生产费用的多少，而是按照商人出的价钱，因为在支付期限到来时，农民无论如何要得到货币④"。《管子》强调"令有缓急，物有轻重"这一点是很独特的见解，先秦各家很少注意到这一问题。

第三，强求之征籍易于引起人民的不满。因为人民的性情是"夺之则怒，予之则喜"⑤。故强制的租税征课，在人民看来是无故夺去其

---

① 《管子·五辅》。
② 《管子·轻重甲》。《海王》篇也有相同的论述，唯用辞稍有出入，而《国蓄》篇则增加了"以田亩籍，谓之禁耕"一项。
③ 《管子·国蓄》。
④ 《资本论》第三卷，人民出版社1975年版，第818页。
⑤ 《管子·轻重乙》。

财物，必然引起其不满情绪。《管子》认为最好的课税原则是做到使人民只"见予之形，不见夺之理"。从表面看来是对他们有所赐予，而实质上是夺之于无形，使人看不出是被剥夺了。《管子》在赋税征课方式上所提出的这一诈欺取巧原则，与17世纪欧洲的财政剥削能手所谓"拔最多的鹅毛而不让鹅叫"的伎俩比较，似乎还更巧妙些。它以为，这样，从被剥削阶级角度看，尽管实际缴纳并未减轻，"不见夺之理"的财政榨取，总比公开的野蛮掠夺要容易忍受些；强求的征籍恰与此相反，最易于引起人民怨恨，使税款之征籍更加困难。

三、税　率

尽管《管子》不赞成强求的租税，但基于封建财政开支上的需用，租税毕竟不能立刻全部废除，故它主张减轻各种税率。齐国的关市之征，据说曾经减低到"五十而取一"，比白圭的"二十而取一"还低得多。在土地税方面，《管子》主张"二岁而税一，上年什取三，中年什取二，下年什取一，岁饥不税"①。如照它这一办法两年征税一次，上熟年份征百分之三十，等于每年征百分之十五；中熟年份征百分之二十，等于每年征百分之十；下熟年份征百分之十，等于每年征百分之五；如再加上岁饥之年不缴纳，则各年平均恐怕也比百分之五大不了多少，比当时各学派均接受的所谓"什一而税"差不多要减轻一半。

土地税率除按年成丰歉来规定外，《管子》还沿袭管仲的传统观点，主张"相地而衰征"②，即根据土地美恶程度之不同以实行差别征税。所谓"衰征"，自然是指不同税率的征课。对此，《管子》提出了一套具体的折算办法。首先是以农业耕地的生产能力为标准来衡量山泽等各种土地的财富生产能力。其折算办法是：地之不可食者，山之无木者，涸泽，地之无草木者，荆棘丛生民不得入者，百亩折合耕地一亩，

---

① 《管子·大匡》。
② 《管子·小匡》。

即"百而当一";可携镰绳入内采割的水泽,其木可为车轴之材并斤斧得入的蔓山,"九而当一";其木可为棺、车之材并斤斧得入的汎山,"十而当一";网罟得入的水泽,其木可供棺、车之用并斤斧得入的林区,"五而当一"。这种按标准耕地面积来折算山林水泽之地的办法,即称之为"地均",① 在"地均"的基础上贯彻"相地衰征"原则,就意味一亩标准耕地的税率,分别相当于五亩、九亩、十亩乃至百亩具有不同可利用资源的山泽之地的税率。如果均以一亩为标准计算,则资源可供利用程度不同的各种山泽之地,其每亩税率分别为标准耕地税率的五分之一、九分之一、十分之一或百分之一,呈现出一个不同土地征课的差别税率系列。

以上对土地作用的理解不仅限于耕地,还包括山林水泽等广大地域。在这样一个广义土地概念的指导下,规定不同土地税率的关键在于"地均"。但在谷物被看作是财富的主要特征的封建经济条件下,用于谷物生产的耕地,自应是封建国家征收土地税的主要来源。对于不同等级的耕地税率之制定,《管子》另有一套折算标准。如前引《乘马》篇对易涝地与易旱地的折算办法:易旱地离地面一仞(周制八尺)才能见地下水者,较标准耕地减税十分之一,二仞见水者减税十分之二,依此类推,至五仞见水者减税一半,"比之于山",相当于山地的赋税标准;易涝地离地面五尺即见地下水者减税十分之一,四尺者减税十分之二,其余由此类推,如一尺而见水,"比之于泽",按泽地的赋税标准征课。总之,耕地易旱或易涝程度愈大,税率愈低,反之则相反。这里标准耕地面积的税率究竟是多少,《管子》没有说明。如果按上述每年的平均土地税率约为百分之五计算,那么最劣等耕地的年平均税率仅有百分之二点五。至于其他按耕地面积折合计算的劣等山泽之地的土地税率,更是微乎其微了。以上《管子》对不同土地税率之划分,均体现了"相地而衰征"的基本精神。这种强调差别税率的观点,在先秦乃至以后整个封建社会的财政思想史中都是非常突出的,而《管子》所设想的土地税率之低微,也为先秦思想家中所罕见。

---

① 《管子·乘马》。

第六章 《管子》的财政思想

《管子》作者不仅要把这样的税率实行于齐国,并还试图推行于其他封建割据国家。据《管子·幼官》篇记载,齐桓公九台诸侯,其第三次会合诸侯时曾提出下面的税率:"三会诸侯令曰:田租百取五,市赋百取二,关赋百取一"。把市税和关税定得低,对新兴商人阶级从事国内和国际贸易当然是有利的。各种税率比较,仍以田租为最高,但较所谓什一之税减低了二分之一。以上低税率意见曾否见诸实施,无从查考,而《管子》作者具有这种轻税主张则是十分肯定的,这也和他的基本财政观点相符合。

第三节
强调经济收入的财政观点

在封建国家的财政收入上尽可能以增长国家的经济收入来代替强制的租税收入,是《管子》财政思想的最杰出的贡献。我们在前面已经指出,《管子》这一基本财政方针表现了商人阶级的观点,但这并不足以减低这一原则在财政思想史上的重要性。

《管子》对扩大国家经济收入的意义未作正面的理论阐述,它只强调了"强求"的租税的种种缺点,并在论述这些缺点之同时,即列举了不少由国家获取经济收入的方式以为代替,用具体事例来说明经济收入方式的优越性。许多古代思想家对后世发生过巨大影响的观点,有不少均只是些极简单的表述,甚至无所表述,须从他们制定的政策措施中概括出来。因此,对《管子》的国家经济收入的意义亦应如此考虑。下面只列举他提到过的一些经济收入的方式:

第一,是封建国家经营谷物买卖的收入。《管子》主张封建国家通过征税、预购等方式掌握大量的谷物。此时谷物价格必然大涨,而一般非农业人口所需的食粮又必须仰给于封建国家的供应,因此,统治者即可获得巨额赢利作为封建财政收入的一个重要来源。关于国家买卖谷物问题,下面讨论《管子》运用货币、价格、贸易等政策来充实国家财政的设想时,还将一再提到,兹不多赘。

第二,是盐的局部垄断收入。所谓局部的垄断,是指封建国家只控制主要盐产地或控制若干主要市场,不是全部盐的生产与销售均由国家控制。盐是人人必需的生活资料,《管子》作者指去,十口之家,十人食盐;百口之家,百人食盐。以一个万乘之国而论,其人口为一千万,其中应缴纳人头税的成年人约为一百万,而人头税每人每月征三十钱,每月共三千万钱。倘实行盐的局部垄断,每升盐的盐价酌量提高出售,每月很容易得到六千万钱,亦即实行盐专卖,可望得到一倍于征人头税的收入,而表面上却未增税,不致引起人民的"嚣号"反对。不仅在国内如此,还可运盐出口而获取重利,这等于煮沸天然的盐水就可以迫使天下人向齐国纳税,即"煮沸水以籍天下"。当然,没有海盐资源而由他国输入成品盐的国家,亦可采行盐专卖的办法,由官府按每釜盐五十钱购买,而以一百钱的价格售出。这种国家不必直接参与产盐活动,仅通过控制进口盐以实行加价转售的办法,即为"受人之事,以重相推,此人用之数也",它同样可以使国家获取厚利①。

第三,是铁制品的专卖收入。铁制工具是农业,交通和纺织等所必需的生产资料,《管子》说:"一女必有一鍼一刀,若其事立;耕者必有一耒一耜一铫,若其事立;行服连、辂、輂者,必有一斤一锯一锥一凿,若其事立"。如一鍼加价一钱,即所谓"今鍼之重加一也",则三十鍼为三十钱,即等于一人应纳的人头税。由此类推,全国此项收入当不下人头税征课的总额。如此则形式上无征籍,实际上是"无不服籍者"②。

第四,是山泽产品的租赁收入。《管子》说:"为人君而不能谨守其山林菹泽草莱,不可以立为天下王。……山林菹泽草莱者,薪蒸之所出,牺牲之所起也。故使民求之,使民籍之,因此给之。"③ 山泽产品的种类很复杂,封建国家管理山泽,按时开放,可因此而取得各种形式的收入。在这方面《管子》无详细阐述,只是对木柴的利用问题提出

---

① 以上参见《管子·海王》及《地数》等篇。
② 《管子·海王》,还可参考《轻重乙》篇。
③ 《管子·轻重甲》。

第六章 《管子》的财政思想

下述几个原则：

> "宫室械器，非山无所仰。然后君立三等之租于山，曰：握以下者为柴楂，把以上者为室奉，三围以上为棺椁之奉。柴楂之租若干，室奉之租若干，棺椁之租若干。……巨家重葬其亲者，服重租；小家菲葬其亲者，服小租。巨家美修其宫室者，服重租；小家为室庐者，服小租。上立轨于国，民之贫富，如加之以绳，谓之国轨。"①

柴薪、建筑木材、棺椁木材分别定为三等之租金，任何人交付规定的租金即可入山采伐各种木柴。惟对建筑木材及作棺椁用的木材，并按使用者的贫富条件实行一种差别租金，富家出重租，贫家出轻租。《管子》不一定是运用租金作为均贫富的财政手段，但差别租金概念的提出，实为《管子》一书的又一新颖见解。这里所谓"租金"事实上是一种获得木材所交付的价格。所以，差别租金事实上是差别价格（Price Discrimination）。它的特点是对同样的产品要求不同购买者支付不同的价格。这样的差别价格理论在近代经济学中也是 20 世纪初才出现的概念。

渔业是齐国的重要行业之一，除其南方地区为山地外，西方"带济负河"，东方"带山负海"，北方"衍处负海"，渔民颇为不少。而《管子》只提到水潦之壤取鱼鳖应在封建国家管制范围之内，未予发挥，大概是捕鱼活动在当时技术条件下不适宜于国家进行垄断专卖之故。其他经济活动如狩猎、畜牧的情况大都类此，故《管子》只主张划地立租，任从事此类行业的人民缴纳一定租金以进行生产。这些都属于《管子》所谓"民之所虑而请也"的范围。

总之，《管子》主张的经济收入，基本上都是通过贸易交换方式所取得的收入，很少来自封建国家直接参加生产活动所获取的利润。故在其思想意识上仍不能摆脱古代思想家重视流通现象和从流通过程中产生剩余的错觉。这和范蠡、白圭等的思想一样同属于商人阶级的思想意

---

① 《管子·山国轨》。

识,但是《管子》所建议的经济收入代替强制的租税收入的方式,虽均来自流通领域,并不减低它强调国家财政中经济收入的理论意义。

第四节
其他公共收入

《管子》的整个经济思想体系是从封建国家角度出发,通过和利用市场机制的作用,以实现人们经济活动的顺利运行。封建国家进行此种活动的首要目的是在治理好国家,而不是为了获取利润。例如,为了防止粮食价格的过高或过低,国家在粮价过低时用大量货币购进粮食以阻止其价格下跌,这将使流通中的粮食数量减少和货币数量的增加,必然迫使粮食价格回升,当粮价上升过高时,国家为了防止其继续上涨而大量抛售以往低价收购的存粮,于是流通中的粮食供给增多而货币却因逐渐回笼日益减少,必然迫使粮食回跌。国家在调节粮价过程中既实现了调节的目的,又附带地获得了一大笔利润。这就是《管子》所谓"视物之轻重而御之以准,故贵贱可调而君得其利"(《国蓄》)。在《管子》中,采行此类政策的结果在增加国家收入方面所起的作用,不亚于国营盐铁所获得的经济收入,并是《管子》利用来否定强求的租税的主要根据之一。此类收入在当代财政学中并不算是一个公共收入项目。但在《管子》体系中它既构成财政收入的一个重要来源,我们研究《管子》财政思想就不能不加以分析。下面着重研究《管子》运用货币和价格政策的工具以增加国家收入的问题。

一、运用货币政策增加收入

《管子》从货币数量说出发,认为如果流通中的货币,因国家大量抛售高价商品而使货币的什分之九回笼,则流通中余存的货币量仅为以

第六章 《管子》的财政思想

前的什分之一,其结果是币值上升而一般商品价格水平大跌,即"国币之九在上,一在下,币重而万物轻"。此时,封建国家又抛出货币向市场大量收购商品,于是流通中的货币数量大为增加,商品之绝大部分由国家收藏,从而引起商品价格的急剧上涨,即"敛万物应之以币,币在下,万物皆在上,万物重什倍"[1]。于是国家又可以其低价购入的商品再以高价出售。总之,这意味封建国家运用货币的收放所引起的商品价格变动,即可获取相当大量的收入。又如《管子》主张将原来以铜币交纳的租税改为交纳黄金,即可使封建统治者积存的黄金增值四倍乃至百倍[2]。这同样是利用流通中货币量的变动以影响货币价值和商品价格,并使封建国家获得巨额财政收入。

关于货币政策的运用能使封建国家在谷物与万物价格的涨落中获致大量收入,而无须征收租税,"无籍于民"(《匡乘马》)的记载的事例甚多,再以《山至数》篇的一个较具体的数字以为例,它说:"邦布之籍终岁十钱,人家受食十亩加十,是一家十户也,出于国谷策而藏于币者也。"意谓国家如征人头税,每人终岁不过十钱;若采取货币收放来调节谷物价格的办法,则以每人吃粮需田十亩计,将每亩所产粮食加价十钱,即能够从一户得到相当于十户的人头税收入。

《管子》实行这一货币政策的精妙之处,在于国家不是一开始就以其货币来大量购进一般商品,而是先行预购谷物,然后通过对谷物与货币两者的控制以影响一般价格水平,国家掌握的谷物或货币均可用来交换一般商品,大抵是在一般商品价高时以谷物去交换,这样可能使一些掌握一般物资的人少受损失;价低时则以货币去交换。而交换来的商品主要是作为预购农民谷物之用,其次才是用来在它们涨价时出售。所以,国家购买或出售一般商品的意义与作用是次要的,主要是交互掌握货币与谷物二者。为了适应各地区的货币流通必要量,《管子》主张在

---

[1] 《管子·山国轨》。

[2] 《管子·揆度》载齐桓公称当时每匹马与每斤黄金的平价均为一万钱,如何以一千斤黄金去购买四千匹马,管子建议:"君请使与正籍者,皆以币还于金,吾至四万,此一为四矣。"此即令纳税人,将钱币折成黄金缴纳,君主所储存的黄金千斤,将由原来的一万钱升值为四万钱。又《轻重甲》篇:"请以令使贺献出正籍者必以金,金坐长而百倍,远金之重以衡万物,尽归于君"。此谓所有贡赋捐税均规定以黄金缴纳。则金价上涨百倍,君王可利用金价上涨收购天下万物。

143

各地区设置"环乘之币"或"公币"①，即现代所谓准备金。公币之多寡，系根据当地人口、田亩数量及谷物生产量来确定。此准备金还可作为预购农产品和对农民进行贷放之用，这也是增加国家收入的一种方式。

二、运用价格政策增加收入

在增加财政收入方面，《管子》的价格政策与它的货币政策相互配合，成为使用最频繁并被认为是最为有效的经济手段之一。《管子》作者主张调节万物之价格，即所谓"准平"②，但并不要求商品价格的稳定。这是《管子》价格政策的基本要点之一，也是其很独特的价格概念。

《管子》认为任何商品价格的波动均像钟摆的运动一样，是自发的或人为的不断由重到轻（由贵到贱）或由轻到重（由贱到贵）的反复过程。这种关于市场价格均衡运动的观点与近代政治经济学中的价格均衡理论最不相同的一点，在于近代均衡论是将稳定的均衡点上的价格认为是人们所向往的价格。相反，《管子》作者决不要求稳定的均衡，而是要求在一定幅度内不断均匀的摆动，因此，商品的价格也决不能固定不动，即《管子》所谓："衡者使物一高一下，不得常固"③。这主要是由于《管子》作者认为"岁有四秋"，则农产品在各季中的价格天然的有高低之不同，故"物不得有常固"，不能使物价固定不变。

正因为《管子》认识到市场价格的"一高一下"是客观事实，它的价格政策即以此客观事实为依据，并进一步利用客观价格动态的一高一下以调节人民的经济活动，同时在这个基础上充实封建国家的财政。譬如，《管子》肯定"粟重而万物轻，粟轻而万物重，两者不衡立"，

---

① 《管子·山国轻》。
② 《管子·国蓄》、《山至数》、《轻重丁》等篇中所谓"准"、"准平"、"平而准"之类用词，均系指平衡物价之意。
③ 《管子·轻重乙》。

第六章 《管子》的财政思想

故运用价格政策，国家可提高谷价以奖励农业生产；也可规定稍低于市场商人的投机高价，以压低商人的投机暴利，把商人暴利的大部分夺取到封建统治者的手中，以充实财政收入。利用客观价格动态的一高一下，还可以使封建国家的财政收入不必完全仰给于租税。如《管子》就说过"谷贵则万物必贱，谷贱则万物必贵。两者为敌，则不俱平。故人君御谷物之秩相胜，而操事于其不平之间。故万民无籍，而国利归于君也"①。这是说国家利用谷物与万物"两者为敌"的情势，在谷物价高时抛售谷物收购其他商品；在谷物价低时抛售其他商品，收购谷物；这样，即可使"万民无籍"而国家却获得相当大的财政收入。但要弄清楚，《管子》作者绝不是专为获取封建财政收入，才人为地使物价变动，而是在首先肯定物价必然自发波动的客观基础上，才人为地调节其轻重关系，从而运用它来为封建财政服务。在《管子》的时代能对价格的动态提出这样的基本认识并自觉地加以利用，确属很有见地。

《管子》不仅直接通过价格政策来达到预期的财政目的，而且在运用财政政策时，也很重视价格问题。《轻重丁》篇有这样一段记载：齐国西部地区因歉收而谷物价高，每釜达百钱，一钚（五钚为一釜）即为二十钱。而东部地区由于丰收故谷物价低，每釜仅十钱，一钚亦不过二钱。在东西两地谷物价格相差如此悬殊的情况下，《管子》建议利用财政政策以调剂民食和租税负担。它说：

> "请以令籍人三十泉（钱），得以五谷菽粟决其籍。若此，则齐西出三斗而决其籍，齐东出三釜②而决其籍。然则釜十之粟皆实于仓廪，西之民饥者得食，……若此，则东西之相被，远近之准平矣。"

大意是考虑到丰收地区与歉收地区的谷物价格现状，国家规定的"三十泉"人头税改以实物交纳，则丰收地区以三釜粟始能完纳之税，而歉收地区只需以三斗粟即可交纳，这样，国家就可以丰收地区所征收的

---

① 《管子·国蓄》。
② "釜"旧作六斗四升。不少注疏家谓此地之釜应作一石论，乃齐氏新量。见《管子集校》（下），第1264页。

145

谷物作接济歉收地区之用，同时仍能保证官府仓廪的充实。这是根据价格动态而灵活运用财政政策的一个典型事例。

以上事例是对一年内各不同地区的收成丰歉情况国家所应采取的对策。但各年度的收成也有丰歉之不同，如"岁适美则市粜无予，而狗彘食人食；岁适凶则市籴釜十镪，而道有饿民"①，即丰年谷物过多卖不出去，连猪狗都吃人食；而凶年一釜谷价高达十镪，到处是饥饿之民。《管子》一再指出各个丰歉年份谷物价格的急剧跌涨直接影响人民的生产与生活。物价贱时，按原价四分之一出售也无人购买，故"民事不偿其本"；相反，物价贵时，出十倍的高价都买不到，则"民失其用"。对此，《管子》认为封建统治者应进行干预：

> "善者委施于民之所不足，操事于民之所有余。夫民有余则轻之，故人君敛之以轻。民不足则重之，故人君散之以重。敛积之以轻，散行之以重。故君必有十倍之利，而财之櫎可得而平也。"

这种财政措施可能一举三得。敛之以轻，散之以重，对社会商品的流通有好处，一也；封建国家于贱价时敛积之，而于贵价时散行之，一买一卖可以获取暴利若干倍，二也；同时，借此可以起平衡物价的作用，三也。总之，《管子》的基本观点主要是调节谷物或万物之多余与不足，以平衡二者之市场价格，并借此以充实国家财政。这也是《管子》的思想体系中经常为后人所引证并产生极大影响的一个基本财政概念。

最后谈谈《管子》在各种国营与垄断政策方面所采取的财政收入方式。《管子》用以扩大国家收入的盐、铁、矿业、森林、渔业等具体政策，系根据不同经济条件而采取了不同的形式，并非千篇一律地采取同一经营方式。

盐业和铁业在古代中国是农业生产以外的重要生产行业。关于盐业，《管子》作者所采用的是由国家局部垄断的政策。其具体措施大致是：国家自行雇用工人从事煮盐，一旦其生产量达到三万余锺（每锺

---

① 本段引文均见《管子·国蓄》。

第六章 《管子》的财政思想

为六石四斗），便借口农忙，禁止私商"聚庸而煮盐"，于是盐价大涨，国家即以已积成之盐向国内外销售而获取巨大利润①。由此可知，盐不是完全由国家垄断生产，也不是全部垄断销售。只是利用政治特权强迫私商在一定时期内停止产盐，以便国家的盐能控制市场从而保证有厚利收入。

铁及其他金属矿产在原则上属于国有，这是西周以来的传统观点。《管子》也说凡有铁、银、金、铜等矿的山区，就须"谨封而为禁"②。但封禁绝非不许私人开采。关于金、银、铜矿如何处理，不得而知，铁山却是在人民缴纳一定租金的条件下即可以开采。《管子》反对国家自行冶铁而主张民营铁矿，最理想的办法是"与民量其重，计其赢，民得其七，君得其三"③。这种计算赢利而三七分账的办法，绝不像有的人所说的那样称之为征原料税，这是按产品多寡以缴纳租金。至于铁制品如针、刀、耒、耜、锯、凿等是否由国营，《管子》无明确叙述。根据《轻重乙》篇的记载看来，似乎铁器价格由国家规定，而铁器之制作仍由冶铁者自为之。其由增加价格部分所获得之收入，可能全部交与国家，也可能仍与生产者三七分账。因铁器制作不如盐生产之易于控制，由封建国家直接生产不一定有利，只好由小生产者制造，封建国家只坐享其成，分割赢利。所以，铁制品可能是属于专卖的类型。

木材与鱼类，为山林薮泽之产品。山林薮泽肯定是国有的，因"为人君而不能谨守山林菹泽草莱，不可以立为天下王"。惟山泽产品既不是由国家垄断生产，也不是由国家专卖，一般是让私人缴纳一定租金即可加以利用，如所谓"山林菹泽草莱者，薪蒸之所出，牺牲之所起也，故使民求之，使民籍之，因以给之"④。

此外，粮食的生产和流通完全系私人的活动，国家只是征集大量粮食以便在必要时控制市场粮价并借此获取厚利而已。

从上面分析可以看出，所有《管子》的经济政策均系根据各种商

---

① 见《管子·地数》及《轻重甲》篇。
② 《管子·地数》。
③ 《管子·轻重乙》。
④ 《管子·轻重甲》。

品的特性,采取各种不同的政策,不强求采用同一方式实为其特点。因此,国家由它们获得收入的方式,也就各不相同。总的说来,《管子》在国家财政收入方面所涉及的问题是相当丰富的,而且有不少杰出或新颖的观点。

第五节
国 用 原 则

《管子》对封建财政支出的基本主张是"有度"。它说:

"取于民有度,用之有止,国虽小必安。取于民无度,用之不止,国虽大必危。"①

这里所谓"取之有度"与"用之有止",是相互配合的一对概念,其总精神无非要求国家财政收入与支出均应遵循一定的标准,不能由封建统治者肆意挥霍。如何对封建统治阶级的个人享用加以节制并规定相应的开支标准,往往成为古代思想家谈论财政问题的重要议题。《管子》作者心目中的统治者之支出标准大致是:

"先王制轩冕,所以著贵贱,不求其美。设爵禄,所以守其服,不求其观也。……明君置宗庙,足以设宾祀,不求其美。为宫室台榭,足以避燥湿寒暑,不求其大。为雕文刻镂,足以辨贵贱,不求其观"②。

所谓不求其"美"、"观"和"大"等原则,实际上仍要求能反映统治阶级的尊严和地位,标志贵与贱的差别。可见,维护封建统治者的尊严与社会等级差别,是《管子》财政开支标准的一个重要原则。

在区别贵贱的前提下,《管子》对财政支出一般也是赞成"俭"而

---

① 《管子·权修》。
② 《管子·法法》。

第六章 《管子》的财政思想

不主张"侈"的。"何谓国之经俗……毋侈泰之养……国虽富,不侈泰。"① 为什么不主张侈泰呢?因为:

"国侈则用费,用费则民贫,民贫则奸智生,奸智生则邪巧作。故邪巧之所生,生于匮不足,匮不足之所生,生于侈,侈之所生,生于毋度。故曰,审度量,节衣服,俭财用,禁侈泰,为国之急也。不通于若计者,不可使用国"②。

《管子》将节省财政开支视作为国者之急务,宣称不懂得此道理者,不可使其执掌国政。在另一个地方,《管子》又谓明君有六务,六务之首就是节用③。系将节省国用放在首要地位。

但是,也必须指出,在贯彻节用原则过程中,《管子》认为对于必要的财政开支,不能过于吝啬。它说:

"审用财,……故用财不可以啬,……用财啬则费,……奚以知其然也?……用财啬则不当人心,不当人心则怨起,用财而生怨,故曰费。"④

此系告诫封建统治者应"审用财",须考察国用开支的实际效果。如果用财吝啬,看似节省,实则不得人心而引起怨恨,结果与费财无异。基于"用财不可以啬"这一原则,《管子》在谈到封建国家财政中一些经常性的重要支出项目时,很少发表节用之类的空洞说教,而是注重从财政支出的效果评价。例如,据《管子·中匡》篇记载,管仲主持齐国财政时,曾以国用的三分之二用于招待宾客之类的对外事务,用于国内政务者仅占其三分之一⑤。对此,管仲十分推崇齐桓公的下面一段议论:

"四邻宾客,入者说(悦也),出者誉,光名满天下。入者不说,出者不誉,污名满天下。壤可以为粟,木可以为货。

---

① 《管子·重令》。
② 《管子·八观》。
③ 《管子·七臣七主》。
④ 《管子·版法解》。
⑤ "管仲会国用,三分之二在宾客,其一在国"。(《管子·中匡》)

粟尽则有生，货散则有聚。君人者，名之为贵，财安可有？"①

可见，对于外交经费的巨额支出，《管子》首先考虑的不是如何节省开支，而是不惜"粟尽"、"货散"，借此以维护封建君主的名声，确立齐国的霸主地位。不过《管子》更重视通过物质利诱的经济手段，而不是专凭武力征服来达到这一政治目的。因此，它主张对于归顺的诸侯要"重其礼"，"使天下诸侯以疲马犬羊为币，齐以良马报；诸侯以缦帛鹿皮四介以为币，齐以文锦虎豹皮报；诸侯之使垂橐而入，擔载而归"。对于不肯屈服的边远国家，《管子》亦坚信只要利用"珠象"、"文皮毷服"、"白璧"、"璆琳琅玕"之类的珍贵财物作为货币，即可使八千里外的吴、越、发、朝鲜、禺氏等国前来称臣朝拜②。所有这些外交活动，无疑都要大量的财政经费以为挹注。这表明《管子》在具体筹划国用开支时，优先考虑的不是一味节用而是财政支出的效益。

其他公共支出如在军费开支上，《管子》认为"为兵之数，存乎聚财而财无敌"。③既然它把"聚财"作为军事胜利的决定因素，自不会要求节省军费开支。关于社会救济费用方面，它提倡所谓老老、慈幼、恤孤、养疾、合独、问疾、通穷、振困、接绝等"九惠之教"，凡属老幼孤疾或因自然灾害缺乏生活保障者，国家除部分或全部减免其税收外，还从财政上予以接济，如年七十以上者死后由"上共（供）棺椁"；家有五个幼子者"受二人之食，能事而后止"；对于聋盲、喑哑、跛躄、偏枯等生活不能自理者，"上收而养之，疾，官而衣食之，殊身而后止"；凶年人多死丧，官府"散仓粟以食之"④等等。这些社会福利事业，无疑是以维护封建统治为目的⑤，而《管子》作者正是充分估计到这些福利措施所带来的社会政治经济效益，故不惜从国家财政中拨付颇为可观的款项以施惠于民。此外在俸禄开支方面，《管子》最为关

---

① 《管子·中匡》。
② 《管子·轻重甲》。
③ 《管子·七法》。
④ 《管子·入国》。
⑤ 《管子·轻重甲》篇曰："饥者得食，寒者得衣，死者得葬，不资者得赈，则天下之归我者若水，此之谓致天下之民"。这里实行救济福利政策的目的又在于招致天下之民。

第六章 《管子》的财政思想

心的仍是其效益,而不是如何节省。在它看来,国家"班禄赐予"的基本原则应是:"其积(绩也)多者其食多,其积寡者其食寡,无积者不食"。如果背离这一原则,"或有积而不食多者,则民离上;有积多者而食寡者,则民不力;有积寡而食多者,则民多诈;有无积而徒食者,则民偷幸"①。简而言之,封建君主是否按照各人功绩大小颁发俸禄,这是用人"使民"的关键之所在,而不在于如何节用。

更为突出的是《管子》对封建国家的支出不是主张绝对的节用,对于其他各学派所宣扬的"强本节用",并不是无条件接受的。它说:"强本节用,可以为益愈,而未足以为存也。"这就是说,强本节用可以增多一个国家的财富,却不能保证一个国家的存在。何以故呢?如果财富增多而不能运用适当价格政策加以保持,则其财富会"四流而归于天下"②,这对封建国家是很有害的。不仅此也,《管子》还指出在一定的情况下,"国用相靡而足,相积而赡"③。也就是说,通过封建国家的支出,可以解决人民之不足的问题,这是一个十分独特的财政支出观点。

具体地说,《管子》作者不仅知道"俭"在正常时期对于封建财政之重要性,它还认为"侈靡"的财政支出在特定时期自有其特殊作用。它绝不主张一味崇俭,当然也不专事鼓励侈靡,所以《管子·乘马》篇指出:

"俭则伤事,侈则伤货"。

作为处理国家财用的指导原则,"侈则伤货"的道理很容易理解。侈的结果必然是超乎正常标准去消费财货,财货的消费多而生产又不能无限制增加,最后必然引起财货的短缺。这就是"伤货"。反之,不伤货则财货可能有余甚或过多,有余或过多的财货在《管子》看来,也会不利于生产。这也就是"俭则伤事"。于此可见,《管子》对财政支

---

① 《管子·权修》,《管子》十分重视官吏的俸禄应与功劳相称的问题,如《立政》篇"功力未见未于国者,则不可授于重禄";《八观》篇:"功多为上,禄赏为下,则积劳之臣不务尽力";《重令》篇:"爵人不论能,禄人不论功,则士无为行制死节,而群臣必通外请谒"等等。
② 《管子·轻重乙》。
③ 《管子·山权数》。

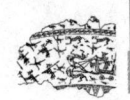

出的基本态度绝不是专讲崇俭节用,而认为侈靡在一定的条件下对生产也可能产生积极的作用。这同许多古代思想家对侈靡持完全非议态度的状况,有着显著区别。

在一定条件下应强调侈靡,所谓一定的条件又是怎样的情况呢?《管子》在《侈靡》篇中指出:"兴时化,若何?曰,莫善于侈靡。"所谓"兴时化(货)",意味在社会生产不振,有必要予以推动的场合。在这种场合下,要推动生产只有提倡侈靡之一道。关于这一点,《管子》在《乘马数》篇也有说明:

"若岁凶旱水泆,民失其本,则修宫室台榭,以前无狗后无彘者为庸。故修宫室台榭,非丽其乐(疑应作"乐其丽")也,以平国策也。"

年岁凶歉,人民无本业可做。封建国家应进行宫室台榭的修建,以增加人民的就业,尤其要雇用"前无狗后无彘"的赤贫者以增加其就业机会。其目的在于"平国策"而非欣赏美丽。接着《管子》立即着重指出,如果在不适当的时机,"作功起众,立宫室台榭",反而会使"民失其本事"①。所以"圣人者,省诸本而游诸乐"②,即察于"本事"(农业)需要之游乐,主要是为了借侈靡以扩大人民的就业机会,使不致颠沛流离,从而有助于此后农业的恢复和繁荣。因此,《管子》的这一特殊观点,既不与其在一般情况下崇俭之说相矛盾,也不与古代思想家一般重本倾向相违背。

同时,《管子》又指出,侈靡只能在有财富积蓄的情况下实行。"积者立余食而侈,美车马而弛,多酒醴而靡"。有富余的资财即不妨在衣食、车马、酒醴等方面有侈靡的消费。相反的,如果没有相当的积蓄,也就不必要进行侈靡。在这方面,《管子》似乎强调通过扩大国家财政支出中的君主个人消费部分,以此鼓励和带动整个统治阶级乃至社会上私人富有者的侈靡消费,即所谓"上侈而下靡"。在它看来,"富者靡之,贫者为之",换言之,即富者侈靡的消费会给贫者提供工作的

---

① 《管子·乘马数》。
② 以下引文除有注明外,均引自《管子·侈靡》篇。

第六章 《管子》的财政思想

机会。

倘使客观条件有此必要，即使长丧重葬以及提倡亲友间的酬酢往来亦无不可。作者甚至把这一观点推到一个不可思议的极端，如谓"雕卵然后瀹之，雕橑然后爨之"，在煮鸡蛋或烧木柴之前先将它们加以雕绘，因这样做可以增加从事雕绘的人工的生计。总之，《管子》的侈靡论在财政政策上的运用，其指导思想是，"不侈，本事不得立"。如果我们正确掌握它主张这一侈靡的财政开支政策的大前提，即因水旱灾害而引起的农事不振的情况，这一政策观点的提出，也就丝毫不奇怪了。但《管子》也指出了侈靡论的局限，认为侈靡非在任何环境下都可以发生它刺激生产的作用，如"危隘之国"就不可以施行。此所谓"非有积蓄，不可以用人。非有积财，无以劝下。泰奢之数，不可用于危隘之国"①。

从前面的分析中，可知侈靡主张，实为《管子》的基本消费概念之一。根据这一观点，封建国家的财政支出，可以对生产不振或就业不足问题产生刺激作用。故将《管子》在封建财政支出上的意见完全理解为节用是不全面的。

侈靡论在先秦时代是独特的，任何其他学派均无这一观点。秦汉以来能大致理解这一观点的也只有极少数几个思想家，更谈不上运用这个观点来制订整个封建国家的财政支出方案。从世界范围来看，在欧洲到17世纪才有威廉·配第提出这一观点。20世纪30年代又有凯恩斯大事宣扬公共工程政策主张国家通过增加公共开支来摆脱失业和经济不景气的困境，足见《管子》的侈靡之说自有其特定的理论意义。

总之，在封建财政支出上，《管子》提倡节用"有度"主要系针对封建最高统治者的个人享用而言，对于其他必要的政府开支，则不论支出数量多寡须根据其效果以为断。在这种与传统节用观不尽相同的国用思想支配下，为了保证封建国家急剧增加的财政支出的需要，《管子》除了主张封建国家通过贸易交换方式以扩大其经济收入外，还提出了其他一些解决财政困难的办法。一是利用价格变动来抵销军费欠债或减少

---

① 《管子·事语》。

政府的谷物俸禄开支。前者指曲阳战役中，许多人因负担国家的军费而负了债，对此，《管子》建议凡是拥有一百张债券的富商蓄贾均须献马一匹，无马者可向国家购买。这样马价势必"坐长而百倍其本"，结果公家之马未离马圈，国家就因马价上涨而取得了足以抵偿人民用于曲阳之战的军费借款①。后者如《管子》主张君主通过控制货币以掌握国内的谷物，造成谷价因市场谷物短缺必定上涨十倍，这时由于谷价上涨，政府只需付给武士一半的谷物俸禄便可使他们尽力效忠君上而无待驱使，即"士半禄而死君，不待见使"②，因为在谷价上涨十倍的条件下，即使"半禄"的谷物所得如折合钱币也相当于往日的五倍。二是根据国用亏空的不同程度动用财政储备以资弥补，此所谓"王国守始，国用一不足，则加一焉；国用二不足，则加二焉；……国用九不足，则加九焉，国用十不足，则加十焉。"至于财政储备的积聚，《管子》认为"人君之守高下，岁藏三分，十年则必有三年之余"③，亦即按照年岁丰歉，一年储备收入的三成，十年即可达相当于三个财政年度收入的节余。这里是就封建国家的一般储备情况而言，此外还可采取直接向民间征购粮食的办法以加强国家储备。其征购之法在核实民间储粮数目一点上与众不同，如先由君主宣布将派遣军队赴边疆屯田务农，而家有十钟、百钟和千钟储粮者可以免予此行，于是储粮之家纷纷向官府申报自家储粮数以求免行。君主利用此法一经掌握了民间储粮情况，即向人们发布命令，借口"国贫而用不足，请以平价取之子，皆按囷窖而不能挹损焉，"即按照人们自行申报的储粮数目按平价予以征购。这样民间积藏的粮食"皆归于君矣"。④ 以上应付国用不足的办法，虽从现代财政学来看可谓幼稚肤浅，毫无理论意义，但作为历史古董来欣赏倒是颇具兴趣的。

---

① 《管子·轻重乙》。
② 《管子·山至数》。
③ 《管子·乘马数》。
④ 《管子·轻重乙》。

第六章 《管子》的财政思想

第六节
结 束 语

在中国古代财政思想的发展上,以《管子》与《周礼》相对比,其贡献可以互为补充,相得益彰。《周礼》着重在财务行政管理、国家贡赋及会计稽核等方面作出了详尽而独具特点的论述,许多设想可能是闭门造车,却被前代不事家人生产的儒者们视为瑰宝,对轻视理财传统之变革起了不少的积极作用。而《管子》作者则主要以商品货币关系为其财政论述的核心,企图把封建国家变成商人阶级的王国,在国家的各种财政经济措施上均采用前资本主义商业的经营方法,故在《管子》的全部财政思想体系中也以这部分的卓异观点或创见为最突出。大体说来,《管子》财政思想的独特之处可以归纳为以下几点:

一是站在封建国家的立场上,对于财政与经济的关系作了较为深入的分析。《管子》作者认为,富国"必先富民",即国家财政的充实必须建立在社会经济发展、人民富足的基础上。正是考虑到这一基本关系,故对于封建执政者来说,不能不把发展生产和满足人民基本生活需要,放到与充实国家财政同等重要的地位上去,此所谓"富上而足下,此圣王之至事也"[①]。应当指出,这里所谓"富民"或"足下",其实质无非是借此以保护税源,满足封建国家财政的长远需要,因此,富民政治仍系以"富国"或"富上"为其归宿,这也是先秦富民思想的一个基本涵义。《管子》又十分重视国家财政分配对于经济发展的反作用关系。在它看来,封建统治者为了发展生产,单凭"强本趣耕"或"自为铸币"是不行的,还必须通过财政分配等国家干预手段以"钧羡不足,分并财利",如此才不至于"使民下相役"[②],避免富有者对贫困

---

① 《管子·小问》。
② 《管子·国蓄》。

155

者的役使。它甚至认为"天下不患无财,患无人以分之"①,这里所谓"分",财政分配无疑是其中的一个重要内容。至于怎样通过财政分配来促进生产发展,在这方面《管子》主张利用财政手段以实现"富能夺,贫能予",改变贫富过于悬殊的现象。以上这些观点,有的已是非常突出,如综合起来看,则已形成对于经济与财政关系的较为全面而深入的理解,这对于先秦思想家说来尤为难能可贵。

二是反对强求的征籍,主张在财政上扩大经济收入以代替租税收入。这既是贯串《管子》整个财政学说的一个极突出的基本原则,也是它的财政思想较当时及以后许多思想家为卓越的显著标志之一。在赋税问题上,《管子》的主要功绩在于第一次明确地提出了强制性租税的缺点,其中不乏鲜为先秦各家注意的独特见解。其次是从管仲的"相地而衰征"原则出发,对差别税率思想作了充分的阐述和运用,并提出一套计算不同肥度或产量的土地税率的具体标准和办法,并始终贯彻轻税原则,其税率之低,也为先秦思想家中所罕见。

《管子》一书中有关财政收入的许多精彩议论,大都出自关于扩大封建国家的经济收入的论述之中。特别是在如何运用货币、价格、贸易等政策来增加国家收入的分析方面,《管子》作者充分发挥了其特有的市民阶级本能,提出不少出乎一般人想象的卓越见解,这在古代思想家中是罕有的。当然,《管子》在财政上扩大经济收入的办法中,仍有不少是运用精心设计的巧取诈欺方式来达到充实国家财政的目的,故自两晋以来即有人斥为鄙俗卑陋。此虽是顽固儒家之评价,也不是毫无道理的。

三是对于封建财政支出问题作出了不同于流行观点的独到分析。先秦各家凡谈到国用时,无不坚持崇俭或节用原则,《管子》作者也不例外,并鼓吹"审度量,节衣服,俭财用,禁侈泰,为国之急也"。这是因为在古代社会生产力水平低下而自然经济还占统治地位的条件下,国家财政的收支必然受到很大的限制,故那一时期的人们不能不把节用作为必须遵循的财政原则。但《管子》的独到之处是它能不受节用原则

---

① 《管子·牧民》。

的严格局限,对封建财政支出问题作了多侧面多层次的考察。例如,它认为仅凭"强本节用"未足使封建国家得以生存,还须运用适当价格政策以防止本国的财富"四流而归于天下"。又认为"用财不可以啬",否则会因用财"啬"而使人民"生怨",并主张各项财政支出均应考虑其经济效益,而不是一味强调节用。

更为突出的是,《管子》曾坚持国家在社会经济不振兴时,应扩大财政支出、用大事兴修宫室台榭等办法来鼓励消费,增加人民就业。这是一个已超出传统财政概念范围的特殊创见,利用财政这一分配工具,对社会生产与消费进行宏观调节,保证再生产的顺利进行。

总而言之,《管子》的一些财政观点均在不同程度上显示为天才的创见。尽管它们还夹杂某些鄙俗的因素,毕竟对我国古代财政思想的发展作出了非常杰出的贡献,在世界财政学说史上也是一颗灿烂的明星。

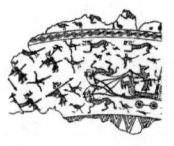

第二部分

封建地主经济前期的财政思想

計画立案手法と問題解決過程

第七章 秦汉财政思想

第七章

秦汉财政思想

秦汉封建帝国的建立，标志着封建地主土地所有制的生产关系的确立以及建立在它上面的地主政权的序幕已经拉开。自此以后，封建地主经济体系在中国取得了两千多年的绝对支配地位。在这一漫长的历史时期内，封建财政体系日臻成熟，逐渐形成一套比较完备的财政制度。同时随着封建经济（尤其是封建商品经济）的发展和阶级斗争的尖锐化，地主政权又不得不对传统财政体制不断进行局部的更新、调整或改革，以解决经常面临的财政困难，从财政关系上处理和缓和各阶级、阶层之间经常激化的矛盾。依此而论，这一时期的进步或保守的理财家们，无论对现实的财政政策和措施是拥护或反对，总不外乎是从不同角度来为地主阶级的政治统治服务。但在封建地主制国家财政的发展、成熟和自我调节过程中，也蕴含着极为丰富而且独具特点的财政思想，需要我们认真予以整理和总结。

第一节
统一的封建地主政权建立初期的财政思想

公元前221年秦帝国的建立，标志着中国统一的地主阶级政权的产

中国财政思想史

生。这一节主要研究秦王朝与西汉前期的财政制度与原则。从秦王朝建立到汉初"文、景之治"的八十年间,封建国家财政的主要任务,一是排除分裂因素,建立一个直接隶属于中央政权的统一财政管理体系;二是形成一套符合于地主阶级利益的税收体制,这两项任务既是当时政治经济发展的客观要求。也体现了这一时期的财政思想之特征。

一、秦汉之际财政权力的统一与集中

在我国古代历史上,统一集中的封建财政的基本模式,早在商鞅变法时代的秦国即已初步确立。因此,秦统一中国后的一个重要步骤,就是把原来仅在西部地区实行的这一财政管理模式,以法令形式推广到全国。诸如普遍设立郡县,分全国为三十六郡(后增至四十二郡①),由中央直接管辖;在全国范围内统一度量衡,统一货币,统一文字,统一车轨与法制;大力修筑驰道,兴修水利等等。这些改革措施在财政方面,均意味着封建财政由分散到统一。秦王朝的统一财政措施虽直接继承商鞅改革的先例,但有两点必须指出:一是随着封建地主政权的统治区域的扩展,必然会产生不少新的财政问题。例如,财政管辖地域的扩大,需要有更严密的征赋管理系统和遍布全国的征赋网络与之相配合;郡县的普遍设立,需要中央政权派遣大量的官吏从而使官俸支出成为财政中日益重要的支出项目;统治地域的扩大,又使用于军事、救济福利、公共工程等政务方面的费用迅速增加,引起封建财政收支结构的新变化;财政收支规模和项目的扩大以及收支结构日趋复杂化,对财务行政机构和会计稽核职能,提出了更高的要求;如此等等。正由于这类现实要求,秦王朝推行了一些新的财政创制:首先是设置了主管国家财政的"治粟内史"一职,掌管全国租税收入和财政开支事务。此后这一职务虽在名称上有所不同,如汉代称为大司令、大司农等,但它作为总揽国家财政事务的中央专职官吏这一原则,却一直被历代封建政府沿袭

---

① 参见王国维:《观堂集林》卷十二,《秦郡考》。

第七章 秦汉财政思想

下来。这比起《周礼》中由天官大宰和地官大司徒各管一大部分财务工作的设计，在财务行政机构的组织原则上无疑是一个进步。其次，在"治粟内史"一职而外，还专门设立了"少府"这一中央机构，掌管供皇室私用的山海池泽收入及官府手工业①，开区别国家财政与皇室财政之先河。最后，在地方行政机构中，重视基层财务税收人员的配置，如在县以下的基层组织的各乡设"啬夫"一职，负责掌管"听讼收赋税"②；此制的普遍推行，加强了封建中央财政机构的直接控制能力，使财务行政机构有一个比较完整的系统，除以上各点而外，财务稽核职能的加强和发展，也是秦王朝的财政新建制的一个特征。

但是，秦王朝的统一只有十五年的时间，还不可能在思想上确立起统一全国财政的牢固观念。西汉初期，又大量分封"异姓诸侯王"和"同姓诸侯王"，尽管此时王侯与春秋战国时代的王侯本质有所不同，但造成各王国的独立财政对封建中央财政统一的损害是一样的。在这些封国内，"皆令自置吏，得赋敛"③，诸侯王具有独立的财政权力，可以自行决定封国的赋税制度。诸侯王国正是凭借此足以与中央政权相抗衡的经济实力，成为对中央集权统一国家的严重威胁。面对这一威胁，西汉初期的中央政权与地方割据势力进行了几十年的激烈斗争和反复较量，最后才以削弱分封的王侯势力，巩固统一的封建地主政权而告终。此后，诸侯的臣属一律由中央任命。租税由中央政权派遣的官吏征收，"诸侯惟得衣食租税，不与政事"④。因此，诸侯王国的独立财政之被取消，这是汉初财政体制的又一重要变化。可以说，秦王朝创立的统一财政体制，经过汉初中央政权的长期斗争，才真正得到确立和巩固，并为此后两千年的封建财政体制提供了一个固定的模式。

这里顺便指出，秦统一以后的封建财政体制，建立在以郡县制代替分封制的基础上，而郡县两级地方机构在财政原则上，必须将其所征收的租税收入全部上缴国库，由中央政权统一支配。有关秦汉财政经济的

---

① 秦朝"治粟内史"与"少府"二职及其职掌，均见《汉书·百官公卿表》。
② 同上。
③ 见《汉书·高帝纪第一下》高祖十二年三月诏。
④ 《汉书·诸侯王表》序。

163

史料也表明，那一时期的中央政权除了规定地方所承担的财政义务以及有关的租税征收事项而外，并未明确划分中央与地方各自的财政职责、权限及其收支范围。故郡县财务机构在财政关系上类似于中央派出机构的行政公署，不能形成单独一级财政。因此，秦汉的财政体制，虽然在管理体制的形式上保持着中央、郡、县三个层次，但它既然在收支系统上全部归中央统一掌握，就谈不上真正的地方财政。这也是我们在研究秦汉及其后代的封建财政体制时，应当予以注意的一个问题。

二、汉初税制及其指导原则

汉初税制是秦制的延续。以秦制而论，其赋税体系具有以下几个特点：一是扩大田赋的征收范围。二是普遍开征人头税，我国古代人头税，在秦以前已经存在。惟在全国普遍开征人头税并大幅度提高其税率，却是以秦代为始。三是创立代役税，凡自身不服役者均须按人头出钱由政府雇人代替，汉代名之曰"更赋"①。

从上述特点中，可以发现秦统治者在税制设计上的一个重要倾向，即在继续扩大田赋收入的同时，日益重视并加强对人头税以及其他以人为课征对象的赋税之征收。对于秦代税制的这一转变趋势，后人一般持否定态度，认为此制"舍地而税人"，打破了夏、商、周三代"因地而税"的成规，甚至认为这是造成秦代二世而亡的主要原因。②这倒不一定是正确的论断。因此，在秦制基础上建立和健全封建税收体制，以适应地主经济发展需要的任务，便责无旁贷地落到汉初统治集团的身上。

汉初社会经济十分凋敝，而封建财政也困难到"天子不能具钧驷，而将相或乘牛车"③的境地。在这种情势下，如何从财政上稳固地主经济，同时又能为封建国家提供较充裕的财政收入，就成为汉初统治者制定税收政策时所面临的新问题。对此，汉高祖刘邦首先采取的一个重要

---

① 《汉书·昭帝纪》如淳注，"汉初因秦法而行之"。
② 见杜佑：《通典。食货四》及马端临：《文献通考》卷一，《田赋考》。
③ 《史记·平准书》。

第七章　秦汉财政思想

措施,是下令"轻田租",将田赋减低为"什五而税一"①。至景帝二年(公元前155年),正式下令"民半出田租,三十而税一"。从此"三十而税一"的税制,除在短期偶有提高外,成为汉代征收田赋的固定税率,一直延续到汉末。

由上可见,实行三十而税一是汉代的一项基本国策。轻赋政策从表面上看是为了解决"农民甚苦而吏莫之省"的劝农问题,似乎着眼于全体农业劳动者的利益。实质上,这一政策的主要受益者是拥有大量田地的地主阶级。这里姑且不论贵族大地主们往往享有免税特权或易于逃避赋税,仅以纳税负担而论,在汉代地主对农民的地租剥削率一般为百分之五十②的条件下,封建政权不断减低田赋税率,也就意味着地主阶级的纳税负担越轻,收益越大。当然,减少田赋征收也不能说对劳动人民毫无裨益,特别是它对广大小土地私有者或自耕农民的农业生产积极性,起到了比较明显的鼓励和促进作用。至于那些为地主耕种土地的贫苦农民,也可能由于封建国家的轻赋措施而使地主阶级转嫁到他们身上的田赋负担有所减轻,从而稍微改善他们遭受沉重剥削的悲惨处境。但是,必须明确,汉初统治者所推行的轻赋政策,首先或主要是为巩固地主经济体系而服务的。正如"任何社会制度,只有在一定阶级的财政支持下才会产生"③一样,在全国范围内巩固和发展封建地主土地所有制的任务,作为秦王朝的未竟事业,也正是在汉代地主阶级政权坚持轻减田赋的财政政策支持下,才得以最后完成。

汉初地主政权在田赋问题上一改秦王朝的重赋政策,无疑从财政上有助于封建地主制经济的巩固与发展,但同时它又会引起封建财政收入不足的另一问题。汉初统治者在财政上所面临的更重要任务,是必须建立一套新的税收制度,用以弥补因田赋税率减低而造成的财政收入缺乏问题。

---

① 《汉书·食货志》。"汉兴,接秦之敝,……上于是约法省禁,轻田租,什五而税一。"汉时所谓"田租"即后来之田赋。

② 见《汉书·食货志》中董仲舒语:"(秦时)或耕豪民之田,见税什五,……汉兴循而未改。"王莽亦称:"(汉时)豪民侵陵,分田劫假,厥名三十,实什税五也。"

③ 《列宁选集》第四卷,人民出版社1972年版,第683页。

在封建国家的财政收入中，田赋收入占有极重要地位。这从秦汉的中央财政管理机构均以"治粟内史"或"大司农"之类有关农业生产的名称来命名一点，即不难想见其重要性。但在三十而税一的低税率支配下，单靠田赋收入显然远不足以应付封建财政各项支出的需要。反转过来，如果缺乏其他较充裕的财政来源，也难以支撑轻减田赋政策的实行和长期存在。面对这一新的矛盾，汉初在赋税制度上的一个重要措施，就是把秦代创设的人头税加以修改和法制化，故汉高帝四年（公元前203年）"初为算赋"①。"算赋"一词作为我国古代人头税的专门用语，也渊源于此。

这比起秦制只按人头课税的简单规定显然更为周密而具体。与算赋相配合，汉初又建立起专对未成年人课征人头税的"口赋"制度②。

除算赋、口赋而外，汉初还有一种以"献费"名义征收的人头税，规定诸侯王和地方官吏在他们所管辖的郡国范围内，"各以其口数率，人岁六十三钱，以给献费"③。此外，汉代还有一种按户征收的"户赋"，每年交纳二百钱④，以及前面提到过的作为代役金的更赋，⑤ 也是一些变相的人头税。这些均体现出汉初税制的一个重要特征，即各种新税的开征或旧税的整理，多以人身作为课税的对象。

汉初税制作为我国古代税制发展史上的一个重要阶段，主要体现出以下几个税收思想或原则：

第一，积极利用税收制度为巩固统一的地主政权而服务。这方面的突出例证，就是提出"三十而税一"的田赋税率作为一项长期执行的政策。田赋历来是封建财政收入的一个极重要项目。而汉初政权基于秦

---

① 《汉书·高帝纪》及如淳引《汉仪注》。"民年十五以上至五十六出赋钱，人百二十为一算，为治库兵车马"。

② 民年三岁至十四岁，人出口赋二十钱。从元帝始，将起征年龄由三岁改为七岁，以后从七岁起征口钱遂成为定制。

③ 《汉书·高帝纪》。

④ 每户每年须缴纳二百钱，以充作列侯封君的食租，如"封者食租税，岁率户二百，千户之君则二十万"（见《史记·货殖列传》）。

⑤ 汉代更赋规定，凡二十三岁到六十五岁男子均应服两种徭役，一种是每年给郡县服一月一更之役，不愿服役者须交纳雇人代役钱二千，称为"践更"；另一种是每年戍边服役三日，不愿往者交纳三百，称为"过更"。

第七章 秦汉财政思想

王朝实行重赋而自毙的前车之鉴与汉初社会经济凋敝的严峻现实,不惜大幅度降低田赋税率,这不能不表明他们对于轻税率及其在发展社会经济中的作用和意义,已有一定程度的认识。

第二,人头税思想的发展。秦汉之前,对人课税在国家财政中不占重要地位。《管子》作者还从"以征人籍,谓之离情"的角度,对人头税表示非议。秦王朝始将人头税与田赋并重,形成"田租、口赋、盐铁之利,二十倍于古"的基本财政格局。惟那时开征人头税已受到人们普遍谴责,被认为是招致"海内溃叛"的极重要原因。然而,这些并不妨碍汉初地主政权以加强人头税作为税制整顿的指导原则。究其原因,可能有三点:一是田赋轻征政策的推行,亟须另辟税源以弥补田赋大量减少而造成的财政亏空。二是汉初奉行与民休息的经济放任政策,很难通过其他直接干预经济活动的方式以获取巨额财政收入。三是人头税本身只需以各类人口数为征收依据,简单易行,税源亦较可靠。据一些现代学者估计,汉代所征收的各种形式的人头税,其总额已超过田赋收入,成为封建财政收入的主要来源。人头税与田赋在封建国家收入中的这种地位变化,除了执政的地主阶级为了减轻本阶级的田赋负担的动机而外,重农劝民也是其重要动机。但是,汉初统治者只片面地看到轻减田赋足以劝农,忽视了如将口钱、算赋等形式的人头税合并计算在内,一个农民家庭的实际负担决不会怎样轻于秦王朝"收泰半之赋"的程度。

第三,重视货币征课。从前面对税制的分析,可以发现汉初赋税收入,除田租外,其他如算赋、口钱、更赋、献赋等,均以征收货币为原则。司马迁曾以"京师之钱,累巨万,贯朽而不可校"①的景象来形容汉兴七十余年间的财政成绩,这也表明那一时期货币税之重要。因此,重视货币形态的征课,可以说是汉初税制思想的又一特征,反映了商品货币关系在汉初大一统条件下的长足进步。当然,汉代的货币税虽已盛行,而菽粟之类的谷物仍占财政收入的很大比重,如官府表册将粮食石数与货币单位并列,为财政收支的基本计量标准;官俸以谷物支付或实

---

① 《史记·平准书》。

行钱谷参半,以及用粮食石数来标志官秩的高低如二千石、五百石、斗食等等,这些均体现了实物形态支配下的封建财政特色。我国赋税由实物形态向货币形态的转化过程进行较为缓慢,宋明以后才形成较明显的趋势。但从财政思想上考察,汉初大量征课货币税,毕竟显示出当时的税制设计者已意识到必须顺应货币经济发展的要求,但货币征课的流行也给封建政权带来许多新的财政问题,以及为解决这些新问题所产生的各种争论、方案和意见,这无疑对丰富和发展我国古代财政思想,又增添了新的内容。

三、国家与皇室经费分立原则的确定

秦汉以前封建分封制度的特质,决定了国家公共经费与君主私人费用混为一体,甚至可以说,国家财政的许多职能,往往是以为封建君主个人服务的形式表现出来。秦统一中国后普遍推行郡县制以代替分封制,收回大小贵族封君在领地内享有的财政特权,由中央政权统一赋税的收支。随着国家财政职能的加强及其范围的扩大,在中央财务行政机构的设置上也就产生了将国家公共经费与统治者个人私人费用加以区分的必要性。

公私经费的划分,以秦王朝首次在中央机构中分设"治粟内史"与"少府"二职为其嚆矢。前者"掌谷货",专门掌理全国谷物、钱币之类的赋税收入及其开支;后者"掌山海池泽之税,以给共养",即以山海池泽收入作为供养天子之需的主要来源。这样就从收入来源和组织体系上将国家财政和皇室费用二者划分开来,形成两个不同的收支系统。惟秦代除了在官制中分别设立"治粟内史"与"少府"两个机构和规定其基本职掌而外,对这两个机构分立的原则未作出明确的表述。

较为明确地提出这一分立原则是在汉初重新统一全国之后。据《汉书·食货志》记载:

"汉兴,……天下既定,民亡盖藏,自天子不能具醇驷,而将相或乘牛车。上于是约法省禁,轻田租什五而税一,量吏

第七章 秦汉财政思想

禄，度官用，以赋于民；而山川园地市肆租税之入，自天子以至封君汤沐邑，皆各为私奉养，不领于天下之经费。"

这一段记载表明，汉初统治者已经认识到把国家经费与天子封君的"私奉养"从收入来源上加以区别的必要性，因而不仅规定了国家财政以田租、算赋等征课为其来源，专门用于支付"吏禄"、"官用"一类的公家开支；而皇室的费用则主要取自山川、园地、市肆的租税收入，还特别强调皇帝财政不得挪用国家财政收入，即所谓"私奉养不领于天下之经费"。这样就使秦代创始的国家与皇室经费分立的制度，第一次从思想原则上得到了确立。

划分国家与皇室经费作为一个指导原则虽已确立，但从汉初的财务行政管理体制来看，国家财政无论在机构设置还是官吏配备上，比之皇室财政均显得粗疏而薄弱。如汉初承秦制而设立的"治粟内史"一职（景帝时更名大农令，武帝时更名大司农），仅有两丞负责谷货收入事务，其属官则经西汉中期陆续增设后才初具规模，亦不过太仓、均输、平准、都内、籍田五令丞及斡官，铁市两长丞而已。反观"少府"一职，除设有六丞掌管山海池泽之税入外，其属官令丞、长丞及其附属机构之设置先后增加到百个以上，形成一个庞大而严密的皇室财务管理体系。因此，如何继续扩大和加强国家的财政机构，恰当地处理国家与皇室财政之间的关系，特别是如何防止统治者的个人开支侵及国用以保持公赋的独立，这些就成为封建理财家们经常面临的棘手问题。这个问题虽然在封建时期不可能得到真正的解决，而人们对它长期关注与探讨，可以说是我国封建地主经济时期的财政思想的又一特色。

四、其 他

除了确立公私经费分开的原则而外，汉初还十分重视运用租税手段来贯彻封建地主政权的各种政治经济意图。其较为突出者像轻征田赋和扩大人头税对于劝农和巩固封建地主经济体系的意义和作用，已如上述。再有就是为了排除商人势力的扩大对于统一地主政权的威胁，曾采

中国财政思想史

取寓禁于征的重税商贾政策,"令贾人不得衣丝乘车,重租税以困辱之"①,将商人的算赋提高一倍②。虽然在汉初的历史条件下,重征商人的措施并未产生什么实际成效,但征商为抑末的观念,却成为以后历代封建政权制订租税政策时的重要指导思想。

到惠帝吕后时,因农村劳动力仍感缺乏,故惠帝六年(公元前189年)还根据当时的情况推行人口奖励政策,规定"女子年十五以上至三十不嫁,五算",③企图用租税政策来促进人口增殖。当时距西汉帝国建立不过十余年,由于战争的影响,人口性别组成很可能还是女多男少,增加女子的算赋即可督促其出嫁而增殖人口。

此外,在建立和巩固封建帝国的中央集权制过程中,会计稽核思想也有进一步发展。这主要表现为中央财计部门的地位之提高,以及会计稽核职权的扩大与加强。《周礼》中虽曾设计了"司会"这一中央主管会计部门,与实际掌管贡赋征课的大司徒之职权区别开来,却仍与主管王国财政收支的大府同为直属于天官冢宰的两个机构。秦帝国设立会计官职的一个重要原则,就是将主持财计核算事务的职权进一步从总揽国家政务的冢宰手中独立出来,由掌理监察、执法的御史大夫主管。御史大夫位列"三公"之一④,是仅次于丞相的中央最高长官。将会计审职能纳入其掌管范围,意味着财务稽核职能与财务行政职能在组织系统上的完全独立。如张苍在秦王朝时以御史身份出任"柱下史"一职"主郡国上计",审查各地、各部门报送的户口、垦田、钱谷出入等图书计籍,直接对皇帝负责。汉初令张苍"以列侯居相府,领主郡国上计者",先为"计相",不久改称"主计"⑤,可见秦汉时掌管会计稽核者地位之高,其职权之重要。

这一时期不仅重视提高中央财计部门的地位,还为会计稽核工作建立了一套法规。《秦律》规定,会计核算因欠审慎而有出入者,应参照

---

① 《史记·平准书》。
② 《汉书·惠帝纪》应劭注:"汉律人出一算,算百二十钱,唯贾人与奴婢倍算。"
③ 《汉书·惠帝纪》。
④ 汉初承袭秦制,并以丞相、御史大夫和太尉(主管军事)合称三公。
⑤ 《史记·张丞相传》。

第七章 秦汉财政思想

相应法律条文予以惩罚，无须赔偿，即"计用律不审而赢不备，以效赢不备之律赀之，而无令赏（偿）"；掌管财计的官员如被劾有罪，要追究主管行政长官的责任，即"尉计及尉官吏节有劾，其令、丞坐之，如它官然"；凡"私贰用"府中公家金钱或"伪出"禾、刍、稿、积廥等公家积储物资者，"皆与盗同法"；会计人员因"计校相缪"的核算差错，或因"计脱实及出实多于律程，及不当出而出之"即因账实不符及超支或违章支出而造成经济损失者，须按照损失的不同程度分别予以斥责、缴纳一个盾牌或一副铠甲的惩罚；等等。其他关于掌管粮仓的新旧官吏在交接时对库存粮食的盘核、粮仓损耗的处理、官府受钱或开支时所履行的手续等等规定，亦均与政府的会计职能有着密切关系①。所有这些，足以证明秦代的会计稽核思想已达到一个相当高的水平。

汉初在秦律的基础上，继续推进了这一会计稽核工作的法制化程式。如萧何随刘邦至咸阳的第一件事，就是"先入收秦丞相御史律令图书藏之"②。他据此而制定的"九章律"，其中首次创立了"户律"，将户籍的编制以法律形式确定下来，为会计机构审核各地缴纳的赋税，提供了法令依据。另外，西汉建国以后，又将上计程序载入法律条文，形成一套比较完备的制度。如规定每年秋冬岁尽，各县应将户口、垦田、钱谷收入等编为计簿，呈送郡国。经郡国汇编后用副本上计于中央。中央政权据此"课较其功"，功尤多为最者，予以劳勉，以劝其后；负多尤为殿者，予以督责，以纠怠慢；违法者治罪，转相督勒，为民除害③。上计制度作为一年一度的考核地方政府政绩的财计总核算，对于统一不久的庞大封建帝国之加强中央集权来说，尤为必要，这也是本时期会计稽核思想有较显著发展的一个重要原因。

---

① 参见云梦秦简中《效律》、《金布律》及律文答问等。
② 《史记·萧相国世家》。
③ 参见《汉书解诂》及《汉旧仪补遗》。

中国财政思想史

第二节
西汉前期的财政思想

汉初为了巩固地主阶级新获得的统一政权,在财政方面有两项亟待完成的历史任务,一是在排除各种政治上和经济上的分裂因素的过程中,确立起统一而集中的封建财政体制;二是在保护和发展地主经济的基础上,满足封建国家的财政需要。这一时期的财政思想无不体现了这两项内容。

贾谊(公元前 200 至前 168 年)提出解决中央政权与封国间矛盾的办法,是"众建诸侯而少其力"[1],将各王国领土划分为若干小国,以分封其子孙,国小力量就小,无力威胁中央政权。这是企图用迂回方式来解决地方势力与中央集权的矛盾。稍后的晁错(约前 205 至前 154 年)认为这一矛盾已发展到非立即采取果断解决方式不可的阶段,正如晁错所谓"今削之亦反,不削亦反,削之则反亟、祸小;不削之,其反迟、祸大"[2]。因此他主张直接削减各王国的领地,凡诸侯稍有过失即"削其支郡",有重大过失,即径予剪除其领土,收归中央管辖。晁错虽在这场斗争中献出了生命,但经过贾谊和他的努力,统一的封建地主政权才算真正稳固下来。此后的封国即失去以前在政治上经济上的独立性质。诸王侯不能管理国政,其所属重要官吏均须由中央政权直接任免,形同郡县[3],他们实际上也变成"惟得衣食税租"的封建大地主[4]。因此,贾、晁二人为巩固统一的地主政权而进行的斗争,虽未以统一财政为目标,实际上对封建财政之统一起了十分重要的作用。

贾谊和晁错二人均将治理封建财政的重点放在恢复和发展农业生产

---

[1] 贾谊:《治安策》,见《汉书·贾谊传》。
[2] 《汉书·吴王濞传》。
[3] 《汉书·百官公卿表》。
[4] 《汉书·诸侯王表》。

第七章　秦汉财政思想

上，贾谊把国家积蓄，特别是储存谷物的重要性提到关系国家安危的高度来考虑，宣称："夫积贮者，天下之大命也"。① 贾谊的积蓄论与他以前的思想家不同之处是他不像儒家主张藏富于民，也不像法家主张藏富于国，他综合了儒法两家的观点，主张国家与个人都要有积蓄。至于积贮的方式，他认为当务之急是"驱民而归之农，皆著于本"，使"末技游食之民转而缘南亩"②。发展农业生产以充实国家财政。

像贾谊一样，晁错的理财主张，一切都是围绕着保护和发展农业生产来立论。他坚决反对商人资本对农民的"兼并"，从农民手中"半价"而买或对农民"倍价"而卖。但他也不同意以重税商人作为制止商人兼并农民的手段，提出了有名的"贵粟"政策。他说：

"方今之务，莫若使民务农而已矣。欲民务农，在于贵粟。贵粟之道，在于使民以粟为赏罚。今募天下入粟县官，得以拜爵，得以除罪。如此，富人有爵，农民有钱，粟有所渫（散也）"。③

晁错认为能以粟"拜爵"或"除罪"者必是有余粟的富人，粟取自富人则上用足，上用足然后有条件减低贫民的租赋负担。贵粟则粟价必不甚跌落，会刺激农业生产之发展，更是符合地主阶级的利益。他认为以粟为赏罚，可以达到三个目的："一曰主用足，二曰民赋少，三曰劝农功"。可见，"贵粟"政策的提出，与封建财政有着十分密切的关系，毋宁说是用来应付财政支出的一个重要手段。

以粟为赏罚的办法，从财政上看，主要是吸收商人和地主的游资或将他们的部分储备转移到政府手中。以入粟拜爵而论，根据晁错的建议，令民入粟边地达六百石者，拜爵为上造，稍增至四千石，拜为五大夫，万二千石，为大庶长，"各以多少级数有差"。又"令民入粟受爵至五大夫以上者，乃复一人"，也就是说，人们只要一次入粟四千石以上，除了获得受爵的荣誉外，还可以免除终身徭役。很明显，这些较高

---

① 《汉书·食货志》上。
② 《汉书·食货志》上。
③ 《汉书·食货志》上。

级爵位和优惠条件，只能适用于富商和地主。晁错作为新兴地主阶级的理论代表人物，他的"贵粟"主张为地主们抬高自己的政治地位和获得免役的经济特权开了方便之门，那不足为奇。值得玩味的是，他以一个激烈抨击商人富贵的思想家，其所倡导的入粟拜爵除罪办法，却同样使富商们获得极大的政治经济权益。这就可能刺激商人进一步兼并农民活动的盛行。这也是他的理财思想中未能解决的一个矛盾。

入粟拜爵或除罪的办法，非晁错所创始。周穆王时曾规定以罚金赎罪[1]，秦始皇曾因天灾规定"百姓纳粟千石，拜爵一级"[2]。汉惠帝也有明令规定，"民有罪，得买爵三十级，以免死罪"，一级值钱二千，三十级共为六万钱[3]。惟在晁错之前，这些办法大都用做应付天灾、战争或财政需要的临时手段，而从充实国家财政、减轻租税负担以及刺激农业生产发展等各方面考虑以粟为赏罚者，实以晁错为第一人。

因为贵粟，故对封建国家的粮食积贮也十分重视，他曾建议入粟拜爵以充实塞下的粮食贮备。在边境存足供五年需用的粮食之后，即贮存于内地各郡县，使其有足供一年以上需要的食粮。这显然比先秦各学派主张国有"九年之蓄"的贮粮，为较合理的要求。他还认为在各郡县有一年以上的贮粮后，即可不时免除农民的租税，促进农业生产力之发展。

此外，为了解决因外族侵扰而在边塞长期大量驻军所引起的财政困难，晁错建议移民实边，就地生产军粮，减少长途转运的费用。对应行实边的自由民均赐以低级官爵并免除其家人的劳役[4]。他又考虑到移民到边塞进行生产，非短期内即可自给自足，建议让内地人民以粟拜爵，用其粟米来供应边地的需要，须作到塞下贮粮足供五年之用。他的移民实边的军事财政政策，实为后代各封建王朝谈移民问题者的典范。

西汉初期"黄老之言"在统治集团中拥有相当大的潜在势力，相信"清静无为"就可以治理天下，"道莫大于无为"，"故无为也，乃无

---

① 见《尚书·吕刑》。
② 《史记·秦始皇本纪》。
③ 见《汉书·惠帝纪》及应邵注。
④ 以上均采自《汉书·晁错传》。

不为也"。① 这从财政思想上考察，主要有两层涵义：一是节制政府开支，减轻人民的赋役负担。二是减少政府干预，"从民之欲"，实行经济放任主义。这一观点，与晁错以粟为赏罚，用入粟拜爵、除罪方式来充实国家财政收入的观点是相对立的。

"无为"思想，在《淮南子》一书中有完整的表达。在财政方面体现为以下几点。第一是国家财政须以"利民"为原则，劝告最高统治者"处静以修身，俭约以率下"，②不能挥霍浪费。这样，就可以使地生之财能"取焉而不损，酌焉而不竭"③。第二是反对重税，认为"上求薄而民用给"④，对农民租税之征收，"必先计岁收，量民积聚，知饥馑有余不足之数"⑤，再确定征收数额。这虽是毫无实际意义的书生之见，但主张在保证人民生活的前提下进行课税，不失为一种善良愿望。第三是强调国家粮食须"有九年之储"的古老传说，显示汉初道家也重视国家积蓄，放弃了道家经典《老子》中"多藏必厚亡"的训示。将以上各点结合起来，体现为经济自由主义的政策思想。

汉初开始露头的经济的自由主义与干涉主义对立的观点，在整个中国封建地主经济时期迄未中断。这一对立观点，对于研究中国财政思想的发展有无比重要的意义，可以说它基本上是在财政政策方面得到充分的反映。到西汉中期，此对立观点更为鲜明，后来演变为面对面的公开争辩。坚持经济干涉政策的观点以桑弘羊为代表，关于他的财政思想我们将在下一章专门论述。持经济自由主义的思想以董仲舒与司马迁为代表，他们在财政政策上反对"与民争利"，即反对国家直接从事工商业的经营以获取财政收入。董仲舒指出，统治阶级已经"身宠而位高，家温而食厚禄"，还要"因乘富贵之资力，以与民争利于天下"⑥，这是违背了"天之理"。但他所谓的"与民争利"还是对"正其谊不谋其利"的"贤人"阶层而言，告诫他们不能与"惶惶求利"的庶人"争

---

① 陆贾：《新语·无为》。
② 《淮南子·主术训》。
③ 《淮南子·本经训》。
④ 《淮南子·本经训》。
⑤ 《淮南子·主术训》。
⑥ 《汉书·董仲舒传》，又见董仲舒的《春秋繁露·度制篇》。

业"。司马迁才是直接反对国家从事工商业活动以与民争利，认为这是违反自然规律的最拙劣的富国之术，"最下者与之争"，强调"贫富之道，莫之夺予"①，应让其自由运行。反对与民争利的观点，自经董仲舒与司马迁宣扬以后，成为两千年来坚持自由主义财政政策者经常引证的箴言。

与反对与民争利有密切关联的另一观点，是主张"薄赋敛、省徭役"。这一观点以董仲舒的阐述最鲜明。他说：

"古者税民不过什一，其求易共。使民不过三日，其力易足。……故民说从上。至秦则不然，用商鞅之法，改帝王之制，除井田，民得卖买。富者田连阡陌，贫者亡立锥之地。又颛川泽之利，管山林之饶。……小民安得不困。又加月为更卒，已复为正，一岁屯戍，一岁力役，三十倍于古。田租、口赋、盐铁之利，二十倍于古。或耕豪民之田，见税什五。故贫民常衣牛马之衣，而食犬彘之食。……汉兴循而未改。"②

因此，他在创议"限田"主张之外，要求"盐铁皆归于民"。"薄赋敛，省徭役，以宽民力"③。从财政思想上考察，董仲舒"盐铁皆归于民"，是较早公开地反对封建国家的国营专卖政策。盐铁专卖作为封建国家的一项重要财政措施，其起源可以追溯到先秦时代。但明确反对国家专卖政策的意见，在董仲舒以前难得一见。这与西周芮良夫所反对的君主"专利"，是有区别的，因为芮良夫所谓"专利"是指贵族统治者凭借政治特权以进行对人民财富的垄断和猎取，而不是对某些商品经营的垄断。

至于"薄赋敛，省徭役，以宽民力"的主张，是他经过对秦代征课繁重赋役的教训以及考察现实的财政弊端后所得出的结论。如果将减轻赋役与盐铁自由买卖二者结合起来考虑，他的自由主义的财政政策观点，更是很显明的。

---

① 《史记·货殖列传》。
② 《汉书·食货志上》。
③ 以上引文均见《汉书·食货志上》。

第三节
汉武帝时期的工商资产税思想

汉武帝即位之后,由于抗击外族入侵和"内兴功业"的需要,一改汉初"薄赋轻徭"的指导方针,扩大租税收入以应付巨额的财政开支。而征收工商资产税——"算缗钱",就是这一时期增加封建租税收入的特殊方式,同时也成为我国古代税收史上的一个突出事件。值得我们从财政思想角度予以认真的研究。

一、工商资产税的产生与沿革

在我国古代,对工商业征税由来已久。以商税而论,早有所谓"关市之赋"①并设廛人一职负责监督商业纳税事务②,包括"列肆之税"、"守斗斛铨衡者之税"、"质人(掌订立成交商品之文字凭证)所罚之款"、"犯市令者所出"、"货贿诸物邸舍之税"等等③,而以最后一项"廛布"即货物税的征收最为重要。到春秋战国时代虽然"关市不征"的观点较为流行,但赞成征收商税者仍不乏其人。如墨家的创始人墨翟公开主张收关市之利以实官府④;儒家代表人物孟轲在强调"关市讥而不征"⑤、"廛无里夫之布"⑥之同时也主张"征商"以打击投机商贩的垄断活动;法家商鞅倡言"不农之征必多,市利之租必

---

① 《周礼·天官·大宰》。
② 参见《周礼·地官·司徒》:"廛人掌敛市絘布、總布、质布、罚布、廛布而入于泉府。"
③ 见《周礼·地官·司徒》"质人"及"廛人"条之郑注。
④ 见《墨子》中《非乐上》、《非命下》等篇。
⑤ 《孟子·梁惠王下》。
⑥ 《孟子·公孙丑上》。

重"①，更是开重征商税之先河。惟先秦之征商，一般系指对市场上出卖、储存或通过关卡的商品课税，不是直接以纳税人的财产或收入作为课征对象。

汉初实行"重租税以困辱"②商贾之政策，史书中仅提到"贾人与奴婢倍算"③，这属于汉初推行的人头税范围，还未涉及工商资产税。

征收工商资产税，肇端于武帝统治初期。先是元光六年（公元前129年）"初算商车"，十年后又"初算缗钱"④。二者都是对工商业者资产的课税，前者规定商贾拥有车船者须缴纳车船税，后者则是开始对商贾积存的现钱课税，即"谓有储积钱者，计算缗贯而税之"⑤。工商资产税的推行，为封建统治者的收入开辟了新的税源，其他传统形式的工商税收入，如"市肆租税之入"⑥仍为皇室收入的来源之一。至于关税则已退居无关紧要地位，其收入只足供守关吏卒之用⑦，无补于皇室的收入。

工商资产税开征经历了一个发展和变迁的过程。最初只是确定了"算轺车、贾人之缗钱皆有差"⑧的征课原则，并未坚持实行。此后财政困难日益严重，为了推行缗钱令，先是树立畜牧主卜式输财助边的典型，将他破格任命为中郎，赐爵左庶长，借以鼓励其他富商大贾出钱资助政府。然而，"百姓终莫分财佐县官"⑨，无人响应政府号召，于是才发生了历史上著名的告缗事件，发动人们对隐瞒财产或申报财产不实的工商业者进行告发。元狩六年（公元前117年）始任命杨可主持告缗，三年后又宣布"令民告缗者以其半与之"，派遣大批官吏分赴各地监督执行。告缗行之数年，"得民财物以亿计，奴婢以千万数，田大县数百

---

① 《商君书·外内》。
② 《史记·平准书》。
③ 《汉书·惠帝纪》应劭注。
④ 《汉书·武帝纪》。
⑤ 《汉书·武帝纪》，李奇注及师古注，臣瓒亦称："此缗钱是储钱也"。
⑥ 见《汉书·食货志》。
⑦ 《汉书·武帝纪》，太初四年。
⑧ 《汉书·食货志》。
⑨ 《汉书·食货志》。

第七章 秦汉财政思想

顷,小县百余顷,宅亦如之。于是富贾中家以上大率破"①。由此可见,工商资产税从元光六年"初算商车"起算,到元封元年"不复告缗",总共不到二十年时间,其前十年可视为创设此新税制的尝试摸索阶段,大抵一度行之辄止。元狩四年正式颁布缗钱令后,最初两年仍采取树立典型、加以引导等方式,希冀富商大贾能自觉按照新税制捐财以佐国家之急。不期此举终未见效,才转而乞助于政治权力,发起了大规模的告缗运动,稍后又以重赏告发者为手段将此运动进一步升级,以致在短短五年时间内,形成了"杨可告缗遍天下,中家以上大抵遇告"的局面。此后虽停止告缗,但工商资产税这一新税制却被保留下来,成为后世封建统治者征收工商税的一个重要内容。

不仅如此,随着告缗运动的广泛展开,算缗钱本身的内涵也在不断扩大。一是课税范围由原先以现钱和车船为主扩大到包括田宅、畜产、奴婢在内的一切财产②,将全部财产均按一定价格折合成现钱以充作纳税的基数。二是课税对象由初时"只为商贾居货者设",③ 扩大到"凡民有蓄积者,皆为有司所隐度矣,不但商贾末作也"。④ 这意味算缗钱在执行过程中由单纯的工商资产税向一般财产税的转化。但算缗钱总是以课征工商业者的财产作为创立此税制的起因,而工商资产税也始终构成算缗钱收入的基本项目,此所以实行告缗后,主要是"商贾中家以上大率破"。

工商资产税的产生,从表面上看是由于"武帝浅四夷,国用不足"之所致。如深入分析,其原因并不只此一端。汉初商品经济的发展,商人的兼并投机活动随之日益猖獗。这可能诱使农业生产者弃农经商或直接置农民于困苦境地,对农业产生破坏作用。所以,不论是出于解决"国用不足"的困难,还是为了巩固封建政权的地主经济基础,均为新的工商税制之创立提供了条件。

另一方面,汉初税制也为创设工商资产税提供了某些先行思想资

---

① 《史记·平准书》。
② 《史记·张温传》。
③ 《文献通考·征榷考》,"元狩四年"条。
④ 丘浚:《大学衍义补》卷三十二。

179

中国财政思想史

料。我们知道，工商资产税属于财产税的范畴。在秦汉以前的财产税一般是以土地财产作为征课对象，较次要的或许还有对房屋财产的课税①，不论土地还是房屋，均属于不动产。至汉初才有将现金及其他动产纳入财产税课征范围的先例。如景帝后元二年（公元前142年）诏曰：

> "令訾算十以上乃得宦，廉士算不必众。有市籍不得宦，无訾又不得宦，朕甚愍之。訾算四得宦，亡令廉士久失职，贪夫长利。"②

这里所谓"訾算"，即是古代财产税的专门用语。它的特点是先对纳税人包括动产和不动产在内的全部财产进行估价，然后根据财产折价后的货币总额按"訾万钱，算百二十七"③的税率标准征课。从以上引文来看，"訾算"的目的之一在于确定纳税人的财产等级，并规定必须符合一定的财产等级才有资格加入统治阶级的行列。这一等级标准原先规定"訾算十以上乃得宦"，以一万钱财产出一算计，"算十"即指选拔官吏的最低财产标准是十万钱。这意味拥有"中民"之产④以上的地主阶级成员才有可能晋升为封建官吏。后来景帝为了扩大封建地主政权的统治基础，放宽了选拔官吏的财产税标准，规定"訾算四得宦"，以财产税的缴纳为标准来确定纳税人是否享有"得宦"的政治权利，这是汉初税利的又一特征，与当时流行的"入粟拜爵"思想是相一致的。汉初既已实行过包括现钱等动产在内的一切资产的"訾算"，后来征收工商资产税就不是空前的创举，只是算赋的扩大并以工商为主要对象而已。

对工商资产税产生的客观条件及其发展情况作了分析之后，下面就

---

① 《孟子·公孙丑上》中有"市廛而不征"一语，此系指免征市场中的商舍租税之意。可见那时已有属于房屋税性质的市廛之税。《管子》中更明确地提到"籍于室屋……是毁成也"（见《轻重甲》及《国富》等篇）。

② 《汉书·景帝纪》。

③ 《汉书·景帝纪》服虔注。其中"算百二十七"之"七"字恐系衍文。

④ 《史记·孝文帝本纪》称"百金，中民十家之产"。一金值万钱，中民一家之产即为十万钱。

进一步研究这一税制本身的结构及其利弊。其中又以"算缗钱"作为研究的主要对象。

二、算缗钱的具体内容

史书中关于武帝时算缗钱的记载如下[①]：

"诸贾人末作贳贷卖买，居邑稽诸物，及商以取利者，虽无市籍，各以其物自占，率缗钱二千而一算。诸作有租及铸，率缗钱四千一算。非吏比者三老、北边骑士，轺车以一算，商贾人轺车二算；船五丈以上一算。匿不自占，占不悉，戍边一岁，没入缗钱。有能告者，以其半畀之。贾人有市籍者及其家属，皆无得籍名田，以便农。敢犯令，没入田僮。"

"杨可告缗遍天下，中家以上大抵皆遇告。杜周治之，狱少反者。乃分遣御史廷尉正监分曹往，即治郡国缗钱，得民财物以亿计，奴婢以千万数，田大县数百顷，小县百余顷，宅亦如之。于是商贾中家以上大率破，民偷甘食好衣，不事畜藏之产业，而县官有盐铁缗钱之故，用益饶矣。"

"及杨可告缗钱，上林财物众，乃令水衡主上林。上林既充满，益广。……乃分缗钱诸官，而水衡、少府、大农、太仆各置农官，往往即郡县比没入田田之。其没入奴婢，分诸苑养狗马禽兽，及与诸官。诸官益杂置多，徒奴婢众，而下河漕度四百万石，及官自籴乃足"。

由上可知，算缗钱的推行包括以下几项具体内容：

第一，以私营商人、手工业者、借贷取息者，以及没有市籍但从事囤积财物和经商取利活动者的财产作为征课对象。

第二，课税标准分为三类，一类是商人和高利贷者的资本，凡缗钱

[①] 《史记·平准书》及《汉书·食货志下》。

二千出一算即一百二十钱,其税率为百分之六。另一类指手工业者的资产,按缗钱四千出一算计,其税率为百分之三。第三类专就应纳税的车船所有者而言,它又细分为商贾和非商贾两类,非商贾之应税轺车,每辆出一算,商贾之车税则加倍为二算,此外船长五丈以上者均按一算征税。

第三,为了防止商人将资产向土地财产方面转移,重申商贾及其家属不准占有土地的禁令,犯令者将其田产和僮仆没收归官。

第四,财产数额由纳税工商业者自行向官府申报。封建国家抵遣掌管监察刑狱的官吏分赴各地监督申报核查和征收事宜,又鼓励人民对虚报财产的工商业者检举告发并以隐匿或虚报资产之半数作为告发者的报酬。如有隐匿不报或申报不实者,罚其到边地充军一年并没收其全部财物。

第五,算缗及告缗收入原则上属于皇室收入,纳入上林苑,由少府属官水衡负责掌管。其支出除了满足皇室需求而外,可分拨一部分供国用。至于没收来的田地和奴婢,则直接分配给皇室和国家各部门耕种或供驱使,故公私部门纷纷设置农官并须承担众多奴婢的生活给养。

三、算缗钱之利弊及其影响

算缗钱作为一种以工商资产为主要征课对象的财产税,从税制本身看来,具有以下一些优点:第一,以纳税人所有的或属于他支配的财产作为课税对象,这比起口赋、算赋或更赋不论贫富差别一律以人身作为课税对象,显然更适合于负担平均原则。第二,将测度个人纳税能力尺度的财产,由以往的土地房产等不动产,扩展到工商业者的一切动产或不动产,不仅堵塞了封建财产税制上的一个漏洞,而且还可以减轻土地所有者的财产税负担。第三,以往工商税的纳税人很容易通过提高价格等手段将此税转嫁给一般消费者,而直接对工商业者的资产课税,一般在经济上较难转嫁。第四,对不同的工商资产实行差别税率,这从原则上说是"算轺车贾人之缗钱皆有差",值得注意的是它特别将商人和高

第七章 秦汉财政思想

利贷者的资本与手工业者的资产区别开来，前者实行二千钱而一算，后者则四千钱一算，两者税率相差一倍。其中缘故因史书阙文，不得而知。但如不是基于对商人和高利贷者的憎恶而有意加重其税率，便可能是已意识到商业和高利贷的资金的周转快于一般生产事业中的资金之周转①。如果是基于资本周转速度的原因，那将为古代租税思想增添新的内容。至于民间轺车一般每辆出一算，而商贸轺车出二算，这种税率差别除了有抑商之意而外，似乎也注意到轺车之用于营利或非营利的目的而作的差别规定。

但是，算缗钱在税收制度上也存在着一些明显的缺点。第一，对工商资产的课税既然以现钱货物一类的动产为主，实际上是很难查实的，而且是封建财政机构不可能承担得了的任务。因此，只好由工商业者自行申报，但让工商纳税人自行申报，必然出现隐匿财产的弊端。故以重赏鼓励人民告发实为必不可少的补充规定。而告缗令的推行造成"富贾中家以上大率破"的后果。这绝不能像历来学者那样单纯归咎于统治者或少数酷吏的所作所为，实际上主要是工商资产税本身的缺陷所造成。

第二，即使算缗钱规定本身无大缺陷，在封建时代，由官府出面为工商资产进行估价，不仅因官吏们往往随意估断，难期确实，而贪官污吏趁火打劫、徇私舞弊，会把好事也变成坏事。

第三，根据汉初划分国家和皇室财政的分立原则，"工商衡虞"之入系划归皇室收入范围。据此，工商资产税自然应归入皇室财政的收支系统。这样一来，势必产生两个弊端，一是由于"算缗"和"告缗"收入的大量增加，首先刺激了封建统治者的个人享用开支急剧膨胀，如"宫室之修，由此日丽"，引起财政上的浪费。二是在皇室私藏因征收工商资产税而大为充裕的条件下，如继续坚持国家与皇室财产分立的原则，那将造成国用不足的偏瘫局面；若以皇室私藏供国用，那就使国用仰给于皇室，既模糊了汉初建立的财政分立的界限，又是财政制度上的

---

① 关于工商资金周转率问题可参阅胡寄窗著《中国经济思想史》（中册），上海人民出版社1978年版，第63—64页。

轻重倒置。

此外,当时对于所没收的田宅及奴婢的处理方式,系全部交付国家与皇室各部门耕种或使用,结果大量田地由私有转为官营,须设置许多农官为之管理经营;而众多奴婢分到各宫苑和官府从事"养狗马禽兽"一类的非生产性活动,又使封建国家徒增四百万石的漕粮并须官府自籴粮食才得以供养这些纯消费者。所有这些,给封建财政背上了一个沉重的包袱。

由上可见,算缗钱仅由其税制本身的缺陷,即足以产生很多的弊端。何况封建官吏在征收算缗钱的过程中常是任意行事,更可能出现各种偏差。例如,缗钱令原来规定对手工业者和商人的资产实行差别税率,各为百分之三和百分之六。但缗钱令实行后,各级官府不仅将算缗钱的课征范围由工商业及贷放业者的资产扩大到"凡民有蓄积者",而且大大提高了税率标准。一是对民间的各种财产如田宅、船乘、畜产、奴婢等,按货币折价后一律实行"每千钱一算"的课征标准,即税率为百分之十二;二是"贾人倍之",即税率提高至百分之二十四[①],竟是原规定的四倍!如果再考虑到官吏在财产的核查和估价中营私舞弊的行为,则算缗钱给人民带来的财产损失之大,不难想见。

从公元前119年发布缗钱令起,到公元前110年停止告缗时止,前后共持续了九年时间。对于封建财政上的这一重大历史事件,古代思想家一般均持绝对否定的态度。此税制在封建社会内必然同其他任何税制一样给人民带来严重损害,这是无可否认的。但是,对资产课税在租税制度中,毕竟是一种较为先进的税制。在二千年前的中国能有产生此种税制的设想,不能算是一件坏事。

在结束本节之前,附带谈一下西汉中期是否已出现征收遗产税的思想。有些现代财政学者,根据《汉书·游侠传》关于原涉的记载,"大郡二千石死官,赋敛送葬皆千万以上,妻子通其受之,以定产业"中

---

① 参见《史记·张汤传》注。

"赋敛送葬"一语,肯定我国已出现了遗产税①。这是完全错误的。如果联系引文的上下文看"赋敛送葬"一语,不仅不是对死者之家征收遗产税,反而是因二千石以上的地方官员在任中亡故时,向人民征收一次捐税用做给死者家属的赙金。

第四节
桑弘羊的财政政策与盐铁争议

一、桑弘羊的财政功绩及其历史作用

桑弘羊(公元前152—前80年)是西汉时代的理财名家。他从政六十年,自三十三岁起即以"言利"与孔仅和东郭咸阳二人齐名并得武帝宠幸,司马迁就曾说过"桑弘羊以计算用事侍中"②。尤其重要的是从公元前115年出任大农丞起的以后二十九年中,直接掌管中央财政大权,许多重要财政措施都是在这个时期内推行的。

武帝时代,为了巩固新兴的封建政权,坚持反击匈奴贵族的侵扰,进行了一系列的巩固帝国的战争,又发动大批人力不时修治黄河,在关中广泛兴建水利工程,还进行大量移民,使"七十余万口,皆仰给县官"等等,这些都需要巨大财政开支。到桑弘羊出任大农丞时,文、景以来所谓"太仓之米,红腐而不可食;都内之钱,贯朽而不可授"③

---

① 见刘不同:《中国财政史》第一篇,大东书局1948年版,第170页。台湾学者陈秀夔亦赞同这一观点,认为"赋敛送葬类似近代遗产税"。见其著《中国财政史》,台湾正中书局1977年第三版,第173页。
② 《史记·平准书》。
③ 马端临:《文献通考·国用考一》。

的情况，已成往事。封建财政困窘万分，以至复行卖爵①，实行货币减重②，"算缗钱"等等，仍不能解除财政上的危机。在桑弘羊以搜粟都尉兼管大农令事务后一年之间，除供给了武帝亲率十八万骑出外巡狩之赏赐用帛百余万匹和钱数万万外，政府的仓库还存帛五百万匹，成功地解决了十分沉重和紧迫的封建财政需要。连不赞许他的司马迁也不能不承认他的财政成绩是"民不益赋，而天下用饶"③。

在桑弘羊实际掌握财政大权以前，许多经济行政权仍然由中央与郡国分掌，形成经济上的割据或不统一的状态。公元前113年（元鼎四年）他将各郡国的铜币铸造权完全集中于中央，非"上林三官"所铸的五铢钱一律不准行使。铸造权集中的结果，统一了币制，使汉初以来一直存在的货币贬值问题得到解决。公元前110年（元封六年），他大力推行五年前试办的均输政策，设置大农部函数十人，分管各郡国均输事务，将以往由各郡国经办的贡物运输集中由中央处理。公元前104年（太初元年）进一步扩大中央财政组织及职权，将郡国诸仓、农监、都水等六十五官长丞都收归中央直接管辖④，统一了全国粮食、盐铁等财政行政。公元前98年（天汉三年）实行酒专卖⑤，具体事务由各地方官办理，而原则上系替中央代办性质。到武帝统治后期，盐、铁、均输已成为国家财政收入的最大来源。这些已由中央直接管辖，再加上货币铸造权的集中，在财政统一上可算尽了最大的能事。

因此，桑弘羊不仅对西汉帝国作出了他的贡献，而且在中国封建地主经济的建立与巩固上也起了很大的作用。对他这样一位了不起的财政家，汉代史学家对他的生平的记载不过寥寥数语，如无以反对他为目的的《盐铁论》将其财政思想流传下来，这和他之被诬谋反的历史悲剧一样将成为极大憾事。

---

① 《汉书·食货志》。
② 《汉书·张汤传》及《食货志下》，"造白鹿皮币"及金分三等诸措施。
③ 《史记·平准书》及《汉书·食货志》。
④ 《汉书·百官公卿表》。
⑤ 《汉书·武帝纪》"初榷酒酤"。

二、国家专卖政策

桑弘羊所推行的财政措施,主要是将《管子》所强调的国家财政中的经济收入部分的设想,具体化为国家财政政策,坚决地加以贯彻执行。这里先考察他的国家专卖政策,然后再研究其独特的均输与平准措施。

武帝对外用兵的最初十余年中,其财政开支的来源除利用文景以来的财政积蓄外,主要是靠加重各种捐税的征收。如将口赋由二十文增至二十三文,并将起征年龄由七岁降至三岁①;文帝时曾一度减为每人四十钱的算赋,也于恢复百二十钱旧制外,还要加三十钱的助边费②;新增的捐税有商人车船税、六畜税、资产税等等;只有三十而税一的田赋,为了不损害大地主阶级的利益,才没有变动。此外,又出卖官爵,鼓励人民输财助边,发行白鹿皮币以及银锡白金币等方式以补财政之不足。这样,封建财政亏欠仍不得解决,以至执行告缗令,使"商贾中家以上"大都破产,封建财政濒于绝境,最后不得不改变强制的租税政策,使桑弘羊出任大农丞,扩大专卖制度,开始办理均输。故桑弘羊之出任财政职务,标志着当时封建财政政策的一个重要转变,也就是武帝时支持桑弘羊推行国家专卖政策的历史背景。

桑弘羊首先肯定山泽资源为最高地主之所有,即"山海之利,广泽之畜,天下之藏也,皆宜属少府"③,不能向私人开放。这无非表明"王权就是私有财产的权力"④。他又指出,山泽之利必在深山穷谷之中,如果自由开放,"废弛而归之于民",事实上只为豪强所专利,小则兼并百姓,大则危害国家。故必须"塞天财,禁关市",使"山海有

---

① 《汉书·昭帝纪》如淳注"民年七岁至十四,出口赋钱,人二十三。二十钱以食天子,其三钱者武帝加口钱以补车骑马也"。又《汉书·贡禹传》称"武帝……重赋于民,民产子三岁则出口钱"。
② 安作璋:《汉史初探》,学习生活出版社1955年版,第48页。
③ 《盐铁论·复古》。
④ 《马克思恩格斯全集》第一卷,第381页。

禁而民不倾"①，在国家直接"开园池，总山海"的情况下，其收入可用来"助贡赋，修沟渠，立诸农，广田牧，盛园囿"②。此外，这些收入还可以用来"流有余而调不足"，"赈困乏而备水旱"③。总之，自然资料应由封建国家垄断，不能向私人开放。从以上认识出发，将山泽之征改为盐铁专卖，他实现了"国用大饶，民不益赋"的要求。

桑弘羊推行的国家专卖政策可分为盐、铁、酒的专卖等三个方面。现分述如下：

（一）盐专卖

盐工业的经营开始甚早。史传齐太公封国之初，即曾"通商工之业，便鱼盐之利"。春秋时代，管仲相齐，亦曾"设轻重鱼盐之利，以赡贫穷"④。秦代齐刁间以奴虏"逐渔盐商贾之利"，"起富数千万，到西汉时还有很大势力，能"连车骑，交守相"⑤。吴王濞也以盐铁之利而"薄赋其民"以收买人心⑥。盐这种东西具有天然垄断性质，故古代富豪很多从经营盐业起家，东郭咸阳便是"齐之大煮盐"。

在公元前117年以前，盐业主要是由私人经营，官府有时也经营盐业，但不是垄断性质。我们在前面分析《管子》经济政策时，曾提到盐专卖，但那只是理论上的阐述，未见诸实行。一般地说，那时对盐业仍采取放任政策，只是由封建国家抽取盐税。到汉武帝元狩三年（公元前120年），经大农令郑当时建议，设立大农丞以齐大煮盐东郭咸阳专管盐税事务，拉拢商人资本，利用他们的经验与条件来增加税收。以前盐铁收入属于天子私用，由少府掌握，现以财政困难始将盐铁收入拨归大农令以助国库。最初只是设立盐官专管盐税事务，元狩六年始由东郭咸阳及孔仅建议进行盐专卖。其办法是由产盐区人民小规模的自由经营，而必不可少的主要生产工具"牢盆"（煮盐用的大铁锅），由政府

---

① 《盐铁论·力耕》。
② 《盐铁论·园地》。
③ 《盐铁论·力耕》。
④ 《史记·齐太公世家》。
⑤ 《史记·货殖列传》。
⑥ 《汉书·吴王濞传》。

负责供应。全部生产品须按规定价格出售给国家专卖机构。如果任何盐生产户私自出售其产品,除没收其器物外,还处以左足著六斤重铁钛之罪。各郡县设有盐官管理其事,各地盐官由东郭咸阳推荐该地富裕盐商担任[①],也就是与盐业的商人资本结成联盟,分沾盐专卖的利益。

两年后,最高地主进一步扩大与商人资本的联盟,将孔仅升一大农令兼管盐专卖,桑弘羊出任大农丞。到元封元年(公元前110年),桑弘羊以搜粟都尉兼大农令,排除了孔仅,由他自己兼管盐铁专卖事务。自从东郭咸阳及孔仅建议盐铁专卖,到此已有七年,其成绩可能并不很大,否则即不会让竭泽而渔的"告缗令"进行五年之久,闹得天下骚然。故盐铁专卖虽由东郭咸阳、孔仅创办,而大收成效却在桑弘羊接管盐铁事务以后。

桑弘羊掌握了财政大权后,即扩大各郡县盐官之设置。当时盐官遍天下[②],使盐专卖成为成绩显著的封建财政政策之一。

盐专卖进行后的利弊,史书记载不多。盐生产既由私人负责进行,只是其产品由国家全部收购并由国家发售,故这只是国家垄断盐的流通过程。在这种情况下,从消费者角度看来,盐专卖可能产生的弊病是质量低劣与价格昂贵。但由于每人每日的盐消费量不大,故在公元前81年的盐铁会议上,桑弘羊的反对派对盐专卖只作一般的反对,并无突出的指摘。

(二) 铁专卖

铁的出现比盐迟得多,在战国时代才被广泛使用。但铁工业一开始就是以较大规模的垄断事业的姿态出现。古代历史上有名大富翁很多是以冶铁致富,如秦代的卓氏、程郑、孔氏、邴氏等都是冶铁的商人资本家。孔仅便是宛孔氏之后,到汉代仍为大冶铁商人,此外还有吴王濞与邴氏之后。

冶铁业最早也是由私人经营的,至秦代已有铁官[③]主管冶铁工业的

---

① 《汉书·食货志下》,及《盐铁论·刺复》。
② 《汉书·地理志》,参考《文献通考·征榷考二》。
③ 《史记·太史公自序》谓其先人曾为秦铁官。

收税事宜。汉初废除各种杂税，是否一并废铁官，不得而知，但董仲舒既称"盐铁之利二十倍于古，汉兴，循而未改"，可能是各诸侯王国所征收，不属于封建帝国的财政收入范围①。铁专卖也是在元狩六年与盐专卖同时开始的。但铁专卖的性质与盐专卖不同。铁的生产和流通同时由国家实行垄断。任何人如私自从事铁的冶炼，也处以"钛左趾"的刑罚并没收其器物。控制铁生产的必要性与盐专卖也有一定关系，因为煮盐的主要工具"牢盆"是由铁制成，故控制铁生产等于间接控制了盐的生产。在桑弘羊看来，更重要还在于铁生产常是在深山穷谷中进行，聚众太多，易于"成奸伪之业，遂朋党之权"，而"铁器兵刃天下之大用也，非众庶所宜事也"②。因此，他坚决主张严格控制铁的生产。郡出铁者置铁官长，不出铁者置小铁官。各地的铁官也是由孔仅等推荐原来的冶铁富商担任，与冶铁业商人资本分享利润。

铁专卖也是到桑弘羊排除了孔仅而由他自己直接兼管盐铁事务以后，才有很大的发展。在专卖以前私人经营铁业，其规模大者可能"一家聚众或至千余人"③，专卖以后其规模必然更为扩大。当时，每一铁官所管辖之采矿工人，其平均人数在二千人以上，诸铁官所管辖的官吏徒卒共计在十万人以上④。

桑弘羊积极地扩充冶铁工业的规模，并非由于盲目的好大喜功，而是对于大规模生产的好处已有相当的认识。他指出由县官主办的大铁厂，有雄厚的资金，"财用饶"；有完备的生产工具，"器用备"；有统一的制造规格，"一其用"；划一而低廉的价格，"平其价"；以及有利于技术改进，即所谓"吏明其教，工致其事，则刚柔和，器用便"等等特点。当然较"家人会合，褊于日而勤于用"的小规模生产的功效要高得多⑤。这恐怕是历史上大规模生产优越于小生产的最早理论阐述，也是基本上正确的分析。

---

① 此系马端临意见，见其《文献通考·征榷考二》。
② 《盐铁论·复古》。
③ 《盐铁论·复古》。
④ 《汉书·贡禹传》。
⑤ 以上引文均见《盐铁论·水旱》。

第七章　秦汉财政思想

铁工业的生产与销售经垄断后,铁官遍于全国,比盐官的设置还更普遍些①。在桑弘羊所主持的各种专卖事业中,以铁专卖遭受到的攻击最为猛烈。对这一措施的责难主要有以下几点②:第一是铁器质量恶劣。第二是产品规格不合农民需要。"大抵多为大器,……不给民用"。第三是农民购买不便。好坏不能选择;销售人员常不在,铁器买不到;多买而家里又不好储存,且存之日久会生锈;常为了出外买田器耽误农时等。第四是价格昂贵。且划一价格后,所生产的农器品种必然减少,人民不能选择,使用不便。第五是铁官在产品滞销时常强迫农民摊购,或在铁官卒徒工作繁忙时强迫农民助其工作。

以上是在盐铁会议上"贤良"与"文学"等攻击铁专卖的意见。此可能合乎当时之事实,卜式亦曾言"县官作盐铁,铁器苦恶,价贵,或强令民买之"③。桑弘羊的专卖政策,在当时对国家是有利的,但在封建社会中政府经营的事业不可避免地要产生损害人民的恶果。不仅在他的铁专卖上如此,在各种经济措施上无不如此。

(三) 酒专卖

桑弘羊任大司农时,曾于公元前98年(天汉三年)实行"酒榷",即禁止民间私自酿酒,由官府自行酿造④。据桑弘羊说,酒榷是少府丞令建议举办的,而"文学"们却认为是桑弘羊所推行⑤。为了缓和反对派的攻击,他于盐铁会议结束前夕宣布撤销酒专卖,由民间自行酿造,但须交纳酒税"每升四钱"⑥。此后,酒税成为后世继起的各封建王朝的重要财政收入来源之一。而酒专卖则时兴时废不是一个经常实行的政策。

酒专卖的具体办法已不可考,大致是由官府垄断其生产,而销售仍可由私商办理。由此可知,桑弘羊采取的三种专卖措施,在垄断方式上

---

① 参见《汉书·地理志》及《文献通考·征榷考二》。
② 以下各引文均见《盐铁论·水旱》及《禁耕》篇。
③ 《史记·平准书》。
④ 《汉书·武帝纪》,天汉三年"初榷酒酤"。参考韦昭注。
⑤ 参见《盐铁论》的《轻重》及《忧边》两篇。
⑥ 《盐铁论·取下》及《汉书·昭帝纪》。

各有其特点。对于盐侧重在控制其流通过程，对于铁是生产与流通同时加以控制，而对于酒则专门控制其生产。这些都须对被垄断商品的性质及其生产和流通条件作过仔细研究后，才能决定采取何种垄断方式为适当，绝非闭门造车或草率行事者可比。

在当时的条件下，倡行盐铁专卖是比较容易理解的。因为自秦帝国以来，盐铁富豪声势煊赫已有一百多年，盐铁业易于致富已为人所共知。惟酒专卖之倡行，如不是创始者对专卖商品品种的选择已有较深刻的认识，很难以酿酒业作为垄断对象。故他选择酿酒业为垄断对象的支配思想，颇与近代国家常选定酒为专卖品的原则暗合，故桑弘羊实行酒专卖可算是一件不太容易的创举。

三、均输与平准

在桑弘羊所采取的一系列重要财政措施中，以均输与平准的创设最有成效也最为独特。

（一）均　输

桑弘羊于公元前 115 年出任大农丞管诸会计事时，即已创行均输法，惟当时尚是试办性质，到公元前 110 年他兼令大农令时，始与盐铁专卖及平准一起大力推行①。前面说过，在大力推行均输后一年之间扭转了封建财政困窘的形势，国库充盈，而"民不益赋"。所以均输是他所推行的各种财政政策中收效最大的一种。

关于举办均输的原因，古书记载颇为简略。《盐铁论·本议》篇有桑弘羊本人对均输办法的简略说明：

"往者郡国诸侯各以其物贡输，往来烦难，物多苦恶，或

---

① 桑弘羊在元鼎二年（公元前 115 年）初行均输时，主要是以"均输调盐铁助赋"（《史记·平准书》及《汉书·食货志》），各地贡物之均输是附带任务。由于试行均输取得可喜的财政成果，才于元封元年（公元前 110 年）将均输重点转到各地贡物的相互"灌输"方面来。

第七章 秦汉财政思想

不偿其费。故郡置输官以相给运,而便远方之贡,故曰均输"。

《史记·平准书》及《汉书·食货志》,则谓举办均输的原因是"诸官各自市相争,物以故腾跃,而天下赋输或不偿其僦费"。

汉代赋税除对人民的征课而外,各诸侯及地方长官仍负有贡献当地土特产的义务。于是出现了一些问题。第一,贡品的输送规定由各郡国的"践更"承担,但在"践更"卒不敷使用时,常强征民户代为输送,这是各地人民的一种沉重负担。第二,一般贡品在运输过程中难免损坏变质,即使未损坏变质,其价格可能不足以抵偿运费。第三,各地贡品在当地是优良产品,但运抵京师后与其他各地同类贡品比较,可能变为次品或下品,既不足以供皇室的享用,出卖也不一定受人欢迎。而在京师大量保存或储藏此类贡品亦非易事。这些问题均有待于设法解决。

这种情况给桑弘羊提供了一个发挥他商人阶级"天才"的机缘而创建了均输制度。均输的内容,《史记·平准书》与《汉书·食货志》以及《史记集解》引孟康之言各有如下之说明:

"乃请置大农部丞数十人,分部主郡国,各往往置均输盐铁官,令远方各以其物,如异时商贾所转贩者为赋,而相灌输。"①

"(均输者),谓诸当所输于官者,皆令输其土地所饶,平其所在时价,官更于他处卖之。输者既便,而官有利。"

根据上面几段记载看来,均输的具体内容大致如下:各郡国应缴纳的贡品,除确有价值又为京师所需用者可照旧直接运京外,其他不必再送京师,而是按照当地市价,折合为当地商人一向所贩运出境的丰饶而廉价之土产品,交缴与均输官。再由均输官将这些廉价土产品运往附近高价地区出售。如果当地贡品因某种原因不能交纳或均输官认为不必要再以原贡品交纳,即可按当地贡品价格改缴现金,由均输官另购其他廉价商品运往就近价高地区出售或者运到京师(如果京师市场需要的

---

① "异时"在《平准书》作"贵时",兹从《汉书》。

话)。这样,既可免除各郡国输送贡物入京之烦难,又可避免贡物到京师后得不偿失。同时,封建官府不费一文资本即可从事官营商业而获得巨大利润。

不论均输政策的创办者是否以增加财政收入为动机,其本身不失为好办法。因为照以往办法直接运输贡物到京师,必然增加郡国贡物运输中的人力与物力负担,也增加人民的负担。实行均输后,由国家自备交通工具运送,各郡国及当地人民可省去义务运输的沉重负担,也是对人民有利的。但均输办法行之既久,必然会出现一些不利于人民的弊病。例如,各郡国所买的商品可能不是当地农民所生产之物品,"释其所有,责其所无"。既然人民所交纳的并非自己的生产品,势必被迫贱卖其产品以满足均输官吏的要求,"百姓贱卖货物以便上求"。同时,均输官在土产品的验收上故意与人民为难,"吏恣留难,与之为市";在其出卖货物时对人民施行种种欺诈,即"行奸卖平",以致人民受到损失①。究竟均输制是否比旧的贡物直接运输制给人民带来更多的苦难,是无法证明的历史事件。但有一点是很清楚的,这就是说,旧的运输办法无论对封建财政或对人民均无好处,而均输制的实行,即使它对人民的损害并未较前有所减轻,至少它是给封建财政带来了巨大的收入。而且,既有丰裕的财政收入就可能使统治阶级不再加重赋税,减轻人民的负担。故均输制较为优越是可以肯定的。

(二) 平　准

公元前110年桑弘羊于大力推行均输之同时,即创办平准制度。平准的具体内容是:

> "置平准于京师,都受天下委输,召工官治车诸器,皆仰给大农。大农之诸官尽笼天下之货物,贵即卖之,贱则买之。如此富商大贾无所牟大利,则反本,而万物不得腾踊,故抑天

---

① 以上引文均见《盐铁论·本议》。

下物，名曰平准"①。

京师设立平准机构的任务是稳定京师的物价。为了能有效地稳定物价，平准机构掌握了大量的商品、运输手段和人力。当某种商品价格上涨时，即以较低的市场价格抛售同类商品；反之，如某种商品价格过低时，即进行收购。这是运用价值规律的作用以调节市场供求而平衡物价，应该是肯定的。平准的另一作用是使"富商大贾无所牟大利"。相对稳定的价格水平，无论对封建政权，对人民乃至对整个商人阶级来说都是有利的。

桑弘羊创设平准制度可能有两个原因。第一，由于告缗之实行，试办均输及上林统一铸钱以后，封建国库财用暂时丰饶，曾由上林发给中央各部门一定数量的资金让其自由处理。于是各部门纷纷到京师市场争购物品，而富商大贾又乘机操纵，致使物价大涨。故稳定物价是他创立平准制度的一个原因。第二，均输业务扩大后必然有大量外地物资运进京师，其中须在市场销售部分如仍假手于富商大贾又将受他们的控制，不如官府自行出售。所以，平准机构无异是各郡国均输官在京师的总经销处，均输制如继续进行，平准就成为它必要的补充机构。这是他创立平准的另一个原因。

创为平准措施，既可望平定价格，又能顺利销售各地均输官运京的物资。须指出的是，平准措施在京师市场上的贱买贵卖与均输官在各郡国贱买贵卖的意义与作用是不相同的。前者以平定价格为主不必以获利为目的，后者则是以获利为主要目的。同时由于平准机构的存在，更利于郡国均输官将当地廉价商品运送京师出售，以扩大均输的获利机会，当然也增强了平准的物资保证力量。所以，平准与均输在当时条件下虽具备有不同的目的，却又是相辅相成的两种活动。但正确理解两者的区别甚为必要，特别是不能把二者看作同一事物的两个方面，否则许多历史事实将无法解释。例如为什么桑弘羊初创均输时并未筹建平准，而后代理财家也有人专办均输不行平准，又有人专办平准不行均输。总之，

---

① 《史记·平准书》。《盐铁论·本议》亦有稍简略的类似记载："开委府于京，以笼货物。贱即买，贵即卖。是以县官不失实，商贾无所贸利，故曰平准。"

平准制度设立的意图在于稳定物价,而获得巨额利润的来源主要决定于均输。但平准稳定京师物价任务之实现又必须以均输为后盾,这个道理是毋庸解释的。

平准实行的结果同均输一样免不了发生许多弊端。《盐铁论·本议》篇中"文学"们提出的反对意见,把它的弊病与均输的弊病搅混起来了。他们说:

> "县官猥发,阖门擅市,则万物并收。万物并收,则物腾跃。腾跃,则商贾侔利。自市,则吏容奸豪。而富商积货储物以待其急,轻贾奸吏收贱以取贵,未见准之平也。"

有些现象如"阖门擅市","万物并收"等多产生在各郡国的均输活动上,非京师平准所应有。而"富商积货聚物","轻贾奸吏收贱以取贵"等现象,在实行平准后倒是在所难免的。

从理论渊源考察,桑弘羊的平准政策是把《管子》的与范蠡的价格思想加以综合运用并有所发展。但先秦思想家对价格调节只提到"平"、"准"、"准平"、"衡"、"准衡"等,却未提到"平准",故"平准"一词系创自桑弘羊。它的特点是利用市场的自发运动,把商品价格稳定在一定的水平上。桑弘羊更为巧妙之处,在于将平准与均输结合起来,以保证其稳定价格所必要的物资来源。所以,他的平准措施在理论上较以前的思想家更为成熟,而在实践上,他是第一个把前人的这种思想加以发展并具体推行,而又获取最大成功的人。

除了均输与平准以及前述国家专卖等政策而外,桑弘羊还推行了一些其他重要财政措施。例如,他扩大了中央财政机构的权力,将大农令改为大司农,扩大其组织,并将郡国的诸仓、都水等六十五官长丞均收归大司农直接管辖。这对封建财政之扩大与统一具有不小的作用。又如,前面已提到过的,由上林三官统一铸钱,实现了币制的统一。统一发行五铢钱这一措施,现存史籍并未明确指出是桑弘羊的主张,但在盐铁会议上为这一措施所作的理论辩护,却是他自己的独特见解。自此以后,各继起的封建王朝均将币制的统一与集中视为指导原则。另外,桑弘羊非常重视边区屯垦,在执掌财权后,移民屯垦向玉门关以西扩展,置张掖、敦煌两郡"徙民以实之",并在朔方、上郡等地开田官,用卒六十万人,"中国繕道馈粮,远者三千,近者千余里,皆仰给大农"①。为了打通玉门关以西地区,他又于公元前89年提出了大规模的轮台屯垦计划②,到他死后的昭、宣时代才逐步实现。

总之,桑弘羊的所有财政措施,都达到了他原来设想的目的,不仅在历史上是首创,而且被后代各封建王朝的理财大臣看作可望而不可及的成功的财政典型。当然,后代思想家中也有人把他看作进行财政搜刮的"始作俑者",但更多的理财家常是在实质上仿行他的措施而表面上避免用他所用过的名词。如果掌握了桑弘羊的财政政策和李悝的平粜政策,对此后二千年内的封建财政措施的知识,即得之过半矣。

四、盐铁会议上儒家反对派的财政观点

对桑弘羊财政政策的攻击来自社会各个方面,其中以儒生们在盐铁会议上所发出的攻击最为严厉。盐铁会议以检查自武帝以来所实行的经济政策为名,于汉昭帝始元六年(公元前81年)召开,实际上是反对桑弘羊的一场政治斗争。会议的参加者有丞相田千秋及其属官,御史大夫桑弘羊及其属吏。此外还有六十余名由各郡国来的代表,"贤良"和"文学"。所谓"文学"是一些有名学者的通称,"贤良"是被各地选为"贤良方正"的学者,他们都是儒家。这是我国历史上第一次召开的检查现行政治经济政策的较大规模的会议。这次会议虽以检查财政政策特别是盐铁专卖为名,而事实上对汉武帝时的军事及外交政策均进行了激烈的争论,甚至对学术思想也多有辩驳。所以,它是一场很尖锐的政治和思想斗争。

在这场斗争中,桑弘羊及一些政府官员为现实政策辩护,相反的,儒生们则全面予以攻击。辩论过程中,贤良、文学们的财政观点并未对

---

① 《史记·平准书》,参见《汉书·武帝纪》。
② 《汉书·西域传》。

前期儒家所提出的财政思想有何新的发展。但我们在这里仍有重述之必要。因为先秦儒家的创始者们的财政观点绝大多数是从他们有关政治或伦理的论述中折射出来的，只有极少数才直接谈财政经济问题。总之，先秦儒家的财政观点，不论它们如何具有权威性，毕竟是不完全明确、多枝节而无系统。但在盐铁会议上，贤良与文学第一次将早期儒家的财政观点作了直接、明确而又系统的表述，同时，他们也将先秦其他学派的一些财政思想披上儒家的外衣提了出来，这些后来均成了神圣不可侵犯的儒家财政教条。下面是他们的主要财政观点。

首先，讳言财利的基本财政观点。"贤良"与"文学"们坚持孔孟耻言财利的传统观点，对"食禄之君子违于义而竞于财"①嗤之以鼻。他们强调："天子不言多少，诸侯不言利害，大夫不言得丧。"因为"示民以利则民俗薄"②。因此，他们认为"今郡国有盐铁、酒榷、均输、与民争利，散敦厚之朴，成贪鄙之化"③，并指责盐铁专卖政策是造成"富者愈富，贫者愈贫"的直接原因。

其次，以重农轻工商作为财政指导原则。农业在他们看来是实现"国富"唯一重要的社会生产部门，"故衣食者民之本，稼穑者民之务也。二者修，则国富而民安也"④。这番议论系针对桑弘羊的"富国何必用本农，足民何必井田也"的观点而发。他们否定工商业能致富。"非力本农无以富邦"⑤，从这样的财富观点出发，他们认为"商所以通郁滞，工所以备器械，非治国之本务也"。轻视工商还由于他们认为工商之民都习于欺诈，"商则长诈，工则饰骂"，而且工商业发展足以妨碍农业，"工商盛而本业荒也"。尤其反对商业，认为它是"交万里之财，旷日费功，无益于用"⑥。最后得出"愿罢盐铁、酒榷、均输，所以进本退末"的结论⑦。可见，"贤良"与"文学"们接过先秦法家的

---

① 《盐铁论·错币》。
② 《盐铁论·本议》。
③ 《盐铁论·轻重》。
④ 《盐铁论·力耕》。
⑤ 《盐铁论》，《通有》，《禁耕》及《轻重篇》。
⑥ 《盐铁论》，《本议》、《力耕》、《通有》及《散不足》篇。
⑦ 《盐铁论》，《忧边》及《水旱》篇。

第七章 秦汉财政思想

重本抑末口号而大肆宣扬，成为此后二千年支配封建财政思想的儒家传统经济教条之一。

再次，反对经济干涉。他们认为安民富国之道，在于"顺天之理，因地之利"，不加人为干涉可使"百姓各得其便，而上无事焉"①。桑弘羊的盐铁专卖、均输、平准等措施，在他们看来，正是违反了这种原理。干涉与放任的经济观点在先秦时代早已并行存在，但在盐铁会议上，这两种对立观点才正式出现面对面的斗争。如果说反对经济干涉的观点在汉初还有其与民休息，恢复和发展封建地主经济的现实意义，那么在"贤良"、"文学"们手中，这一观点已完全成为他们随意用来攻击一切理财活动的一根得力棍棒，对于任何被认为不合于儒家经济教条的财政措施或政策，均可挥舞起这根棍棒以兴师问罪。

最后，租税概念。从《论语》所谓"百姓足，君孰与不足"出发，"贤良"与"文学"的财政观点是"畜民者先厚其业而后求其赡"，"王者不畜聚，下藏于民"，指责桑弘羊是为王者"畜聚"。他们设想赋税只限于农产品及农家副业所生产的布帛，坚持什一之税，反对超出什一的"赋敛"。其基本观点是："什一而借民之力也，丰耗美恶，与民共之"；现在田赋虽称三十而取一，但以土地面积为课税标准，"田虽三十而以顷亩出税"，其结果是"乐岁粒米狼戾而寡取之，凶年饥馑而必求足"。再加上"口赋更徭之役"，等于是取去生产之一半，"率一人之作，中分其功，百姓焉得不穷困"②。由此看来，在租税方面他们继承了孟轲的观点。

总之，儒生们的每一观点都和桑弘羊的财政观点相对立。在辩论中，他们面对着自秦汉统一帝国建立以来，由于地主经济体系的发展所产生的许多新经济事物和问题，仍死抱着早期儒家的财政教条去观察现实社会，自然显得迂腐而又格格不入。惟在盐铁会议上，贤良、文学们的议论不仅是系统地表述了先秦以来儒家的财政观点，还可以说这是宋王朝以前几百年中一般儒生的代表财政观点。其中有的在宋以后产生了

---

① 《盐铁论·本议》。
② 《盐铁论》，《禁耕》及《未通》。

新的变化,而大多数却到 19 世纪中叶仍是儒家的传统财政教条。

盐铁会议上财政思想方面的斗争,实质上是统治阶级内部抢夺权位的斗争。霍光利用"贤良"、"文学"以民间疾苦为口实以反对桑弘羊的财政经济政策,是想借此以夺取其财政权要地位。桑弘羊在盐铁会议的理论斗争上,虽不曾失败,却终于被诬谋反而被杀。这是豪族大地主阶层占统治地位的封建社会中的必然结局。但桑弘羊所创没的一系列重要财政措施及其所体现出来的各种财政观点,终究为我国古代财政思想发展的历史画卷,添写了极为灿烂夺目的一笔。

第五节
西汉后期的财政思想

一、西汉后期的财政问题

西汉时期的财政状况,在武帝时代已达到它的鼎盛时期,封建中央财政权力得到集中与加强,专卖均输平准等一系列重要措施的创行,又给国家财政带来了巨额的盈余。但封建财政的丰裕,也极大地刺激统治者的穷奢极欲,以致因挥霍无度,最终又出现封建财政的匮乏。这种封建财政由盛而衰的变化趋势,愈到西汉末年愈加明显。

元帝初年的财政积蓄,虽达都内钱四十万万,水衡钱二十五万万,少府钱十八万万①,但此时皇室生活亦穷极奢侈,"日日撞亡秦之钟,听郑卫之乐","三工官,官费五千万。东西织室亦然,厩马食粟将万匹"②。成帝更是荒淫无度,无所不为,大兴土木,仅营造昌陵时一担

---

① 《汉书·王嘉传》。
② 荀悦:《汉纪》卷二三及《汉书·贡禹传》。

土之费用就相当于一石谷的价钱①。哀帝尤为荒诞,广置宠臣,仅对董贤及其妻妹之赏赐即动辄各千万②,其他耗费更不用说。

庞大的官僚机构的开支也是封建财政巨大支出之一。封建贵族阶级特别要由随从人员的众多来表示阔绰③。官僚机构的官禄总额在高后时不过数十万石,以后陆续增加至六百万④,这还是武帝时代的情况,成哀间,势应大有增加。哀帝时官僚总数已达十二万零二百八十五员⑤。

后宫嫔妃也人数众多,各有名位官爵,俸禄最高者几和三公相等。与此相联系的是外戚封爵者的增多。元帝时,王皇后一家便有十侯五大司马⑥,其他外戚之家虽不如王氏之显赫,封侯的也不在少数。封国的增多意味"食邑"的增多,也就是封建中央财政收入的减少,同时赏赐费用亦随之而增加。故在成帝时又重修卖爵之令。晁错在文景时主张以粟为赏罚,其目的在于巩固边防;武帝时入粟补官和出钱赎罪,还是为了对外用兵的军费;到成帝时完全为了他自己的荒淫奢侈。财政收入的缩减与"放恣的君主们"浪费的矛盾,使当时的封建财政又遭遇到极大的危机。

因此,武帝之后封建财政的盛极而衰,其财政思想也由富于创新进取转向消极保守。下面分别研究赵充国、耿寿昌以及作为西汉后期代表人物的贡禹等人的财政思想。

二、赵充国的金城屯田议

屯田是封建政策为取得军队给养而利用兵士和农民垦种荒闲田地的一种农业生产组织形式,自始就与国家财政有着十分密切的联系。秦王朝时似已开边地屯田之端倪,据说这是"内省转输戍漕,广中国灭胡

---

① 《汉书·谷永传》。
② 《汉书·董贤传》。
③ 参见马克思:《资本论》第一卷,人民出版社 1975 年第 1 版,第 785 页。
④ 《史记·平准书》。
⑤ 郑樵《通志·职官略一》,及《汉书·百官公卿表》。
⑥ 《汉书·外戚列传》。

之本"的重要政策措施①。汉初晁错更为明确地指出,在边境长期驻扎大批军队"为费甚大";减少边塞驻军,又不足以抵御外族的入侵。故他创议"徙民实边"之制,"募民相徙以实塞下,使屯戍之事益省,输将之费益寡"。②但是,要使边塞移民能"久居危难之地",首先须由政府为他们提供各种必需的生活和生产条件,并在边地生产自给自足之前继续由国家供应移民的食粮。故在移民实边初期,需要相当大一笔财政开支。这恐怕是晁错的计划未能付诸实施的原因之一。

大力推行移民边区屯垦始于武帝时代。在桑弘羊掌管财政以前已有几次大规模的移民,如元朔二年"募民徙朔方十万口";元狩四年,"关东贫民徙陇西、北地、河西、上郡、会稽凡七十二万五千口"③等。桑弘羊掌管财政以后的移民屯垦如前所述,主要是向玉门关以西地区扩展。他实行大规模屯垦的指导思想,不像晁错那样是为了节省运送军粮的财政开支,是如何"散中国肥饶之余以调边境",以期"边境强则中国安"④。他坚持向玉门以西地区移民屯垦,在政治上是要切断羌人与匈奴的联系;在经济上要使长城以南张掖、武威等地的农牧生产得到发展。

移民实边屯垦的主张系屯田制度之滥觞,"屯田"一词则创自桑弘羊。不过桑弘羊的"屯田"方式与晁错之移民实边又有所不同。晁氏以广大人民为招募对象,而桑氏屯田则以戍繇制"屯田卒"为主,属于军屯性质,军屯一年后如有粮食积蓄,再募民徙居,发展边地农业生产。桑弘羊屯田轮台的设想因武帝年已衰老未被采纳,到昭、宣时代才逐步实现,取得了政治与经济方面的很大成效。

在汉初以来屯垦思想不断发展的基础上,产生了赵充国(公元前137—前52年)的著名的金城屯田论,从理财角度论证屯田的军事与经济意义并有效地加以推行。

---

① 《史记·主父偃传》。武帝时置朔方郡,募民十万口前往屯垦,就是根据秦将蒙恬曾为抵御匈奴入侵而在朔方筑城屯垦。但公孙弘反驳说:"秦时常发三十万众,筑北河,终不可就,已而弃之。"不论此举是否成功,秦时已尝试在朔方进行屯垦,却是毋庸置疑的历史事实。
② 《汉书·晁错传》。
③ 《汉书·武帝纪》。
④ 《盐铁论·地广》。

第七章 秦汉财政思想

赵充国七十余岁时，奉命赴金城（今兰州）平定先零羌的反叛事件。他考虑到一味实行军事进攻可能带来的沉重财政负担，故采取"罢骑兵屯田，以待其敝"① 的策略。他在第一次的屯田奏论中清醒地看到"难久不解"的频仍战争会造成"繇役不息"的财政恶果。据他估算，他所统率的军队每月需耗费粮食近二十万斛（石），加上当时"千里负担馈饷，率十余锺致一石"②，即一千里的军粮运输费用几十倍于军粮本身的价值，这已是相当庞大的军费支出。如果平定叛乱之事不能速战速决，其军队稽留期间所需军粮的持续供应，又势必给封建财政造成更大的压力。因此，他建议省兵屯田，以逸待劳。这样，一是可以大规模裁减边境驻军兵员，减省向边地供应粮、盐等军需品的沉重负担；二是利用留存兵士就地屯田，规定每人耕种二十亩荒地，这种屯田的粮食收入又能接济边境驻军的需要。用赵充国的话来说，省兵留田设想的施行，可以实现"益积蓄，省大费"的双重财政目的。这一屯田主张在理论上是晁错与桑弘羊之说的综合继承与发展。

第一次屯田建议未获批准。他又上第二次奏疏进一步阐述了"罢兵"、"留田"有十二便，具体内容是：（1）留屯兵士万人，因田致谷，威德并行；（2）令羌人不得归肥饶之地，贫破其众，以成羌虏相叛之渐；（3）居民得并田作，不失农业；（4）军马一月之食，足供田士一岁之用，罢骑兵可省大费；（5）至春省甲士卒，循河湟漕谷至临羌，以示羌虏，扬威武；（6）闲暇时伐材缮治邮亭，充入金城；（7）兵出，未必取胜，不出，令反叛之虏窜于风寒之地，遭霜露疾疫之患，坐得必胜之道；（8）无经阻远追死伤之害；（9）内不损威武之重，外不令虏得乘间之势；（10）无惊动其他羌民使生叛变之忧；（11）修治通道桥梁，以制西域；（12）大费既省，繇役豫息，以戒不虞。

这番议论始终将财政经济作为决定战争胜负的要素之一而贯串于其军事形势分析之中。例如第1、3、4、5、12各条，系论证罢兵屯田对于减轻财政负担、发展农业生产，凭借经济实力以取得军事优势的好

---

① 以下引文除另有注明外，均见《汉书·赵充国传》。
② 《汉书·食货志》。根据《左传·昭公三年》"釜十则钟"条下杜预注；"（钟）六斛四斗"。

处；第2、7两条则说明丧失土地从而缺乏稳定粮草供应的羌敌势力，势必因财源枯竭而自行瓦解；至于其他各条，如实行罢兵屯田后可以缮治邮亭、修造道桥，避免长途追击敌人的伤亡，使敌人无隙可乘，孤立少数反叛者而使其他羌民不致生变等等，也是运用财政经济方式以创造有利的军事条件。

第二次屯田建议仍未能消除统治者对边患的疑虑。他又第三次上奏，坚持屯田一方面可以在节省财政开支的条件下始终保证充足的军粮供应，另一方面有精兵万人屯垦仍能保持军事上的威慑力量。由此形成以逸待劳的军事态势，至迟不过明春，即足以使羌人叛乱"不战而自破"。如果放弃屯田而动辄出兵，结果只能靠重新征发繇役以运输军粮，事久转运烦费，倾我不虞之用专对羌人，无从顾及更为强大的匈奴、乌桓等外族的威胁。

根据国家财政经济状况选择其既能制胜又能省费的策略，正是赵充国提倡罢兵屯田的本旨。他三上屯田奏，不避斧钺之铢，据理力争，终于获得大多数朝廷公卿的支持而为宣帝所采纳。他的屯田议在当时尚是用作平定羌乱的一种权宜之策，并未持久实行，但奏议本身所体现的思想，却一直为后世谈论屯田问题者所推崇，成为历代封建财政采行屯田制的重要指导原则。

三、耿寿昌的常平仓制度

耿寿昌在汉宣帝时为大司农中丞，班固说他"善为算，能商功利"[①]，曾为封建财政建议二事：

第一，是籴三辅、弘农、河东、上党及太原郡谷以足京师。以往京师所用食粮岁约四百万斛，均由关东各地利用水运输送到京。当时京师谷价甚贱，最低者每石只值五钱，远程运输费用太高，每年担任漕运的兵卒将近六万人，颇为不利。他建议在京师附近各郡购谷运京备用，可

---

① 《汉书·食货志上》。

以省去漕卒一半①。即将运郡田赋收入中的应解中央部分由实物缴纳改为货币缴纳，然后由中央向附近郡县收购低价粮食以备用。此种办法行到西汉王朝崩溃时都未改变。在中国封建赋税历史上这标志着一种由实物税向货币税的变化的开端。实物贡赋向货币贡赋的过渡，必然要以实物地租向货币地租的过渡为基础。严格地说，"只有在资本主义生产的基础上，地租才能作为货币地租发展起来"②，但是当作租税而存在的那一部分实物地租有可能先转化为货币地租或货币税，尽管这种转化是不稳定的。耿寿昌的建议，不论是有意识的或不自觉的，总是反映这一转化的开端。

第二，是渔业官营。《汉书·食货志》谓他建议"增海租三倍"，似乎是增加渔税。但据他的反对者说："武帝时县官尝自渔，海鱼不出，后复予民，鱼乃出"，又说耿寿昌要"筑仓治船，费直二万万余"，由此可以认定耿寿昌是主张渔业官营。因为漕运兵卒既已减少一半，无再为漕运大量"治船"之必要，故造船必系为官营渔业之用。且宣帝财政充裕，曾一再宣布"所赈贷勿收"③，断无骤增渔税三倍之理。只有渔业官营方可能将此项财政收入增加三倍。盐铁专卖，除关中地区在昭帝时因"贤良"、"文学"之反对曾予取消外，到此时仍在进行，故耿寿昌以大司农中丞而建议渔业官营是很可能的。

但是，我们最感兴趣的还是他创立常平仓制度。五凤四年（公元前五四年），他建议在西北各郡设常平仓④，内容大约如下：

> "令边郡皆筑仓，以谷贱时增其贾而籴以利农，谷贵时减贾而粜。名曰常平仓，民便之。"⑤

常平仓后世多简称为"常平"，即由政府出面买卖谷物以稳定谷物市场价格。耿寿昌创设常平仓的基本概念，在理论上未超出先秦思想家所论及的范围。他的贡献在于将前人的平籴思想具体化为常平仓制度，

---

① 《汉书·食货志上》。
② 《资本论》第 3 卷，人民出版社 1975 年版，第 718 页。
③ 《文献通考·国用考五·蠲贷》载元康元年及神爵元年两次诏令。
④ 《汉书·宣帝纪》。
⑤ 《汉书·食货志》。

成为极重要的一项封建财政经济措施。常平仓制度的要求主要是稳定粮食价格及粮食的供应,这和《管子》、范蠡与李悝的政策又有所不同。《管子》的政策主要是通过谷物收购与抛售获取利润以充实封建国家财政,并不要求稳定谷物价格。范蠡主张把粮食价格涨落局限在一个变动不大的幅度内使"农末俱利"而无保证民食供应的要求。李悝主要是为了保证粮食的供应,对价格的分析是比较粗略的。耿寿昌的常平仓思想是稳定谷物价格而不以营利为目的,同时也为了保证北方边郡谷物的供应,以避免由内地运粮接济的烦琐。所以,他不只是将先秦的此类思想加以具体的运用,而且含英咀华,综合成与以往各说都有所不同的新制度。汉代边郡的农业生产虽经过了一百年时间之发展,由于不断有种族纠纷和战争,农业收获一直未能十分稳定,这就是耿寿昌建议在边郡设立常平仓制度的具体条件。

常平仓创设后十年即被罢除,东汉明帝永平五年(公元62年)又普遍推广到全国各郡县[①]。历代封建王朝,对此制度虽时有兴废,但它始终成为中国封建时期的重要财政措施之一。此制度在东汉初期,已有人指出其弊病是:"外有利民之名,内实侵刻百姓。豪右因缘为奸,小民不能得其平"[②]。这是历代常平仓制度推行的真实写照,不仅东汉时为然。恩格斯曾指出:"在历史上行动的许多个别意向,在大多数场合下所引起的后果并不是所期望的"[③]。耿寿昌本来的意图是善良的,其办法未始不可行,然而其后果却给封建剥削阶级提供了一个新的榨取手段。

四、贡禹的财政观点

西汉财政在昭、宣两代三十余年间,曾经恢复好转,但又引起了封建统治阶级奢欲的极度膨胀,使封建财政再度面临严重困难,不得不靠

---

① 《文献通考·市籴考二》。
② 《后汉书·刘般传》。
③ 恩格斯:《费尔巴哈与德国古典哲学的终结》,人民出版社1957年版,第38页。

第七章 秦汉财政思想

加重赋役负担、卖官赎罪和发行减重货币度日。故那一时期思想家的财政议论,多为劝说封建统治者崇尚节俭,以节省浩费而减轻人民负担。其中以元帝时的贡禹最有代表性。

贡禹(公元前124—前44年)把古代统治者说成是[①]:"宫室有制,宫女不过九人,秣马不过八匹;墙涂而不雕,木摩而不刻,车舆器物皆不文画;……什一而税,亡它赋敛徭戍之役,使民岁不过三日。"贡禹就是以这种被极度美化了的古代王室和国家财政的幻想为模式,提出了他对当时一些财政问题的批评与建议。

第一,减少宫廷费用。贡禹将削减封建财政开支的重点,放在宫廷费用上。他对当时皇室奢侈情况的描述,令人触目惊心。仅天子服饰一项,即有三服官各辖作工者数千人,而厩马竟达万匹,结果一方面厩马食粟,苦其太肥;另一方面"今民大饥而死,死又不葬,为犬猪食",甚而"人至相食"。其他如征取民女数百乃至数千人以填后宫;用大量金钱财物及鸟兽鱼鳖牛马虎豹生禽陪葬等等,极尽挥霍侈靡之能事。为了改变这一奢侈状况,他提出大幅度减少皇室开支的一系列具体办法。如"大减损乘舆服御器物,三分去二":后宫宫女除择其贤者留二十人外,余悉归之;皇宫养马无过数十匹;仅保留长安城南苑地以为皇室田猎之囿,其他皆复其田,以与贫民;"罢倡乐,绝郑声";减省大部分宫廷卫卒等等。此外,他还建议将十万余"戏游亡事"的官奴婢免为庶人,令其代替关东戍卒,以充北边亭塞候望之事。总的说来无非是减少宫女、节约器用、鸟兽等玩好,其较进步的主张是释放官奴婢为庶人、将一部分官田分与贫农等等。

第二,反对重赋。贡禹既然坚持财政上的节俭,必然会反对重征赋役。他反对重赋的矛头,主要指向人头税制度。贡禹指出,古代根本不存在"赋算口钱"的人头税征课,这是武帝时因征伐四夷引起财政用度不足故才实行的税制[②]。他特别反对从三岁起征口钱的制度,指责这

---

① 以下所引有关贡禹的观点均见《汉书·贡禹传》及《食货志下》。
② 此说与《汉旧仪》的记载有出入。据《汉旧仪》:算民,年七岁以至十四岁,出口钱,人二十三。二十钱以食天子,其三钱者武帝加钱,以补车骑马。这里只说武帝加重税率,可见在武帝以前,原已有口钱。

一做法使人民负担过重,以致"生子辄杀",产生极为恶劣的后果。作为封建统治阶级谋士的贡禹,终究未能也不可能对这一制度本身予以根本否定。他只是主张口钱的起征点从原来的三岁改为七岁和口钱课征的年龄上限,从原来的十四岁增长至十九岁;同时也就是成年人的算赋起征点由原来的十五岁推迟到二十岁再行开始征课。推迟口钱起征点的建议为元帝所采纳,从此成为汉代征收口钱的定制,其他建议未被采纳。然而在西汉前、中期的一百五十多年间,除有少数人对秦代征收人头税之苛重有所指摘外,几乎不曾有人就西汉时期极为重要的口、算赋制度发表过意见。贡禹可以说是专门讨论这一问题的第一人。同时,他主张提高口钱和算赋的起征点,也体现了他反对重赋而提倡轻征的租税思想。

此外,他还主张轻减徭役负担,如减少离宫及长乐宫卫士之太半,释放十余万官奴婢为庶人之类。总之,他建议节省财政支出的各项措施,都与减轻人民的赋役负担联系起来考虑,这正是他的财政思想中值得肯定之处。

第三,反对赎罪与卖官。自汉初晁错提议以粟"拜爵"或"除罪"以来,卖官鬻爵与赎罪成为封建财政收入的一个特殊项目,如武帝时出售各级爵位收入共计值三十余万金①,"死罪入赎钱五十万减死一等"②。这种财政收入,随着时间的推移,日益蜕变成封建统治集团弥补财政亏欠,营私肥己的极便利手段,引起了极为恶劣的其他政治后果。

早在贡禹提出反对赎罪与卖官的意见之前十余年即曾对赎罪问题发生过一场激烈的争议③。当时京兆尹张敞为了解除西北八郡因平定西羌所造成的官用谷物之困难,建议除诸盗及杀人等犯法者外,其他有罪者"皆得以差入谷此八郡赎罪"。此议一出,即遭到萧望之等人的反对。他们以传统的义利观念为依据,认为以粟赎罪的结果,势必造成"富者得生,贫者独死,是贫富异刑而法不壹"。因此,他们坚持以增加人民的赋税作为解决西北地区财政困难的途径。并认为"虽户赋口敛以

---

① 《史记·平准书》。
② 《汉书·武帝纪》"天汉四年"及"太始元年"条。
③ 以下所引争议双方的意见均见《汉书·萧望之传》。

赡其困乏,古之通义,百姓莫以为非",若舍此而采行赎罪之法,则无异是"开利路以伤既成之化"。

对于反对者的指责,张敞以武帝时用兵三十余年"百姓犹不加赋而军用给"为范例,论证罪人出财减罪以佐军需的做法,比烦扰良民横兴赋敛要强。他又指出赎罪之法仅以"小过"或"薄罪"者为限,不会引起社会风化的败乱;这番辩护言论又招致萧望之等的进一步驳斥。这场争论最后以不采张敞之论而告终。

贡禹对于赎罪和卖官的看法,基本上是因袭前述反对派的观点又有所发挥。他认为武帝以前无赎罪之法,只因武帝奉行"辟地广境"政策,导致财政用度不足,"乃行壹切之变,使犯法者赎罪,入谷者补吏"。他揭露赎罪卖官的做法已造成"天下奢侈,官乱民贫,盗贼并起,亡命者众"的政治统治危机,传统的礼义孝悌习俗均为"财多而光荣"、"勇猛而临官"等流行观念所替代,如此则犯罪受刑者"行虽犬彘,家富势足,目指气使,是为贤耳";或则"谓居官而置富者为雄桀,处奸而得利者为壮士"。总之,社会风俗的败坏,在他看来,追本溯源,全在于"犯法得赎罪,求士不得真贤",各级官吏竞相"崇财利"之所致。因此,他主张整肃吏治,"除赎罪之法",以"贵孝弟,贱贾人,进真贤,举实廉"作为治理天下的基本方针。

贡禹对于封建政权实行赎罪与卖官措施所产生的恶果的揭露,可谓切中时弊。但是,对于推行赎罪与卖官所企图解决的财政困难问题,他除了高唱节俭而外,未提出任何富于建设性的意见。在他看来,似乎任何扩大财政收入的主张,均将刺激奢侈欲望的滋长,又意味着封建伦理道德的败坏,"奢侈行而仁义废"。而且凭着地主阶级卫道士的阶级本能,他敏感地意识到赎罪与卖官办法之施行,将在赋予豪强地主们以各种政治特权的同时,也为富商大贾凭借其雄厚经济实力而享受免罪特权和跻身于统治阶级的行列提供了可乘之机。这对于坚持维护封建大地主政权的贡禹来说,是绝对不能允许的。因此,他一再强调以"贱贾人"作为治理国家包括处理各项财政事务的重要指导原则。于此可见,到贡禹的时代,轻商思想与重义轻利及黜奢崇俭等观念已融为一体,变成封建财政思想中毋庸置疑的支配原则,并以他为这一观点的代表人物。

第四,在财政收支上主张废钱用谷帛。贡禹建议废除货币的理由是,行用货币约有五个缺点:其一,因铸钱而用于开采铜铁矿的"卒徒"每年在十万人以上。他们不从事农业,以"中农食七人"而论,即有七十万人常受其饥。其二,采矿凿地深过数百丈,"销阴气之精",再加上须斩伐林木,会酿成水旱灾害的原因。其三,自铸五铢钱以来已七十余年,人民因盗铸钱而受刑罚者甚众。其四,富人积钱愈多,仍不满足,使民心动摇。其五,商贾利厚而"不出租税",农民生活艰苦而捐税繁重,故虽赐贫民以田地,他们也会将其贱卖以从事商业,至于贫穷农民,只好"起为盗贼"。简而言之,"奸邪不可禁,其原皆起于钱也"。因此,他坚决主张废钱用谷帛并特别强调应在财政收支方面付诸实施。他说:

"疾其末者绝其本,宜罢采珠玉金银铸钱之官,亡复以为币。市井勿得贩卖,除其租铢之律,租税禄赐皆以布帛及谷。使百姓壹归于农,复古道便。"

所谓"除其租铢之律"①,意味着取消赋算口钱等货币征课;而"租税禄赐,皆以布帛及谷",则系指一切租税收入及官禄赏赐等财政支出,均直接使用布帛或谷物来代替。殊不知谷帛在古代早就充当过货币,而且在贡禹的时代也还不时地在执行货币的职能。何况既以谷帛为"租税禄赐"支付手段,则谷帛本身即已代替金银铜钱而执行货币的职能。所以,他坚持的事实上不是废除货币,而只是废除以金银铜钱等为货币。至于他企图以财政收支上的废钱用谷帛为手段,来实现"使百姓壹归于农"的目的,这种驱民归农的办法,与许多前期思想家已曾建议过的一些办法相比,恐怕是效果最差而损害最大的一种。难怪当时有人以"交易待钱,布帛不可尺寸分裂"为由,对贡禹的建议加以抵制,终于使此议未得实行②。

贡禹主张废除货币的理由都是肤浅之见,最多也不过是根据当时的特殊情况而立论,毫无理论意义。其中,他提到斩伐林木,足以酿成水

---

① 关于"租铢"的解释,各说不一。我们认为以作"用货币交纳的各种租金"解为宜。
② 参见《汉书·食货志》。

旱灾害，倒是非常特殊的保护生态的观点，可惜与货币问题无直接关联。但在我国财政思想史上却有其理由非稍事论列不可。因为这不仅是贡禹的个人意见，而是代表着此后数百年中绝大多数儒家对待此问题的基本态度。在中国历史上，以金属货币充作财政支付手段的情况早经存在，进入西汉以后只是更为普遍。但在贡禹以前的一个漫长的时期内，从未有人公开对此提出过异议，而到商品货币关系已有相当发展的西汉末年，却出现了废除货币的倒退观点。何以解释这种在表面上看来似乎不合理的现象？大致可以从两个方面加以考察：一方面，在封建自然经济仍占统治地位的条件下，贡禹废除货币的倒退观点实质上与封建经济的基本特征是有一定联系的。贡禹本是一个有一百三十亩田的地主，他的观点反映了一些中小地主的思想。当时中小地主们的剥削收入主要还是实物地租。他们把这些地租除以一部分供自己消费外，还有一部分可供换取其他消费品之用。贡禹生活在公元前一世纪上半期农产品价格长期跌落的时代，他们除了受谷价的损失外，以定额的货币纳税，将使他们蒙受较实物纳税为更大的损失。

另一方面，在货币经济不很发达的古代社会，金属货币相对于谷帛实物来说，在国家财政中一直处于比较次要的地位，故不足以引起人们对它的重视。只有当货币经济长足发展不仅使货币本身成为封建财政剥削的重要工具，而又反转来对整个社会经济产生更大的影响时，才有可能促使人们去考虑货币在国家财政中的作用及其存废问题。因此，以货币还是实物作为财政支付手段的争议之出现，其本身就与货币经济的发展有关。这里须指出的是，自贡禹首次提出废钱用谷帛的主张而后，不少儒者经常引用《诗经》里"抱布贸丝"等辞句以为处理财政收支的理想方式，直到十九世纪末期犹复如此。不幸的是这些儒生们不曾发觉"抱布贸丝"的所谓"布"在古代也是一种货币的名称，不一定是指用葛麻织成的粗布。然而这种错误理解倒正好适应了那些腐儒对待国家财政中货币问题的落后的态度。此外，在财政方面废除货币交纳的落后观点一再地重复出现，也是货币经济在城市中已有高度发展的同时，广大农村一直到20世纪之初仍维持着自然经济状态这一经济发展不平衡现象的反映。

五、西汉后期的其他财政思想

贡禹而后,提倡节俭、反对重赋已成为西汉末年谈论财政问题者的共同议题,并把它提到关系政权统治能否巩固的高度去认识。如成帝时的谷永,曾前后上书四十余事,反复指陈统治者及其后宫的荒淫奢侈生活,呼吁节制消费和减轻赋役。他认为,国家的治乱,关键在于封建帝王之能否"正身"①,而"正身"的一个重要内容就是要节制过度的私人享乐,他指出,秦王朝所以二世十六年而亡,其原因就在于最高统治者"养生泰奢,奉终泰厚",结果结怨于下,以致一夫大呼而"海内崩析"。到成帝的时代,由于没有战争耗费,故皇室开支在整个封建财政支出中占着十分突出的比重。谷永将其财政议论的重点放在皇室开支上,正体现了这一时代现实。他认为理想的赋役原则是:"务省徭役,毋夺民时,薄收赋税,毋殚民财。"然而,当时的封建财政却与此相反,"大兴徭役,重增赋敛,征发如雨"。其结果,"公家无一年之畜,百姓无旬日之储,上下俱匮"。从统治阶级极尽奢侈的所作所为中,谷永已看到西汉统治的危机。为此,他极力呼吁统治者"深懼危亡之征兆",尽量减少各项皇室开支,以保全"社稷宗庙"。在他看来,财政上必须奉行节用原则的理由,首先是,"王者"之产生是适应于治民的需要,"方制海内非为天子……皆以为民也"。故"天下乃天下之天下,非一人之天下也"。如果"峻刑重赋,百姓愁怨",最终会引起封建政权的"更命"换代。其次,帝王的统治系以人民的财产为其基础。他说:"王者以民为基,民以财为本,财竭则下畔,下畔则上亡。"因此,贤明的君主应"爱养基本,不敢穷极"。人民的反叛常基因于政府财政赋敛的苛重,特别是在灾年不能加赋,应减少财政开支,并为灾民提供财政帮助,如此则"诸夏之乱,庶几可息"。

西汉末年的财政思想除了以反对重赋,提倡节俭为其主要特征而

---

① 以下关于谷永的言论均引自《汉书·谷永传》。

第七章 秦汉财政思想

外,还有两个财政观点值得一提。

一是反对国家专卖。杨雄(公元前53—公元18年)在其名著《法言》中,曾对桑弘羊推行国家专卖政策取得"国用足"成效的说法,提出了颇为新颖的反对意见。他说:

> "或曰:弘羊榷利而国用足。盍榷诸?曰:譬诸父子,为人父而榷其子,纵利,如子何!"

其大意是,国家实行专卖犹如父子之间进行交易,纵使其父通过专卖而获利,其子作为专卖对象又将怎么办呢?这里实际上已接触到一个重要的理论问题,即流通过程不能创造财富。因此,国家专卖只是变更现有财富的分配状况,不能增大社会财富的总量。换言之,国家虽可以通过专卖来增加财政收入,但这是以他人财富的减少作为代价。

杨雄对国营专卖政策的反对观点虽不必全面,但他能摆脱道德伦理规范的束缚而从经济角度去剖析这一政策的实质,这在财政思想发展史上来看总是值得一提的。

二是毋将隆的公私财政观。自汉初划分国家财政与皇室财政的收支系统以来,保持两者的分立一直是西汉财政体制的基本原则。一方面,自武帝起,由于取自工商业的各项收入大幅度增加,而这些收入又基本上属于皇室财政范畴;另一方面,国家财政征收的田租算赋等收入却无显著的增长,为了解决这一矛盾,遂将原来属于少府的盐铁收入,以国营专卖的形式改归大农掌管以充国用。到元帝时,皇室财政收入仅以水衡钱(二十五万万)和少府钱(十八万万)两项而论,已超过整个国家财政收入四十万万的总数[①],应可分润一部分供公家支用。惟皇室生活奢侈无度,当皇室收入不敷开支时,竟转而挪用国库收入。毋将隆重提国家与皇室财政分立之说,正是在这样的背景下产生的。

当时哀帝曾私自以国库兵器赠送宠臣,毋将隆认为这是"以天下公用给其私门",违背了国家与皇室财政分立的原则。他指出:

> "武库兵器,天下公用,国家武备,缮治造作,皆度大司

---

① 见《汉书·王嘉传》。

213

农钱。大司农钱自乘舆不以给共养，共养劳赐，壹出少府。盖不以本臧给末用，不以民力共浮费，别公私，亦正路也"①。

大司农收入系专门支付"天下公用"，而皇室私人的供养与赐予，则全部由少府收入负担。二者一个是"本"，一个是"末"，决不能以国家的财力和人力来供养皇室私人的浮费开支，这才是"别公私"的正确途径。毋将隆的这番议论不只是重申汉初关于"私奉养不领于天下之经费"的传统，更重要的是强调了必须保持国家公共收入的独立性，并以此为二者分立的原则公开地作出辩护，亦有足多。因为这是在封建财政实践和理论中才经常出现而又不可能解决的难题之一，在以后的分析中，我们还将不时遇见。

---

① 《汉书·毋将隆传》。

第八章

新与东汉时代的财政思想

第一节
王莽的财政政策

王莽（公元前 46—公元 23 年），是中国古代历史上又一个被长期否定的历史人物。在他仅维持了十六年短暂王朝的统治期间，最引人注目的是对西汉已有经济制度进行了极为纷繁的改革，其中较多而又较重要的大都是属于财政方面的改革措施。尽管这一改革本身最后以失败而告终，但王莽所推行的一系列财政经济政策以及由它们所体现的财政思想，有不少是相当独特的，如不加以整理，将是治中国财政思想史者的一个严重缺陷。

一、王莽改制的财政目的

前已指出，在西汉末年，宫廷、皇族与外戚的荒淫奢侈，使封建财

政出现严重的困难,封建统治者只好靠加重赋税、卖官鬻爵和发行减重货币度日。这种财政压榨行径与当时已非常尖锐的土地兼并、物价波动等情况结合在一起,使农民陷于万分悲惨的境地,武装起义不断爆发。封建统治者如何解决面临的财政危机,就成为王莽政权必须首先考虑处理的问题之一。

从王莽登上皇帝宝座之日起,在短短几年内先后公布了改革土地的王田制,禁止私奴婢买卖,进行多次货币改制,实行六管政策。这些经济改革措施,均直接或间接地与解决封建财政问题有关。以王田制为例。

王莽创置王田制的目的主要为了从根本上解决土地兼并问题,故他坚持土地为封建国家所有。从他所列举的理由来看,增加财政收入也是实行王田制的一个重要因素。他说:

"古者,设庐井八家,一夫一妇田百亩,什一而税,则国给民富而颂声作。……秦为无道,厚赋税以自供奉,罢民力以极欲,……汉氏减轻田租,三十而税一,常有更赋,罢癃咸出,……厥名三十税一,实什税五也"。

"王田制"的主要内容:一是土地收归国有,称为"王田",禁止私人买卖土地;二是一家男丁不过八口而占有土地超过一"井"(即九百亩)者,应将超额土地按一夫一妇百亩标准分与宗族乡邻;三是无地农民,由国家按前一标准授予土地①。于此可见,王莽以一夫一妇分田百亩为基础实行"什一而税"的赋税制度。反对重赋的观点在封建时期极为常见,而公开对西汉的田赋轻征政策提出非议者,却又以王莽为第一人。他能透过三十税一的表面现象,认识到西汉轻征田赋政策给农民带来的实际租税负担之沉重,其观察是相当深刻的。

王田制之废除,除了史书所载"农商失业,食货俱废,……自诸侯卿大夫至于庶民抵罪者不可胜数"② 等原因而外,未能取得预期的财政好处,恐怕也是其原因之一。当时中郎区博曾劝谏王莽说:"井田虽

---

① 以上引文均见《汉书·王莽传中》。
② 《汉书·王莽传中》。

第八章 新与东汉时代的财政思想

圣王法,其废久矣。周遭既衰,而民不从。秦知顺民之心,可以获大利也,故灭庐井而置阡陌,遂王诸夏,讫今海内未厌其敝。"① 言下之意,实行王田制既违民心,则国家无从获取大利。王莽正是根据这一意见,作出了废除王田制的决定。可见,王莽可能也将是否"获大利",作为判断王田制实施效果的标准之一。

与推行王田制相配合,他又规定将"奴婢"的称谓改为"私属"并宣布不得自由买卖,如有违犯者,除将其奴婢收归政府所有外,并将其本人也罚为官奴。他既不能从经济上保证有奴婢之家不必出卖其奴婢,又不能杜绝奴婢产生的经济根源,徒以一纸命令禁止奴婢买卖,其政策当然非失败不可。但他在取消禁止买卖奴婢命令之同时,又令蓄奴婢之家对每一奴婢纳口钱三千六百文,即将奴婢口钱增加十五倍,足见王莽始终未忘记增加财政收入。

在王莽的全部经济改革措施中,以他的六管政策最富于财政意义。关于六管政策的问题,主要留待后面专门讨论。这里主要研究他实行币制改革的财政目的。

春秋时代,楚庄王曾改铸大钱,经孙叔敖之劝谏而停止。其后数十年,周景王又改铸大钱,完全是借货币贬损以榨取收入为目的。在西汉地主政权的二百余年中,真正由统治阶级有意识地通过货币减重以榨取财政收入的事例,只有武帝元狩四年(公元前119年)所制造的白鹿皮币及白金币一次,其余主要是导因于民间减重私铸。

到新莽时代,才又一次纯粹从财政需要出发,实行大规模而频繁的币制改制。王莽在短短的几年中曾进行四次币制改革②,每次改制都是以小易大,以轻易重。他第一次币制改革是在作皇帝以前一年(公元8年),此次改变币制系在当时流通的五铢钱之外,另增大泉(重十二铢)、契刀、金错刀等三种货币。其中大泉的含铜量只比五铢钱大一倍多,而名义价值却为五十倍,只就这一点来看,显然以获得收入为目的。取得政权后,为了抹去汉室在人们思想中的影响,于始建国元年废

---

① 《汉书·王莽传中》。
② 以下关于王莽的币制改制均见《汉书·食货志》及《王莽传》。

止契、错币与五铢钱之使用。另发行"小泉",重一铢、每枚值一以代替五铢钱,而大泉仍按旧例行用,每枚值五十。最荒唐的莫过于始建国二年十二月第三次币制改制时所实行的"宝货制"。宝货计有五种币材,六类名称共二十八个品级。这一货币改制的谬误之多,毋待枚举。事实上,宝货制颁行后即受到种种阻力而未能畅行,以往的五铢钱仍是实际的流通手段。王莽不得不宣布暂停龟、贝、布币的流通,专用值一的小泉和值五十的大泉这两种货币。到天凤六年(公元十四年)又进行第四次货币改制,主要是废除大小泉,改为货布及货泉两种。货泉重五铢,每枚值一,货布重二十五铢、每枚值二五,两者间的真实价值和名义价值之比仍存在着明显差距。统观他的几次货币改制,如不是表明他对货币名义价值与实际价值的意义一窍不通,便是他有意识地利用这两者之间的区别以加强对人民的剥削。他的财政意图由此可见一斑。

除了以上各点而外,王莽还经常采取一些临时措施以资财政之补苴。如天凤六年(公元19年),因匈奴入侵而招募兵员,"一切税天下吏民,訾三十取一,缣帛皆输长安"[①]。此系财产税性质的临时征调。地皇元年(公元20年)为了给其祖宗修造"九庙",又"令民入米六百斛为郎"[②],公然以卖官鬻爵作为筹资手段。另外以军屯方式应付边地军需者,也屡有所见[③]。此类财政措施,均系参照前人之所为而为。总之,在处理各种经济问题上,不论王莽鼓吹仿古还是改制,增加财政收入总是贯穿于他所推行的一系列经济政策的基本目标之一。这一点,将在讨论他的六管政策时看得更加清楚。

二、六管政策

六管政策作为王莽对工商业经济活动的管制措施,实质上是地主阶

---

① 《汉书·王莽传下》。
② 《汉书·王莽传下》。
③ 如《汉书·王莽传中》有"以(赵)并为田禾将军,发戍卒屯田北假,以助军粮"及"会匈奴使还,……莽复发军屯"。

第八章　新与东汉时代的财政思想

级的政权对城市商品经济的财政榨取。它所涉及的范围除以工商为其主要管制对象而外，关于财政税收及若干城市经济活动均包括在六管范围之内。具体地讲，六管指封建国家对盐、铁和酒的垄断专卖，币制改制，对山泽资源的管制和官府从事贷放及其他经济业务。所以要实行六管的理由，据他自己说是：

"夫盐，食肴之将；酒，百药之长，嘉会之好；铁，田农之本；名山大泽，饶衍之藏；五均赊贷，百姓所取平，卬（仰）以给澹；铁（疑为"钱"字之误）布铜冶，通行有无，备民用也。此六者，非编户齐民所能家作，必卬于市，虽贵数倍，不得不买。豪民富贾，即要贫弱，先圣知其然也，故斡之"[1]。

换言之，应予管制的均是些具有垄断性质的商品或经济活动。这些事物非每一人家所能从事，却又是人们所必需的，其价格虽高，人们亦不能不需要。豪民富商常借此以剥削贫弱人民，故非加以管制不可。较早提倡经济管制的思想家如《管子》作者与桑弘羊对实施经济管制政策的必要性，均不如王莽讲得透彻。故他的财政经济措施绝不像有些人所说的那样是一味抄袭古法，也不全是愚昧的轻举妄动，其中也还有些较正确的认识。

六管不是事先计划好的全套经济管制政策。它是从王莽即位的第二年起先后公布的一系列财政经济措施的总称。大抵盐、铁专卖是因循旧制，此外或为王莽所创行，或采取旧例而有所增损。其推行程序是货币改制在先，五均赊贷次之，盐、铁及山泽资源的管制又次之，最后为酒专卖。六管行至王莽败死前一年始行废除，它是王莽的财政经济政策中实行最久的一种。

关于六管政策中的货币改制已如上述。盐、铁专卖在元帝初元五年（公元前44年）曾一度废除，三年后又恢复旧制，无所创新[2]，不必重复论列。六管系在全国范围内推行的政策，但它的精神集中体现在几个

---

[1] 《汉书·食货志》。
[2] 见《汉书·元帝纪》。

特别设置的都市的经济政策上。这些都市,王莽称之为"五均市"。"五均"一辞,出于古籍《乐语》,原意是"市无二价,四民常均"①。他选择京师长安和代表东南西北中地区的五大都市如洛阳、邯郸、临菑、宛及成都,强力推行其都市经济政策。先不谈这个政策本身的好坏问题,仅就对都市实行广泛的经济管制措施一点来说,已是我国历史上的创举。所以,研究王莽的六管,首先要研究他在五均市施行的经济政策。

(一) 五均市的经济职能

据王莽自己说,设立五均市的目的是要"齐众庶,抑并兼",具体表现在官府对物价、借贷与工商经济活动的控制与管理上,主要有以下几方面:

1. 评定物价

评定物价,王莽称之为"市平",即政府对某些重要商品所规定的平价。其具体办法是由各市以一年四季的"中月"即二、五、八、冬月的市场价格作为基础,按各种重要商品的质量定为上、中、下三种平价作为标准价格("市平")。亦即《食货志》所称:"诸司市常以四时中月,实定所掌,为物上中下之贾,各自用为其市平,毋拘它所。"设定平价这一思想在王莽以前尚无人提出过。这表明他已懂得从市场的客观过程去寻找平价的根据而不是主观强制加以规定。"市平"的特点还在于它仅是一个标准价格而不是必须严格遵守的实际买卖价格,它既具有一定时期的稳定性,又能按期自动调整。这恐怕是世界历史上发现最早而又初具体系的平价规定。

2. 平准业务

当某种重要商品如"五谷布帛丝棉"等的市场价格上涨超过平价时,有关市政府即以同种类商品按照其平价向市场抛售。反之,如市场价格低于平价时,则听其自由买卖。即《食货志》所称:"万物印贵过平一钱,则以平贾卖与民;其贾低贱减平者,听民自相与市,以防贵庾

---

① 《汉书·食货志下》,师古注及邓展注。

者。"这一措施与桑弘羊的平准及耿寿昌的平籴政策均有所不同,因为两者的价格政策都要求在价格上下波动剧烈时予以稳定。王莽的市平则只防止物价上涨,而欢迎物价跌到市平以下浮动,其所要解决的问题是使久已高涨的物价水平逐渐下跌。至于"五谷布帛丝棉"等以外的次要商品则任其自由跌涨,不加限制。对于解决重要民用商品的物价过高问题,这样的价格政策应该说是妥当的。

3. 收购滞销的重要商品

任何谷类、布帛、丝棉等重要商品,如发现销路迟滞时,即由市政府按该滞销商品的成本予以收购,不使折本。《食货志》说:"众民卖买五谷布帛丝棉之物,周于民用,而不售者,均官有以考检厥实,用其本贾取之,毋令折钱"。这一措施表明,王莽不仅认识到重要商品在人民经济中的特殊作用,他还认识到成本以及保证不亏蚀成本在商品生产与流通中的重要意义。

4. 政府赊贷

官府赊贷之说始于《周礼》泉府,王莽将它列为五均市的经济任务之一。王莽常将"赊贷"一词与"五均"连在一起,称之为"五均赊贷",词意有些含混。他可能是运用此名称来表明他实行的是具有"五均"意义的赊贷,而不是一般以获利为目的的赊贷。赊与贷是两种措施。"赊"是借钱给市民作非生产性的"祭祀丧纪"之用,不收取利息,其期限为,"祭祀无过旬日,丧纪无过三月"即须归还。至于生产贷款,其归还期限则较长,并须支付利息。据《汉书·食货志》所载,其利率不超过贷款人年利润总额的十分之一①。这样的利率不能算高,所以在王莽统治的全时期内很少出现反对这一措施的呼声。且不谈利率高低问题,从这一措施的规定可看出王莽已认识到利息是来源于利润。因为他的贷款取息方式是"欲贷以治产业者,均受之。除其费,计其所得受息,毋过岁什一"。所取的利息额须限制在利润总额范围之内。以往的甚至以后若干世纪的思想家们常将利息与利润搅混在一起,不能

---

① 根据《汉书·王莽传》的记载是"赊贷予民,收息百月三",那就是年利百分之三十六。不知"月百三"是否为"月百一"之误。

区分，更谈不上了解利润率决定利息率这个到近代才被人们理解到的原则①。

此外，征税是五均市的重要职能之一，其中，以对大小工商业者的课税最为重要。对城市中不种树或不种菜的住宅，须"出三夫之布"；"浮游无事"之人，"出夫布一匹"②；以鼓励生产。

（二）名山大泽之征课

山泽产品之征课，各郡县均负有此项任务，但以五均市最为典型。这类征课大致可分为以下两方面：

第一，工商业者从事开采金银铜锡，及能"登龟"或"取贝"者，可向市钱府申报，其产品由钱府定期予以收购，即所谓"皆自占司市钱府，顺时气而取之"。这些产品均为当时重要币材，因此，必须由政府加以管制，各从业者不能自由在市场出售，只能卖与政府或政府许可的商人。

第二，凡在山泽从事于生产或经营鸟兽、鱼鳖、百虫、畜牧及其他产品者，家庭妇女从事蚕桑、织纴、纺绩及补缝者；从事工匠、医巫、卜祝及其他方技者；从事商贩及开设旅店者；均须向所在地官府申报。各项活动，除其成本外，计其利润之十分之一以为"贡"，实际就是捐税。这颇类似于近代的所得税，可谓中国财政史上的另一创举。如经营上项工商业不向政府申报，或申报不实而有隐瞒者，没收其商品并罚作一年的劳役。

这种管理城市经济活动的措施在中国历史上是前所未有的，历代学者对王莽的工商经济措施只看见它过于繁细，不懂得管理城市工商业活动的方式不可能不复杂。某些措施在推动生产上的积极作用更是被忽视了，他们只简单地把王莽广泛开发名山大泽的作用理解为使百物无不有税。其实捐税种类之繁细，自封建政权建立以来早已成为客观存在之事实，并非创始于王莽。但对山泽财富之广泛开发，以往一直未取得合理

---

① 参阅马克思：《资本论》第3卷，人民出版社1975年版，第690页。
② 以上四点中引文除另有注明者外，均见《汉书·食货志下》及《王莽传》。

之认识,王莽政权对各个行业征课这种税收虽可能加重了人民的负担,但也可说是公开地肯定了开发山泽财富的合法性,这应该是值得称许的。另外,山泽产品之征课以经营者扣除其成本后的纯所得作为课税对象,规定在此纯所得范围内课以十分之一的捐税。这表明王莽早在公元一世纪初,已对近代所得税概念的基本涵义,有了比较正确的理解。从财政学角度考察,这里存在的问题不仅是这许多捐税是否合理和必要,更在于这些所谓"利润"幅度的确定,在当时工商业规模较小的条件下是否可行或正确。王莽的政策的最大缺点也和商鞅的一样,是过分地依靠政治权力以为财政经济政策推行的后盾,对经济规律的客观作用的认识是很不够的。

(三)酒专卖

自盐铁会议后废除酒专卖以来,已有九十年。新莽政权主管国家财政事务的鲁匡建议恢复酒专卖,其理由是:"享祀祈福,扶衰养疾、百礼之会、非酒不行。"[1] 所以,非开酒禁不可;但开放酒禁而不加限制,则"费财伤民",故需由政府专卖,如此既能适当供应,又可稍事限制。这些理由都是官样文章,其实质就是恢复专卖以增加封建财政收入。王莽时代酒专卖的特点在于它的经营管理方法之相当周密细致,为我国历史上所少有。其具体规定如下:

以"二千五百石为一均"作为一个地区专卖的标准额,各地区内每个酒店的供销量为"五十酿"。酒的价格的形成采取下列方式:每一"酿"以粗米二斛及曲一斛为原料,共得酒六斛六升。将当地每月初一日的粗米二斛及曲一斛合计的总价格以三除之,即为酒一斛的标准价格。故三斛酒的价格即等于二斛粗米及一斛曲的价格之和。但每酿可产酒六斛六斗,亦即除去每斛所消耗的米曲成本而外,尚有三斛六斗酒的余额。再以此余额的百分之三十作为支付工人工资之用,另外百分之七十即为一"酿"的纯利润而上缴国家[2]。

---

[1] 《汉书·食货志下》。
[2] 《汉书·食货志下》。

这就是说，以二斛粗米及一斛曲为成本所酿成的酒可以带来相当于成本的百分之八十四的利润。其他生产费及工资等开支均不计算在成本之内。采用这种核算方式的结果是：产量愈少愈不利于工资的支付，相反，产量愈大则工资开支部分亦愈多。由于产量的多寡与工资收入之间保持着直接的联系，因而可以大大地刺激生产和提高劳动生产率。酒的价格形成既与主要原材料米及曲的价格维持着一定的比例并随后者市场价格的变动而变动，则酒与其重要原材料的比价亦可经常保持一定的比例。这样即可保证酒专卖收入的稳定增长，成为国家财政的可靠收入来源。这种价格核算方式的一个主要缺点是，每"酿"酒的价格可能因各酿造月的米或曲价格的变动而有所不同。这对于一种人们经常需要购买的零售商品来说，是颇不适宜的。惟在米曲价格变动不大的情况下，使酒的价格固定化并不是难事。总之，以酒专卖的经营管理方法考察，均比较细致妥善，与历史上常见的那些粗枝大叶而又漏洞百出的经营管理议论，不可同日而语。

王莽的六管政策，除货币改制一项而外，均推行到他的王朝最后崩溃前夕为止。这些财政经济措施没有一项完全是他的创见，但他对其中的许多具体措施常有新的补充或发展，有不少还是前所未有的创举。惜乎其合理部分也因其王朝的迅速崩溃而被历来学者所歪曲。

三、财政支出

如果说王莽旨在扩大财政收入的一系列经济政策中还体现出若干新颖而合理的观点，那么，他在财政支出方面可谓一无是处。例如，他为了宣扬其政权的历史合法性，不惜在"府帑空虚"的困难情况下，大兴土木，假托黄帝、虞帝为其祖宗而修建所谓"九庙"[①]，仅此一举，即"功费数百巨万，卒徒死者万数"，事成之后，又大加赏赐，在宗庙祭祀上的挥霍浪费为西汉历代帝王所不及。在军费开支方面，他对外妄

———————
① 以下引文除另注外，均见《汉书·王莽传》。

第八章 新与东汉时代的财政思想

开边衅，对内实行民族压迫，从而造成对内对外军事费用的急剧增加。仅征伐西南夷一役，即"费以亿计"，使巴、蜀骚动。到统治末年，由于农民起义风起云涌，其军费开支更无制度可言。一方面国家缺乏粮食、军马等军用物资供应，只能听任军队沿途随意向人民征取。另一方面，省中"黄金万斤者为一匮，尚有六十匮"，长乐御府、中御府及都内、平准等处"帑藏钱帛珠玉财物甚众"，而王莽却不愿以此财物接济军队，结果军"无斗志"，屡战屡败。然而，最能说明王莽财政支出政策之荒诞不经者，还是他的官俸政策。为了便于对照，兹先介绍一下王莽以前的官俸制度。

自秦王朝推行"废封建，置郡县"，以及汉初进一步解决了统治阶级内部中央政府与封国间的矛盾以来，中央和地方的各级官吏均由国家统一任命，因而官俸支出在国家财政上的地位日益重要，并且形成一套比较完整的官俸制度。西汉末期的官俸制度的特点，首先是官秩等级与月俸额并不相同，例如三公的官秩为"万石"，而月俸却只有三百五十斛，又如官秩为"二千石"的官吏，其月俸仅为一百二十斛。更为特殊的是：虽以粮食单位"斛"为各级官吏月俸的标准，而实际支付的却又往往是货币。如贡禹任光禄大夫时"秩二千石"，未按谷物月俸一百二十斛支付，而是以货币支付"奉钱月万二千"[①]。由于实际以货币支付的关系，这比他五年前任谏大夫"秩八百石，奉钱月九千二百"时，以谷物月俸折算出来的每斛俸钱还要少些。这种差异的可能解释是他任八百石官吏时的谷价比任二千石时为高。果真如此，则西汉国家财政在货币收入大为增加的条件下，仍坚持以谷物单位作为官俸等级的主要依据，除了体现出封建自然经济的特征外，一个重要原因是考虑物价可能波动，故各级官俸仍以谷物为计算标准，以保持收入的相对稳定性。

西汉的官俸制度延续实行达二百余年之久，几乎未作什么重大调整。但是，随着西汉后期封建官僚机构的日益庞大，官俸开支在全部财政支出中所占的比重也大为增加。据东汉初年人桓谭的估计，西汉末年

---

① 《汉书·贡禹传》。

赋敛收入"一岁为四十余万万，吏俸用其半"①。因此，如何缓和巨额官俸支出给国家财政带来的沉重压力，就成为封建统治阶级不得不深加考虑的问题，这也是王莽政权面临的严肃财政课题。

王莽的官俸政策的主旨，就是尽量减少由国家直接负担的俸禄支出，其具体步骤大体如下：

王莽即位的第二年，令汉家诸侯王"悉上玺绶为民"②，将大批享有丰厚俸禄的刘氏贵族革削为民，无异是节省了一大笔支出。惟此时官俸制度"未及悉定，且因汉律令仪法以从事"。

始建国四年，新莽王朝大封王氏新贵，受封公、侯、伯、子、男、附城等爵位者二千三百余人，然而王莽借口"图籍未定"，不一实际以国土分封，令他们在京师按月领取薪俸，"月钱数千"。以至"诸侯皆困乏，至有庸作者"。

天凤三年（公元 16 年），王莽再次颁布吏禄制度。他先是假意对以往因"国用不足，民人骚动"，故自公卿以下的官吏俸禄每月仅得粗布二匹或帛一匹，表示同情。继而宣布国家财政已度过困难时期，可以自本年六月始按制度颁发官俸。其制，自四辅公卿大夫士，下至舆僚，共分十五等级。低级官吏一年俸禄以谷物计六十六斛，逐级递增，上至四辅而为万斛。可是他又借口"与百姓同忧喜"，将俸禄规定直接与年成丰歉相挂钩，如天下幸无灾害，官吏俸禄按全数支付；如有灾害，则"以十率多少而损其禄"。随年时受灾的程度以紧缩俸禄开支的设想，自先秦墨翟首先提出以来，尚未有人将此法作为确立国家官俸制度的指导原则，王莽可谓是第一人。王莽政权通过这一灵活规定，为减少官俸大开了方便之门。因为官俸标准只是官吏领取俸禄的一个参考依据，并非实际的发放标准，同时还须考虑各级官吏名义上受封地区的灾害程度而以为断。这样，各个年度与各个地区受灾与否及受灾的程度既不相同，则各级官吏每年实际领取的俸禄额会发生很大变化，而同一官吏的俸禄收入也将因年而异。换言之，各级封建官僚将无从事先确定自己的

---

① 桓谭：《新论》，转引自《太平御览》。
② 以下引文除有另注者外，均见《汉书·王莽传》。

第八章 新与东汉时代的财政思想

俸禄收入,只能听凭最高统治者的任意摆布。其结果,官吏们既无稳定可靠的俸禄收入作为保障,更促使他们"各因官职为奸,受取赇赂以自共给",导致贪污受贿之风的盛行。

天凤四年,王莽重申授土制禄政策,强调有爵位者"各就厥国,养牧民人",使他们的俸禄按所封国内的农业丰歉情况为转移。同时对授土在缘边如江南地区而遣侍于帝城者,其俸禄发放作出以下补充规定:从国库存钱中拨款,每年发给公爵八十万,侯伯四十万,子男二十万。"然复不能尽得",又流为空言。

新莽王朝的官俸制度本来就无定制,加之相继提出的各项规定又屡屡不能兑现,更使其制形同虚设。封建官吏既不能从国家财政的正常渠道内领取俸禄,势必会通过其他非正常途径获取收入以备用。这实际上等于放纵官吏们凭借其权势恣意敲诈刻剥人民,以致出现"天下吏以不得俸禄,并为奸利,郡尹县宰家累千金"[①]的局面。对此,王莽从未考虑从官俸制度本身寻找其根源,而是采取强制手段,于天凤五年下令"诸军吏及缘边吏大夫以上为奸利增产致富者,收其家所有财产五分之四"[②]。并通过"吏告其将,奴婢告其主"的检举方式来考核贪饕之官吏。可是"冀以禁奸,奸愈甚",在王莽的现行官俸制度下,这也是必然的结局。

总而言之,王莽的官俸政策虽几经变化,不外是刻意压缩国家的俸禄支出或者利用种种托辞根本不予支付。这一官俸政策在中国财政史上开了一个十分恶劣的先例。在官俸问题上的倒行逆施,不能不是造成新莽政权败亡的一个重要财政原因。于此可见,王莽的官俸政策作为他的整个财政支出政策的一个重要部分,就像他的宝货制的失败一样,其所产生的一切恶果,也完全是这个制度本身的缺点之所致。

最后在结束王莽的财政支出政策的讨论之前,附带考察一下那一时期的财政收支系统。从理论上说,王莽未曾对汉初以来一直恪守的国家与皇室财政分立原则公开表示过异议,但事实上他是沿袭和扩大了西汉末年所发生的以国库收入充作皇室费用的财政体制演变过程。在新莽王

---

①② 《汉书·王莽传》。

朝，不只是挪用公共收入以供皇室私用，而且干脆由宫廷内官来掌理国家财政事务，即史书所载"诸宝物名、帑藏、钱縠官，皆宦官领之；吏民上封事书，宦官左右开发，尚书不得知"。在这样的财政体制下，名义上由国库支配的收入实为皇帝的私囊之物，因而出现一面国家无从按正常标准向官吏发放俸禄，一面皇室挥霍无度，私人赏赐动辄上千万钱的怪事。甚至到王莽王朝濒临灭亡时，其私库收入还存有多达六十万斤的巨额黄金。王莽时代肆意践踏财政分立原则所带来的种种弊端，无疑是给继起的东汉王朝提供了前车之鉴。此所以光武帝刘秀登上皇帝宝座不久，即将一向由少府独立管理的皇室收入，改属司农即国家财政统一掌管，由此形成封建财政体制的又一重要变革。

四、结束语

　　王莽夺取政权以后，曾尽可能地改变汉代的制度，以消除汉王朝遗留下来的影响。在财政制度方面也不例外。惟其刻意改变财政官职的名称，如更名大司农曰羲和，后更为纳言，少府曰共工，水衡都尉曰予虞等，都可以说是些毫无意义而又徒滋纷扰的举动。但他所推行的许多措施，较多而又较重要的大都是属于财政经济方面的改革。仅就这一点来说，王莽特别重视财政经济矛盾是肯定的，至于能不能解决这些矛盾，那是另一问题。

　　在中国封建时代的历史上，以王莽的经济改革所涉及的项目最为广阔和所推行的进度为最快，而推行改革的失败后果也以王莽为最悲惨，不仅葬送了他的王朝也葬送了他自己的生命。

　　且不谈王莽的经济政策所带来的灾难后果，既进行了这许多经济改革措施，就必然有据以制定这些措施的经济观点。从财政思想的角度观察，至少可以说王莽对下面一些问题已有一定的认识：（1）他已认识到土地兼并盛行不利农业税的征课，而土地私有制和土地商品化又是土地兼并产生的根源。只有实行土地国有，才能遏止兼并从而建立起稳定的赋税制度。（2）认识到具有垄断性质的商品由政府严加管制的必要性，在这一点上他的体会比前人都深刻，并由此形成他坚持国营专卖、开征山泽之税等财政政策的主要理论依据。(3) 认识到标准价格的重要作用，所谓"市平"的创行，实际上是继承以往的平准措施而有所发展，这一价格管理制度在世界范围内也是极为罕见的。(4) 重视成本问题更是他在推行许多财政措施时所特加考虑的重要因素之一，这也是他的前辈不曾理解到或至少未能充分理解到的经济问题。专就其对成本核算的精审程度来说，在他以后一千七八百年中能达到这样水平的思想家也不算多。(5) 对近代所得税制的基本特征已有所认识，故能创设按赢利额十分之一纳税的征课制度。(6) 在设立官府赊贷以增加国家收入的措施中，既能按贷款的生产性与非生产性加以区别，又意识到利息来源于利润，这又是他以前的思想家从未接触到的问题。

由上可见，王莽在财政方面的独特观点是比较多的，在他以前的思想家中除《周礼》和《管子》作者以及桑弘羊而外，还没有人曾提出过这样多的独特财政观点。但是，令人很难理解的是，他虽然在不少财政经济问题方面具有一定敏锐的观察力，并已体现为不少极有意义的观点，而在另一些财政经济问题上，其具体措施和观点的幼稚荒诞程度，也是古今少有的。如他的货币改制、官禄制度等即为其荒唐的代表例证。

然而，一个思想家一生出现的这种矛盾现象，在世界范围内的著名思想家不乏其例，不是王莽一人才如此。因此，我们在评价王莽的财政思想（包括他的其他经济思想）时，不应基于他的荒诞部分，而抹煞他的合理部分。还应该懂得王莽的财政政策，部分由于其具体措施存在不少严重缺陷，部分由于他企图处理一些在他自己的历史条件下不可能解决的问题，所以等待着他的必然是彻底的失败。但是失败了的政策并不一定都是错误的政策。

第二节
东汉财政思想

一、东汉初年的财政措施

刘秀在取得政权后,采取了一系列和缓阶级矛盾的政策,从财政角度来看有以下几个方面。

首先是解放奴婢,将王莽时代被没入为官奴婢者一律释放,为被人掠卖为私奴婢者恢复自由。其次是减轻田赋,恢复西汉三十而税一的旧制,山林池泽听任贫民开采,不收假税。再次是紧缩封建官僚机构,曾裁并四百余县,裁减地方官吏十分之九;中央机构包括财政收入系统也大为紧缩。特别值得指出的是,秦汉以来一直归属少府掌管的"山泽陂池之税",刘秀亦令其改属司农①,由国家统一征收一切租税,故少府的职掌只是单纯管理皇室支出。这是封建财政体制上的一个重要改革。最后是记取新莽时代的教训,对货币问题亦采取稳健政策。在刘秀即位后十余年一直沿用王莽时代的货币,后来恢复五铢钱②,也只是将王莽的货泉换个名称,其重量并未改变。

东汉最初数十年贯彻这些财政经济政策,取得"百姓殷富,粟斛三十,牛马被野"③的赞誉。上述财政经济措施并未能阻止土地兼并的又复变本加厉,在某种程度上,只是有赖当时农民人数比西汉末年人口大大地减少而耕地面积并未减少很多,所以才可能在土地兼并疯狂进行的情况下,不曾广泛激起农民的反抗。但是,在此社会经济稳定的数十

---

① 《后汉书·百官志》少府条。
② 《册府元龟》卷四九九《钱币》:"后汉光武帝建武十六年始行五铢钱"。
③ 《后汉书·明帝纪》。

年中，由于东汉政权对地主阶级的特别宽容，土地兼并已在潜伏滋长。从公元2世纪起，西汉后期存在过的旧问题如物价波动、货币贬值及财政困窘等经济矛盾，又重新出现并较为严重。这些矛盾势必成为当时思想家们谈论的主要问题。

二、东汉初年的财政观点

首先是桓谭（公元前33—39年）在王莽时代提出类似以后的"以工代赈"思想。当时他曾以司空掾一职主持有关治理黄河的讨论。治河费用在封建财政支出中是一个不可忽视的项目，桓谭在听取了各种治河方案后指出："计定然后举事，费不过数亿万，亦可以事诸浮食无产业之民。空居与行役，同当衣食；衣食县官，而为之作，乃两便"①。这是主张将官府赈济"浮食无产业之民"之事务与治河工程结合起来，通过政府举办公共工程的方式，使"浮食"的无业之民转变为自食其力的雇佣工人。其理由是，无产业之人不论无所事事的"空居"还是力役的承担者，同样有衣食之需；故由县官供给衣食，而使其参加治河工程，可谓公私"两便"。这一认识比起《管子》主张在社会生产不振的条件下藉侈靡消费以扩大人民就业机会的观点，对于封建统治者来说显然更富于实际意义和可行性。此所以有人将桓谭的这一观点，称为开后代"以工代赈"之先河②。

其次是刘般（公元19—78年）对常平仓制度的批评。他指出，常平仓制度"外有利民之名，内实侵刻百姓，豪右因缘为奸，小民不得其平"③。这是对常平仓制度的第一次公开否定。他所揭露的常平仓存在的弊端，不仅东汉为然，以后各封建王朝无不存在此弊。因为小城镇的常平事务通常是交由当地的富户代管，这必然给大地主们开了因缘为奸之门，小民不一定能得到常平仓的好处，有时还会因常平粮食收贮或

---

① 《汉书·沟洫志》。
② 参见马大英：《汉代财政史》，中国财政经济出版社1983年版，第226页。
③ 《后汉书·刘般传》。

发放而受到侵刻。这是封建社会内一直存在的必然现象。但是，在凶荒年份，总会使小民得到一点好处。因此，虽然在公元1世纪即有刘般指出其弊，而常平仓制仍维持了一千多年。

最后，关于国家专卖政策之争论。公元1世纪后期，由于封建财政困难，有人主张实行盐专卖与均输。倡此议者是章帝时代的尚书张林，他说：

"盐，食之急者，虽贵人不得不须，官可自鬻。

又宜因……益州上计吏，往来市珍宝，收采取利。武帝时所谓均输者也"①。

张林主张恢复盐专卖，对于均输他不是主张普遍采行，只是利用边远郡国每年交纳税赋官吏到洛阳之便，部分进行均输。他的主张遭到朱晖（公元6—89年）的强烈反对。朱晖根据儒家庸俗的传统经济观点，认为"王制，天子不言有无，诸侯不言多少。食禄者不与百姓争利。均输之法，与贾贩无异；以布帛为租，则吏多奸；官自卖盐，与下争利；非明主所宜行"② 无论张林与朱晖，他们的论点如和西汉盐铁会议争辩双方相比较，那就单调得多了。但从财政思想的历史发展过程来看，这一争论，仍是值得一提的。

三、东汉中期的财政思想

东汉中期以后，由于土地兼并盛行，影响了封建财政收入，同时在财政支出方面，由于长期的对外用兵，军费开支浩繁。而封建统治者的荒淫贪污到桓、灵二帝时可谓登峰造极。于是大肆出卖官爵，增加田亩税，向民借债，进行货币贬损以搜括民财。再加上外戚和宦官擅权，无情地勒索百姓，更使民不聊生。但是，统治集团掠夺的财富虽大量增加，却尽饱私囊，国家财政仍然困难万分。故当时的思想家接触财政问

---

① 《后汉书朱晖传》。
② 《晋书·食货志》。又《后汉书·朱晖传》记载与此稍有出入。

232

第八章　新与东汉时代的财政思想

题亦较多。

（一）富国概念

首先应论述的是王符（约公元106—168年）的富国概念。他指出：

"夫用天之道，分地之利，六畜生于时，百物聚于野，此富国之本也。游业末事以收民利，此贫邦之源也。……今民去农桑、赴游业、披采众利，聚之一门，虽于私家有富，然公计愈贫矣。……今工好造雕琢之器，巧伪饰之，以欺民取贿，虽于奸工有利，而国计愈病矣。……今商竞鬻无用之货，淫侈之币，以惑民取产，虽于淫商有得，然国计愈失矣。此三者，外虽有勤力富家之私名，然内有损民贫国之公实。故为政者，明督工商，勿使淫伪；困辱游业，勿使擅利；宽假本农而宠遂学士，则民富而国平矣。"①

这段议论将国富与家富严格区分开来，这是他以前的任何思想家不曾有过的非常值得称述的经济观点。从财政思想角度考察，这正好是当时国家财政困窘而私人财产殷富的客观条件的反映。针对此情况，他强调两点：一是轻减赋役以珍惜人民的劳动时间。现代所谓的劳动时间即他所说的"日力"，为政者"务省役而为民爱日"②。至于反对赋税繁重，更是毋庸说明的。二是坚决反对奢侈，在其《潜夫论》中专门有《浮侈》一篇攻击皇室贵戚穷奢极侈的生活。这不仅是王符的个人之见，那一时期思想家无不对贵族统治集团的奢侈荒淫表示强烈的反对。

（二）俸禄观点

崔寔（？—约公元170年）和王符一样极端反对奢侈。他的财政思想是对官俸的菲薄所引起的官吏贪污弊害第一次作了尽情的揭露。在他看来，贪污之盛行系由于俸禄菲薄之所致。他曾以"百里长吏"之俸禄为例，说明当时官俸之不合理：

---

① 王符：《潜夫论·务本第二》。
② 《潜夫论·爱日第十八》。

233

"一月之禄，得粟二十斛，钱二千。长吏虽欲崇约，犹当有从者一人。假令无奴，当复取客，客庸一月千刍，膏肉五百，薪炭盐菜又五百。二人食粟六斛，其余财足给马。岂能供冬夏衣被，四时祠祀，宾客斗酒之费乎？况复迎父母致妻子哉！不迎父母，则违定省，不致妻子，则继嗣绝。迎之不足以相赡，自非夷齐，孰能饿死，于是则有卖官鬻狱，盗贼主守之奸生矣"①。

百里长吏一月之所得只足供二人一马之用，焉得不贪污公款，侵夺小民。百里长吏已是地位较高的官职，其官俸标准尚且如此之低，其他低级官吏的待遇更不难想见。

东汉官俸制度系沿袭西汉旧制稍有增减，其主要特点是"凡诸受奉，皆半钱半谷"②，以谷物和货币两种形式颁发各级官吏俸禄。西汉官俸虽在事实上常以货币支付，但从未有明令规定。以货币单位作为官俸的支付标准，势必会使官吏俸禄随市场价格的波动而波动。但所谓"半钱半谷"其谷物部分如按西汉标准计算已有所减低，例如，西汉的千石官秩其月俸谷物为九十斛，其半数应为四十五斛，而东汉仅有三十斛。但这并不等于就是东汉官俸较西汉为低，因为东汉可能是将折钱部分相对的增多以弥补实物部分的减少。可是在将谷物折算为货币时，其采用的是经济繁荣时期的低谷价为计算标准，故在东汉中后期谷价较高时，官俸的真实价值自会相对降低。再以一个百石官秩的官吏为例，根据《后汉书·百官志》之注所载，其谷物月俸为四点八斛，月俸钱为八百文，如按"半钱半谷"原则折算，月俸不过一千六百文，即使谷物价格稍高，两者合计也很难达到月俸两千文。根据崔寔所述的一个佣工（即"客"）每月工资尚须一千文，而百石官吏的月俸仅较一个佣工的工资多数百文，其俸禄规定之低而不合理可以想见。再加上东汉后期每每以削减官俸作为摆脱财政困难的手段③。崔寔曾亲眼看见当时的五

---

① 《群书治要》节录。
② 《后汉书·百官志》。
③ 《后汉书·桓帝纪》，延熹四年和五年曾三次实行减俸。

原小吏因冬月无衣，"衣草而出"①，各级官吏如不靠贪污舞弊怎样能生活下去。崔寔首先指出这一弊端，虽系根据现实情况而立论，亦是发前人所未发。

稍后的荀悦（公元148—209年）也对官禄太薄表示反对，他说②："古之禄也备，汉之禄也轻。夫禄必称位，一物不称，非制也。公禄贬则私利生，私利生则廉者匮而贪者丰也。夫丰贪生私，匮廉贬公，是乱也"。因此，他强调官禄相称，呼吁封建统治者必须重视官禄问题，不可掉以轻心。仲长统（公元179—220年）也把"薄吏禄"视为"危国乱家"的原因，但他认为吏禄低是由于封建统治者将大量财政经费用到军事开支方面去了，即薄吏禄以丰军用"③。这些均表明东汉末年的思想家对官吏俸禄之薄，具有同感。低官俸不仅是汉代独有的现象，东晋诗人陶渊明曾为彭泽令也因"不为五斗米折腰"而辞官归隐，后人只称赞他的清廉，忽视了官俸太薄也是其原因。低官俸的财政支出指导思想，贯穿中国封建整个时期无大改变，这个一直未引起注意的不合理的财政观点，正是封建贪污现象长期流行的火车头。

（三）反对私藏

吕强是东汉末年的宦官。他面临当时黄巾起义对封建政权的猛烈冲击，主张先诛左右贪浊者，以期清除政权内部的腐败现象。为此，他遭致中常侍赵忠等人陷害，被迫自杀。

他的财政观点，是反对帝室"多蓄私藏"。灵帝个人欲望，广收天下珍奇，而各地郡国每有贡献，又须先输纳帮分货财给主办官吏，名为导行费。对此，吕强上疏表示反对。他说：

"天下之财，莫不生之阴阳，归之陛下。归之陛下，岂有公私？而今中尚方敛诸郡之宝，中御府积天下之缯，西园引司农之藏，中厩聚太仆之马，而所输之府，辄有导行之财。调广

---

① 《后汉书·裴马因传》。
② 荀悦：《申鉴·时事第二》"私利生"原文作"利利禄"从四部丛刊本改。
③ 仲长统：《昌言·损益篇》。

民困，费多献少，奸吏因其利，百姓受其敝"①。

他所谓"天下之财，归之陛下"，岂有公私，不是主张扩大皇室财权，而是认为天下之财应属于天下，统治者既代表"天下"不应再搜括私财。他的主要意向是反对皇室积蓄私藏。东汉初年曾对财政体制作了重大调整，将皇室收入大部分并入国库，皇室只保持小部分合法收入。到东汉中后期皇室收入又形日益扩大，所属官吏又因缘为奸，结果是百姓因"调广"、"贡多"而愈困，皇室真正得到的奉献并不如设想之多。吕强的奏疏辞不达意，但他反对皇室私藏的观点是明确的，这是从另一个角度来为坚持国家财政独立的原则而辩护。

与吕强同时的有名学者荀悦反对皇室财政私藏的议论更为鲜明，他说②：

"人主有公赋无私求，有公用无私费，有公役而无私使，有公赐而无私惠。……私求则下烦而无度，是谓伤情。私费官耗而无限，是谓伤制。私使则民挠扰而无节，是谓伤义。私惠则下虚望而无准，是谓伤正"。

他是完全否定了人主拥有私藏之合理性，甚至连帝王赐与也只能有"公赐"而不应用"私惠"。财政全部归于国家的观点，在封建体制下是不可能和不必要的偏激之论，但对指责当时的财政现实状况确有其积极意义。

（四）租税观点

东汉末产生了一个与以往"薄赋敛"不同的反对减轻土地税的观点，强调土地什一税为"中正"之制，以荀悦与仲长统为代表。荀悦认为汉代减轻土地税，实际对农民并无好处。他说：

"豪强人占田逾侈，输其赋大半。官家之惠，优于三代；豪强之暴，酷于亡秦。是上惠不通，威福分于豪强也。文帝不

---

① 《后汉书·宦者列传·吕强传》。
② 荀悦：《申鉴·政体第一》。

第八章 新与东汉时代的财政思想

正其本,而务除租税,适足以资豪强也"①。

以往学者均主张减轻田赋以加惠农民,对于"文景之治"赞不绝口。汉封建帝国统治的数百年中,减免当年田赋之诏令不知有多少,事实上都是豪强地主身受其惠,真正的农民并未得到多大好处。荀悦揭穿了封建王朝的所谓"德政"的本质,是值得称道的。早在荀悦之前,已有王莽指出"汉氏减轻田租……厥名三十税一,实什税五"的弊病,但他对减轻土地税的实际受益者是哪一级尚有些含混不明,荀悦明确指出减税"适足以资豪强"这才是真正揭穿了封建王朝所谓"德政"之本质。

荀悦还把国家与人民之间的关系看得像市场的交换关系一样,其最理想的状态是"上下相与","上以功惠绥民,下以财力奉上",即他所谓"太上不空市"。如果国家不给予人民以"功惠"而采用"巧诈"方式由人民取得"财"与"力",那就是对人民的"偷窃"行为;如采用"暴迫"方式而取之,那就是对人民进行"掠夺",这将引起人民的斗争而形成"祸乱"②。荀悦的这种租税(包括劳役)观点,现在看来似乎有些奇特,但在古代世界却不是中国所独有,欧洲中世纪后期的新兴市民阶级就曾因封建领主给予他们的城市以自由权利,才愿意以向封建主纳税相交换。

仲长统对汉代三十而税一的田赋制度也持有异议。他坚持什一之税,反对轻于十分之一的土地税率,但主张在十分之一的田赋外,仍然维持汉代的更赋制度③。更赋对于农民的影响,随谷价之波动而大有不同。在东汉末谷价高涨时,更赋负担可能微不足道,这也许是他主张"租税什一,更赋如旧"的原因。他反对三十而税一,主要在于他看到当时的军费浩繁而禄俸微薄,以致形成贪污舞弊的万恶政治。他说:

> "不循古法,规为轻税。及至一方有警,一面被灾,未逮三年,校计骞短,坐视战士之蔬食,立望饿殍之满道,如之何为君行此政也!二十税一,名之曰貊,况三十税一乎。夫薄吏

---

① 《申鉴·政体第一》。
② 《申鉴·政体第一》。
③ 《群书治要》节录仲长统:《昌言·损益篇》:"租税什一,更赋如旧"。

禄以丰军用,缘于秦征诸侯,续以四夷。汉承其业,遂不改更,危国乱家,此之由也"①。

一般地说,仲长统的租税思想不出"租税什一,更赋如旧"八个字。早期儒家在宣扬"什一而税"之同时,也宣扬"薄税敛",而仲长统则认为较什一税稍重一些赋税负担亦是可行的。这是汉末流行的重税观点又一表现形式。专就他的什一税思想而言,根据他的主观估计曾给封建田赋收入设想了一幅美好的图景,他说:

"今通肥饶之率,计稼穑之入,令亩收三斛,斛取一斗,未为甚多。一岁之间,则有数岁之储,虽兴非法之役,恣奢侈之欲,广爱幸之赐,犹未能尽也"②。

仅依据数字估算东汉后期的垦田数约为七百万顷③,即为七万万亩,每亩平均收获三斛,以田赋十分之一计,共应有二亿一千万斛田赋收入。以桓、灵时代的正常谷价约每斛百钱计,仅田赋一项应为二百一十亿钱。桓帝时代的全部财政支出每年不过六十余亿④,这是以一年的什一税收入可维持当时三年半的全部财政支出,何况尚未将算赋等收入考虑在内。仲长统对什一税收入的主观估计,可能和我们上面的计算一样仅以垦田总数为基础。事实上,每年实际耕种的土地,由于战争及其他人为原因而荒废者可能占相当大的比重。而自然灾害普遍存在的情况下,每亩地的平均收获也不可能有三斛,再加上合法免税土地和豪强地主的漏税偷税以及官吏的贪污中饱,必然使田赋收入严重减少,即使改行什一税制也未必能满足封建财政的需要。因此,仲长统的设想全是书生之见。但是,用他的设想说明一姓封建王朝濒临崩溃前夕的财政状况之腐败,国库收入一钱,各级官僚会中饱数倍,致使本来无多大困难的财政,也会闹得千疮百孔,入不敷出,倒是颇有意义的。

---

① 《昌言·损益篇》。
② 《昌言·损益篇》。
③ 《后汉书·郡国志》。
④ 《后汉书·梁统传》载梁冀伏诛后,"收冀财货,县官斥卖合三十余万万,以充王府,用减天下租税之半"。以此估计当时全年财政支出最多不过六十余万万。

第九章

魏晋南北朝的财政思想

第一节
魏晋时期的财政思想

一、公元三四世纪赋税思想的演变

自东汉末董卓之乱起，中国封建社会即陷于将近四百年的历史上最长的混乱时期。以魏晋时期的二百年而论，除西晋王朝建立后有一个极短时期的安定外，大都是汉民族统治阶级内部或与其他少数民族统治者之间互相争夺统治权的战争时期。在这种长期混战局面下，封建财政及反映其观念形态的财政思想，必然呈现出一些与前代不同的特点，其中赋税制度与思想的演变，尤其令人瞩目。

汉初的口算赋制度与三十而税一的田赋政策，经过三百余年的持续推行，在东汉后期已是弊端百出，引起不少思想家的公开批评。汉末战乱，使人口剧减，造成千里无人烟的荒凉景象。到曹魏统一北部中国时，"天下户口减耗，十裁一在"①，而人民的死亡与流徙，又造成"田无常主，民无常居"②的不稳定状况，使汉代田赋制度丧失其意义与作用。另一方面，混乱中的各个割据势力为了保持自己的政治与军事地位，又必须解决财政供给问题。起初各军事集团"无终岁之计，饥则寇略，饱则弃余"，但不久即普遍受到财政问题的困扰。如袁绍在河北，"军人仰食桑椹。袁术在江淮，取给蒲蠃（即蚌蛤）。民人柑食，州里萧条"③；刘备"军在广陵，饥饿困败，吏士大小自相啖食"④；曹操的军队亦曾因"乏食"而"略其本县，供三日粮，颇杂以人脯"⑤等。

但军队供给又刻不容缓，曹操（公元155—220年）采纳枣祗等人的建议，开始在许下募民屯田，取得显著成效。尤以曹魏后期邓艾在寿春屯田成绩最为突出，"计除众费，岁完五百万斛以为军资"⑥。此外，吴、蜀二国亦先后采行军队屯田方式，均取得显明效果。屯田制在汉代主要是解决边地驻军的给养或税粮问题，在整个国家财政收入中至多只能作为一个辅助或补充来源。至曹魏时则不然，屯田是关系到国家全局的财政政策，其收入已成为封建财政的主要支柱，屯田地域几乎遍于各州郡。吴、蜀屯田不如曹魏之盛，大都在与曹魏接近的边区。究竟三国屯田面积有多少，史无详细统计。但只从邓艾在淮南北一个地区屯田亩数而论即有二万顷。故全国军屯、民屯的田地面积必然很可观。国家既掌握如此巨量的官公田地，其屯田收入自然会成为封建财政的主要来源之一。

曹魏时大多实行"募民屯田"的民屯制，其财政征课一般是"持官牛者，官得六分，百姓得四分；私牛而官田者，与官中分"⑦。亦即

---

① 《三国志·魏志·张绣传》。
② 《昌言·损益篇》。
③ 《三国志·魏志·武帝纪》注。
④ 《三国志·蜀志·先主传》注。
⑤ 《三国志·魏志·程昱传》注。
⑥ 《三国志·魏志·邓艾传》。
⑦ 《晋书·慕容皝载记》。

第九章 魏晋南北朝的财政思想

高达百分之五十至六十的剥削率,与汉代"三十而税一"的田赋制度大相径庭。因为在国家掌握大量官公田地并直接招募人民耕种的屯田条件下,"国家既作为土地所有者,同时又作为主权者而同直接生产者相对立,那末,地租和赋税就会合为一体"①,对于农民来说,无论参加屯田还是受雇于私人地主,其剥削率大致相同。而既定的地租收入在两种土地耕种形式下其财政分配比率却差别甚大。在屯田制下是地租收入全部以赋税形式上交给国家,在汉代田赋下则是封建国家和私人地主之间按一定比例进行分配。三国鼎立时重视屯田收入的思想之普遍流行,尽管是当时为了适应军事的需要这一特殊历史条件下的产物,但它毕竟形成了这一时期财政思想发展的极显著特征,并由此结束了汉末一直持续的对于传统轻征田赋制度的非议和争论。自此以后,三十税一的制度虽仍为历代谈论田赋者所啧诵,却已成为一种可望不可及的思想而为人们所憧憬。从这个意义上说,三国时注重屯田收入思想的盛行,在由两汉传统的租税制向魏晋以后的新的租税制度转变的过程中,起到了某种过渡作用。这是本时期赋税思想演变的一个重要趋势。

魏晋时赋税思想演变的另一趋势,是户调原则的确立。按户征课的捐税,不始自曹魏,汉初即有户赋,由封君在其封地内每户每岁征收二百钱,供"朝觐聘享"之用②。东汉后期因国库空虚,政府常向人民临时勒索一些物品,因系临时性的,故称为"调"。以后逐渐发展成为一种新的征课手段,以缣、素、绮、縠等织物的调发为主③。

将户与调并提而实行按户征收绵绢的办法,初见于建安五年(公元200年),当时曾围绕"户调"一事发生一场辩论,最后是将征调"绵绢悉以还民"④。可见那时户调之法不甚重要。建安九年,曹操以打击豪强兼并相标榜,正式颁布了征收租调之法令。他规定:

"其收田租亩四升,户出绢二匹,绵二斤而已,他不得擅

---

① 《马克思恩格斯全集》第25卷,第891页。
② 《史记·货殖列传》。
③ 《后汉纪》卷二〇。
④ 见《三国志·魏志·赵俨传》。

兴发。郡国守相明检察之，无令强民有所隐藏而弱民兼赋也"①。

这里有几点须加以指出：第一，此法令的基本宗旨首先不是为了增加财政收入，而是借此平均财政负担，防止兼赋。第二，在广大屯田地区，既实行民屯或军屯，不可能出现下民贫弱，豪强兼并现象，故曹氏租调法令系指屯田以外地区的私有土地而言，亦即以私有土地的占有者和劳动者作为此法令的课税对象。第三，"田租亩四升"的规定显示了田赋征收方式的一个重要转变，即放弃以往什一而税或三十税一的比例税制，转而采取每亩征收四升的定额税制。第四，每户纳绢二匹、绵二斤，表明户调制已正式取代以往相沿近四百年的口算赋制度。这是中国赋税史上的又一重大变革。户调比之口算赋，前者按户征税，以家庭手工业产品作为征纳物；后者按人头征税，以货币交纳。

从财政思想上考察，曹魏租调之法的主旨是强调均平租税负担，一方面是将每户须交纳的田租与户调额以法令形式固定下来，防止无定额的随意征课；另一方面是规定豪强地主必须承担赋税而不得"隐藏"，严禁"下民贫弱，代出租赋"。也就是说，最初制定租调之法的主要目的不是谋求增加财政收入，而是运用财政手段来抑制豪强势力，因为当时的一切军政开支已由屯田收入作为基本保证。然而，在曹魏后期，屯田制已逐渐瓦解，到晋王朝建立的前一年即明令废除曹魏统治地区内的民屯制度②。晋王朝统一中国后，内地屯田更无存在的必要，封建统治者自然会把财政收入的重点从屯田制转移到租调上来。晋武帝平吴以后颁布的占田法首先规定了"户调之式"，即反映了这一必然趋势。关于占田法中所体现的税收思想，下面将专门予以研究。这里所要指出的只是随着屯田制的废除，原来仅为辅助性质的租调收入已上升为封建财政收入的主要来源，这标志着封建赋税思想的演变开始进入一个新的历史阶段。

---

① 《三国志·魏志·武帝纪》注引《魏书》。
② 《魏书》，陈留王咸熙元年："罢屯田官，以均役政。诸典农皆为太守，都尉皆为令长"。到晋武帝秦始二年（公元266年）再罢农官为郡县，至此民屯即彻底废除。

二、傅玄的财政思想

傅玄（公元217—278年）财政思想的接触范围较为广泛，其中最值得称述的是他的租税思想。下面先研究他的三条租税原则。

（一）租税三原则

傅玄不像以往儒家一味主张轻赋薄敛，也不盲目宣扬所谓"用人之力，岁不过三日"的古老教条。他认为赋役的轻重应根据客观的需要来决定，治平无事之世宜役减而赋轻，如有非常事故则不妨役繁而赋重。从这个基本财政观点出发，他提出了三条租税原则[①]：

第一是"至平"。他指出赋役要"计民丰约而平均之"，这样，人民即可劳而不怨。以现代财政概念来说，这就是均等牺牲原则。财政征课上的这种公平思想，从先秦以来久已公认为应有的财政准则，不自傅玄始。但他的"至平"概念，有两点值得指出：一是在他以前，赋役公平概念只能从古代财政文献中折射出来，而不是像傅玄那样将它作为一项财政上的理论原则明确地被提出来；二是在他以前的思想家总是将公平概念与轻赋薄敛结合起来，而傅玄则将公平原则并用到赋役繁重的情况。

第二是"积俭而趣公"。所谓"趣公"是指起劳役和租税须为国家的公利而征课，不是为着封建统治者的个人私利。所谓"积俭"也是指赋役征课须从俭的角度考虑。以大禹为例，他说："禹凿龙门，辟伊阙，筑九山，涤百川，过门不入。薄饮食，卑宫室，以率先天下"。而天下之所以乐尽其力，不敢辞劳者，那是因为禹之用民能做到"俭而有节"，并且是为天下之公利而非为个人私利。

第三是"有常"，即赋税的征课须有规定的制度。如"上不兴非常之赋，下不进非常之贡，上下同心，以奉常教。民虽输力致财，而莫怨

[①] 以下三点引文除另注外均见《傅子·平赋役篇》。

其上者，所务公而制有常也"。如果"役赋无常，横求相仍，弱穷迫，不堪其命"①，即会使民危而国亦不安。

傅玄提出的这三个原则，如将分开来孤立予以考察，每一条都不是什么了不起的创见，但将它们结合起来考虑，在中国财政思想史上，却是一套很不平凡的租税原则。在欧洲，到18世纪才由德国官房学派提出一些租税法则，后来被亚当·斯密概括为曾名震一时的四大租税格言。用傅玄的原则与亚当·斯密的格言相对照，其中公平与确定两点是双方都提到的。亚当·斯密另外还提出了方便和经济两原则，而傅玄的所谓"积俭而趣公"，也可算具体而微，自有其时代特征，在古典经济学以前一千多年就能提出这些租税原则，殊非易事。

但是，也必须明确，傅玄的租税三原则，基本上都是为了保卫中小地主阶级的利益使其少受侵害。因为封建赋税虽在形式上系由地主阶级交纳，而贵族大地主集团常利用种种特权或偷漏的办法以得到事实上的减免。这和曹魏时代"无令强民有所隐藏而弱民兼赋"的租调思想，也是一脉相承的。此外，他正视封建赋税繁重的客观事实，不空谈脱离客观实际的轻赋敛，是他的长处。但是，他的缺点也就在于不自觉地给统治阶级的财政榨取作了理论上的辩解。

在租税方面，他还提到一个实际加重了农民负担的税收问题。先秦以来，一向把"贡土所宜"（或"任土所宜"）奉为至高无上的财政原则，随着封建地主经济的发展，出现了政府所征课的实物常非纳税农民之所产的情况，亦即他所谓"所调非所生"②之弊。其结果是："……赋一物非民所生，而请于商贾，则民财暴贱，民财暴贱而非常暴贵，非常暴贵则本竭而末盈"③。换言之，所征课的既非农民所生产的实物，农民势必贱卖其产品而另以高价向商贾购买官府所征课之实物，无疑对农民是沉重的负担。贡土所宜这一古老财政原则，开始时确系为了纳税人的便利而提出的，后来才演变成为纳税人的沉重负担。在我们以后的分析中还会不时遇见拥护或反对这个原则的观点，而傅玄至少是对这一

---

① 以上引均见《傅子·安民篇》。
② 《太平御览》九百九十一引傅子语。
③ 《傅子·检商贾篇》。

古老财政原则最先提出异议的思想家。

(二) 财政支出观点

在财政支出方面，傅玄和以往的思想家一样坚决主张节用而反对奢侈，认为"用有尽之力，逞无穷之欲"是非常有害的。他认为"故壹野不如壹市，壹市不如壹朝，壹朝不如一用，一用不如上息欲"①，鲜明指出任何节用办法不如最高统治者的"息欲"。要求"上息欲"的呼声之强烈，正好反映了当时封建君主的贪欲之极度膨胀。以西晋开国之君晋武帝而论，曾有人当面将他比作东汉末年的桓、灵二帝，而且认为"桓灵卖官，钱入官库；陛下卖官，钱入私门"，甚至还不如桓、灵二帝②。西晋统治者之挥霍浪费，由此可见一斑。因此，傅玄把封建君主的"息欲"看作节省国家财政支出的最根本办法，决非无的放矢。

傅玄主张节约开支的具体的措施是使冗散的官吏改业。他认为当时文武官吏太多，有官名而无实际职务者尤其多，再加上服兵役的人，其总数相当于农民人数之半，领取国家俸禄者三倍于前。这大概是西晋太康以前的实际情况。因此他要求"使冗散之官为农，而收其租税，家得其实，而天下之谷可以无乏矣"③。提倡节约开支以致要求将封建官僚改业为农，可谓想入非非。但是这也反映了当时财政困窘与农业劳动力缺乏的严重程度。傅玄主张使冗散的封建官僚参加农业生产，固然是在阶级社会中无法实现的空想，但他能突破封建等级身份的尊严，提出这样的观点，应该是值得称述的。总之，裁减官吏则财政开支减低而人民易于供应，同时裁减官吏还可以择其精干者留用④。可是节省财政支出却不能降低官吏俸禄，关于这一问题，傅玄在其《傅子》书中曾以《重爵禄篇》专论其事。他说：

"吏禄不重，则夷、叔必犯矣。夫弃家门委身于公朝，荣不足以庇宗人，禄不足以济家室，骨肉怨于内，交党离于外，

---

① 《傅子·检商贾篇》。
② 《晋书·刘毅传》。
③ 《晋书·傅玄传》。
④ "量时而置官，则吏省而民供，吏省则精，精则当方而不遗力"。《傅子·安民篇》。

仁孝之道亏，名誉之利损，能守志而不移者鲜矣"。

这番议论从维护封建统治和伦理道德的角度对吏禄微薄的弊端作了较之前人更为深入的分析。连晋武帝也承认古者"以庸制禄，虽下土犹食上农，外足以奉公，内足以养亲施惠。今在位者禄不代耕，非所以崇化之本也"①。官禄太薄问题，尽管东汉思想家已甚重视，但到西晋时始终未能解决。

附带指出，在处理国用方面，晋武帝颇重视"轻重平籴之法"。他即位之初（公元265年）正值谷贱而布帛贵，曾拟设立平籴法，用布帛购买谷物为粮储，后以缺乏资金而未果。四年后他又继西汉耿寿昌而再一次设立常平仓。无论平籴法或常平仓，均有前人之先例可资借鉴。但他是将国家用于平籴或常平仓方面的开支，明令肯定为"理财均施，惠而不费"②的合理财政支出。

（三）关于屯田问题

西晋在太康以前因袭曹魏旧制，政府的军政开支主要仰给于屯田的收入。为了增加屯田收入，常是扩大屯田的耕种面积，他认为要增加屯田的收获量，"不务多其顷亩，但务修其功力"。这是说，与其扩大屯田耕种的土地面积，不如在现有的屯田面积上多投入劳动和改进其生产方法，更能增加生产。以现代语言来说，意谓集约耕作方法比起粗放耕作更有利于增加农业生产。公元三世纪出现这样的农业生产管理思想，在世界范围内都是绝无仅有的。可惜他仅指与国家财政收入有关的屯田，并未将此原理应用到一般农耕地上；更为可惜的是他只概乎言之并未详述其理由。

关于屯田的另一个问题是，他认为当时将屯田的征课比率提高，打击了屯田兵士的生产积极性。他说：

"又旧兵持官牛者，官得六分，士得四分。自持私牛者，与官中分。施行来久，众心安之。今一朝减持官牛者官得八

---

① 《晋书·武帝纪》。
② 《晋书·食货志》。

分，士得二分；持私牛及无牛者官得七分，士得三分。人失其所，必不欢乐"①。

他主张维持以往办法，用官牛者四六分成，而用自己耕牛者对半分成，这一征课比率和汉代农民耕种大地主土地交纳百分之五十的地租的剥削率没有什么不同。所以，他并不是要减轻最高地主对其屯田上的农民的剥削率，而是认为过重的剥削率反足以造成减产，"有损弃之忧"。傅玄能认识到沉重的剥削率是使农业生产减产的重要因素，又是一个很难得的租税观点。

三、西晋占田制中的财政思想

占田制是西晋王朝统一中国后，于太康元年（公元280年）颁布的土地制度。它虽是我国历史上有名的占田法令，其较突出的历史意义还在于它的有关财政税收方面的规定。占田制除明确规定赋税的征课方式外，还规定了占有土地及"荫附"劳动力的限制。由于这些限制对封建财政收入有密切关系，故将它们与赋税规定一并介绍如下②：

（一）贵族与官吏占田及荫附劳动力的限制

占田方面，各侯王除在京城得有"近郊田大国十五顷，次国十顷，小国七顷"外，在其封国内因已按规定分享中央征收的部分租调并可每户另课谷二斛③，故无占田必要。各级官吏占田按"其官品第一至于第九，各以贵贱占田"，第一品占五十顷，按每品递增减五顷，至第九品占田十顷。这显然是占田最高限额，非实际占有数量。因第八、九品

---

① 《晋书·傅玄传》。
② 以下引文除另有注明者外，均见《晋书·食货志》。
③ 徐坚：《初学记·宝器部》绢第九引《晋故事》云："凡属诸侯，皆减租谷亩一升（原作斗），计所减以增诸侯；绢户一匹，以其绢为诸侯秩。又分民租户二斛，以为诸侯奉"。所谓"谷亩一升"、"绢户一匹"，系指中央在征收封国租调中规定由封国诸侯分享的份额标准。而"民户租二斛"则相当于汉代的户赋，是封国内居民向封君交纳的一种额外负担。

小官吏，仅为低级的"斗食佐吏"，绝大多数不可能实有一千到一千五百亩土地。

各级官吏可荫附的衣食客和佃客人数：第六品以上得衣食客三人，第七品、第八品二人，九品一人。应有佃客户数，按官阶一至九品由十五户递减至一户。这里，各级官品所得荫附的衣食客与佃客系指非同宗族的亦即受荫附的九族或三世以外的人户而言，被荫附者，皆免除课役。晋王朝东迁后，此项规定仍继续实行并将佃客及衣食客人数限额加以提高①。

既然佃客衣食客不负担课役，则荫附数额之多寡对封建国家的财政征课必然产生直接影响。但最高地主又须对大地主们表示一定的"优待"，以减少他们对占田制的反抗。这种既要加以限制又不得不稍事优待的两面政策，在财政上是封建政权既积极谋求稳定的收入来源而又必须照顾大地主们利益这一矛盾的具体表现。

（二）关于户调的规定

"又制户调之式：丁男之户岁输绢三匹、绵三斤，女及次丁男为户者半输。其诸边郡或三分之二，远者三分之一。夷人输賨布户一匹，远者或一丈"。关于户调我们须指出，魏晋将汉代以货币形式交纳的算赋改为以实物交纳，表面看来，似乎是社会经济倒退在财政征课制度上的反映。事实上并不尽然。其主要原因系在汉末通货膨胀之后接连着又是三国鼎立的战争局面，使铜钱日渐贬损，曹魏统治阶级为稳定其财政收入，在王朝建立之初，不得不把已实行了数百年的以现金交缴的算赋，改以实物交缴，即所谓"户调"。西晋占田制又进一步将"户调之式"以法律形式加以肯定，成为固定的财政制度。这个时期的改征实物只反映货币流通的紊乱和统治阶级榨取技术的巧妙，并不意味社会经济的倒退。自此以后，此种征课办法继续推行六七百年，只在征收数量上稍有变动。当然，主要以实物规定财政征课，并不等于统治阶级在另一情况下也不会暂时改用现金征课，例如在东晋、刘宋及萧齐时曾数次将户调

---

① 《隋书·食货志》。

第九章　魏晋南北朝的财政思想

折合现金交纳①；相反地，规定以现金交纳的捐税也可能在某种情况下临时改以实物交纳②。总之，这是由于货币经济已甚发展，而商品价格又不时发生剧烈波动，于是封建财政才出现了这种剥削技巧，使封建财政不会因此受到损失。

另须指出，关于户调的纳税标准，除按每户劳动力之强弱及距离京城之远近而有区别外，据《初学记》引《晋故事》记载，还须实行"九品相通"③的计税方式。所谓"九品相通"，系指实际征收户调时，须先按每户各自拥有资产的多寡分为九个等级，然后再根据资产等级将当地统一的户赋标准具体落实或摊派到各户人家，作为实际征收的直接依据。这样，上述"绢三匹、绵三斤"一类的户调规定，只能看作中央向地方官吏以"九品相通"为原则，按照各户资产等级进行征收④。计资定税的办法非自西晋户调制才开始实行，前曾指出在西汉算赋征课中已有按资定赋的先例。东汉时更明确规定基层官吏如有秩的啬夫须以"知民贫富，为赋多少，平其差品"⑤为其职责。由此相沿至曹魏政权创设户调时，仍保存了以家资为征税标准的传统做法，故时有"每岁发调，使本县平赀"⑥之举。可见，西晋户调之式实行计资而税办法，只不过是吸取了前代做法并将此法概括为"九品相通"的原则而已。惟自此以后，"九品相通"的以资定税原则即伴随户调制度，在西晋南北朝时期流行达二百年之久，直至北魏后期和萧梁之初才分别放弃了这一原则。

---

①　"晋氏初迁，江左草创，绢布所值，十倍于今。赋调多少，因时增减。永初中官布一匹值钱一千，而民间所输，听为九百。渐及元嘉，物价转贱，私货则束值六百，官受则匹准五百。……"（见《南齐书·王敬则传》）。又《南齐书》卷三，《武纪》，永明四月五日诏："远近诸州输钱处并减布值，匹准四百，依旧折半，以为永制"。

②　如《南齐书·豫章·文献王传》："听民以米当口钱，优评斛一百"。

③　《初学记》引《鲁故事》云："……其余租及旧调绢，二（二似衍文）户三匹，绵三斤，书为公赋，九品相通，皆输入于官，自如旧制"。

④　参见唐长孺：《魏晋南北朝史论丛》。生活·读书·新知三联书店1955年版，第67页。

⑤　《后汉书·百官志》。

⑥　《三国志·魏志·曹洪传》注引《魏略》云："初太祖为司空时，以己率下，每岁发调，使本县平赀。于时谯令平洪赀财与公家等。太祖曰：我家赀那得如子廉邪！"

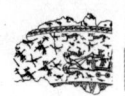

（三）一般人民的占田课田

这是西晋占田制的最主要部分，也是当时确立封建赋税制度的核心内容。其主要规定如下：

"男子一人占田七十亩，女子三十亩。其外，丁男课既五十亩，丁女二十亩，次丁男半之，女则不课。男女年十六已上至六十为正丁；十五已下至十三，六十一已上至六十五为次丁；十二已下，六十六已上为老小，不事。远夷不课田者输义米户三斛，远者五斗，极远者输算钱，人二十八文"。

"凡民丁课田，夫五十亩，收租四斛，绢三匹，绵三斤"①。

大体说来，占田男子七十亩，女子三十亩系法律容许人民占有土地的最高限额，不一定是每人实授土地的数量。而课田是占田中应行以课税形式缴纳地租的部分土地。它具有迫使农民非耕种最低限额土地不可的作用。丁男占田七十亩必须课田五十亩，丁女占田三十亩必须课田二十亩。课田即使不耕种也须交地租，这是通过课税方式督促农民从事耕种，而不课税田地的数量约为占田数的百分之三十，其用意是要鼓励农民努力耕种较课田数目为多的土地。

租税丁男以五十亩为标准征收四斛，丁女以二十亩为标准征收一斛六斗，次丁男按丁男之一半征收二斛。一夫一妇占田百亩，课七十亩应纳田租五斛六斗；如再有次丁男女各一个，又可占田一百亩，但只课田二十五亩，应纳田租二斛；全家合计可占田二百亩，课田九十五亩，应纳田租七斛六斗。"老小不事"，不占田也就不课田。这是占田农民交纳地租的大致情况。

（四）占田制所体现的财政思想

从上述占田制的赋税规定中，我们可以看到它的创设人已具有下述

---

① 《初学记》引《晋故事》。

第九章 魏晋南北朝的财政思想

一些财政概念作为规划这一经济制度的指导思想。

第一，曹魏到晋初的八十余年间，封建政权适应当时的战争需要，基本上以屯田的收入作为财政收入的主要源泉。尽管内地大规模屯田措施为解决战时财政困难起到了重要作用，但毕竟是一种权宜措施。西晋统治者显然清楚地意识到这一点，故平吴之后，立即公布了以租调之式为重要内容的占田法，重新建立起正常的封建赋税制度。另外，占田法也不是简单地恢复两汉税法的旧制。事实上，汉代税法的"三十而税一"的田赋，以人身为课征对象的口算赋以及其他货币征课，均已不复存在或降至次要地位，取而代之的是定额田租尤其是户调征实。这显示出西晋税制的创设人绝非墨守成规之辈，否则不会在战时财政向正常财政转型之际，将曹魏时才初具轮廓的租调之制扩展为全国范围内实行的赋税制度。这也是将封建财政收入的稳定性寄托于土地小私有经济的基础之上。

第二，运用租税手段调动农民扩种土地的积极性。占田制的一个重要的特点，不仅在于规定了占有田地的最高限额，还在于规定了最小耕种面积和免征土地待遇以鼓励农业生产。所谓"课田"实际上就是必须耕种的土地的最小限额。课田的数量按一户的劳动力的具体情况规定，这就保证了农业生产的正常发展。占田与课田的土地差额是免税的土地。耕种占田的亩数愈多，则免税土地无论在绝对量或相对量上都愈大。这是通过递增的免税规定以调动农民垦田的积极性，刺激农业生产的增长，为租税收入奠定坚实的基础。

第三，以一户的劳动力条件作为租税负担的基础。占田制在财政征课上按劳动力强弱以规定租税负担的思想非常鲜明，而且是占田制创设人的首创思想。劳动力不仅有正丁和次丁之别，正次丁还有男女之别，这是按劳动力强弱规定负担田租的合理观点，丁男课田五十亩，为占田数的百分之七十一点五，丁女课田二十亩，为占田数的百分之六十六点六，次丁男课田二十五亩，为占田数的百分之三十七点五，课税均以八升为率，次丁女则有占田而无课税。以劳动力为基础而实现租税负担平均的原则，在这里得到极充分的表现。这种办法，比以往无论计亩而税或计丁而税的原则，在财政思想上是一种非常巨大的进步，是很值得称

251

述的创见。

占田制的产生在封建财政制度上从而在社会经济的恢复和发展上所起的积极作用，是显而易见的。首先，它以一般人民的占田作为封建国家取得稳固财政收入为前提，因而可以在一定程度上满足部分无地农民获得土地的要求，使当时的社会从满目疮痍的状况下，不数年间达到所谓"太康之治"。史称"是时天下无事，赋税平均，人咸安其业而乐其事"①。可见，以劳动力占田的"赋税平均"制度，是达到"太康之治"的一个重要因素。其次，此种租税政策之推行，使封建财政剥削得以暂时减轻。课田五十亩收租四斛，再加上户收绢三匹，一绵三斤，可能比汉代的法定税率还重，但较屯田时代达到百分之六十到八十的剥削率就轻得多，这对封建社会最基本的生产力——农民群众总是有利的。在全国范围内以法律形式规定户调改征实物，对人民未必有利，却为此后数百年的封建财政创立了一个先例。

但是，占田制也存在不少重要缺点，仅从财政制度的角度来看：首先，这一制度旨在阻止享有免赋免役特权的世族大地主阶级的土地兼并趋势。可是，占田制的全部规定中并无只字提到世族大姓所拥有的土地如超过最高限额时应如何处理。这不仅意味着对大地主阶级原有土地权益的默认，而且意味着即便他们继续从事土地兼并也无法进行追究。既然大地主们仍能通过土地兼并方式将更多的农民劳动成果据为己有，结果势必与封建国家发生矛盾，影响封建财政收入。

占田制的另一个重要缺点是它只有取得土地的规定，无归还土地的规定，这也是不合理的。既然占田中的一部分须负担纳税的义务，而正丁，次丁及老年之纳税与否和纳税之多寡又是有区别的，则农民由正丁男女变为次丁男女，再由次丁男女变为老人时，如不交还土地，此田将由何人耕种，租税由何人交纳，便成为问题。且已占之田如不交还，则新增人口的占田与纳税也就无着落。关于这一缺点唯一可能的解释是，占田制的创设人没有把它作为一种经常的和全面实现的土地制度来考虑，而只是侧重考虑土地租税的征课问题。再者，也许仅把它作为解决

---

① 《晋书·食货志》。

大量官荒土地无人耕种问题的一种临时措施,故所谓占田的最高限额只于官荒土地尚存在时才有效,一旦全部土地经人占有,即变成须负担规定税额的私有土地,于是占田制即告终结。

此外,一个人从幼年成长到次丁,由次丁成长到正丁,再由正丁变为次丁,最后成为"老"人。这意味他或她在一生中对国家所负担的土地租税义务须经过数次变动。将全国人口综合计算,仅核定每个劳动力应纳赋税数额一项已是非常繁重的任务。而占田制的创设人竟无一言论及此事,岂非很大缺陷。

看来,占田制所要解决的是官公荒地缺乏劳动力耕种和官公荒地无人负担租税这两个矛盾。所以,在全部占田规定中,对农民占田本身的规定比较疏略,且语焉不详,而对农业劳动力的分类及财政征课的规定反而比较具体和详细。在当时大量存在官公荒地的条件下,封建国家所要解决的问题,首先是借助于给无地农民少量土地的方式,将一部分由世族大地主荫附的劳动力吸引出来,以适应政府所控制的公、荒土地对劳动力的需要,从而为封建国家直接提供和增加财政收入。这就是占田思想的经济实质。但这一实质,无损于此制度的创设人具有我们在前面所指出的那些财政概念,也无碍于它对许多农民获得土地和减轻财政负担要求的暂时满足。此所以后代封建王朝常将它作为处理财政经济问题时足资参考的先行思想和范例之一。

四、鲍敬言否定赋税征课观点

西晋"太康之治"为时不久,即发生统治者家庭内自相砍杀的"八王之乱",接着又爆发了各民族统治阶级间的长期战争,迫使晋王朝东迁。此外,两晋王朝统治集团的骄奢淫逸生活又变本加厉,竟以奢靡相尚,历史上有名的石崇与王恺斗富之争便是这时期的典型事件。长期的战乱和统治阶级的腐化贪暴,势必给广大人民带来极其沉重的赋税负担。因此,这一时期关于财政问题的言论大多主张减省封建统治者的私人享用支出,或者将节俭作为解决财政困难的要途。然而本时期内最值得称述的，还是异峰突起地公开否定封建赋税制度的鲍敬言的激进观点。

鲍敬言系东晋初年人，他从"古者无君"的基本前提出发，公然否定了封建赋税制度本身存在的合理性。在鲍敬言之前，号称曹魏"竹林七贤"之一的阮籍（公元210—263年）已提出"无君"的口号；认为"无君而庶物定"，"君立而虐兴"①，把矛头直接指向封建君主制度。不过，他的批判观点主要是从揭露封建礼制仁政的虚伪和贪暴角度立论，未对封建财政制度作专门的批判。鲍氏则不然，他勾画出一幅无君无臣即不存在赋税剥削的理想社会的图景，从而形成了他的独特的财政观点。

首先，鲍敬言驳斥"天生烝民而树之君"②的传统儒家观点，是为君者意欲统治人民而假托"皇天"意志的欺骗之辞。他指出君主制度乃起源于人类社会以强凌弱、以智诈愚的客观现实，为了迫使弱者或愚者服于强者或智者并供其任意驱使，才产生了居统治地位的"君臣之道"和作为被统治者的"力寡之民"这一社会对立。因此，君主统治的存在，犹如"促辔衔镳，非马之性；荷轭运重，非车之乐"一样，非出自人民的意愿，而是强制征服或欺诈的结果。

君主作为代表统治和暴力的象征，既已存在，必然要以征课赋役作为维持其存在和行使其权力的物质基础，对此，鲍敬言作了颇为深刻的阐述。他说：

"君臣既立，而变化遂滋。夫獭多则鱼扰，鹰众则鸟乱；有司设则百姓困，奉上厚则下民贫。壅崇宝货，饰玩台榭，食则方丈，衣则龙章。内聚旷女，外多鳏男。采难得之室，贵奇怪之物；造无益之器，恣不已之欲。非鬼非神，财力交出哉？夫谷帛积，则民有饥寒之俭；百官备，则坐糜供养之费。宿卫有徒食之众，百姓养游手之人。民乏衣食，自给已剧，况加赋敛，重以苦役！下不堪命，且冻且饥，冒法斯滥，于是乎在"。

---

① 严可均：《全三国文》载阮籍所著《大人先生传》。
② 以下引文除另注外，均见葛洪：《抱朴子》外篇，《诘鲍》。

第九章 魏晋南北朝的财政思想

很显然，他把财政征课看作君臣即国家出现后的必然产物。反对赋役负担过重的观点，在古代财政思想史上屡见不鲜，不足为奇。不过，以往思想家在提出这一观点的同时，均要求一种不轻不重的"有度"或"有常"的征课标准，也就是，以承认封建财政征课存在的必要性作为前提。而鲍敬言与前代思想家的一个重要区别，就在于同样从人民赋役负担繁重的现实出发，却得出了根本否定封建财政征课制度的结论。例如，以官禄而论，他抨击"厚禄"的目的，不是要求减少官禄，而是认为"让爵辞禄，以钓虚名，则不如本无让也"，官禄本身本来就无存在的必要，何贵乎辞让。又如对一向歌颂的武王"散鹿台之金，发巨桥之粟"，他却问道："况乎本不聚金而不敛民粟乎？"意谓本来就不应当聚敛人民的金与粟。更有甚者，他把一向传为美谈的君臣节俭如"茅茨土阶，……妾不衣帛，马不秣粟"之类，斥之为"盗跖分财，取少为让"，把少分抢劫来之财物称为谦让。这一绝妙而辛辣的讽刺，对封建统治集团节俭本质的揭露，真可谓鞭辟入里。

鲍敬言幻想着往古之世曾有过"无君无臣"不存在任何赋税压榨的理想社会。但是，

"降及叔季，智用巧生，道德既衰，尊卑有秩，……倾峻搜宝，泳渊采珠。聚玉如林，不足以极其变；积金成山，不足以赡其费。澶漫于淫荒之城，而叛其大始之本"。

在他的心目中，君主对荒淫生活的无厌追求使财政征课有增无已，是不可避免的社会弊端，要消除封建财政制度所造成的弊端须以"无君"思想的实现作为前提。这也就是鲍敬言从财政角度批判君主制的产生之内在逻辑。

须指出的是，鲍敬言在揭露统治者肆意进行财政搜刮罪恶的同时，特别强调不能将这一罪恶归咎于统治者的个人品质，而是把矛头直接指向君主专制制度。他曾以古代桀、纣二暴君为例，指出他们若与普通人"并为匹夫"，无论生性如何"凶奢"，"也无从屠割天下"。其所以能"肆酷恣欲"，正由于他们处于"君"的地位。这一见解是相当深刻的，追溯到了造成财政弊害的总根源，君主专制制度。因此，在鲍敬言幻想

的社会中，人民摆脱君主统治后，首先获得的幸福就是免除赋税和徭役负担，"身无在公之役，家无输调之费，安土乐业"。这种乌托邦式的社会理想，表达了他向往废除一切赋税征课的善良愿望。

从财政思想史角度考察，以往谈论财政问题的思想家，无论持积极的还是消极的态度，一般均以维护统治者的存在为前提，只是在如何处理财政问题上有所不同而已。鲍敬言把注意力转向财政的产生和实质等带有根本性意义问题的考察上，故能接触到一些前人从未涉猎过的财政概念：首先，在他的心目中，似乎财政是一个历史范畴，非与人类社会相始终，它是伴随君主专制国家之出现及其职能之行使而产生，只能是人类社会发展到一定历史阶段的产物。其次，他否定了伴随君主制而产生的封建财政制度存在的必要性。故在谈论各种财政问题时，其锋芒所至，往往能提出一些犀利而深刻的独特观点。例如反"聚敛"口号自先秦以来几乎成为薄赋敛的同义词，人们一般都是以减轻赋税或稍加节制为其旨归，而这一口号在鲍敬言的手中，却成为论证赋税征课制度本身应予取消的重要根据，这种理解在古代封建社会中确是极为罕见的。又如他以"盗跖分财，取少为让"的形象比喻，第一次揭穿了封建统治者所谓"崇俭"的本质，这也是值得称道的。另外在官俸问题上，汉末以来的思想家一直为俸禄太薄而焦虑，唯有鲍敬言是以"禄厚"作为攻击目标。在他看来，既由人民"养此在官"，势必形成"禄厚"与"民困"的对立关系。这与其他思想家纯系为了维护封建统治关系而关心"薄禄"问题，无论在出发点还是在指导思想上都是截然不同的。但是，他从无君无臣角度出发而反对"禄厚"，这完全是一种绝对平均主义类型的观点，总是不足为训的。无论如何，不管鲍敬言否定封建财政制度的论断多么不切实际，它反映了人民反对沉重赋税负担的呼声这一进步因素，仍不可抹煞。

第二节
南朝财政思想

一、南朝基本财政状况及其税制特点

东晋南渡使封建生产方式在东南地区得到较广泛的扩展，这样就使地主政权在统治区域业已缩小的情况下，仍有可能取得颇为可观的财政收入。这是南朝财政值得注意的一面。但是，偏安江左一隅毕竟给封建财政造成了极大困难，其中又有两个重要因素须特别予以指出：

一是垄断政权的大地主集团的骄奢游惰生活，并未因迁徙江左而有所改变，相反地他们在挥霍民财方面更加肆无忌惮。如刘宋孝武帝"雕栾绮节，珠窗网户。嬖女幸臣，赐倾府藏"[①]。陈后主之荒淫浪费，竟至"后宫曳绮绣，厩马余菽粟"，"视生民如草芥"[②]。穷奢极欲的生活既给人民造成了深重灾难，也使封建财政经常濒临极端困难的境地。

二是封建国家与土著或南迁大地主在争夺农业劳动力方面所形成的尖锐矛盾。自永嘉之乱以来，南迁大地主也同土著大地主一样，被封建政权准许继续保持其封建特权，不承担封建国家的租税和徭役。此规定实行之初，虽曾起到过吸引北方居民、继续南迁和暂时稳定封建统治的作用，但后来对封建国家的财政收入却构成极大威胁。逃亡农民为封建大地主所收容的趋势迄未停止。这是南朝封建财政始终未得到改善的又一重要原因。

基于上述原因，南朝政权为了摆脱财政困境，只有加重对人民的榨

---

① 《宋书·良吏传序》。
② 《陈书·傅縡传》。

取这一条出路。当时赋税，特别是徭役之繁重，使自由农民随时有破产的可能。刘宋时代的人民"年及应输，便自逃逸，……或乃断截肢体，产子不养"①，南齐也有"自残躯命，亦有斩绝手足，以避徭役"者②。自由农民不堪政府官役的苛繁，只好托庇于大地主。这样，虽不得不承担沉重的剥削，却可免去官役催科。但逃避者逾多，未逃避者所负担的赋役也就愈重。这可以说是南朝财政征课中的一个普遍现象。

以税制本身而言，南朝租税制度的一个显著特征就是课税项目的繁多。税制复杂也反映当时封建租税制度中的一些新的变化。首先，以封建财政收入中占主要地位的租调部分来说，东晋曾实行度田收租制，每亩税米三升，后减为二升③。刘宋孝武帝废除度田收租制而改为按口征收，其税率由每口税米三石增至五石④。南朝时继续沿用了这一课征方式与税率，这意味着拥有大量田地的地主只需承担较少的田税，而将田税的大部分转移到仅占有极少量土地的广大独立农民身上。户调在南朝因改为征布，故又称租布。其征课方式最初亦沿袭西晋以来对租调实行"计资而税"的办法，按每户资产确定其所应交纳的户调数额。后至梁武帝天监元年（公元502年），始去人赀，以丁为布⑤，也像田租由按亩征收改为按口征收一样，户调亦由计资而税向按丁征收演变。到南朝后期，租调均以人丁为标准来规定各户的负担额，可以说是南朝税制的一个特征。

南朝农业劳动力受到豪强大地主荫庇的影响，其手段远不及北朝来得"高明"或狡诈，故反映在财政征课上其农业税收入显然不会充足而稳定。这就使南朝税制具有一个特点，即在加强农业税征收的同时，越来越仰赖于农业税以外的其他税源，其中尤以商税之征课更为引人注目。东晋南朝时不仅继承或恢复了前代已有的商税项目，如盐税、酒税、渔税及其他关市之税等等，还创设出一些新的税目，最突出的是创

---

① 《宋书·徐豁传》。
② 《南齐书·竟陵王子良传》。
③ 《晋书·食货志》。
④ 《文献通考·田赋考二》。
⑤ 《梁书·良吏传序》。

第九章 魏晋南北朝的财政思想

自东晋时代的所谓"估税",其内容为:凡买卖奴婢、马牛、田宅有设置文卷者,大率按价款一万抽税四百文,卖者负担三百,买者负担一百;不立文卷者亦应按百分之四税率交纳,称为"散估";此项"估税","历宋、齐、梁、陈,如此以为常"①。连新莽以来屡遭非议的奴婢买卖行为,也"合法"地变成了封建财政的捐税来源之一,可见此时商税征收范围之广。南朝政权还以和市或和籴名义,通过市场贸易方式购买所需物品②,事实上封建政府往往用低价强制征购民财,甚至根本不付钱③,从而成为一种变相赋税。总之,这一时期封建政府为了弥补其财政收入之不足,巧立名目,随意征课"无恒法定令"④。除征税而外,南朝还出现国家向富民借债以摆脱财政危机的事例,如宋文帝曾因北魏南侵而向人民举债,以资产分别达五十万和二十万的富家或僧尼为举债对象,"并四分借一,过此率计,事息即还"⑤。近代有的学者将此举称为"吾国公债史之嚆矢"⑥。其实所谓借债在很大程度上只能是一种形式的摊派,与近代意义的公债少有相似之处。史书称这一时期"深赋厚敛,天下骚动"⑦,由此也可以推想出那时国家举债的真实涵义。

南朝的财政思想缺乏独创意义的新观点,一般是对现实财政措施和问题的批评,如反对计资而税,反对以货币纳税,紧缩财政支出等。

二、租 税 思 想

南朝较突出的租税思想,表现在反对计资而税和反对以货币交纳各

---

① 《隋书·食货志》。
② 《宋书·武帝纪》、《南齐书·武帝纪》及《通典·食货十二》等书中均有"与民和市"或和籴一类记载。
③ 如刘宋时,"赊市百姓物,不还钱,市道怨嗟"。《宋书·刘秀之传》。
④ 《隋书·食货志》称南朝时"其军国所须杂物,随土所出,临时折课市取,乃无恒法定令"。
⑤ 《通典·食货十一·杂税》,又见《宋书·索虏传》。
⑥ 刘不同:《中国财政史》,第82页。
⑦ 《宋书·良吏传序》。

259

种捐税这两方面,当然也有人要求轻减赋税。

(一) 反对"计资而税"

前文已指出,南朝税制的一个特点如按人丁征课的"计资而税"方式。西汉曾抽收过资产税,主要以一般工商业者为对象,但实施不久即行取消。以往封建赋税大抵不外按人、按亩或按户抽收等几种榨取方式,按资产价值抽收总是很例外的情况。南朝统治阶级正式实行按个人拥有实物价值大小征课捐税,对一般人民是极沉重的剥削,周朗(公元425—460年)首先提出反对此税制的意见,认为这是有害农业生产的课税方式。他说:"乃令桑长一尺,围以为价。田进一亩,度以为钱。屋不得瓦,皆责资实。民以此树不敢种,土畏妄垦,栋焚榱露,不敢加泥"①,"计资而税"应该是在社会经济有所发展的条件下所采取的征课方式,它以货币关系的充分发达为前提。未具备一定的条件,特别是在小农经济支配的情况下,就实行按资产价值进行征课,必然会给人民带来极大的灾祸。周朗正是揭露了"计资而税"方式在当时所产生的弊害。数十年后,又有萧子良(公元460—494年)对计资而税制度进行了猛烈的抨击。他把"围桑品屋,以准资课"的做法,完全说成是地方官吏"务在衰尪"的聚敛行为,指责他们"斩树发瓦,以充重赋,破民财产,要利一时"②。从揭露计资而税的弊害而言,这是直率而明确的。但萧子良站在南齐统治皇族成员的立场,看不见此税制本身的缺点,把产生弊害的责任完全归咎于地方官吏,反不如周朗的观察之透彻,因而提不出改革此税制的意见。周朗曾建议以"人"为课税单位,这样可以使富者不至于负担过多,而贫者不能免于纳税。但周朗又不懂得以财产价值多寡为基础的"计资而税",虽在小农经济支配的封建社会中不可能不产生缺点,而"计人为输"却是更落后的课税制度。

(二) 交纳货币税问题

这里所谓货币税问题主要指租调一类的实物赋税改用货币交纳,也

---

① 这里及以下引文,均见《宋书·周朗传》。
② 《南齐书·竟陵王子良传》。

第九章 魏晋南北朝的财政思想

就是通常所说的"折变"。根据萧子良的观察,他认为这一课征方式存在着以下几种弊端:一是导致了"钱贵物贱"。因为租调本来是征收谷物及绢绵,现均按其价值折钱交纳,人民不能直接以他们的劳动产品纳税,只得将其投诸市场以求换取货币,结果一斛粟仅值几十钱,一匹布亦不过三百钱。农产品市场价格的下降,在萧子良看来是不利于农业生产的。实际上,南齐统治者一直采取货币紧缩政策,"钱贵物贱"现象应是这一政策的必然结果。不过,萧子良所说的租调改以货币交纳的情况,也会加剧"钱贵物贱"的趋势。二是在"物价转贱"的趋势下,必然会使课征对象的农产品市场价格日益低于原来以货币折算的标准,官府如仍按原标准征收货币捐税,无异是提高了人民的纳税实际负担。他曾指出:刘宋时以布折钱,其征收标准"因时增减"随布价涨落,甚至以低于现行布价的标准来折算,如市价一千折钱征收九百,市价六百折钱五百,这种办法是可取的。他所处时代的情况却是布价已降至每匹仅百余钱,而征课标准"犹依旧制",每匹折钱五百,等于将租税负担增重了四倍。三是当时"钱多剪凿,鲜复完者",而官府所征收之钱却要求必须圆大而无剪凿。由于流通中的铜钱多被剪凿,轮廓完好之钱"十不一在",人民纳税为求得轮廓完好的钱,"买本一千,加子七百,犹求请无地"①,使纳税负担大为加重。

对于交纳货币捐税中的诸弊端,萧子良的对策是:"凡应受钱,不限大小,仍令在所折市布帛。若民有杂物是军国所需者,听随价准直,不必其一应送钱"②。亦即仍维持以布折钱的征课方式,只是不限钱之大小一律征收。人民拥有为军国所需的生产品时,应准许交纳实物以抵充货币捐税,其实物估价随市价而定。可见,他只是对征收过程中的弊端有所纠正,而对租调制本身及其折钱数额之是否适当未加考虑。

另外,萧子良也反对劳役折钱。当时有人建议将会稽郡所征发的"塘役","悉评敛为钱",改为交纳货币以充实国库。对此,萧子良提出两点反对理由。一是"塘役"纯系征发当地人民治理湖海堤防和桥

---

① 《南齐书·王敬则传》。
② 《南齐书·竟陵王子良传》。

路之用,"本不入官",现在论值课钱,无异是"租赋之外,更生之调";二是塘役如折钱交纳,则塘路湖源将因无人修浚而崩坏泄散,"害民损政,实此为剧"①。这是就劳役折钱而言,对于未折钱的劳役征课,他也指出了那时人民承担劳役"年无常限",甚至"畏失严期,自残躯命,亦有斩绝手足,以避徭役"② 的惨状。

(三) 商税问题

萧子良并不反对商税本身,只是对当时征收商税的方式表示非议。他所反对的是掌管商税征收的司市"不由才举",而是让人们用重资购买。就他所谓"条其重资,许以贾衒,前人增估为侠,后人加税请代"③ 一语理解,当时封建政府曾以征收商税的司市一职,标重价出售给私人承包,相互竞争的私人购买者在投标过程中力求以更高的估税承包额中标。而中标的私人承包者必将变本加厉地剥削商民,以获取较承包商税额为高的利润。商税承包思想,看来是由南齐创始,给中国财政思想开了一个先例。包税制在商业经济不甚发展时期,如果处理得当,不完全是错误的,因为它可以节省政府课税所需的费用。但在封建制度下,即使是好办法,也会被用来作为贪污手段,对人民总是有害的。

(四)"减赋"概念

减税是萧子良的财政思想的核心。他主张减赋的理论依据,仍不外乎是在使人民富足的基础上充实封建国家财政,反对"不务先富民而唯言益国",认定"民贫于下而国富于上"④ 的情况是不可能的。因此,他主张减轻赋税不过是使封建国家暂时舍弃些"目前小利",由此换取将来的"长久大益"⑤。这些意见都是前人早经指出过的,没有什么新的见解。事实上,他所谓"减赋",更多的是针对征税过程中发生的各

---

① 《南齐书·王敬则传》。
② 《南齐书·竟陵王子良传》。
③ 《南齐书·竟陵王子良传》。
④ 《南齐书·竟陵王子良传》。
⑤ 《南齐书·王敬则传》。

种弊病而言，而不是要求对已有的赋税定额予以减免，这是南朝的"减赋"与以往"薄赋敛"的内涵不尽相同之处。

三、紧缩财政支出

紧缩开支观点是贺琛（公元480—549年）倡议的。他是萧梁时代公开揭露封建国家的财政腐败现象较突出之一人。他曾于梁武帝末年上书四事，指责当时各级官府唯以"应赴征敛"为能事，致使"百姓不能堪命，各事流移，或依于大姓，或聚于屯封"，造成了"户口空虚"①状况。他分析当时官吏们"皆尚贪残，罕有廉白者"的原因，在于侈靡成风。其淫奢之弊，竟至宴饮时"积果如山岳，列肴同绮绣，露台之产，不周一燕之资"。如此挥霍，使得官吏们在位时"竞为剥削"，仍无法满足其欲壑，"虽致赀巨亿，罢归之日，不支数年，便已消散"。因而罢职官吏往往"追恨向所取之少，今所费之多"，一经复职，便"增其搏噬"，更加贪残地吞噬人民的财产。由此引起财政搜刮上的恶性循环，使广大人民处于水深火热之中。

在贺琛之前的周朗也极力攻击奢侈，并把奢侈之风产生的原因归咎于最高统治者的"侈丽"。但是他建议的处理奢侈问题的办法却是不许人民穿着华丽服饰，禁止工人制造"奇伎淫器"，违犯者"皆焚之而重其罪"②。这正如俗语所谓"只许州官放火，不许百姓点灯"。贺琛对侈靡之抨击更为尖锐，而且提出了一套紧缩财政开支的具体措施。

贺琛处理财政困难问题的总原则，是提倡节俭，"减省国费"，而不是加强财政征课。在这一总的原则支配下，他要求裁撤不必要的政府机构，即使有必要存在，也应减省其职掌；检查各类支出项目的经费使用情况，有的"在昔应多，在今宜少"，有的"虽于后应多，即事未须，皆悉应减省"；对于政府现时所进行的各种活动，凡需动用财政储

---

① 以下引文除别有注疏者外，均见《梁书·贺琛传》。
② 《宋书·周朗传》。

备或须对人民实行征课者,即便事关国计,亦应区别轻重缓急,一律以"息费休民"为其准则。贺琛主张在"国弊"时紧缩开支的各项具体措施,应当说都是比较妥当和正确的。他建议大幅度削减财政开支,有两个基本前提,一是"天下户口减落",二是"帑藏空虚"。户口减落意味着财政剥削的源泉将因征课对象的减少而萎缩。而国库空虚难以完全从加强财政剥削中得到补偿,则摆脱财政困境的办法只有紧缩开支之一途。此所以贺琛口口声声地强调"国弊则省其事而息费"。在他看来,国家困难时如果坚持奉行紧缩开支的方针,不出五年时间,即可实现"国丰民阜"。言下之意,"省事息费"政策只是应付"国弊"时的权宜之策,非封建国家处理财政问题的长久方针。封建国家实行"息费休民"的目的,只不过是让人民在极端困难时期稍缓一口气,得以"聚财","聚力",最终仍是为了"大用"其财,"大役"其民。像贺琛这样赤裸裸地暴露其主张紧缩开支的真实意图的观点,在古代鼓吹财政节俭论者中是不多见的。因此,他所反对的只是在"国弊民疲"情况下仍无止息地以"小事"或"小役"去扰民耗财,结果陷于"弊不息而其民不可使"的绝境而不能自拔。但是在萧梁王朝的昏庸时代,连这种纯系为了封建国家利益的建议也为当权者所不容,引起梁武帝"犬怒"并遭到斥责。南朝封建政权的统治之腐败,于此可见一斑。

　　南朝除上述财政思想外,还有人主张以工代赈。如周朗对于因饥馑而流散的农民如何安置的问题,曾建议在丰收地区募人家能供五十口一年之食者赏爵一级,以此类推。只需千家即可养活十万口。被养活的人均须到淮南从事佃耕,由政府设立长帅加以管理。凡公家或私家多余出来的劳动力,应使其帮助农耕,如修筑湖堤,开发湖田等。须待收成很好时方可移回旧地。他的这一建议的动机并不算坏,不过,他把移民及私人劳动力的运用问题看得过分简单,这就使他的建议成为没有实践意义的空想。但他这一建议试图以政府"兴役"的以工代赈方式来代替直接的财政接济,并鼓励富民供应饥民之食,这种思想总是新颖的。

　　统观南朝财政思想,说不上有什么理论原则上的贡献。但由于国家财政的长期困窘,统治集团想尽一切方法以增加财政收入,因此,凡前代曾实行的税制大都被采行,同时也新设立了不少财政征课,其税制之复杂为前代所未有，也给人民带来更为沉重的赋税负担。在这种情况下，人们涉及财政问题的议论也就比较多，可惜多为就事论事，处理一些具体财政问题的设想。其中，如资产税、商税承包、和市、以工代赈之类，虽非完备的财政设施，却常为后来封建王朝所沿用，也就有必要在这里予以指出。

第三节
北朝财政思想

公元439年拓跋魏统一北方、结束十六国割据局面以后，不仅恢复了中国北部地区的封建经济，使它焕发出某种新的活力，并承继魏晋以来赋税制度的变化趋势而使之渐趋完善。到北朝后期，封建财政之充裕，已达到"……国家殷富，库藏盈溢，钱绢露积于廊者，不可较数。及太后赐百官负绢，任意自取，朝臣莫不称力而去"[①]。这是南朝财政绝不能与之相比拟的，因此，北朝的财政思想贡献虽不算多，毕竟出现了一些对后世较具影响力的思想。

一、北魏均田思想的财政意义

均田思想是李安世（公元442—493年）所倡导，北魏政权予以采用，于太和九年（公元485年）公布均田制[②]。北魏均田制所体现的丰富土地观点，不属于本书的研究范围，这里只分析其与国家税收有关的一些原则。

均田思想虽以解决当时存在的土地问题为首要目的，但土地是封建

---

① 杨衒之：《洛阳伽蓝记》卷四。
② 见《魏书·李孝伯附传》。

制度的唯一基础，而土地税又是封建国家的基本财政收入，故任何谋求处理封建土地问题的思想家不可能不兼顾财政问题。李安世在其《均田疏》中一开始就把"井"与"税"联系起来，说："井税之兴，其来甚久"①，后来正式颁布的《均田诏》也以"课农桑，兴富民之本"②为旨归。在此问题上，均田思想与占田思想不同之处，在于后者对财政征课的要求表现得十分明确，而前者的财政目的却未明显地表示出来。农民既从国家分得土地，他们须同时承担纳税义务是不言而喻的，事实上也收到很丰硕的财政成果。

为了分析均田制的财政思想，有必要先概略地介绍一下它的受田和还田的规定。因为分得土地或谓受田即须负担租税，还田即可免去租税。

北魏将土地分为露田、麻田、桑田（包括榆田）及宅地四种，其受田方式各不相同：

露田：即种植谷类作物的耕地。其分配方式、男女超过十五岁即行受田，男夫受露田四十亩，妇女二十亩。奴婢也照样受田，惟其田地系分配给奴婢的主人。一家有耕牛一头，可多分三十亩，按牛数递增，但每家分配额最多不得超过四头牛之数。这些均称为"正田"。如系采用休耕制则受田数量可增加一倍或二倍，称为"倍田"。在产麻地区，每一男丁另受麻田十亩，丁女五亩。对初次受田的人，除受露田、麻田外，另给男夫桑田二十亩种桑、枣、榆等树。在不适宜种桑地区，每一男夫另分配土地一亩以种枣榆。至于宅地，系按居民人口分配以作建造房屋及种菜之用。

均田制有还田的规定，这是以往所有土地改革方案从不曾有过的，显然与租税交纳与否有着密切关系。受田者超过规定年龄或未到规定年龄而死亡，应将田归还国家。每户所有的奴婢及牛的数目可能因买卖或死亡而改变，故须"随有无以还受"。对露田与麻田必须按照前面规定还田，桑（榆）田一经分配，"皆为世业，终身不还"，尚可将其超过

---

① 《魏书·李孝伯传》；又见《通典》卷一，《食货》一。
② 《魏书·高祖纪上》，太和九年诏。

第九章 魏晋南北朝的财政思想

规定部分自行出卖。①

均田思想与西晋占田制比较，在财政征课方面包含以下一些新的或更为发展的概念。

第一，以土地的还受作为交纳租税的基础或前提。农民取得小块土地也就须承担纳税的义务，课税的年龄也就是受田的年龄，还田同时也就不须交纳租税，除非是优待的规定如寡妇守志者，方可受田而"免课"。在土地与地租形态的课税的结合问题上，均田主张较西晋占田主张更具有实践意义，因为占田并不一定是实际分得田地；而实际占有田地的老年及次丁女也不一定交纳租税，这就会使占田制的长期推行成为不可能。均田思想主张将纳税的义务同土地的还受完全结合起来，义务与权利很明确，这也是为什么均田制度曾在其后不同的封建王朝持续地推行约达三百年之久的主要原因之一。

第二，均田思想既企图解决封建国家的财政收入问题，又给地主阶级以种种优遇。照均田法的规定，奴婢按一般农民的标准受田，有牛四头又可以受田一百二十亩。如果奴婢众多，其分得土地的数量必很可观。一个世族大地主家庭如拥有数十或数百奴婢就可分到数千亩土地。而在纳税标准上，奴婢受田后只按正丁一夫一妇的税额的八分之一交纳，一条耕牛分田后应交纳的租调只为标准税额的二十分之一②。以此与一般自耕农比较，地主阶级只负担相对的非常轻的租税。可见，均田制一方面是要以自己占有小块土地的诱惑使流亡农民不再沦为大地主的苞荫户和使一些苞荫户脱离大地主的控制，从而增加封建国家的课税对象；另一方面也使拥有大量奴婢的大地主继续占有大量土地并在租税方面获得种种优遇，以减少大地主们的反抗。

第三，按劳动力强弱来规定租税负担的思想的进一步发展。西晋占田制已鲜明地体现出以劳动力条件作为财政征课之基础的思想，这一思想在均田制中表现得更为细致而具体。首先是按劳动生产能力的高低分配田亩并承担相应的纳税义务，如男多女少；使用牛耕者多，非牛耕者

---

① 以上关于均田制的规定，均见《魏书·食货志》。
② 均田制下的租税，据《魏书·食货志》："其民调一夫一妇帛一匹，粟二石。民年十五以上未娶者四人出一夫一妇之调。奴任耕、婢任绩者，八口当未娶者四。耕牛二十头当奴婢八"。

267

少；役使奴婢多者多，役使少者少等等，而且均须以劳动生产能力的存在与否以为还受土地和纳税的依据。其次，对地主阶级占有土地和纳税的规定也不像西晋占田制那样笼统以官爵高低为标准，而是按实际拥有奴婢劳动力的人数来分配。这固然是为了使农业劳动力更有效地依附于土地，但它也表明均田思想已将租税征课与劳动生产能力条件更紧密地联系在一起。

第四，以土地归国家所有作为确定和调整租税负担的前提条件。西晋占田思想侧重于解决大量官公荒地如何能为封建国家提供财政收入的问题，故土地一旦被占有后即成为负担规定税额的私有土地，不必再由国家进行分配。而均田思想则坚持将土地国有与租税征课联系在一起，如在取得土地的规定之外又提出还田的规定，即为了便于及时收回丧失劳动能力者所占有的土地而转授予其他符合条件者，借以保证租税收入不致减少；规定桑榆田为世业但在一定限度才准许其自由买卖，而将作为主要土地分配对象的露田和麻田规定为必须还受之田，亦系在土地国有条件下可以对无力负担租税者的土地作经常而及时的调整，以实现土地始终保持在有劳动能力的纳税者手中。至于其他土地分配原则如"先贫后富"；考虑到自然距离的远近，"进丁受田者恒从其近"；鼓励农民由人口稠密地区迁往人口稀疏地区，并阻止其向相反方向移动等等，则不外乎是在国有土地制的总前提下引申出来的具体分配原则，其目的或者是借此维持封建秩序以便于封建国家的长期剥削，或者是运用调整土地分配定额方式以使农业劳动人口得到较适当分布，从而使土地宽狭地区均能提供大量的财政收入。但在以土地国有为前提的均田制条件下，当封建经济恢复繁荣使人口增殖达到一定程度时，必然会出现土地不敷分配的情况，而各种世业田的不断增多，又会使土地不足分配的情况更加严重。这些都使均田制本来通过调整土地分配方式来调节租税负担的作用无法长期维持，并导致均田思想最后趋于幻灭。

二、三长制的财政意义

北魏有名的三长制是李冲（公元450—498年）所创行的。三长制系与均田法相配合而设置，其作用是能使"课有常准，赋有恒分，苞荫之户可出，侥幸之人可止"①，体现了当时的财政政策。其具体内容是：

"宜准古五家立一邻长，五邻立一里长，五里立一党长。长取乡人强谨者。邻长复一夫，里长二，党长三，所复复征戍。余若民。三载亡愆则陟用，陟之一等。其民调：一夫一妇帛一匹，粟二石。民年十五以上未娶者，四人出一夫一妇之调。奴任耕，婢任绩者，八口当未娶者四。耕牛二十头当奴婢八。其麻布之乡，一夫一妇布一匹，下至牛，以此为降。大率十匹为工调，二匹为调外费，三匹为内外百官俸，此外杂调。民年八十以上，听一子不从役。孤独癃老笃疾贫穷不能自存者，三长内迭养食之"②。

李冲建议实行三长制，是要将宗主督护制下的苞荫户解脱出来，成为封建国家所直接掌握的负有纳税义务的"编户"。三长制在改变社会劳动组织，与具有强烈的宗法意识的宗主督护制做斗争方面的意义，姑且不论。我们只研究反宗主督护制的斗争在加强封建财政收入方面的作用。三长制设立以前，一部分农民在宗主荫庇下进行生产，一个强宗豪族的苞荫户多到数千家，最一般的也是苞荫了三十家或五十家③。这些被苞荫的农户虽"皆无官役"，可是"豪强征敛倍于公赋"④。封建国家反而要从豪强大户手中分其馋余，无疑是对封建国家财政的一个威胁。

---

① 《魏书·李冲传》。
② 《魏书·食货志》。
③ "旧无三长，惟立宗主督护，所以人民多隐冒，五十、三十家方为一户。"（《魏书·李冲传》）。
④ 《魏书·食货志》。

中国财政思想史

三长制按照五家为邻,五邻为里,五里为党的编组办法,使宗主督护制控制下的农业劳动力变为由封建国家直接控制的社会劳动编组。担任邻、里或党长的人由官府选派,其待遇为免除一人、二人或三人的徭役,而所免除的这些徭役还可转移到农民身上以为弥补,于封建国家并无损失。可是建立了三长制后,封建政权对人民的统治可收"以大督小,从近及远,如身之使手,干之总条"[1]之效,其中自然包括便于财政监督或代催捐税等方面的作用。

李冲实行的劳动编组在财政思想上体现在三个方面:第一是减轻了自由农民的租调。以往租调,沿用西晋"九品相通"之旧制,按"九品混通"法征收,将天下户口分为上上、上中、上下、中上、中中、中下、下上、下中及下下九等,以太和八年税率为例系平均每户调帛七匹,絮二斤,丝一斤,粟二十二石九斗[2]。这是三长制实行前封建国家收税的平均指标,每户实际负担数量应按九品级差分担。这一税制虽以"哀多益寡"[3]相标榜,但在封建社会中,下等户的独立农民分担较重的租调是不必争辩的事实。上等户所负担的租调虽相对地轻,但其转嫁到苞荫的农户的租调却是"倍于公赋"的沉重负担。李冲提出按个体家庭及按丁征收的办法,规定的税率为一夫一妇帛一匹,粟二石,其他按此递减。这样不但降低了被苞荫的农户的实际负担[4],而且税率明确,也不至于像宗主荫庇那样可以漫无限制地由宗主任意榨取。这对苞荫户之脱离宗主当然是很大的诱力。李冲为了摧毁宗主督护制,特别示惠于农民,把他们拉到自己阵营里来,才能够击败大地主的宗法势力。对于封建财政来说,在户籍的隐冒消除以后总租调收入还可以大大地增加,可谓一举两得。

第二,对于大地主阶级,李冲也给予租税上优惠待遇以减低其反抗情绪,以便于三长制的推行。前面已指出,奴婢只按一夫一妇税率的八

---

[1]《魏书·食货志》太和十年"为里党法诏"。
[2]《魏书·食货志》及《通典·食货志》。
[3]《魏书·世祖纪上》太延元年(435年)十二月诏。
[4] 如结合均田制下一夫一妇受田六十亩来考虑,则每亩只负担三又三分之一升租税,的确是较轻的税率。

分之一交纳,牛只按二十分之一交纳,而分田标准除牛外仍与"良民"相同。这无异是将国家应得的对奴婢的剥削收入的绝大部分转让与大地主。所以,李冲在争夺劳动力问题上对付国家与地主阶级之间的矛盾的策略,也通过财政政策从经济上笼络,以消除地主阶级对三长制这一新的劳动编组形式的反抗情绪。

第三,在推行三长制的具体过程上,李冲也主张采用经济方式以鼓励农民,让农民先得到"均赋税"的实际利益,使三长制推行更为顺利。他说:"若不因调时,百姓徒知立长校户之勤,未见均徭省赋之益,心必生怨。宜及课调之月,令知赋税之均,既识其事,又得其利,因民之欲,为之易行"①。尽管三长制是为着封建最高统治者的利益向豪强大户争夺劳动力与剥削收入,而李冲能完全运用所谓"均赋省税"的经济斗争方式以实现其政治目的,在当时条件下,总是难得的。三长制的实行虽不可能改变农民受到剥削的处境,但可以暂时地减轻对农民的剥削,有利于封建经济的进一步发展,却是可以肯定的。

三、北魏中后期的官俸和租税观点

(一) 官禄问题

自东汉以来,除鲍敬言而外,官俸太薄始终是困扰着封建思想家的重要财政问题之一。北魏王朝建立之初,由于"百官无禄"②,故官禄问题实际上以另一种形式表现出来。早在拓跋珪于公元三八六年建立北魏时,已模仿汉族的封建政治组织形式粗具规模地建立起国家机器。由此出现的大批中央和地方官吏,他们不从国家领取薪俸,必然要从其他方面寻求来源以资弥补,如在战争中掠取战利品或因立战功而受赏,又或在管辖范围内另行征课上缴中央定额以外的租调以充私囊。可见,不

---

① 《魏书·李冲传》。
② 《文献通考》卷二百七十三,《封建考》十四"元魏"条。

给官吏俸禄无异是纵容各级官吏任意搜刮和压榨人民。如果说官吏无俸制度在拓跋氏占领中原地区的初期，还带有游牧民族的色彩并符合他们南下攫取资财的目的，那么在拓跋魏统一北部中国尤其是政权既经巩固以后，继续维持官吏无俸制，显然对封建政权是很不利的。因此，在孝文帝推行均田法和三长制的同时，围绕着是否规定官吏俸禄等级的问题，也曾展开一次讨论。当时少数贵族如淮南王借口军费浩繁，不同意班禄。对此，高闾曾给予反驳。他认为俸禄之制自尧舜以来一直存在而未改，惟汉末因中原战乱使民户耗减，国用不足，俸禄遂废，但这是"事出临时之计，良非久长之道"。因此，俸禄制度仍应恢复。况且"今给其俸，则清者足以息其滥窃，贪者足以感而劝善。若不班禄，则贪者肆其奸情，清者不能自保"①。

高闾主张班禄的理由，不外乎是官俸问题直接关系到吏治的清廉或腐败一类传统观点。特别是他把重新班禄看作是清除一切官吏腐败现象的万应灵丹，足见其观点之不达事理。但无论如何，他对无禄制下官吏中盛行"贪污"现象的指责，确是抓住了当时封建财政制度的一个重要弊端。基于他对班禄制的辩护，对建立官俸制度起到了扫清思想障碍的作用，北魏才正式颁布俸禄制度，规定人民每户每年增课调帛三匹，谷三石九斗，以供支付官禄之用；并规定了班禄后有官吏贪赃满绢一匹者处以死刑的严厉刑罚②。结束了北魏政权建立以来一百年间长期无俸禄制度的历史。

（二）宣武帝时的商税之争

北魏时谈论商税者不乏其人，较具代表性的是宣武帝时代围绕盐禁问题而展开的一场争论。当时甄琛（公元453—524年）请开盐池之禁，不赞成官府在盐池设立盐司以收税利的传统做法，同时也主张国家在征收粟帛一类农业税而外，不必再征收其他租税，特别是不必征收关市之税，"唯受谷帛之输"③。在这一思想支配下，他建议弛盐禁绝非以征税

---

① 以上引文均见《魏书·高闾传》。
② 参见《魏书·食货志》、《魏书·高祖纪上》及《魏书·刑罚志》等。
③ 以上引文均见《魏书·甄琛传》。

第九章 魏晋南北朝的财政思想

制代替国家专卖,而是听任人民自由取给,官府只是加以"监导"而已。此后,元澄又建议"利国济民"十条,请免"工商世业之户"的租调①,这更是免除商人租税负担的表现。

当时,有些人在商税问题上提出了与甄琛的建议完全不同的观点。他们指出:征课商税可以增辟新的税源,减轻农民的租税负担,不一定是为了统治者的私人利益,故商税与农业税一样同系应予征课的对象。在这里,他们还为"税"的内涵下了一个定义,即"税之本意,事有可求,因以希济生民,非为富赇藏货"②。以此定义来衡量商税,无非是说当国家需要征税时,应考虑全体人民的利益,不应使富裕工商业者独得隐匿其财货,由此证明课征商税的必要性。

以上争论最后以甄琛的弛盐禁建议得到采纳而暂告一段落。但围绕征课商税问题而出现的这场争论本身,足以说明北魏后期商人资本之大有发展,已是不容争辩的客观事实。只不过对此同一客观事实,反对征课商税者主张减轻或取消封建商税的束缚以奖励商业的发展,而赞成课征商税者则认为必须开辟这一新税源罢了。双方都以承认商业的发展作为既定前提,这也就为北魏租税思想增添了一个新的内容。

(三)其他租税言论

苏绰(公元498—546年)在财务行政制度方面的一个重要贡献,就是创立了"计帐、户籍之法"③。此法旨在建立一套以乡为单位记载户口、土地和赋役状况的簿册,作为控制赋役的基本依据。这样就将赋役的计量与核算直接与户籍的编制联系在一起,解决了国家财务行政管理上的一个重要问题。以后继起的隋唐王朝即沿用此法,并进一步发展成为各乡县"每岁一造计帐,三年一造户籍"④的定制。此外,他还为西魏政权的统治拟定了六条诏书,如"治心身"、"敦教化"、"尽地

---

① 《魏书·任城王澄传》:"……八曰,工商世业之户,复征租调,无以堪济,令请免之,使专其业。"
② 《魏书·甄琛传》。
③ 以下引文除另注外均见《魏书·苏绰传》。
④ 《旧唐书·食货志》。

273

利"、"擢贤良"、"恤狱讼"及"均赋役"。这六条建议及财务创置在当时极受重视，据称周太祖宇文泰常以此为座右铭，并规定地方官吏"非通六条及计帐者，不得居官"。下面我们主要研究他的"均赋役"思想。

苏绰在谈财政征课时，似乎很注意以农业生产劳动的时间因素为前提。他说：

> "财货之生，其功不易。织纴纺绩，起于有渐，非旬日之间所可造次。必须劝课，使预营理，绢乡先事织纴，麻土早修纺绩。先时而备，至时而输，故王赋获供，下民无困。如其不预劝戒，临时迫切，复恐稽缓以为已过，捶扑交至，取办目前。富商大贾，缘兹射利，有者以之贵买，无者举之与息。输税之民，于是弊矣。"

可见他是将"先时而备，至时而输"看作既可保证赋税供应又使下民无困的必要条件。如果在财政征课过程中不积极地掌握生产的劳动时间，而是临时取办于目前，势必对人民造成损害而给富商大贾趁时射利以可乘之机。"不违农时"固然是古代儒家的老生常谈，但像苏绰这样将掌握劳动生产时间作为财政征课原则的确系不多见。至于他认为税收与农时脱节所造成的弊害，主要指农民家庭应交纳的手工纺织品尚未完成即催迫交纳，农民势必转向商贾用高价或举债方式购买官府所征课之物，实际是加重了农民的负担。这与西晋傅玄指责"所调非所生"给农民增加的负担，系从不同角度揭露了商品经济较为发展条件下，实物征课制度的弊病。

苏绰的另一租税概念是将古代儒家的平均负担原则推进了一步。以往所谓平均负担主要指土地之肥瘠与远近、劳役负担之轻重及税率之统一而言。苏绰将平均负担原则贯彻到贫富各阶层里去。他说："夫平均者，不舍豪强而征贫弱，不纵奸巧而困愚拙，此之谓均也"。租税和差徭均不应使富豪得到便利，才是真正的"平均"。他还认为应使贫弱者在纳税时间上得到照顾，因为催征太急是给富商大贾造成"射利"的机会。当然，这些都是在当时历史条件下不能实现的想法，但也不失为对传统的平均负担租税概念的某种发展。

第十章

隋唐财政思想

公元589年杨坚灭陈，结束了从四世纪初期起二百七十年南北分裂的局面，建立起统一的隋代封建帝国。隋王朝虽仅存在三十七年即被农民大起义的风暴所推翻，但从它所推行的一系列财政措施看来，人们对前一时期财政思想的总结已有相当的成就，起到了承先启后的重要作用。继起的唐王朝不仅封建财政制度日臻成熟，在财政思想的发展上也开始进入一个新的光辉历史时期，涌现出许多杰出的理财家，在封建财政理论和实践方面出现了根本性的变化。

第一节
隋代财政思想

隋王朝统一中国后，其财政之丰裕，史称"古今称国计之富者，莫如隋"[①]。隋初造成所谓开皇之富，必有其各种行之有效的财政经济措施。正如顾炎武在分析隋代税收充裕的现象时指出："必有生财之

[①] 马端临：《文献通考·国用考一》"隋文帝开皇时"条。

方，而后赋税可得而收也"①。下面我们将从隋朝一系列重要财政措施的分析中，抽绎出它们的指导财政思想。

一、隋初赋役制度

隋帝国建立，苏威（公元534—621年）主持国家财政事务。许多重要赋役征课制度，均经他参与制定而成。他是西魏苏绰之子。苏绰曾助宇文泰改革财政制度，为了解决当时国用不足的突出矛盾，不免对人民过重的课征，故只能将减轻赋役的希望寄托于后人。苏威即以此训为己任，在筹划各项赋役制度时，"务以轻典"。自此以后，"轻赋役"便成为隋文帝时代财政征课的一个支配原则。

例如，隋初曾一再减人民赋役，将起征赋役的成丁年龄从十八岁提高到二十一岁，丁男每年的服役期限亦由一个月缩短为二十日，调绢一匹（四丈）改为二丈。另外也取消了前代酒和盐的国家专卖制度，"罢酒坊，通盐池盐井，与百姓共之"②。开皇十年，又规定"民年五十，免役输庸"③，亦即从五十岁起，实行以庸代役的办法。这些均体现了苏威"轻赋役"的基本精神。此外隋初还多次诏免当年租调。

除坚持轻征薄赋外，苏威对皇室用度的任何奢侈现象，如宫中以银为幔钩一类，也能以俭约为尚直言相劝。谈财政问题者，很少能离开薄赋与节俭这两个训条，然而企图以此来说服封建统治者，却殊为不易。苏威的"轻赋役"与俭约主张均为统治者所采纳。隋初财政之所以取得较显著成效，轻赋与节约皇室费用也是其重要因素。

二、输籍法

豪强地主荫庇户口为了逃避政府赋役的矛盾，在南北朝全期内始终

---

① 顾炎武：《日知录》卷十二，《财用》。
② 以上隋代赋役规定均见《隋书·食货志》。
③ 《资治通鉴》卷一七七，又《隋书·食货志》亦称："百姓年五十者，输庸停防"。

第十章 隋唐财政思想

存在，到隋初仍未见缓和。为了解决大量隐户"规免租赋"这一矛盾，隋王朝建立后曾下令各州县"大索貌阅"，规定凡查出户口不实者，里正、党长流配远方；鼓励民户相互检举；大功（堂兄弟）以下的亲属皆令"析籍"，各立户头，以防容隐。此次搜刮人口"计帐"新增四十四万三千丁，一百六十四万余口①。在这次搜检人口的基础上，高颎（？——公元607年）又提出了"输籍法"。根据《隋书·食货志》的记载，他提出"输籍法"的基本精神，是根据每家财产多寡评定户等，定应纳税额。其具体做法是先将统一的输籍标准即"定样"发至全国各州，再定于每年正月五日，由县令巡查一次当地户口，就近以五党或三党的社会编组为一团，根据既定的标准划分户等并确定各户的纳税定额。这样编成户籍定簿，既可将豪强地主隐匿的民户转为国家的编户，防止逃税和地方官吏的营私舞弊；又能为封建政府的赋役征课提供可靠而确实的依据，有利于财政收入的稳定增长，这确是隋初一项十分重要的财政措施。

古代史学家曾给予高颎的"输籍法"以很高评价，称赞他"设轻税之法，浮客悉自归于编户。隋代之盛，实由于此"②。值得注意的是，这里用"轻税之法"来解释"输籍法"，表明高颎很善于利用减轻赋税的经济手段来吸引那些托庇于豪强地主的农户，而不是单纯诉诸政治强制方式。另外在推行输籍法的过程中他坚持"先敷其信，后行其令，烝庶怀惠，奸无所容"，也是其法得以获得成功的原因之一。高颎对于隋朝重建和完善转运仓、义仓等仓廪系统，也有重大贡献。故史称"隋氏资储遍于天下，人俗康阜"，为"近代以来未之有"。这说明高颎在隋帝国的财政制度规划中起到了十分重要的作用③。高颎以后，州县检查户口已成为一种经常性的制度。

总之，隋代在处理逃税隐户的问题上，比起前代更为坚决、彻底而富有成效。这一时期所推行的"输籍"、"貌阅"等措施，在维护封建财政利益方面，既直接继承了北周苏绰的"记帐、户籍之法"、又为唐

---

① 见《隋书·食货志》。
② 杜佑：《通典·食货·丁中论》。
③ 《通典·食货·轻重》。

277

代的"团貌"乃至明朝的"黄册"制度,提供了足资参考的先例。

三、义仓制度

隋代统治者一直十分重视仓储问题,故在各地设置了各种仓,募民运粮,转相灌注,以解决京师食粮的供应问题[①],随着运河的开凿,国家的仓廪建设也得到大规模发展。惟自隋代起,在已有的官仓之外,又创设了一种民间自置粮仓,其储粮系自愿性质,专门供作当地备荒赈恤之用。这就是由长孙平的建议[②]而设立的"义仓"。

关于"义仓"名称的由来,根据东汉时"命丰富之家各出义谷,助官廪贷"[③]的记载来看,早在那时已有用"义谷"一词来表示民间赈贷活动。北齐时又有所谓"义租",它作为一种租税项目虽不必与仓储制度有什么直接联系,但以"义"来标榜租税性质的做法,仍可能为隋代创立义仓提供了某种借鉴。不过,将义仓作为一种固定的制度,却为长孙平所创始。他建议的义仓系由各州军民共同设置;出粟方式为"劝课",具有自愿性质;所出粟麦品种"随其所得",没有固定要求;仓窖造于当地村社;委托社司实行管理;所储仓谷用于饥荒赈给。除以上各点外,出粟标准平均每户一石以下,按"贫富差等"法交纳[④]。这就是我国古代义仓的最初"定式"。义仓思想的产生,固然是继承以往官私赈济思想的产物,同对它也表明长孙平对于保障农民生活的重要性有了进一步的认识,故能另辟蹊径,利用各地基层村社组织创行一套与传统官府赈济形式不同的民间自助自救的义仓制。

义仓本系"当社"劝课、管理和实行赈济,故义仓又称社仓。可是它的出现,也为封建官府搜括民财提供了一种新的榨取手段。起初是非法侵吞或合法地将义仓存谷挪作官用。到唐初仿隋制设义仓,亩纳二

---

① 《隋书·食货志》。
② 《隋书·长孙平传》。
③ 《后汉书·黄香传》。
④ 《隋书·食货志》。

升，开始带有强制性质，稍后，改为按户交纳，无田商户亦按等征收，变成一种固定的捐税①，完全改变了隋初设义仓的初衷。但无论如何，义仓制度经长孙平创立后，已构成隋唐时期封建财政系统的组成部分之一。

四、"公廨钱"问题

"公廨钱"是隋初财政中的一个独特项目。隋建国之初，曾拨给京中及诸州官府一部分经费，作为官府经营商业和高利贷的资本，其所得利息专供补贴官费或官俸之不足，"回易生利，以给公用"，称之为"公廨钱"。若干年后，工部尚书苏孝慈对此提出非议，认为这是官民争利，以公廨钱物经商放债是"唯利是求，烦扰百姓，败损风俗，莫斯之甚"。他建议罢"公廨钱"，禁止"回易取利"，改用"给地以营农"方式以为代替②。

所谓"给地以营农"，一方面是给予各级官府公廨田以代替原来公廨钱的放债收入，公廨田系分配给各官署以其地租收入充办公经费的公田，此制度一直为继起的唐王朝所沿用。不过，隋代公廨钱并未因公廨田的出现而完全消失，后来又曾恢复，唯将公廨钱的经营限于维持官府必要支出的范围之内，不得以赢利为目的③。

另一方面，"给地以营农"是按官职品级，授予各级官吏相应的职分田以作俸禄之用。此法虽系因袭北魏南朝以来的禄田制，但它对于划一隋代的官俸制度，仍起到一定作用，因为在官吏利用公廨钱"回易取利"以补充官俸的情况下，势必会出现"唯利是求，烦扰百姓"的恶劣现象。经苏孝慈的揭议，取消公廨钱，按一定标准分给各级官吏职分田，让他们收取地租以充俸禄，加上实行公廨田制，这样，既可能防止因官吏经商放债而产生的弊端，也可使封建官俸制度固定化。苏孝慈

---

① 见《唐六典》三，《通典》六，《唐会要》第八八。
② 见《隋书·食货志》及《隋书·苏孝慈传》。
③ 《隋书·食货志》。

坚持以职分田的食租形式来解决官吏俸禄问题，体现了隋代财政支出制度及其思想的一个鲜明特点。

第二节
唐初的财政思想

中国封建财政制度的发展到唐代进入一个极重要的阶段，因此在财政思想方面也就有很大发展。唐初总结了秦汉以来的财政剥削经验，形成了较完备的封建财政制度——租庸调制。租庸调制实行了一百六十年转变为两税法，为封建后期的财政体系另开辟了一条新的剥削道路。现在先分析租庸调制度及其他一些财政体制问题，然后再介绍这一时期几位政治人物的财政思想。

一、租庸调制体现的财政思想

租庸调是唐代曾取得一定成绩的税制，它由三种征课形式组成。"租"是指农民以课税形式向封建国家所缴纳的实物地租，亦即田赋。这是封建农业土地税的基本形态，但不是唯一的土地征课形式。因为除按丁征收的"租"外，还有按地征收的义租，又名地税。唐代的"租"，每丁每年纳粟二石或稻三斛。"调"是对农村家庭手工业剩余生产物的征课，随乡所出以绢或布交纳：凡纳绢者每丁每年二丈，另缴绵三两；纳布者为二丈五尺，另缴麻三斤。"庸"是人民对封建国家应服的劳役，每丁每年二十日，闰年加两天。不服劳役者每日折收绢三尺，布加五分之一。有事加役十五天者免其调，加三十天者则租调并免，但总计每年不得超过五十天。所谓租庸调制仅是唐初财政的基本税制而不是其全部。此外，还有杂徭，又称色徭，是向封建政府直接提供的劳役；另有所谓杂征，其中较重要者为按资产分等第征收的户税和前面已

第十章 隋唐财政思想

提到的义租或地税等等。租、庸或调在唐王朝以前就已实行，唐初的特点是在租调之外并将力役也规定为一项固定的财政收入，与租调合并在一起交纳。

以租庸调为基础的唐初租税制度，首先强调将几种税结合起来由国家法令规定统一征收，这样可使纳税人的负担比较确定。此外，它还反映了下面几点财政思想：

第一，把赋税收入的稳定性寄托在实物征收上。主要租税除按资产分为九等的户税一项系按货币征收外，其余大都是按实物征收。在汉代财政收入中货币收入已占很重要的部分。魏晋以来，由于社会的长期不安定，特别是在汉末货币减重的沉痛教训下，统治阶级总趋向于征课实物，以保财政收入的稳定性。采取实物征课以稳定财政收入这一概念，唐初被继承下来，在租庸调制上得到充分的表现。

第二，在封建地主经济繁荣的基础上，继续以农业生产为封建财政的主要税源。这一点从当时作为封建税制核心内容的租庸调制上也表现得很明显。谷物地租不必谈，调是以农户家庭手工业品布帛交纳。至于庸亦系以交纳布帛代替劳役。可见租庸调三者均以农业生产物作为征课对象。除此而外，盐铁杂征在唐代中期才由封建中央逐渐收管或创办。唐太宗时有人创议开采宣、饶二州银矿，尚被撤职①。开元元年（公元713年）刘彤建议课征盐铁②，亦未被采纳，到四十多年后才见诸实行。可见唐初的理财家还坚持以农业为封建财政主要税源。刘彤建议以盐、铁、木为主要税源，表面看来似乎是一种劫富济贫的社会改良思想，但他的最后目的还是借税源的扩充以减轻农民负担和刺激农业生产。如他说：

"古费多而货有余，今用少而财不足者，何也？岂非古取山泽而今取贫人哉。取山泽则公利厚而入归于农，取贫人则公利薄而人去其业。……夫煮海为盐，采山铸金，伐木为室

---

① 贞观十年（公元636年）治书侍御史权万纪上言开采宣、饶二州银矿，每岁可得钱数百万贯，太宗不加采纳，反将权"放令还第"。
② 《通典》一〇。

(者),丰余之辈也。寒而无衣,饥而无食,佣赁自资者,穷苦之流也。若能收山海厚利,夺丰余之人;宽调敛重徭,免穷苦之子;所谓损有余而益不足,帝王之道,可不谓然乎。臣愿陛下诏盐铁伐木等官,各收其利,贸迁于人。则不及数年,府有余储矣"①。

《管子》主张盐铁专卖是以盐铁为人人所必需的物品,需要多而为利厚,其论点完全从经济利益出发。桑弘羊主张盐铁专卖的理由首先认为"山海"的产品是封建帝王所应私有之物,而"豪强大家管山海之利"②可能影响封建政权的巩固,其出发点兼顾了政治与经济的利益。刘彤在盐、铁专卖之外又增木材专卖,并把它们作为实现"损有余而益不足"的社会政策手段。从这些论点可以反映出古代思想家在盐铁专卖问题上思想的演变。只就唐初的财政思想来说,刘彤的政策虽然说是要减轻农民负担以发展封建农业生产,但在财政思想上确与当时流行的专靠农业为税源的财政观点是对立的。所以刘彤的主张并未立即被人接受。

第三,对徭役劳动的认识上的变化。隋唐以前,封建农民对国家所负担的徭役多采取直接提供力役的方式。汉代的更赋虽是交纳现金以代替力役,可是这种劳役代金系用来付给实际代赴劳役者的报酬。又女徒定罪以后,罚作劳役,亦可出钱雇人代役③,此种代役金也用以充作代役人的收入,不论哪一种情况,其代役金都不交给封建国家充作财政收入。唐代租庸调制的特点之一就是榨取劳役的方式改变为实物征课,以实物形式直接充实封建财政剥削收入。财政思想上的这一转变反映出封建经济的发展已达到足以逐渐否定劳役征课的程度,所以,在财政上有条件将劳役改以实物交纳,也表明封建经济已进入一个较高的发展阶段。当然,这里所谓否定劳役征课只是一个较长期的过程的开端,不可能一举而全部予以否定。唐初在租庸调制之外还有一系列非生产领域的杂徭如防阁、白直、执衣、士力等名目不下数十种。此项杂徭不仅开

---

① 《通典》一〇,《唐会要》八八,《旧唐书·食货志上》,又《全唐文》卷三〇一。
② 《盐铁论·复古篇》。
③ 《通典》四,《食货》:"元始元年诏天下女徒,已论归家,顾出钱,月三百"。注云:"谓女徒论罪已定,并放归家,不亲役之,到令一月出钱三百以顾人也"。

元。天宝时尚存在，到封建地主经济后期也还成为农民的沉重负担，租庸调制的出现，充分说明在当时理财家的思想意识中已意识到劳役制的落后性，因而才可能在财政上出现征课代役税这种制度。

总之，租庸调是以往数百年财政实践经验的综合，代表了一种比较成熟的封建租税形式，所以它曾被中国封建制极盛时期的不少思想家认为是一种很理想的租税制度。然而事物发展的成熟阶段正是它衰落阶段的萌芽，所以推行了一百多年即被废止。

二、财务行政概念的周密化

唐初财务行政概念的周密化体现在三个方面：

第一，财务行政的集中与统一。唐代的封建中央政权既愈趋于集中化，则财务行政之愈趋集中实为不可缺少的步骤。晋代还存在诸侯得在封土内割取国家租调的一部分以作自己"秩俸"的规定①，这种现象在唐初已大有改变。因唐代封爵甚滥，大都徒有公侯之名而无实封，即使有实封者，初时亦只食邑二三十家，景龙以后才增至百四十余家。又因唐代官吏的永业田亦特别的多，诸侯食封与否不成重要问题，故从封建财务行政角度看，中央财权是比较集中的，全部财政的收入与支出，均由封建国家统一掌握。地方财政开支统由中央在租税征收项下留拨一部分供地方支用，并无特定的地方税专供地方开支之用。唐代全部租税分为"供京"（解送中央的），"留使"（留交节度使支用的）与"留州"（留作本州支用的）三项。留使与留州都是中央留供地方使用的经费，在收支系统上系归中央统一掌握的。

第二，财政收支的原则规定。开元二年（公元736）李林甫建议颁发"长行旨条"五卷②，将各项财政收支作了原则性的规定。唐初中央各部门及各军、州、县的财政收支实数，应于每年年初编造表册报请金

---

① 见《初学记》引《晋故事》。
② 《唐六典》三，户部度支郎中员外郎条下注。《唐会要》五九度支员外郎。

部、度支、仓部等主管部门会同审查。由于缺乏原则性的规定，名目繁多，易滋奸伪，难于审查。且每年编造此项表册就须用纸五十万张，抄写亦甚烦劳。长行旨条颁布后，各军、州、县即以此为准，可省去编造时之烦难且易于审查。这是我国历史上最早的有关年度封建财政收支的长期指导原则，也是国家预算制度的发轫。

第三，审计制度之建立。唐代已认识到国家财政稽核的职能须从财务行政系统中划分出来，另由其他机构执行之必要。那时，财务稽核之职权由比部掌管，比部隶属于刑部。它的职权是："掌勾诸司百寮俸料，公廨赃赎，调敛徒役，课程，逋悬数物，周知内外之经费而总勾之。……凡仓库出内、营造、佣市、丁匠、功程、赃赎、赋敛、勋赏、赐与、军资、器仗、和籴、屯牧、亦勾复之"[1]。所有中央或地方各级政府机构的各项财务收支，均须送比部"勾复"，即审核批准。各级财务支用单位向比部呈送帐目以供审核的期限亦有明确规定。京中各机关的开支须于一月内报请审核；在外各机关，二千里以内一季一报，二千里以外者二季一报，五千里以外者一年一报[2]。由此可见，唐代的财务稽核行政已相当的周密。审计独立的思想，以及前面提到的国家预算的初步设想，在世界范围内都是较晚出现的财政概念。我国在八、九世纪就出现了这些财务行政制度和思想，这是由于唐代封建帝国的政治统治已相当的集中而严密，故在它的财务行政的实践与理论上也反映出较高的水平。

三、唐初其他财政思想

唐代前朝的封建财政制度发生了前述一些极其重要的变革外，还出现了其他几个财政观点。

---

[1] 《旧唐书》卷四四，《职官志》。
[2] 《唐六典》六比部注："其在京给用。月一申之；在外，二千里内，季一申之，二千里外，两季一申之，五千里外，终岁一申之。"

第十章　隋唐财政思想

（一）反对"捉钱令史"的设置

反对"捉钱令史"的观点是褚遂良（公元 596—658 年）提出的，实际上是隋代苏孝慈罢"公廨钱"的建议在唐初的继续。唐王朝建立之初，因用度不足，故采用隋法拨给各官署"公廨本钱"，从事经营商业和贷放取利，以其收入充官署公费和官吏俸禄或津贴。此制实行了二十年曾一度废止，改以课税收入发给。三年后又复置公廨本钱，由各司令史主管，号称"捉钱令史"。对此，褚遂良表示反对。他不只是反对官府利用公廨本钱进行"市肆贩易"的经营活动，更重要的是担忧官府任用精于经商之人为"捉钱令史"会影响封建吏治，为违法乱纪现象种下祸根。在他看来，专门从太学高第或诸州进士中选拔封建官吏，尚不能避免有犯禁违法者，"况廛肆之人，苟得无耻"，故更不能使其身居官职[1]。

与苏孝慈的罢"公廨钱"观点相比，褚遂良的议论有两点值得注意：一是苏孝慈攻击官府利用"公廨钱"与民争利，却并未论及具体的赢利幅度，只是笼统言之。而根据褚遂良的指责，捉钱令史每人以四万以上、五万以下的本钱从事市肆贩易活动，每月向官府交纳利息四千钱，一年共纳五万钱，由此推算，则年利约达本金 100%。二是苏孝慈攻击的重点在于官与民争利将烦扰百姓，有伤风化，而褚遂良则偏重于阻止"廛肆之人"加入封建统治阶级的行列。这在思想原则上是继承了汉代不让商人子孙"仕宦为吏"的传统，而在实践上却反映了唐初商人阶级的政治地位较之前代已有明显提高。

近代有的学者对于唐贞观年间封建财政中会出现"捉钱令吏"这一现象，表示不理解，认为贞观之治竟以高利贷方式掠夺民财维持官吏，……吾人百索不得其解[2]。其实，"捉钱令史"现象的产生，正是唐代商品经济的巨大进展在财政领域的曲折表现，不止贞观一代以为然。唐代筹措官俸资金不外两种方式，一种是直接向人民课税，另一种

---

[1]　见《新唐书·食货志》。
[2]　刘不同：《中国财政史》，第三编第 205 页。

就是官府利用公廨本钱贸易取利。这两种方式常常是交替使用。终唐一世始终以"捉钱"的贩易取利方式作为补给官吏俸禄的重要手段之一绝非偶然的现象。这正是从一个侧面反映了唐代财政变革的又一重要发展趋势,亦即重视通过市场贸易活动来达到某种财政目的,而不是单纯诉诸强制征课手段。

(二) 和籴

和籴制度始于后魏,南齐亦曾采和籴方式收购米谷丝绵之类。唐初已在京师设有许多和籴专官,这和"捉钱令史"的设置几乎是在同时。所谓和籴是政府对所需用的物品按照流行的市场价格采购,它必须在商品—货币关系相当发达的条件下才能出现。当然,在封建社会中由于封建胥吏的违法舞弊,从来也不曾真正按照市价进行和籴。但封建政权推行和籴制度的指导思想,至少也是认识到强制征发不如和籴的效果好。这在财政思想发展上的确是向前跨进了一大步,也反映了唐代由强制的征发转变为利用市场商业活动的财政变革趋势。

(三) 关市税问题

武后时有人建议关市征税不限于工商,对一般行人也应征税。崔融(公元653—706年)对征收商税提出六条意见,反映了他对商税的认识和态度。

首先,他因袭传统观点,认为"市纵繁巧,关通末游,欲令此徒止抑,所以咸增赋税"[①],把征商看成是抑商的重要手段。因此,他主张关市之税,应恪守先王艺法,"惟敛出入之商贾,不税来往之行人"。可见,崔融是征商即抑商这一传统教条的忠实信奉者。但是,再往下论述时,他却在实际上离开了这一教条。

第二,他从"士农工商四人有业"的古老观点出发,表达了新的时代要求:"四人各业久矣,今复安得动而摇之"。他强调农业和工商业都是历久传习的职业,不可加以动摇。这种认识虽带有墨守成规性

---

① 以下引文均见崔融:《谏税关市税》。引自《唐文粹》卷二十七。

质,但更重要的是它反映了唐代的工商业在社会经济生活中愈益重要的作用,已成为不可或缺的社会职业。所以他对征税扰乱工商末业表示异议。

第三,他指出,"富商大贾"凭据关市的险路要津,"轻死重义,结党连群"。朝廷如果单纯为了增帑藏助军国的目的而开征或提高关市之税,触犯了富商大贾的利益。他们将小则"弯弓"、"挺剑"抗争,大则骚动散亡,或投奔寇贼胡旅,其结果是招致封建国家财政受到更大的损害。这一观点无异是要求政府放宽对关市之税的征课以迁就大商人的势力。这种对待商税的态度是破天荒的。

第四,他以赞美的口吻描绘了当时国内水路商业"弘舸巨舰,千轴万艘,交货往还,憧憧永日"的繁盛景况。然而,江津河口置锦纳税,均须先检查过往船只,其结果,非但国家税钱易为主管官司所私吞,又因各关卡对大小船只"量物而税",常造成商船的拥滞现象,他慨叹说:"吁嗟,一朝失利则万商废业,万商废业则人不聊生"。如此明晰地认识到关税对商业兴废和人民生存的重大影响,这是崔融的商税思想的又一独特之处。

第五,他将先秦以来"关市讥而不征"的教条作了进一步引申,在他看来,关市为御暴、聚人之场所,"税市则人散,税关则暴兴",而暴兴人散又会使人们"起异图"、"怀不轨"。这种担忧征商会动摇天下人心的观点,在此之前不曾一觏,足以表明他不赞成征课商税,而这种不赞成的理由又是建立在为全国商业发展提供良好条件的考虑之上。

第六,他认为,税关市只是"国用不足,边寇为虞"时所采取的措施,平时则应让农、商百姓有充裕的积蓄,"农夫藏于庾,商贾藏于箧"。这样才可能在"师兴有费,国储多窘"的困难时期实行"倍算商客,加敛平人"的财政政策,以利于"国保富强,人免忧惧"。主张商贾与"农夫"、"平人"一样平时积累、急时应征,也是发前人之所未发的新见解。

综上可知,崔融为商人呼吁的态度是相当恳切的。自先秦孟轲断言商税之产生系由打击商人垄断活动而起以来,在这整整一千年间,人们始终以"寓禁于征"作为商税征课的指导原则。崔融虽在形式上仍保留征商抑商的传统理论框架,但其理论内核已产生了质的变化,将征商的立足点由抑商转到保护工商业发展从而为封建国家财政培养商税税源上来。这标志着古代商税思想的演变在唐代工商业繁盛的条件下,已开始进入一个新的重要发展阶段,尽管这一转变过程在封建时代仍是极其缓慢而漫长的。

(四) 漕运改革

漕运改革是裴耀卿(公元681—743年)获得巨大成功的建议。租庸调实物的运输既是封建财政活动的一项重要政务,也是历来压在人民身上的沉重负担。当时自江南运输租庸调物资至东都洛阳,其间须经过几道河流,而河水的涨落又直接影响漕船的运行。租庸调税一般于每年二月征收完毕后始行运送,此时至扬州入斗门,即逢水浅受阻,须停留至四月以后才能渡淮河入汴水,而汴河在四月亦常苦于水浅,须到六七月才能沿汴河行驶至河口,正遇黄河水涨,又须停留一两个月待水落后始得渡河入洛水。由于"漕路多梗,船樯阻隘"[1],因此漕运过程中"停滞日多,得行日少,粮食既皆不足,欠折因此而生"。另外,江南人民不习河运之事,"皆转雇河师水手,更为损费"。面对上述问题,裴耀卿于开元十八年(公元730年)建议沿漕路建立濒河仓廪,"使江南之舟不入黄河,黄河之舟不入洛口",实行"节级转运,水通则舟行,水浅则寓于仓以待",如此则"舟无停留,而物不耗失",比起旷年远途运输,可获利一倍有余。此建议当时未被采纳,三年后,京师地区因遭水灾而谷价腾贵,为救京师缺粮之急,他又在前次建议的基础上,提出一些补充意见。

这次建议的要点是第一次用"官自雇船载运"的雇佣制办法来代替以往对民力的强制征发。这是古代漕运指导思想的一个重要转变。而封建政府设置江南转运使一职专管漕运事务,即由此始。

---

① 以下引文参见新旧唐书《食货志》、《裴耀卿传》及《通典·食货·漕运》。

第十章 隋唐财政思想

第三节
刘晏的财政思想

一、刘晏财政措施的意义

刘晏（公元718—780年）是中国封建时代杰出的理财家，也是历史理财家中使农民受损害较少的一人。他从四十岁起掌管封建财政大权约二十年，死后政府检查他的家财"唯杂书两乘、米麦数斛"①，其持身的清廉在封建财政官僚中是极罕见的。

刘晏和桑弘羊都是封建地主经济前期的大理财家，能做到充实封建财政而不重困人民。惟刘晏任职在安史之乱以后，当时帝国残破，财政开支主要靠江南地区供应，加之军费浩繁，骄兵悍将随时可能截留中央税收，在这样的条件下主持财政，其困难较桑弘羊要多得多。他的成就在于出奇地恢复了由安史之乱所摧毁的唐帝国之经济繁荣，因此受到后代思想家们的赞扬。

刘晏还不能算是特殊的财政改革家，因为他的财政措施大都表现在封建财务行政范围，无划时代的创举。但也必须明确，他的一系列财政措施，为公元780年两税法的实行准备好了必要条件，应视为八世纪中叶以后封建财政改革全过程的一个部分。而且他所推行的各项财政措施，多能暗合于某些近代财政原则，更值得称述。不幸的是他虽然是一位渊博的学者，却未给后世留下著作，所以我们只能从历史记载中整理出他的财政观点。为便于理解刘晏的财政思想，有必要先分析他的财政措施。

---

① 见鞠清远著《刘晏年谱》。

二、财政措施

刘晏的财政措施主要表现在转运、盐法、税制与常平等四个方面。兹分别概述如下:

(一) 以雇佣劳动代替强迫劳役的转运事务

前已指出,在封建地主经济前期,封建国家的实物租税收入的转运,是封建财政的一个非常重要的步骤。秦欲攻匈奴,使负海之郡运粟到北河,"率三十钟而致一石",汉武帝开拓西南,使数万人千里运粮,也是"十余钟致一石"①,可见封建国家运输问题之劳民伤财。李唐建都长安,初期的中央机构还不算庞大,每年由东南转运到京的粮食不过二十万石。开元时代由江南供应长安的粮食增至一百余万石。在粮食问题特别紧张时,甚至连皇帝也要幸东都(洛阳)就食。这说明转运任务在当时封建财政中的重要性。

一方面"安史之乱"后军用食粮更加繁多紧迫。而河南一带经战争破坏严重地区甚至五百里内仅有千余户农家,很难找到运输所需的劳动力。另一方面沿途驻军"屯戍相望,……挽漕所至,船到便留"②。所以,刘晏当时面临的运输任务非常艰巨。

刘晏改革转运的办法,基本上沿用裴耀卿的意见而予以进一步发展。首先是改陆运为水运,又根据江、河水力之不同,各随便宜造船,分段运送。既然分段运送必须多次装卸,难免增加损耗和装卸费用。他倡议"囊米而载以舟"③,既可免去损耗而又便于装卸,自会减低运送成本。

刘晏在转运方面的最大改革是坚持政府自办运输。以往由江南运往关中的粮食,须沿途人民提供劳役运送,称为"租庸脚士"。刘晏在扬

---

① 《通典》十,《通考》卷二十五,《国用考》三。
② 刘晏致元载书,见《旧唐书·刘晏传》。
③ 《新唐书·食货志》。

第十章 隋唐财政思想

子县自造船只及运输工具,并雇佣船工水手自行督运,所需经费以榷盐所得赢利为挹注①。这一措施的重要意义在于放弃了强制的无偿劳役,采取付工资的雇佣劳动方式,所以,他能"不发丁男,不劳郡县"而完成巨大的转运任务。转送改革的结果,每年转运至太仓的粟达一百十万石,无升斗的损失;以往江南粮食运送至东都需要八九个月时间,改革后自扬州运至京师的商品只需四十天,"人以为神"②。刘晏改革转运,除供应军事政治的需要外,据他说还有几种作用:一是可以减少京师三辅百姓的徭赋;二是使沿途残毁的村落得到恢复或增加;三是沿途运粮表示军食充足,可以"震耀夷夏";四是"舟车既通,商贾往来",可以繁荣经济,恢复贞观永徽之盛。此外还有一个特别重要的作用,是他已有认识而又不甚明确的,那就是他对封建劳役制的否定。

(二) 采取自由经营方式的盐法改革

唐初的盐利几经变革,有时归于州县,有时由中央征收盐税;"安史之乱"起,采行盐专卖,盐价由每斤十钱增至一百十钱③。刘晏兼任盐铁使,对盐法做了进一步的改变。首先是放弃官产官销政策。在盐的生产方面,主要依靠亭户(即煮盐民户)自行生产,在盐官的监督下出售于盐商。为扩大盐生产量,他一方面向盐户宣导生产技术以提高其劳动生产率,另一方面提供煮盐主要生产工具——牢盆以招致商贾为新增盐户④。此外,某些盐场可能仍由政府自行生产,招商运销。

在运销方面首先是严禁私盐的运销以保护贩卖官盐者的利益。其次,禁止各道对商盐船舟过境及使用堰埭所加征的盐捐,使盐在离开盐场以后即通行无阻,不再交纳捐税。再次,他在距离盐乡较远的地区设置常平盐,在商绝盐贵时,减价出售,官收厚利。最后,盐商如纳绢以代盐价者,每绢价一千提高二百以鼓励商人购运,并借以筹办将士春服

---

① 见《新唐书》卷五十三,《食货志》。
② 《新唐书·刘晏传》。
③ 《新唐书》卷五十四,《食货志》。
④ "广牢盆以来商贾"(《旧唐书·食货志下》)。

所需的材料①，这也是一举两得的办法。

与桑弘羊主要靠均输业务增加封建财政收入的办法不同，刘晏在增加财政收入上的最大成绩主要来自于他的盐法改革。在他开始管理盐铁时，每年盐利收入才四十万缗，到大历末年增至六百余万缗，"天下之赋，盐利居半，宫闱服御军饷，百官禄俸，皆仰给焉"②。

（三）刺激工商发展的租税措施

刘晏整理财政的注意力集中在转运、盐法及常平等三个方面，对租庸调及杂征似乎并不十分重视，故他在这方面的改革也不甚显著。这可能是由于"安史之乱"以来天下上计州数由原来的三百二十一州③减至一百六十九州④，而同时期的户口数之减少更多。更严重的是在已大为减少的户口中，不课户和不课口占很大的比重，只有不到百分之四十的户或不到百分之三十的口才负担租庸调及杂征⑤。在军用紧迫时期改行租庸调制，不仅缓不济急，而且容易引起人民的反抗。这恐怕是刘晏未将财政改革的重点放在这方面的原因。但是他在大历年间对户税、地税的整顿，税率的改变，把纳税时间分为夏秋两季，这一切都奠定了杨炎的两税法的基础。仅就户税整理来说，其中关于"邸店行铺及炉冶"等户，旧例须加二等征收户税者，此时取消了加等征收的规定，一律按本户等缴纳⑥，其用意完全在于鼓励工商、繁荣经济。

（四）扩大常平设施的经营范围

常平仓本是西汉以来专用于调剂粮食价格和备荒而建立的制度。刘晏所经办的常平业务已超出传统的常平制度范围。他所收售的物品已不

---

① 《新唐书》卷五十四，《食货志》。
② 《新唐书》卷五十四，《食货志》。
③ 《通鉴》卷二一七。
④ 《通典》七。
⑤ 《通典》七。
⑥ "其百姓有邸店行铺及炉冶应准式合加本户二等税者，应依此税数勘责征纳。"（《唐会要》八三，《旧唐书·食货志上》，《册府元龟》第四八七）。

第十章 隋唐财政思想

限于谷物，而是"制万货之低昂"①；其经营方针也不仅在调剂粮食丰歉和稳定粮食价格，而是要使"朝廷获美利，而天下无甚贵甚贱之忧"②。刘晏的常平业务事实上就是桑弘羊的均输。所不同的是，桑弘羊的均输主要为免除各郡输送实物贡赋之劳，而刘晏的常平则主要为稳定物价，尤其是粮价。至于在达到主要任务之外还能为封建财政获取厚利一点，他二人都是相同的，又在运用盐铁收入为资本及自备运输工具等方面，也是前后如出一辙。但刘晏并未将常平制度完全变作赢利组织。他通过自己设置的知院官了解各地区的谷物丰歉情况后，发现某地某时须加以救助，常不待州县官吏的请求，就主动地及时采取措施予以解决③。对于食盐，他也建立常平盐制度，也可见他不是将营利当作常平的唯一目的。把常平制度的作用加以充分利用和扩大，的确使封建统治阶级这一更狡猾的财政压榨方法既收到稳定物价、保证市场供应的效果，又能增加财政收入，这可算是刘晏在封建财政措施上的一个创举。

三、改革措施体现的财政思想

刘晏推行各种财政改革措施之获得成效，必然有较为妥适的财政思想为之指导，主要表现在以下几个方面：

（一）以一般商业经营原则处理封建财政

在封建社会中，一般地说，"赋税是喂养政府的娘奶"④，而刘晏的财政思想的特点，在于他并未将强制的赋税看作封建政府的唯一娘奶。他对封建财政收入有一个最基本的概念，那就是尽量运用商业经营原则而尽少借助于封建法权的威力以充实国家财政。在这个基本概念的支配下，他将增大财政收入的重点放在盐利及常平业务上，并不专靠整理土

---

① 《新唐书·刘晏传赞》。
② 《旧唐书·刘晏传》。
③ 《资治通鉴》二二六。
④ 《马克思恩格斯全集》第7卷，人民出版社1959年第一版，第94页。

地税以为增大收入的来源。这里,他不仅继承了《管子》作者和桑弘羊的扩大经济收入、相对地缩减强制租税的财政原则,并且在获取经济收入时也以商业的自由经营方式为主要手段,而不采取专卖政策。在财政支出方面,他也贯彻了这种精神,将一向以人民的直接劳役为基础的转运组织,改变为按照商业经营原则来管理的业务机构。这是刘晏的财政思想的特点。在封建中国的财政史上,他是以往秉政的儒者中特别强调以一般商业经营原则处理封建国家财政的唯一思想家,这就是他的财政措施对人民的干扰较小的原因。

须指出,欧阳修在《新唐书·刘晏传赞》中说刘晏"排商贾",好像他在财政上也是重农抑商论者,这种看法是错误的。古今学者往往将历史上某些坚持商业管制政策的人物如《管子》作者、桑弘羊、王莽乃至刘晏等的商业观点或措施看作是抑商思想或活动,这是很大的误解。前已指出,刘晏不强调对商业的管制如国家专卖等,即使还存在某些管制的因素的话,须知管制商业并不等于抑商,更不等于轻商。正如恩格斯所说,中世纪的人们"决不是个人主义者,……本质上是共同体的成员"①,因此一切社会经济活动,特别是商业活动都不能脱离一定的组织来单独进行。这一经济条件,反映在上层建筑中,即为封建国家实行一定程度的干涉或管制。决不能因实施商业管制便得出抑商或轻商的结论。再说,中国历史上曾出现过的不外乎是对盐、铁、酒、茶等少数商品的管制,商品种类何止千万,安能以对极少数商品所采取的措施代表全体,何况刘晏对盐铁的政策还不完全属于管制的类型。在农业生产占支配地位的自然经济条件下,我们在历史上所能发现的那些推行商业政策哪怕是管制政策的政治家,反而往往是重视商业活动的思想家(当然也有例外,如商鞅、韩非等)。正因为他们正确认识了商业的社会职能,所以才组织或管制某些重要商品的生产与流通。桑弘羊与刘晏的财政政策虽不尽相同,亦足以代表这一类型的思想家,这是要首先加以明确的。

刘晏将他的重要财政措施如转运、常平、盐法等都采取商业经营方

---

① 参见《资本论》第三卷,人民出版社 1975 年版,第 1019 页。

式,这是他重视商业的主要表现。他认识到发展交通,使"商贾往来",就能促进社会经济的繁荣。至于他积极鼓励商业的措施,如减低邸店行铺的户税负担,在盐法上"广牢盆以来商贾",开放食盐流通,让人民经销食盐和撤销食盐的通行税,以及提高绢价以鼓励商人等等,也是重视商业的具体表现。

还有一点值得特别提出的是他非常重视商情动态。为了能充分掌握各重要城市的商情及物价动态,以便及时予以处理,他在各遭巡院创设类似于近代所谓的商业情报网,不惜重价"募驶足,置驿相望,四方货殖低昂及它利害,虽甚远不数日而知"[1]。由于他经常掌握着广泛而迅速的市场信息,所以,他能稳定物价,"使天下无甚贵贱之忧",能防止荒歉谷价暴涨于未然,并能"权万货之轻重"以获美利,"如见钱流地上,每朝谒马上以鞭算"[2]。在中国封建时期的历史上,刘晏是第一个也是唯一的创设商业情报网以收集市场信息的理财家。

(二) 推行雇佣劳动

刘晏对雇佣劳动优于无偿强制劳役的认识是非常明确而坚定的。他不仅将转运事务由"发男丁"、"劳郡县"以义务运送的旧例改变为出资雇佣船工水手运送,连官炉铸钱所使用的劳役也改用雇佣工匠[3]。总之,凡刘晏所管辖的事务大都改以雇佣劳动来进行,甚至封建官府所需用的不少物品也设厂雇工制造[4]。雇佣劳动在战国时代已见诸记载,到李唐中叶,民间雇佣劳动制已发展到何种程度,尚待作继续的研究。但封建官府既已开始采用雇佣劳动,则它在民间已广泛流行是很肯定的,否则决不会为政府所采用。刘晏在这个问题上的重要作用,是他在封建政府所举办的财政经济事业中大力而广泛地加以推行。如不是他对无偿的强迫劳役的落后性质有充分的认识,不可能大量采用雇佣劳动形式。

---

[1] 《旧唐书·刘晏传》。
[2] 以上引文均见《新唐书·刘晏传》。
[3] 见《旧唐书·韦伦传》及《新唐书》卷五四《食货志》。
[4] 《刘晏评传》,第55—56页。

(三) 两条租税原则

在刘晏看来,租税的征课有两个应遵守的原则。其一是"知所以取人不怨"①。"取人不怨"是欧阳修对刘晏理财措施的评语而不是他自己的话。可是在刘晏的一系列财政措施中的确反映出他有这种观点。例如常平盐制度就是要做到"官收厚利而民不知贵",这也就是"取人不怨"。这一原则和十七世纪法国重商主义理财家柯尔培尔所采取的财政原则极为相似。柯尔培尔曾谓财政上应寻求收入最多而国民怨言最少的办法,用久已脍炙人口的形象化表达即所谓"拔最多的鹅毛而不要鹅叫"。这和刘晏的"官收厚利"而"人不怨"比较起来,两人所处的时代前后虽相差了八百年,其所提出的原则,可谓异曲同工。

其二是"因民之所急而税"②,也就是说财政征课应选择广大人民所迫切需要的日用商品为征课对象。因为这种商品的需要量很大而又缺乏弹性,这样就可使租税的税源既丰富而又稳定。这恐怕是刘晏所以特别重视盐利收入的原因。

(四) 反对财政赈济

刘晏的故吏陈谏对此点的说明最能代表刘晏的观点。他以为"王者爱人,不在赐与",应使其能从事生产。故"善治病者不使至危急,善救灾者勿使至赈给"。他说赈济有两害:第一是赈少不足以活人,如要活人多则国家的耗费亦多,国家的耗费多仍须加重地取之于人民;第二是赈济近于侥幸,由于吏下为奸,可能是强者得之多,弱者得之少。相反地,如对荒歉地区不予赈济而采取贱价抛售谷物的方式,却有两个优点:其一是能解除人民困难而"国计不乏"。因为荒歉地区所缺乏者是粮食,其他生产品并未损失。官府廉价出售食粮,同时收购其他的生产以转售于他处,或留作官用,均可不使国家财政蒙受损失。其二,大量的粮食出售,转运交易,散入村间,可使一部分贫苦人民获得劳动收

---

① 《新唐书·刘晏传赞》。
② 《新唐书·刘晏传》。

入，辗转相因，又可维持不少人的生活①。在刘晏以前也有人反对赈济。孟轲反对赈济的理由是"焉得人人而济之"②，韩非反对赈济的理由是怕消耗富而勤者的资财③。刘晏主张使人人能从事生产，根本不需要赈济，一旦发生荒歉的迹象，也应事先加以防止，而防止的对策是使当地人民通过种种方式获得经济收入以谋自给。以生产观点为理由反对财政赈济，自有其说服力。

总的来讲，刘晏作为中国历史上最有名的理财家之一，他的财政思想的最大优点是对财政与经济的关系有较明确的认识，认为应以发展经济来解决财政困难。在这一点上，他比历代封建王朝的理财家都表现得突出。如将刘晏的财政思想与桑弘羊比较，前者除不大强调干涉政策一点外，另有他的特点。桑弘羊整理财政的唯一目的是增大封建财政收入以保证帝国军事的费用，所以被儒家称为"言利之臣"。刘晏整理财政固然也是为增加封建国库收入以保证唐王朝"中兴"的军事费用，但他却时刻没有忘掉恢复和繁荣社会经济，这就使他在各种财政措施上不是一味追求扩大财政收入，因而刘晏的财政措施一直为后代儒者所称道。不过，从整个封建社会经济的发展过程及财政思想史的角度来看，桑弘羊毕竟是富于创造性的伟大财政改革家，刘晏只不过是在他的财政措施中，比较关心作为财政基础的经济，并在贯彻商业原则及采用雇佣劳动上较桑弘羊稍进一步而已。

第四节
杨炎与两税法

杨炎（公元727—781年）当政为时虽极短暂，而他所倡导的财政改革，在财政史上，却具有较深远的意义。现在先研究他的财政思想，

---

① 以上引文及意见均见《新唐书·刘晏传》。
② 《孟子·离娄下》。
③ 《韩非子·显学篇》。

然后再讨论他所创行的两税法的内容及其经济意义。

一、杨炎的财政思想

杨炎的财政思想除划分公赋与天子私藏一点外,都和他倡议的两税法有关联。他所提出的财政措施,是为了解决当时的财政问题以巩固封建政权,但他的财政观点在封建国家财政上引起了深刻的变化。现一并介绍如下:

（一）保证公赋的独立

西汉以来,最高统治者的私人经费与封建国家的公共经费,从经费来源及收支系统看都是有区别的,至少在原则上是如此。唐初的国家公赋交左藏库,由太府掌管,比部稽核;而天子私人经费均解大盈内库以中官主之。"安史之乱"起,第五琦初掌财政,因京师多豪将,求取无节,不能应付,便将国家公赋收入全部都解交大盈内库以避免豪将的逼索。从此"天下公赋为人君私藏",主管财政的人反而不能过问者近二十年。杨炎为相,首先要求将公赋仍交还左藏库主管[①]。他虽不是划分封建国家公赋与封建君主个人私藏的创始者,但他在当时历史条件下坚持恢复公赋收入系统的独立,也说明他对封建财政的根本大计有较正确的认识。

（二）量出为入原则之提出

从西周以来,传统的财政思想一向是以量入为出为原则,并成为不可违反的财政教条。在国家财政收入基本上以农产品为征课基础的条件下,除量入为出外不可能采行其他原则。一旦货币经济有相当程度的发展,货币税收的作用日渐增大,有时连以实物形式征收的田赋也暂时改折货币交纳。在此情况下,最高统治者可能基于自己的贪欲,任意增收

---

① 《新旧唐书·杨炎传》。

第十章 隋唐财政思想

货币税，国家财政事实上已是在量出为入，如汉初财政就曾"量吏禄，度官用，以赋于民"①，此后类似"国用不足，奏请一切增赋税"②的记载，在史书中时有所见。而人们只是在习惯上仍继续唪诵"量入为出"的财政教条而已。杨炎在公元八世纪后期的两税法改革建议中第一次公开提出"量出以制入"的财政原则。他说：

"凡百役之费，一钱之敛，先度其数而赋于人，量出以制入"③。

他只提到要"量出以制入"。至于根据什么理由要量出以制入，何以必须量出以制入，以及应采取哪些预防措施以避免统治阶级诛求无厌的流弊等问题，他均未加论列。唯其如此，故近代有些学者对于杨炎的"量出为入"思想，往往给予较低评价，谓之"不顾及财政政策的社会影响，还谈不到健全的预算制度，……只能说这是他的一种不甚健全的财政思想"④，或称其作为"单纯的预算编制，不顾及财政赋税的社会经济作用，……算不得什么财政要务"⑤。这些近代学者不理解在近代财政学中，编制国家预算是以"量出为入"为基本原则并以"量入为出"作为附带的考虑，故其评论不足为训。而且杨炎在儒家量入为出的传统教条支配的封建时期，能提出与它完全对立的"量出为入"原则，虽然可能是为了迁就现实，而其果敢创造精神也是不可多得的。纵使杨炎别无其他足资称述的财政观点，只量出制入这一见解的提出，即可使他在世界财政思想史上占一席地位。因为"量入为出"原则除在中国封建全时期一直是传统支配教条外，就在欧洲也是到了十九世纪后期才在财政理论方面出现了量出为入原则，也就是说这个原则早在一千多年以前的中国就已出现了。所以杨炎在这方面的贡献，即使摆在世界范围内去衡量，也是足资珍视的思想。

---

① 《史记·平准传》及《汉书·食货志上》。
② 《汉书·翟方进传》。
③ 《旧唐书·杨炎传》。
④ 刘不同语。见其著《中国财政史》，第三编，第149—150页。
⑤ 鞠清远语。见其著《唐代财政史》，商务出版社1940年版，第37页。

（三）要求税制的简化

杨炎的两税法有一个古今学者所公认的特点，那就是将当时存在的许多封建苛捐杂税统一地加以征收，使税制简单化。在两税法公布以前，唐代的租税有租、庸、调、户税、地税、青苗钱等等，其他杂征尚不在内。各种税种的征收时间、征课客体、征收次数，均有不同。官府不断催收，人民不断交纳，双方均不胜其烦。两税法将各种赋税统一征收，即使人民的负担并未因此减轻，却可省去许多交纳催索的纷扰。杨炎能大胆抛弃行之已数百年的复杂旧税制，特别是仍在顺利进行并为世人所称颂的租庸调制，充分表明他对一千年后为资产阶级古典经济学所宣扬的所谓租税征课的"方便"和"经济"两原则已有清晰的理解，然后能提出简化的新税制。

（四）强调负担能力

杨炎坚持按贫富资力而定差别的征课，反对以人丁为征课标准，即所谓"人无丁中，以贫富为差"①。自西晋以来，主要封建赋税一直以男丁为标准征课，再及于丁女、次丁男女等，均以男正丁为准斟减课征数额，总之是以纳税人的体力强弱为基础来衡量其租税负担能力。相对于晋以前的按亩计算和按人头计算的正课标准而言，计丁而税已是一种进步。然而，如与按各户的贫富为征课标准的税制比较，计丁而税又成了较落后的征课方式。因为以每户的财富多寡为纳税标准当然远比按年龄计算人丁为标准所代表的租税负担能力要精密得多。按各户贫富等级纳税或"计资而税"的制度在南北朝时期的桑园及住宅征税方面已经采用，唐初的户税也是按贫富等级而为不同税额的征课。杨炎明确地要求把"人无丁中，以贫富为差"，作为全部两税法实施的基本原则，在全国范围内普遍地加以推行，这不能不说他对租税负担能力的认识，已由劳动力的不同跨到财产额的不同上来。在财政思想领域，从按人头或按地亩的平等征课原则，到按劳动力的强弱为差别征课的原则，是一种

---

① 《旧唐书·杨炎传》。

第十章 隋唐财政思想

进步；而按劳动力的多寡、强弱为征课的原则到按财富多寡为差别征课的原则又是一种进步。在封建社会中，按财产的多寡为征课的基础的思想已是水平相当高的财政思想，如果再加上累进征课的思想①，那就更不必说了。所以，杨炎"以贫富为差"的财政概念也是很不平凡的。固然，杨炎所谓的"富"还不完全以富裕阶级的巨额货币或实物资财为征课的对象，在很多情况下还不能不以丁口的多寡来体现每户的贫富状况，而特权阶层的家庭丁口又常假借"为官为僧"及其他色役为名以逃避各种赋役，这样，就会使更沉重的租税负担仍落到农民肩上；但我们决不能因这一封建税制在具体执行过程中所产生的弊端而否定它在理论上的意义。所以杨炎坚持在全国范围普遍推行按贫富为等差以进行课征的方式，确是把按负担能力征课的租税原则提高到一个新的更高的水平，尽管他本人并不知道"负担能力"这一财政术语。

（五）以货币定税额

在杨炎的两税法改革以前，有不少的捐税已是用货币交纳，惟主要部分如租庸调等仍以实物交纳。货币经济发展要求财政交纳也以货币形式较为便利，这是杨炎以货币税代替实物税思想产生的社会经济基础。但是，那个时代的中国封建经济还处在极盛时期，货币经济虽有较大进展，而实物地租毕竟是其最本质的特点。要将这一特点完全转化为货币

---

① 关于累进税思想，有人认为"远在公元前189年，我国税制史上就出现了累进税法制"（见马大英著《汉代财政史》，中国财政经济出版社1983年版，第61页）。这是指汉惠帝六年规定"女子年十五以上至三十不嫁，五算"（《汉书·惠帝纪》）一事而言。单就这一规定本身来看，显然很难说就是实行累进制。后来北宋人刘攽（1023—1089年）对此规定作出了如下解释："予谓女子五算，亦不欲顿谪之，自十五至三十为五等，每等加一算也。"（见《汉书》前条注）这里所谓按五等"每等加一算"的说法，是否可看作一种"累进税制"，已很难说。何况刘攽的计算就是一个糊涂账，如果从十五岁到十八岁均出一算，等于女子到十八岁才结婚也不加税，因为十五岁以上的女子本来就须交纳一算。如果将十六岁到三十岁分为五等，每等加一算，则连同从十五岁起应交的一算应为六算。又有人认为唐大历四年（公元769年）的户税整理系"采用等差累进制定率，实为中国租税史创一新页"（见刘不同：《中国财政史》第三编，第212页）。此次户税整理将民户分为上上、上中、上下、中上、中中、中下、下上、下中、下下九等，上上户纳税四千文，以后各户等依次递减五百文，至下上户纳税一千文，然后下中户纳七百文，下下户纳五百文。刘不同注意到此规定自下上户至上上户，均系户等每提高一级即税额加增五百文，唯独下上户与下中户以及下中户与下下户之间的纳税差额分别为三百文和二百文，由此认为此户税制系采用"等差累进税"（同上书第68页）。这一论断亦似显牵强。

地租，必须在一个极长的历史时期或等到封建经济的衰落阶段才能实现。只有由实物地租到货币地租这一转化最终达成时，以货币定税额的征课形式才可能完全固定下来。导致杨炎产生以货币定税额的思想，可能是由于受当时"物重钱轻"现象的迷惑，以为按高价的纳税品折合货币税额，既有利于财政收入，又可省去征收实物的麻烦。但他忽视了在物价动荡不定的情况下，以货币定税额又有其缺点。所以，两税法未能长期贯彻就遭到人们反对的重要理由之一，也就是实物价格的下跌，加重了纳税人的负担。假如实物价格不是下跌，而是上涨，也许封建政府也将放弃货币税额而改征实物。总之，以货币征课或以实物征课，各有其优缺点。无论如何，以货币征课代替实物征课本身总是一种进步的思想，只是在封建经济条件下难以长期贯彻执行。

二、两税法

（一）两税法的内容

两税法于大历十四年（公元779年）8月经杨炎倡议后，于建中元年（公元780年）初公布实行，主要内容可概括为以下六点：

第一，将以往分别征收的租庸调、户税、地税（即义仓）及其他杂征一律统一征收。另有青苗钱一项系专供封建官吏俸钱之用，也按"青苗顷亩"分两季征收，两税法实行后也随两税交纳，但它是一个独立项目。此外不得巧立名目，另有征课。

第二，以往纳税人以主户为主，客户可不纳税。两税法规定不分主户或客户，一律以现定居地为依据，交纳"居人之税"。至于行商也应按三十分之一纳税。

第三，以往租庸调制以"丁"为纳税的计算基础，两税法规定以大历十四年垦田总数所应交纳的钱谷总额为标准，分摊到各州县，按各民户贫富等级交纳。

第四，地税按亩税粟二升，"王公以下"每一个有土地的农户都须交纳。这一部分在两税法实行后,与租庸调中的谷米部分,统称为田亩之税。均以大历十四年应交总额为标准分摊到各州,按各户贫富等级交纳。至于商户应缴的地税以往已有明确规定,其一应缴地税之不在垦田总数以内部分,可以折合现金交纳。

第五,纳税时间分为夏、秋两季,夏税无过六月,秋税无过十一月。这是两税之名所由来。

第六,除田赋仍以谷物交纳外,其他各税均以现金交纳。以往按实物现改为以货币交纳的各税,均照大历十四年价格折合,并作为以后货币税额的标准。

(二) 两税法的利弊

从租税制度本身看来,两税法具有几个无可否认的优点。首先,它将各种复杂的租税统一征收,大大地简化了征收手续。这对征收机关或纳税人都是有利的。其次,租税按各户的贫富等级征收,较以往的按丁征课的办法更符合各户的负担能力。再次,对以往不负担租税的"客户"一律征课,会在不增加其他人民的租税负担情况下大大增多财政收入。倘使应收的钱谷总额不变,因纳税户的增多也可能使每户的平均负担减低。最后,以货币定税额至少在两税法推行之初是对纳税人较为便利的课税方式。

但是,两税法实行后不久,的确产生了很多的弊端。例如,所谓两税以外不得加敛一钱,而事实上税额既时有增加,还有额外的"奉进宣索之繁"[①];州县不敢征课豪强,"征收皆出下贫"[②],没有真正实现"以贫富为差"的原则;各户等级核定得不合理,或资产丧失而户税犹存等等。最主要的弊端可概括为两点:

第一,开摊派之端。两税法实行以前,每户或每丁应缴纳的租税有明确的规定,不论户税、地税或租庸调等均系如此。两税法规定各州县应交税额按大历十四年总额为标准分摊,层层分摊到每一农户时,事实

---

① 陆贽:《翰苑集》,均节赋税一。
② 《新唐书·食货志》记太和九年事。

上等于是给地方政府乃至下级收税官吏以自由摊派的权力。因为封建中央摊派到各州县的总额虽有一定,但各地人户数及每户贫富等级常有变动,这就必须每年调整各户应交纳的税额。其结果等于是使税吏可以有权规定每户应纳税额。这样,统一而明确的税率被破坏,纳税人不知应纳税额。只好由征课税吏说了算。至于各州的税率由此不齐,或将本州税额移配他州他县负担,以及逃户的税款由邻户分摊等等,更是无法避免的弊端。

第二,币值变动的影响。两税法公布之初的情况是钱轻物重,即物价水平较高,嗣后物价水平逐渐降低,以货币所定税额虽无变动,而纳税人的实际负担却大大地增加了。如陆贽曾指出:"往者纳绢一匹,当钱三千二、三百文,今者纳绢一匹,当钱一千五、六百文,往输其一者今过其二矣"①。这一点是两税法的反对派经常用来攻击它的重点理由。以往各时期,人民所受到的币值变动的影响,大都是通货膨胀的弊害;在两税法问题上恰恰相反,人民所受到的是通货紧缩的影响。古代两税法的反对派,不懂得税制和币值变动是两个可以完全分开来处理的问题。不必要混为一谈,竟以此为反对两税法的口实,显然是错误的。无论如何,物价的长期跌落,突出地造成了两税法的缺点。两税法在货币方面所出现的矛盾,正是杨炎始料不及的。

上面所提到的任何弊端都不是两税法所特有的。在封建制度下,任何税制都可能产生类似的问题,不能归咎于两税法本身。但也须指出,有的人将两税看作是很完美的税制,认为它能"杜侵欺,均贫富,既可救一时之弊,而其简单易行,规模式廓,尤足以笼罩千年"②,那又未免过誉。

(三) 两税法的社会经济意义

前已指出,两税法的本身确有一些优点。这些税制上的优点掌握在封建统治者手中有时反而成为有力的剥削武器,是不成问题的。如从财

---

① 陆贽:《翰苑集·均节赋税恤百姓六条》第一条。
② 胡钧:《中国财政史讲义》第153页。

第十章 隋唐财政思想

政思想的发展过程来说，税制上的优点毕竟还是优点。的确，两税法中所具有的许多特点，都能从前一些时期中找到它们的先行材料，如对客户的征课，自南北朝以来即已不止一次地要客户也和主户一样交纳租税。以人丁为本的租庸调制，自开元天宝以来事实上已曾按户征收①。可知按丁征收制度已在向按户征收演变。以贫富为等差的制度在户税和地税上早已是如此征课。夏秋两征的情况，天宝后也甚为普遍。至于以货币交缴，在大历中恐已成为较普遍的现象，当时舒州刺史独孤及曾提到："每岁三十一万贯之税，悉钟于三千五百人之家。谓之高户者岁出千贯，其次九百八百贯，其次七百六百贯以是为差。九等以下，兼本丁租庸，犹输四、五十贯"②。可注意的是全州及每户租税都以"贯"为单位，连"本丁租庸"也折收货币，舒州情况恐怕不是很个别的。以上几种构成两税法基本要素的演变情况，大都在代宗广德以后有较广泛的发展。而此时正是刘晏主持财政的时期，他为两税法之推行准备好了一些有利条件。尽管构成两税法的基本要素都有其历史渊源，但先行思想资料在一定历史条件下只能提供论题而不能规定论点，只能赋予某种表现形式而不能决定发展方向。杨炎总结以往经验，综合地予以发展并做了进一步大胆的推行，这不能不说是一种创造性的财政改革。

然而，更重要的还在于两税法的出现反映了当时社会经济的深刻变革。封建地主经济的发展到了李唐中期，已有开始从实物地租逐渐向货币地租转化的趋势。这时候劳役地租虽仍存在着，但已被视为落后的榨取形式，租佃关系的广泛发达正说明了这一事实。这些客观现实反映在上层建筑中，形成了由隋唐初期的间或以现金代替劳役到杨炎的否定"以丁身为本"的租税思想。同时，实物地租虽已取得支配地位，而货币地租也必有相当程度的发展，然后才能在上层建筑中广泛采用货币交纳的"以贫富为差"的税制。必须指出，在租税制度上得到反映的事实，固然必须是在社会经济中已相当发达的客观事实，但它不一定是占统治地位的客观事实。在社会经济中既然出现了货币地租这样一种榨取

---

① 《新唐书》卷五，《玄宗纪》及《旧唐书》卷十一，《代宗纪》。
② 《全唐文》卷三八六，《答杨贲处士书》，又见《文苑英华》六九二。

方法，就可能被封建统治阶级用来作它的租税榨取方法。虽然如此，当时毕竟还是封建经济的全盛时代，实物地租还占统治地位，故货币地租还不可能是主要的地租形态，因而反映在税制上的货币征收方式，是不稳定的。所以，两税法实行后，一直有人反对征收货币，坚持恢复征收实物。公元809年（元和四年）以后，曾多次下令折纳现物。最初是准许部分折缴实物①，后来完全改依当地时价缴纳布帛谷物，不得邀索现钱②。因此，两税以货币交纳，事实上只彻底推行了不到三十年即逐渐被放弃。

可是，我们决不能因此低估两税改革的社会经济意义。两税改革标志着中国封建地主经济正向一个新的进程发展。封建地主经济后期的社会经济的演变，基本上都是在沿着这一历史趋势前进。此后，实物地租虽然也在发展，而且一直是主导形态，但货币地租的作用却在不断增大。封建财政在很长一个时期内继续征收实物，五代时甚至还恢复了租庸制度③，到两宋以后征收货币的范围才逐渐扩大。从此封建经济日受货币地租的侵蚀而步入它的衰落瓦解过程。这一系列历史事实不说明别的，只说明由实物地租向货币地租的转化，以及与这一转化相适应的实物征课向货币征课的转化，其过程是何等的曲折缓慢。故两税改革的历史意义，不在于它在当时是否成功和它持续了多长的时期，而在于它标志着封建地主土地占有形式转入一个新的进程，为以后各封建王朝的财政预示了一条新的榨取途径。

杨炎的财政思想之所以卓越，在于他能在封建全盛时期发现了封建经济发展中新萌芽的因素，并因此而抛弃尚在盛行的传统租税教条，这就使他的财政观点，特别是其租税部分，在近代史以前是无与比拟的。

---

① 均见《唐会要》八三《租税上》，《册府元龟》四八八。
② 见《文苑英华》四二六及《大唐诏令》七〇长庆元年改元赦文。
③ 《通考·田赋三》，后唐庄宗以孔谦为租庸使。

第五节
陆贽与两税法反对派

　　李唐一代谈财政问题的学者绝大部分都生活在八世纪五六十年代安史之乱以后。在封建秩序不安定,封建财政窘迫的情况下,财政经济问题更易于引起人们注意。前面研究过的刘晏与杨炎即是这一时期的代表人物。下面我们还将分析八世纪末期到九世纪的其他代表人物的财政言论。

一、陆贽的财政思想

　　陆贽(公元754—805年)在财政思想方面并无特殊的创见,但他从财政角度出发联系到财富、价格、货币等问题的论著约达八千言之多,这不仅李唐一代很少见,即秦汉以后也是很少见的。

　　陆贽把当时封建财政的危机看作是当时迫切需要解决的主要矛盾,他坚持儒家"民为邦本"的传统观念,认为"建国立官,所以养人也,赋人取财,所以资国也",但"立国而不先养人,国固不立矣"[1]。在他看来,"诱人之力,惟名与利",而名近虚,利近实,如"专实利而不济之以虚,则耗匮而物力不给;专虚名而不副之以实,则诞谩而人情不趋"[2]。他公开将名利作为阶级社会中推动人们活动的诱力,并主张虚名实利相辅而行,不可偏废,这表现他在财利问题上已跨出了儒家思想体系的范围。不过,他仍未能完全抛弃儒家重伦理轻财富的传统,又说:"夫理天下者以义为本,以利为末"[3]。总之,在对待财利的态度这

---

[1] 陆贽《陆宣公奏议全集》卷四,《均节赋税恤百姓条》。
[2] 《陆宣公奏议全集》卷二,《又论进瓜果人拟官状》。
[3] 《陆宣公奏议全集》卷一,《论叙迁幸之由状》。

个问题上他是始终坚持着"民为邦本"这个古老命题。

从这样的理财观念出发,他认为最好是开放山泽由人们经营,不必由国家垄断,他说:"三代立制,山泽不禁,天地材利,与人共之";可是,他又认为如果"兴榷管之法,以佐兵赋,以宽地征"①,那也未尝不可。这反映了他已不是一位墨守传统经济教条的儒家学者。正因为如此,这就使他的财政思想只能在个别问题上作出一些修正和发展,缺乏独创的想象力,下面就分析他的财政议论:

(一) 反对君主私藏

杨炎当政时曾将一向解交皇室大盈内库的公赋仍交还国家的左藏库主管。稍后因朱泚之乱,诸藩镇的贡物复解交琼林大盈两库作为天子私藏。经陆贽建议始撤去琼林、大盈二库。他不仅主张君主的私藏与封建国家的财政宜有所区别,并进一步否定"天子的私藏"。他说,开元以来"税赋当委有司以给经用,贡献宜归天子以奉私求"的说法是没有根据的;天子和天一样"降至尊以代有司之守,辱万乘以效匹夫之藏"②是不合理的,建议纳贡须归封建财政机构掌管。陆贽反对封建君主的私藏的观点是把古代"天子不言有无,诸侯不言多少"的概念加以深化,但他希图将封建财政收入全部划归财政机构支配的主张,在封建政权下是很难实现的,倒是杨炎将君主私藏与国家公赋区分开来的说法尚有一定的实际作用。

(二) 量入为出原则

他认为《王制》中冢宰制国用"量入以为出"是不可动摇的财政原则,他说:"夫地力之生物有大数,人力之成物有大限,取之有度,用之有节,则常足,取之无度,用之无节,则常不足",因此,他得出结论:"是以圣王量入以为出,无量出以为入"③。他显然是杨炎所提出

---

① 《陆宣公制诰续集》卷四《议减盐价诏》。
② 《陆宣公奏议全集》卷一,《奉天请罢琼林大盈二库状》。
③ 以上引文均见《陆宣公奏议全集》卷四,《均节赋税恤百姓第二条》,《请两税以布帛为额不计钱数》。

的"量出以制入"财政原则的反对派。

(三) 租税概念

陆贽的租税概念主要有三点,一是"任土之宜"。赋税按当地土产物品交纳,在封建财政体系中,除极少数主要的农产品及家庭工业产品还以原有的生产物形态交纳外,绝大多数财政征课早已不是"任土所宜"。陆贽把这一原则重新加以强调并作了理论上的概括。他说:"非力之所出则不征,非土之所宜则不贡。故可以勉人功、定赋入者,惟布麻缯纩与百谷焉"①。他既主张任土之宜,必须反对以钱为税,其理由是:"谷帛者人之所为也。钱货者官之所为也,人之所为者,故租税取焉。官之所为者,故赋敛舍焉。……曷尝有禁人铸钱而以钱为赋者也"②。他只看见钱是"官之所为",忽略了货币既在民间流通也就是民之所有。人民如能交纳谷帛,也就能交纳货币。当然,以货币交纳时,纳税农民可能因出售生产物以换取货币而蒙受损失。但是,他未看到,在直接交纳谷帛时,也可能因负担贡物的运送劳役和对贡物的苛刻挑剔而遭受更大的损失,反不如直接以货币交纳省事。

二是轻近重远。《周礼》中轻近重远的税率规定,其用意在使人民的租赋的负担平均。陆贽主张轻近重远却另有用意。他认为"豪勇之在关中者,与列于厩牧不殊,财用之在关中者,与贮于帑藏不殊,有急而须,一朝可聚"③。在他看来,轻近重远原则的优点是:平时可以示小惠于京畿的人民,借以巩固根本,一旦有事,无论征兵敛财,都很方便,可以"一朝而聚"。这完全是从巩固封建政权、镇压反对势力的角度来谈问题,与赋税的负担平均原则无关。

三是反对以资产为课税的基础。他坚持税制应以"丁夫为本",即按人丁及地亩数量征课。这种较落后的租税观点与较进步的租税观点是相对立的。以丁夫为本的税制有什么好处呢?他认为生产增加,税额不增,可以奖励生产,生产减少或不从事生产,税额不减,可以策动生

---

① 《陆宣公奏议全集》卷四,《均节赋税恤百姓第二条》,《请两税以布帛为额不计钱数》。
② 《陆宣公奏议全集》卷四,《均节赋税恤百姓第二条》,《请两税以布帛为额不计钱数》。
③ 以上引文均见《陆宣公奏议全集》卷一,《论关中事宜状》。

产。勤谨者代役税不加重,怠惰者代役税不免除,也可以鼓励工作。这样还可使农民固着在土地上不致迁徙。因此,他坚决反对不以丁身为本而以资产为基础课税。在他看来,按资产的多少定税额,有两个最大的缺点。第一是资产的多寡不易测定,"有藏于襟怀囊箧,物虽贵而人莫能窥;有积于场圃囷仓,直虽轻而以为富"。第二是生产性资财与消费性资财之价值不易衡量"有流通蓄息之货,数虽寡而计日收赢;有庐舍器用之资,价虽高而终岁无利"①。这两点一般地说都不利于地主阶级,相反地却便利商人资本的逃避"徭税"。撇开这些不谈,仅就他对能获取赢利的生产性资财与消费性资财间的区别有如此明确的认识,倒是在他以前不曾出现过的经济观点。按资产课税虽是一种更有效的课税方式,但也是财政领域的新生事物,不可能不存在缺点。在初步大力推行按资产课税的制度时,遭到一些人的反对,也是难以避免的事情,陆贽便是代表之一。

除以上租税观点而外,陆贽还从国家租税与地主阶级的地租剥削二者的对比上,深入分析了造成农民贫困的原因。他指出当时豪强地主对于租地农民的私敛压榨,远甚于封建国家的公赋剥削,他以京畿地区为例说:

"今京畿之内,每田一亩,官税五升,而私家收租,殆有亩至一石者,是二十倍于官税也。降及中等,租犹半之,是十倍于官税也。夫以土地王者之所有,耕稼农夫之所为,而兼并之徒,居然受利。官取其一,私取其十。稚人安得足食,公廪安得广储"②。

他不像以往那样将农民贫困的原因归咎于财政捐税太重,而是归结为地主阶级的残酷剥削,当然更为深刻,也是在他以前的思想家很少提到过的正确观点。董仲舒与王莽虽提到过农民耕种地主土地负担"见税什伍"的沉重地租,却是专指豪强大地主而言,陆贽以一般地主阶级的残酷的地租剥削为出发点进行分析,这是把封建地租的考察,提到一个

---

① 《论两税之弊须有厘革》,又《新唐书》卷五二《食货志》,所载大致相同。
② 《陆宣公奏议全集》卷四,《均节赋税恤百姓第六条》,《论兼并之家私敛重于公税》。

更高的认识水平。同时他也看到地租剥削的加重，不仅危及租地农民的生活和农业生产的发展，而且直接影响封建国家的财政收入。在他的时代，租佃关系已广泛流行，封建地租剥削所引起的矛盾已开始暴露，他的深刻的分析正好反映了这一客观过程。

（四）其他财政观点

陆贽和当时的许多其他思想家一样，极力坚持和市政策，所谓"和市"就是，除法定的强制征课外，所有官府与人民之间的交换一律按市场价格以买卖方式进行。和市有时又称为和籴，这是南北朝时期已经开始而在唐代相当盛行的一种措施。当然，在封建社会中的所谓和市，事实上是另一种形式的勒索和科配，有和市之名而无和市之实。但在理论上，和市论者总须首先肯定价值规律在流通中的自发调节作用，而不加以人为的干扰。唐代理财家之所以一般地都重视和市政策，撇开和市在本质上有利于封建财政剥削这一因素不谈，商品货币关系的日益发展迫使他们不得不正视这一客观事实，实为重要原因。陆贽坚决主张将封建国家所需要的许多物资按照市场价格收购，连所需用的劳动力也采用雇佣劳动方式（即所谓"和雇"）。他说："交易往来，一依市利，勿令官吏催遣，道路遮邀，但不抑人，自当趋利"①。凡军事运输，边镇储粮，收购草料，供应军粮，调节民食等措施，他都主张斟酌市场价格，进行和市。陆贽赞同当时许多理财家的和市思想不是偶然产生的，而是商品经济发展的产物。陆贽还提出在市场价格以上，甚至不惜用"加倍之价"②收购官府所需物资，借以刺激生产。这是因为他所遭遇的是物价跌落问题，并且封建官吏在进行和市或和雇时往往以很低的价格强制收购或征雇。无论如何，以过高的价格收购物资毕竟是易于滋生弊端，而又是不可能实行的书生之见。此外，他曾建议以茶税收入充作各道和籴的资本，丰收以优价收购不使谷价下跌，凶年由政府赈给周济，或由政府办理贷放，以打击民间高利贷资本。

---

① 《陆宣公奏议全集》卷三，《论度支令京兆府折税市草事状》。
② 《陆宣公奏议全集》卷三，《请减京东水运收脚价于缘边州镇储蓄军粮事宜状》。

关于漕运问题，当时存在两种不同的看法：一种看法是"国之大事，不计费损"，即使是"用一斗钱运一斗米"，漕运亦不可废；另一种看法认为"畿内和籴，既易集事，又足劝农"，何必远从江南转输，徒耗财赋。他认为这两种都是片面的看法。正确的意见应该是对不同具体情况采取不同措施，总的原则为"食不足而财有余，则弛于积财而务实仓廪；食有余而财不足，则缓于积食而啬用货泉"。我们最注意的是他主张在封建国家财力丰富，人口众多而又无"力役"时，应大事进行漕运。虽然成本很高，却可以通过漕运以增加劳动人民的生计，纵使"用一斗钱运一斗米"亦在所不惜。这和刘晏利用转运事业以恢复残破的社会经济的见解基本上是相仿的。

另外，陆贽对于政府会计事务也提出一点意见，认为太府进行出纳时，均应凭借度支颁发的"文符"即支付命令以为依据，"太府依符以奉行，度支凭案以勘察，互相关键，用绝奸欺"①。他还主张太府应将出纳之数每旬申报一次，结存数额则按月奏闻。由此表现出他对财务稽核职能的重视。

陆贽的财政思想基本上不超出儒家"薄赋敛"、"百姓足君孰与不足"等原则的范围。在他的文集中，我们还可以看到另一些在纸面上颇为周密细致的财政策划。以封建统治者对他的信任来说，似乎应被采纳，而实际上均未见诸实行，这可能有两个原因。第一，他的财政观点绝大部分是因袭以往陈说，不能充分适应当时的客观要求。第二，他的建议多从封建国家的长远利益出发，为了缓和封建统治者与农民阶级之间的尖锐矛盾，常常提出一些在某种程度上能减轻人民痛苦的让步政策，因而也就不利于封建统治者的目前贪欲的满足，更无实行的可能。一般地说，他的财政思想是比较陈旧保守的，但也有三两个值得提及的观点，这是他能成为地主阶级中较开明的思想家的主要原因。

---

① 《陆宣公奏议全集》卷一。

第十章 隋唐财政思想

二、两税法的反对派

（一）陆贽反对两税法的论点

自建中元年实行两税改革至陆贽为相时，两税法已推行了十二年，其间产生了许多弊端。于是反对两税法的人亦日渐增多。陆贽是反对两税法最早的代表人物，其论点亦常为此后反对两税者所引证。陆贽举出两税法实行以后发生了七个弊端：第一，在两税实行以前，虽有许多临时的征收，但封建财政如稍宽裕即行减免，两税将这些临时征收一律改为经常收入，那就会有加无减。第二，在两税之外又以"供军"或类似原由为名，临时加征捐税，成了经常的附加税。第三，人民纳税虽然改纳绫绢，但系依钱数折合，物价越跌，人们所缴的绫绢越多。定税之初纳绢一匹，作钱三千二三百文，后来绢价下跌，以往纳绢一匹者现须纳绢两匹，货币税额未增而人民的负担增加了一倍。第四，财政机构以绫绢作支出时作价较高，使人民又蒙受一层损失。第五，代役税已并入两税，而事实上另有以召雇为名的征役，以和市为名的科配。第六，非法的赋敛如急备、供军、折估、宣索、进奉之类仍然存在。第七，各道将田里荒芜、户口减耗情况，隐匿不报，而将逃死者所短缺的税额摊派在四邻身上①。陆贽所举各项弊端，除以货币为税额在物价跌落下所产生的矛盾外，大都为封建租税制的通病，不是两税法所特有的弊病。

陆贽反对两税法的基本论点事实上只有两个。首先，是反对两税以货币为税额的交纳。他认为人民不能铸钱，却要他们以货币交纳，于理不通。且在物价下跌时，人民"供税之所出渐多，多则人力不给"；反之，在物价上涨时，政府"收税之所入渐少，少则国用不充"。特别是以实物折合现金交纳时尤其如此。他还认为以实物折合现金交纳有一个大缺点，即"所征非所业，所业非所征，遂或增价以买其所无，减价

---

① 以上均见《陆宣公奏议全集》卷四，《均节赋税恤百姓第一条》。

以卖其所有，一增一减，耗损已多"①。这也是他主张任土所宜原则的主要理由。其次，是反对两税以资产多寡而定税额。我们在前面已经指出他所以反对税额以"资产为差"，由于资产本身的多寡与其价值之大小很难作正确的估计，因而容易"失平长伪"。

在他看来，以"丁夫为本'而用'布帛缯纩与百谷"交纳的租庸调制是最理想的税制。"有田则有租，有家则有调，有身则有庸"②的课税原则，各代虽有损益，其基本意义是一致的。租庸调制固然也有缺点，此乃一时之弊，而非立法本身的缺点。其实，陆贽所列举的两税法之弊端，又何尝不是一时之弊而非两税法本身的缺点。他还说两税的定额是将大历以来征课钱谷最多的年份作为标准，这是"采非法之权令以为经制，总无名之暴赋以立恒规"③。他在提出这一反对论点时，不曾意识到这些非法权令与无名暴赋正是租庸调制实行期内的产物，两税法不过将它合并在一起征收而已，可见租庸调制下的封建农民并不比两税法下更为轻松。陆贽反对两税法的论点，与孟轲的辩难之作有某些相似，富于明晰生动之美，短于逻辑理性的周密。

（二）齐抗的观点

陆贽而后反对两税法的有齐抗（公元739—804年），他首先肯定两税法的成绩，认为自两税法实行以来"督纳有时，贪暴无容其奸，二十年间府库充牣"④。但是，定税之初，钱轻货重，故以钱为税。"今钱重货轻"，就应改变方式"以就其轻"，即恢复以实物为税。他的理由是：以钱定税额而交纳时复用实物，反复折价，为奸吏侵夺人民造成机会，如以布帛为税即无折价之弊。农民所生产的是布帛，以布帛纳税较为便利，政府开支也是用布帛处多，用钱处少。而官府又可以铸钱，无必要使农民以钱为税。齐抗所列举的这些理由都是陆贽早就提到的。齐抗与陆贽不同，他并不主张恢复租庸调制，只要求将以钱定税额的制

---

① 《陆宣公奏议全集》卷四，《均节赋税恤百姓第二条》，《请两税以布帛为额不计钱数》。
② 《陆宣公奏议全集》卷四，《均节赋税恤百姓第一条》，《论两税之弊须有厘革》。
③ 《陆宣公奏议全集》卷四，《均节赋税恤百姓第一条》，《论两税之弊须有厘革》。
④ 《新唐书》卷五十二，《食货志》。

度改为以实物定税额。他以为这样做"其利有六":"吏绝其奸,一也;人用不扰,二也;静而获利,三也;用不乏钱,四也;不劳而易知,五也;农桑自劝,六也"①。可见齐抗之反对两税法着重在以钱定税额而又以布帛交纳一点。他要求税额要固定、明确、简单、便利,而又能发生刺激农业生产的作用。在两税法的反对派中,齐抗的反对论点是比较持平的。至于他说:"定税之初,钱轻货重,故以钱为税",这是曲解了杨炎改革税制的动机。而当时的"钱轻货重"也只是相对于定税以后物价继续跌落情况的片面理解,如与两税法实行前数十年的物价水平相对比,那时反而是"钱重货轻"了。中古时代的思想家还不懂得对物价作较长期的分析,常根据片面的或点滴的历史材料得出不完备的结论,是无足为怪的。

(三) 杨於陵及其他反对两税法的论点

杨於陵(公元753—830年)反对两税主要为钱重货轻问题而发。钱重货轻是李唐一代长期存在的问题。两税法实行后物价继续跌落,人民租税负担逐渐加重,从另一角度看,这也就是钱重货轻问题。故反对两税征收货币与钱重货轻在当时是同一个性质的问题。大抵元和(公元806—820年)以前主要是反对两税法本身,货轻钱重问题只是附带提及(如陆贽与齐抗);元和后期,侧重在解决钱重货轻的矛盾,因而牵涉到反对两税问题。

元稹(公元779—831年)基本上同意两税改征实物,但提出三点修正意见:第一,如普遍以布帛丝绵交纳,则不生产此等产品的人户必感困难,须准许其以当地重要产品折纳;第二,贫户所交两税甚少者,许其以现金交纳;第三,除盐利仍收现金外,酒利可并入两税交纳②。由此可见,元稹在两税法的争论中是一个折衷派,既认为两税不纳现钱于百姓颇为方便,但也不赞成全部以实物交纳。从他所指出的第一第二两点修正意见看来,那些坚持两税全部改征实物的论点,对人民也是不利的。至于两税以外的一切封建财政收入均改征实物,那就更成问题。

---

① 《新唐书》卷五十二,《食货志》。
② 元稹:《元氏长庆集》卷三六,《中书省议赋税及铸钱等状》。

元稹持有上述观点,同他对于租税现状的认识有关系。他认为赋税之外的剥削过多,不能单归咎于两税之征收现钱。两税法本身尚不是问题的关键所在,则造成两税法的弊害的钱重物轻情况,更是次要问题。

元和初,独孤郁又指出两税法实行后产生的另一弊端,即资产丧失而户税犹存。在他看来,人们拥有资产的情况经常发生变动,如有人过去曾有良田千亩,柔桑千本,居室百堵,牛羊千蹄,奴婢千指,根据此资产而折算的两税负担,不下七万钱。然而不消三四年,家财状况会发生很大变化,桑田为墟,居室崩没,羊犬奴婢,十不余一。资产丧失了,可是交纳的两税却不曾蠲免,官府仍照原来税额催逼督责,结果纳税人被逼致死或辗转奔逃。而官府又将死逃户的赋税摊派给现存户,"是以赋日益重"而人日益贫,不均之甚,一也"。为了使纳税人的"财赋均一"①,他所提出的对策是,通过核查各户资产的变动情况,重新确定各户等级,以使各户的户税负担与其户等相适应。当时觉察两税法存在这一弊端者不只独孤郁一人,连封建统治者也认识到两税法实行既久,不免会发生户税负担与户等脱离的弊病,故一再敕令"三年一定两税,非论土著定居,但据资产差率"②。由此可知两税法实行到元和年间,户税与户等不符的矛盾已发展到十分严重的程度,不能不引起封建思想家们的普遍重视。

第六节
唐中叶以后的其他财政思想

一、《通典》著者杜佑

杜佑(公元735—812年)的财政思想主要表现在他的《通典·食

---

① 《全唐文》卷六三,独孤郁《对才识兼茂明于体用策》。
② 《唐会要》八十五,元和二十五年二月敕令。

第十章 隋唐财政思想

货典》十二卷中。他的基本财政观点虽然多祖述儒家，却极为重视财利问题，有意识地将物质经济条件的决定作用提到第一位。在《食货典》十二卷中，除第八、第九两卷专论钱币问题外，其他各卷均与封建财政有直接或间接关联，足见他对财政问题的重视。尤其是最后一篇以"轻重"一词来命名，也表现他对《管子》轻重学说的推崇，这和一般儒家学者是不同的。更重要的还在于《通典》将食货列为第一部门，真正地体现了"洪范八政，食货为先"的精神。这对于讳言理财的传统观念，无疑是又一有力冲击。《史记》八书中，《平准书》还居于末位，《汉书》十志中，《食货志》也位列第四。刘秩《政典》的内容不详，但它既系"取周礼六官所职"分门撰述，似乎不可能将食货问题列为卷首。杜佑在《通典》中第一次将食货列为政治经济诸制度的首篇，为马端临的《文献通考》建立了足资遵循的先例。数百年来，续《通典》、《通考》者颇不乏人，使这一类阐述古代政治经济体制变迁的政书成为极有系统的宝贵巨著，这不能不归功于杜佑的创制。如果说司马迁作《平准书》与《货殖列传》，为后世历史学者指出了重视经济问题的正确方向，则杜佑给以后研究政治制度的学者指出了首先研究财政经济体制的重要意义与示范。所以，杜佑的财政思想本身不必深究，仅将食货列为《通典》九门之首的这一创见，就很称得称赞。

杜佑反对"直取之于人"的对人课税，主张仅收土地什一税及山泽征课。他主张对工商业征课，不完全以财政收入为目的，而是认为"工商虽有技巧之作，行贩之利，是皆浮食不敦其本"，具有"抑损之义"，"务令归农"。他并不坚决反对盐铁、榷酒、算缗、杂税等之征课，主张根据具体情况未决定盐铁杂税等之是否有征课的必要。他又认为办好户籍即可轻减赋税。据他估计，当时纳税者约二百五十万户，但根据食盐消费量推算，实际可能有五百万户。如做好版籍，令隐匿户口都能据实登记，则户数可能增加一倍，即使赋税总额不变，也将使每户负担"自减一半"。人民既知税轻，则可"免流离之患"[①]。杜佑已理解到在总人口中各户有其平均人数，并在一千多年前就提出了以食盐消费

---

① 《通典·食货七·丁中》。

量为基础来推算人口数量的方法,这是很可贵的①。

杜佑曾一度负责推行过两税法,是两税法的拥护者。他说两税法实行后,不仅赋税收入增加一倍有余,而且"令赋有常规,人知定制,贪冒之吏莫得生奸,狡猾之甿皆被其籍,诚适时之令典,拯弊之良图"②。两税虽未必如他所说的这样好法,但增加了封建财政收入,却系事实。

但杜佑又认为单凭增加赋税收入仍不足以解决当时财政困难,故提出"救弊莫若省用,省用则省官"的建议,要求精简机构,减少浮费③。减少浮费的具体办法,杜佑未曾详述,不得而知。至于削减官俸一事,根据他任户部侍郎时,中书门下省奏请削减官吏俸禄的办法,是按不同官阶规定不同的减俸比例,如每月八十贯以上收入者的减俸比例为三分之一,而六十贯以上,四十贯以上收入者分别为七分之一和十分之一,三十贯以下者不减④,体现了一个与以往按同比例减俸的办法不同的新颖等差递减思想。

总之,杜佑的财政观点大都因袭旧说,无所创见。但我们绝不能因此而贬低他在《通典》一书中首列以财政言论和体制为主的《食货门》在财政思想史上的重要意义。

二、赵赞的租税创议

赵赞与杜佑约略同时,又先后主持过封建财政事务,被史学家指为"纤琐刻剥"之人。他面临镇压叛乱的军费不足问题,无法仰赖农业税

---

① 《通典·食货七·丁中》本注:"计诸道簿帐所收可有二百五十余万户。按历代户口,多不过五,少不减三,约计天下除有兵马多处,食盐是知见之数者,采晋隋旧典制置可得五百万矣。以五百万户共出二百五十万户税,自然各减半数。"可惜怎样用食盐量推算的具体方法,杜佑没有列出,颇为遗憾。又《通典》中运用平均数作计算基础之处甚多,可知他对平均数的作用颇有理解。
② 《通典·食货七·丁中》。
③ 《通典·食货》。
④ 参见刘不同:《中国财政史》,第三编,第90页。

第十章 隋唐财政思想

的迅速增加以适应浩繁军事开支的要求,因而把理财的重点主要放在农业以外的其他方面,如商业和富商身上。其办法大致有以下几项:

第一,实行借商。唐代借商早在"安史之乱"时,为了弥补国用不足,曾规定"豪商富户皆籍其家资,所有财货畜产,或五分纳一,谓之率贷"①。所谓"率贷",名义上是向豪商富户借钱,实际是对商户的临时征课。赵赞执行之"借商"即系采自二十余年前的"率贷"旧例,虽不是此事的建议者,却是其主持人。他以为"泉货所聚,在于富商,钱出万贯者,留万贯为业,有余官借以给军,冀得五百万贯",并约定罢兵以后,"以公钱还"。此次借商在他的主持下,搜督甚峻,"人不胜冤痛,或有自缢而死者。京师嚣然,如被贼盗"。然而搜刮的结果才得钱八十余万贯。于是又创行"以僦柜纳质积钱货贮粟麦等,一切借四分之一",所得亦仅二百万贯。这次借商激起市民阶层的极度不满的反抗,"长安为之罢市,市民相率遮邀宰相哭诉"②,因而成为中国财政史上的一个著名事件。

第二,扩大常平仓的作用。赵赞以常平旧制"能行轻重之法",主张将常平仓的作用由以往单纯储存谷物"推而广之,……兼储布帛,以备时须"。他建议在长安、洛阳以及其他重要州府各置常平,其常平"轻重本钱"由中央以商税拨给,"上至百万贯,下至数十万贯",用来购买和贮存米粟及布帛丝麻等物,"候物贵则下价出卖,物贱则加价收籴,权其轻重,以利疲人"③。此建议曾为德宗所接受,却因当时用作常平本钱的商税收入往往被挪作他用,故可能未曾实行。即使一度实行,亦未能长期维持即恢复常平的原来性质。但赵赞的这一建议,正是唐代商品经济不断发展的客观现实在封建财政思想中的反映。

第三,增辟新税源。赵赞提出了一系新的租税创议。首先是茶税的创设。建中三年,他奏请诸州各置常平轻重本钱获准后,随即建议在诸道津要都会之所设置官吏,稽核往来商人财货并折价征税,"计钱每贯税二十,天下所出竹、木、茶、漆、皆十一税之",其收入充作常平本

---

① 《通典·食货》十一,《杂税》。
② 以上引文均见《旧唐书·卢杞传》,又见《新唐书》卷五十二,《食货志》。
③ 以上引文均见《旧唐书·食货志下》,又见《新唐书》卷五十二,《食货志》。

钱。我国古代茶之有税，即肇始于此①。惟那时茶税收入尚不显著，故不久停征。然而自贞元九年（公元 793 年）复征起，不出数年茶税收入即达一年四十万贯，此后茶税所得日益增多，遂成为封建财政收入之大宗，直到近代而未衰。其次创议间架税，即近代所谓房产税，以房屋为征税对象，规定所有房屋两架为一间，按贵贱分为三等价格征税，"上价间出钱二千，中价一千，下价五百"；隐匿一间受刑杖六十，告发者赏钱五十贯，取钱于被告发人家。间架税的征课，一是由于地方官吏"秉算执筹，入人庐舍而抄计，峻法绳之"，由此引起苛扰；二是因为衣冠士族或贫无他财独守故业者，"坐多屋出算"，动辄定税额数十万钱，"人不胜其苦"。因此间架税的实行所产生的恶劣后果是显而易见的。最后是在建议间架税的同时，赵赞又创行了算除陌钱。此法规定：凡公私支付和交易，每贯征税二十文，后增至五十文，亦即百分之五的税率；如物物交换，则折钱征税。由官给牙商印纸，使其随时按买卖交易额登记，翌日汇总收税；不经牙商的直接交易，另给私簿报税，而无私簿者则自行报缴。偷逃税款达百钱者没收其资产，达二千钱者另受刑杖六十，检举者赏钱十千，取于逃税者之家资。此法推行后亦不乏其弊，一面牙商"得专其柄，率多隐盗"，一面"公家所入，曾不得半"，结果"怨讟之声，嚣然满于天下"②。

以上三种租税，除茶税发展成为极重要的财政收入项目外，间架和除陌两税均在实行过程中产生诸多弊端，以致当年泾原兵在长安哗变时，竟以"不税尔间架、除陌"③ 相号召，此后二税即被同时废除。从财政思想角度考察，赵赞的独特之处，以茶税而论，在于他最先意识到茶商品的需求量之增加对扩大封建财政收入的重要意义，故能首创以茶作为课税对象。关于间架税，他不止强调房屋的间架数量，更为重要的是注意以房屋的价值之贵贱作为课税的基础。这比起英、法曾实行过的烟囱税纯系以房屋的烟囱作为课税标准，不啻是高明得多。而欧洲国家

---

① 《旧唐书·食货志下》，又见《通典·食货》十一，《杂税》，《新唐书》卷五十二《食货志》。

② 以上关于间架税和除陌钱的引文均见《旧唐书·食货志下》。

③ 《新唐书》卷五十二，《食货志》。

课征房屋税之以价值为标准,系自19世纪之末才开始盛行,这时距离赵赞的创议已有一千余年的历史。至于除陌钱,古今中国学者一般均认定这是一种苛税。惟就税制本身而言,此税颇类似于近代交易税的性质,在当时商品交换关系颇为发达的条件下尚具有负担普遍、税源充裕可靠、征收方便及时等优点。它的缺陷主要是税负易于转嫁,商税负担的大部分或全部最后仍将落在消费者尤其是广大劳动人民的身上。此外,除陌钱一律按百分之五的税率征课,也显得过重,特别对经营日用必需品者来说更是如此。但无论如何,关于征课除陌钱的建议,仍能表明赵赞对于商业经营的复杂性以及征收交易税的各种必要环节,均有颇为周详而细致的了解。因此,有的学者认为间架和除陌二税本身"并非完全一害民之政,但未得其人,终为殃民误国之制"①,此说不无道理。

总之,赵赞的财政措施虽在实际上成为苛民之政,但其中也蕴含着一些合理因素,尤其是他的租税创议,更为后人开辟了若干新的课税领域。而他在理财过程中始终将主要注意力放在增加商税收入上,也适应着封建财政演变的一个新的趋向。

三、韩愈的租税言论

韩愈(公元768—824年)明确地肯定封建捐税是一种合理合法的强制负担。如果"民不出粟米麻丝,作器皿,通财货以事其上,则诛"②。这虽是主要对僧道之徒而言,也可以反映他对租税的强制作用的认识。

同时,这也反映他所理解的租税来源已相当的扩大。以往思想家大都认为农民才是封建财政捐税真正的最后的负担者。尽管自两汉以来非农业租税的财政收入的比例日渐扩大,在理论上却被看作是不合理的现

---

① 刘不同语,见其著《中国财政史》第三编,第204页。
② 韩愈:《韩昌黎集》卷十一,《原道》。

象，农业单一税一直是一种理想的合理税制。韩愈将农出粟米麻丝，工出器皿，商通货财都看作是租税来源，这是从理论上肯定农工商业同为封建租税的负担者，而不仅是农民。《周礼》中本已有征课工商的规定①，但征工商之用意，据郑玄注释，谓系劝人务本而不求末。韩愈肯定农工商业同为租税来源，其意义与《周礼》有本质上的区别。

韩愈主张租税征收实物，事实上也是两税法的反对派。他模仿《禹贡》中传说的税制提出一个建议说："今使出布之乡租赋悉以布，出绵丝百货之乡租赋悉以绵丝百货。去京百里悉出草，三百里以粟，五百里之内及河渭可漕入，愿以草粟租赋，悉以听之"②。这是毫无可行性的书生之见。

他也认为物轻钱重的情况是两税法实行所造成的后果，他说："五谷布帛，农人之所能出也，工人之所能为也；人不能铸钱，而使之卖布帛谷米以输钱于官，是以物愈贱而钱愈贵也"。前已指出，这是当时反对两税法的学者较普遍的看法。实际上，这完全是皮相之论。因为，在安史之乱时物价暴涨，事乱平定后物价即开始回跌，到实行两税法时，物价已回跌了将近二十年，可见物价跌落（"钱贵"），并非两税法所造成的后果。而且两税征收货币，只可能在夏秋两季造成临时的货币短少现象，不可能形成长期的通货紧缩，因为封建政府的货币收入，必须以财政支出形式使货币重新回到流通领域。韩愈主张恢复实物税，认为这样一来，"则人益农、钱益轻、谷米布帛益重"③。他没有注意到如征收实物，钱可能日轻，但"人益农"，则谷帛的生产愈多，这样，谷帛之是否"益重"还须看"钱益轻"的程度如何才能决定，不一定就能扭转钱重物轻的趋势。

韩愈在封建财政上的另一主张是反对食盐专卖。他说④：

"盐商纳榷，为官粜盐，子父相承，坐受厚利，比之百

---

① 《周礼·天官·冢宰》以九赋敛财贿，其中"七日关市之赋，八日山泽之赋"，即属于工商之类。
② 《韩昌黎集》卷三十七，《钱重物轻状》。
③ 《韩昌黎集》卷三十七，《钱重物轻状》。
④ 《韩昌黎集》卷四十，《论变盐法事宜状》。

姓，实则较优。今既夺其业，又禁不得求觅职事，及为人把钱捉店，看守庄磑。不知何罪，一朝穷蹙之也"。

特别值得注意的是他对富商大贾之"坐受厚利，不但无丝毫非议之意"①，且为商人资本叫冤辩护，这是秦汉以来的思想家们尤其是所谓儒者中极罕有的态度。同时，这也反映了在中国封建地主经济的发展中，商品经济有一定程度壮大的这一客观现实，迫使人们甚至儒家对它不能不采取新的态度。以继承儒家道统自居的韩愈，对商业及商人资本采取这样的态度，在财政思想的发展中，是一个颇值得注意的趋势。这种趋势到两宋及以后各时期愈加明显，虽然轻商或抑商的观点仍在不时出现。

四、李翱的平赋书

李翱（约公元776年—约843年）系韩愈倡导古文运动的追随者，在财政思想上看，二人的基本观点也基本相似，但又各具特点。李翱在两税法实行后四十年提出修改两税法的建议。他反对两税完全从"货轻钱重"观点出发，他说：②

"自建中元年初定两税至今四十年矣。当时绢一匹为钱四千，米一斗为钱二百，税户之输十千者为绢二匹半而足矣。今税额如故，而粟帛日贱，钱益加重。绢一匹价不过八百，米一斗不过五十。税户之输十千者为绢十有二匹然后可，况又督其钱使之贱卖者耶。假令官杂虚估以受之，尚犹为绢八匹乃仅可满十千之数。是为比建中之初为税加三倍矣。……由是豪家大商，皆多积钱以逐轻重，故农人日困，末业日增。"

---

① 韩愈在他的《论今年权停举选状》（《韩昌黎》卷三十七）中也说："去岁大丰，商贾之家，必有储蓄，举选者皆赍持资用，以有易无，未欠其弊。"可见他不非议富商大贾的态度不是偶然出现的观点。

② 李翱：《疏改税法》，见《全唐文》卷六三四《论事疏表》。

李翱所看到的物贱钱重的情况比陆贽所看到的还要严重。陆贽指出物价较建中元年下跌百分之五十，到李翱时已下跌了百分之八十，按照市场绢价计算，租税负担增加了四倍，即使按"虚估"价格计算也还增加了三倍。他认为如果税法不改，虽神农后稷复生也不能使百姓充足。可见李翱反对两税法之论点仍未超出陆贽的范围，唯在对待豪家大商的态度上与韩愈的辩护观点有明显不同。

前述反对两税法的代表人物为陆贽、齐抗等人，虽与李翱一样均主张以实物交纳，而对怎样以实物交纳却各有不同的意见。陆贽建议一种折衷办法，将初定两税时的布绢价格与当时市场价格加以平均，然后再以此货币数额折合应纳布帛之数，以后即按此定数各随乡土所出以实物交纳①。齐抗的建议较为简单，即将当时实际交纳的布帛数作为此后纳税的实物定额，不再以货币计算②。而李翱却另有一套办法，主要表现在他的《平赋书》之中。

李翱认为井田古法已不可恢复，但可采其能行于当时者行之。他所谓可行者主要是指久已过时的什一之税，力图使这一陈旧的东西在新生的形式下恢复和巩固起来。关于什一税问题，《平赋书》的论述大致如下：③

每方里有田五百四十亩（古一方里为田九百亩，而兹时一方里为田五百四十亩），方十里有田五万四千亩，方百里之州为五百四十万亩，千里之都为五万四千万亩。

以百里之州为例：一亩之田，以强并弱，水旱之不时，虽不能尽地力者，岁不下粟一石。百里之州有田五百四十万亩，以一百九十四万四千亩土地（即百分之三十六）作为"州县城郭，通川大途，畖遂沟浍，丘墓乡井，屋室径路，牛豚之所息，葱韭菜蔬之所生植"的地区，其余为田三百四十五万六千亩。每十亩取粟一石（按什一之税计），共得租税粟三十四万五千六百石。

其田间树之以桑，十亩之田植桑五功（树桑人一日之所作者谓一

---

① 见《陆宣公奏议全集》卷四，《均节赋税恤百姓第二条》。
② 《新唐书》卷五十二，《食货志》。
③ 摘录自李翱《平赋书》，见《全唐文》卷六三八。

第十章 隋唐财政思想

功),一功之蚕每岁不下一匹帛。百里之州除城郭通川大途屋室等用地外,余田三百四十五万六千亩。假定其中有三分之一土卑不可以植桑,尚有二百三十万零四千亩可以种桑一百一十五万二千功。每功产帛一匹,按什分之一计,可课帛十一万五千二百匹。

百里之州如此,可以推而布之千里,自千里而被乎四海。以千里之都而论,千里之都为方百里之州一百。亦即可得租税粟三千四百五十六万石,帛一千一百五十二万匹。以全国而论,租税所得之粟帛将增多不知若干倍。确实是,"以贡于天子,以给州县凡执事者之禄,以供宾客,以输四方,以御水旱之灾,皆足于是矣"。

这幅美妙的财政收入图画,的确是很动人的,可惜是闭门造车的书生之见,而李翱却在这个基础上展开了他的机智。汉末仲长统也认为什一之税的收入已足够封建王朝的财政支出而绰绰有余。但还没有像李翱计算得这样具体。李翱的计算的最大错误在于将可耕地的百分比估计过大。他估计耕地面积约占全部土地面积的百分之六十四,从我国的自然地理条件考察,这是完全错误的,实际的百分比较他的估计小得多。再加上不断的自然灾害,土地荒芜,每亩耕地的平均收获量还要更小。这还没有考虑大地主集团的逃税隐匿和封建官僚的贪墨侵蚀这两个使财政收入大大减少的重要因素。因此,他以为什一之税就可以完全满足封建财政支出的需要的说法,完全是一种没有科学依据的梦想。

《平赋书》的建议本身虽毫无价值可言,但在《平赋书》的序言中,他却提出了一个值得称述的租税概念。向来儒家主张"薄赋敛"大都从缓和封建政权与农民阶级之间的矛盾以稳定封建秩序的角度出发,而李翱主张"轻敛"却纯粹从封建财政收入的角度考虑。他的论点是:

> "人皆知重敛之可以得财,而不知轻敛之得财愈多也。何也?重敛则人贫,人贫则流者不归而天下之人不来。由是土地虽大,有荒而不耕者,虽耕之而地力有所遗。人日益困,财日益匮。……轻敛则人乐其生,人乐其生则居者不流而流者日来,居者不流而流者日来则土地无荒,桑柘日繁。尽

力耕之,地有余利,人日益富"①。

简言之,这是劝说封建统治阶级将其租税政策结合劳动人民的生产积极性来考虑,只要生产增多了,即使税率低一点也可获得较多的财政收入。反之,如人民的生产积极性低落了,生产大量减少,即使征课重税,未必能取得较多的财政成果。从劳动者的生产积极性出发以考虑财政税率问题,在古代思想家中却是很少有的见解。

唐代自均田制崩溃以后,土地兼并之风盛行,到九世纪开始时,百姓土地有三分之一以上为有力者所兼并,而每户赋税的总额未减,全由农民分担。李翱的《平赋书》要求使每一亩耕地都能平均负担租税,其具体办法虽无实践意义,而这一要求却有它的客观基础。

五、白居易的财政思想

在李唐诸思想家中,除陆贽而外,白居易(公元772—846年)的财政言论所接触的面要算比较广泛的,虽无特别杰出的意见,也还有些发人所未发之议论。

(一) 对待财利的基本态度

"讳言财利"的儒家思想到唐代已成为传统教条。但从唐中叶起,陆贽首先主张虚名实利相辅而行,这是摆脱此教条束缚的最初尝试。白居易进一步扩大这一尝试,明确地将自利心的作用提高到指导社会分工的水平。他认为人们之趋农桑或趋工商,是"去无利而就有利","苟利之所在,虽水火蹈焉,虽白刃冒焉"。② 这一认识对于不言财利的古旧观念无疑是一个有力冲击。他也反对聚敛之臣,赞成"王者不殖货利,不言有无"。可是他认为统治者不能好利,不是利的本身一无可

---

① 《平赋书序》。
② 白居易:《白香山集》卷四十六,《策林》二,第十九,《息游情》,《劝农桑议赋税复租庸罢缗钱用谷帛》。

取，而是怕"利穴开而罪梯构"，于是他说：

> "然则圣人非不好利也，利在于利万人。非不好富也，富在于富天下"。①

"圣人"既可以好利，自不会讳言理财问题。白居易对于理财问题的基本观点，是从人与地这两个因素出发以谋求封建赋役的均平，实现真正的国家富有。他说：②

> "王者之贵，生于人焉。王者之富，生于地焉。故不知地之数，则生业无从而定，财征无从而计，军役无从而平也。不知人之数，则食力无从而计，军役无从而均也。不均不平，则地虽广，人虽多，徒有贵之名而无富之实"。

这是以"赋役平均"作为理财的宗旨，也是传统的财利或理财观念的一个重要转变。虽然出现了这种转变，但被道德伦理规范所笼罩的财利观念，在当时并且以后一个很长的时期内，仍然是支配的思想。一种支配的思想，甚至在它已变成"旧思想的残余，总是长期地留在人们的头脑里，不愿意轻易地退走的"③。因此，在财利或理财问题上，这两种新旧观点的对立和斗争，在极长的一个历史时期内，还会不断出现。

（二）租税与节用

在租税问题上白居易也是两税法的反对派。他和当时一般反对两税法的人一样，以为钱重物轻是两税法执行的结果。他不仅主张恢复租庸调制，征收实物，不征课现钱，并反对盐铁杂征。虽然他希望"除关市之征，弃山海之饶，散盐铁之利"，但也深知盐利甚厚，不能让盐利

---

① 《白香山集》四十六卷，《策林》二，第二十二，《不夺人利》，《议盐铁与榷酤诫厚敛及杂税》。
② 《白香山集》卷四十七，《策林》三，第五十二，《议井田阡陌》，《息游惰，止兼并，实版图》。
③ 毛泽东同志对《严重的教训》一文的按语。《中国农村的社会主义高潮》上册，人民出版社1956年第1版，第123页。

"尽入于私室"。他以为山海盐铁之利,"利归于人,政之上也;利归于国,政之次也"。如利既不归于人民,也未归于国家,仅让盐商坐享其利,这是他所最反对的。① 在租税问题上他只是因袭儒家旧有基本概念别无新颖的见解。

其次是主张节用。他所谓节用包括的范围甚广,如宫室、车马、仆御、器服、饮食、宾婚、祠葬等都应"节之以数,用之以伦"。② 他还反对厚葬与佛教,认为这些都是耗费国家财富的。他在主张节用上尚有一个值得称述的观点。以往讲节用者,大都把最高统治者个人荒淫奢侈作为民穷财困的原因,于是提出最高统治者必须寡欲节用的对策。白居易认为这样的论断还未接触到问题的焦点。他说:"天下之人亿兆也,君者一而已矣。以亿兆之人,奉其一君"③,虽君之居处、衣食等穷极奢侈,"犹未合扰于人伤于物。何者?以至多奉至少故也"。这一论证的确可以纠正一千年来在此问题上的流行观点。白居易绝不是为最高统治者的荒淫奢侈辩护。根据他的分析,最高统治者纵欲,可以从两个方面危害人民。一方面是:君主所需的事物,由各级官吏层层向下索取,"所求既众,所费滋多,则君取其一,而臣已取其百矣,所谓上开一源,下生百端者也"④。另一方面是封建统治者的纵欲,上行下效,会造成奢侈浪费的风气,"上盖其侈,下成其私,其费尽出于人,人实何堪其弊,此又为害十倍于前也"⑤。这些才是民穷财困的真正原因。不仅从统治者个人出发并从一个阶级集团角度去认识节用问题,是白居易比以往思想家深入之处。

他在封建财政开支方面的另一建议是省官厚禄。他认为"官省则事简,事简则人安;禄厚则吏清,吏清则俗阜"。如果只知道要求官吏的清廉而不知道厚其俸禄,则官吏不可能真正的清廉。如果只增加官吏

---

① 引文及论点见《策林》二,第二十二及二十三。
② 《白香山集》卷四十六,《策林》二,第二十五,《立制度》,《节财用均贫富禁兼并止盗贼起廉让》。
③ 《白香山集》卷四十六,《策林》二,第二十一,《人之困穷由君之奢欲》。
④ 《白香山集》卷四十六,《策林》二,第二十一,《人之困穷由君之奢欲》。
⑤ 《白香山集》卷四十六,《策林》二,第二十一,《人之困穷由君之奢欲》。

俸禄而不省减官吏人数,则会因财政支出增多而感觉国用不足[1]。这也仅是将东汉以来所习见的俸禄观点作了更为清晰的说明。

(三) 反对官府贷放取息

官府贷放取息是中国历史上早已存在的财政措施,然而对官府高利贷压榨表示不满的言论,却出现甚迟。唐代官府从事高利贷系将利息收入充作官府经济的一个来源,以当时的情况看来,官府高利贷对小生产者的剥削似乎比私人高利贷还要残酷。因此,白居易特别反对当时的官府高利贷。他指出官府所放高利贷,"举之者无非贫户,征之者率是远年,故私财竭于倍利,官课积于逋债,至使公食有阙,人力不堪",成为负债者的沉重负担。在他看来,与其以高利贷取息方式筹集部分经费,不如以征收人头税来代替更好些。因为高利贷是"取之于寡",而人头税是"取之于众",取之于众可使万民分摊,为数甚微。如此则"贫户无倍息之弊",而官府收入反而比较可靠[2]。他只看到少数贫穷债务人之不幸,宁愿让全体人民来共同负担,建议改官府高利贷为"食征",随两税以分摊,而没有认识到一旦过时的人头税得以恢复将带来更严重的后果。

唐代官营高利贷到九世纪前后其资本已非完全出自封建政府。各地方政府的公廨本钱(即高利贷资本)因"逋债"者甚多而常有亏蚀,曾拉拢"捉钱家"(即私人高利贷者)增加本钱与官府勾结经营,在公廨本钱中,"捉钱家"的出资部分常大于政府提供的本钱,事实上是为私人高利贷造成有利的盘剥和发展条件。其结果是"捉钱家"乘机渔利,本来是私人的贷放也假借官钱名义残酷追逼[3]。更坏之处是:可靠债户归还的本利均作为私人贷放而饱私囊,如有逋欠即作为公廨本钱之损失。因此,唐代的高利贷不仅盘剥了人民,也侵蚀了官府。当时较广泛的出现了反对高利贷特别是官府高利贷的呼声,这也许是其主要原因。

---

① 本节引文及论点并见《策林》三,第三十九及第四十。
② 《白香山集》卷四十七《策林》三,第四十一,《议百司食利钱》。
③ 《唐会要》卷九十三,《诸司诸色本钱上》,元和十一年八月条。

（四）反对和籴制度

陆贽曾反对裴延龄的所谓和雇①，尚未公开反对和籴。白居易把和籴看作是勒索摊派，其对人民的强制程度有甚于捐税。他指出，这不是"官出钱，人出谷，两和商量，然后交易"之所谓和籴，事实上是：

> "令府县散配户人，促立程限，严加征催。苟有稽迟，则被追捉。迫蹙鞭挞，甚于税赋，……况度支比来所支和籴价钱，多是杂色匹段，百姓又须转卖，然后将纳税钱。至于给付不免侵偷，货易不免折损，所失过本，其弊可知"②。

从南北朝开始到李唐而大事盛行的和籴制度，最初仅是以商业方式采购封建政府所需要的民间谷物，以代替直接向民间征用的烦劳。这是在商品货币关系日益发达的条件下出现的封建财政措施，其用意未尝不善。但推行稍久，变成按户摊派，而支付的价款又是折价较高的布帛。于是人民受到双重损失。一方面不生产和籴物品的人须用高价购进以向政府交纳，另一方面所得价款布帛又须大大折价方能出售。因此，和籴是人民在两税剥削之外的一种非常沉重的负担。

白居易建议恢复和籴之初衷，由封建政府按较市价为高的价格以现金收购，"利之诱人 人必情愿"，必不得已而行其次，可以实行"折籴"，使人民将应行缴纳的青苗税钱改用谷物交纳，将青苗税钱与和籴合而为一，可使人民少受一次追索之苦，同时，还不致受到和籴所受的布帛折价出售的赔累。因此，他的结论是"配户不如开场，和籴不如折籴"。③ 从这个建议中可以看出，白居易也和当时的一些思想家如刘晏等一样，肯定通过市场活动远比政治上的强制为好，肯定商品货币关系优于封建的超经济剥削。

此外，对于职分田即政府按官职品级授给官吏作俸禄的公田，他主张按照唐初旧制整理，量品授地，计田出租，不使统治集团内部因

---

① 陆贽：《陆宣公奏议全集》卷四，《论裴延龄奸蠹书》："以和雇为称，而不偿其用"。
② 《白香山集》卷四十一，《论和籴状》。
③ 以上引文均见《白香山集》卷四十一，《论和籴状》。

分赃不均而引起纷乱。对常平仓制度，他主张最力，惟系重复旧说，不必赘述。

六、皇甫湜反对君主私藏的观点

在君主私藏问题上，自唐中叶以来，最初是杨炎要求区别君主私藏与国家公赋，继而有陆贽从"天子不言有无"的古代训示否定了"天子之私藏"。皇甫湜（公元777—约835年）对于君主私藏虽同陆贽一样持否定态度，但他的论点却别具一格。

他首先根据"尺土莫非王有，山林川泽之所产殖，雨露春秋之所成就，莫非王财"①的传统观念，得出君王应"推至公以示无外"的命题。这样就从根本上否定了君主私藏的存在依据。他说："今国家既有公府，又有私藏，使州郡贡赋之外，进奉相及，恐非以天下为家，示天下无私之道也"。接着，他又从征课角度分析了君主私藏之弊。在他看来，公赋收入有一定的征课标准可资依循，官吏无缘营私舞弊，"任土作贡，生产有常，履亩之税，等籍既定，人识所出，吏难为奸"。相反，私藏收入系靠各地进奉而获得，"既无度程，莫知纪极，恣横征发，因缘赃私"。这里从缺乏统一而确定的奉献标准角度去否定封建君主的私藏收入。但这不意味着如有正常的奉献标准，即可承认私藏的存在。他曾引证汉代少府水衡"筦榷山泽之利，终不若领之于大农"的史实，来证明由皇室机构掌管终不如由国家财政部门掌管可防止君主萌发奢侈之欲，因而"何必固立内府以开滥关"。根据以上分析，他最后建议封建君主"罢内藏归之公府，约进奉之礼，征敛有常"。他认为只要取消了君主私藏，就可以做到"财用无亏，绝奸之根源，除改了粃蠹"。他又指出君主私藏系来自地方进奉，为了消除隐患，应对地方官府上缴国家规定赋税后留存的余额加以清查，要求封建地方官府除向中

---

① 以下引文均见皇甫湜《论进奉书》。转引自《古今图书集成·食货典》第一百九十九卷，《贡献部》。

央交纳规定公赋外，其所剩余额也必须一并上报而划入国家公赋收入的范围。这样既可杜绝封建君主的私藏来源，又能使地方羡余转为公赋以增加国家财政收入。

皇甫湜反对君主私藏的观点，已不像陆贽那样纯系从封建君主本人的伦理道德出发，而是着重从租税制度上去论证君主私藏存在的不合理性。尽管他对租税制度的理解仅限于"征敛有常"之一端，但他毕竟是摆脱了单纯的伦理局限，第一次给予否定君主私藏的观点以理论论证。

七、李珏论增税对价格的影响

李珏（公元785—853年）关于租税与价格的关系的见解，可从他的反对增加茶税一疏表现出来。他的意见有以下几点①：

第一，茶也和米盐等食品一样，是人们不可缺少的商品。"今增税既重，时估必增，流弊于民，先及贫弱"，意味对人民急需的商品茶征收重税，由于租税转嫁关系将使商品价格大大上涨，价格上涨后受其影响的以贫弱人民为最大。这说明他对必需品的重税与高价所给予劳动人民的影响，已有明确的认识。

第二，按照商品数量定税额（即近代所谓从量税）的目的是想增加封建财政收入。但税重则价高，"价高则市者稀，价贱则市者广"。故重税未必能增多收入，而轻税未必就减少收入。这里他不仅明确指出为增大财政收入而提高课税品的税率，不一定能达到增加收入的目的；而且接触到一个重要经济规律，即价格高低与销售量的反比关系，也就是供求规律的基本内容。

李珏在租税问题上的见解虽仅以上寥寥数语，但都是非常正确的，而且也涉及不少的财政经济的理论问题，如对必需品课税的经济影响、

---

① 见《旧唐书·李珏传》。《新唐书》卷五十四，《食货志》及《李珏传》所载略为简略，不足取。

第十章 隋唐财政思想

租税转嫁问题、从量税的缺点、价格与销售量的关系等等。以往思想家的经济议论，大都瑕瑜互见，更多的时候是瑜不掩瑕，或者是只能适用于某一具体经济情况而缺乏普遍意见。像李珏这样简单明了而又非常正确的见解，是极其少见的。这虽是一些很简略的论述，但出现在一千多年以前也是难得的。

第三部分

封建地主经济后期的财政思想

　　封建地主经济后期也是其逐渐衰落的时期,包括宋、元、明、清等四个王朝。任何事物在它的衰落阶段,总是要受到怀疑、批判并最后被否定。因此,我们现在即将研究的历史时期,也是许多先秦以来的儒家传统财政观点开始被怀疑和逐渐被批判的时期。即使那些尚能维持其支配地位的财政教条,也被赋予了某些新的时代内容。随着时间的前进,这种反传统财政教条的斗争也渐趋尖锐,虽然其进度是极缓慢的。由于商品经济伴随着封建经济不断发展的结果,汉唐时期十分盛行的国家专卖和经济干涉政策倾向也日益削弱。如盐、茶、酒等等以往多系由国营专卖或控制的事业,逐渐改为招商承办或竟让私商自由经营,而封建国家只收取凭证费或收取捐税,愈到封建末期,这种倾向就愈加明显。至于地主经济后期封建国家以雇役制度代替强制劳役之普遍推行,更是社会经济中雇佣制度日益广泛这一事实在财政措施上的表现,也是在财政思想方面较唐代后期更加显著而突出的发展趋势。不过,封建地主经济后期的财政论述多侧重在具体财政措施方面,而直接以理论形式表达的创见却不甚多。因此,这一时期主要是对先秦以来的财政思想中若干不合于时代要求的传统教条,进行批判,并将一些尚能适合于现实要求的财政思想加以深化。他们虽未提出什么新的财政观点与原则,但在批判陈旧教条的基础上,自会给未来财政思想的发展准备好条件。

第十一章

两宋财政思想

　　从宋代起,中国封建生产方式的地主经济阶段即由盛而衰,开始走下坡路。因此,封建地主经济后期财政思想的一些主要发展趋势,如对先秦以来的某些重要财政传统观点的批判,商业资本渗进封建财政的趋势的日益增强,关于各种具体财政措施的阐述或争论之层出不穷和丰富多彩等等,均在宋代已显露其端倪或得到进一步充实与发展。同时,在封建地主经济开始转入"下坡"阶段,地主阶级本身也发生了重大变化。最突出之处是中小地主阶层的势力日益增强,已达到在被大地主阶层控制的政治事务包括财政事务上要求能表示其意见的程度。这两个阶层的斗争成为本历史时期内前所未有的显著特点。大地主阶层为了保护既得利益,拼命反对任何可能出现的变革,并极力为传统的财政教条辩护,认为它们是神圣不可侵犯的。另外,中小地主阶层为了自己的利益而一直要求实现某种程度的改革,有时怀疑甚至攻击大地主阶层代言人所宣扬的传统财政教条。以致在整个宋代及以后直到十九世纪中叶充满着新与旧、进步与保守的斗争。下面我们先考察北宋前期的财政思想。

第一节
北宋前期的财政思想

本节分为两个部分,首先研究宋初存在的重要财政问题及其对策,然后再分析所谓"庆历新政"前后出现的各种财政改革言论。

一、宋初的财政问题

北宋初年,封建统治者所面临的财政问题以及围绕这些问题而展开的财政议论,主要有以下内容:

第一,财政权力的统一问题。前已指出,唐代全部租税分为"供京"、"留使"与"留州"三项,其中除供京一项系直接解送中央外,留使与留州二项亦系由中央留供地方使用的经费,也就是说,全部财政的收入与支出,都是由封建国家统一掌握的。及至唐末,由于各藩镇拥兵自重,财政权力遂逐渐脱离中央的统一控制而为各地的割据势力所支配。起初是"方镇屯重兵,多以赋入自赡,名曰留使留州",截留国家赋税以作地方藩镇私用。到了五代时更加严重,"率令部典主场院,厚敛以自利",自行征税专供地方开支之用。这时只有在方镇势力企图获得中央政府的"恩赏"时,才以"私纳货赂"的"贡奉"形式来维系中央与地方的财政关系。宋初承唐末五代之弊,"犹循常制,牧守来朝,皆有贡奉"①。对于这一"节镇太重,君弱臣强"的弊端,赵晋(公元922—992年)首先建议"稍夺其权,制其钱谷"②。把财政权力集中到中央来借以削减藩镇势力。他于乾德二年(公元964年)担任

---

① 以上引文均见《续资治通鉴长编》卷六。又见《文献通考·国用考一》。
② 《涑水记闻》卷一。

第十一章　两宋财政思想

宰相后，又主持制定并积极推行了一系列集中财权的具体措施。这些财政措施的推行，一方面"除藩镇留州之法，而粟帛钱币，咸聚王畿"；另一方面"聚兵京师，外州无留财，天下支用，悉出三司"。最终实现了"外权始削，利归公上"的目的①。

将地方财权收归中央掌管的问题，历经唐末及五代达一百余年而始终未得解决，宋初以数年时间即基本上实现了封建财权的集中，这是其值得肯定之处。然而在宋初集中和统一财权的过程中，也存在着一些缺陷。其中最主要的是各地财权集中到中央之后，却未能形成真正统一的中央财务领导机构。当时最高统治者为了削弱宰相的权限，改变唐代以宰相兼度支的成例，将财权划归三司使，并规定宰相不得参与财政事务②。看起来是由三司总揽财政，实际情况却是"中书主民，枢密院主兵，三司主财，各不相知，故财已匮而枢密院益兵不已，民已困而三司取财不已"③，结果仍缺乏统一的领导机构以协调中央各部门的财政收支活动。这种情况，直至王安石变法后才有所改善，但在南宋时又故态复萌，以致"御前钱物，朝廷钱物，户部钱物，其措置哀敛，取索支用，各不相知。天下掌赋，多为禁中私财"④，可见在整个宋代，中央财权的统一问题始终未能得到很好地解决。

尽管如此，宋初的财务行政机构之设置仍有其特色。特别是在会计制度方面，曾一度设立"总计司"，掌管全国各地每年会计汇报事务。此机构虽实行不久即行撤销，仍足以显示宋代统治者对于会计制度之高度重视。

第二，赋税苛重问题。赋税苛重是封建时代普遍存在的财政问题，惟历代思想家由于他们所处的历史条件各异，故对此问题的认识以及所采取的对策也就有所不同。如自唐中叶以后，指责捐税过重的观点往往与两税法以货币交纳税额的规定联系起来，故相应的解决办法也就是主张以实物交纳。于是因折纳货币而产生的租税负担沉重问题，至五代时

---

① 《宋史·食货志》。
② 见李心传：《建炎以来朝野杂记》卷十七·《财赋》四。
③ 《续资治通鉴长编》卷一七九，至和二年四月乙卯条。
④ 《文献通考·国用考》二，靖康元年条。

仍使人们为之焦虑,而以吴人宋齐邱提出的处理办法较为奇特。他主张在货币税额改为实物交纳时,将所纳实物的市场价格如绢每匹五百文、细六百文、绵每两十五文,分别"虚抬"至每匹一千七百、二千四百文和每两四十文,然后以此"虚抬"价格抵充原货币税额①。这不啻是将人民的租税负担减少一半以上,它与以往封建统治者借压低物价来加强租税剥削的做法,可谓反其道而行之。

宋初所面临的租税问题与唐末及五代又有所不同,它的重点是要解决因赋税不均而产生的财政负担畸轻畸重的问题。宋代被称为是"不抑兼并"的王朝②,官品形势之家占田达"天下田畴之半";③加上豪强地主享有免税、免役的特权,故赋税不均现象给贫弱农民造成的租税负担也就更为沉重。因此,这一时期人们在谈论租税苛重问题时,常常是从解决租税不均的弊端入手。故宋初以后相继出现许多要求"均税"的建议或方案,这也是本时期租税思想发展的一个特征。

第三,重视商税。自宋初起,封建统治者对商税的重视远远超过以往各封建王朝。它具体表现在以下两个方面:

首先是商税征课的制度化以及商税收入在封建财政收入中地位的提高。征商之法古已有之,唯以前征收商税时常用作临时补助财政不足的权宜之策,或是在"寓禁于征"思想支配下,把征商仅当作抑商的一种手段,故未能形成正常的商税征课制度。直至五代时,由于商税收入日趋重要,始注意商税税法的公开与制度化,如将应纳税商品的品名与税率以文榜张挂于"商税务"门前④,就是其中一例。宋代建国之初即制定商税则例,并在税务机构门前张榜公布以晓喻商民。同时又在全国各地设置场、务等专门机构,征收商税。商税则例后经发展而愈益严密。如其正税分为过税和住税两种,过税系向行商征税,每千钱征二十钱;住税则系向住商征课,按其营业额每千钱交纳三十钱。正税之外尚有杂税,而税钱之外亦可征收实物。宋初除重视国内商税的征收外,还

---

① 见《容斋续笔》卷十六,宋齐邱条。
② 王明清《挥尘后录余话》卷一,《祖宗兵制名枢廷备检》条。
③ 《宋会要稿·食货》一之二○,仁宗天圣元年。
④ 见《册府元龟》五○四及《旧五代史》卷七六,天福元年闰十一月敕令。

通过对外贸易以增加财政收入。唐代的番客可与人民自由交易，在宋代则是被禁止的①。对外商交易由政府垄断，这主要是对外贸易发展的结果，促使封建政权借垄断以获取很大一笔财政收入。

商税征课在宋代财政收入中的重要地位，从商税的征收机构及征收额也可反映出来。在熙宁十年（公元1077年）以前，各州商税岁额：四十万贯以上者三；二十万贯以上者五；十万贯以上者十九；五万贯以上者三十；五万贯以下者五十一；三万贯以下者九十五；一万贯以下者三十五；五千贯以下者七十三；共计三百一十一处②。以上还是以州为单位，至于各州所设征收商税的场务由一处至数十处不等，最多的一州有三十八个场务，可知商税的征收单位约为数千处。至于商税收入，早在仁宗以后，每年商税总额为八百万贯至一千万贯；城市税收占封建财政收入总额的一半。商税征收机构与收入额的增大，固然体现封建财政榨取的苛繁，但也表明宋初统治者比前代更加重视商税征收问题。

其次是"通商"思想的确立和广泛流行。这里所谓"通商"，指的是放弃官府专卖政策，采用商税方式向自由经营的私商征课。以盐来说，宋太宗时即有人倡言"通商卖盐"③。真宗时始放宽盐专卖，招募商人贩卖。到仁宗天圣八年（公元1030年），又有人上书反对"官自辇盐"，主张"宜听通商"，这一建议得到采纳，自此解盐池实行通商。至神宗时虽曾在部分州县一度恢复了官自卖盐，不久即"复用商人议"而通商④。总之，改榷盐为通商，已成为北宋政府公开推行的政策。茶也是如此，并且古人早就指出北宋茶法由专卖到通商的变迁过程。如元代马端临说：北宋"国初之法"是茶户产茶全部交纳官府，"官自卖之"；此后改行"天圣之法"，以十三场茶"罢官给本钱，使商人与园户自相交易"；最后引"嘉祐之法"，"尽罢禁榷，谓之通商"⑤。还有其他原专卖项目如矾，由于允许商人入纳钱物以自由购头运销，故官府

---

① 见《宋会要稿》太平兴国元年诏。
② 《通考》卷十四，《征榷考》。
③ 《通考》卷十五，《征榷考》。
④ 以上引文均见《宋史·食货志下》。
⑤ 《通考》卷十八，《征榷考·榷茶》。

只有"榷矾"之名。

上述盐、茶、矾等财政政策由国家专卖向自由通商的演变，是宋初以来一个十分醒目的变化。尽管利用私商自由经营以代替官府专卖的办法，并非北宋的新发明，而是以唐代刘晏的盐法改革为其滥觞，但在刘晏的时代，这种类似通商的思想仅表现为个别代表人物的独到见解，尚未被人们所普遍接受。而北宋的通商政策在思想上已比较成熟，并已成为宋代封建政权财政政策的指导思想。

第四，财政支出的庞大。宋初曾有一段时期财政情况较好，如宋太祖时国家财政"以七百万之入，供一年之费，……沛然有余"[1]。但这一形势维持不久即陷于财政困窘的状况。首先是由于辽、夏等强大外族的存在威胁着北宋封建国家的安全，使北宋王朝不得不经常保持巨大的军事力量。同时，自景德元年（公元 1005 年）的"澶渊之盟"开创了北宋每年须向辽输银十万两、绢二十万的先例之后，北宋政权除要维持巨额军费外，又背上了对外偿付的沉重财政包袱。当时曾有人指出"以一岁之入，仅能充期月之用，三分二在军旅，一在冗食"[2]。可见军费与对外偿付在财政支出中占了很大比重。其次是由于北宋政府高度的中央集权，必然产生庞大的官僚机构，强有力的政府和繁重的赋税是同一个概念[3]。仅以官僚俸禄开支一项而论，最多时岁费二千四百万缗（元祐时），比北宋初至道末年的全部岁入二千二百二十四万五千八百缗，还多二百余万。此外封建统治者的穷极奢侈，郊祀赏赐，任意挥霍，使财政开支更加庞大。如仁宗时郊祀的赏赐一次花费竟达一千二百万缗，其他浪费可想而知。到治平二年（公元 1065 年），每岁财政开支已达一亿三千万缗，收入虽较宋初增大了四倍仍感入不敷出，每岁支出超过额常达二千万余万缗[4]，封建财政已罗掘俱穷，濒于破产境地。

以上财政问题自宋初起即已产生，而在以后仍继续存在和发展，因此它们必然会引起当时封建思想家的关注，并围绕着如何解决这些问题

---

[1] 《宋史·食货志下·会计》。
[2] 《宋史·食货志下·会计》。
[3] 马克思：《路易·波拿巴的雾月十八日》。《马克思恩格斯全集》第 8 卷，第 221 页。
[4] 《宋史·食货志下·会计》。

而构成北宋前期各种财政改革议论的主要内容。

二、"庆历新政"前后的财政改革言论

"庆历新政"颁行于仁宗庆历三年（公元1043年），其中一项重要内容就是要求革除财政弊端。实际上，有关财政改革的议论，早在庆历以前已时有所闻。而庆历以来，除了直接参与新政的代表人物而外，还涌现出一些更具有代表意义的财政改革主张和建议。现在先讨论王禹偁、范仲淹及欧阳修等人的财政观点，下一节再专门研究李觏的财政思想。

（一）王禹偁的财政观点

王禹偁（公元954—1001年）曾自称"禹偁，名利之流也"①，故对理财事务从不讳言。他在理财问题上的基本观点是君者应"以民为先"②，从这一观点出发，他要求国君对人民"有所纳而必有所施"，甚至希望贤明的君主也参加农业生产劳动并交纳农业税，可谓想入非非，但它毕竟体现出他在理财问题上的激进观点。

然而，在现实生活中，王禹偁所看到的却是与他的设想完全相反的另一番景象。就封建劳役而言，当时征伐未息，五口之家而经常有三人服役。由此迫使农民逃亡，土地荒芜，造成国库的空虚。更为突出的是他对宋初赋税繁苛现象的揭露和抨击。他曾以茶税为例，指出唐元和中始建税茶之法时，每年得税钱不过四十万贯，而"今则钱数百万矣，民何以堪之"③。税额的大幅度增长必然伴随着封建官府对人民的横征暴敛，用王禹偁的比喻来形容，即"言虎之搏人，犹官之税人"。此外，他也不赞成汉武帝以来的国家专卖制度，主张"山泽之利，与民

---

① 王禹偁：《为长洲令自叙》，引自徐规著《王禹偁事迹著作编年》，第49页。
② 王禹偁：《小畜集》卷二，《君者以百姓为天赋》。
③ 王禹偁：《小畜外集》卷十，《端拱箴》。

共之"①，让人民自由经营。

王禹偁面对赋役苛重的严酷现实，曾幻想有一个不存在财政压榨的"海人"社会，在这个理想社会中"不闻五岭之戍，长城之役，阿房之劳也；虽太半之赋，三夷之刑，其若我何？"他把实现这一理想的期望寄托于最高统治者②。但是，当他从理想境界重新回到现实生活中时，又不得不同时兼顾"充国用"与"厚民力"两个方面。因此，他的租税主张并非一味要求减轻人民负担，而是强调租税征课应"取之得中，似什一而税"③。对于山泽之利取为国用，他也认为既"不可弃也，然亦不可尽也"④，这实际上是税收"取之得中"思想的另一种表达方式。

基于以上思想认识，故王禹偁于真宗即位时（公元998年）应诏上疏而提出的"五事"中，将改革财政放在突出的位置。其主旨是"减冗兵，并冗吏"，他认为大量官兵冗员的存在，是造成"国用不足"的主要原因。王禹偁关于裁减"冗兵"、"冗员"的建议，对于后来的财政改革论者产生了一定影响。那时凡谈论财政改革问题者，几乎都将裁减官兵，节省冗费列为改革的主要内容。直至王安石实行变法，才将改革的重点由单纯紧缩财政开支转移到通过理财以增加财政收入上来。因此，王禹偁的财政改革思想在北宋前期所起的创始作用，是应予肯定的。

（二）范仲淹与"庆历新政"

范仲淹（公元989—1052年）是庆历年间推行新政的首倡者。他于庆历三年九月奉诏条陈十事，这是新政活动具有指导意义的一个基本改革方案。其中涉及财政问题的主要有：一是裁减冗官；二是"均公田"，均给各级官吏相应的"职田"以补俸禄之不足，防止贪赃枉法行为；三是"厚农桑"以减省"东南岁籴、辇运之费"；四是"减徭役"，

---

① 王禹偁：《应诏言事疏》，引自《宋文鉴》卷四二。
② 《小畜集》卷十四，《录海人书》。
③ 《小畜集》卷十四，《记蜂》。
④ 《应诏言事疏》，引自《宋文鉴》卷四二。

第十一章 两宋财政思想

裁并州县建制以使服公役之人得以归农①。

上述诸条大多是从改革吏治出发而联系到财政弊端的革除，也就是说，财政改革尚不是新政的主要目的。而新政推行仅一年即行罢废，也未能取得较明显的财政成效。尽管如此，"庆历新政"在财政方面的若干改革措施，仍为以后的财政改革活动提供了先例。

从财政思想角度来看，更值得注意的是范仲淹对征收商税的观点。他力主封建国家应加强商税的征收。在谈到茶、盐商税时，他指出："茶盐商税之入，但分减商人之利耳。行于商贾，未甚有害也。今国用未减，岁入不可阙，既不取之于山泽及商贾，须取之于农，与其害农，孰若取之于商贾。"②

他的"与其害农，孰若取之于商贾"的观点，曾被后代重农抑商论的理财家当作至理名言而屡加引用。商税可抵充农业税而满足国用之需要，可见征商在当时封建财政收入中已占有相当重要的地位。但范仲淹在他的理财活动中并非一味墨守传统抑商教条，而是颇善于利用商业经营原则。譬如，他在杭州期间，曾遇到饥荒引起当地米价上涨，每斗增至一百二十文。按照传统救荒方式，一般均采强制手段以压低米价。而他却相反地把每斗米价继续提高到一百八十文，其结果，"商贾闻之，晨夕争先恐后，且虞后者继至。于是米石辐集，价直遂平"③ 这是通过人为提高物价的方式来刺激商人的周转流通活动，从而收到米多价平的效果。这表明范仲淹对于运用商业原则来处理荒政的认识是不平凡的。当时一般人甚至不理解采取这一措施的奥妙，"众不知所为"。他的这种既要抑制又要利用商人的理财思想，在欧阳修那里进一步得到理论上的论证。

（三）欧阳修"诱商为上，制商为下"的理论

欧阳修（公元1001—1072年）早年支持范仲淹所主持的"新政"。他在财政思想上的一个突出建树，就在于公开主张封建国家应实行与商

---

① 以上诸点均见范仲淹：《答手诏条陈十事》，引自《资治通鉴长编》卷一四三。
② 引自沈括：《梦溪笔谈》卷十二，《官政》二，"庆历中"条。
③ 见林希元：《荒政丛言疏》，引自《皇明经世文编》卷一百六十二。

人"共利"的原则,并从理论上对传统的抑商政策作了重要修正。这主要反映在他的《通进司上书》[①]一文中。

欧阳修在其上疏中将"权商贾"与"通漕运""尽地利"并列作为充实封建财政以巩固国防的基本理财方式之一。怎样来"权商贾"呢?他认为,秦汉以来,历代王朝总是试图靠法令来"抑夺"商贾的兼并利益,以期由国家垄断利源。但是治理国家的人"兴利日繁",反而为商人提供了大量赢利的机会。既然国家难以垄断所有利源,只有与商人阶级共享利益,"必与下而共之,然后通流而不滞"。因此,他极力主张改变以往"夺商之利"而由国家"专之"的传统做法。在他看来,"夺商之谋益深,则为国之利益损",其结果,"欲十分之利皆归于公,其亏少十不得三",故"不若与商共之,常得其五"。通过财政收益的比较分析,他得出封建国家应与商人分享赢利的明确结论。这就是他所谓"权商贾"的主要内涵。

他还指出,封建国家之于大商人,犹如大商人和贩夫小贾之间的关系。大商人之能增值财货,就在于"不惜其利而诱贩夫",向小商人薄利多销而不必自己到市场上亲自贩卖。这样,大商人倚恃货源充足,"虽取利少,货行流速,则积少而为多"。将此商业赢利原则应用到国家和大商人的关系上,必然会得出封建国家应"不惜其利而诱大商"的结论。此理财之术的主旨,就在于"与商贾共利,取少而致多",最终增加封建财政收入。像这样公开呼吁封建统治者与商人阶级共享利益,欧阳修可算是第一人。这一观点如与唐代崔融之担忧触犯富商的利益,韩愈之听任大商人"坐收厚利"相比,无疑又向前推进了一大步,并具体体现为要求改变或更新封建传统财政政策的新颖主张。

欧阳修谈论财政问题而特重商人经济权益的另一个原因,是他认识到商人"利厚则来,利薄则止,不可以号令也"。故他批评官府屡变茶、盐之法以谋夺商之利的结果,"适足使小商不来而为大商积货"。在他看来,当时难以解决的问题是大商因"积货多而不急",故不肯"勉趋薄利"以服从封建统治阶级的需要。为此,必须"尽括其居积之

[①] 以下引文除另注外,均见欧阳修:《欧阳文忠公集·居士集》卷四十五,《通进司上书》。

物，官为卖而还之"，其目的不在于攫取大商人的钱财，而是借此以消除商品囤积的"积货"现象，采取这种制裁措施之后，由于大商人"以利为生，一岁不营利，则有惶惶之忧"，因此他们"必不能守积钱而闲居，得利虽薄，犹将勉而来"，不得不为封建国家服务。以上就是他的"变法制商之术"的具体内容。这种既要利用又设法控制大商人势力的所谓"制商之术"，与一味强调征收商税以限制乃至打击商业经营活动的传统抑商之说，显然也是有区别的。

根据以上分析，最后他得出如下结论：

"夫欲诱商而通货，莫若与共利，此术之上也。欲制商，使其不得不从，则莫如痛裁之，使无积货，此术之下也。"

从一向以抑商为其支配思想的理财之术，到明确提出"诱商"为上、"制商"为下的方针，这是对封建政权的财政指导原则的重要修正。虽然其直接目的仍是为了满足封建国家的财政需求，但它反映了当时商人阶级正在成长的客观现实。

除了主张封建国家"与商贾共利"这一独特观点而外，欧阳修在基本财政原则上仍遵循"量入以为出"的古训，反对只求"量国用而取之民"[①]。对于负担平均原则，他也有较深切的体会，故能于庆历三年"首言"方田均税法，建议将郭谘、孙琳等人早先在肥乡县实行的均税之法加以推广，按照实际占有土地的多寡来征收赋税。他又特别揭露了在差役负担上存在的极不合理现象，一方面，"累世勤俭积富"的三、四等人户担负乡县重难差役，往往三五年内即"减耗空虚，逃亡破败"；另一方面，"州县中最有物力上等人户，却独得免差役"。他极力要求改变这种"下等人户常有劳役、最豪富者独得宽优"的悖理状况，主张上等户和下等户"一例差役"[②]。

此外，他坚决反对盐、茶、酒、矾等商品由官府实行专卖或控制，主张改为招商承办或竟由私商自由经营。甚至连国家急需的兵器原料如牛皮胶鳔等，他也建议改变当时那种严禁民间流通、"须尽纳官"的强

---

① 《欧阳文忠公集·居士外集》卷九，《原弊》。
② 《欧阳文忠公集·河东奉使奏草》卷上，《义勇指挥使代贫民差役奏状》。

制征收办法，而改用"客旅贩卖，官中置场收买"方式取而代之①。

欧阳修的重要财政观点基本上在"庆历新政"时期或稍前即已形成。以后随着政治地位的提高，他的思想逐渐趋于保守。但他作为一个"天下翕然师尊之"② 的儒家代表人物，其早期的财政思想中的积极进取因素对于当时的影响是不容忽视的。

第二节
李觏的财政思想

李觏（公元1009—1059年）是北宋时期推崇《周礼》的较早代表人物。他天真地相信推行《周礼》中所载各种制度，即可解决当时存在的一切重要财政经济问题。其所以如此，原因是在儒家经典中只有《周礼》才是较系统而具体地记载着若干财政经济制度，其他经典阐述财政经济问题之处并不多，有所接触时也是一些零碎而空洞的原则。因此，从北宋起，一些重视现实经济政治问题的儒者只能乞援于《周礼》，将它尊奉为治理国家尤其是进行理财的思想典范。李觏的财政思想，更是无不以《周礼》为依归。这样，当他从自己的时代条件出发去诠释《周礼》中的财政内容时，可能提出一些十分独特而值得称述的新见解，而当他简单搬用《周礼》中的某种制度来作为解决现实财政矛盾的方案时，又不免成为毫无实际意义的书生之见。

一、否定讳言财利的传统观点

前面已多次提到，讳言财利观点是束缚我国古代财政经济发展的严

---

① 《欧阳文忠公集·河北奉使奏草》卷上，《乞放行牛皮胶鳔》。
② 苏轼：《居士集序》。

重思想阻碍之一。而李觏则是我国封建地主经济全时期最早公开主张"言利"的儒家学者，也是这种新经济观点的创始者。他否定"贵义而贱利"的传统观点，指出：

"儒者之论鲜不贵义而贱利，其言非道德教化则不出诸口矣。然洪范八政，一曰食，二曰货；孔子曰，足食足兵，民信之矣。是则治国之实，必本于财用。盖城郭宫室，非财不完；羞服车马，非财不具；百官群吏，非财不养；军旅征伐，非财不给；郊社宗庙，非财不事；兄弟婚媾，非财不亲；诸侯四夷，朝觐聘问，非财不接；矜寡孤独，凶荒札瘥，非财不恤。……舍是而克为治者，未之有也。是故贤圣之君，经济之士，必先富其国焉"①。

在先秦财政思想中，这样对待财利的功利主义态度倒是不少见的。秦汉而后由于儒家唯心主义支派的得势，贵义贱利和讳言财利成了支配的观点。到唐末才有诗人白居易指出："圣人非不好利也"②。两宋开始，李觏首先以儒家资格提出"贤圣之君，经济之士，必先富其国焉"的反传统观点。并且专门撰写了《富国策》一书以全面探讨处理各种现实财政经济问题的方略。这在当时是极为不易的。他不仅认为"人非利不生，曷为不可言"，还认为"欲"也应该谈，因为"欲者人之情，曷为不可言"③。这就表现了他的唯物主义倾向。自李觏提出这一反传统观点以后，继起者愈来愈多，成为封建后期的财政思想的特点之一。

既然强调财利，在谈到财政征课时也就反对那种主张打击富人的思想。他把"富"与"强"区分开来，认为富者不必是强者。如果封建国家将那些通过商品的生产与流通而发财致富的人也列为财政"专取"的对象，他认为是最不合理的。他要求封建统治者在财政上不应对富者"任之重，求之多，劳必于是，费必于是"，因为专门苛取富者，势必

---

① 李觏：《李觏讲文集》卷十六，《富国策》第一。
② 白居易《白香山集》卷四十六，《策林》上，第二十二。
③ 《李觏讲文集》卷二十九，《原文》。

中国财政思想史

使他们由富转贫，结果天下皆贫，税源枯竭，则为君者也无从获取利益。因此，他主张效法理想中的所谓"先王"，均平富者的徭役，"不专取以安之"①。战国以来，曾不断出现为富者辩护的财政观点，惟形成这种观点的出发点或阶级实质却不完全相同。韩非是以维护新兴地主阶级的土地财产权利角度出发反对重敛富者以接济贫者。桑弘羊是从商人阶级立场出发为富裕的货币所有者辩护。韩愈是以代表封建统治阶级利益的儒家资格为丧失了生产资料的富有盐商鸣不平。与韩愈同时的进步思想家柳宗元虽曾说过，"富室，贫之母也，诚不可破坏"②，但他的本意并不在于为富民辩护。李觏从富民思想出发，他所谓富者包括"饬材"、"通货"的富裕中等工商业者在内，而主要是指中小地主阶层。同时，他既把所谓富者与具有一定职位的封建官僚集团区别开来，也把"富"者与"强"者加以区分。这就是说，李觏心目中的富者都是一些他所谓"心有所知，力有所勤"的从事正常生产经营活动的富裕农、工、商业者。当然，他不懂得即使是他所想象的那些所谓不"强"的富者之所以能致富，也不可能不以剥削他人劳动成果或巧取欺诈等等带有若干强制性的手段来获致。然而他反对"专取"富者的观点，毕竟是为新兴工商富人辩护的这股新思潮的先行者。

二、反对国家专卖

李觏反对国家专卖政策而主张"通商"的观点是十分坚决的。他说③："今日之宜，亦莫如一切通商，官勿专卖，听其自为"。他反对当时的盐茶专卖政策，坚持由私商经营，却不赞成贫民"逐末"，要求限制工商。对李觏来说，这两种主张是不矛盾的。他认为在实行盐茶专卖时，尽管走私之利甚厚，富商大贾都慎重而不敢冒险，只有贫苦小民为生计所迫才敢"以身易财"进行走私，故此时"逐末"者仍是贫苦小民。

---

① 《李觏讲文集》卷十一，《国用》十六。
② 柳宗元：《柳河东集》卷三十二，《答元饶州论政理书》。
③ 《李觏讲文集》卷十六，《富国策》第十。

350

第十一章 两宋财政思想

相反的,如让盐茶由私商自由经营,只有"大贾蓄家"才有财力筹办,一般人民因无此财力经营,反而不便逐末①。限制贫民从事工商活动是为保证中小地主所需要的劳动力,坚持自由通商是他的富民思想的一种表现。

自公元二世纪以来,反对专卖政策的思想大都以"先王不与民争利"为理由,李觏是第一次从商业经济角度来分析这一问题。在他反对盐专卖的论点中提出了四个使官盐滞销的原因:一是由于经办军吏的营私掺假使盐质败坏;二是官盐店的家数少,不便于人民购买;三是每人食用量不多,使人们不愿到官盐店购买;四是官盐在运输和贮藏过程中变质。更重要的是他指出官盐专卖的缺点正好是食盐自由运输的优点,"公盐贵而污,私盐贱而洁",结果自然使官盐滞销而私营畅销,进一步助长了盐走私活动的猖獗。另外,他也指出了食盐自由经营的优点是:商人众多,相互竞售,不敢掺假,大盐商转卖与零售摊贩,摊贩相互竞争更不敢掺假,盐的质量好,食用者多,不特盐的销路不会停滞,封建官吏的盐息盐税收入反而较专卖时的收入有增无减②。这里,李觏对市场竞争的情况作了充分的描绘,不仅适用于食盐,还可适用于其他的商品。

让我们再来看他对茶自由通商的意见。古代茶专卖开始于唐代中叶,在当时财政收入中尚未占重要地位。北宋时,茶已成为人民"一日不可以无"的日用商品,其专卖收入也成了财政收入的一个重要来源。到仁宗景祐年间,茶专卖产生了许多弊病,销路停顿,收入减少,变更茶法成为当时封建财政的中心问题之一。有人认为茶专卖制度"刻剥园户(指茶农),资奉商人。……富人豪族,坐以贾赢,薄贩下估,日皆朘削",因而主张改征茶税,但不是征课茶商,而是"以口定赋"使人人皆负担茶税③。这个建议不仅无损于富豪反而使人民蒙受茶税负担。李觏反对茶专卖主张通商的理由却又不同。他以为官茶滞销的原因也是质量太坏,掺杂太多,同时,又常因仓储过久,致茶质腐败,

---

① 《李觏讲文集》卷十六,《富国策》第十。
② 以上各点均见《李觏讲文集》卷十,《富国策》第九。
③ 见《历代名臣奏议》卷二百六十三,《叶清臣论茶当通茶》。

无法出售只好毁掉，结果是"息未收而本或丧矣"。相反的，私茶因品质甚佳，"价甚贵而人争取之"。如果封建官府只"借茶山之租科商人之税"，放弃专卖政策，让茶通商，由"商人自市，则所择必精，所择精则使之必售，使之售则商人众，商人众则入税多矣"①。

所以，李觏反对专卖政策，坚持私商自由经营，均是从商品质量的优劣，销售量的多寡，商业竞争，以及因"息寡税薄"使销售额增大，从而增加封建财政收入等等角度立论。他的反对专卖观点之所以值得注意，不仅在于他对市场竞争作用的理解，更在于他的论点反映了对待商品经济发展的一种新态度在财政领域的露头，而且这是封建地主经济后期的进步思想家所争取和宣扬的新生事物。

三、平籴思想

平籴思想自经先秦李悝等人创议而由西汉耿寿昌具体体现为常平仓制度以来，一直是封建财政的一种重要措施，平籴的主要目的不在于增加财政收入，而是为了稳定谷物价格。关于制定平籴政策的谷物价格理论，李觏有一个与传统的看法大不相同的特殊见解。他说：

> "古人有言曰：谷甚贱则伤农，贵则伤末，谓农常巢而末常籴也。此一切之论也。愚以为贱则伤农，贵亦伤农；贱则利末，贵亦利末也"②。

其理由是农和商均可能出售或购进谷物。农民在收获后，因急需现金，纷纷大量出售谷物，使市场价格跌落，而商人又复乘时罔利腴削，故谷贱是伤农而利末。新谷出售后，农民存粮不多，不久食尽又当向市场购买，于是粮价大涨，商贾又乘时操纵，故谷贵亦伤农而利末。以往谷贱伤农而贵则伤末的说法，在封建地主经济初期自有其产生的客观基础。那时农民生产自用的食粮，而商贾所需的食粮却必须向农民购买，故能

---

① 以上引文均见《富国策》第十。
② 《富国策》第六。

出现谷贱伤农谷贵伤末的情况。到封建经济后期，农产品的商品化程度增高，而农民又在重税、高利贷压迫下以及在必须增置生产资料和生活资料的情况下，不得不在新谷登场后也出售部分自己必需的食粮，结果是不论农和商均可能成为谷物的出卖者或购买者。因此，李觏所得出的无论谷物贵贱均利末而不利农的独创结论也有它的客观基础。

这一卓越论述不但批判了一千多年来传统的"谷贱伤农"观点，而且为在封建地主经济后期继续坚持平籴政策，提供了新的理论依据。因此，为了防止谷价的季节巨大波动，使"秋粜不甚贱，春籴不甚贵"，他积极主张健全常平仓制度以稳定谷物价格。这里，又反映了李觏在平籴方面的另一概念。他已充分理解政府要能控制市场价格，必须掌握相当数量的商品资源，否则终究会被市场商人势力所击败，不能实现稳定价格的要求。他指出：常平机构如掌握谷物不多，转瞬即可售尽，售尽后则谷物市场仍为商人所控制而乘机再行抬高价格。故他坚持常平本钱要多，能于谷物贱时大量地收储，虽官府由此获得什分之一、二的利息①，依然可收平定物价之效，并可使"大贾蓄家，无所专利"。这也反映李觏对官府取息行为是表示赞同的。

四、其他财政思想

李觏谈论财政问题之处甚多，但除了以上各点而外，鲜有新的见解，基本上是接受儒家传统财政观点而引用《周礼》中有关记载加以润色。他的其他财政思想大致有以下几点。

第一是他从社会物质生产的有限性出发，坚持量入为出，收支适合。不仅须量入为出，他还要求在财政收入方面做到"一谷之税，一钱之敛，给公上者，各有定制"，在财政支出方面也要做到"凡一赋之出，则给一事之费，费之多少，一照法式"②。总之，财政收支都要有

---

① 《富国策》第六。
② 《李觏讲文集》卷六，《国用》第一。

一定的制度，并应采用《周礼》的专税专用办法。他把这些列在《国用》第一中讨论，可见这是他的最基本的财政原则。

第二是反对王者的私藏，其理由是："王者无外，以天下为家。……财物之在海内，如橐中，况于贡赋之入，何彼我之云哉？"① 这些理由既可用来反对天子之私藏，也可用来论证一切莫非封建最高统治者之所有。问题不在于他的论点是否准确，而在于这一要求的提出，与宋代更加中央集权化的封建专制主义是相对应的。

第三是借赋税以鼓励生产。他认为《周礼》所谓太宰以九职任万民，就是使人人在生产上各有专业。并认为每一个人都各有其所能，"能其事而后可以食，无事而食，为众之殃"②。这简直是所谓不劳者不得食的初步表述了。对于一般人民来说，其生活必需品是谷米，对于国家来说，最宝贵的是租税，"民之大命谷米也；国之所宝，租税也"。而无论谷米还是租税的增加，都有赖于地力的充分发掘③。因此，最好的土地制度就要能做到"人无遗力，地无遗利"，对于未利用的宅地及无生产职业的人则课以重税。他主张采用《周礼》中的规定："凡宅不毛者有里布，凡田不耕者出屋粟，凡民无职业者出夫家之征"，甚至使不从事生产的人在死后的葬礼和祭祀上也和曾从事生产者有所差别④。因此，在李觏看来，人人都应纳税，不过这不是基于租税"普遍"的原则，而是借赋税以鼓励生产。这里，又体现了他特别重视生产的观点。

第四是征其所产。李觏所谓"征其所产"并不完全是征收实物税。因《周礼·太宰》所载以"九赋敛财贿"，其中如关市之赋，币余之赋等也不是征实物而是征货币。他还认为汉代的口算即周之赋泉⑤，所以，他不反对在某种情况下征课货币，应按各行业的收入种类为标准来决定财政征课的对象物。他坚决反对财政征课的"取之非其地，求之

---

① 《李觏讲文集》卷六，《国用》第一。
② 《国用》第三。
③ 《富国策》第二。
④ 《国用》第七。
⑤ 《李觏讲文集》卷十九，《平土书》第十九节。

第十一章 两宋财政思想

非其常"①。这些意见，西晋傅玄早已较详细地论述了。

第五是税率。关于土地税率，他主张按谷物收成丰歉有所变通。封建官府应于谷物将熟时派人巡视田野，观其凶丰，再定征收税额的多寡，但最高额不能超出什分之一。这是认为什一税是"通法"，是合乎"中正"的税率。唯只适用于丰年，凶年就须降低，"丰年从正，亦不多取也，凶荒则损"②。至于园廛、甸稍县都以及漆林之征，则按《周礼·载师》规定，以轻近重远为原则③。这些财政原则在封建领主经济全盛时期自有它一定的道理，而在李觏的时代它们全成为失去实际意义的老古董了。

此外，如力役负担，谷物储备，灾荒预防等等措施，他的见解完全本于《周礼》，无重复叙述之必要。唯对谷物储备问题，他认为隋唐时代的义仓制度，值得采用，但其敛散之法须加以改善。他说，唐代义仓存粟来源是按地亩交纳的，显然"能入粟之人，非穷民也"，而凶年需要赈济的却是穷民而不是"纳粟之家"。对"纳粟之家"来说，是"有丧而无得"，无疑是负担一种财政"厚敛"。他建议的改善办法是：每年秋收后按户等向义仓纳粟，称为"寄留"；至凶年，下户之乏食者可以将其存粟领还自用，上户存粟即可转给贫民，每户转给贫民的粟米达一定数量时，须"拜以爵级，以宠异之"④。这一建议的确如他自己说的比遇凶年才临时以粟拜爵的办法为优越，但是，也反映了他的保卫中小地主阶层利益使其不致蒙受损失的狭隘思想。因为，按地亩交纳，则"纳粟之家"的主要负担者基本上是中小地主阶层，如按户等征收，那就是不论贫苦农民或工商城市人口，均须分摊，自会减低中小地主阶层的负担。

李觏作为一个不当权的中小地主，其财政思想中的值得称述之处，大多系来自他对社会经济生活的亲身体验，故能从客观实践中得到一些反映时代要求和现实财政经济问题的新观点。又由于他一生主要是从事

---

① 《李觏讲文集》卷十八，《安民策》第九。
② 《国用》第十。
③ 《平土书》第十九节。
④ 以上引文及意见均见《富国策》第七。

355

于著述或教学，没有真正参与封建统治集团，对封建财政缺乏实际了解，因而他的不少财政观点，只好从《周礼》中吸取营养，结果是在他的全部财政思想中，既有不少杰出观点，也有不少陈旧、复古和不足取的部分。

第三节
王安石的理财思想

一、理财方针的提出及其历史背景

王安石（公元 1021—1086 年）是北宋著名的改革家。倡议并成功地实现了一个从 11 世纪 60 年代到 70 年代的变法改革。在他的变法措施中，几乎无一不与财政问题有关，这也就决定了他必须以理财作为其政治改革的基本方针。

王安石和李觏一样是一个功利主义者。他一反以往儒者服官"耻言财利"的旧传统，公开宣扬："政事所以理财，理财乃所谓义也"[1]，"均节财用，所以为义也"[2]，把"利"看作"义之和"，"义"就是为了"利"[3]。在这一点上他比李觏的态度还要鲜明突出，在历史上曾经实际掌握过政权的地主阶级思想家尤其是儒者中，他是第一位公开讲求理财的人，在他以前以儒者而掌握政权的刘晏，曾运用商业原则，成功地管理国家政权，但不曾公开讲求财利。

在王安石贯彻理财方针之当时，他所要急迫解决的问题至少有以下三个：第一是"形势之家"，与中小地主间的矛盾，当时所谓"形势

---

[1] 王安石《王临川集》卷七十三，《答曾公立书》。
[2] 王安石：《周官新义》卷一，《天官》，《岁终》条。
[3] 《续通鉴长编》卷二一九，熙宁四年正月。

家",也包括官僚地主及"富工"、"豪贾"官僚地主集团自己兼营商业,并勾结富工豪贾,不仅对佃农及小工商业者进行残酷的剥削和压榨,连中小地主阶层也成了被剥夺的对象。因此如何"摧抑兼并,均济贫乏"成为他改革的重要内容之一。

第二是来自北方的强大外族的军事威胁,使北宋王朝不得不经常保持约一百多万人的军事力量,同时每年还须对外偿付银七十余万两、绢七十余万匹[①],大大地加重了封建财政的压力。故他改革兵制,实行保甲、保马并用种种方法扩大财政收入,也是其变法的主要内容。

第三是中小地主和小私有者与封建国家之间的尖锐矛盾。由于庞大的政府官僚机构、封建统治者的挥霍浪费,以及与日俱增的军事费用和对外偿付,这就加重了人民的租税负担。而大地主阶级既获免税又会逃税,于是加重了的财政捐税最终落到中小地主及小私有农民的肩上。再加上使中小地主及小私有者谈虎色变的封建差役,更激化了他们和封建国家之间的矛盾。因此,使租税和差役负担稍事均平也成为改革的重要内容之一。

总之,王安石的改革在财政领域也反映了新与旧、改革与保守的斗争,其阶级内容是以中小地主集团为首的各社会阶层对官僚地主统治集团的斗争。

下面我们就王安石的财务行政机构的改革、均输法与市易法、青苗法与农田水利措施、募役法与免行钱、方田均税法及其他等几部分并结合这些改革的具体措施,分析其财政思想。

二、财务行政机构的改革

王安石显然认识到要使财政改革能顺利推行,必须创立新的有力的统治机构以代替旧的财政机关"三司"的职掌。宋初掌握封建财政的中央机关是沿袭五代的"制置使"制度称为"三司",通管盐铁、度支

---

① 北宋对外偿付,是指每岁交纳辽族统治者的银、绢,及对西夏的岁赐银、绢茶和丝。

和户部三部，又号计省，位仅亚于宰相，称为计相，总领封建财政事宜。三司官吏大都习于墨守成规，不能适应王安石的变法要求，更谈不到通过财政以摧抑兼并，均济贫乏。三司的贪污腐败程度可谓达于极点。当时全国各地所上报的账籍，有到达后二三十年尚未启封者。其原因是"州郡所发文帐，随账皆有贿赂，各有常数"，如贿赂送足了不必启封即准报销，如贿赂未按"常数"送致，则百端刁难[1]，使其长远不能结案。这样的财政官吏如何能担当改革的重任。王安石更明确指出了当时三司在处理财政问题上的几个严重缺点：一是财政官吏"拘于弊法，内外不以相知，盈虚不以相辅"；二是各路上交中央的财政收入，"岁有定额，丰年便道，可以多致而不敢或赢，年俭物贵，难以备供而不敢不足"，发运官吏只是"按簿书促期会而已，无所可否增损于其间"[2]。所以，他在执政之初，即创议设置"制置三司条例司"，旨在摆脱旧三司的常规局限，以为推行财政经济改革的总枢纽。机构只设立了一年零三个月即行撤销，其业务改由中书兼管。而王安石不久即和韩绛并同中书门下平章事，条例司罢归中书，实际仍由他主持。看来，他设立条例司的初意就是要冲破旧三司的藩篱，把财政经济的规划、决策和改革之权从三司分出来，以便能独立自由地推行新法。这样的一种改变在新法推行之初曾起了很大的作用。同时由于财政大权归属于中书即宰相掌管，也暂时解决了宋初以来中央财务行政机构未能真正统一，国家各部门的财政支用各不相知的弊端。

设立条例司这一领导机构的指导思想，据他自己说是为了"理天下之财"，这是对儒家传统的反理财教条的公开背叛。而其理财之术则强调能操"轻重敛散之权"，这又是接受《管子》与桑弘羊的财政政策，违反了儒家传统的自由经济思想。此所以当时许多儒家传统教条的保卫者都一致反对他在原三司之外另设新的机构的原因。

此外，在制置三司条例司存在的时期，还进行了其他一些财务行政重要措施的调整。首先，条例司曾将封建政府的"一岁用度及郊祀大

---

[1] 苏辙：《栾城集》卷三十九，《论户部乞收诸路帐状》。
[2] 以上引文均见《王临川集》卷七十，《乞制置三司条例司》。

费，皆编制定式"①，作为财政开支的准则，颇类于近代的预算支付的规定，较唐代开元二十四年的"长行旨条"又进了一步。其次是裁减了相沿已数十年的冗费十分之四，其中属内廷土木工作的罢省尤多。最后是省冗费以增内外官吏俸禄，初步解决了汉、魏以来长期存在的官禄菲薄问题。仅就这些历史上已有记载的成绩来说，他调整封建财政中枢机构，自有其一定的意义与作用，而且这种调整是根据一定的认识基础才进行的，并非率意而为的盲目改变。

三、均输法与市易法

按照王安石的财政改革步骤系先从均输法入手。这里将市易法提前与均输法合并讨论，是为了两者性质相近，并在一起分析对于正确理解他的财政思想有一定的帮助。

（一）均输法

均输制系汉初所创设，王安石只是仿其意而行之。他建议设立制置三司条例司时也说是为了推行均输。我们已知道桑弘羊首创均输的理由比较简单，而王安石则以《周礼》为依据并加以发挥，其重要理由除"徙贵就贱，用近易远"外，还提出要由封建国家掌握"轻重敛散之权"，以防富商大贾"乘公私之急"，进行投机活动。这表明在王安石的时代，商人资本有更进一步的发展，他们乘机渔利的活动不仅农民及小商品生产者受其损害，连封建国家买卖物品也要受其影响。这是王安石的均输所接触到的新内容，同时说明其均输另具有"摧抑兼并"的意义，营利非其主要目的。

此外，还有两点与汉初的均输不同。其一，王安石的均输法一开始实行时，即以"内藏钱五百万缗，上供米三百万石"②作为本钱，而汉

---

① 《宋史·食货志下·会计》。
② 《宋史·食货志下·均输》。

初则由各地自行转运,国家未予拨资本。此后刘晏的类似均输政策亦未由封建政府专拨现金与实物以作从事均输之用。可见王安石的均输更加具有商业经营性质。其二,王安石的均输仅行于东南各富庶省份,这是当时封建财政的主要取给地区,而汉初的均输则是在全国普遍推行。

(二) 市易法

成立市易法的用意与汉初的"平准"相同,其基本观点见于魏继宗上书请设立市易司的建议中。原建议指出京师百货"市无常价、贵贱相倾或倍本数。"而富人大姓又乘机把持操纵,使"外之商旅无所牟利而不愿行于途,内之小民日愈朘削而不聊生"。而"国家之财用亦尝患其窘迫矣"。因此,他建议别置常平市易司,买卖百物,"贱则稍增价,贵则稍损价",既可平定物价,又可抑制,富民兼并,还能"取余息以给公上"①。这一建议和王安石变法的基本思想是相一致的,故得到王安石的采纳,于熙宁五年(公元1072年)在京师设立市易务主其事,由政府提供内藏库钱一百万缗,京东市钱八十七万缗的本钱。市易法在京师实行收效后又逐渐推行于其他重要城市。

市易法的主要目的不仅是为了平定物价,而且使来京师的行商免受富人大户的把持操纵,又可获得盈利以助国用。其活动基本上是通过登记的行人或牙人来进行,不是政府直接经营,这也是它与汉初和王莽的平准不同之处。所以产生这种差别的原因主要是在汉初和王莽的时代,行会及经纪人等商业组织尚未出现,故须由政府直接经营。到王安石时代商业行会已有相当发展,封建政府可加以充分利用。

正由于已有较完备的行会组织,也产生了少数大商户操纵把持本行业的情况。例如,王安石曾指出当时的茶业就有"兼并之家"具有决定价格的特权。任何外地茶商运货到京后须请求这些"兼并之家"代定一个较有利的价格,故须向他们赠送礼物,盛宴款待并按成本售给他们所愿要的茶叶数量。结果这些费用不外是由提高售予该行业下户的茶

---

① 《续通鉴长编》卷二三一,熙宁五年三月条。

价来补偿①。所以，王安石的摧抑兼并还包括那些在同一行业中大户操纵小户的情况。

结合均输法，市易法减轻了官僚地主及富工豪贾与中小地主及小工商业者之间的矛盾。从财政角度看，则此二法系同二性质的措施，而市易更是公开营利，实行范围更加广泛，这与桑弘羊、王莽的举办平准的用意又有所不同。

四、青苗法与农田水利措施

（一）青苗法

王安石所行的青苗钱不能和唐代所谓青苗钱混为一谈，后者是一种田赋附加税，而前者是一种农业贷款。在北宋以前，封建政权预贷种子与食物给农民，于收获后归还的临时措施早已不再实行。但王安石的青苗法却是在20世纪中叶以前第一次大力推行的正式的政府政策。在王安石所推行的各项财政改革中，青苗法是他动念最早的一种。

青苗法以各路常平广惠仓本约计钱谷一千四百万贯石充作青苗本钱，其谷物部分亦出售换为现金②。贷放青苗钱的方式是：每年夏收或秋收之前，任何农民以十户为限，保证能在收获时归还贷款本息，均可向政府请求贷款。借款农民须将贷款及其百分之二十利息按借款时约定的价格以实物偿还。如到期谷物价格上涨，借款人不愿以实物偿还，得以现金偿还，但不得超过原贷款额的百分之三十，其余仍须按原规定以实物交纳，主管青苗钱事务机构如预计贷放资本在满足农民需要后尚有剩余，可以贷放给城市居民，用抵押放款方式进行③。

王安石创办青苗钱似乎要达到三个经济要求，即稳定谷物收入，鼓励农业生产和增加封建财政收入。由于下级贷放官吏的任意抑配，青苗

---

① 参考《续资治通鉴长编》卷二三六，熙宁五年三月。
② 《宋史·食货志上·常平义仓》。
③ 参考《资治通鉴长编》卷三三六，熙宁五年五月。

钱几乎都变成了向包括大地主在内的每一农户的强迫摊配。每家必须摊借一定贷款并付20%的年息。大地主们并不缺钱，但仍须借款付息。抑配虽是青苗钱的弊端，倒是王安石的"摧抑兼并"思想真正得到表现之处。

撇开抑配问题不谈，青苗法自有其根本缺点。在自然力对农业还起着绝对支配作用的封建社会中，收获丰歉不定，谷价的变动幅度也很大。丰收年份，谷物大跌，如青苗钱以实物归还，则官府所掌握的以现金为计算标准的本钱将大大减少；倘以现金归还贷款，则农民须卖较多的谷物才能偿清原来的贷款，这是封建国家夺取了农民丰收的劳动成果。在凶荒年份谷物大涨，农民争以现金偿还贷款，即使按原借本钱多缴还百分之几十，青苗本钱的实际购买力仍将大为缩小。如再以青苗钱利息充作财政开支其实际购买力将更加缩小。在商品经济已甚发达的条件下，贷款不能以现金为准，而为了防御凶荒及保持本钱的实际价值又不能不着重以实物偿还。这种现金与实物的矛盾在当时历史条件下是青苗钱不可能解决的难题。杨炎的两税法就是葬送在这种现金与实物的矛盾之下，青苗钱也逃不出这一悲剧。

（二）农田水利措施

开发农田水利是封建经济发展各阶段上政治家的共同要求。恩格斯曾经指出，东方的专制皇朝都很知道自己首先是灌溉事业的总经营者，在东方如没有灌溉，农业是不能进行的①。问题只在于以何种方式或以多大规模来实现这种要求而已。王安石对农田水利的重要意义有很深刻的认识，故他秉政后一个多月即派遣八个大臣"行诸路，相度农田水利赋役"进行实际调查，并要各路转运司条陈利害。此后不久即在各路设置农田水利官负责指导水利工作。熙宁二年颁行诸路的农田利害条约，其主要内容是征集农业生产的先进经验和人民兴办水利的事迹，并要求将一切可能或有必要兴办水利灌溉的处所，提出意见，编为图籍上报主管官司考虑。规模较大的水利工程由国家办理，人民兴修水利准其

---

① 参阅恩格斯：《反杜林论》，人民出版社1970年版，第177页。

借用常平钱谷。可见修建水利工程也是王安石主持变法时的一项重要财政措施。

自熙宁三年到九年,开封府界及诸路所兴修水利田,凡一万七百九十三处,为田三十六万一千一百七十八顷①。这样大规模地进行有关农田水利的调查和建设,在中世纪及以前的中国历史上是很少见的。当时全部农田水利的开支很大,甚至提用了各路常平本钱,但"费虽大,利亦溥矣"②。由此可知,那一时期反对新法的保守思想家,攻击王安石的经济改革是"征利"或"与民争利",完全是一种污蔑。

五、募役法与免行钱

到11世纪时,地主阶级内部的矛盾最突出而尖锐地表现在徭役问题上。徭役制是任何封建财政制度不可缺少的部分,只是在不同国家和同一国家的不同封建时期其表现形态和应用范围各有不同而已。在中国,许多形式的强迫劳役到10世纪后半期多已直接废除,有的用实物或货币交纳所代替。仅有一小部分服务于城镇和乡村的基层政权的非生产性劳役即所谓"差役"还存在着。这些差役在宋代均须由民间按户等及丁口多少轮流充当,事实上是由中小地主和贫穷农民担任,因为大地主属于所谓"形势之家",他们和官僚一样总是不应差役的。

这里的问题是,既然这些差役早就存在,何以到此时矛盾才尖锐起来而非加以解决不可。这大致有两个原因:第一,自10世纪中叶以来,中小地主阶层已成长为社会的一股强大力量,但他们还得负担差役。于是在地主阶级内部出现了负担差役和不负担差役两大阶层,随着这种差役的加重,矛盾自然趋于尖锐化。第二,自宋王朝建立以来,开始了一个高度集中的封建专制政权。封建中央政权愈集中则地方对中央及其本身例行事务愈繁多,这也就使差役负担更加沉重,而为中小地主阶层所

---

① 《宋史·食货志上·农田》。
② 见《宋史·河渠志》东南诸水。

不能承受，不能不被提到日程上来以谋求解决。负担差役的固然不仅是中小地主，但劳动人民的这种苦痛除了用逃亡或起义方式表示他们的反抗外，别无办法在封建政权内得到反映。所以，在差役问题的斗争中，中小地主的差役成为问题的关键所在。

当时应差役的苦痛确是令人惊心动魄的，有时应役人户非到破尽家业不得解除。有不少人为避免充当差役，甚至使"孀母改嫁"，或"嫁其祖母或与母分居"，有父子二丁，其父自缢而死，以成单丁借以避役者。又或"多种一桑，多置一牛，蓄二年之粮，藏十匹之帛，邻里已目为富室"，即要其充当差役。这就是当时中小地主应役的惨状之一斑。

王安石秉政之初，即提出要变更役法的问题，经过两年多研究讨论，始公布募役法以代替原来的差役法。其主要条款是将这种差役全部改为募雇形式，给予一定报酬并于二年或三年更换一次。

从上述规定中体现出来的王安石的财政思想至少有以下几点：第一是保护中小地主利益并减轻劳动人民差役负担以缓和阶级矛盾。中小地主不负担差役的应纳按户等贫富交纳的免役钱，如担任职役还可领取一定的现金报酬；贫苦劳动人民不仅免除差役并不纳免役钱，担任职务时还有现金报酬。第二是贯彻了他的打击"品官形势之家"的思想。官僚及形势之家也一律输助役钱，有的甚至高达每年六百贯。在王安石所推行的各种财政改革中，这是他的摧抑兼并思想体现得最充分之处，因此也是遭受官僚大地主集团的攻击最猛烈之处。第三是体现了他的租税负担普遍的思想，使寺观及各种富户一律交纳助役钱，连官府也不例外。第四是重视物质报酬的观点，把历史上一向专靠贿赂的非法收入为主的吏胥阶层，一律改为俸给生活者，暂时结束了千百年的一种不合理制度。最后是他借用《周官》禄庶人在官之意，认为"府史、贾、胥、徒，皆赋禄焉，使足以代其耕"①，而实质上是否定徭役劳动，攻破了封建徭役制的一个残存堡垒。此后的封建政权已基本上不倾向于采取经常而普遍的徭役劳动，只有临时性的徭役还在不断出现。否定徭役劳动

---

① 《周官新义》卷一。

的思想在王安石以前早经出现并在他以后一个极长历史时期内还不断有思想家坚持这种观点,但是坚决地运用政治法权的力量以图摧毁徭役劳动制(虽然只是其中的一个部分),在我国历史上他还是仅见的一位思想家。

与募役法具有类似性质的财政措施,是熙宁六年所实行的免行钱。原来京师肉商负有对官府免费供应肉类物品的义务。后来肉商不堪供应之苦,自请以现金交纳代替实物供应,经官府批准即形成所谓免行钱。不久又推行于京师的各种商业行业。此项收入也用来支付京师官吏俸禄。免行钱不完全是徭役代金性质,因它的交纳是为了避免实物供应的苦痛,而不是免除徭役劳动。但在封建政权统治下,无论对农民与工匠的强迫劳役或对城市商人的强制义务供应,原则上都属于徭役性质。所以,实行免行钱也是王安石否定徭役制和倾向货币经济的思想的又一体现。

役法的改革,除暂时缓和了地主阶级内部的矛盾和减轻了农民、小工商业者的沉重负担而外,它还成为解决当时封建财政困难的一个重要手段。一年免役钱收入曾达五百零五万九十缗,帛谷九万七千六百五十七匹石,各年免役钱收支相抵,经常有三、四分以上的盈余①。逐年积累,形成当时财政上很大一笔现金储备。

六、方田均税法与其他财政措施

(一)方田均税法

由于土地买卖流行日久,当时出现了"富者恃其有余,厚立价以视利;贫者迫手不足,薄税以速售"的情况。其结果是富者田产日增而田赋并未随之增加,贫者田产日少而田赋并不随之减少,形成"产

---

① 《通考》卷十二,《职役》一。

去税存"现象①。从封建国家财政角度来看,也就发生天下垦田日增、赋税反而减少的情况。甚至有的人有私田百亩只税四亩。② 所以,无论从减轻土地小私有者苦痛和中小地主负担,或增加封建财政收入角度考虑,都有必要整理地借以均平赋役负担。方田法便是实现这些要求的措施。

宋代所谓千步方田法系创始于仁宗时大理寺郭谘、稍后欧阳修首先建言"方田均税法",提议仍由郭谘等人承办此事,嘉祐间又有人仿行。均在个别州县试办,三试三罢。王安石将郭谘的原办法加以补充,在全国范围内大力推行,方田工作坚持达十三年之久,清丈的土地达全国耕地面积的二分之一多,可算是历史上丈量地亩的罕有壮举。

在小土地私有制广泛流行而地权转移又很频繁的情况下,对每块应纳税的私有田地的大规模清丈工作是非常繁杂的。王安石的清丈办法最巧妙处在于利用较科学的方法进行大片土地丈量,使工作能较顺利而迅速地进行。在一"方"的田地内,对于谁的土地应缴租额及有无漏税等问题,均在一"方"的土地所有者共同参与下确定,就决不会出现逃税情况。因为本"方"内一户的税额减少必然是别户的税额增多。但方田法也有其缺点。首先,山林、陂塘、路沟等地不易核算,实际耕地面积的测量就未必准确。其次,均税之法以县为单位,一县之内的租税负担可望较为均平,而县与县之间租税负担不平均情况的可能性仍很大。无论如何,这一措施对大地主阶层总是不利的。

(二)其他财政措施

首先应指出的是他对漕运的改革。北宋漕运吏卒,上下共为侵盗贸易,甚至托言风水沉没以灭迹,每岁官物损折不下二十万石。王安石招募商船与官船竞运,相互对证检查,使漕运吏卒无法作弊。每年漕运常额运足以后,还募商船增运了二十余万石③。以商船运漕粮在当时已是大胆的创举,而以商船与官船竞运的思想尤为新颖。这又是王安石重视

---

① 方回:《续古今考》。
② 《宋史》卷一七四,《食货志》上记庆历间及元丰间事。
③ 见梁启超:《王荆公》,第89页。

商品经济的另一表现。其次是他使当时已贬值的当十钱,作当二钱行使①。这显然是使铜币的名义价值接近于其真实价值,这不仅在中世纪是难得见到的措施,它对于稳定和真实估计封建财政中日益扩大的货币收支也具有重要意义。最后,他对工矿贸易的财政政策没有固定的原则,随对象之不同,有的主张专卖,有的主张商营而由国家征税。此外推行保甲和保马法虽系军政措施,而裁减冗兵冗费以摆脱财政困难亦系创行这些法令的一个重要原因。

七、王安石财政思想的总考察

王安石曾坚定而成功地进行了一系列财政经济改革,但在财政思想方面他留给后代的新观点是不算多的。几乎所有财政改革的指导思想都不是他自己的创造,其中部分是他以前进步思想家久经倡导的观点,而大部分是他同时期思想家所提出的建议。

但是,我们不能因此而低估了他在财政思想史上的功绩。作为一个杰出的思想家,只要能将前人和同时代人的合理而进步的观点加以综合的运用就值得称赞,不必事事均由自己独创,这正是王安石的特点。当然,在若干财政经济问题上他也有自己的独创见解。大体说来,在他的全部财政思想中,极为突出的表现有两点,其一是他公开坚持"理财",其二是非常强调摧抑兼并并将它贯彻到自己的各种改革措施之中。他推行的各种改革措施所反映的若干财政观点已在前面分别作了一些分析,现就其财政基本观点及财政政策思想,再作一综合的考察。

(一) 肯定财政在政治中的首要作用

以往学者大都因袭儒家传统,不敢公开谈理财之术,怕被指为鼓励"聚敛"。直到公元9世纪才有学者对传统的"讳言财利"表示怀疑,但那只是对一般财富而言。王安石才是我国历史上公开讲求理财之术

---

① 《通考》卷九,《钱币考》二。

（即财政）的第一个秉政的儒家，从根本上否定了传统的基本财政观点。他宣称：

> "政事所以理财，理财乃所谓义也。一部《周礼》，理财居其半，周公岂为利哉！"①

"政事所以理财"是把理财看作政治的唯一内容，这似乎是夸大了理财的作用。不过，他所谓理财的涵义，除了封建国家财政而外，还意味着组织国民财富的生产和协调其分配与流通，其内容是极广泛的。即使理财不是政治的唯一内容，至少他肯定财政在政治中的首要地位一点是非常明确的。他把理财看成合乎正义的行为，如果只"得而不能理"或不能"均节财用"都不成其为"义"。他用来摧毁将财政视为聚敛的传统观点的武器，是向来不曾被十分重视的经典——《周礼》，并著《周官新义》一书借用政治权力大肆传播，以消除当时知识分子思想中鄙视理财的成见。虽然旧的传统观点在以后一个极长的历史对期内还有很大的市场，而王安石这一财政观点的影响，却在继续并日益增大地发生作用。

（二）把财政作为摧抑兼并的工具

王安石强调理财的一个重要目的就是为了贯彻他的摧抑兼并思想，因此，他的各种财政改革均直接或间接地为了打击兼并。设立制置三司条例司为了"摧制兼并，均济贫乏，变通天下之财"②；均输法是要从富商大贾手中夺回"轻重敛散之权"；市易法为了打击"富人大姓"，使其不能"乘民之急，牟利数倍"；青苗法是使农民摆脱农村私人高利贷的压榨；募役法是使"仕官兼并"之家也摊缴巨额的助役钱；方田均税法打击了占田多而赋税少的形势之家。就把打击兼并的政策思想贯彻到财政经济改革措施的各个方面这一点来说，在封建中国的历史上没有任何其他理财家可与之相比拟。

王安石所谓兼并这一概念，其内涵与前人稍有不同。它泛指"大

---

① 《王临川集》卷七十三，《答曾公立书》。
② 《宋史纪事本末》卷三七，熙宁二年二月。

农"、"富工"、"豪贾"对城市平民和乡村农民的土地兼并以及高利贷等形式的剥削。除了内涵的扩展而外,他的兼并概念还有一个特点,即他已注意到从政策模式上去考察兼并问题。以往攻击兼并的思想家大都把它看作"兼并豪党之徒"的个人罪恶。而在他看来,如果封建国家不掌握着理财亦即控制经济活动的权力,则人人都可能进行兼并。他说:

> "有财而不理,则阡陌间巷之贱人,皆能私取予之势,擅万物之利,以与人主争黔首而放其无穷之欲。非必贵、强、桀、大而后能如是。"①

换言之,如果政府采取放任政策,对经济生活不加干预,则人人皆可能进行兼并,不一定要"贵、强、桀、大"之家才从事兼并活动。这意味着自由竞争必然发展为垄断这一原理,在中古时代的原始而朴素的看法。由于对兼并有这样的看法,所以,他把摧抑兼并看作封建国家的重要职能,而实现这一职能的重要途径就是通过理财方式,既要摧毁"贵、强、桀、大"的兼并,也要防止"阡陌间巷之贱人"可能产生的兼并。

王安石虽是我国历史上把摧抑兼并口号叫得最响亮的一位思想家,但他摧抑兼并的方式仍存在着相当大的局限性和不彻底性。他所谓摧抑兼并不外乎是阻止私人高利贷的侵蚀,预防私商乘机渔利和使品官形势之家也负担一点助役钱并无法偷漏土地税而已。总之,其"摧抑"活动绝未超出货币流通领域,而只把重点放在财政分配上,并未接触到封建生产关系中最根本的生产资料——土地问题。的确,他所推行的青苗、募役、均输、市易和方田均税诸新法均曾给官僚大地主及商人带来损失,但这种损失只是九牛之一毛,远远谈不到是什么严重打击。

然而,从财政政策思想方面看来,摧抑兼并的主要办法既然是使命官形势之家也和一般人民一样要负担规定的赋税,这种办法就体现了租税负担均平的思想,体现了租税负担普遍的思想,也体现了以财政为调

---

① 《王临川集》卷八十二,《度支副使厅壁题名记》。

节贫富的手段的思想。这些财政思想在我国历史上虽不自王安石始，但他却是把这些思想结合起来特别加以强调并大力贯彻实行的人。他曾说："孔称均无贫，此语今可取，譬如轻万钧，当令众人负"，① 最足以反映这种观点。这种办法固然主要是为了减轻中小地主的财政负担，却不妨害它能体现上述的那些财政思想。

（三）强调生产与财政的统一

他认为理财是"理天下之财"，也就是组织社会生产，因此财政费用必须由全社会共同负担。理财如得其道即不会感到财政困难。他说："盖因天下之力以生天下之财，取天下之财以供天下之费，自古治世未尝以不足为天下之公患也，患在治财无其道耳"②。这一点是将初期儒家所谓"百姓足君孰与不足"的财政原则大大地推进了一步。初期儒家的财政原则侧重在为封建国家培养财政榨取的丰富税源。而王安石则着重在"取天下之财以供天下之费"，也就是取之于"天下"而用之于"天下"。财既要取之于天下，就必须使"人致己力以生天下之财"，也就是将财政建立在社会生产的基础上。这是把理财的最终目的从统治集团的利益做了进一步的延展。

既然认为"不足"未尝为"天下之公患"，故他在财政政策上与许多封建理财家不同，并不十分强调节用，必要的支出如农田水利经费以及增加官吏俸禄等，常尽量予以支持。在这里，他似乎已体会流通过程不能生产财富，故应把理财的重点放在财富生产领域。他将杨雄的《法言》中"为其父而榷其子"的譬喻加以发挥，用来说明理财须注意到财富的生产、流通与分配之间的关系。他说：

> "尝以为方今之所以穷空，不独费出之无节，又失所以生财之道故也。富其家者资之国；富其国者资之天下；欲富天下则资之天地。盖为家者不为其子生财。……今阖门而与其子市，而门之外莫入焉。虽尽得子之财，犹不富也。盖近世之言

---
① 《王临川集》卷五，《酬王詹叔奉使江南访茶利害》。
② 《王临川集》卷三十九，《上仁宗皇帝书》。

利虽善矣,皆有国者资天下之术耳,直相市于门之内而已。此其所以困欤!"①

这一议论具有很深长的意义,至少反映出他已体会到下述几点:第一,他明确地指出一家人(意指一个国家)关起门来相互贸易,而不从事生产即不可能增加财富总量。这是明白地肯定流通不能创造物质财富。第二,他看出个人财富的增长与全社会财富的增长是有区别的。个人财富可能通过取之于他人的方式以使其增多,而全社会的财富则非通过生产不能有所增长。第三,他似乎已认识到全社会的财富分配是某一方面的增多即另一方面的减少,除增加生产外,只是变更财富的分配状况,不能增大社会财产的总量。以往思想家除汉末王符曾将国富与家富加以区别外,一般都是从个人财富角度来谈国家的贫富,而王安石则事事从"天下"财富角度出发,其对个人财富与国民财富区别的分析也较王符深入。正是基于以上思想认识,故他谈理财问题时将财富的生产置于更重要的地位,其基本理财方式是通过赋役的减轻以鼓励生产,然后在国民财富生产增大的基础上扩大财政收入。至于通过理财以实现财富分配的思想,要宣扬《易经》"裒多益寡,称物平施"及《老子》"损有余以补不足"之说,这是他强调摧抑兼并的理论基础之一,不必再加解释。

(四) 对待国家专卖的态度及其他

古代谈工矿贸易问题屡屡首先涉及采取干涉政策或放任政策问题。西汉以来,干涉与放任之争一直未停止过。王安石对这一问题的基本观点可以"榷法不宜太多"②一语概括,亦即既不完全否定国家专卖之类的经济干涉,却较倾向于经济放任政策。因此,他的各种财政经济措施,也是干涉与放任兼而有之,随各业的具体条件而采取不同的态度。例如,盐主要是国家实行分区专卖,采盐钞制度。但个别地区(如河北)行盐也有未采官榷方式而由民营。矾系由官府直接经营。酒类采

---

① 《王临川集》卷七十五,《与马运判书》。
② 《宋会要稿·食货·盐法门》。

取"实封投状"方式由私商包销。茶则取消以往由大商人包销办法,改为官收茶税由"民自贩运"。铁器由民间自由鼓铸不采桑弘羊的铁专卖办法。铜禁亦取消,让民间免税自制器物,甚至连销官钱为铜器或铸私钱也不加以禁止。采矿包括金银开采一向是由封建官府垄断以徭役劳动进行的,他也改为招募"冶户"开采而以实物交纳矿税,产品由官收二分,其余八分"许坑户自便货卖"①。从这些措施看来,王安石的工矿贸易政策是相当灵活的,并无严格的原则可循。大抵对以往曾发生流弊的办法予以改变,否则维持现状,而基本精神是较多地趋于放任,较少地进行干涉。

大体说来,干涉思想与放任思想的斗争,在封建地主经济前期是干涉较占优势,自宋以后,放任思想愈来愈抬头。所以,王安石虽然在国家职能上欣赏干涉政策,而在盐、铁、酒、茶等物品的专卖问题上却尽少地采用干涉办法而尽多地推行放任政策。这和封建地主经济后期国家专卖与经济干涉政策倾向日益削弱的财政发展总趋势,也是相一致的。

在工矿贸易方面,维持国家专卖或大商人包卖的方式只是他迁就现实的思想的表现,放任民营才是他的主流思想。从他反对大茶商包卖的十二条理由②中,可以看出他对小商品经营已有较深刻的认识。他举出的理由除封建官权制度所必有的勒配和营私等弊端外,可归纳为以下几点:首先,巨商人数少易于结成垄断组织,既可迫使政府向他们妥协,又使小生产者蒙受损害。其次,小商品经营所需资本小,故从业人员多,因而销售总量也大,相反地,巨商人数少其个别包卖量虽大而总的销售量反不会很大。最后,小商品经营使经营者能直接关心商品质量,质佳则易售出,巨商包卖层层作弊不能保证商品质量。他的这些认识与较他稍早的李觏的认识大致相同而各有特点,均为封建地主经济前期很少看到的议论。不言而喻,这些为小商品经济辩护的观点,同维持国家专卖或让大商人包卖的财政政策思想,是背道而驰的。

在其他财政思想方面,值得一提的是他很重视官俸问题。关于汉末

---

① 《通考·征榷考》五。
② 《王临川集》卷七十,《茶商十二说》。

的官俸微薄情况,崔寔已有所论述。而宋代情况,在王安石上仁宗的万言书中有如下的叙述:

"方今制禄,大抵皆薄,……州县之吏,……计一月所得乃实不能四、五千,少者乃实不及三、四千而已。虽厮养之给,亦窘于此矣。而其养生丧死婚姻葬送之事,皆当于此。……故今官大者往往交赂遗,营资产以负贪污之毁,官小者贩鬻乞丐,无所不为。……"

秦汉以来,薄俸一直成为问题。唐代使各级官府营高利贷以自养,到宋代则封建官僚以经商为个人副业。这不仅关系于封建官僚的私人生活,它还牵连到一系列政治经济问题。王安石得出结论是:"方今士大夫所以鲜廉寡耻,其原亦多出于禄赐不足"①。因此,他在推行各种财政经济改革时,始终将解决官俸微薄问题作为一个重要目标。这也是他的财政思想的一个明显特点。

此外,他将商税作为控制商贾人数的手段,他说:"制商贾者恶其盛,盛则人去本者众;又恶其衰,衰则货不通;故制法以权之"②。这是传统的抑商思想在商品经济更加发展的新历史条件下的调和观点。

王安石、桑弘羊与刘晏都是我国历史上有名的财政家,可是,他们的财政政策却各有其侧重点。桑弘羊的财政成绩得之于均输及盐铁专卖,刘晏主张靠常平盐利收入,王安石则主要得之于青苗贷放及劳役代金收入。但三人的政策又有其共同之处,即多依赖于经济的收入,少依赖于强制的赋税收入,并都不以膨胀通货为弥补财政赤字的手段。王安石虽曾主张大量铸造铜币,但其目的为解决流通中通货缺乏问题,不是为了补助财政之不足。总的说来,王安石的财政改革范围虽相当广泛,而给后代留下来的新财政观点却极其有限,最值得称述的是对儒家传统的基本财政观点的批判。

---

① 《王临川集》卷六十二,《看详杂议》。
② 《王临川集》卷七十二,《答韩求仁书》。

第四节
变法反对派及北宋后期的其他财政思想

王安石的新法在当时曾遭受到极广泛的反对。反对派打击的重点是王安石的财政改革尤其是青苗法与募役法。他们基本上是官僚大地主集团利益的代表者,为保卫既得利益坚决反对改变现状,尤其反对有损于官僚大地主利益的任何改革。这就是新法反对派的基本政治倾向和阶级实质。

由于他们是代表着旧势力的地主阶级保守派,因此在财政思想方面他们常是旧的财政教条的拥护者。不仅对现实的新鲜事物很少理解,而且常以旧教条去硬套新的财政经济事物。所以,新法反对派的财政思想是很贫乏的。但这不意味他们在某些个别财政问题上的见解也一无可取。下面举出他们中的几个代表人物的财政思想。

一、司马光反对变法的理财观点

司马光(公元1017—1086年)自王安石推行新法之日起,就坚决予以反对,成为反对新法的首要代表。其余的新法反对派大都只对新法财政改革的某些方面表示反对,而无完整的对立体系。在财政思想上与王安石形成尖锐对立面的,也应以他为代表。

(一) 对待理财的基本态度

司马光在熙宁变法之前也不乏论财利之言,他曾于嘉祐年间提出解决当时国家"财力屈竭"的三点意见[①]:一是"随材用之人而久任之",

---

[①] 以下意见及引文均见司马光:《司马温公文集》卷三,《论财利疏》。

二是"养其本原而徐取之",三是"咸损浮冗而省用之"。大体说来,在财政收入方面,他认为善于"治财"者应"养其所自来而收其所有余,故用之不竭而上下交足";如果国家能使"财之,所自来"的农工商业均得到发展,则"彼有余而我取之,虽多不病矣"。这无非是儒家传统的培养税源观点的另一种表达方式。在财政支出方面,他的主张也不外乎是节制封建皇室的奢侈浪费以及裁撤冗兵冗员以减省财政浮费,在理论原则上亦未能超出"节用"、"恭俭"一类的传统论调。

由上可见,司马光对当时出现的一些财政经济矛盾虽然也有所感触,但于这些矛盾的解决,除了把千百年来的儒家老生常谈重复搬用或对个别具体措施提出点滴的建议而外,并未能提出较成套的解决方案。神宗嗣位之初,曾让司马光等负有一时重望的大臣专设机构以研究裁减财政开支的制度,而他和其他大臣的答复却是"必须深思救弊之术,磨以岁月,非愚臣一朝一夕所能裁减"①。更说明他对现实财政矛盾的处理是怎样的束手无策。

司马光的三点意见曾打着"论财利"、"善治财"一类的旗号,似乎他并不反对理财。然而当王安石大力推行理财新法时,他就搬出君子"固不能言利"②的传统教条而坚决予以反对,由此暴露出他对待理财问题的真实面目。司马光反对变法理财的基本观点,大致有以下三点:第一,他从形而上学的观点出发,反对王安石的理财新法以"变"为其思想基础,认为天地万物以及人们的性情是一成不变的,而社会纷乱的根源就在于"变"法,所以他说:"祖宗之法,不可变也"③。这是司马光用来作为反对财政改革的理论基础,也是他对理财活动的基本看法。第二,王安石理财的基本政策是要把官僚大地主集团的巨额既得利益分割一点出来给别的人,这也是代表大地主集团利益的司马光所不能容忍的。在他看来,富人的存在不仅对贫民大有好处,"贫者常假贷富民以自存";而且对封建国家也有好处,倘使没有富人,"若不幸国家有边隅之警,兴师动众,凡粟帛军需之费,将从谁取之?"因此,他反

---

① 转引自《古今治平略》卷三,《宋代国计》。
② 《司马温公文集》卷十,《与王介甫书》。
③ 《宋史·司马光传》。又见《司马温公事略》。

对任何有损于富人的政治措施，怕使"富者亦贫"。甚至认为地主阶级财富的增值部分，也不应该计算在家产之内，以免负担租税，更会反对通过理财以均平财政负担的财政变革。第三，他还提出一种财富分配的理论，来反对王安石的"善理财者，民不加赋而国用饶"的观点。他说："天地所生货财百物，止有此数，不在民，则在官，彼设法夺民，其害乃有甚于加赋"①。他这里所谓"民"主要是指交纳赋税的地主阶级尤其是指大地主阶层。根据他的这一逻辑，任何抑制兼并的财政措施都会给套上一个"聚敛于民"的罪名。用他的话来说，就是"善理财者，不过头会箕敛尔"。他的这一提法成了当时新法反对派的理论武器。不仅在北宋如此，元、明时代的保守思想家也常以它为至理名言而不时加以唪诵。当然，如"民"作一般人民理解，则在一定时间内的国民财富，"不在民，则在官"的看法，也有它的道理，只是他把一个不无可取的财富分配概念作了不适当的应用。

司马光挥舞这些理论武器来反对一切新的理财措施，甚至连兴办农田水利也在被反对之列②。表面上说这些措施是"夺民"财货聚于"官"府，实质上是代表既得利益集团以对抗任何财政变革，这就是他对待理财问题的基本态度。

（二）役法与贷放

在王安石的各种理财新法中，司马光攻击最猛烈的是募役法与青苗法。关于役法问题，他自己早在英宗时已主张将衙前的差役改为雇役③。但从王安石推行募役法之日起直到募役行了十余年大见成效之后，他却始终坚持废除募役而恢复差役，甚至连以往同他一起反对新法的范纯仁和苏轼后来也觉得他太固执己见。旧史家多认为这是司马光的个性刚愎之所致，不懂得这正是他的阶级本性的暴露。他以往主张改差役为雇役，是在不损害官僚大地主利益的前提下，以缓和农民、中小地主与大地主间的尖锐矛盾。王安石的募役法要大地主阶层也负担助役钱

---

① 《司马温公文集》，又见《宋史·本传》。
② 见《司马温公文集》卷七，《乞罢条例司常平使疏》。
③ 见《通考·职役》，司马光于治平四年的上疏。

来减轻中小地主的负担，这当然是大地主阶层及其代表人所绝对不能容忍的。司马光前后矛盾的主张正好体现了他的阶级立场的前后一致；在关系到本阶级根本利益的问题上，过去的诺言，是无必要尊重的。

除了阶级利益的驱使而外，司马光反对募役法也表明他的徭役劳动观点之陈旧和保守。唐中叶以来的财政家已逐渐对徭役劳动的落后性有所认识，大都要求在不同程度上以实物或代金方式代替封建徭役。王安石的财政改革也是这一趋势的继续。司马光的财政思想仍因袭古老传统，笃信"凡农家所有，不过谷帛与力，自古赋役，无出三者"①，坚决维持实物地租与劳役地租的榨取形式。对最古老封建徭役制他似乎最感兴趣，一再说："夫力者民之所生而有也"，"徭役自古皆从民出"②。把徭役看成合理而又合乎"古意"的方式，足见他的财政思想远远落后于二三百年前的刘晏与杨炎，甚至陆贽也还比他高明，因为陆贽所坚持的租庸调中的所谓"庸"已是以实物或现金代替徭役。

关于贷放取息问题，他坚决反对官府贷放青苗钱取息，却积极鼓吹私人高利贷，甚至主张在必要时由封建官府代为催讨，"不令逋欠"③。由此可见，他反对青苗钱，并不是真正反对贷放取息行为，而是为了官僚大地主集团也将受到青苗钱的"抑配"。再说，青苗法的实行必然使地主高利贷者丧失一条发财致富的道路。所以，司马光反对官府贷放也和他反对助役钱一样，其阶级意图是很明显的。

（三）常平与积蓄

他对现实财政矛盾所提出的解决办法，除了上述《论财利疏》中提到的三点意见外，只不过是常平和积蓄。所谓积蓄是通过官府代为催讨私人的实物高利贷之承诺，以鼓励大地主们大肆积蓄粮食。看来常平是他特别强调的唯一可行的办法，把常平仓制度说成是"乃三代圣王之遗法，非独李悝、耿寿昌能为之也"④。这位著名史学家为了渲染常

---

① 《司马温公文集》卷一，《遗表》。
② 《司马温公文集》卷十，《与王介甫书》。
③ 《司马温公文集》卷五，《言蓄积札子》。
④ 《司马温公文集》卷七，《乞罢条例司常平使疏》。

平的重要性,连历史事实的正确性也不愿深究了。他把关于李悝的"大熟则籴三而舍一","大饥则发大熟之所敛而粜之"那一段记载,生硬地搬来作为他对常平措施的建议,不理解《汉书·食货志》这一段数字并不具有多大的现实意义。即使李悝的平籴政策在魏国是可行的,北宋政权亦无法仿效,因为当时政权不可能拥有足以收储全国粮食总产量四分之一到四分之三的大量资金,至于需要巨大的储运设备更不必说。况东汉以来即不断有人指出常平仓制度的缺点,而司马光竟以此为解决现实财政矛盾的王牌,地主阶级保守派的财政思想之贫乏,可以概见。

二、张方平的财政言论

张方平(公元1007—1091年)主要反对王安石的募役法及废除铜禁二事。由于他曾两主邦计,故言论中接触财政经济之处较多。并著有《食货论》一篇专谈财政经济问题,文章可说是流畅美妙,就是缺少新颖内容。在担任财政要职时也一再呈诉自己无应付财政困难的办法,乞援于封建统治者的神灵仁德以召善祥[①]。这是当时地主阶级保守派的共同特点,既失去解决现实财政经济矛盾的能力,也对新事物缺乏敏感,故力求苟安,反对变革。不过,在当时反对新法的元老重臣中,只张方平才有专事研讨食货的论著,尽管它的内容是比较平庸的。

在财政剥削方面,他提出一个十分虚伪的主张,他说:"夫人之常情,与则喜,夺则怒,故先王见其与之形而不见夺之理,然后民可得而有也"。要人民"见与之形,不见夺之理",本是《管子》中的财政剥削技巧。这虽是一种剥削思想,却是心口如一的真话。张方平把它倒转来要统治阶级对人民只"与"不"夺",宁非痴人说梦!

他坚持对工商业者寓禁于征的传统教条。相反,对于农业,他主张运用财政手段加以保护和发展,其办法不外乎是募人屯垦;"三年耕则

[①] 张方平:《乐全集》卷二十三,《再上国计事》。

第十一章 两宋财政思想

余一年之食"的积储办法；以及使中等以上人户输入谷麦由县乡官吏代为储存；小饥则发小熟之所敛，大饥则发大熟之所敛之类的老古董①。可见，地主阶级保守派所能想得出的财政经济纲领，很少超出积储与平籴的范围。

除以上财政观点外，他反对管榷封占的经济干涉政策；宣扬什一之税；主张"岁杪而会，量入为出"；"随地所产"征收实物②；并认为"惟田及山泽、关市，此财用之所出也"③。这些已是我们熟悉的财政教条，无必要再加以分析批判，看来，连张方平自己也无坚决推行之意，只不过借此以表彰所谓三代之治而已。

张方平反对王安石开放铜禁钱禁，他指出钱荒的一个原因是青苗助役之征收现金，使大量货币藏于官府以致因流通中货币量的减少而引起物价跌落④。这一点不完全符合当时的历史事实。自青苗助役开征以后，物价逐年上涨者已好几年，并未出现钱荒现象，故不能归咎于青苗助役之征收现钱。只有熙宁七年（公元1074年）开放钱禁引起铜钱大量外流才是元封以来钱荒的真因。但从理论方面讲，张方平认识到封建政权青苗助役正原钱的巨额节余，变为储藏，引起流通中货币短少，这一观点却是很新颖的。在一向醉心于国库"钱朽贯而不可校"的封建财政盛事的冬烘头脑中，能看到财政积贮太多，会影响流通中的货币数量的短少，殊非易事。在铜禁钱禁问题上他比王安石更有见地。

与张方平同时而稍后的秦观（公元1049—1100年）对新法也不赞同。在十一世纪后半期的地主阶级保守派思想家中，只有他才和张方平一样有专谈财政经济的论著流传下来。虽然他的财政观点也甚平凡，但对理财问题的看法却与其他保守派思想家稍有不同。

秦观主张天下财富宜在公私之间适平地分配，既"不使偏归于公室，亦不使之偏入于私室"。他认为采取盐铁、酒榷及摧抑商贾的政策，就是使财富偏归于公室，相反地，如任"大农富贾"田甲一州或

---

① 以上观点及引文均见《乐全集》卷十四，《食货论》。
② 《乐全集》卷十六，《赋税》；《治地莫善于助》及卷十四，《赋税》。
③ 《乐全集》卷二十五，《论免役钱札子》；又见《食货论》。
④ 《乐全集》卷二十六，《诊钱禁铜法事》。

财倾都邑,"累万金而不佐公家之急",也是他所反对的。怎样才可以使财富分配合乎理想,他只提到实行什一税制,并未提出其他解决财富在国家和私人间分配的设想。

关于理财问题,他认为像司马光等那样"不肯言财利之事"是不合乎"帝王之要务"。财利可以谈,如管仲、范蠡、萧何之所为就该赞成,而照东郭咸阳、孔仅、桑弘羊之所为则不可。他对待财利的态度虽是折衷主义的,而在地主阶级保守派中却较那些坚决否定谈财利者稍胜一筹。他所谓理财之术不外乎是"尽地力、节浮费二者而已"①,别无新意。

三、苏轼与苏辙

苏轼(公元1036—1101年)与其弟苏辙(公元1039—1112年),在政治上同属于新法的反对派,因此,他们的财政思想,除在个别问题上尚有些可取意见外,一般都是重复以往儒家的古老教条。下面先分析苏轼的财政思想。

苏轼把封建劳役看作极合理的制度,他说:"自古役人必用乡户,犹食之必用五谷,衣之必用丝麻,济川之必用舟楫,行地之必用牛马,虽其间或有以他物充代,然终非天下所可常行"②。劳动人民乃至中小地主简直是官僚大地主集团的牛马奴隶了。司马光反对募役法,那只是因为它损害官僚大地主们的利益,还不曾像苏轼兄弟这样把强迫劳役看成天经地义。苏轼从这一观点出发,主张三等户以下行差役法,要劳动人民继续负担强制的封建劳役;对三等户以上人户应负担的封建劳役则采取募役制,但募役钱不是由官僚大地主集团分摊,而是用官府积储的大量货币购买土地交给服役者使用以自养,即他所谓"给田募役"③。

---

① 以上引文均见秦观:《淮海集》,卷八,《财用》上下。
② 苏轼:《苏东坡集·奏议集》卷一,《上皇帝书》。
③ 《苏东坡集·奏议集》卷三,《辩试馆职策问札子》第二;又卷六,《论役法差雇利益起请划一状》。

第十一章 两宋财政思想

这样,既可缓和中小地主阶层与官僚大地主集团间的矛盾而又不使后者蒙受任何损失。苏轼兄弟在役法问题上虽然最初和司马光等一样坚决反对募役,后来也认为差役免役各有利益,不同意罢免役而恢复差役,这表明他们在某种情况下还能正视客观事实。

对于因土地兼并而产生的赋役严重不均现象,苏轼不从土地问题入手,只是把重点放在财政负担之不平均上,要求"轻赋役"。他说赋役不均是起源于在土地买卖时奸民"割数亩之地加以数倍之赋,而收其少半之值,或者亦贪其值之微而得焉",其结果"富者地日以益而赋不加多,贫者地日以削而赋不加少"①,他指出的这些现象倒是合乎事实的。王安石的方田均税法正是为了解决这种矛盾,而苏轼又不以为然,只主张在每次土地买卖过程中交纳契税时,由官府查对其土地的广狭瘠腴是否与其所应缴的赋税相适合,如有不符即加以纠正。这是他安于现实不求改变的苟且心理的另一表现。

在财政收支原则方面,他强调节用,认为"广取以给用,不如节用以廉取之为易"。因此,坚决反对"量出以为入"的财政原则。看来他是把量出为入不妥当地理解为临时需要支出若干即随时任意增加赋税,不懂得它和量入为出一样也自有其值得采择的方面。他也反对盐、铁、茶、酒的专卖,认为这是"衰世苟且之法",还宣扬"三年耕必有一年之蓄"的古旧传说②。这些都是当时保守派思想家中较普遍存在的财政观点。

在苏轼的财政思想中,值得注意的是他对王安石均输法的批评观点。他认为均输法的推行须"广置官属,多出本钱,豪商大贾皆疑而不敢动",实际上是封建国家与商贾争利。这也是反对国家专卖论者通常所持有的论点。但苏轼并未停留在这一认识水平,而进一步指出③:

"夫商贾之事,曲折难行。其买也先期而与钱,其卖也后期而取值。多方相济,委曲相通,倍称之息,由此而得。今官

---

① 以上引文均见《苏东坡集·应诏集》卷三,《策别》十五。
② 以上引文均见《苏东坡集·应诏集》卷四,《策别》十八、十九。
③ 苏轼这一上神宗皇帝的奏议,在《苏东坡集》中曾收两次,一见《续集》卷十一,又一见《奏议集》卷一。

381

买是物，必先设官吏，簿书廪禄，为费已厚，非良不售，非贿不行，是以官买之价，比民必贵。及其卖也，弊复如前。商贾之利，何缘而得。"

因此，他认为国家拨款五百万缗以充均输本钱，"纵使其间薄有所获，而征商之额，所损必多"，此举无疑是"亏商税而取均输之利"。于此可知，他对贸易的认识是比较深刻的，故能运用以往思想家均不曾提到的私人商业活动中的预购赊卖方式，来证明与其实行国家专卖，还不如放手让私商自由经营而由国家征收商税于封建财政更为有利。

在征商问题上，苏轼提出减免零售小商人的租税以刺激零售商业的发展，从而获致更多商税的观点。譬如在榷盐问题上，他说："且平时大商所苦以盐迟而无人买，小民之病以避远而难得盐。今小商人不出税钱，则所在争来分买；大商既不积滞，则轮流贩卖，收税必多。"① 这是立足于商税的增加，鼓吹批发商与零售商相辅而行的商业经营方式。这在中古以前的租税思想史上也是少见的观点。

另须指出的是，苏轼在"农末皆利"思想的支配下，力主取消谷物税以刺激谷类商品的流通。他指出：

"谷太贱则伤农，太贵则伤末。是以法不税五谷，使丰熟之乡，商贾争籴以起太贱之价；灾伤之地，舟车辐辏以压太贵之直，自先王以来不之易也。而近岁法令，始有五谷力胜税钱，使商贾不行，农末皆病。……何似削去近例，附令免税，则丰凶相济，农末皆利，而税钱必不至大段失陷，何也？五谷无税则商贾必大流通。不载现钱，必有回货，而回货之税，所得未必减于力胜。且灾伤得以有无相通，易为赈救，于省利不可胜计。"②

关于其携带"回货"和扩大商品流转以增加租税收入的思想，虽然很新颖，却是很易理解的，不必赘述。倒是他以"农末俱利"作为

---

① 《苏东坡集·奏议集》卷二，《论河北京东盗贼状》。
② 《苏东坡集·奏议集》卷十二，《乞免五谷力胜税钱札子》。

考虑商税问题的指导原则之一,颇为奇特。"农末俱利"的观点自春秋战国之际的范蠡提出以后,历代思想家很少接受这一观点。原因是它与秦汉以来传统的重农抑商思想有矛盾,而苏轼能接过范蠡之说予以宣扬并运用此说以指导有关商税政策的研究,说明他有时也还能不受传统庸俗观点的束缚。

他利用租税手段以鼓励商业经营的观点除以上所述外,在其他很多方面也有所体现。例如他主张对于承担国家"纲运"任务的船只所搭载的私人商货,应免予征税,这样"既免征税,而脚钱又轻,故物货通流,缘路虽失商税,而京师坐获富庶"。反之,如因官用不足而"督迫各路税务日急一日,故商贾全然不行,京师坐至枯涸"①。他还主张对纲运船只所载钱粮的征课,"当以到京之数为额,不当以起发之数为额",此举看起来损失不少商税收入,由此却使"商贾坌集于京师,回路货物无由,复入空纲揽载,所获商税必倍,此必然之理也"②。可见他是把培养农业税源的古老思想转用于商业方面,企图通过减免商税方式以促进和扩大商业经营活动,最终在商业发展的基础上即可望获取更多的商税收入。这是他的财政思想的一个特征。总之,由于宋初商品经济的进一步发展,商税问题之脱离传统抑商轨道而日益受到重视,已成为当时的基本倾向。即使是一位保守思想家,如非顽固不化,也不能不受客观现实的某些感染。苏轼在这一问题上,也仅在这一问题上,可算当时地主阶级保守派中最为敏感的。

以上主要是谈苏轼的财政思想,下面再介绍苏辙的财政思想。

苏辙在许多重要财政问题上的观点大都因袭苏轼之说。他与苏轼不同之处是乃兄十分重视减免商税对保护商人和促进农业发展的作用,而他却把工商技巧之民与游民同等看待,主张向他们征收庸调,要求在"十年之后,必将使农夫众多而工商之类渐以衰息"③。这是他远不及苏轼敏感而较为保守的一种表现。此外,他坚持恢复租庸调制的财政制

---

① 《苏东坡集·奏议集·论纲梢欠折利害状》。
② 《苏东坡集·奏议集·乞岁运额斛以到京定殿最状》。
③ 《历代名臣奏疏》卷二五七。

度，反对以钱为税①，也是其保守思想的另一表现。他又指出："财者为国之命而万事之本"②。这说明他对财富与财政的看法已能抛弃传统观点而接近于当时的主流思想。

他之反对新法和司马光之反对新法有所不同，司马光是根本否定新法，而苏辙常不是反对新法本身而是反对新法执行过程中所产生的流弊。例如在市易法问题上，坚持推行新法者的理由是怕富民操百货轻重之权，故设市易之官以平贵贱。苏辙对这一原则并不反对，但指出在市易法执行过程中是："无物不买，无利不笼，命官遣人，贩卖南北，放债取利，公行不疑，杜绝利源，不与民共，……至于奸民巨贾，窥伺间隙，收利则多；或输滞积不售之货以易现钱，或指残破无用之屋以赊实货，巧智百出，难以具言"③。在反对青苗法问题上也有类似情况，他也不是根本否定官府贷放，而是认为官府贷放带有强制性质。他强调公贷与私贷有很大的不同。他说："私家取利虽多，然人情相通，别无条法，今岁不足而取偿于来岁；米粟不给而继之以刍藁，鸡豚狗彘皆可以还债也；无岁月之期，无给纳之费，出入闾里，不废农作；欲取即取，愿还即还，非如公家，动有违碍"④。这是借歌颂私人高利贷来反对官府贷放取息的极典型论点，在以前尚无先例。可见反青苗法的斗争，除了使官僚大地主集团不受青苗钱的抑配外，也是私人高利贷反对官府垄断高利贷的斗争。

苏辙另一较突出的财政观点是为富民辩护，反对王安石以财政作为摧抑兼并的工具。他认为"城郭人户虽号兼并"，然而在封建国家遇到财政困难时，却是可以倚赖的力量，故"财之在城郭者与在官府无异"⑤。他把富民描绘成解决国家财政一切困难的主要依靠力量，这和他歌颂私人高利贷一样，同为从地主剥削阶级的狭隘视野所导致的错误论断。然而苏辙为富民辩护的观点也掺杂着某些新兴的时代因素，这就

---

① 《历代名臣奏疏》卷二五七及卷二六七。
② 苏辙《栾城集》卷二一，《上皇帝书》。
③ 《栾城集》卷三五，《自齐州回论时事状》。
④ 《栾城集》卷三五，《自齐州回论时事状》，又见《栾城集》后集，卷一五，《民赋叙》。
⑤ 《栾城集》卷三五，《制置三司条例司论事状》。

是他着重为"城郭"的富民即城市的富裕工商业阶层辩护。但由于他的许多财政观点均系为官僚大地主集团的既得利益和特权而辩护,其思想体系中存在点滴的时代新因素,决不足以改变其地主阶级保守派的基本倾向。

不独苏辙是这样,在我们所提到一些新法反对派中,仅以他们的财政思想而言,尽管各人都点滴地有一些可取的意见或新的看法,但这些在各人的思想体系中均处于次要地位。他们的主流思想都是反对财政变革,主张维持现状,基本上笃信传统的财政教条,只是在保守的程度上各人有所不同而已。

四、北宋后期的财政支出及商税观点

(一)财政支出观点

前文已指出,北宋封建财政中的一个突出矛盾就是冗费的大量存在,为了摆脱这一日益沉重的财政负担,除王安石是将理财的重点放在增加财政收入上而外,一般封建思想家均系主要从减省财政开支方面寻求出路。用苏辙的话来说,就是"非求财而益之也,去事之所以害财者而已"①。这些旨在节省财政冗费的众多议论,在理论原则上从未超出传统节用或节流观点的范围,毋庸赘述。须指出的是,北宋末期的思想家在分析封建财政支出问题时,十分重视利用会计统计资料进行比较分析。如曾巩(公元1019—1083年)在议论财政经费问题时,曾将景德、皇祐与治平年间的会计录加以比较,他看出皇祐及治平时的民户和垦田数均大大超过景德时,财政收入皆已达到一亿万以上而为景德时所不及,而其时财政支出亦上升至一亿万以上,原因在于皇祐与治平时"官之众一倍于景德,郊之费亦一倍于景德"。这样就找出皇祐、治平时财政冗费激增的症结之所在,因此他主张对症下药,一方面仍保持

---

① 丘浚:《大学衍义补》卷二一,《总论理财之道下》苏辙曰条。

"使天下之人如皇祐、治平之盛";另一方面则对于冗费"可罢者罢之,可损者损之",使"天下之用官之数、郊之费皆同于景德,二者所损者则盖半矣"①。虽然他最后提出每年节省经费三万万,三十年后即形成十五年的财政积蓄的设想,完全是不切实际的,但通过历代资料的对比研究来找出造成财政支出增长的原因及其节制之道的分析方法,却是正确的。此类议论在北宋尤其是财政冗费情况更形严重的北宋后期,已屡见不鲜。这种重视运用会计数字来分析财政问题的方法,是自北宋起古代财政思想进一步发展的一个标志。

在财政支出方面,北宋后期的思想家谈论较多的问题,一是强调控制并裁撤冗费支出,另一就是主张建立统一的中央财务行政机构以负国家各部门财政支出的总揽和协调之责。前已指出,宋初曾将唐末以来的地方财权,收归中央财政机关"三司"掌管,但由于宰相不得参与财政事务,故三司并未真正起到统一掌握封建财政开支的作用。王安石为推行新法而改革财务行政机构,将一部分财权从三司分出来改为宰相直接掌管,但仍未彻底解决财权分割之弊。至元丰后罢三司,形式上系由户部尚书履行原三司使职掌,实际上仅掌经常性赋税的户部左曹隶属于尚书,而掌管常平、免役、坊场、山泽等朝廷封桩之财的右曹却另由右曹侍郎统领,不属于尚书。从此财权一分为二,彼此不能通融。北宋后期的思想家批评中央财政机关未能统一协调国家各项财政支出,大多系指这一弊端而言。

例如元祐初司马光曾指出,由于仅左曹隶户部尚书而右曹不隶,则"天下之财分而为二,视彼有余,视此不足,不得移用"②,由此造成财政支出的不合理现象,对此,他建议由户部尚书兼领左右曹,侍郎分职而治,将分散的财权集中于户部尚书之手,"使尚书周知其数,则利权归一"③。他还建议复置宋初曾一度设立的"总计使"之官职,直接隶属于宰相,其职掌为:"凡天下之金帛钱谷,隶于三司及不隶于三司,

---

① 曾巩:《议经费》,引自《文献通考》卷二十四,《国用》。
② 《宋史》卷一百七十六,《食货志上》。
③ 《宋史·职官志》哲宗,又见《宋文鉴》卷五十所载司马光:《论钱谷宜归一》。

如内藏、奉宸库之类，总计使皆统之"①。这意味着将皇室私藏也纳入总计使的管辖范围内。

上官均亦不赞成皇室私藏独立于国家财政之外。在他看来，掌管皇室内藏库的数十中官，"惟知谨扃钥，涂窗牖"，从事于库藏的坚固封密事务，又"安能钩考其出入多少，与夫所蓄之数哉"②？故须令户部与太府寺共同检察内藏储库。这是以掌理皇室私藏者不谙财计业务为由，而主张让中央财务行政机构统一管理国家和皇室的所有财政收支。在汉唐以来反对皇室私藏的观点中，这是颇为奇特的理由。

关于统一封建财政以总揽国家支用的重要性，以吕海的阐述较为深入。他主张将得自天下的钱谷收入汇总于一个专门财政机构主管，"一文一勺以上悉申帐籍，非条例有定数者，不敢擅支"，由此即"能知其大数，量入为出"。他说："皆国家之财而分张如此，无专主之者，谁为国家公共爱惜、通融措置者乎？譬人家有财，必使一人专主管支用。使数人主之，各务已分所有，多互相侵夺。又人人得取用之，财有增益乎？"由此他得出结论：国家财政如不统一，"虽使天下财如江海，亦有时而竭"③。可见，他对于统一封建财政的重要性，有着深切的体会并作出了明晰的表述。

（二）商税观点

关于商税问题，在前面几节已多有论及，下面再介绍北宋后期的几个具体观点：

一是保证商税措施。熙宁四年周直孺鉴于京师曲院酒户鬻酒亏额，完不成酒税征收任务，他认为这是由于官卖酒曲数量过多的缘故。因为"曲数多则酒亦多，多则价贱，贱则人户损其利"，因而使包销酒户难以完成酒税定额。为此，他建议官造曲数"宜减数增价，使酒有限而必售，则人无耗折之患，而官额不亏"④。这种借减少主要生产资料以

---

① 司马光：《温图文正司马公文集》卷二十三，《论财利疏》。
② 《宋史·职官志》哲宗。
③ 以上引文均见吕海：《论钱谷宜归一疏》，载《古今图书集成·食货典》第七卷。
④ 《宋史》卷一百八十五，《食货志下七》。

降低商品生产量来提高商品的价格,并以商品的有限性来确保该商品增价出售从而保证商税定额不亏的措施,显然是在政府垄断酒曲原料的条件下才有可能实行,但由此也表明此措施建议人对于控制主要生产资料,商品生产量与商品价格之间的关系,以及商品供求关系的理解,均已达到当时条件下颇为不易的认识水平。

二是从价税观点。元丰三年琼管指出海南地区征收商税,系按商船大小以丈尺为标准课税,谓之"格纳"。结果因商船所载货物不同,故对类似船只所征课的同一商税与其所载货物价值相比较,往往"输钱多寡十倍"。如来自泉、福、两浙、湖、广等地的商船,一般运输金银物帛等,其价值或至万余缗;而来自高、化等地的商船,唯米色、瓦器、牛畜之类,与前者相比"直才百一"。由于二者均按船只长度以丈尺征税,"故高、化商人不至,海南遂乏牛米"。因此,他建议取消"格纳"、"请自今用物贵贱多寡计税"[1],亦即以征课对象的价格为标准计税。可见他对征收从价税可以避免以船为单位征税而造成的负担不均之弊端,已有比较清楚的认识。

三是商税的转嫁观点。哲宗即位时,王岩叟曾针对有人拟增加盐税的主张,指出当初在国家专卖条件下,即有商贾自请于官,"乞罢榷买,愿输倍税"。当时"主计者但知于商贾倍得税缗以为利,不知商贾将于民间复增卖价以为害也"[2]。这样就揭穿了增加商税必然会通过租税转嫁而加害于人民的实质。这一观点与唐代李珏论租税与价格的关系,同系对租税转嫁概念的表述。唯王岩叟提出输纳倍税的商贾"将于民间复增卖价以为害",在租税转嫁涵义的表述形式上更为精确。

以上商税观点只是少数几个例征,但它们已足以表明,在封建商品经济发展到北宋后期的条件下,人们对于商税问题的看法较之前代思想家已更为深入而细致,并开始逐渐摆脱抑商思想的传统束缚,这是本时期财政思想发展的一个显著特点。

---

[1] 引文均见《宋史》卷一百八十六,《食货志下八》。
[2] 《宋史》卷一百八十二,《食货志下四》。

第五节
叶适的财政思想

叶适（公元1150—1223年）是第12世纪后期、13世纪初的进步思想家。他在中国财政思想史中的历史地位，不在于他提供了什么具有重要意义的财政理论和原则，而在于他对许多占支配地位的传统财政教条作了富有意义的质疑或批判。正如恩格斯所说，"每一种新的进步都必然表现为对某一神圣事业的亵渎，表现为对陈旧的、日渐衰亡的、但为习惯所崇奉的秩序的叛逆"① 叶适的财政思想的进步作用也就在此。

一、对早期儒家讳言理财观点的批判

自唐王朝后期以来，即有不少思想家对儒家"讳言财利"的基本观点表示疑义，而以南宋叶适为其中最突出的代表。他从功利主义角度出发，根本否定了传统的讳言财利的思想，指出后世儒者大肆宣扬董仲舒的"正其谊不谋其利，明其道不计其功"观点，全是"疏阔之论"。因为"既无功利，则道义者乃无用之虚语耳"②。根据以功利来决定道义的基本观点，他特别强调理财的作用。他说：

> "夫聚天下之人，则不可以无衣食之具。衣食之具，或此有而彼亡，或彼多而此寡，或不求则伏而不见，或无节则散而莫收，或消削而浸微，或少竭而不继，或其源虽在而浚导之无法，则其流壅竭而不行。是故以天下之财与天下共理之者，大

---
① 《马克思恩格斯选集》第四卷，人民出版社1972年版，第233页。
② 《宋元学案·水心学案·习学记言》二十三。

禹、周公是也。古之人未有不善理财而为圣君贤臣者也"①。

叶适从分工、生产和流通等角度阐述了社会财富非加以组织整理不可，大胆地提出不能理财即不成其为"圣君贤臣"，从而否定"圣贤不为利"的古老命题，其态度比李觏和王安石还要鲜明而坚决。自9世纪以来对传统讳言理财思想的批判运动，到他的手中才算是建立了一个坚定的阵地，尽管信奉这一传统观点的人们在量的方面仍占绝大优势。

叶适从不善理财即不是圣君贤臣的前提出发，断言"理财并非聚敛"②。先秦以来，在封建士大夫中流行着一种由初期儒家所造成的偏见，以为从事理财就是言利，就是聚敛。但是庞大的封建国家机器，没有租税就无法存在，必须有人出面执行这些任务。既然笃信儒家财政教条的所谓"君子"不愿讲求理财，从而也就无能理财，故实际管理财政的就只好让那些以聚敛为能事的所谓小人"执理财之权"。叶适从理论上将"理财"与"聚敛"区分开来，这是对儒家混乱的财政观点的一种澄清。

可是，理财与聚敛毕竟是很难严格区分的。叶适也只能说，不自利而是"为天下理之"即谓理财；如系"为自利"或"自理之"那就是聚敛。他以为如"为天下理之"，那就"虽百取而不害"，倘系"自之"，那就少取也不好。叶适在这里强调了理财的主观动机，忽视了它的客观效果，这与其功利主义思想是不相配合的。

叶适幻想理财可以不必取之于民，对秦、汉以后"创取于民"，"取诸民而供上用"，表示非议，并发挥杨雄《法言》中的"为其父而榷其子"的譬喻来反对"取诸民"的财政方式，他说：

"父有十子，阖其大门，日取其子而不计其后，将以富其父欤？抑爱其子者必使之与其父欤？抑孝其亲者固将尽困其子欤？抑其父固共其子之财者欤？"③

理财既不能取之于民，那就只能由封建国家直接从事农业生产以为

---

① 叶适：《水心别集》卷二，《财计》上。
② 《水心别集》卷二，《财计》上。
③ 《水心别集》卷二，《财计》上。

其财政的主要来源。这正是叶适所谓理财的基本方针,他建议不以税养兵而以田养兵就是从这一方针出发。可是他未察觉封建国家要直接从事农业生产以取得财政来源,既需要从地主手中取得大量土地,又需要众多的农民为其耕种。前者固可以购买方式取得,而为国家耕种土地的农民岂不变成终身的农奴。虽不取之于一般人民,而专取之于代国家耕种的农民,其取则一也。这种方式只有对地主阶级才是有利的,因为他们既可免去赋税,而卖给国家土地又可取回相应的代价。至于农民,不论是一般地主的剥削或由国家地主剥削,总是不免于忍受被剥削的痛苦。由此可知,在理财与聚敛这一问题上,叶适的观点只有批判把理财与聚敛混同这一点,才算有些意义。

二、反对以财政作为打击工商富人的手段

从战国中期起,抑兼并成为许多思想家所接受的口号已将近一千五百年,并具体体现为打击富人兼并的一系列财政措施。唯自八世纪之末起即出现了一种对此长期思想趋势表示怀疑的新观点。叶适继承了这一新观点,公开而坚定地反对把财政作为抑制兼并的工具。他认为王安石运用财政征课方式以"抑兼并"政策,是"计利太卑而求民太甚"。[①]反对抑制兼并的思想标志着传统财政观点的重要转变和一种新的时代要求。这不是他个人的主观臆造,而是新的经济条件的产物。

他不仅不同意从财政上打击富人,还把富人看作代替官府而"养民"并为封建财政所仰赖的不可或缺的社会力量。他说:[②]

"县官不幸而失养民之权,转归于富人,其积非一世也。小民之无田者假田于富人;得田而无以为耕,借资于富人;岁时有急,求于富人;其甚者庸作奴婢,归于富人;游手末作,俳优伎艺,传食于富人。而又上当官输,杂出无数,吏常有非

---

① 《水心别集》卷一,《进卷序发》。
② 《水心别集》卷二,《民事》下。

时之责无以应上命,常取具于富人。然则富人者,州县之本,上下之所赖也"。

他认为富人既承担着"为天子养小民,又供上用"的重责,虽"厚取赢以自封殖,计其勤劳亦略相当",即使"豪暴过甚、兼取无已",也只能加以"教戒",使其"自改",绝不能给以打击。这样鲜明而突出地为富人辩护并强调富人的社会作用的观点,必然反对以财政方式打击兼并的政策。

更需要指出的是我们在前面曾一再提及,自北宋以来所谓富民已不仅是指地主,还包括有为数众多的富裕工商业者在内,而后者却是当时真正的新生势力,是未来的新剥削阶级的前身。因此,同是一个为富人辩护的观点,如果像司马光之流那样专为官僚大地主集团的既得利益而辩护,那就是落后保守思想,如果像李觏、王安石和叶适等那样兼顾到工商富人的利益,就是为新生阶层而辩护的进步观点。叶适反对以财政手段来打击富人的观点,正是突出地体现在对待新兴工商富人的态度上。他认为自汉初以来,以"抑工商"相标榜的封建财政政策,往往是对富裕工商业者"夺之以自利,何名为抑"。在重本抑末思想占极大优势的历史条件下,一个封建士大夫公开否定抑末政策,的确是很大胆的。这种批判观点的产生,在商人资本和手工业迅速发展的情况下,自有其客观基础。与叶适同时并相友善的爱国主义思想家陈亮也认为商人致富对国家有利,如使"大商无巨万之藏",会使"国势日以困竭"。他反对王安石财政新法的理由之一也是不应该打击商人,"均输之法,唯恐商人之不折也"[①]。足见不同意以财政政策"抑末"的观点不是个别的,不过,叶适才是从理论上公开予以否定的人。

叶适甚至主张顺应时势,将向来认定应由国家独操的轻重散敛之权也容许富商大贾分享,并进一步主张在理财活动中发挥富商大贾的作用。如在处理江淮地区的军事防务问题上,他提议募江南的盐、茶、米业大商人出资招募农民屯垦江淮一带田地,按军队方式编组训练,无事

---

① 陈亮:《龙川集》卷一,《上孝宗皇帝书》。

为农，寇来为兵。应募富商按出资多寡予以官爵①。他以为这种办法既省军费，又有利战守，因盐、茶、米大商人的产业多在淮南，保边疆即保私产。不论他这种办法的现实性及其作用如何，他在理财思想上肯定和重视富商大贾的作用，是没有疑义的。因此，他的财政政策既不是完全放任，也不是严格干涉，而是一种折衷的政策。例如，对山泽财富的生产，他既不像前期儒家那样坚持要"与民共之"，也不同意管、商的国家垄断经营。他说："夫山泽之产，三代虽不以与民，而亦未尝禁民以自利"②，似乎是主张有条件地开放山泽。同样，对公共工程的经营方式，他也是一种折衷态度，主张有的应由国家经营，有的以私人经营为便。他认为道路、城郭、沟池等"如使官亦为之，则费而难给"，故可以由人民办理。兼采官营与民营两种经营方式并要求"民以为不能者，官自为之"的这一主张，总较一向完全置之不理或强迫人民共建者为稍胜一筹。

三、否定什一税为"中正之制"

"什一之税"的儒家响亮政治口号，秦、汉以后的思想家，即使是那些颂扬汉代所谓"三十而税一"或"十五而税一"的轻税的人，也未对它表示怀疑。叶适第一次反对这种观点，他指出：

> "儒者争言古税法必出于什一，又贡、助、彻之异，而其实不过什一。夫以司徒教养其民，起居衣食，待官而具；吉凶生死，无不与偕；则取之或不止于什一，固非为过也。后世刍狗百姓，不教不养，贫富忧乐茫然不知，直因其自有而遂取之，则止于什一而已不胜其过矣，亦岂得为'中正'哉？况合天下奉一君，地大税广，上无前代封建之烦，下无近世养兵之众，则虽二十而取一，可也，三十而取一，可也。岂得以孟

---

① 《水心别集》卷一十六，《后总》。
② 《水心别集》卷二，《国本》下。

子貉道之言为断耶!"①

在这段论述中,除他大胆地否定了什一之税的传统教条,指出其不是什么"中正"之制而外,还有些观点是值得注意的。首先,他指出古代税率可能较后世的税率为重,这已是对那些向往古代轻税的黄金美梦的人的抨击。其次,他坚持后世应采取低于"什一"的税制,这虽是毫无实际意义的建议,但他据以提出这一建议的论据却具有启蒙意义。一个是"直因其自有而遂取之",意味宣布对私有财产的征课为不当,更不应有超过"什一"的征课。这是公开为财产私有制度辩护的新兴观点。另一个是"合天下奉一君",意味对封建最高统治者的财政榨取特权的抗议。先秦以来,反对为封建领主聚敛者有之,如孔、孟;主张在妥善地整理财政的条件下最高统治者不妨奢侈自奉者也有之,如仲长统、王安石;甚至还有人从理论上为封建统治者的穷奢极欲生活辩护,如荀况;却从不曾有人提到最高统治者不能以"天下"自奉,认为抽"什一"之税也是过重的税率。这又是他的一个不平凡的新观点。叶适的这两个论据,到十七世纪前半期曾被一些当时的启蒙思想家作了进一步发挥,足见其影响的深远。

四、对量入为出原则的质疑及其他

(一) 对量入为出财政原则的进一步分析

过去主张量入为出者大都着重在说明不量入为出的弊害,很少有人对"入"本身作进一步考虑。他指出:"国家之体,当先论其入。所入或悖,足以殃民,则所出非经,其为蠹国,审矣。"② 收入来源如不合理,是对人民的横征暴敛。这样的收入愈多对人民的损害愈大。他又将收入的是否合理和支出的是否合理联系起来考虑,而不是只从数字上去

---

① 叶适:《习学记言序目》卷七,周礼条。
② 叶适:《水心文集》卷一,《上宁宗皇帝札子》,开禧二年。

看入与出的关系。他认为财政收入的来源如不合理,财政支出也会不合乎常规,急征横敛的收入愈多则奢侈浪费的支出也愈大,其结果是收入愈多愈是不敷开支,即所谓"财愈多而国愈贫"。这是对传统的量入为出原则本身的质疑,至于怎样判断"所入"是否合理,在这一问题上,叶适已离开量入为出的传统原则,事实上是从与之相对立的量出为入原则中去寻求理论依据了。正如他指出的:

> "今天下之财用,责于户部,户部急诸道,每道各急其州,州又自急其县,而县莫不皆急其民。天下之交相如急也,事势使然,……使天下之用诚有常数,而户部以天下之税当之而有余,则户部必不以困诸道,每道必不以困其州,而州县独何以自困其民耶?"①

这里所谓"使天下之用诚有常数",即是预先确定财政支出的"常数",然后根据这一正常支出额来决定相应的税收额。根据此观点,只要采取以支出"常数"来确定税收额度的办法,即可避免因盲目下达税收任务而产生的急敛困民弊端,亦即使"所入"趋于合理。这样来理解收入与支出之间的关系,实际上已超出"量入为出"的传统视野而将量出为入也引以为分析财政收支问题的重要原则。

(二) 坚持以农业征课为主的两税制

他从"财以多为累而至于竭"②的观点出发,主张废除两税制以外的苛捐杂税。他指出当时的沉重捐税有四患:经总制钱之患,折帛之患,和买之患和盐茶之患③。考虑到当时财政情况,他主张先减少经总制钱的征收,盐茶征课暂维持现状,但反对印发纸币"会子"以补财政之不足④。在他看来,如果国家支出有"常数",以夏秋两税之正常收入即当之而有余。问题在于以十分之八九的财政收入来养不能作战的

---

① 《水心文集》卷二,《财计》下。
② 《水心别集》卷十,《实谋》。
③ 《水心别集》卷十一,《经总制钱》二。
④ 《水心别集》卷十五,《应诏条奏六事》。

百万之兵和冗滥的官僚集团及其机构,故应"减兵费","治官之冗滥"。① 叶适在不少经济问题上都有其卓越或较实事求是的观点,但在这个问题上未能超出儒家农业单一税的窠臼却是因循而不切实际的。在宋、金统治阶级敌我相持的条件下,如何能减少兵费,不能减少兵费,即非专靠农业的两税收入所能敷用,何况他还要求须有财政积余以备水旱急难之用。

叶适财政议论最突出之处是他多次提到财愈多而愈不足这种奇特现象。产生这个现象的原因,他归咎于兵费多和官冗滥。但还有一个极重要的因素,即物价问题,他虽在分析货币问题时已经提到却未将它应用到财政分析上来。据他说,汉、唐的米价是每石约十钱,南宋初的米价平均每石约三四百钱,后来又平均增加十倍即每石三四千钱②,亦即较汉、唐增高三四百倍。以当时每年约八千余万缗的财政收入来说,其购买力不过相当于汉、唐的二十多万缗而已。他只看到封建财政以货币计算的收入较汉、唐增大了数倍,不知其购买力却降低了数百倍。所以,即使当时能做到减少兵员和裁汰冗官,仍不能根本解决财政问题。

此外,叶适赞成宋初的集中财权"遂强主威"的措施。但宋代封建财权高度集中后,在财务行政方面也产生了机构臃肿、运转不灵等弊症。因此,叶适又主张"用分画之法,稍以事权付托臣下"③,特别是采取分画办法大大节省军费开支。如驻守边塞的兵费可全部由当地供应;都邑的宿卫兵因部分系由当地居民充当,只有半数是招募的士兵,国家只需负担其一半费用;大将屯兵因其兵源悉从招募而来,故须由国家"全养之"。这样,由于不同类型的兵员分别因地制宜采取不同的军费供应方式,非均系由中央财政统一支拨,故"有百万之兵而不困于财矣"④。

尤其不能忽略的,是他的以田养兵计划。因为养兵费是当时国家财

---

① 《水心别集》卷九,《廷对》。
② 《水心别集》卷二,《财计》中。
③ 《水心文集》卷五,《纪纲》四。
④ 以上引文均见《水心文集》卷五,《兵总论》一。

政支出中"十分之九以供之而犹不足"的"天下之大蠹",① 要摆脱财政困难,首先必须解决养兵问题,于是他创为以田养兵之说。其办法是在各州购买近城三十里以内田地,亩数以每年收获足供当地军费为度。买田用官爵、度牒、官诰,不费国家一文现金。以他拟定的温州计划为例,其具体项目大约如下:按温州军兵员所需费用及管理仓库和行政人员费用折合共计需谷若干扛。即据此数以购买田地。买田按近城三十里内各乡各户田数收购半数。在计划中,兵员数具体到每一指挥;买田数具体到各乡各户;开支数具体到各级人员的应支给的谷米石数及其折价,各种农具小至扫帚、升、斗之类亦一一列出数目及其造价,可算历史上极少见的实施计划②。

这一计划本身在当时的现实意义与作用如何,不必考虑。我们感兴趣的是他的计划所体现的财政经济思想。以往主张屯田乃至实行以田养兵者甚多,大都以利用官荒土地或强夺民田等方式来从事军屯。叶适计划的特点是以购买方式取得土地,虽然用来购买土地的资金,系取之于出售不费官府一钱的度牒、官诰等,但这些在当时民间确是作为有价证券来买卖的。以购买方式取得土地,意味着不损害土地私有权利及地主阶级的利益。出卖部分土地的地主不仅可以收回一定的代价,还可以享受未出卖部分土地永免夏秋二税四分的优待,其他地主并可因此而免去军费负担。购买田地在州治近城三十里以内这一规定,其意义在于土地仍由原佃户耕种、(不是像以往的军屯系由兵士耕种),以保证正常的劳动生产率;同时,对农产品的管理与出售以及各种应用物品的购置均可充分利用商业城市的便利,体现了他对城市与商业的作用有足够的认识。这些认识与他建议募盐、茶巨商出资募集农民以充实淮南边防的支配思想是完全一致的。

叶适自称他的各项主张"虽与一世之论绝异,然其上考前世兴坏之变,接乎今日利害之实,未尝特立意见,创为新说也"③。事实上仅以财政思想而论,他已提出许多新的财政观点:如宣扬圣贤必须理财,

---

① 《水心别集》卷九,《廷对》。
② 《水心别集》卷十六,《后总》。
③ 《水心别集》卷十六末,《附记》。

反对以财政作为打击工商富人的工具,批判什一税口号,怀疑量入为出的原则等等。把前世的理论结合"今日利害"的实际来考虑,那就一定会"创为新说",这就是叶适在学术上,不仅在财政思想上,取得成绩的根本原因。

第六节
十二世纪到十三世纪初的财政思想

南宋时期的财政思想除以叶适为最突出者而外,一般思想家大多仍被传统财政教条所束缚而鲜能突破旧思想的藩篱,其中朱熹就是一个典型人物。然而这一时期在个别财政问题上也涌现出一些对后世较有影响的或颇值得称述的建议与意见,而以租税、会计和荒政等方面的财政观点较为引人注意。下面就分别予以分析。

一、林勋的田赋方案

林勋在他的《本政书》中,曾以恢复"古井田之制"为幌子,着重设计了一套似乎税率很轻而收入又很多的田赋征收制度,这一税制设计连当时的最高统治者也颇为嘉许,并得到朱熹、吕祖谦乃至于陈亮的称赞。宋以后还不时有人加以引证,可见它对当时及后世都有一定影响。其具体方案如下:

"假古井田之制,使一夫占田五十亩。其有羡田之家,毋得更市田。其无田与游惰末作者,皆驱之使为隶农,以耕田之羡者,而杂纽钱谷以为十一之税,……体正之制,每十六夫为一井。提封百里为三千四百井、率税米五万一千斛,钱万三千缗。每井赋二兵,马一匹,率为兵六千八百人,马三千四百匹。岁取五之一为上番之额,以给征役。无事又分为四番,以直官卫，以给守卫，是民三十五年而役乃一遍也。悉上则岁食米万九千余斛，钱三千六百余缗，无事则减四之三，皆以一同之租税供之。匹妇之贡，绢三尺，绵一两。百里之县，岁收绢四千余匹，绵三千四百斤；非蚕乡则布六尺、麻二两，所收视绢绵率倍之。行之十年，则民之口算，官之酒酤与凡茶、盐、香、矾之榷，皆可弛之与民。"①

这里作为"体正之制"基础的每十六夫为一井之所谓"井"，与以往井田制毫不相同，再从租税制角度看，也是掺杂着许多后代租税思想的混合物。首先，他放弃了劳役地租的剥削方式，采取实物地租与货币地租的结合形式。秦、汉以来主张井田制的人固然很少采取助耕"公田"的劳役地租形式，但一般都坚持以实物地租为唯一榨取方式，而林勋竟把货币地租也纳入他的井田征课方案之内，可算是前所未有的设想。其次，过去主张恢复井田者无不同时主张什一之税，林勋虽未明确否定什一税原则，就他所拟定的各种租税的剥削率看来，每亩所纳租米不到二升，所纳现金不到五文，根据当时的每亩单位面积产量和谷物价格核计，远远地低于什一税率。至于"匹妇之贡"也较两晋占田制要少得多，惟每井养马一匹似乎稍重一些。就上述各点看来，林勋确是利用古代的服装和语言来表达他对自己所处时代的问题的看法，因此，不能把他的租税方案看作是简单的复古。所以，他的方案能迷惑当时不少的人，并不是没有原因的。

但他对纳税人口的估算，显然忽视了现实的劳动力与土地配置的不平衡性，以他所据以为计算基础的桂林郡来看，他对那里的人地对比情况毫无了解。他仅从土地总面积出发，主观地估计桂林东西六百里，南北五百里，以古尺量之，理应有方百里之国四十。这样，照他的主观臆测，就应该垦田二百二十五万二千八百顷，而实际仅垦田约四十二万顷；应该有纳税田夫二百四十万八千，实际仅有丁二十一万六千六百十五；应该出米二十四万八千斛，实际只有税钱一万五千余缗，苗米五万二百斛有奇；应该养卿大夫四千人，兵三十万人，实际是州县官不满百

---

① 《宋史·林勋传》及《宋史·食货志上》。

员，官兵只有五千一百人①。总之，一切都和他的主观估计相差甚远。然而照他的主观推算，桂州一州有二百四十多万夫，即二百多万户约一千万人口。太平兴国时代，全国约有三百余州。而桂州算是人烟稀少之地，如每州人口都像他这样主观推算，则宋初人口早就超过三十亿了，岂非荒唐之至。同样，他的垦田数字也是过分夸大的。基于这些过分夸大的数字，所以他才可能拟定一个税率较低而收入特多的租税方案，林勋实际上是在那里做数学游戏罢了。既然如此，他所谓此租税方案行之十年后可取消一切人头税及国家专卖制的美妙许诺，都不过是自欺欺人的一纸空文。

二、郑伯谦论会计

郑伯谦在其所著《太平经国之书》中把《周礼》中的记载作为标准用以衡量过去各封建王朝施政成绩之优劣。他在涉足财政经济问题时，大都按照《周礼》标准依样画葫芦，缺乏现实意义。但单凭他以一个普通学者而写一本专谈财政经济问题的小册子问世，这在当时还是无先例的。

在财政问题上，他认为王安石虽尝引用《周礼》为其改革的依据，"而计利太卑，求民太甚"②。这显然是一种偏见。他还提出了一个与王安石完全相反的财政观点。王安石要求理天下之财，既要理财之出，更重要的是理财之人。而郑伯谦的主张是："周礼之理财，理其出而已矣，非理其入也；理国之财而已矣，非理天下之财也"③。因为人民的物质经济生活既能自己安排，不需要政府为之代谋，故应考虑的自然主要是财政支出问题。

最值得注意的观点，是他特别强调政府会计的作用，主张扩大会计

---

① 以上资料均见林勋的《比较书》，（《宋史》本传载）。
② 郑伯谦：《太平经国之书序》。
③ 《太平经国之书》卷十，《理财》。

的监督范围,"不独考其国之财,亦将以并考天下之财"①。这里所谓"国之财"意味着国家中央财政部门的收支,"天下之财"意指全国的一切有关财务事项。

他提出了两个有关会计的原则:第一,"出纳移用"之权(指主管财务行政官吏的职能)与"纠察钩考"之责(指主管会计官吏的职能),要分别由不同官司掌管,若由同一官司兼管,"不惟不免于奸欺,而内外之参差不齐,出入之变错差舛,簿书会计之繁多委轧,亦必将有以敝其精神而昏其思虑焉"②。故出纳之官与会计之官的分离,不但可以防止弊端,还能提高工作效率。他甚至主张将司会与司书(掌理簿书图籍的)之官也区分开来,以表示其"防闲之周密而视听之详多"。这一原则从近代会计监督制度看来,也是很正确而必要的。第二,他主张要提高会计官司的权位,以便能充分执行其"纠察钩考"的职务。如《周礼》听载太府以下大夫为之长,而司会反以中大夫为之长,司会之权反重于太府。他对这一规定的解释是:"以会计之官稽掌财用财之吏,苟其权不足以相检括,而为太府者反得以势临之,则将听命之不暇,而何敢以究卤莽而察奸欺,卤莽奸欺无所忌,则沉匿掩蔽之弊生而匮乏枵虚之患至,暴征横敛之原,必自是而启矣"③。把提高会计官司的权位不仅视作杜绝贪污舞弊的手段,并看作防止暴征横敛的办法。当然他不懂得如能严格执行会计制度,掌管会计的官吏不一定非有很高的职位不可。这一原则是不够全面的。

由于他将会计的作用看得如此重要,故认为汉初六十余年的财政积累不到三年即消耗殆尽,都是取消了主计之官不重视会计的结果。自唐代后期开始编制《元和国计录》以来,北宋丁谓因之为《景德会计录》,其后林特作于祥符,田况作于皇贴,蔡襄作于治平,韩绛作于熙宁,苏辙作元祐④,多为各代封建财政收支实数的记录,殊无理论原则性的阐述。郑伯谦虽系注释《周礼》中的会计规定,其论述亦不算全

---

① 《太平经国之书》卷十二,《会计》下。
② 《太平经国之书》卷十,《理财》。
③ 《太平经国之书》卷十一。《会计》上。
④ 《宋史.食货志下·会计》。

面，却是从理论上阐述会计的原则与作用，他提出的两条原则不论在当时曾否实行，其初意不外乎是要求会计独立。这在现代会计制度中也还是需要大力贯彻的原则。

南宋时期重视国家"会计"制度者，非止郑伯谦一人，而是当时财政论述中经常涉及的重要内容之一。例如绍兴时的侍御史张绚即指出掌握国家之财用，必得节制之法，而"节财之要，必资会计之书"。只有建立起正常的会计制度，对于国家财政收支才能做到"察其登耗，量其多寡，参酌损益，因时制宜，故用度有常而民力不困"。因此，他极力主张效法北宋成例由国家编制会计录。在他看来，编制会计录的"本意"就在于："括岁入之厚薄，计岁出之多寡，分其品目，别其名色，总贯旁通，增益邦赋"，并主张将会计事务列为"今日之先务"。他还建议使编制会计录的工作制度化，每四年编制一次，其具体编制方法是："以每岁所入之数，列之于前，却以今岁计之，除预借已支费外总计见今岁入实有之数，合计若干。复以日下至岁终，凡官吏之费，养兵之数，得应用钱物，通计若干"，如此才能贯彻"量入为出"原则；对于各项财政开支实行"绝长补短"后，即可以"制裁损之"，最后达到"国用有节"的目的①。由此可见，张绚已将编制会计录视为处理国家各项财政事务的首要工作，并对国家会计职能及其主要业务范围，作出了原则性的阐述。

在会计制度的执行方面，南宋时也出现了各种意见。如在乾道时，先是知秀州孙大雅建议仿效汉制上计之法。随后监察御史张敦实、刘贡等人亦要求"一县必有一县之计，一郡必有一郡之计，天下必有天下之计。天下之计，总郡县而岁考焉"。但他们认为南宋户部掌天下之财计，虽"有上限中限末限之格法，有月催旬催五日一催之期会"，而年终户部的会计核算项目不包括诸郡诸色科目，"独以常平收支、户口租税造册进呈"，故不如两汉上计之法所涉及的范围为广泛和完备。可是，如照汉代上计制而求其会计条目包罗完备，则又不免于因账籍烦多而产生"文具之弊"；且东汉上计止于属郡之内进行，未如南宋初系由

---

① 以上引文均见《古今图书集成·食货典》第二百四十五卷引《玉海》高宗绍兴五年条。

第十一章 两宋财政思想

中央户部统一掌理各地会计事务,故在疆土广袤的条件下将各地账籍汇总于中央,难以保证其"如期毕至"。因此,他们提议:"莫若岁终令户部尽取天下州郡一岁之计,已足未足,亏少亏多之数,并皆造册,正月进呈,兼采汉初之制,丞相选差一人,考核户部所上计而明州郡之殿最"。其实,这一提议只是将原来提交户部审查的烦多会计条目压缩为仅核查"已足未足,亏少亏多之数"。并未解决各地如何编造会计账籍以及远地账籍难以及时呈报中央的问题。所以当张敦实等人的奏议交由户部措置时,户部再次提出诸路州军地理位置远近不一。"切虑次年正月未能尽实申到"的问题,唯恐等候"取会齐足攒造"将拖延时日。最后,户部提出的意见是:"今欲立式,遍下诸路州军,各以本州每岁应干合发上供窠名钱帛粮斛数目,置籍照条限钩考发纳。岁终开具造册,须管次年正月了毕,诣阙投进泽付户部参考。"① 这里所谓"立式",无非是规定地方政府财政支出必须遵守的准则,以后凡诸路州军所需钱帛谷物开支,均应"置籍照条限钩考发纳",由此既可避免前述会计"文具之弊",又于岁终开具造册时因程序简化而可及时汇总各地会计账目。实际上,这一对各地方政府财政开支的原则性规定,也是唐代李林甫所创议的长行旨条之翻版。但从这一时期对会计问题的重视程度以及考虑问题的精深水平来看,显然又比唐代乃至于北宋时期前进了一步。

三、朱熹的均税思想

朱熹(公元1130—1200年)对于封建财政问题并未提出什么新的见解,但以他的客观唯心主义理学体系,在后世儒者心目中享有极崇高地位,故其财政思想也不能不对后世产生一定影响。朱熹强调唯心的"天理人欲"之说,把人们的经济生活乃至于封建国家的财政经济措施

---

① 以上引文均见《古今图书集成·食货典》第二百四十五卷引《文献通考》孝宗乾道二年条。

的好坏都归结为人们一念之差,这就阻碍了他对社会物质经济生活给予足够的通盘考虑,因而对现实的重大财政经济问题只能提出若干头痛医头、脚痛医脚的办法,如办赈济、建社仓和划经界均税而已。此外,关于酒、盐、和买、差役、屯田、漕运、经总制钱等财政问题,虽也有所论列,大都就一州一县的具体情况提出一些点滴补缀办法,缺乏较全面的考虑。

在他的政治生活中较繁忙的理财活动是办理赈济。他的救荒办法主要是乞求封建最高统治者拨发不费一钱的度牒与楮币以及劝募富户捐献,作为赈济费用①。总之是不使统治者有所花费而取得关心饥民的美名。饥民所应缴的夏秋二税,他也只主张暂缓催收而不请求豁免,可见他对封建政权的剥削收入的维护,无微不至。关于拨发纸币以救荒问题,他认为再增发多少"官会"都能与现钱等价使用,"未遽有害于流通"②,也反映了他对于纸币流通的糊涂看法。那时已有不少人对会子的膨胀发出警告,甚至连封建政权也不惜拿几百万两内库银予以收兑,而朱熹还以为多发无损于流通,足见他对纸币流通问题一窍不通。

社仓也是朱熹极力倡导的"善政"。这不过是吸收民间经验,由人民自行筹集粮食自行管理以备荒歉的自救办法。他大肆宣扬社仓制度并详细订立条规以为示范③。当时已有人指出所谓自行管理只不过是给农村豪猾增加一种侵渔贪污的机会,对贫困农民并无多大实际利益。这又是一种不要封建国家支付分文的救济办法。由于他的道学体系日益取得权威地位,甚至有人发现社仓弊端也不敢更改条规,说这是"朱子之法",这就是他的"善政"的实际后果。

在租税征课问题上,他把增加租税收入视为"聚敛"之事,将处理租税问题的重点放在均税上。其实现均税的主要途径就是所谓正经界。

"正经界"之说最早导源于孟轲的井田论,自始就与解决"井地不

---

① 朱熹《朱文公文集》卷十六,《乞借拨官会给降度牒及推赏献助人状》。
② 《朱文公文集》卷十七,《乞降给官会等事仍将山阴等县下户夏税秋苗丁钱并行住催状》。
③ 《朱文公文集》卷九九,《社仓事目·劝立社仓榜》。

第十一章 两宋财政思想

均"问题联系在一起①。故汉、唐谈井田问题者无不以如何分配土地给农民为主,很少触及经界与均税的关系问题,大抵到唐中叶以后,由于封建土地所有制已根深蒂固,土地平均分配之理想更远离于现实,而赋役不均问题却日益严重,故正经界对于均税的作用逐渐引起人们的重视。如柳宗元即主张"定经界、核名实、均征赋"。持这一观点者在北宋时更多,而至南宋初始有人将经界不正对于均税的影响作了较为系统的归纳。如绍兴对的李椿年曾首先提出"经界不正十害",大多涉及租税问题。他指出的十害是:

> "一、侵耕失税;二、推割不行;三、衙门及坊场户虚供抵当;四、乡司走弄税名;五、诡名寄产;六、兵火后税籍不实,争讼日起;七、倚阁不实;八、州县隐赋多,公私俱困;九、豪猾户自陈诡籍不实;十、逃田税偏重,无人肯售。经界正,则害可转为利"②。

这些情况,与王安石推行方田均税法的理由大致相同。李椿年建议正经界的基本精神是力求改变"有田者未必有税,有税者未必有田"的状况。换言之,是利用正经界的手段来达到"均税"从而保持封建财政税收不受损害的目的。这与北宋方田均税法的主要财政目的也是基本一致的,只不过李椿年借用了正经界的古老名词,在土地丈量技术上有繁简之别。

朱熹对于经界问题的理解,也是因袭前人以均税为其主要目的,只是特别地加以强调而已。他认为"经界一事,最为民间莫大之利"③。他指出的"版籍不正,田税不均"之弊④,多系因袭以往陈说,既不算全面,更谈不上新颖。他的经界论之所以值得一提,不在于它本身有什么特殊的见解,在于它经过朱熹的宣扬后即被认为是一种处理封建租税问题的指导财政思想而为后来的儒者所乐道。

---

① 《孟子·梁惠王上》。
② 《通考·田赋》五。
③ 《朱文公文集》卷十九,《条奏经界状》。
④ 《朱文公文集》卷二十一,《经界申诸司状》。

一般地说，自封建地主土地占有形式存在之日起，正经界早已成为确定土地私有权利的必要前提。惟自两宋时代始，封建思想家谈论经界问题的侧重点，更多的不是为了解决土地问题本身，而是借此以达到某种财政上的目的。因此，这一时期的思想家分析经界不正的弊害，大都提到"产去税存"，或"有田者未必有税"、"富者有业而无税"一类现象。一方面，对于被兼并的土地小私有农民，尤其是那些没落的中小地主来说，"产去税存"成为他们的严重威胁，形成亟待处理的尖锐矛盾。另一方面，"有田者未必有税"或"富者有业而无税"现象的存在，也会导致封建财政收入上的严重困难，故财政亏损自然也是要求正经界的重要原因之一。从这个意义上看，朱熹说："此法之行，其利在于官府细民，而豪家大姓猾吏奸民，皆所不便"①，确有一定道理。但由此亦表明，所谓经界不过是通过土地丈量使大地主们不便于漏税而已。这最多只能使中小地主减少一些赋税负担，与农民的土地要求毫不相干。这也反映了封建前期的土地思想在宋以后逐渐蜕化为单纯的均税要求的思想演变趋势。

四、董煟的救荒活民策

自先秦以来曾先后出现过各种各样的救荒措施和议论，除《周礼》的"荒政十二"之绝大部分为古老的行政措施已失去现实意义而外，其他均系仅适用于一定地点或时期的个别办法，别无有关救荒原则的系统探讨之出现。十二世纪后半期董煟的《救荒活民书》首次为后代救荒问题的探讨开创了一个先例。正因为这个原因，他的救荒论著是值得一提的。

《救荒活民书》分为三部分。其中第一部分宋代以前的救荒议论与措施的历史叙述，以及第三部分宋代学者的救荒议论选录，我们不必再加以研究。第二部分专谈他自己的"救荒之策"。他列举了二十种救荒

---

① 《朱文公文集》卷十九，《条奏经界状》。

第十一章 两宋财政思想

措施,指出较重要的为常平、义仓、劝分、禁遏籴、不抑价等五种。其余如检旱、减租、贷种、遣使、弛禁、鬻爵、度僧、优农、治盗、捕蝗、和籴、存恤流民、劝种二麦、通融有无、借贷内库等十五种可以根据具体情况采用①。

关于常平,他提出几点:一是须按李悝办法视年岁丰歉逐年籴粜,既发挥救荒作用,也可不使储粮腐坏;二是宁按比市价高一、二文收购以鼓励人们出售粮食,决不能按不合实际的官定低价收买;三是凶荒州县宜运用常平本钱向丰熟州县采购粮食转售与饥民,以归还籴本,不能墨守常平本钱"不许移用"成规,并须及时办理,不能坐待上级批示;四是救济须遍及乡村,运脚费可每升增一文,以资补偿。

关于义仓,他指出:一须散贮民间,不能聚于州县城市,以"使乡村山谷农民均能沾其实惠;二是义仓一向以米赈济,此宜行于大荒年份。如荒歉不甚严重,米斛尚有流通,物价不踊,则以支钱为最省便,或是钱米兼支亦可。

关于劝分,他认为民户有米,得价粜钱,何待官司之劝,但以办理不善反使富户有米不敢出售,加重粮食紧张情况。他说:"人之常情,劝之出米,则愈不出,惟以不劝劝之,则米自出"。所谓以不劝劝之,是劝地主富商出本钱,交由官府往丰熟地购粮运回本地售与饥民后,归还其本钱。如富人不愿出钱而愿自己出售粮食则听其自便,只要官不抑价,利之所在,自会争先恐后地出售粮食。这就是所谓不劝出米而米自出。

关于禁遏籴,他着重批判那种怕粮食出境过多致使当地粮食紧张的狭隘观点。他指出,天下一家,各地或有丰荒,邻郡以吾境内丰稔而来告籴,义所当恤;且循环籴贩,非惟可活吾境之民,亦可活邻境之饥民。如果此间之米不许出境,他处之米亦不能入境,一遇饥馑,即环视壁立,无告籴之所,至于粮食小贩在凶荒时期亦不应禁止。如以柴炭草木换取粮食者还应免纳脚力税钱。

最后,关于不抑价,他首先是反对官定粮价,因为凶荒年份的官定

---

① 《救荒活民书》卷二。本节引文均见此书卷二。

粮价总是偏低的。他说，官抑米价，则客米不来。若他处价贵，此间之价独低，则谁肯兴贩。兴贩不至，境内乏食，上户的积米愈不敢出，结果是饥民有钱无告籴之所。惟有不抑价，不仅外地粮食大量流入，而本地上户存粮亦争先出售，而米价自低矣。

在其余十五项救荒办法中，也有不少他自己的独立见解，惟无必要一一叙述。

董煟的救荒思想有两个值得指出的重要特点。首先是他的全面性。他所提到的二十种救荒措施，虽然都是前人先后实行过的老办法，但董煟能综合而系统地加以阐述，并指出各种措施可能产生的流弊及其改善方法，这样就使他对救荒政策的研究成为较完备的学术论著，而不是点滴的救荒措施的记录，并为后世开创了讨论救荒政策的先例。其次，他的救荒政策是以利用市场价格的自发活动为其总的指导思想。这一点也是极为独特的。以往谈救荒多侧重于放粮赈济。当然有时也曾利用粮食价格的自发活动以解决凶荒地区的粮食紧张问题，但这是作为补充办法来应用。董煟就不是这样。以他所论述的五种重要救荒方式来说，几乎每一种都浸透着依靠市场的自发活动来解决问题的原则。至于其他的十五种次要措施中，也有不少是利用市场价格活动来解决问题。如和籴强调须按市场价格进行，"宁每升高于时价一、二文，以诱其来"；又如"通融有无"是"劝人籴贩，劝商贾率钱贩米归乡"，也是利用粮食商品在市场价格指导下的自由流通，以为救荒的手段。在他所列举的救荒史料中，对那些不限米价，甚至有意提高米价以抬徕米商的做法也极为称赞。这些都说明在他的救荒政策中，除了某些绝对不能和市场价格联系起来的措施外，大凡可能利用市场价格自发活动的场合，莫不充分地予以利用。换言之，他的原则是充分利用地主阶级尤其是富商大贾的牟利动机作为他达到救荒目的的主要手段。这是他的救荒思想与《周礼》的救荒政策迥然不同之处。这一特点的客观基础，是当时商品经济的巨大发展，粮食的商品化程度不断提高，故可能在作为封建财政活动的重要内容之一的救荒政策上，也出现以有利于谷商的市场价格活动为指导方针的思想。

第十一章 两宋财政思想

五、其他南宋财政思想

南宋时期除了以上所述财政思想颇具代表性而外，还有其他一些财政观点也不乏其特点。这里介绍的就是其中几个例证。

首先是刘克庄的摧抑兼并之理财观点。宝祐耐的刘克庄在因袭以往把财政作为摧抑兼并的工具的基础上有所修正。他强调理财的打击对象只能放在"富商巨贾"和"豪家大姓"身上，而不得涉及"逐什一"、"营升斗"的中小地主阶层尤其是中小商人。在封建理财问题上，明确地将富商豪家与贩夫贩妇或细民区分开来并积极为中小富人地主呼吁者，当以刘克庄为较典型。他一边呼吁封建政府在其理财活动中应保护中小地主和商人的利益；一边又不要使封建财政受到损失。因此，他设想出一种很别致的办法，主张采用和籴方式以抑兼并，"与其籴于中下之户，孰若籴于富贵之家"。其办法是将富贵之家的地产粮食，令所在郡县官府"各按版籍十籴其七，若旁郡邻县之侨产则全籴焉"，并规定此和籴采取类似于赊物方式而暂不偿付其等值，待"十年之外，国用少舒，则给其值"①。以和籴方式来摧抑兼并是当时绝无仅有的财政观点。尽管这一观点缺乏任何实际意义，但它毕竟是封建商品经济的发展与传统的摧抑兼并思想相结合的产物，反映了在地主经济后期，封建统治集团的财政指导思想也日益重视市场经营方式的发展总趋势。

其次是反"垄断"思想之发展。宋代的国家盐利原来主要依靠正盐收入，其余浮盐则由锅户鬻之商贩任其自由买卖，及至端平之初，由于朝廷"不欲使浮盐之利散而归之于下"，于是分置十局，以收买浮盐。后因盐钞之法屡变，正盐收入比较往昔常有亏额，于是封建政府无暇顾及浮盐之事而停止收买。这样就使封建官僚得以乘机收买浮盐，"龙断而笼其利"②。因此，宝祐时有朱熠提出仍遵循端平之旧式，由国

---

① 刘克庄：《后村大全集》卷五一，《备对札子》（端平元年即1234年）。
② 《古今图书集成·食货典》第二百二卷录引朱熠语。

家收买浮盐以专取利。他的建议只是盐法实行过程中的具体措施之变动，无足轻重，但有两点值得注意：一是"垄断"一词最初由孟轲提出时，系指商人在市场上"必求龙断而登之"①的具体行为而言，非如朱熹之所谓"龙断而笼其利"，已是完全从抽象的意义上去泛指一切垄断活动。这一理解显然更符合于近代所谓垄断之涵义。二是孟轲指出商人垄断现象，只是为了证明商税之产生系由打击垄断而起。朱熹正好相反，他主张封建国家运用提高盐价以收买浮盐的纯粹经济方式，去反对私人垄断活动。自《管子》作者以后，明确提出封建国家须以经济手段来反对私人"垄断"活动者，则以朱熹为较突出之一人。

再次为财政收支平衡概念。南宋时封建政权偏安江左，为了应付日益庞大的财政开支，在正常赋税制度之外，又推行了一系列杂税与苛敛措施，由此产生了一个重要问题，就是如何在量入为出原则下，实现封建财政收支的平衡。围绕着这一问题，当时曾出现了各种主张和建议。兹以曹彦约和李鸣复二人的观点为例叙述如下：

宁宗时曹彦约曾指出："用财之处比前日为多"，"生财之道（指增发楮币、度牒之类）比前日为广"，"取财之道比前日为苛"，②而人民的贫困已达于极点，不可以再行增赋。因此，他认为财政收支的平衡，只能把重点放在财政支出方面。他有一个与传统财政训条不甚相同的观点，即不宣扬节用一类的陈词滥调，而是十分强调各项经费开支的固定与不可挪用，"截然条目不可移易"。在他看来，只要遵循这一原则，则"朝廷调发虽费若河海，而州县常赋无窘迫之态，百姓安业无怨怼之患"。其具体办法是将各项财政开支严格控制在作为"定制"的"常数"或"常用"范围内，"以官兵之常数责州郡，而不责以非时之须；以岁时之常用责诸司，而不责以不测之费"。曹彦约除了要求禁止超出"常数"或"常用"的"非时之须"与"不测之费"而外，对于正常额度内的开支，也要求"当支拨者速与支拨，不许无故滞留"。北宋以来许多谈论财政支出须先确立常数定额问题的人，一般均着眼于减省财

---

① 《孟子·公孙丑下》。
② 以下有关曹彦约观点的引文均见《古今图书集成·食货典》卷二百四十五，《国用部·宋》，"宁宋时"条。

政冗费。而曹彦约则主张在减省冗费之同时,又强调常数支出定额必须全数"速与支拨",而根据支出常数所确定的收入额,既不能超出,亦不必留有余额,以保持收支的平衡。

稍后,在端平初,又有李鸣复发出"人主不得越制过取,有司不得违制擅支"的呼吁①。他对财政收支关系的理解,与曹彦约稍有不同。曹氏因认定"天下之财"不敷"天下之用",故将解决财用之弊的期望,寄托在确立财政支出的常额"定制"之上。也就是先从确定必要的支出数额入手,然后再决定相应的收入份额。李鸣复则不然,他无论在原则上还是具体做法上均坚持以收入来决定支出,并在这一基础上实现财政收支的平衡即他所谓"制"。在他看来,维护还是破坏收支平衡,不仅影响财政本身,还直接关系到人民生活与国家安危。将收支平衡问题提到这样的高度,确系不多见的观点。但是,不论是曹彦约还是李鸣复,对财政收支平衡的议论均说不上有什么理论意义。我们不惜在这里稍加论列,主要为了表明在中国财政思想发展的历史上曾有人注意到此问题而已。

---

① 《古今图书集成·食货典》卷二四六,《国用部》六,《宋》四,理宗端平元年条。

第十二章

元代财政思想

蒙古贵族征服中原后,终于采纳"汉法"而逐步推行一些适合于被征服的较文明地区情况的财政政策与措施。从财政角度考察,这一时期具有两个显著特点:一是重商思想大举渗入财政领域;二是统治者大力宣扬并具体设计以不兑换纸币作为财政支付的主要工具。

元代统治阶级尚保存着游牧民族常有的商业精神和发展商业资本的特征。无怪它在处理财政事务上较中国以往各封建王朝都更为重视商业原则。不少商人如阿合马、桑哥及卢世荣,均先后掌管财政经济大权。扑买制,即由商人承包国家税课的制度——在元代盛行,尤为引人注目。扑买又称买扑,早在唐僖宗时,已有"民户买扑"[①]之记载,惟系偶尔为之。宋初因临时聚散的墟市或草市交易规模小,商税为数甚微,无须设置专门机构征收商税,故太祖时曾"令买扑坊务者收抵当"[②],即采取由商人包税的办法。此法规定承包商人须以其家资作抵押或请富户担保;先按定额向官府交纳一年商税钱,以取得在税场自行收税的权利;逐年按额交纳,每届为期五年;届满未能如数完纳者,所有亏欠由承包人或保人抵偿。这已是颇具条理的商人包税制度、故一般人均认定"买扑"之制始见于此。到太宗淳化时又陆续举办"买扑酬奖之法":

---

① 《宝庆四明志》第十四,奉化县条。
② 《通考》卷十九,《征榷考》六,《杂征敛》,"开宝三年"条。

第十二章 元代财政思想

"买扑之利,归于大户;酬奖之利,归于役人。州县坐取其赢,以佐经费,以其剩数上供"①。此后买扑之制时行时辍,至南宋时仍常有所闻。总之,宋代实行扑买制,主要限于交易规模较小而年税额约在一千贯以下的乡村市集。

元王朝则将扑买制推广到全国各类税种,并且不限其税额。如太宗时即有西域贾人奥都拉合蛮以银四万四千锭扑买中原银课,得到许可。此外盐课、酒课以至于官府公共工程设施和民间桥梁渡口,均听人扑买。将国家财政税收大量交由商人承包的事实及其所反映的思想,如出现在元王朝以前或以后的一个较长历史时期,将被看做不可思议的、荒谬的。由此足以表明当时财政领域内重商气氛曾一度弥漫,使传统的轻商观点暂时退居次要地位。

在财政支付手段方面,元王朝建立后即将财政支付手段由以往的以铜钱为主改为以白银为主。元代财政以白银作为支付手段的现象十分普遍,除了赋税征收、扑买税课、政府赏罚等用银外,还创设了包银这一专门对汉民户征收的新赋税项目,而田赋征银亦始于元代。另外,元王朝在首次发行不兑换纸币,这对于当时国家财政的影响更大。宋代的楮币虽然事实上常不能兑现,而原则上始终是一种兑换纸币,只是在楮币有所壅塞时,才在财政缴纳上允许"钱会中半"或三、七搭成②,但坚决反对全部以会子交税③。这种主张财政缴纳多收现钱少收会子的观点,正表明宋代封建统治者要把连自己也不甚信任的"符号"强制地塞入流通,只愿其出而不愿其入。他们不懂得楮币如能稳定而畅通地行使,国库多藏楮币,与铜钱无异。至于宋代规定商人往来贸易使用会子者"一为免税"④,或商人持有交子达千万缗者,"无关津稽征之患"⑤,亦不过是在交、会纸币发生贬值时借用租税手段以促使其流通的临时救济措施,非长远之计。

---

① 《通考》卷十九,《征榷考》六,"开宝三年"条。
② 《续通考》卷七载袁说友、袁燮语。
③ 袁甫:《蒙斋集》卷七,《论会子札子》。
④ 吴泳:《鹤林集》卷十五,《乾淳讲论会子五事》引淳熙二年龚良茂奏。
⑤ 林马同:《源流至论续集》四,《楮币之部》。

413

对纸币这种极便利的剥削工具，蒙古贵族统治者极容易地就继承下来，并充分地予以利用。元代在统一全中国以前，即规定举凡酒、醋、盐、铁、门摊等税课，均得以钞币缴纳。中统初行中统交钞，也强调"诸路通行，税赋并听收受"①。稍后又规定"诸路包银以钞输纳"，而丝料税课在非产丝之地，"亦听以钞输入"。到至元十七年（公元1280年），更有中书省臣建议"凡赏赐宜多给币帛，课税宜多收钞"②，将以往用白银或实物本色缴纳的赋税，全部改为以钞币交纳。最具有代表性的是元代在消灭南宋政权后不久，即于公元1287年根据叶李的建议正式发行了不兑换纸币。关于叶李的钞币条划在纸币思想上所取得的独特成就，不属于本书的研究范围③。仅从财政思想上考察，这一条划中关于民间以新钞或旧钞交纳包银、茶酒醋税以及完纳竹货、丹粉等征课，或以新旧钞购买盐引和偿付官府债务的规定，均表明条划设计人的思想已超出传统的财政缴纳搭成的局限，完全从一个新的水平去考虑纸币在财政支付中的地位与作用。元王朝在接受纸币这种剥削工具并大肆推行的同时，也吸取了南宋会子膨胀尤其是金人交钞膨胀的惨痛教训，故对纸币发行一开始就采取较稳健的政策。只是纸币一经剥削阶级用作财政榨取的工具，注定不免于最后的恶性膨胀。因此，围绕着纸币充作财政支付的主要工具，引起了人们的广泛注意和讨论。

以上两点是元代财政思想的主要特点。此外，元代也还有其他一些财政思想值得我们注意，以下将逐一加以论述。

---

① 《元史·王文统传》。
② 以上引文见《元史·世祖本纪》。
③ 关于叶李的钞币条划参见《元史·食货志》七，《钞法》。

第十二章 元代财政思想

第一节
耶律楚材、卢世荣与元初其他人的财政思想

一、元初理财家耶律楚材的财政思想

耶律楚材（公元1190—1244年）在中国财政思想史上的地位，不在于他发现了什么新的理论原则或创设了某种对后世具有指导意义的财政措施，而在于他在"征服者"的统治与被他们"所征服的民族的较高文明"发生冲突时，能顺应"历史规律"①而接受对于征服者来说是先进的封建财政思想，首次为蒙古贵族统治者建立起一套封建财政税收制度。他在元初理财活动中所提出的财政政策及其所体现的财政思想，大致有以下几个方面：

第一，主张改变落后的掠夺方式，将取得财政收入的办法纳入正常赋税制度的轨道。元太祖时，蒙古民族仍处于原始的游牧生活阶段。其贵族统治阶级对于财富的获取主要依靠军事掠夺方式，而财富的分配亦极为简单，尚不存在也不可能存在严格意义上的财政赋税制度与机构，故可"屯数万之师，不赍粮饷。凡攻战俘掠所得，战毕均分，以上下为多寡，其居守幕帐不临戎者亦预分数"②。然而当元统治者控制中原地区后，这一落后的掠夺方式便与被征服地区"较高的经济情况"发生严重矛盾。于是在太宗元年（公元1229年）围绕着采取何种财政榨取方式更为有利的问题，产生了歧见。一种意见，认为"汉人无补于

---

① 马克思：《不列颠在印度统治的未来结果》，《马克思恩格斯全集》第9卷，人民出版社1961年版，第247页。
② 魏源：《元史新编·太祖纪》。

国",主张"悉空其人以为牧地"①。这显然是一种坚持落后的而排斥先进的生产方式的愚昧主张。另一种意见以耶律楚材为代表,他针对前者鼓吹汉人"无所用,不若尽去之"的荒谬论调,反驳说:"夫天下之广,四海之富,何求而不得!但不为耳,何名无用哉"②?接着他具体列举了地税、商税以及酒、醋、盐、铁、山泽之利,指出向汉人征取以上税赋,每年可得银五十万两,帛八万匹,粟四十万石。这是呼吁蒙古统治者在财政上建立一套比较固定而正常的赋税制度。太宗采纳了这一意见,第二年即根据耶律楚材的建议创立了十路课税所,并委派汉人充任各路征收课税使③。这是元代历史上首次设置专掌税收之机构与官吏。此后太宗以耶律楚材处理财政税收事务成效显著,又授予中书省印,俾领其事,这也是元代设置中书省以兼掌财政大权之始。

耶律楚材在创设赋税制度的同时,还坚决制止过去遗留下来的任意"取货财、兼土田"的野蛮掠夺行为,奏请严禁州郡长官擅自向民间征发财物,违者定以死罪④,借以保证赋税制度的正常执行。

第二,坚持中央财政权力的集中与统一。耶律楚材主持建立课税制度并由朝廷统一委派官吏征收捐税,这些均表明元代中央财政权力的确立。为了巩固这一权力,他又对当时统治者拟割裂诸州县作为"汤沐邑"以分赐诸王贵族的设想,提出非议。认为这样会"尾大不掉,易以生隙",不如多赐与诸王贵族金帛而不实行领地分封制度。在封赐方式实行后,他又建议封地内的州县官吏应由朝廷直接任命,实行全国统一的赋税制度,除规定的常赋外,不许诸王贵族"擅自征敛"。他推行的税制本身,均系沿用中原前代陈规,无甚新奇之处。他的基本精神是在朝廷严格控制征税权力的前提下,只许封地贵族从国家统一征收的赋税总额中分得部分好处,而不给他们以实际的征税权力,从而坚持了中央财政权力的集中与统一。

为了改变当时各路官长总领军民钱谷,因而权力过重局面,他又奏

---

① 《元史·耶律楚材传》。
② 宋子贞:《耶律楚材神道碑》,见《元文类》卷五十七。
③ 见《元史·太宗本纪》及《耶律楚材神道碑》。
④ 《元史·耶律楚材传》。

请以长吏专理民事,万户府总揽军政,课税所掌管钱谷。三者分治,"各不相摄"。由此也限制了蒙古贵族对于统一财政权力的侵蚀。此外,他还两次检括被蒙古贵族掠取和隐匿的"居天下之半"的户口,使不致影响国家财政①。这也是当时条件下加强中央财政权力的必要措施之一。

第三,保护税源与平均负担思想。他坚决反对任意课征的直接目的,在于纠正落后的掠夺方式,以建立正常的课税制度。而其论点都是以中原传统的保护税源思想为依据。他指出,中原地区是"财赋所出"之地,应"存恤其民",故对州县之官"非奉上令敢擅行科差者",必须严加惩罚。这种"存恤其民"以培养税源的观点,又体现在他反对"以丁为户"的问题上。太宗六年曾在课征对象问题上发生过一场争论,当时朝臣多主张在被征服的中原地区抛弃其亡国之政而采行元王朝及西域诸国之成法,对人民实行"以丁为户"的征课方式。对此,耶律楚材独持异议,断言如果实行"以丁为户",势必引起"丁逃则赋无从出"②的后果。蒙古贵族们主张"以丁为户"的实质在于将以户为课税单位的中原旧制改以丁为课税单位。这无疑是要加重中原人民的租税负担。耶律楚材认为这样做必然会造成人民逃亡,从而使增加国家赋税收入落空。这一观点固然是从统治阶级的长远利益出发,但保护税源较之增加税负的观点,对于人民总是有利的。

在平均负担方面,他要求改变各族民户间的赋税负担不平等状况,让蒙古、回鹘等内迁民户与中原居民"一体应输赋役"③。改变统治者对被征服民族的歧视政策对元王朝的长期统治也是有利的。

第四,反对包税制度。元代普遍推行富商承包国家租税的办法,类似于宋代的"扑买制"。除了宋哲宗时曾借口"以理财为讳"而诏罢"买扑土产税场"④外,从未有人对扑买制本身公开提出过异议。而到元初,竟有富商与权贵相勾结,意图扑买天下租税。耶律楚材虽曾强烈

---

① 以上引文均见《元朝名臣事略》卷五。
② 以上引文均见《元史·耶律楚材传》,又见《元朝名臣事略》卷五。
③ 《元朝名臣事略》卷五。
④ 见《宋史》卷一七九及《宋会要·食货》一七三二七。

反对，但扑买方式终于为统治者所接受，他只好慨叹："扑买之利既兴，必有蹑迹而篡其后者，民之穷困，将自始矣"①！扑买制必然使承包商人想方设法地扩大征税范围或提高税率，以求获取超过承包税额的最大赢利。在它仅作为辅助税制的情况下，对国家正常赋税制度的侵蚀作用可能不甚明显。这恐怕是宋代未曾出现反对包税制观点的重要原因。但是当包税方式被富于"商业精神"的元王朝相当普遍地采用后，其横征暴敛就成为破坏正常赋税制度和增重人民负担的重要限源，耶律楚材正是认识到包税制弊端而坚决予以反对之第一人。

对于元代以纸币作为财政支付手段的问题，他也告诫最高统治者接受金代交钞膨胀，以致"万贯唯易一饼，民力困竭，国用暖乏"的教训。他还分析了金代交钞膨胀的原因，系由于"金之有司，以出钞为利，收钞为讳"②。这一分析对于元统治者稍后完全取消收钞在财政交纳上的限制，显然也起了重要的指导作用。

总之，耶律楚材的财政思想，除反对包税观点系当时特殊历史条件下的产物而外，其他观点均未超出封建中国传统财政思想的樊篱。他的历史功绩就在于运用这些现成的、较征服者原有习俗更为先进的财政思想与方式，为元王朝在财政经济方面的封建化指引了一条道路。

二、卢世荣的财政政策

卢世荣（公元？—1285年）是历史上被严重歪曲了形象的理财家。他执政仅一百余日，没有赢得时间来实现他的财政经济政策，也没有什么著述传世。我们只能从他的反对者倾陷他的奏折里抽绎出他的财政思想。尽管这样，从他所建议的若干财政经济措施中，可以发现他的财政观点颇有一些值得称述之处③。

---

① 《元朝名臣事略》卷五。
② 《续通考》卷九。
③ 关于卢世荣的资料均采自《元史》卷二〇五《奸臣传》，及《新元史》卷二三三《卢世荣传》。

第十二章 元代财政思想

(一) 建议设立平准周急库

元代平准库储存大量金钱,据说是用以兑换钞币,但元代大部时间禁止金银流通,故平准库形同虚设。卢世荣主张将平准库扩大为平准周急库,利用库存金银为向人民提供低利贷款的资本。他主张在"各路立平准周急库,轻其月息,以贷贫民,如此则贷者众而本不失"。这一建议有两个目的:一是利用库存呆滞资金贷放取息,以增加财政收入;二是借以打击当时十分猖獗的高利贷资本。这一思想所要达到的目的与王莽的五均赊贷和王安石的青苗钱基本相同。由于元代西域高利贷资本在中原从事贷放者甚多,利息极高,一岁即本利相侔(当时称为"羊羔儿利"),至以妻、子为奴犹不足偿,为害甚巨。这就使卢世荣的贷放思想具有和他以前反对高利贷的思想不同的时代特征。他未意识到平准库设立的初意与用它来贷放取息的活动是相矛盾的。特别是当时中统钞币原则上还是兑现纸币的时候,它要求经常保持充足现金以备不时兑现之用。作为贷放资本,则贷放出去的现金愈多,获利亦愈大。所以,要获得厚利即不能保证钞法的安全,能保证钞法的安全即无从获取厚利。他的商人阶级的浅见使他只看到获取利息的眼前利益,忽视了保证钞法安全的重要作用。然而在虽有准备却无人敢于以钞币要求兑现的情况下,把它用作短期低利贷放的资本,似乎也还是有道理的。

另须指出,卢世荣被擢升来掌理财经大权的原因之一,就是推荐他的桑哥说他"能救钞法",即解决当时中统宝钞的大幅度贬值问题。卢世荣也不赞成依靠发钞为国家财政的基本来源。财政开支的需要常是通货膨胀的最主要动力,卢世荣在主观上未必能明确这一点。但元王朝财政开支主要仰赖于宝钞的发行,卢世荣不强调发钞而努力以其他方式扩大财政收入,对二者间的关系未必无所认识,在"救钞法"问题上,他同时推行了一系列的货币、财政和价格政策,也表明他对通货膨胀同财政的关系不能无所理解,尽管他未作明确的原则叙述。

(二) 贸易方面的理财原则

在国内贸易方面,卢世荣的基本理财原则是根据不同情况兼采干涉

或放任方式，具体体现为国营垄断和商营纳税两种形式。鼓励商营的措施如罢各处竹监，"怀、孟竹货，从民买卖"；又如"江湖听民捕鱼，只纳鱼课"。这是放弃国家垄断经营竹货与渔业，让商民自由经营。强调国营的措施以酒与铁的专卖为代表。对于酒，他认为"京师富豪户酿酒酤卖，价高味薄，且课不时输"，主张"一切禁罢，官自酤卖"。对于铁，也是主张"尽禁权势所擅产铁之所，官立炉鼓铸为器鬻之"。看来，他强调将部分工商业收归国家经营，主要是为打击"富豪"、"权势"。此外，卢世荣的改革盐法方案也反映了他打击官僚富豪之家的思想。他指出："以往盐每引十五两（即三十贯），而官豪诡名罔利，停货待价至一引卖八十贯，京师一百二十贯，贫者多不得食"。并建议由官府掌握足够数量的常平盐，以与提高盐价的官豪商人做斗争。因此，在食盐贸易上，他的主张是官营私营并行，以私商为主而以官营指导市场价格。

在对外贸易方面，因蒙古势力跨及欧亚，西北的陆路贸易国内国外颇难区分，一向是自由往来的。至于海上贸易，卢世荣主张完全由国家垄断。垄断的方式是：在泉、杭二州设立市舶都转运司，由国家造船并出资交给商人从事海外贸易，所获利润按官七商三分配，此外严禁私人泛海进行贸易。由此看来，他的海外贸易垄断主要是借垄断海上运输工具以垄断对外贸易本身。当时进出口货物多赖外国商船运输，很少有本国制造船舶经营远洋贸易。因此，海外贸易之权常操于外国商人之手。中国封建王朝只是在各港口消极地容许或禁止外商活动。卢世荣的海外贸易政策虽未规定一切进出口货必须由中国船只装运，而自制海船控制本国的进出口贸易这一思想在当时已是极独特的见解。他的垄断海外贸易政策除自造船只这一特点外，雇用商人采取七三分利办法经营这一建议，也可算是另一特点。这体现了在国家垄断下，他仍不忽视商人阶级的技能与利益的主导思想。至于利用商人经营海外贸易可以为封建国家大量增加财政收入，则更不必说。顺便指出，元代对外贸易的发展，也使传统的征收商税思想增添了新的内容。在卢世荣秉政之前，曾有人对外国客船自泉、福二州贩运出口土产之物所纳税与进口蕃货相等一事，提出异议。于是定双抽、单抽之制，"双抽者蕃货也，单抽者土货也"①。当时何以要将外国货的进口关税加重一倍，史籍未载明其理由。但既然规定出口土货比进口蕃货的税率要低，那就明显具有鼓励土货出口的涵义，这在租税思想上颇类于近代差别关税之意。

卢世荣还主张在各都市设立市易司领导"诸牙侩人"以促进商业活动，甚至连他建议设立的规划封建国家钱谷的机构，即所谓"规措所"的官吏，也主张"以善贾者为之"，更见他在为国家理财时对商人及其活动之重视。前代封建王朝也曾引用过商人作国家财政官吏或采用商业经营原则处理财政，而像卢世荣这样广泛而露骨地主张扩展商人活动的思想，却还不曾有过。这一方面是元王朝统治者崇尚商业精神的体现，另一方面也是中国封建地主经济体系内部商人资本成长这一客观事实在人们思想中的反映。

（三）主张减轻人民的劳役负担

在封建劳役方面，他的较突出的建议是：驿站除驿马外，往来使臣饮食不由人民供给，改由官支给。驿站应差是元代人民非常沉重的一种劳役负担。贵族和官吏经过驿站时，当地人民应负担车、马、船、轿或酒食的招待。此外，还要贡献财物。这种强迫负担常逼使人民倾家荡产，甚至弃家逃亡。人们常将繁重的苛捐杂税和残酷的羊羔利，同驿站的强迫负担并列为元代人民极难忍受的经济压榨。卢世荣建议往来使臣的供应由官府支给，确属反映了广大人民群众的迫切要求。结合他建议："逃移复业者免其差役"，"江淮民失业贫困鬻妻子以自给者，所在官为收赎没办良民"，"免民间包银三年"，"官吏俸免民间带纳"，甚至公开提出由封建政权强迫地主阶级"收佃客租课减免一分"等等措施看来，他的财政思想，除代表着商人阶级的观点外，也在某种程度上反映了人民的呼声。他的这些建议，《元史》作者认为是有意借此博取同情以维持其政治地位。一个封建政权中的显要官员，能希望博取人民的同情，那就未可厚非。他的这些思想，不问动机如何，毕竟是一些难于

---

① 《元史》卷九十四，《食货志》二。

实现的幻想。例如，他在秉政之初，即曾建议"官给衣粮与行乞、老幼、疾病之民"，这一点连元世祖也认为不可行而未加批准。在封建地主阶级的沉重剥削下，人民陷于贫困疾病乃是极普通的现象，任何封建政权也不可能有此巨大经济能力以解决他们的衣食问题。

（四）以经济收入为财政来源的思想倾向

总的说来，卢世荣的财政思想颇类似于《管子》作者、桑弘羊、刘晏等的思想，即将封建财政的重点放在经济收入方面。他给予极大注意的经济收入可概括为以下几种：

第一是酒专卖及盐引收入。据他估计在京师一地实行酒专卖后每年可增加三百万锭白银收入。盐约三百万引，每引价十五两白银，共得九十万锭。但市场盐引价格高至每引一百二十贯即一点二锭，以一百万引常平盐按稍低于市价的价格出售可能收入一百余万锭，与原来引价十五两收入合计可得二百余万锭。盐利与酒专卖收入共五百余万锭。元代岁入无确实数字可查，约为三百万锭左右，酒专卖与盐利两项收入估计即超出岁入总额甚多。第二是贸易收入，包括垄断海外贸易和政府从事粮食买卖的收入。在粮食平价收入方面，他所采用的措施是以铁器专卖所获得的利润结合常平本钱及盐课收入。作为平定粮食市场价格的基金。于粮价贱时大量收购储存，待粮价上涨时出售，以遏止市场粮价上涨的趋势，并借此以获得财政收入。关于畜牧业，他的政策是在上都、隆兴等路设羊马牧场，以官钱买丝帛向北方交换羊马，选蒙古人牧之，其皮毛筋角酥酪等物以十分为率，官取其八，二与牧者。马以备军用，羊以备赏赐。最后是各都市市易司的牙侩收入，计商人物值四十分取一，以十为率，四给牙侩，六作官俸。至于发行绫券及铜钱是否也算是财政收入之一，他未明确指出。从他的思想体系看来，可能是不算作财政收入的。对于各种捐税，他曾提到增加各路酒税二十倍，这主要是从清除"奸欺盗隐"的贪污行为中取得，并未提高酒税率；也曾提到抽收鱼课，这些均为极不重要的收入。但他也一再提到"免民间包银三年"，"免大都地税"，乡民造醋免其课"，"官吏俸免民间带纳"等等，足见他对强制的租税收入是不大重视的。其中他建议"免大都地税，"系借以讨好大都的权贵地主。惟以城市地租的特点考察,他主张根本取消都市地税却是一个新的观点。尽管如此,这毕竟是有利于权贵地主的措施,不值得称述。

以上均充分表明,卢世荣的财政政策也和他以前的一些有名财政家一样,以扩大经济收入并缩小强制的租税收入作为财政指导原则。他的悲剧在于,他没有获得足够的时间来证实他预期的财政成效。当时反对他的人如董文用曾面折他所谓"财可倍增"是不可能的。弹劾他的陈天祥也说,卢"欲以一岁之期,致十年之积,考其行事,不副所言"①。但从理论原则上考察,他的财政政策如能获得足够的时间贯彻执行,应该能和他以前的一些财政家一样取得相当成绩的。何况他所建议的经济收入项目,除较他的前辈所采取的措施仅缺少"均输"一项外,还增加了一些新项目如国外贸易收入、畜牧业生产收入之类。

卢世荣的全部财政经济政策所体现的财政思想,虽无甚卓越的贡献,却已是站在所处时代的先头,充分地体现了自己时代的特征。

三、十三世纪末、十四世纪初的财政言论

在元代,"妄论朝政"者往往没有好结果,但仍有一些进步思想家,如元初的邓牧(公元1247—1306年)公开否定君主的剥削权利,他指出"天生民而立之君,非为君也,奈何以四海之广足一夫之用耶!"② 反映了他对蒙古统治阶级的残酷剥削的抗议。然而,这一时期思想家,多站在统治阶级的立场而为解决封建财政困难出谋划策。

(一) 王恽论富藏于民

王恽(公元1227—1304年)重弹"君不必富,富藏于民"的传统

---

① 苏天爵:《元朝名臣事略》卷十之四,董文用条及《元史》卷一六八,《陈祐传》附陈天祥传。

② 邓牧:《伯牙琴·君道篇》。

论调,相信"一世之财足周一世之用"。似乎只需"去其害财者"①,财政问题即可迎刃而解。故他对付封建财政困难的基本方针,可用"节浮费之用,停不急之务"一语来概括。他尤其反对官府假手于和买或和雇而随意科配和克扣价钱,主张在和买和雇时须"从实支价";荒歉地区"弛山林河泊之禁,权停门摊、酒、醋等课";对长期拖欠的税款予以免征;给予逃亡归农者免除三年差役的待遇以资鼓励等等②。这些都是屡见不鲜的传统财政措施,无须赘述。他很欣赏常平仓制度,将它说成是既不影响国家经费开支而又能充分发挥恤民作用的理想制度。但他除建议以各路平准库的发钞利息作为购买仓储粮食的资本一点外③,别无新意。

在钞币发行上,他也看到财政上的"有出而无入"是导致钞币贬值的重要原因之一。因此,主张连出卖官盐也应"收钞纳钞"④,借此以维持钞币的购买力。

此外,他还反对盐专卖,指出官吏在盐价贵时"尽数购买",贱时则"并不收买",其结果不仅打击了盐商,也"亏损官课"。且官吏买盐专拣路途近便和盐质优良者,这又使盐商们"无所措手"⑤。这种为盐商呼吁的思想,正反映了封建社会后期国家专卖倾向日益削弱的总趋势。

总之,王恽的财政议论虽涉及面颇为广泛,但大多是传统财政观点的重提,即便是一些尚能适应封建财政思想发展新趋势的议论,亦少独立见解。这也是元代在财政问题议论方面较常见的现象。

(二) 赵天麟的财政方案

赵天麟在元末以布衣进《太平金镜策》议论政事,前后数万言,元成宗即位时又上《逃民策》及其他建议。他建议的范围甚为广泛,

---

① 《历代名臣奏议》卷六六,《政事书》。
② 王恽:《秋涧先生大全文集》卷九〇,《便民三十五事·议恤民》。
③ 《秋涧先生大全文集》卷八八,《论钞息复立常平仓事》。
④ 《便民三十五事》中《论钞法》及《论盐法》。
⑤ 《便民三十五事·论盐法》。

第十二章 元代财政思想

对各种财政问题亦多所论列。建议虽多，不外乎是引古证今，劝说蒙古统治者采用儒家的一套封建体制，在财政思想方面，他主要是提出了一个旨在实施封建财政收入的土地方案。

他指出，当时北方农民的土地被蒙古贵族侵占，江南农民的土地被汉族豪强地主侵占，形成严重的贫富悬绝，对封建财政也产生威胁。只有恢复井田制，才能在解决社会贫富问题的同时，一并解决封建财政问题。他主观地估算，以方千里土地而论，除山川城市外有六十四万井，再将每井公田中的宅地二十亩除外，总共有公田五千一百二十万亩。每亩产量以一石五斗计，公田总收获就有七千六百八十万石之多。而元王朝领土何止一个方千里，却还收不到七千六百万石的粮食。故解决财政问题的根本办法须恢复井田。可是他又认为骤然恢复井田恐天下骚动，宜采取限田制度以逐步向井田制过渡。其办法无非是规定土地最高限额：蒙古王公是几百顷，汉族官民是数十顷。此外他还建议元王朝对退还限外之田的地主，按退田数额给以不居实职的空名告身；限外之田有佃户者即分配与佃户，未种者以租税手段鼓励无田之民占田，"第一年免全租税，次年减半，三年依例科征"；私田按限额确定后，乃定官吏之公职田，其制分为九等：一品二十顷，以次递减至九品二顷为止[①]。这一方案中有关土地最高限额的规定，远远超出大多数地主的实际土地占有额，等于没有什么限额，因而不会有什么限外之田分配给无地农民，也无补于他企图解决的封建财政问题。

在安定逃民方面，他指出封建财政、军事的赋役压榨，是造成农民逃亡的重要原因之一。如谓"守令苛刻，役敛烦兴，富以赂免，贫难独任，如此而逃者，官为之也；军资不赡，鬻卖田产，无以供给，如此而逃者，军所致也"[②]。但他提出的解决办法，不外乎是无田而逃者听于旷土占田，由官府提供购置其他生产资料的无息借贷，补助困难户之类的空头支票。

关于义仓问题。他认为以往社仓之不健全系由于"计丁纳粟"。他

---

① 《历代名臣奏疏》卷一一二，《太平金镜策》。又见《续通考·田赋考》。
② 《新元史》卷一九三，《赵天麟传》。

主张改为计亩纳粟的义仓制：正常年份每亩纳粟一升或稻谷二升，丰收年份"听其相劝督而增纳之"，凶旱之年，"听其相免"。赈济时则计口数而散之，每口日给一升，如纳粮多者则每口日给二升。他以为这样办法，"非惟其相振救，而义风亦行矣"。封建社会中的救荒储粮制度，无论"计丁"或"计亩"纳粟，均将为豪强地主之把持储粮和封建官府之强迫征课提供机会，徒增多农民之苦难而已。

（三）郑介夫的财政观点

郑介夫也是布衣上书者。他先上《太平策》一纲二十目，后来又上《抑强状》着重谈马政问题。《太平策》涉及的范围较广泛，而接触财政问题者限则不过盐法、常平及官俸数端。

对于常平制度，他指出"官出官入，于民无利，反受其害"；主张改设立义仓，"令百姓各输己粟、自掌出入之数，凡入一石之粟自得一石之用。……百亩者限以一岁出粟一石"①。他的义仓建议，除粟米出入由人民自理一点外，几乎均和赵天麟所建议的义仓办法相反，二者虽各有侧重点，同为无补于实际的空想。

在官俸方面，他着重指出元代官吏俸禄低薄且不均的现象，并分析了官俸不均的原因。其中提到当时以钞币支付官俸，而京师钞币贬值情况较外地为严重，故京师朝官虽俸钞倍于外官，而"以日用计之，实无外任一半所得"。加上朝官无职田，竟致"随朝三品四品之官，反不如外任九品簿尉之俸"。这一分析倒是反映了元代官俸制度的特有弊端。针对这一"制禄不均"的弊端，他建议以米作为发放官禄的标准②，不愿领米者则按现行米价折钞发给，可免受钞币贬值的影响。这是因噎废食之计，他没有仔细考虑一下，为什么秦汉以来用谷米支官俸的制度逐渐改为以货币支给。至于他主张取消职田以平均朝官和外官俸禄待遇的思想，既是迫使高俸禄向低俸禄看齐的片面观点，也不懂得设置公职田之初意。

---

① 《新元史》卷一九二，《郑介夫传》。
② 《历代名臣奏疏》卷六六。

第十二章 元代财政思想

盐法方面的意见是郑介夫所有财政议论中的一个足值称述的见解。他主张撤销盐运司衙及各盐场的官吏、团军巡卒等人员，只在中央设榷盐使，州县置盐务提调，产盐处所设乡官各一员专管食盐支拨，并在各产盐处所选富家充当亭户分认每岁盐额，盐由各亭户自行收储。这是将以往官府出资、由亭户负担差役的办法，改为由富家出资分包盐额的形式。各地盐商取得盐引后即分配到适当亭户处提取盐觔。这样，可使亭户、盐商均可免去团军、巡卒的追迫勒索。商人获利既厚，贩者必多。食盐价跌，民间可得贱价盐食用，而政府既可增收盐课，又可节省大笔食盐管理机构和官吏军卒的开支①。这一建议虽然还不是完全的食盐自由经营，却较由官府严格监督食盐产销的方式为更有利于食盐的生产与消费。

郑介夫的财政言论与赵天麟一样，基本上都是采摘以往陈说，缺乏独创见解，有时所论述的问题还未达到前代思想家已达到的认识水平。而且他们所采摘的陈说，往往是已不大切合现实经济发展的传统财政教条。这也许就是他们的万言书虽得到不少学者的喝彩，却未引起当时统治集团的重视的主要原因。以布衣而上书谈理财时政者，在我国历史上毕竟不多，故略加论列。

第二节
马端临与元末的财政思想

一、马端临的财政思想

马端临（约公元 1254—1322 年）为宋元之际的杰出史学家。因他

---

① 《新元史》卷一九二，《郑介夫传》。

的唯一名著《文献通考》到元英宗时始行刊出,故把他的财政思想列入元代中期来叙述。他从事《文献通考》的编纂,大量记录了前代的财政史实与议论,也表达了许多他自己的财政见解。在宋元时代思想家中,以他的财政思想的内容最为广阔。

(一) 对历代财政改革的评价

马端临在财政思想方面值得称述之点,是对历史上那些一向被儒者非议的财政改革政策或理财人物,作了某种程度的肯定评价。如对商鞅创立"随田之在民者税之"的征赋制度的评语是:"后之为国者,莫不一遵其法,或变之则反至于烦扰无稽,而国与民俱病"①。管仲、桑弘羊、孔仅的盐铁专卖政策,他也认为与其由"豪强擅之",还不如"取以富国"②。特别是他对桑弘羊与杨炎的财政政策予以适当评价,反驳了汉、唐以来对他们的攻击和歪曲。桑弘羊的财政政策被司马光诽谤为"不过设法阴夺民利"。而马端临却指出:

> "然弘羊所谓理财,若盐铁则取之山泽也,若酒酤、均输、舟车之算则取之商贾逐利者也。盖山海天地之藏,而商贾坐笼不赀之利,稍夺之以助县官经费,而不致尽倚办于农田之租赋,亦崇本抑末之意。然则弘羊所为,亦理财之良法,未可深訾也"③。

对于杨炎的两税法,他更用了不少的篇幅为其辩护。除了肯定两税法改革是"救时之策,不容不然,未宜遽非"而外,特别为"人无丁中,以贫富为差"这一杨炎财政思想的核心辩护尤力。他指出:

> "又历代口赋,皆视丁中以为厚薄。然人之贫富不齐,由来久矣。今有幼未成丁而承袭世资家累千金者,乃薄赋之;又有年齿已壮而身居穷约,家无置锥者,乃厚赋之;岂不背谬!今两税之法,人无丁中,以贫富为差,尤为的当。宣公所谓

---

① 《通考·自序》。
② 《通考·市籴二》。
③ 《通考·征榷六》。

第十二章 元代财政思想

'计估算缗，失平长伪，挟轻赍转徙者脱徭税，敦本业不迁者困敛求，乃诱之为奸、殴之避役'，此亦是有司奉行者不明不公之过，非法之弊。盖力田务本与商贾逐末，皆足以致富。虽曰逐末者易于脱免，务本者困于征求，然所困犹富人也，不犹愈于庸调之法不变，不问贫富而一概按元籍征之乎？"①

在他看来，面对贫富不均的既成事实，必须按财富的多寡征课，才是"得当"的税制。上述"所困犹富人也"的"富人"显然是指封建地主阶级。他宁愿地主阶级负担重税，甚至宁肯容忍商人阶级逃税，而不让贫苦农民负担丁口税，这就是较为进步的财政观点。在这一点上他虽给杨炎的财政政策作了有力的理论补充，但对杨炎的量出为入和以钱定税额等观点的意义却因认识不足而表示反对。不过，他为杨炎辩护部分已足以纠正不少人对杨炎的歪曲。此外，他还对刘晏的财政措施与王安石的部分新法作了适当的肯定。如认为王安石推行的免役法是"救时之良策"②；征助役钱虽使"士夫豪右不能无怨，而实则农民之利"③。看来，他对王安石财政改革的主要非议，是说王所任用的财政官员"皆苛刻小人"，以致助役良法不免有"聚敛"之嫌，而均输政策亦"卒无所成"。至于新法本身，他只认为市易法"下行黜商豪家贸易称贷之事"，故不可取④。

北宋以来的许多进步思想家虽曾大力宣扬理财的必要性，而在涉及以往有名的财政家时屡屡又不无微词。可是马端临却对这些人及其财政措施均予以适当的肯定，当然，他也受传统财政教条的局限，不敢公开宣扬"言利"或理财。他曾引用贾山的《至言》来证明"财少而国延，财多而国促"，故"国之兴废，非财也"，至于在字里行间表现出对"言利"有反感之处更多。连对他已肯定其财政措施有一定积极意义的历史人物亦有微词。如说商鞅与杨炎是"君子所羞称"⑤，桑、孔更不

---

① 《通考·田赋三》。
② 《通考·职役二》。
③ 《通考·职役一》。
④ 以上意见均见《通考·市籴一》及《职役一》。
⑤ 《通考·自序》。

429

足齿于士人之林,甚至连常被士人称颂的刘晏,也被马氏与桑弘羊放在一起同视为"非知道者所许"①。反对"言利"的传统思想与唐末以来对待财利的新观点,一直是马端临头脑中交织着而始终不曾解决的矛盾。因此他在评价历史上的财政改革政策及其代表人物时,既能提出不少与流行见解异趣的独到看法,同时又重唱儒者讳言理财的老调,陷于新旧思想矛盾的困惑之中。

(二) 租税思想

马端临坚持量入为出原则,认为非如此则"虽竭天下之力以奉之,多为法以取之,只益其不足耳"②。对于财政支出,他在《文献通考》中专门设有"国用"一考,详细记载了历代国用支出上的典章制度及各时代思想家的有关议论,不必多赘。而其《通考》中所设田赋、钱币、户口、职役、征榷、市籴、土贡等七考,均在不同程度上涉及财政收入问题。在诸多收入项目中,他尤为重视租税收入特别是田赋收入。故下面着重分析他的租税思想。

马端临的基本租税思想是强调以田亩为课税基础,认为"赋税必视田亩,乃古今不易之法"③。为此,他反对以"丁夫"为课税基础,又说秦"以后遂舍地而税人,则其谬尤甚矣"④。他主张按田亩征课的观点和他坚持按人们拥有的财富额征税的精神基本一致,也就是认为只有这样才是公平而"随顺人情"的办法。反之,如按人丁或户口征课,那就是贫民与"豪强兼并者一例出赋",也就不是"随顺人情"⑤。除了从理论上论证按户口定赋之不妥当而外,他还以史学家的特有眼光指出:"自魏晋以来,户口之赋顿重,则版籍容有隐漏不实,固其势也"。揭示了封建地主经济前期因户赋加重而使国家掌握的纳税人口数字严重失实的历史必然趋势。在他看来,以户口为征课对象,"非特不能均贫

---

① 《通考·市籴一》。
② 《通考·市籴一》。
③ 《通考·田赋三》。
④ 《通考·田赋一》。
⑤ 《通考·田赋三》。

富，而适以长奸伪"。他从比较汉、隋每户平均田亩数的历史统计资料入手，发现了"田日加于前，户口削于旧"的不正常现象。究其原因，他认为无非是庸调一类户赋税率不断提高的结果，"庸调之征愈增，则户口之数愈减，乃魏晋以来之通病"①。为了根除这一"通病"，自然就得放弃按户征课的租税制度，这也是马端临特重田赋收入的一个重要原因。

他又认为"鬻卖而有税，理也；经过而有税，非理也"②。这是赞成商品税而反对通行税。照传统的看法是"关市讥而不征"，也就是商品的买卖与通行均不应课税。这固然不是租税理论上的分歧，却反映了租税思想上的一个小变化。

（三）反对国家专卖

马端临不赞成封建国家从事专卖，认为"古者帝王，其物货取之任土所贡而有余，未有国家而市物者也"③。至于封建国家采取商业经营原则而进行的各种理财活动如均输、市易、和买、常平、和籴等，他也不甚赞同。但如果是为"便民"或"懋迁有无，曲为贫民之地"，④他就不反对。倘使"山海天地之藏，关市货物之聚，而豪强擅之"，那就"取以富国"亦未尝不可⑤。这样看来，他所不同意的仅是封建国家借商品买卖以牟利。更进一步说，他所真正反对的是"俵散抑配"即官府将所经营的滞销商品按人户贫富等级摊派，最后甚至向人民要钱，不给商品，"遂同常赋"。

他向往的制度是让人民自由经营，而封建国家只收取捐税。如以酒为例，他反对官府自行酿造售卖，主张"听民酿造，纳税之后，从便酤卖"⑥。可是，他又说：官营盐铁是取之山泽，酒酤均输则取之商贾逐利者，"稍夺之以助县官经费，而不致尽倚办于农田之租赋，亦崇本抑

---

① 《通考·户口》。
② 《通考·征榷一》。
③ 《通考·自序》。
④ 《通考·市籴二》。
⑤ 《通考·征榷二》。
⑥ 《通考·征榷四》。

末之意"从而认为桑弘羊的官营专卖政策,"未可深訾"①。由此可见他之向往商业自由经营也不是绝对的。

他对征商的看法也有类似情况。一方面接受孟轲之说,认为征课商人是"恶其逐末专利"②;另一方面又以"力田务本与商贾逐末,皆足以致富"为理由,否定了陆贽为防止商人逃税而主张恢复丁口税的说法③。总之,他的征商观点既未完全肯定商人的社会职能,也非对商人一味地轻贱。

(四) 货币征课概念

在中国古代,围绕着封建租税以实物交纳还是以货币交纳的问题,长期存在着两种对立意见。一般说来,在封建社会始终保持以农业生产为主体的条件下,财政收支自会以谷帛实物为基本形态,也就决定了赞成以实物交纳的思想会经常处于优势地位。但随着唐中叶以来封建商品经济的不断发展,货币在封建财政收支中的作用日渐重要。而到宋元时期,以货币定税额的现象更相当普遍。这就使人们能够不断突破单纯实物征课的传统窠臼,出现一些在货币征课下才能产生的新现象和新的概念。马端临从货币购买力变动的角度去考察封建财政收入的沿革,就是这方面的又一新见解。

他指出:南宋绍兴时代一个州的盐利收入常较唐代全国的盐利收入还多,以及整个国家财政收入也较汉、唐多了若干倍的原因有二:一是"盐直比唐则愈贵",二是"缗钱比唐则愈轻"。其结论是"要亦未可全归征利之苛也"④。单就"缗钱比唐则愈轻"这一原因来说,那就是把货币购买力的变动作为造成不同历史时期封建财政收入变动的因素。唐代两税法的反对派也曾以绢价的跌落作为反对两税法以钱定税额的主要理由;南宋叶适也提到"钱贱"而米价约上涨十倍的情况⑤;但这些皆

---

① 《通考·征榷六》。
② 《通考·市籴一》。
③ 《通考·田赋三》。
④ 《通考·征榷三》。
⑤ 叶适:《水心别集》卷二,《财计中》。

系对个别商品价格变动的感性认识。马端临认识到盐利收入的缗钱"愈轻",即使盐利的剥削率不变,也可使货币收入大为增多。这已不完全是感性认识,而是作了某种程度的理性分析。在中国历史上,分析各封建王朝的财政收入能考虑到货币购买力变动因素的思想家,马端临还是第一个。

(五) 财务行政观点

马端临认为国家收入宜"明取"而不应"暗取"。他说:"盖天下之财,皆朝廷之财,遮藏讳避而暗取之,固不若考核名实而明取之。"因此,他主张从"经久之计"考虑,对各种收入项目大行核实:"择其可取者,正其名而使不失经常之赋,其不应取者,削其名而可绝并缘之奸"①。这种强调"明取"的思想,颇类于近代所谓财政公开的原则。

在财政收支系统上,他比较欣赏唐中叶以后上供与留州制度,也就是在中央统一掌握的租税收入中,留拨一部分以供地方支用。在他看来,这一做法有其"深意":"一则州县有宿储,可以支意外不虞之警息;二则宽于理财"。所谓"宽于理财",是指在州县政府留有余财的情况下,如地方官吏为"清介慈惠之人",则可以利用此余财施行"恤民"之"仁政";如果为"贪饕纵侈之辈",亦因有余财之故而不致刻剥人民②。这表明马端临赞成中央与地方实行赋税分成的观点。

由上可知,马端临的财政思想常是传统的与反教条的财政观点的交织。重视历史发展的正确观点使他能从财政经济条件的历史变化中发现新的财政见解,因而能对某些历史上被歪曲的财政事件或人物,重新给以较客观的评价。同时由于传统的教条对他的影响比较深重,也使他不能独立地提出反传统的崭新财政观点,就是在他接受前辈进步思想家的反传统的财政观点时仍多少带一些传统教条的痕迹。只有在那些不存在传统教条束缚的场合,才显示了他的独特见解。此外,在运用历史统计数字来分析盐利收入、户口定赋、劳役及漕运等财政经济问题这一点

---

① 以上引文均见《通考·国用》。
② 以上引文均见《通考·国用》。

上,马端临与他的前人比较也是更为突出的。

总的讲来,马端临的财政思想不能算是有什么突出的重要原则性的贡献。到今天看来,他的贡献不在于他的财政思想本身,而在于他的巨著《文献通考》对财政思想的研究所起的作用。马端临在此书体例上继承了《通典》作者杜佑的优良传统,将包含大量财政内容的"田赋"等考列为政治经济诸制的首位,而且作了较重要的发展。这表现在两个方面。第一,《通典》的"食货"部分约占全书二百卷中的百分之六。《通考》的食货部分共八考计二十七卷,约占全书三百四十八卷中的百分之八。倘将《通典》所未列入的门类如"经籍"、"封建"、"象纬"、"物异"等一百四十余卷除外,则百分比将在百分之十三以上。食货部分中专谈财政问题者有"田赋"、"职役"、"征榷"、"市籴"与"土贡"五考,其他三考也包含不同程度的财政内容。食货部分在全书中所占比重的大小虽无特别重要的意义,但至少可以反映马端临对财政经济问题的更加重视和他所搜集的财政经济史料的更加完备。第二,更重要的还在于《通考》较广泛地汇编了历代思想家对某些历史经济事例包括财政事例的意见,并提出了他自己的观点。这样,就使《通考》的食货部分不仅是系统叙述历代财政经济体制的典籍,还是汇集历代财政经济思想的宝库。《文献通考》对后代学术界有很大的借鉴意义和参考价值,明、清续编《通考》者不乏其人,现代学者引用《通考》食货部分之处亦较多,足见马端临对后代的影响。假使无《通考》之作,我们今天要整理古代和中世纪的财政思想将会遇到不少困难,耗费更多的辛勤劳动。仅就这一点来说,马端临对我国财政思想史研究的贡献已是非常巨大的。

二、经理法与京东垦田议

元代后期"强者田多而税少,弱者产去而税存"[①] 的现象已十分严

---

① 以下引文除另注外,均见《元史》卷九十三,《食货志》一。

重,故章闾于延祐中建议实行"经理之法"。他指出,经理一事元初曾推行过而未见成效,现应以"从实自首"的方式来贯彻经理之法:"俾有田之家,及各位下寺观学校财赋等田,一切从实自首,庶几税入无隐,差役亦均"。可见,元代所谓"经理之法",不过是核实土地亩数以均平赋役的财政措施,它和北宋之方田均税法、南宋之经界法、金代之通检推排法,属于同一类型,其目的是通过整理地借以核实封建国家的土地税收益,免受豪强富户兼并土地行为的侵害。

宋以后历代统治者均甚重视整理地借以平赋役的措施。这些措施虽在性质上基本相同,而其具体做法各异。如宋代经界法强调土地的实地勘测丈量。"必多差官吏,必悉集都保,必遍走阡陌,必尽量步亩,必审定等色,必纽折计等",即在严格土地测量的基础上再行确定赋役。此法固较为精确,然而工程浩繁,迁延时日,以致"奸弊转生,久不迄事"。金代通检推排法放弃了实地勘查的重要步骤,只是规定"以县统都,以都统保,选任才富公平者订田亩税色,载之图册,使民有定产,产有定税,税有定籍"。其基本精神是在官吏的检查督促下,由当地人户共同评定各户资产特别是土地的等级以为课征赋役之根据,具有公估意义。此法虽能避免实地勘测之累,却又造成随意估断、强制抑配、嘱托移匿、工作草率等更大弊端。而元代由章闾倡议并经仁宗采纳的经理法,则纯系依靠强制行政手段来推行整理地借以定赋役工作:一方面,规定民户在四十天内必须以自家所有田数"自实于官",以田作弊者允许检举告发;另一方面,颁布各种惩罚条例,违者必纠。如此复杂的整理全国地籍事务,竟企图在四十天内清理完毕,真是异想天开。结果非但未能取得章闾所设想的"税入无隐,差役亦均"的效果,反而产生"期限猝迫,贪刻并用"[1],"名曰理算,其实暴敛无艺"[2]的严重弊害。由此也表明,元代推行的经理法,但求以简单便捷而速见成效的方式,将赋税负担尽快落实到每个土地所有者身上,只从增加税收角度考虑,连整理地籍所必备的起码条件也置之不顾了。

---

[1] 《元文类》卷四十,《经世大典序录·经理》。
[2] 《元史》卷一九一,《卜天璋传》。

京东垦田议是虞集（公元1272—1348年）的创议。前已指出，漕运官粮是压在人民身上的沉重劳役负担，也是唐宋以来思想家经常谈论和试图解决的重要财政问题。虞集的具体设想是：在京东濒海之地，仿效浙人筑堤捍水为田办法，"听富民欲得官者合众分授以地，官定其畔以为限"；按照富民垦田数目，分别授以万夫、千夫、百夫长等相应官职；垦田初期免征赋税两年，"三年视其成以地之高下定额于朝廷，以次渐征之，五年有积蓄命以官，就所储给以禄，十年佩之符印，得传子孙如军官之法"。在他看来，如采行这一办法，不仅可以"远宽东南海运以纾疲民"，还有可利用垦田民兵保卫京师，遂富民得官之志而为朝廷所用，使游食"盗贼"归农等好处①。

此创议和南宋叶适主张募富民垦田淮南的设想，在以官爵诱富民垦荒和按垦地多寡定官位高低的方式上是一脉相承的。惟虞集不像叶适那样旨在以田养兵，而是为了解除东南人民负担粮食运输的苦痛。从漕运思想角度来看，他主张听富民出资集众垦田而"宽东南海运以纾疲民"的思想，确是很新颖的。自元初起大规模开展海运漕粮业务以来，一般认为这一措施实行后，"民无輓漕之劳，国有储蓄之富"②。而虞集却另辟蹊径，将宋以来募富民垦田的思想应用到解决漕运问题上，这也是他与时人不同之处。此创议是否较海运漕粮更可行而有利，这里暂不讨论，但它常为人们尤其是明、清的思想家所称道，却是事实。

---

① 《元史》卷一八一，《虞集传》。
② 《元史》卷九十三，《食货志》一。

第十三章

明代财政思想

明代商品经济的发展已经孕育着资本主义的萌芽。这虽是一个极为缓慢的过程,但毕竟对封建财政思想产生了潜移默化的影响。尤其是自明中叶以后,财政思想领域最重要的变化,一是展开了对传统讳言理财思想的批判运动,因而形成很尖锐的新与旧、传统与反传统的斗争;二是统治阶级更为经常地以重商原则作为处理国家财政事务的指针,意味对未来的新剥削方式的憧憬。这些变化趋势虽在唐、宋已开其端,而新的历史条件又赋之以新的内容,其他许多的财政观点,都围绕着这两个重要变化而演变。

第一节
明初的财政言论

大体说来,明初的财政思想界比较沉寂,但不意味它就不存在什么财政问题。这一时期谈论财政问题者主要涉及以下几方面:

一、对待理财的态度

明初统治者在财政方面持比较审慎的"安养生息"的方针①。他们一方面将元末压在人民身上的沉重赋役负担稍微减轻；一方面对紊乱的赋役制度加以整顿，编制征派赋役的户口、土地簿册即"黄册"和"鱼鳞图册"，建立起由大户充任粮长负责征收和解运田赋，里甲人户轮流负责催征，州县负责监督的课征分工负责制②。这些制度的创建，标志着封建赋役课征方式的日趋周密和完备。不过它的重点是放在财政负担的确定和均平上，而不是以增加财政收入为主要目的。惟明初的"安养生息"方针也为当时某些反理财论者提供了口实。万孝孺（公元1357—1402年）就是其中的一个典型。他诋毁王安石的理财主张，认为"以理财为先，此文、武、周公之所诛，而周官之所弃者"③。在他看来，理财与聚敛无异，在"富国之大本"中"理财不与焉"④，但他除鼓吹节用照搬"民富"、"国富"一类的传统说教而外，别无积极的建议。

尽管存在着以方孝孺为代表的讳言理财旧势力，而两宋以来批判讳言理财的新观点的影响也正日益扩大。在明初，即使是一些保守学者也不得不承认儒者可以言理财之事。以刘定之（公元1410—1469年）为例，他就曾说："不观禹贡，不知理财为圣君之急务；不读周官，不知理财为圣相之首事。国用视之为盈缩，民命倚之为惨舒，而可不知乎"⑤！他认为富国有上、中、下三种策略：其上策是坚持务农重谷、驱民归田以"生民之财"，即把发展农业生产放在第一位；中策指管仲、李悝等人实行的轻重敛散政策，这些办法在他看来是"徒知理民

---

① 《明实录》卷二十五。
② 《明史》卷七八，《食货志》，《明会典》卷二十九，《征收》。
③ 方孝孺：《逊志斋集》卷四，《周官二》。
④ 《逊志斋集》卷一，《杂诫》。
⑤ 刘定之：《刘文安公策略·户科·历朝财赋法制得失》。

之财而不知生民之财"；下策包括平准、和籴之类，均系临时补苴之策，因为这些措施"徒知理国之财而不知理民之财，损于下而以益于上"。至于以卖官鬻爵方式充实封建财政，更为刘定之所坚决反对。他认为这样做只能表明当政者已陷于挖肉补疮的"无策"境地[①]。

他对"理民之财"和"理国之财"的区分相当含混。如平准等措施的理论依据即导源于轻重敛散学说。既然"理民之财"系指轻重敛散政策，这与他所谓"理国之财"的平准、和籴之类有何区别？由此可知，刘定之关于理财涵义的划分，纯系不谙理财实务的一介书生之臆想。惟自明初以后，封建思想家常运用"理民之财"与"理国之财"这一对概念来探讨社会经济与国家财政之间的关系，足见刘定之的理财概念产生了一定的影响。至于他将"理民之财"放在"理国之财"之上，这倒是在某种程度上继承了王安石要求理天下之财的思想，而与南宋郑伯谦只强调理国之财的观点不同的一个特点。但不管强调理民之财，还是强调理国之财，这些毕竟是在批判讳言理财思想的发展过程中才可能产生的新的分歧观点。又刘定之能公开赞成理财为"圣君圣相"之急务首事，总是值得肯定的。

二、田赋问题

明代赋税制度中的一个突出矛盾，是各地田赋税率的畸轻畸重。根据明初的田赋规定，官田税率最高为每亩一斗二升，低则每亩五升三合五勺，民田每亩税率为三升三合五勺[②]。这是指一般情况而言，但对于苏、松、嘉、湖一带的江南地区，其官田田赋每亩纳税达四五斗、七八斗乃至一石以上[③]，高于其他地区每亩税额少则几倍、十几倍，多则几十倍。由此造成江南田赋独重的局面。据丘浚考察，太祖洪武年间，天下夏秋税粮共计征得二千九百四十三万余石，其中仅浙江及苏州、松

[①] 以上引文均见《刘文安公策略·户科·历朝财粟积济得失》。
[②] 《续通考》卷二，《田赋考》二，洪武十三年条。又见《明史·食货志》。
[③] 顾炎武：《日知录》卷十，"苏松二府田赋之重"条。

江、常州的江南一藩三府之地，即交纳七百二十七万余石①，几占全国田赋总额的四分之一。因此，如何解决江南地区田赋负担过重的问题，自然会引起明代思想家的特别关注。除田赋正税而外，田赋加耗问题也日益引起明初人士的重视。所谓加耗，是封建统治者为了弥补田赋征收过程中发生的损耗而在赋税正额以外加征的部分。征收加耗不自明代始，但至明代为更突出。这一方面是由于明成祖迁都北京后，南方税粮须由江南人民向北方解运，以至运费和损耗增加。当时运输漕粮耗费极大，"有二、三石纳一石者，有四、五石纳一石者"②，如此高昂的运输费用，其相当大部分是以杂派或加耗形式由江南人民承担。另一方面，加耗的摊派极不平均，大户并不缴纳耗米，其负担完全落到一般人民身上③。这就使田赋不均问题更趋严重，但田赋正额往往视为祖宗"成法"不能更改，于是如何解决加耗不均问题，便成为当时人们议论的一个重点。其中较早出现且对后世影响较大的是周忱的加耗议论④。

周忱（公元1381—1453年）担任江南巡抚之初，即谋求解决江南地区官田与民田负担极不平均的问题。他曾提出田赋正税"官田依民田起科"的建议，但被指为"变乱成法"而遭到否决⑤。因此，他不得不将总督税粮的主要注意力转移到田赋加耗问题上来，创议"平米法"，改革当时的加耗制度。力求使大小人户一例出纳，"官民田并出耗"。具体办法是，无论大户或小户，耗米均随正米依一定比例摊派，不分强弱愚智一律征课。并且根据各类田土原有田赋税率的轻重不同实行差别摊派，如重税官田少纳耗米，轻税民田多纳耗米。故此法又称"均征加耗法"⑥。

创立平米法的目的是为了解决财政收入问题，而锋芒却是直接指向"不出加耗"的豪强大户。故此法一经提出，即遭到豪强地主及其政治

---

① 丘浚：《大学衍义补》卷二十四，《经制之义》。
② 《日知录》卷十。
③ 《明经世文编》卷397 三九七。
④ 关于明代加耗思想，参考了伍继涛同志尚未发表论文《明代赋税思想》。
⑤ 《明史》卷七十八，《食货志》。
⑥ 《皇朝经世文编》卷三十二，《户政七》，以及《万历武进县志·额赋》。

第十三章 明代财政思想

代表人物的强烈反对。他们指责周忱是"妄意变更，专擅科敛"①。从财政思想上考察，周忱的加耗议论中除了强调赋税负担平均这一古老原则外，还有两点值得指出：

一是以附加税作为调剂田赋负担不均的手段。田赋加耗与正税的区别仅存在于原则性规定上，因二者的实物形态相同故往往是结合在一起征收的。周忱在正税不得变动的条件下，运用附加税来调整赋税负担，除规定所有纳税田地及各类人户均须纳耗外，并灵活地变动加耗征收数额以调整各类田土相差极大的正税税率。这在贯彻赋税负担平均的思想原则方面，可谓别开生面。

二是主张用加耗收入来解决地方财政开支问题。征收耗米的本意是为了弥补税粮征收过程中出纳、运输、存储等方面的消耗和损失，然而耗米一经征收，在补充损耗之后还有一部分剩余，即所谓"耗羡"或"余米"，往往被地方官吏任意挪用或贪污中饱。周忱建议利用耗米及其"余米"建立起地方财政储备，作为支付地方公务、赈济、工程以及其他杂项支出的基金②。对于陆续增添的一些财政交纳项目，他也主张在加耗收入中支拨，不复扰民③。从封建财政体制角度看，以往地方财政开支，除了临时征派而外，一般统由中央在租税征收项下留拨一部分以供其需，并无特定的地方税专供地方开支之用。周忱以加耗收入作为地方财政储备的固定来源，实际已具有建立地方财政收支系统的含意，尽管他未能从理论上加以阐释。他是中国历史上接触到中央与地方财政收支问题较早的一人。

周忱的加耗思想对于后代的影响是多方面的。从它的主流来看，周忱而后近百年中，江南田赋均照其平米法原则进行征收。接着又有人根据周忱原意创行征一法，将官田与民田的田赋税率进一步拉平，成为明中叶以后实行一条鞭法赋税改革的直接先驱。另外，明初以后围绕着按田加耗还是按粮加耗产生了歧见。按田加耗是按田亩大小计征耗米，显然更符合于周忱关于"均征加耗"的基本思想。与此相对立的按粮加

---

① 《明史》卷一五三，《周忱传》。
② 周忱：《双崖文集》附录三十七。
③ 顾炎武：《天下郡国利病书·苏松·松江府志·田赋一》。

耗系以交纳田赋税粮的多少作为均摊加耗之基准，意味税粮重者加耗亦重，轻者加耗亦轻，进一步加剧了原来田赋规定上的畸重畸轻情况。这实际是当初反对周忱加耗主张的豪强大户阶层以另一种形式来维护自己的既得轻税或免税利益。然而，周忱的加耗思想也带来某些弊端。如运用加耗来调整正税负担的畸轻畸重，其本意是为了均平田赋负担，但也为封建官吏上下其手，任意增重加耗负担提供了可乘之机。故自明中叶以后有人又提出要固定加耗的征收率，以免因加耗摊派的不确定性而带来的弊端。此外，周忱主张以加耗为地方财政的收入来源，也为地方官吏肆意增加附加税的种类和数额提供了先例。明代地方政府自税粮改折征银后，仍借口银两熔铸折耗而加征所谓"火耗"，有的地区所征火耗数额竟达正额的一半[1]。

三、财政中的货币收支问题

明初继元代之后，进一步扩大了货币在财政收支中的作用。这首先表现在田赋征银上。唐代杨炎虽提出以货币定税额，但"田亩之税"仍以谷米实物交纳。北宋熙宁年间初行"田赋输银"。据史书记载，熙宁十年夏、秋两税共征银四万余两，足见尚未形成正常征课制度。金、元两代仍维持田赋的实物征课方式。明初洪武永乐年间因云南产银之故，曾准许当地折银征税，尚是一种"任土便民"的临时性措施[2]。自正统初始正式规定田赋征收银两，时称"金花银"，从此"遂以银为正赋"[3]。这标志着货币税思想已经渗入封建财政重要基础的田赋领域。此外，在漕运事务方面，也出现了漕粮实物改折银两缴纳的趋向。如周忱为了减轻漕粮负担，曾建议田赋加耗折收银两或布匹，是为漕粮折银之始。后来又改折漕粮，每年已达银一百万余两，约合米麦四百余万

---

[1] 张萱：《西园闻见录》卷三十二。
[2] 《明史·食货志》。
[3] 《续通考·田赋考·历代田赋之制》。

第十三章 明代财政思想

石。弘治年间更定折漕之制①。以后用银折漕数额渐增,运京漕米大减。漕粮由征收实物改为以货币交纳,是古代漕运制度的一大变化。虽然漕粮改纳货币这一趋向以后又经历了相当长的过程才能最终完成,但它的出现,毕竟反映了明初以来的思想家对于货币收入的认识,比起前代又更深入一步。另外,从明代财政支出的主要项目之一即官俸支出来看,货币折色在官俸中所占比例也在逐渐提高。如太祖洪武时"官全给米,间以钱钞"②,同时废除了北魏以来一直按官职品级授给职分田制度。成祖即位,规定文武官俸"米钞兼支":"官高者支米十之四五,官卑者支米十之七八"。支付货币的比重逐渐增大。至正统中,"五品以上米二钞八,六品以下米三钞七",货币已成为官俸支出的主要手段。此后由于钞币贬值,一贯仅值二三文,致使官俸之薄为从来所未有。货币贬值对官俸的影响如此之大,不能不引起人们对稳定币值之重视。故自明初起,即不断有人主张通过财政征课方式吸取货币回笼以使其升值。如永乐初的陈瑛建议采用户口食盐法,使全国人口按成人小孩计口纳钞食盐③。以后明政府又采取了一系列税课纳钞的措施。到洪熙初又有夏原吉建议增加市肆门摊等税以收回宝钞。后来明政府又扩大范围,在各商业中心设立"钞关",命来往商贾均以宝钞交纳商税、税率提高数倍④。设钞关原意只为推行钞法,后来却变成一种经常性收入,故近代学者有人认为这是"内地关税之起源"⑤。此外,也有人建议用严格控制财政收支的办法来保证钞法的通行,如规定每日发行额,慎重考虑封建财政"出入之数",要求做到"用之不奢,取之适宜"⑥。实际上,明初统治者吸取元末钞币的失败经验,发钞并不特多。其问题除了发钞技术上的缺点而外,封建政权重蹈南宋政权的错误,只想多发钞币,而不愿以财政方式收回钞币,自己为钞币贬值推波助澜,才是其主要原因。虽然曾以商税方式使流通中的钞币回笼,但杯水车薪,无济

---

① 《明史》卷七十九,《食货志》三。
② 赵翼:《二十二史札记》卷三十二。
③ 《明史》卷八一,《食货志》五,"钱钞"。
④ 《明史》卷八一,《食货志》五,"钱钞"。
⑤ 常乃惠:《中国财政制度史》,世界书局1930年版,第210—211页。
⑥ 范济:《范司训集·诣阙上书·明楮币之法》。转引自《明经世文编》第一册,第210页。

443

于事。

四、商税观点及其他

明初对商人实行轻税政策,规定商税三十取一,并将原有四百余所课税机关,裁撤了三百六十四处。从商税思想上看,当时值得一提的是解缙(公元1369—1415年)反对商税有定额,主张从实征收。他说:"商贾之利有盈亏,都会之地有兴废,今税有定额,民必受害。宜令各处税课,随时多少,从实征收"①。这是自北宋太宗淳化年间最初规定商税比额以来,第一次有人对商税定额制度明确地表示反对意见。但他未考虑各税无定额,可以任意征收,其缺点更多。除了反对商税定额外,解缙对于"既税于所产之地,又税于所过之津"②的重复征课,也表示不满,类此现象实际上早已存在,如后晋时代即推行过一盐二税法令,同一盐货既征过税每斤七文,又征住税每斤十文③。惟解可算是公开反对重复征课的思想家。

关于国家垄断商品,明初也比前代更为灵活。以盐来说,封建政权以盐引(即领盐凭证)为诱饵,鼓励盐商运粮到边塞或边远缺粮地区,商人持引赴产地支盐,准其在指定地区贩销。这种纳粮换盐的办法,称作"开中法"。当时盐商为便于边境纳粮换取盐引,又创设"商屯"制,即在边境招募农民开荒耕作,就地产粮以资交纳。无论开中法还是商屯制,这些都是明初封建财政措施中的新生事物。以后除纳粮换盐而外,又令纳马、纳布或纳铁等物以换取盐引④。而在茶法方面,也有以米易茶,以马易茶等各种方式⑤。总之,封建统治者在财政事务中,常常运用手中的垄断品作为交易媒介,来换取国家所急需的物品或达到某

---

① 解缙:《解文毅公集》卷一,《太平十策》。
② 《明史》卷一四七,《解缙传》。
③ 《五代会要》卷二十六,《盐》。
④ 《续通考》卷二十,《征榷考》三,《盐铁》。
⑤ 《续通考》卷二十二,《征榷考》五,《榷茶》。

种预期目的，并将增加租税收入寓于其中。这也表明明初统治者在运用商业经营原则来处理财政事务方面，其榨取方式不断增多，手段也更为巧妙。

最后，在封建劳役方面，北宋已出现了雇役制，而明初踵元代之后，使用强制劳役的官营工业还占重要地位。中叶以后，有的停办，而占重要地位的官营纺织业也由工匠世袭服役的班匠制，改为匠户的劳役代金制。对每名工匠每年征白银四钱五分①，以作募雇工匠之用，将强制劳役改为自由募雇。到清初根本废除匠籍，使工匠职业同于一般民户②，这才是封建手工业者匠籍身份的彻底解除。从明代起，一般手工业者对封建国家承担的轮班强制劳役也逐渐改变为工资雇佣形式。这种财政措施上日益倾向于雇佣制度的思想，较唐代后期更加显著而突出。

第二节
丘濬的财政思想

丘濬（公元1420—1495年）所著《大学衍义补》一书，目的是为封建统治者提供"治国平天下"的统治术，当然财政问题是它的一个重要组成部分。他继承了儒家的财政经济教条，特别遵循宋代道学家的注释并奉为至高无上的原则。可是，他所面临的客观经济现实使许多财政问题很难甚至不可能按照传统的教条去解释。这就使他在某些场合死硬地维护旧财政教条，而较多的场合是在新的概念与旧的教条之间摇摆，成为一个财政经济问题上的折衷主义者。

他的财政思想所触及的范围，恐怕是19世纪中叶以前的学者中最广阔的一个。马端临《文献通考》食货部分的财政内容固然丰富，但它的阐述是以财政体制的史的演变为主，对前人的财政议论仅是附带的

---

① 《明会典》卷一八九，世宗嘉靖四十一年（公元1562年）。在1485年已曾进行班匠制的初步改革。

② 清《顺治实录》，顺治二年（公元1645年）五月。

摘录。丘浚的《大学衍义补》的财政部分则是以尽量详尽地编选前人的财政议论为主，其编选方式是按问题的性质加以分类且多加有作者写的按语。因此，丘浚的财政观点，除极少数例外，可以看做 15 世纪一般儒家财政思想的系统表现。

关于国家财政的基本原则，丘浚大都因袭前人尤其早期儒家旧说，没有什么新的发展。但在具体财政措施上，他倒提供了一些较为透彻的观察或建议，不像当时的一般儒者只会不切实际地空谈。

一、理财的涵义

丘浚认为"善于富国者，必先理民之财，而为国理财者次之"，提出了几点关于理财的看法。第一是为民理财，民财既理，则人君之用度无不足。第二，不能因反对聚敛而讳言理财，因为财用是不可一日缺少的"国之常经"。如讳言理财而使国用不给，"终不免于横取于民，则是以理财为讳者乃所以为聚敛之张本也"。第三，他把《易经》所谓理财与《大学》所谓生财结合起来考虑。指出"理"财"有人为分疏之意"，"生"财"有生生不穷之意"，二者不可分割。"有以生之而财之源生生不穷，有以理之而财之流陈陈相因，如是则在于民也无不足，而用于君也恒有余矣"①。这是对财富的生产与财富的分配尤其是财政再分配作了综合性的新解释。

对于"理民之财"，他并不主张改善贫富不均的现状。他说："为天下王者，……使富者安其富，贫者不至于贫，各安其分，止其所，得矣"②。在他看来，"富家巨室"的作用大得很。他尤注意"节流"，节省财政支出，认为节用是"万世理财之要"③。对于他的量入为出思想，我们留待下面分析。现在继续谈他如何从财政征收角度去处理"为国理财"与"理民之财"之间的关系。其基本原则是：

---

① 丘浚：《大学衍义补》卷二〇，《总论理财之道》上。
② 丘浚：《大学衍义补》卷二五，《市籴之令》。
③ 丘浚：《大学衍义补》卷二一，《总论理财之道》下，"节用而爱人"条。

第十三章 明代财政思想

"治国者,不能不取乎民,亦不可过取乎民。不取乎民,则难乎为于国;过取乎民,则难乎其为民。是以善于制治保邦者,必立经常之法,以为养民足国之定制"①。

这番议论既承认对人民的榨取是封建国家得以存在的源泉,又要避免因"过取"于民而违背藏富于民的传统训条。因此他主张在财政征收上确立一个"上之取于下,固不可太过,亦不可不及"的经常之法。历代关于财政征课的言论,强调"不可太过"者不胜其计,而指出"不可不及"者,却并不多见。这表明丘浚已认识适度税收的必要性。但他并未始终坚持税收"不可不及"的论点,而是认为"与其过也宁不及"②,又回到传统薄赋敛思想的老路上去。因此,他对一向为人们所称颂的刘晏之"善于理财",也表示非议,认为他只"知利国之为利,而不知利民之为大利;知专于取利而可以得利,而不知薄于取利而可以大得利"③。这种"利民"重于"利国"的说法,固然表现了他对于财政和经济之间关系的认识,但同时也禁锢了他对"为国理财"理论的深入探讨。

二、租税思想

丘浚大多数的租税观点都是过去儒家尤其是两宋道学家的传统教条。首先,他很坚持"任土作贡,分田定税"的古旧原则,认为"田赋之入,止于米粟",并须按距离远近规定轻重精粗的差别,后代不加区别地征课都非"天下之常制"④。因此,他既反对唐代征丁口的税制,也反对以钱为税。反对征丁口的税制的理由是:"土地万世而不变,丁口有时而盛衰;定税以丁,稽考为难;定税以亩,检核为易"。于是他认为杨炎以资产为宗的两税法未必全非,而不理解两税法改革的特点不

---

① 丘浚:《大学衍义补》卷二二,《贡赋之常》。
② 丘浚:《大学衍义补》卷二三,《经制之义》上。
③ 丘浚:《大学衍义补》卷二八,《山泽之利》上。
④ 丘浚:《大学衍义补》卷二二,《贡赋之常》,"禹贡"条。

在于"定税以亩",又不曾想到除土地资产外还有非土地资产,那就不完全是以地亩为征税基础。关于反对以钱为税,他说:"自古识治体者,恒重粟而轻钱,盖以钱可无而粟不可无故";为国家长久计,"宁以菽粟要钱物,使其腐于仓庾之中,不肯以钱物当菽粟,恐一旦天为之灾,地无所出,金银布帛不可充饥,坐而待毙也"①。这完全是对"腐红粟于太仓"的所谓盛世的迷恋。他当然不可能懂得随着实物地租之逐渐向货币地租过渡,封建税收也不能不逐渐由实物税向货币税转化。以钱定税额是一种顺应客观经济发展的措施。到明代这一趋势更为显明,而且在遭受巨大自然灾害时,货币固然不能用以充饥,但此时也根本收不到实物,仍然无法喂养庞大的官僚寄生集团。而在非凶荒年份,有货币收入就无异有实物储存。何况以钱为税的征税手续,也更为简便。

其次,他将久已过时的所谓"什一之税"仍看成"天下之中正",甚至说它是"万古取民之制"②,并宣扬孟轲所谓税率高于什一是"大桀小桀",低于什一是"大貉小貉"之说,最后仍倾向于较什一为低的税率,认为"苟国家无事,……三十而税一,尽除田税,君子不以为非也"③。尽管什一税教条被他奉为神圣,可如果能减轻甚至免除地主阶级的田赋负担,那么即使不按什一的比率征税,他也就不以为非,"孔、孟之所言"也可置诸脑后了。因而他也很欣赏李翱所谓"人皆知重敛之可以得财,而不知轻敛之得财愈多"④的观点,足见这些以维持教条自命的殉道者,实际维护的仅是地租收入而已。

他拥护"关市不征"的传统观点,但对渔课、竹木课等山泽之征并不怎样反对。他在租税方面的见解也有两点值得指出。第一是他反对重复征课。以酒税为例,他说:"谷麦既已纳税,用谷以为酒又税之,造麦为曲以酿酒又税之,用米与糟以为醋又税之,……此一物而三、四出纳也"。他又将谷物税与其他竹木牲畜之征作了对比,认为民种五谷

---

① 丘浚:《大学衍义补》卷二二,《贡赋之常》。
② 丘浚:《大学衍义补》卷二二,《贡赋之常》。
③ 丘浚:《大学衍义补》卷二三,《经制之义》上,"大貉小貉"条。
④ 丘浚:《大学衍义补》卷二四,《经制之义》下。

已交纳了田税,"无可再赋之理"。不像竹木牲畜之类。原无征算,故当它们作为商品进入关市时"官可税之"。而谷物"民既纳租于官仓矣,而关市又征其税,岂非重哉"①。这种反对重复征课的意见,比起明初解缙的说法更为明确而突出,尽管它本身并不完全正确,却是非常新颖的观点。

第二是解决逃户之税的建议较为切实可行。向来对逃亡户所遗留的税额总由现存户口分摊,逃户愈多,留户的负担愈重,以至难于征收。他深切地认识到:"摊税之害尤毒,非徒一竭而已,且将竭之至再至三而无已焉。不至水脉枯而鱼种绝不止也"。为了解决这一弊害,他建议在每年十月以后,令布政司查各县里"民数逃去开除者若干,移来新收者若干;其民虽逃,其产安在,明白详悉开具,即所收以补所除,究其产以求其税;若果人散亡,产无踪迹,具以上闻,核实免除"②。这一办法看来是经过调查研究总结出来的,绝非向壁虚构。

三、制国用与会计思想

丘浚对儒家量入为出的老财政原则未提出什么新的见解,但对于其具体执行程序,他却作了颇为详尽的发挥。他提出:

"今日制国用,亦宜仿此法(指《王制》冢宰制国用)。每岁户部先移文内外各司及边方所在,预先会计嗣岁一年用度之数:某处合用钱若干,某事合费钱若干,用度之外又当存积预备若干;其钱谷见在仓库者若干,该运未到者若干;造为帐籍,一一开报。又预行各处布政司并直隶府分,每岁于冬十月百谷收成之后,总计一岁夏秋二税之数,其间有无灾伤、逋欠、蠲免、借贷,各具以知。至十二月终旬,本部通具内外新旧储积之数,约会执政大臣通行计算嗣岁一年之间所用几何,

---

① 丘浚:《大学衍义补》卷三〇《征榷之课》。
② 丘浚:《大学衍义补》卷二二,《贡赋之常》。

所存几何，用之之余，尚有几年之蓄，具其总数，以达上知。不足则取之何所以补救，有余则储之何所以待用。岁或不足，何事可以减省，某事可以暂已。如此则国家用度有所稽考，得以预为之备，而亦俾上之人知岁用之多寡，国计之盈缩，蓄积之有无云。"①

这是很具体而明确的国家预算编造程序，这个程序比唐代的长行旨条和唐、宋两代的国计录或会计录要周详得多。长行旨条只是适用于一个较长时期的国家和地方财政收支的原则性规定，不能算是国家预算。国计录或会计录具有历史资料性质，不具预算的作用。丘浚所建议的预算程序和近代国家预算编制过程除手续上有精粗之别外，其最不同之处是它以编制年份（即预算执行的前一年度）的实际财政收入作为编制依据，而近代国家预算则是以预算执行年份的估计收入为编制基础。在封建时代，最高统治者的个人支用和国家财政开支难于区分，不可能产生严格意义上的国家预算，但从财政思想史来说，应为不可忽视的国家预算先行思想。

除很有意义的国家预算思想雏形而外，丘浚是南宋郑伯谦以后又一个重视会计与审计的思想家。他根据《周礼》所载，指出司会之官应遵照法令监督中央和地方财政收支，严加稽核，他说："成周设司会之官以职财计；……大宰总其法于上，司会察其法于下，有所施用于邦国，有所施用于官府，有所施用于都鄙，皆必合于六典、八法、八则之典礼，然后致之、令之、均节之，使财足以周天下之用，而用之各得其宜焉。"所以，司会之职不仅掌管封建财政收支的事后审查，并有权于事前考察财政开支之是否得当。他也同郑伯谦一样，主张"钩考"即审核与"书记"即收支记录应分官掌理，不能由一人兼任，使这两种职位"交相参互，以此所掌，稽彼所录，多寡虚实昭然矣"。因为"以国家之大，用度之夥，其出入之数，必为籍以纪之，设官以稽之，所以防有司之奸欺也"，有必要建立相互牵制的会计稽核制度②。

---

① 《大学衍义补》卷二〇，《总论理财之道》上，"礼记冢宰制国用"条。
② 丘浚：《大学衍义补》卷二三，《经制之义》上。

第十三章 明代财政思想

他又建议仿唐人国计及宋人会计旧例，将明王朝自洪武到弘治各朝的财政收支情况，每朝一卷编成会计录以供后代参考。其内容为：

"凡天下秋粮、夏税、户口、盐钞及商税、门摊、茶盐、抽分、坑冶之类租税年课，每岁起运、存留及供给边方数目，一一开具。仍益历年以来内府亲藩及文武官吏、卫所旗军并内外食粮人数，与夫每岁祭祀、修造、供给等费，……每朝通以一年岁计出入最多者为准。要见彼时文官若干，武官若干，内管若干，凡支俸几何；京军若干，外军若干，边军若干，凡食粮几何；其年经常之费若干，杂泛费若干，总计其数凡几何；运若干于两京，留若干于州郡，备若干于边方；一年之内所出之数比所入之数或有余或不足或均适。……每朝为一卷，通为一书，以备参考。……使国计大纲，瞭然在目。如或一岁之入不足一岁之出，则推移有无，截补短长，省不急之用，量入为出，则国计不亏而岁用有余矣"①。

编制每朝的会计记录，其目的是作为每年"规国用"即制订国家预算的参考资料。这是他强调预算编造思想的继续和补充。在这些问题上，又一次表现了丘浚在他未受传统教条束缚的思想领域对具体事物的考虑之周密。

此外他对于其他财务行政问题，也提出了若干颇有意义的观点。例如明初罢废宰相而以户部掌理国家财政事务，失之缺乏主持国计的中央专职长官。对此，丘浚建议效法汉之计相、唐之度支、宋之三司使之制，在户部添设尚书一员，"专总国计"。其职掌是："凡内外仓库之储，远近漕挽之宜，咸在所司，稽岁计之出入，审物产之丰约，权货币之轻重，敛散支调，通融斡转，一切付之，久其任而责成功。凡国家有所用度，悉倚办之"。这对于统一管理和协调全国财政收支事项显然是有益的。又如，他参照汉代划分国家财政与皇室财政的制度而予以发挥，并把重点放在限制皇室开支上。他主张将财政收入分贮内、外二

---

① 丘浚：《大学衍义补》卷二三，《经制之义》上；又卷二一，《总论理财之道》下也有类似文句。

府：外府贮存粮绢银钞等"正赋"收入，"以待军国之用"，如有剩余则贮藏起来，"以备水旱兵火不测之需"；内府则贮存坑冶、赃罚、门摊之类的非正赋收入，专供皇室支用，其剩余部分或储备供他年之用，或接济外府之不足。总之，处理内、外府之间关系的基本原则是：外府"有不足则可取之于内"、内府"虽有不足亦不可取之于外"。其理由就在于"军国之需决不可无，奉养之具可以有可以无"①。这样就把以往坚持公赋系统独立的思想进一步扩大，规定君主私人开支不得侵及公赋收入，还从原则上规定了国家财政发生困难时可以动用皇室私藏的合理性和必要性。尤其是他公开宣称皇室开支"可有可无"并以此作为限制皇室用费的理论依据，这对于一个恪守传统教条的儒家学者来说，确是不容易的。

四、贸易及常平政策

在贸易政策方面丘浚反对封建官府经营商业的态度是非常坚决的。他说②：

　　"为天下王者，……夺富人之所有以予贫人，且犹不可，况夺之而归于公上哉？吁！人君而争商贾之利，可丑之甚也"。

　　"堂堂朝庭而为商贾牟利之事，且曰欲商贾无所牟利，噫！商贾且不可牟利，乃以万乘之尊而牟商贾之利，可乎！

因此，凡历史上一切官营商业措施如桑弘羊的均输、平准，王莽的五均、六筦，王安石的均输、市易，他均加以非议；至于唐代的宫市、和买之类更是坚决反对。只有《周礼》"泉府"的活动，因出自儒家经典，他才不敢反对。

他把管仲与商鞅的财政经济原则概贬斥为"见利而不见义"的

---

① 丘浚：《大学衍义补》卷二四，《经制之义》。
② 丘浚：《大学衍义补》卷二五，《市籴之令》。

"功利之术，……乃先王之罪人也"①。对官营盐、铁、茶、酒等政策他也一概加以否定，认为是"与民争利"，"以万乘之尊而为商贾之事"。他主张弛盐、茶之禁②，认为惩治私盐贩子是"不称其罪的重刑"③，但由于盐利是当时封建政权财政收入的重要来源之一，他的态度又不能不稍有妥协折衷，说什么："盐之为利，禁之不可也，不禁之不可也，要必于可禁不可禁之间，随地立法，因时制宜，必使下不至于伤民，上不至于损官，民用足而国用不亏，斯得矣"④。其实，世界上哪有这种无可无不可，两全其美的中间道路。

他反对官营盐、茶之类的又一原因是因袭西周芮良夫反对专利之说，认为山泽产品古代不加"专利"，因为这是"民之所采用，商贾之所贸易，上之人未尝立法以禁之，设法以敛之也"；但又说："天生物以养人，非专为君也，而君专其利，已违天意矣"，⑤硬给芮良夫的观点罩上一层唯心的迷雾。反对官营贸易的另一理由是官营本身存在着缺点，他说："大抵民之为市，则物之良恶，钱之多少，易于通融准折取舍；官与民为市，物必其良，价必定数，又有私心诡计百出其间，而欲行之有利而无弊，难矣"⑥。西汉以来曾出现过不少指责官营专卖本身缺点的议论，丘浚之说虽未较他的前人更为完备，但还是少带唯心色调的实事求是的议论。

丘浚反对官营商业，但却十分看重民间的商业活动，并把它看成"王政"之一端。因此，他从"民用足则国用有余"出发，非常强调商业民营。他主张盐要由人民自煮自卖，官府除控制牢盆及收取引钞外，不得再行征税⑦。酒也要"使人民自为之"，官府只是"度其所卖之多寡"以定其税⑧。总之，凡一向认为适宜于专卖的商品如盐、铁、茶、

---

① 丘浚：《大学衍义补》卷二八，《山泽之利》，"海王之国"条。
② 丘浚：《大学衍义补》卷二七，《铜褚之币》上。
③ 丘浚：《大学衍义补》卷一一三，《戒滥纵之失》。
④ 丘浚：《大学衍义补》卷二八，《山泽之利》，"北魏河东盐池"，"周礼盐人"条。
⑤ 丘浚：《大学衍义补》卷一一三，《戒滥纵之失》。
⑥ 丘浚：《大学衍义补》卷二五，《市籴之令》。
⑦ 丘浚：《大学衍义补》卷二八，《山泽之利》，"折中盐"条。
⑧ 丘浚：《大学衍义补》卷三〇，《征榷之课》，"武帝榷酒"条。

酒之类均应让私商经营,其余之必须民营更不必讲。他还认为在凶荒年份,鼓励"商贾毕聚"以增大商品供应量,即能"济其乏,苏其困";甚至说"摧抑商贾居货待价之谋"的主张也不一定妥当。因为"贫吾民也,富亦吾民也,……况货物居之既多,则虽甚乏其价自然不致甚贵也哉"。先秦以来,除了那些代表商人阶级的思想家外,这样全面地为私营商业辩护并以此为封建财政活动的指导思想者,是不多见的,丘浚可算是其中较为突出之一人。

最突出之点还在于他特别重视以海外贸易作为封建财政收入的又一重要来源。这也是以往理财家较少论及的经济活动领域。在他看来,让人民从事海外贸易,官府征税,可不扰本国之民而于财政收入大有补助。关于开放海外贸易的具体办法,他建议:沿海各地有愿从事海外贸易者可先报告市舶司审查,果无违碍,即准其自造船若干艘;陈明从事所经营商品的种类,行经那些国家,何时返国;并保证不携带违禁物品出口和返国时不得有所偷漏。商人从海外返国时,须经官府派人检验并按一定百分比抽收实物税后方许变卖。他认为这样就可"不扰中国之民而得外帮之助,是亦足国之一端也,其视前代算间架,经总制钱之类,皆不犹贤乎哉!"①

大约在此前二百年,卢世荣曾建议海外贸易由国家垄断经营并由政府出资募私商从事这项工作。而丘浚的政策是令私商自行出资经营,较卢世荣的办法更为先进。再者,以往赞成进行国外贸易者多是欣赏国外珍奇物品,而丘浚则转向一般进出口商品的贸易,不是专为满足封建统治阶级的豪奢消费,较接近于国际贸易的正常轨道。

从这些分析看来,无论在国内或国外贸易领域,丘浚均主张将以往多系由官营专卖或控制的事业,改为让私商自由经营,而封建国家只收取凭证费或收取捐税。然而,这种反对国家专卖的思想倾向,并未使他忽视商品市场价格的稳定问题。

他把"平物价"与省力役、薄赋敛并列为"王者"的重要任务②,

---

① 丘浚:《大学衍义补》卷二五,《市籴之令》,"市舶之法"。
② 丘浚:《大学衍义补》卷二五,《市籴之令》。

这是在他以前不曾有过的提法。他特别强调谷物价格的稳定，认为这不仅对人民有利，并可据以"定科差、制税敛、计工役"①。当时封建国家的财政收支基本上已按货币核算，所以，稳定价格是十分必要的。是时代的经济条件使他对商品价格波动在财政上的不利影响的认识比前人进了一步。

他像历代封建思想家一样，把稳定谷物价格作为封建国家的重要财政措施之一。他建议建立由下而上地定期汇报谷米价格的制度；政府掌握各地谷米价格动态，并在各地间移低就高，"通融转移"，以稳定各地谷价；政府根据粮食收成的丰歉，运用轻重散敛之术以稳定谷价；控制货币流通量使其不致"多余"，从而维持谷价的稳定②。可见，这一建议是在李悝平籴之法的基础上，吸收了刘晏关于价格情报网的创议，并考虑到货币因素的作用而提出的。且不谈逐级上报物价到户部的间隔时期太长，不足以有效而迅速地采取补救措施以应付价格变动的问题，仅封建国家必须对粮食进行轻重敛散，即官府从事粮食贸易，就是不以营利为目的，也和他反对官营商业的观点是矛盾的。

在常平问题上，他虽主张采用李悝平籴之法，却仍沿袭耿寿昌的原议设于边郡，而内郡则只限于某些特殊地区如淮北、山东，此外必普遍设立③，他认为常平仓的作用主要是稳定粮食价格，并指出耿寿昌所谓"因谷贵贱而增减其价以粜籴之"的说法，太笼统而不够细密，因"年之丰歉不常，谷之种类不一，或连岁皆歉，或此种熟而彼种不收"；如不能在散敛之际斟酌上下，有时反而不平。他提出一个新的常平原则："随其熟而收其物，不必专其一；因其时而予之价，不必定于官，视年丰歉，随时粜籴"。

在他的具体设计中，常平活动的范围还要广泛一些。例如在内地，于淮北、山东二处各设一常平司，量地大小借与官钱为本，每岁验其所种谷：麦熟几分，粟熟几分与大小豆之类皆定分数，因种类之丰歉随时价之多少收籴。所收者不分是何谷米，逐月验其地之所收。市之所售，

---

① 丘浚：《大学衍义补》卷二六，《铜楮之币》上。
② 丘浚：《大学衍义补》"刘陶"条及卷二五，《市籴之令》。
③ 丘浚：《大学衍义补》卷一六，《恤民之患》，及卷二五，《常平之法》。

455

粟少则发粟，麦少则发麦，诸谷俱不收，然后尽发之（若易腐败又可临时斟酌）。随处立仓，通融搬运分散，量时取值。凡货物可用者皆售之，不必专取银与钱。其所得货物可资国用者，具数送官，其余则听随时变卖，以为籴本。关于边郡常平仓的做法，又另是一套。每岁于收成时，不论何种谷物均可收购，贮之于仓。谷不必一种，随其贱而收之；官不必定价，随其时而予之。其可久留者贮之以实边城，其不可久留者随时以给禀食之人。诸种谷物均以粟为标准折合，如粟值八百，豆值四百，则支一石者以二石与之，他皆准此。然后计边仓应贮存量，通知应行运粮助边各州县，使其依价收钱，缴边地作购买储粮之用，这样即可以足边郡，而宽内郡运粮助边各州县的烦劳①。

由上可知，他将西汉以来的常平思想作了相当程度的扩展。如一是收售的粮食种类增多；二是常平粮仓可在各地间通融调剂；三是人民购买常平粮食可以用其他商品交换，不限于用货币购买；因而引出第四是常平机构还须经营商品的收售业务；五是因地制宜，不同地区采取不同的管理方式。至于常平仓买卖均须按照市价，反对官定价格，则前辈思想家已曾提出，非其创见。扩展传统的常平思想，从财政思想的演变过程来看，是值得称述的。但是，这样广泛的常平收售活动，事实上已是"市易"或"平准"一类的官营贸易。如果真照贸易原则以营利为目的，未尝不可以收到增加财政收入之效，惟常平制度的传统原则是不能以营利为目的的，一切按照市场价格或较低的市价出售，有时会连管理费用均无法补偿。何况所经营的商品品种又甚复杂，只以所收购商品的积压腐坏一端来说，即足以侵蚀全部常平本钱。看来丘浚已不自觉地接受了他一向反对的市易或平准之法，但由于死守封建国家"不与民争利"的老教条，因而在常平的标签下硬加进一些商品买卖业务，形成一种不伦不类的东西。

---

① 丘浚：《大学衍义补》上卷二五，《常平之法》。

第十三章 明代财政思想

五、漕运与力役

（一）漕运问题

我们在前面已一再提出，从隋唐以来，漕粮运输日益成为各代封建王朝迫切的财政工作和严重问题，故在这一历史时期内留心财政经济问题的思想家，很少不发表一些有关漕运的意见，丘浚更是如此。

向例，漕运主要由运河转运，各河之间辅以短程陆路运输。在元代，漕粮基本上靠海运。明初是海运、河运兼行，永乐十三年（公元1415年）起罢海运专用河运，承运军队达十二万人，粮船多至一万一千余艘，足见任务之繁重。关于漕粮的各种运输方式，丘浚均表示了自己的看法。其中值得一提的是他关于短程陆运的两点意见，以及对海运之利的阐述。

关于短程陆运的第一点意见是介绍元代董抟霄的所谓"百里一日运粮术"，即使运粮者排列成行不停地传送袋装粮米。这一操作方式，体现了近代流水作业法的一些基本原则[1]。他认为漕运陆路短程亦可采用此法，惟可暂而不可常[2]。第二点意见是建议修筑京东漕运短程大车遭约百里，其施工设计如下：

"古路之旁，择便利处再辟新路一道或两道，每道约广十丈以上。其归遭专为官民往来之路，止行小车。其新开者一道专以通行辇运，大车下而往者从左道，上而来者从右道，不许互行。其道旁居民，不许夹道相向。有欲居者皆许于道旁百步之外，面东西以居。近道卖酒食者惟许作浮铺。如此则民居既远，轨辙散行，水易涸而泥易干，运道自然不致深陷。又于中道设一提举司……每年委工部官一员提调，……专一修理道

---

[1] 胡寄窗：《中国经济思想史》下册，第八章第二节（二）。
[2] 丘浚：《大学衍义补》卷二四，《挽漕之宜》下，"董抟霄百里一日运粮之术"条。

中国财政思想史

路。大车入门免其纳钞，就俾于提举司出修路钱若干，收贮在官，以为买砖石佣工作之费。……所费不过民田数十顷，可将官地偿之，或给以价，或为之开豁粮租"①。

这一道路工程的设计，在路基的敷设，路面的规模，道路的使用和保养等方面，从现代眼光看来亦属比较合理，显系有一定的调查研究为依据。在以往"四体不勤，五谷不分"的士大夫阶层中，能提出类似建议的，的确很不多见。

我们最感兴趣的是他为海运漕粮辩护的意见。以往航海技术不发达，航海知识未普及，一般均以海洋航行为畏途。丘浚生长在往来海外的居民较多的琼州，故能破除成见，为海运辩护。他为了使自己的建议更具有说服力，曾根据调查所得，提出以下的仕证：

"舟行海洋，不畏深而畏浅，不虑风而虑礁。故制海舟者必为尖底，首尾均置帆。猝遇暴风，转帆为难，亟以尾为首，纵其所如。且暴风之作，多在盛夏。今后率以正月开船，置长篙以料角，定盘针以取向，一如番舶之制。……今欲免放洋之害，宜预遣习知海道者，起自苏州刘家港访问傍海居民，捕鱼渔户，煎盐灶丁，逐一次第踏视海涯有无舟行横道，舶舟港汊，沙石多寡，洲渚远还，亲行试验。委曲为之设法，可通则通，可塞则塞，可回避则回避，画图具本，以为傍海通运之法。……若夫占视风候之说，见于沈氏笔谈，每日五鼓初起，视星月明浩，四际无云，因便发行，巳时而止，则不遇风暴。或中途忽见云起，则易舵回舟，仍泊旧港。如此可保万全，永无沉溺之患矣"②。

丘浚的这一主张吸取了前人的科学知识和当时国内外的航海技术，并特别重视听取海滨劳动人民的实际经验，可谓极有价值的建议。为了破除一般人所谓海运沉没损失较重的陋见，他曾将元五朝从至元二十年到天

---

① 丘浚：《大学衍义补》卷二四，《挽漕之宜》下，"至元二十八年郭守敬"条。
② 丘浚：《海运论》。转引自《古今治平略》卷八，《国朝漕运》。

458

历二年这四十七年的海运漕粮记录，逐年按起运、实收及损失数量作了详细的统计。从统计分析得出海运损耗远较河运为小的结论。历代思想家借用历史统计数字以为其主张或论点的佐证者甚多，但一般都是以个别年度的或有关个别问题的一、两个历史数字来说明问题。丘浚所运用的统计数字不仅几乎包括了元王朝历年海运漕粮数量，且各年数量均为可比项目，可算是我国历史上运用统计分析最早的典型，不论其海运主张本身的价值如何，仅就运用统计分析这一方法来说，也是很值得称道的。

他还建议，如海船的载重量为一千石，只装运粮食八百石，其余二百石舱位许运粮军夫装载私货。三年之后，私货按三十分之一运费税交纳。如系商人的商货附载照常例交纳。采用这种办法是为杜绝船夫伪报全船沉没之弊。同时也指出，京师所用物货多来自南方，而货物转运以运河为主。但以运河有许多窄浅之处，舳舻挤塞，脚费倍于物价，使货物价格踊贵。"此策既行，则南货日集于北；空船南回者必须物实，而北货日流于南矣"。① 亦即利用漕粮海运以推动南北商品之交流，由降低运输成本以降低商品价格，并认为这是当时莫大的富国足民之策。

明代漕粮，由于商品经济的进步发展，在正统元年（公元1436年）即开始部分折收漕银，到丘浚呈进《大学衍义补》时折收银两的比重当更为增大。我们分析他的有关漕粮的陆运、海运建议、不重在建议本身的现实性，而重在这一建议所体现的若干前人所未道及的可取因素，如道路工程的设计，航海问题的研究，南北商品交流的分析和统计数字的运用等等，标志着他在具体财政措施分析上，已达到当时历史条件下很高的思想和研究水平。

（二）力　役

劳役是封建财政的另一重要项目。丘浚一直迷信"古者使民不过三日"这个陈旧的欺骗宣传，因而认为一年中还有"三百五十七日皆

---

① 丘浚：《大学衍义补》卷二四，《挽漕之宜》下。

民之所自有"①。并提出"人君之用民力，非不得已不可用也"②，这似乎是为人民说话。可是，他毕竟掩盖不了剥削阶级的尾巴，又说："凡有天下国家者，不能不役乎民"，其理由是人民的家屋田产均赖官府庇护，故服力役是人民的"职分之所当为"③。照他的逻辑，服力役应该是地主阶级尤其是大地主集团的"天职"，因为他们的家室田产特别多，更需要封建国家的保护。但他却一再宣扬北齐天宝以来所谓"富者税其钱，贫者役其力"，提倡有产者出财，无产者出力，为强迫贫民负担全部封建劳役制造理论依据。其流毒所至，到20世纪30年代的封建买办政权还以"有钱出钱，有力出力"为幌子，来驱使劳动群众为官僚资产阶级和地主阶级的利益而效命。所以，丘浚这一论点是极其反动的，至于他的力役观点本身的自相矛盾还是余事。

值得注意的是，他在确定力役负担的根据这个问题上，不主张单纯以人丁的数量作为标准，还考虑到年龄的老少、体力的强弱、财产的多寡等其他因素，尤为强调以土地财产作为规定力役的重要依据。因此他说："欲役于民，必先均其土地"；或谓"因其受田之高下以定其力役之多寡"④。在他提出的所谓"配丁田法"中，更是明确地把力役负担与土地财产联系在一起，宣称："以丁配田，因定为差役之法"。其法有关差役部分的具体规定如下⑤：

> "以田一顷配人一丁，当一夫差役。其田多丁少之家，以田配丁足数之外，以田二顷视人一丁，当一夫之差，量出雇役之钱（富者出财）。田少丁多之家，以丁配田足数之外，以人二丁视田一顷，当一夫差役，量应力役之征（贫者出力）。"

此外，又规定了"仕宦优免之法"：根据官品高低，量为优免，如京官三品以上免四顷，五品以上三顷，七品以上二顷，九品以上一顷，外官则递减之，无田者准田免丁，"睢不配丁，纳粮如故，其人已死，优及

---

① 丘浚：《大学衍义补》卷三一，《傅算之籍》，"周礼均人条"。
② 丘浚：《大学衍义补》卷十五，《愍民之穷》。
③ 丘浚：《大学衍义补》卷三一，《傅算之籍》，"周礼遂大夫"条。
④ 丘浚：《大学衍义补》卷二三，《宣赋之常》。
⑤ 丘浚：《大学衍义补》卷十四，《制民之制》。括弧内文句系原注。

子孙以寓世禄之意"。在他看来，只要采行这一办法，"不惟民有常产而无甚贫甚富之不均，而官之差役亦有验丁验粮之可据矣"，同时有助于最终逐渐消除土地兼并之患。

配丁田法利用财政负担作为缓和土地兼并的手段的思想，虽然新颖，但它本质上是为官僚大地主阶级利益着想的建议。如"田多丁少"的大地主可在限额土地之外"以田二顷视人一丁"，亦即二顷田地才负担一丁的差役，而且还可以金钱代役，这是他所宣扬的所谓"富者出财"，事实上是给大地主们的优待。相反，如像田少丁多之家（这主要是中小地主和农民），却须在有田可配的人丁之外，"以二丁当田一顷"，亦即加倍担负差役，而且必须实际充役。这就是他所谓"贫者出力"的原则，事实上是加重中小地主和小农的差役负担。至于官僚大地主所享受的世袭的免役优待，那更是很明显地有利于统治阶级的规定。大地主既可能以种种方式取得官僚身份而享受免役优待，则更加沉重的差役负担势必落到中小地主及农民身上。到十五世纪后期还妄想恢复久已过时的所谓世禄制度，为官僚大地主的利益设想，这就使人更加显明地看出配丁田法的辩护性。惟从封建力役思想的演变来看，丘浚强调以丁配田而定差役，在指导原则上顺应了当时赋役制度改革的基本趋势，并为明中叶以后产生一条鞭法的重要赋役改革，提供了某种具有过渡性质的思想模式。至于实行差役还是雇役，他认为二者"利害相半"，不可偏废，要在"相资以为用"①。由此再一次表明他的财政思想之折衷主义特点。

由上分析可知，丘浚在许多具体财政问题如国家预算、海外贸易、漕粮运输、常平等方面，均有其较切合实际甚至很值得称述的见解。假使他只有这些见解而不涉及其他，便足以使他的财政思想成为中国财政思想史中出色的贡献之一，但由于他未能破除早期儒家经济教条的束缚，致使他的这些可贵观点变成腐朽思想意识中散见的萤火微光。何况他还极大量地汇集了陈旧保守的财政经济议论，这就使他的可取见解在其整个著述的"杂烩羹"中显得更为零星而单薄。

---

① 丘浚：《大学衍义补》卷三一，《傅算之籍》。

从另一角度考察，丘浚的"杂烩羹"却标志着以往传统财政经济观点的大汇总，也代表了当时乃至以后一个历史时期内保守的封建士大夫对若干财政经济问题的典型看法。丘浚死后，在社会思想意识诸领域爆发了不同程度的叛逆或异端思想与传统思想的斗争，因而在财政思想领域也愈来愈多地出现批判传统财政经济教条的思想家，使中国财政思想的发展过程步入一个新的阶段，这种趋势一直持续到19世纪中叶。

第三节
张居正与一条鞭法

张居正（公元1525—1582年）曾于万历年间以内阁首辅秉政十年，在具体财政事务中多有建树，尤以他在全国范围内大力推行土地清丈与一条鞭法，而为时人及后人所瞩目。关于"一条鞭"的赋役制度，留待后面专门讨论，现在先谈他的包括土地清丈在内的其他财政措施。

一、张居正的财政措施

在中国封建时代的著名理财家中，张居正的财政功绩虽比不上桑弘羊、刘晏及王安石等人，却是明代较突出的一位。从财政指导思想上看，他认为后世儒者褒扬仁义为"王道"而贬抑富强为"霸术"的说法，纯系"高谈无实"之论。因此，当有人指责他未行王道，所言所行"不过富国强兵而已"时，他不屑一顾，反而公开宣称："仆自秉政以来，……其播之命令者，实不外此二事（指富国强兵）。"[①] 在处理富国和强兵的关系上，他又一再提到"足食乃足兵之本"，"欲足兵必先

---

① 《张文忠公全集·书牍》十一，《答福建巡抚耿楚侗谈王霸之辩》。

足食"①，可见他是把发展农业生产以充实国家财政放在更重要的地位上。同历史上的那些著名理财家相比，他在重视理财这一点上与前者是相同的，但在如何理财问题上，却与其他理财人物有着明显不同。从以前的分析中不难看出，诸如桑弘羊、刘晏、王安石等人，均系将他们从事理财活动的重点放在开辟利源以增加财政收入上。至于节减支出仅放在辅助或次要的地位，甚至很少予以考虑。而张居正恰恰相反，他以"力本节俭"作为其理财指导方针。如谓："古之理财者，汰浮溢而不鹜厚入，节漏费而不开利源；不幸而至于匮乏，犹当计度久远，以植国本厚元元也"②。在这种思想的支配下，他的理财活动主要围绕着两个问题而进行，一是在财政支出方面强调节用；二是制止或避免官僚地主们对封建财政收入的侵蚀。这具体表现在以下几方面。

(一) 提倡节用

在张居正所处的时代，封建财政已由明初的大量盈余变得入不敷出，而且情况日趋恶化。面对如此严峻的财政亏空现实，张居正极力呼吁捐无用不急之费。他的理由不外乎是因袭"天之生财，在官在民，止有此数"的老调，既然天下财富不能增多，那么解决财政赤字问题的办法就不能靠开辟利源而只有节用之一途，这也是他之所以鼓吹"治国之道，节用为先"③的主要理论依据。为此，他曾以不同的表达方式反复强调节用的重要性："天地生财，自有定数，取之有利、用之有节则裕，取之无制、用之无节则乏"；"夫天地生财，止有此数，设法巧取，不能增多，惟加意樽节，则其用自足"；"与其设法征求，索之于有限之数以病民，孰若加意省俭，取之于自足之中以厚下"④，如此等等。

一味鼓吹节用而摒弃"开利源"，不免偏枯，这表明他连先秦以来

---

① 《张文忠公全集·书牍》三，《答蓟镇总督王鉴川言边屯》及《书牍》九，《与张心斋计不许东房款贡》。
② 《张文忠公全集·文集》八，《赠水部周汉浦榷竣还朝序》。
③ 《张文忠公全集·奏疏》五，《请停止内工疏》。
④ 《张文忠公全集·奏疏》五，《请停止内工疏》八，《看详户部进呈揭帖疏》，《陈六事疏》。

久已流行的"开源节流"这一基本理财思想,也未能很好体会。不过,既以节用作为理财的主要目标,往往更易于揭露封建统治集团的奢靡腐败现象。他在分析当时"财用大匮"的原因时,即指出如系以天下财富供奉封建君主一人之用,"虽至过费,何遂空乏"。所以造成财政匮乏的根源非仅最高统治者的奢侈之一端,而是由"王朝之费"、"大官之供"、"中贵征索"①,也就是整个统治集团的挥霍无度所致。当然,在整个封建统治集团中,尤以最高统治者的奢靡浪费所产生的影响为最恶劣。因此,这也是他抨击的主要对象,他指出:"以天下之大,奉一人之身而常若其不足。口厌甘脆,而天下始有藜藿不饱者矣;身厌纨绮,而天下始有裋褐不完者矣;居厌广丽,而天下始有宵啼露处者矣"②。这样就从一般的节用议论,进一步引申到因封建帝王的极尽奢侈而造成的剥削统治阶级与被统治阶级之间的尖锐对立上来。这也是他的节用观点中较为可取之处。

在减省财政开支方面,他的基本方针是:"总计内外用度,一切无益之费,可省者省之;无功之赏,可罢者罢之。务使岁入之数,常多于所出"③。至于其具体裁减项目,主要指皇室开支如宫中用度服御之类,特别是对僧道的施舍,尤当禁止④。在他的奏议中,有许多是关于停止修建宫室工程、限制皇室或外戚支取国家经费一类的建议。这些均体现了他主张节用的总精神。惟其对于所谓"无益之费",既无一定的鉴别标准,又缺乏相应的财计制度以为减省之保证,全凭个人的判断而临时加以约束或制止,这显然是一种治标不治本的办法。

(二) 严格征课制度

租税收入方面,张居正试图解决的主要是租税逋欠或逃税问题。他采取的办法无非是"有司以征解为殿最"⑤,以完成租税征收任务的工

---

① 《张文忠公全集》一二,《论时政疏》。
② 《张文忠公全集》六,《人主保身以保民论》。
③ 《张文忠公全集》八,《看详户部进呈揭帖疏》。
④ 《张文忠公全集》一〇,《文华殿论奏》。
⑤ 《明史纪事本末》卷六一,《江陵柄政》。

作实绩作为考核官吏的重要标准。这一考核是相当严格的,最初规定征课任务以十分计,不及八分者停发官吏俸禄。稍后又以九分为及格,另须带征以往拖欠的租税额二分①。此办法已取得显著成效,积粮足支七八年,积银四百余万。

他对考成一事评价甚高,认为推行此法可收不加赋而上用足之效,"正赋不亏,府库充实,皆以考成法行,征解如期之故"②。以税收多寡作为官吏的考核标准,固然有利于封建国家征课任务的完成,但它也不可避免地会带来催科急迫以及由此而引起的一系列弊端。诸如官吏"不能约己省事,无名之征求过多";对于"势家大户"的侵欺行为不敢过问,"反将下户贫民,责令包赔";"不分缓急,一概严刑追并";贪官乘机渔利③等等。这些均是他自己提到的问题,足见考成法并非他想象得那么美好,更谈不上有什么理论意义。

值得注意的倒是他在处理租税逋欠问题上,始终坚持把贫民下户与势豪大户区别开来,予以不同对待。对于贫民下户,他颇能体会其苦楚。指出他们财力有限,即便丰收年份,"一年之所入,仅足以供当年之数";如遇荒年,则生活难以为继,当年租税尚无力交纳,岂有余力完成累年拖欠之钱粮。故所谓"带征"逋欠之税,"往往将见年所征,那作带征之数,名为完旧欠,实则减新收也。今岁之所减,即为明年之拖欠,见在之所欠,又是将来之带征,如此连年,诛求无已,杼轴空而民不堪命矣"。加上征税官吏"敲扑穷民,朘其膏血,以实奸贪之囊橐",更使人民不堪其苦。因此,他主张除了专供皇室私用的金花银两而外,其余逋欠一律蠲免,只需完纳当年正供税额。这样"以当年之所入完当年之所供",既易于交纳,又易于催征,于官民两利。同时在他看来,推行考成使"公私积贮颇有赢余",也为免除积逋而又不损害国家财政收入,提供了条件④。以上为平民下户辩护的真切之情,溢于言表。

---

① 《明史》卷二二七,《萧彦传》。
② 《张文忠公全集·奏疏》一〇,《文华殿论奏》。
③ 《张文忠公全集·奏疏》五,《请择有司蠲逋赋以安民生疏》。
④ 《张文忠公全集·奏疏》一一,《请蠲积逋以安民生疏》。

另外，势豪大户规避纳税以求一己之富的行径，他认为是造成国家财政匮乏的病源之所在，"私家日富，公室日贫，国匮民穷，病实在此"。这里所说的"私家"，其豪富者占田竟多达七万顷。他们大量逋欠税粮，确是对封建国家财政的严重威胁。此外，官府盛行贿政之弊，对势豪之家姑息纵容，也是造成逋欠痼疾的重要原因。对此，他的主张是："上损则下益，私门闭则公室强。故惩贪吏者，所以足民也；理逋负者，所以足国也。"换句话说，杜绝势豪私门的逃税行为，是清理租税逋欠问题从而充实封建财政收入的主要途径。在这一点上，他特别强调纳税过程中的"侵欺隐占者"是"权豪"而非"细民"。如隐占现象得以清除，则"小民免包赔之累，而得守其本业"[1]。因此，他在处理江南租税逋欠问题上，坚决把矛头指向"江南贵豪怙势及诸奸猾吏民"，对他们严行督责终于取得"赋以时输、国藏日益充"[2]的效果。另须肯定的是，张居正的理财活动因触犯了官僚地主的既得利益而招致各种非议，但他并不为"区区浮议"所动摇，公开宣称"诸凡谤议，皆所不恤"，并以"破家以利国，陨首以求济"的无畏精神继续推进其各项财政改革措施。这一点我们在下面分析他的土地清丈措施时，将会看得更加清楚。

（三）土地清丈与均徭均赋

到16世纪初，明王朝的粮税与徭役之繁苛而又不均的情况已很严重。从全国范围来说是"东南之民困于粮税，西北之民困于差役"；从个别地区来说又是"留者输去者之粮，生者承死者之役"。于是一些为封建王朝的长远统治划策的思想家提出了均粮均徭之说，其具体办法是履亩清丈，按照实有田亩数量纳粮应差。最初顾鼎臣（公元1473—1540年）力主履亩清丈之议，并未见诸实行，到万历时才由张居正推行于全国。

大规模推行这种以清丈田亩为均赋役基础的政策，在当时绝非易

---

[1] 《张文忠公全集·书牍》六，《答应天巡抚宋阳山论均粮足民》。
[2] 《明史》卷二一三，《张居正传》。

事。因为早在嘉靖时代提出土地清丈的议论之初，此议即遭到强烈反对。当然，土地清丈本身也有一些缺点。有人认为以田土均徭役是使"农"（实际是得不到免役的地主）代当士、工、商的差役，非"均平之道"，亦违反厚本抑末的教条；又丈地以均粮也未必能达到均粮目的。因"田有上下，……大抵上田一亩之收抵下田五亩"，每亩均等缴纳，不符均粮之意①。另外，也还有人所谓的"均粮"专指官田与民田的税率不一，麦田与稻田的税率不一，要求以"官、民、麦三者归一"才为均平②，完全避开了土地清丈问题。这些议论始终未越出地主阶级利益的樊篱，连农民的影子也看不见了。

尽管存在这些非议，张居正却能认识到土地清丈使小民实被其惠，而于官豪之家，殊为未便。而这些官豪权贵犹如"民蠹"、"权蝎"，实为侵蚀国家财政之"最大患"③。因此，他全然不顾官僚大地主们的反对和诋毁，以"苟利社稷，死生以之"的坚定精神毅然采纳并大力推行清丈之事。这对于一个服务于剥削统治集团的封建管家来说，倒是难能可贵的。另外，他也看到在土地与户口的欺隐现象十分严重情况下，实行清丈不失为"极其妥当"的措施，通过对隐匿田亩的检括，既可均平赋役而减轻小民的负担，又能使封建国家不必加赋而充实财政收入④。此外，清丈土地也能从较根本的意义上解决逋欠催征之弊。因为造成租税大量逋欠的原因，固有"豪右奸猾恃顽不纳者"，亦有"穷民小户不能办者"。如果未能清理隐瞒田亩即严令催征拖欠赋税，势必重责"小民"而无损于"豪右"，结果"催科之苦，小民独当之"⑤。显然无助于财政困难的解决。这也是促使张居正下决心进行清丈的一个重要因素。

在推行土地清丈方面，张居正是继王安石而后又一很有魄力之人，在他的主持下，自万历六年始，举凡庄田、屯田、民田、职田、养廉

---

① 何瑭：《柏斋集》，《均徭私议》和《均粮私议》。
② 钱薇：《承启堂集》卷十，《均粮议》，《续均粮议》。
③ 《张文忠公全集·文集》八，《赠袁太守入觐奏绩序》。
④ 《张文忠公全集·书牍》一三，《答山东巡抚宋阳山言均田粮覈吏治》。
⑤ 《张文忠公全集·奏疏》一一，《请蠲积逋以安民生疏》。

田、荡地、牧地,"皆就疆理,无有隐奸"①。当年即丈量田亩七百零一万三千九百七十六顷。其丈量方法系采用"开方法":"以径围乘除,畸零截补,于是豪猾不得欺隐,里甲免赔累,而小民无虚粮"②。同时,由于田赋总额未变,而丈出的新垦田亩亦须与旧田一样交纳赋税,这样,将总的田赋旧额均摊到新旧田亩上,则每亩出赋自然会有所减轻。总之,土地清丈,查出大量逃税土地,既缓和了赋役不均的矛盾,也延缓了封建财政危机。这也是土地清丈所以作为张居正的重大政绩之一而常被后代理财家所称颂的基本原因。惟从财政思想史上看,重视以田亩作为均赋役基础的思想,自两宋以来已十分流行,张居正只是在贯彻这一思想时态度更为坚决、范围较为广泛一些而已。

(四) 其他

在张居正的其他财政议论中,首先值得一提的是他对待征商的态度。一般地说,他仍未摆脱征商为"摧抑浮淫,驱之南亩"的传统看法,但他反对重征商人。其理由是,商业流通与农业生产之间存在着一种相互依赖的关系,"商不得通有无以利农,则农病;农不得力本穑以资商,则商病"。因此,征商必须经常权衡"商农之势"而为之。在他看来,最初因为富商大贾持其盈余役使贫民而产生兼并之患,才迫使执政者实行征商,"计其贮积,稍取奇羡,以佐公家之急"。但征取额度仍能注意掌握适当标准,不必取盈。以后为应付财政开支的急剧扩大,遂重征商税,以补国用之不足。对此,他提出一个颇为新颖的意见。他说:"欲物力不屈,则莫若省征发,以厚农而资商;欲民用不困,则莫若轻关市,以厚商而利农。"③ 这是根据权衡"商农之势"的基本思想得出的租税原则,也就是征农时须考虑"厚农"以"资商",而征商时又须考虑"厚商"以"资农",二者不可偏废。这种从农商相互依存的关系出发来理解租税问题尤其是征商问题的观点,在以前是很少见的。至于征商或征农均须以轻税为其原则,乃系传统见解,不必赘述。

---

① 《张文忠公全集·附录一》一,《文忠公行实》。
② 《续通考》卷二,《田赋考·历代田赋之制》,"神宗万历六年"条。
③ 《张文忠公全集·文集》八,《赠水部周汉浦榷竣还朝序》。

除了反对重征商税一点较为可取而外，看来他对封建国家利用商人或商业原则从事理财活动仍持有异议，故反对有人借口国用不足而"竞效贾竖以益之"。又称"商贾在位，货财上流，百姓嗷嗷，莫必其命"①。这也是他的理财活动较缺乏商业精神的一个注脚。另外，他也不赞成以铸钱作为补充封建财政之手段，认为铸钱"原以通币便民，……非以进供上用者也"。尤其是反对最高统治者为满足个人赏用需要而私自铸钱，如此"则是以外府之储，取充内库，大失旧制矣"②。这些理财观点虽然瑕瑜互见，而在反对"开利源"这一点上，倒是基本一致的。

由上可见，张居正在富国思想指导下，其理财措施主要涉及节约财政支出与维护国家收入不受侵害之二端。我们在这里不惜笔墨介绍他的这些财政观点，并非由于他在理论上有什么独特见解，而是由于他的理财活动取得较明显成功并成为王安石而后又一著名财政改革人物，故有必要提及。如从财政思想史上考察，最值得称述的是他坚定推行一条鞭法，对于封建赋役思想的发展，产生了较为深远的影响。

二、一条鞭法

明中叶以后以田亩均徭役的思想之流行，为一条鞭法的推行造成有利条件。嘉靖以来若干州县早已各自创行了一些征课方式。其总的精神是简化征收手续，将一年内应收的粮税、差役代金及各种经常性摊派与土贡之类并在一起，"计亩征银"。最初数行数止，到万历九年（公元1581年）这种办法才由张居正在全国范围内正式推行，称为一条鞭法。一条鞭法的出现，是中国财政史上的一件大事。

（一）一条鞭法的具体内容

一条鞭法开始于何时，为何人所创立，历来各说不一，因此它的名

---

① 《张文忠公全集·文集》八，及《书牍》十二，《答福建巡抚耿楚侗言致理安民》。
② 《张文忠公全集·奏疏》八，《请停止输钱内库供赏疏》。

称也较混乱，有称一条编，或一条边，又可简称条编法，又有类编法、明编法，总赋法等别名。与它类似的还有十段锦法，一串铃法等等。其征收办法也不完全一致，但各法所体现的基本趋向却大体相同。以嘉、隆间庞尚鹏在浙江地区实行一条鞭法较有成效。他将"一县各办所费及各役工食之数，一切照亩分派，随秋粮带征。分其银为二款，一曰均平银，一曰均徭银，岁入之官，听官自为买办，自为雇役"①。后来海瑞又于隆庆时推而广之，"将均徭、均费等银，不分银力二差，俱以一条鞭征银在官，听候支解"②。据《明史·食货志》记载，一条鞭法的改革包括以下几项主要内容：

第一，各州县一年所需力役按官府所费及工食之数折算，摊入田赋交纳，官府以所收税款"自为雇役"。

第二，将以往分别征收的粮税、差役代金、各种摊派及土贡统一征收。

第三，赋役征课一律实行"量地计丁"，向来由户或丁负担的差役或差役代金，改变为按田亩（或粮额）计征。

第四，除漕粮和部分物料仍须征收实物外，各种赋役征课一律折合银两交纳，"计亩征银、折办于官"。

第五，因"役归于地，计亩征收"即可不必编定户则；十年轮充一次的差役制度改为每年一役，出银代役；又将摊派差役银的单位由里扩大到县；并将征收起解方式由民收民解改为官收官解。

（二）一条鞭法所体现的财政思想

从前述一条鞭税制的规定中，可以看出它体现着若干重要观点，如简化税制，以雇役制代替强制的劳役，改劳役负担为货币交纳，力役与田赋合并，核算单位由里扩大到县以使差役银负担较为平均，以白银为交纳手段和以田产多寡确定纳税人负担能力的思想等。

从财政思想史角度考察，关于简化征收手续和以货币定税额，一条

---

① 顾炎武：《天下郡国利病书》卷八十四，《浙江》二。
② 宋如林：《松江府志》卷二七，《役法》。

鞭制可看做是唐代两税法的继续。但其"计亩征银"一点却较两税法之以铜钱定税额,更为突出。由于两税法的提出较一条鞭早了约八百年,具有首创意义,故后者在财政思想上的重要性远不能和前者相比拟。可是,一条鞭制在事实上所起的作用仍是不小的,因为宋、元以来在两税之外又新增加了许许多多额外的苛捐杂税,其结果使征收机关和纳税人均感烦难,很有必要再来一次统一征课手续的改革。而且两税法已曾规定有固定的征收总额,尚在执行过程中出现官吏任意增派问题,一条鞭却无征收总额的规定,更会给征收胥吏造成"口出为是",任意横派的机会,这主要由于并入田亩中征收的人丁税不像田赋及其他杂征那样可以固定,丁银既不能固定,从而征收总额也无法固定。这是一条鞭制本身的缺点。这个问题直到一百多年后清初实行地丁合一,规定"滋生人丁,永不加赋"①,才告解决。

一条鞭改革中另一值得称述之处,是对旧的劳役制度的改革。它主要体现在两方面:一方面是继承唐宋以来由强制劳役转变为和雇的思想,将力差改为征银,由官府雇人代役。唐代刘晏较早在官营业务中采用雇佣劳动制以代替无偿强制劳役,惟仅限于在转运及官府铸钱等部门实行。在全国范围内正式废止差役法而大规模推行募役制者以王安石变法为代表。但王安石而后,差役征课形式又重新恢复其统治地位,特别是元代和明中叶差役负担更见沉重,还产生过差役、雇役各有利弊的折衷理论。如谓差役和雇役"利害相半,因其利而去其害,二役皆可行也,……盖实相资以为用也"②。事实上,在封建地主经济制后期,差役与雇役已成为对立的新旧两种劳役制度,随着商品货币关系的进一步发展,差役的落后性日益暴露,实行雇役已为大势所趋。一条鞭制的产生,正是将否定差役制而代之以雇役制的思想,以法令的形式固定下来。

另外,一条鞭制改变封建差役向来由户或丁负担的传统,转向以田亩为征课基础,使力役和田赋合并为一。这在封建征课原则上标志着对

---

① 《清朝文献通考》卷十。
② 丘浚:《大学衍义补》卷三一,《傅算之籍》。

人课税向对物课税的又一重大转变,也是使一条鞭区别于以往封建税制的一个显著特征。如两税法实行"人无丁中,以贫富为差",已是对西晋以来由计丁而税改为计资而税的思想的进一步发展,但这一改革仅限于现有实物或货币税的范围,并未涉及封建役法。因为两税法将原来按丁征收的租庸调并入按财产多寡征课的两税,而其中所谓"庸",仅指以实物交纳的一定劳役代金,不包括那些须由人民亲身服役的真正力役,王安石变法时虽废止差役而实行募役,其免役钱的交纳仍以"户"为计算单位,尚未超出对人课税的范畴。因此,将封建劳役完全纳入对物课征的轨道,当以一条鞭制为其嚆矢。清代实行摊丁入地,只不过是此发展趋势的最后完成而已。从财政思想上看,劳役或劳役代金从按户丁改为按田亩征课,显然有利于田少人多的中小地主及众多小土地私有者,而使赋役负担的相当部分落到占有大量用地的大地主身上,这体现了税制设计人坚持平均赋役负担意愿的强韧。就各纳税户之间的负担能力而言,对于各基层行政组织间的赋役负担,一条鞭法也把过去按里编派平摊代役丁银的办法,扩大到县,借以纠正各里之间因田、丁数不等而产生负担不均的弊端。此外,劳役与田赋合并后,二者均以田亩为征课对象,这也有利于税种和征收手续的简化。

至于一条鞭规定"计亩征银",也是中国财政史上的又一个重要演变(有少数州县例外,仍征实物税)。这是唐中叶以来货币税思想趋势的继续和发展。以白银定税额虽适应了当时城市商品经济发展的要求,但在广大地区的经济水平仍很落后的条件下,过早的以较贵金属货币为交纳方式,仅对统治者有利,而对众多的纳税群众却是不利的。特别是使穷乡僻壤的小税户因缺乏白银交税而产生种种惨状,成为明代后期一个严重的财政经济问题,为当时的思想家所十分重视。

三、一条鞭法反对派的观点

一条鞭法是明初以来各种赋役改革思想与措施的结晶,它一出现即引起了当时朝野上下的广泛争论。特别是反对派公开要求"一条鞭等

第十三章 明代财政思想

法，悉为停罢"，企图阻止这一改革运动的进行。他们反对一条鞭的基本论点主要有三个，而以葛守礼（嘉、隆时人）的意见为最有代表性。

首先，一条鞭无征收总额的规定。葛守礼早在一条鞭法正式实行以前十余年就曾指出，明初征纳钱粮，系由户部规定仓库名目及石数、价值，再由各省分派，纳税人只需按照规定数额"照仓上纳，完欠之数，了然可稽"；而一条鞭却"不论仓口，不开石数，上开每亩该银若干，吏书因缘为奸，增减洒派，弊端百出"①。他在另一处也指出，一条鞭"无复仓口升斗之数。且岁岁不同，小民茫不知何谓。该多该少，无以诘究。书手愚弄，出口为是"②。缺乏固定的征收总额，确是一条鞭制的一个缺陷。后来张居正大力推行一条鞭，也未消除葛守礼所指出的这一弊端。无论如何，一条鞭中的摊丁入地代表了明中叶以后封建租税制度改革的基本方向。葛守礼要求"停罢"整个一条鞭制度，是攻其一点，不及其余。

其次，反对以田亩为征课对象。这是反对派攻击的重点，他们的理由大致又可归纳为三点：其一是认为按田亩征税，尤其是按田亩摊派差役，将使赋役负担全部落到土地所有者身上，而工商之人却得以脱免。葛守礼便是这种思想的代表。他说："尝总四民观之，……若工商既资农矣，而其该应之差，又使农民代焉，何其不情如是！今夫工日可庸钱几分，终岁而应一二钱之差，既为王臣，有何不可？况富商大贾列坐市肆，取利无算，而差役反不及焉，是岂可通乎？今科差于地者，不过日计地而差，则地多之富家无可逃。然此务本之人也，与其使富商大贾逐末者得便，宁使务本者稍宽，不犹愈乎？"③这虽是站在地主阶级的立场为"地多之富家"辩护，而主张工商也负担差役，也未可厚非。但是如从整个社会经济发展趋势考察，有利于新兴工商业摆脱封建赋税束缚的课税制度，更有助于它们从内部瓦解封建经济，为新的生产方式开辟道路。但这一点是葛守礼不可能理解的，也不能要求他理解。

从相同的理由出发，又有人主张以人丁为课税的基础，坚持"征

---

① 《明穆宗隆庆实录》卷七，"隆庆元年四月戊申"条。
② 葛守礼：《葛端肃公文集·与沈对阳方岳论田赋》。转引自《明经世文编》。
③ 《葛端肃公文集》卷三，《宽农民以重根本疏》。

473

丁"，认为"有积镪堆囷，权子母而出之，而其家无田，不名一差；有专买屯种肥膏至数千亩，而家无民田，不名一差；有四方逃逋，作过犯科，而宅第连云，舆马豪侈，借贷冠盖，出入荼灶，其家无田，不名一差"①。这是说以田亩定税的结果，许多高利贷者，囤积商人，专买屯田的富豪以及一些由"奸富"起家的豪商，因家无纳税田地反而毫不负担差役，故主张"征丁"。他不懂得即使实行征丁，由于人丁税的最高最低税率不可能相差甚大，事实上不过是从地主富豪们身上拔九牛之一毛，结果是于大地主有利，于富商无大损，于无地贫民却绝对地有害。

其二是认为专以田亩为征课对象将削弱封建政权对劳动人民的人身控制。如有人曾以湘乡为例，指出"赋役之事一委之于田，而民遂视其田如荼毒，去之唯恐不速。田一去则脱然为世外之游民，而天子不能使，邑宰不能令，是惰之利而勤之害，民何利而不相率以为游惰乎？……呜呼！吾不知数十年之后，湘之为湘，将奚似也"②。这是在封建赋役制度由对人课税向对物课税转变的过程中，地主阶级的代言人因担心由此会削弱封建依附关系，也就是难以控制住足够的农业劳动力以供剥削之用而发出的哀鸣。

还有些人认为将赋税分摊到田亩征收，违反了田亩分三等，户等存九则的课征旧制，反而会产生负担不均问题。其理由是："丁之贫富，地之厚薄，或相倍蓰，或相千万，其来久矣。富而一丁之飧，不啻贫民千百，而丁银无差等，何以服丁之贫者！上田一亩之价，有至二三两者，下田一亩，不能数铢，而地银无差等，何以服地之瘠者"！③ 这类议论貌似公允，实际上十分迂腐。因为恰恰是三等九则的旧征课制度已经产生赋役不均的严重弊端，一条鞭法才应运而生。它坚持以田亩均赋役，在以土地为最重要财产的封建时代，毕竟是使财政负担获得大致均平的比较简便而行之有效的办法。

其三是强调南北不同。一条鞭制最初创行于南方个别地区，以后逐

---

① 李腾芳：《李文庄全集》卷五，《征丁议》（万历二十二年，即公元1594年）。
② 洪懋德：《丁粮或问》。引自《古今图书集成·食货典》卷一五二，《赋役部》。
③ 于慎行：《与宋抚台论赋役书》。引自《西园闻见录》卷三二，《赋役前》。

步向北方地区推广。因此，反对派往往以南北经济情况不同为由，认为一条鞭只宜于在南方推行而不适合于北方。这种论点认为："盖条编主田为算，而每丁折田二亩。江南地土渥饶，以田为富，故赋役一出于田，赋重而役轻，以轻丽重，且捐妄费，安得不利！齐鲁土瘠而寡产，其富在末，故赋主田而役主户，赋轻而役重，以轻带重，田不足供，安得不困！"① 这就是说，南方一向"赋重而役轻"，故不妨将劳役并入田亩征课；北方则相反，"赋轻而役重"，将劳役并入田赋不啻是大大加重了土地所有者的负担。根据此理由，要求在北方地区停止实行一条鞭者不乏其人，而以葛守礼的反对为最力。他坚决认为北方民差按人丁征课为"必不可易"之法，而将主张在北方实行南方之法者斥之为"迂执先生"②。在一个幅员辽阔、社会经济发展极不平衡的国度内，强调根据各地不同情况而在赋税制度上作区别对待，自有其道理。然而葛守礼之流要求维持北方的"均徭征输旧规"，首先考虑的绝不是封建赋役制度的因地制宜问题，而是借口南北情况不同为北方"地多之富家"的既得利益辩护。在这一问题上，葛守礼的确很精明而非"迂执"。

此外，关于一条鞭一律以白银交纳所引起的矛盾，尤其是给贫苦农民所造成的困难，反对一条鞭论者也有所涉及，不过这一事实当时在他们手中只不过是利用来作为诋毁和反对一条鞭法的又一新论据，并非真正为贫苦农民的利益着想。

最后，顺便指出，在大力推行以田亩为征课基础的同时，也有人主张用限田方式以均税粮。如嘉靖间给事中徐俊民请立均粮限田之制，"合官民田为一，定上中下三则起科以均粮，富人不过千亩，听以百亩自给，其羡者则加输边税，如此则多寡有节，轻重适宜，贫富相安，公私俱足矣"③。这样的限田论已和封建前期的限田论大有区别。封建前期的限田论不论有无现实性，至少是以无地贫民有获得土地的机会为目的，而徐俊民的主张却根本未考虑农民的土地要求，且不言富人土地如超过千亩当如何处置这一问题，即以千亩而言，有九百亩须加输

---

① 《天下郡国利病书》原编第七册，《常镇》引《武进县志·里徭》。
② 葛守礼：《葛端肃公文集》差十三，《郑葵山论中州地差书》。
③ 《明史》卷七八，《食货》二。

边税，地主阶级势必将加重后的边税以地租的方式转嫁到农民身上，是农民不仅未享"限田"之利，反而须忍受更沉重的地租剥削。由此可见，这一时期的保守思想家已堕落到把前代的天真幻想，也利用来作为掩盖加重剥削伎俩的幌子的境地。

第四节
明代中晚期的财政思想

从明代中晚期（16 世纪）起较广泛地出现与占支配地位的正统思想相对立的"叛逆"思想或异端，标志着正统观点在社会思想意识领域开始动摇和新的启蒙运动的发轫。但在财政思想领域，尽管已出现了一些显明的新旧观点的对立，"叛逆"思想却不是那么突出与丰富。这是由于作为封建经济对立物的新兴经济的代表阶级尚处在萌芽状态，未正式形成一个阶级，还提不出代表自己阶级利益的独立而系统的财政观点。同时，当时斗争的矛头主要指向两宋道学或政治上层建筑的腐败，财政论述仅是这一斗争的副产品而已。一般地说，那些参加反封建主义行列的思想家总会更富于批判精神或较易接受新的财政观点，而那些维护封建统治的思想家则多为具体财政问题所困扰，只能提出一些头痛医头、脚痛医脚的暂时补救办法，缺乏理论发挥和远见。

一、李贽的反传统理财观点

明代中晚期，对传统理财观点持彻底否定态度者以泰州学派后期重要思想家李贽（公元 1527—1602 年）为代表。李贽公开以异端自居，对封建礼教尤其是程朱道学进行了全面的攻击，反对以《论语》为"万世之至论"，拒绝"以孔子之是非为是非"。他在反对封建传统方面的广泛性及其勇敢精神，在 20 世纪以前是极其少见的。

第十三章 明代财政思想

在财政思想领域，李贽接触的问题较少，但都是些较重要的原则问题。首先，他对儒家"讳言财利"的传统教条进行了严肃的批判，认为它严重阻碍了中国经济的发展。他根据泰州学派创始人王艮的只有"百姓日用是道"①，是真理的学说，进一步指出："谓圣人不欲富贵，未之有也。"② 批判"讳言财利"这一传统教条的思想，在唐末已开其端，到两宋而益盛。可是唐、宋的进步思想家也只是说圣人是为天下国家言财利，他本身并不好财利。李贽则剥去圣贤的神圣外衣，认为圣人本身也好富贵，把他们放到与"市井小夫"利欲相同的水平。他说：

> "财之与势，固英雄之所必资，而大圣人之所必用也。何可言无也？吾故曰，虽大圣人不能无势利之心。则知势利之心，亦吾人秉赋之自然矣。"③

他的理由很简单但具有说服力：圣人也是人，既是人就不能"高飞远举"的脱离社会生活，也就不能不谋取物质生活资料，亦即不能无"势利之心"，于是"势利之心"即为人们"秉赋之自然"。所以，他把"好货"、"多积金玉"、"多买田宅"等都看作很自然的现象。否定讳言财利教条必然反映在对待理财的态度上，因此他也认为"不言理财者，决不能治平天下"④，并在其《藏书》中专辟了"富国名臣"一栏，对一向被指为"聚敛之臣"的桑弘羊、孔仅同李悝、刘晏并列起来而大肆赞扬，强调富国的重要意义，他说：

> "史迁传货殖则羞贫贱，书平准则厌功利。利固有国者之所讳欤？然则太公之九府，管子之轻重，非欤？夫有国之用与士庶之用，孰大？有国之贫与士庶之贫，孰急？"⑤

从而对早期儒家讳言财利的传统思想作了彻底的清算。他不仅强调富国，而且对富人也极为称颂，甚至认为"强凌弱"、"众暴寡"也是合

---

① 王艮：《王心斋先生遗集》卷三，《年谱》。
② 李贽：《李氏文集》卷一八，《明灯道古录》卷上。
③ 李贽：《李氏文集》卷一八，《明灯道古录》卷上。
④ 李贽：《四书评·大学》。
⑤ 李贽：《藏书》卷一七，《富国名臣总论》。

乎天道的。他说人们"致富之才"是天所赋予的,否则"一邑之内,谁是不欲求富贵者,而独此一两人也耶?"① 为工商富人辩解之思潮,从两宋起已开其端,并非李贽的创见。但他给这一思潮补充了一个新的内容,认为"强凌众暴"是合乎自然规律的,如人为地加以禁止是逆天道之常,李贽对富商大贾的唯一非议是他们"不佐国家之急",这也表明他仍未能完全摆脱抑商思想的束缚。他说:

"今夫富者力本业、出粟帛以给公上,贫者作什器、出力役以佐国用,助征戍,是所益于国家者大也。独有富商大贾,羡天子山海陂泽之利,以自比列侯封君而不以佐国家之急,果何说乎?设此国家无此,固无损也。夫有之未尝益,则无之自无损,此桑弘羊均输之法所以为国家之大业,制四海安边足用之本,不可废也。且其意亦非有竟尽夺之也,既拜爵以劝之矣,又大封赐卜式以夸耀风厉之矣,而商贾终不听也。故重征商税使之无利自止,然后县官自为之耳。又于京师置平准以平物价,使之不致腾跃,而后买贱卖贵者无所售其赢利,其势自止,不待刑驱而势禁之也。"②

这里,李贽也和以往的较流行看法一样,把桑弘羊的财政措施理解为打击富商大贾的政策,不懂得盐铁专卖和均输平准等措施既不是抑商禁商,甚至还不完全是打击富商大贾。关于这一点,我们在第七章第四节已有详细论述,不再重复。他的这些议论至少表明他强调平准均输的作用;不反对国家经营工商业甚至"县官自为之"亦无不可;主张以经济的"势"力以禁止买贱卖贵行为。他既为工商富人辩解而又有某些抑制富商大贾的思想的原因,主要在于他非常强调富国。他在《藏书》中给所谓"富国名臣"以极高的历史地位即说明了这一点。那些"不佐国家之急"的富商大贾,从国家角度看来当然就"无之自无损",并要以"重征商税"等方式予以抑制;反之,如能佐国家之急,似乎就没有问题了。无论如何,要求富商大贾在缴纳正常商税之外,还要能

---

① 《李氏文集》卷一八,《明灯道古录》卷上。
② 《藏书》卷十七,《富国名臣总论》。

佐国家之急，而对封建大地主则于"出粟帛"的正赋以外，不另作要求，这一观点本身就是汉初以来的抑商思想的变种。他甚至把山海之藏及五金百宝"日入商贾之肆"和"时充贪墨之囊"并列起来，都视为坏事①。不过，他为工商富人辩护的观点应该是主要的，抑商只是旧传统的残余影响。总之，李贽在这一问题上的反传统精神，与他反道学的坚决态度比较，就差得多了。

关于财政，他还有另一个看法，即反对专谈节用而强调生财。他驳斥司马光所谓"不加赋而用足，不过阴夺民利，其害甚于加赋"之说，认为天地所生的百货，"生则乌可已也，而可以胜计耶"，同时也否定了司马光所谓天地生财，"止有此数"的论断。他认为：

> "所贵乎长国家者，因天地之利而生之有道耳。且大学之教明言生财有大道矣。又言生之众而为之疾，不专以节用言也。若专以节用言，则必衣皂绨之衣，惜露台之费，而后可以有天下而为天下也。"②

这是对在财政上坚持节用主张者的反驳，指出这种见解还在王安石之下，而他认为王安石之才已是不足以言生财的。

一般地说，李贽的财政观点都是对有关的传统教条进行尖锐的批判和猛烈的攻击，较少接触实际财政问题。与李贽同时而稍后的吕坤（公元1536—1618年），也宣扬"势利"，他说：

> "势利者，宇内之神物也。帝王者势利之主也。天下之存亡，国之治乱，民之生死在势利，顾所以操之者如何耳。"③

也就是将一向为道学家们鄙夷的所谓"势利"，提到关系天下存亡、国家治乱、人民生死的极崇高地位。这是从与李贽不同的另一角度去考察势利。他认为"利"要在下，"势"要在上，并要统治者一人独揽。尽管有此区别，吕坤的提法毕竟也是对传统讳言财利教条的又一有力

---

① 《藏书》卷三四，《行业儒臣传·司马光传》批语。
② 《藏书》卷三四，《行业儒臣传·司马光传》批语。
③ 吕坤：《去伪斋集》卷七，《杂著·势利说》。

冲击。

吕坤对封建财政的实际问题是相当关心的，颇能洞察时政的积病。如指出："朝廷得一金，郡县费千倍"，"留者输去者之粮，生者承死者之役"，致使人民"冻骨无兼衣，饥肠不再食"①之类。他已觉察到当时因残酷的财政压榨和阶级剥削所造成的封建经济危机，已达到随时可能爆发的境地，"民心如实炮，捻一点而烈焰震天；国势如溃瓜，手一动而流液满地"②。最值得称述的是他从"不生富贵人，贫贱安得死"，"我亦轩冕徒，久朘民膏脂"的自我批判思想出发，指出"禄食已自丰，列鼎施金紫，况复恣陵夺，虩虎而封豕"③，对地主阶级及其政权的剥削凌夺表示抗议。从财政思想发展过程考查，他对封建财政的榨取性质以及对剥削者与被剥削者间的关系的认识，在当时历史条件下，极为难能可贵。

二、一般封建学者的财政议论

这一时期中维护封建旧传统的官僚士大夫侈谈财政经济问题者很多。他们所谈的大都不外乎均徭均赋、荒政、屯垦、漕运及盐法等问题，纠缠在具体措施的争吵之中。但在新思潮的影响下，某些人对待理财、征商等问题的态度，也或多或少发生若干变化，并在财政措施的阐述中，有时也出现一些新的理解或建议，尽管不能算是对财政理论的重要发展。

（一）关于理财原则

这一时期，连一些保守学者也不得不承认儒者可以言财利，甚至给财利以很高评价。如林希元（公元1481—1565年）即说："财者国家之命脉，犹人之食也。人无食则必饥，国无财则非国"，主张从"财之

---

① 《明史》卷二二六，《吕坤传》。又见《去伪斋集》卷一，《忧危疏》。
② 《去伪斋集》卷五，《答孙月峰》。
③ 吕坤：《反挽歌·自饯》。

盈缩"角度去观察自古以来的"国之盛衰"现象。但在"理财"原则上仍因袭"生财"以"浚源","节财"以"塞漏"而以节财为主的老说法。尤其是他以铸钱作为"生财"之一端，既知"榷酤"为"唐之弊政"①，却坚持"榷"富商大贾"以稍代农征，亦抑末趋本之意"，更表明其理财思想之相当陈旧而落后。海瑞（公元1514—1587年）不赞成讳言财利的态度，较林希元为明确。他否定"圣人言义不言利"的传统说法，认为"真圣人"应当是善于"富国强兵"之人②。由此，他得出结论："有天下而讳言利，不可能也"。并在此思想基础上提出"利国之道于利民得之"的理财方针。强调"足民之外，更无理财之方"③。在"足民"方面，他所采取的无非是均徭和均赋等措施。海瑞可算是张居正之前力图解决当时严重赋役不均问题的突出代表人物之一。他认为土地丈量不实是造成赋役不均的决定因素。土地丈量不实，以致"富豪享三四百亩之产，而户无分厘之税，贫者产无一粒之收，虚出百十亩税差"。因此，他无论在何地任职，均力行清丈，以为均税之主要手段。对于均徭，他坚持"富者宜当重差，当银差；贫者宜当轻差，当力差"。其具体方式是改变"照丁均役"办法，实行按田亩均摊徭役，如此则"贫者轻，富者重，田多者重，田少者轻"④。他又把庞尚鹏等人对赋役制度的改革推行于江南，其基本精神是将"均徭、均费等银，不分银力二差，俱以一条鞭征银在官"⑤。凡此种种，均为以后张居正全面推行土地清丈和一条鞭法，提供了足资借鉴的先例。但在海瑞本人看来，实行土地清丈以均税只是下下策。一条鞭法亦不过是补偏救弊的一时之法而非长久之计。长治久安的根本途径在于实行井田制，且坚信井田"决可复于后世"⑥。均徭均赋的理财原则固然未能触及造成赋役不均的真实原因，毕竟还具有某种缓和贫富负担悬殊的实际意义；而以恢复井田制为旨归，即便不是发思古之幽情，也是毫无现实

---

① 以上引文均见林希元《林次崖先生文集》卷二，《王政附言疏》。
② 《海瑞集》下册，《复欧阳柏庵掌科》。
③ 《海瑞集》下册，《四书讲义·生财有大道》。
④ 《海瑞集》上册，《兴革条例》。
⑤ 宋如林：《松江府志》卷二七，《役法》。又见《海瑞集》上册，《督抚条约》。
⑥ 《明史·海瑞传》及《海瑞集》下册，《使毕战问井地》。

意义的空想。海瑞以一个关心民间疾苦的所谓清官,尚且如此,其他保守的封建士大夫的理财主张可想而知。

(二) 租税思想

16世纪以后,商税已成为人们经常谈论的议题,即使在保守派士大夫中为商贾呼吁者亦日渐增多。他们已开始理解,直接影响商人的繁琐法令和沉重捐税会间接地使一般消费者遭受困难。如萧彦曾指出:"商困则物腾贵而民困矣,独奈何不一苏之为商民计也。"① 余继登(公元?—1600年)亦称:"皇上以为不忍加派于民,而姑取之商贾也,不知商贾不通,则财货不流物价沸腾,则百姓困敝"②。对封建商税政策的指导思想提出异议。王纪则指出:"税繁则商困,商困则来者稀。必欲取盈其额,纵严刑督责,只驱之掉臂而去耳"③。从另一角度分析了商税过重势必产生的弊端。当时的许多封建士大夫均要求减轻商税以宽商民。如徐恪认为商人备受艰辛不过是"求锱铢之利",提出"商亦吾民"的见解,主张"严禁约以惠商民"④。王守仁(公元1472—1528年)也说:"商人比诸农夫,固为逐末,然其终岁弃离家室,辛苦道途,以营什一之利,良亦可悯"。故发出"商独非吾民乎"的慨叹,要求商税遵照"事例抽收,不许多取毫厘"⑤。梅国桢为商人辩护的言辞更为痛切,他指出:"今一货一人,税而又税,朘膏咋髓,一羊十皮。熙而来者,无所牟其利,抑且有其害,……夫商人者非他,即皇上中原供赋税徭役之赤子也"⑥。这种以商人为"吾民"、"赤子"而要求减免商税的观点,与"寓禁于征"的传统商税涵义,真是大相径庭。到万历中,应天巡抚赵可怀提出"便商而又便国便民"的命题⑦,将减轻商税以"便商"提高到与"便国便民"同等重要的地位。这是以往的商

---

① 《续通考》卷五二,《市籴》一。
② 余继登:《止矿税疏》,引自《明经世文编》卷四百三十七。
③ 王纪:《畿南奏议》,引自《明经世文编》卷四百七十三。
④ 徐恪:《修政弭灾疏》。引自《明经世文编》卷八十一。
⑤ 王守仁:《王文成公全集》卷十六,《别录》八,《禁约榷商官吏》。
⑥ 梅国桢:《请罢榷税疏》。引自《明经世文编》卷四百五十二。
⑦ 《古今图书集成·食货典》第二百二十四卷。

税议论中从不曾有过的新观点。

在 16 世纪后期及 17 世纪前期的反封建斗争中，对于商税问题的看法又发展成为反对矿监、税监掠夺的尖锐斗争，其中东林学派起着极为重要的作用。这一学派的主要人物有不少人出身于江南工商业者家庭，如顾宪成（公元 1550—1612 年）的父亲是商人。高攀龙（公元 1562—1626 年）家也世代经商。他们代表市民阶层利益，反对当时严重阻碍工商业发展的矿监税使的封建剥削，在一定程度上反映了工商业者自由发展的要求。受东林党人推重的李三才（公元？—1623 年）曾上疏极言矿税之害，指出"自矿税繁兴，万民失业，……征榷之使，急于星火，搜刮之令，密如牛毛。今日某矿得银若干，明日又加银若干，……千里之区，中使四布，加以无赖之命，附翼虎狼"①。他把反矿税的矛头指向封建政府的当权派，视之为"虎狼"。同时指出矿监税使之猖獗，系由于最高统治者"溺志货财"之所致，并提醒最高统治者说，如不罢废税监，"一旦众畔之崩"，即"黄金盈箱，明珠填屋，谁为守之"②。这证明他从滥征商税的现象中已看到社会危机的征兆。东林学派的反税监斗争充其量不过是封建统治阶级内部的矛盾斗争，但他们尖锐地揭露封建当权派的贪污横暴，积极地支持城市平民的反税监暴动，坚决地维护新兴市民的利益，这些在当时条件下仍有其进步意义。东林学派的基本租税思想是要轻税以"惠商"，能"曲体商人之意"。这些都是我们早已在两宋以来许多思想家的言论中不断看到的思想。不过，东林学派的观点却更富于市民阶级的意味，较直接地反映了市民阶级的要求。如顾宪成在抨击"无货不税"的现象时，曾指出纳税商品"皆类小民日用饮食之需"，如果"只出里门便应有税矣，民何所措手足乎"。他要求凡属日用必需品皆应免税③。这一观点显然体现了城市市民的呼声。赵南星（公元 1550—1627 年）则从另一角度出发，在肯定商税在国家财政中占有重要地位的同时，将工商业与农业并列放在

---

① 《明史纪事本末》卷六五。
② 《明史》卷二三二，《李三才传》。
③ 顾宪成：《顾端文公集》卷四。

"本业"的位置上，如谓"士农工商，生人之本业"①；又说"农之服田，工之饬材，商贾之牵车牛而四方，其本业然也"②。这也是只有站在市民阶级的立场上才可能具有的观点。东林学派的特点不仅在于提出这些观点，还在于他们已实际投入为保护工商业者尤其是商人利益而斗争的行列。同时也说明反映新兴市民阶级利益的租税观点，不是个别思想家或个别学派所特有，而是正在发展中的一种思想。

这一时期围绕商税问题而发生的议论，不仅限于内陆贸易，而且日益扩展到海外贸易领域。如嘉靖时尚书郑晓等人曾指出市舶有四利："所以通华夷之情，迁有无之货，收征税之利，减戍边之费"③，把海外贸易作为商税的一个重要来源。这一观点也是当时不少人反对明王朝海上封锁政策的重要理由之一。如两广巡抚都御史林富认为，因个别国家侵扰而断绝与一切国家的贸易往来关系，是"因噎而废食"。他的理由就是单靠国内收入如盐铁收入和农业税等，一般年度，"仅克常额"，如遇水旱，"劝农纳粟，犹惧不蔇"。不足以应付封建国家之需要，故应通过海外贸易以开辟新的利源。在他看来，允许外商来中国进行贸易，其利之大者有四：一是"番舶朝贡之外，抽解俱有则例，足供御用"；二是除抽解外可以充实军饷，"藉此可以充羡而备不虞"；三是两广官吏的月俸向来发给"蕃货"如椒木之类，任其变卖以换取银米，如停止海外贸易，因蕃货缺乏，则"科扰于民，计所不免"，反之，如通蕃舶，将"公私饶给，在库蕃货，旬月可得银两数万"；四是外商货物进口后，既可供官府"择其良者，如价给之"，又能"资民买卖，……展转交易，可以自肥"。总之，开放海外贸易之后，"助国给军，既有赖焉，而在官在民、又无不给，是因民之所利而利之者也，非所谓开利孔为民罪梯也"④。这是纯粹从贸易经济角度尤其是从增加外贸商税着眼来阐述开海禁的好处。许孚远（公元？—1604年）反对海禁的意见更为坚决。他在论述禁止海外贸易有四害时，也指出海防军事经费

---

① 赵南星：《赵忠毅公文集》卷四，《寿仰西雷翁七十序》。
② 《赵忠毅公文集》卷四《贺李汝立应乡举序》。
③ 汤彝：《市舶考》。引自《鸦片战争》第一册，第230页。
④ 顾炎武：《天下郡国利病书》第33册，《交阯西南夷》载林富奏议。

第十三章 明代财政思想

大部分取给于海外贸易商税,如不通商势必重敛于民,而禁海后民穷财尽,甚难取给。若开放东西两洋的海上贸易,并由官府加以严格控制,则既能敷海防军费需要,还可以获得巨额商税收入[1]。明代思想家接触海外贸易者不独人数较前代为多,且其议论亦较前代为具体。这里仅侧重在分析以扩大外贸商税为理由而支持开放海禁的思想。将商税的视野,从国内贸易扩展到海外贸易是前所未有的新观点。

至于田赋,这一时期除了提倡均赋而外,人们日益重视田赋加派问题。前已指出,明初在田赋正税之外,还有所谓加耗,以后田赋改征银两又加征所谓火耗。无论加耗或火耗,实际上已经是一种加派。当时地方官吏任意扩大加耗数额的情况比比皆是,以致有的地区"除正税一石六斗二升外,该加耗十二石九斗有奇"[2],加耗额竟超过正税达七倍之多!为了解决加耗过重问题,海瑞曾提出一个较具有代表性的固定加耗征收率的方案。他建议:凡各项钱粮尽是正数,外别加二分作耗。一钱加二厘,一两加二分,十两加二钱,一百两加二两。依次"二分之耗,一定不改",如有超过此二分比率而多取者,许向官府告发,凭以惩治[3]。可是,随着加耗率的确定,加耗作为一种真正的附加税也就具有了同正税一样固定的性质。每当加派过滥时就用某种限制方式将部分加派额固定下来,这是封建政府用来加重人民负担的一种惯用手段,旧的加派固定后,不久又会出现新的加派。明末在正常田赋之外,又按田亩大量加征辽饷、剿饷、练饷等军费,就是一个典型例证。由此引起不少反对意见,其中亦以东林党人的观点最为突出。如周起元曾提出质问:"惟正之供输,尚思节省,不经之额,岂宜漫征?"[4]周宗建也指出:"加派"非但不会有助于战争,而且只能加重人民的负担,引起国家骚乱[5]。徐如珂则从财富"不可不散于下,在上则壅"的传统观念出发,进一步提出"停征"田赋的主张[6]。他将停征对象分为两等:"如

---

[1] 许孚远:《疏通海禁疏》。转引自《明经世文编》,中华书局版第五册,第4332页。
[2] 顾清:《顾文僖公集·与翁太守论加耗书》。转引自《明经世文编》卷一一二。
[3] 《海瑞集》上册,《定耗银告示》。
[4] 周起元:《周忠愍奏疏》卷二。
[5] 周宗建:《周宗毅公奏疏》卷四。
[6] 徐如珂:《徐念阳公集》卷三。

官大户，十停其二；细民十停其四"。在他看来，此停征方案所以"宽细民而苛大户"，因细民易"铤而走险"，故应对其"稍加宽恤"①。以上思想家们的观点虽仍未超出维护封建统治阶级利益的窠臼，但他们已通过田赋负担沉重的社会现象，敏感地预见到明末农民起义风暴的即将来临。

（三）反对国家专卖和经济干涉政策的思想倾向

这一时期反对国家专卖的观点有两个思想来源。一方面是受传统重本抑末思想的支配，如有人反对盐铁专卖其理由就是"力农者安，专商者危。……莫若取一于农，务力其本，尤为一劳永逸之图"②。这显然是极为迂腐而落后的思想。另一方面，重视私商自由经营思想的不断增长，已形成反对国家专卖的主要力量。以盐法为例，有人主张征课盐税，"因海泽自然之利"，以便"通商"，否定盐专卖存在的必要性。其理由是"商益通则利益厚，……彼既以有利而来，亦必以无利而去，又自然之势也。"③ 这是利用商人趋利避害的行径来处理封建国家的盐政。又有人认为："理盐固所以足国，而足国莫先于惠商"④，主张"明禁"在常课而外继续朘削商人经营之盈余。尽管这一"惠商"思想最终仍是为了"足国"即充实封建国家财政，但以"惠商"作为"足国"的先决条件，毕竟是反映了与传统财政观点不同的新的时代内容。类似见解在16世纪中期以后，已是封建知识分子中较流行的观点。袁世振于万历中为疏销积引，创立"纲法"。此法的具体措施是将盐务进一步委托给盐商自行处理，由盐商和盐户直接交易，收买运销权均归于盐商，并得世袭，官府只需按纲册令盐商纳税⑤。纲法的实行尽管造成了商人对于食盐运销的垄断，却也体现出与国家专卖思想截然不同的另一思想倾向。

---

① 《徐念阳公集》卷七。
② 林俊：《务政本以足国用疏》。转引自《明经世文编》卷八十六。
③ 陆深：《拟处置盐法事宜状》。转引自《明经世文编》卷一百五十五。
④ 郭惟贤：《甲明职掌疏》。转引自《明经世文编》卷四百六。
⑤ 袁世振：《盐法议》，转引自《明经世文编》卷四七四。

第十三章 明代财政思想

在常平或平籴问题上,这一时期要求按照商业经营原则行事而反对官府强制规定价格的呼声也日益强烈。值得一提的是吴应箕(公元1594—1645年)对官府"禁高价"持更为严厉的批评态度。他认为,物价有四时不同,"强以令禁之,则商贾负贩之流,必以无利罢业而货不流,货不流而民之需愈急,则物之价愈贵。是有司之禁高价者,适所以长价;而欲便民者,反以困民"。这一认识显然较前人更为深刻。不过,他也不同意物价自由浮动,而是主张设立一种标准价格即"市平","买者卖者,俱于是取平,则商民两便"①。自公元1世纪初新莽政权创行"市平"制度以来,一千多年间能接受这一制度者可谓寥寥,吴应箕算是较明确赞成"市平"制的一人。不过,吴氏规定平价的目的与王莽不尽相同,他主要是为了维护商人的利益,把市平政策直接与商人的利益联系起来。

以上观点均表明16世纪以后国家专卖和经济干涉政策的思想倾向,日益削弱。

(四)赋税征银问题

16世纪开始后已是钞法不行,而铜钱的铸造也不够多,封建政府为使财政收入不受损失,更加广泛地将钱、钞征课折收白银,于是围绕着赋税征银问题,引出了许多人的议论。其中,与财政思想有关的是主张征课本色以代替征银。万历时即有人建议沿海地区人民得以本色交纳田赋。其理由是田赋征银极不合理,对于人民来说,须以粮易钱,以钱易银,几经折变而后方得输纳;一旦官府缺粮,又须自上而下拨银籴买。不若征收本色而贮。之官仓,如此则"民不必贸粟纳银,官不必发银籴谷,上下往返,所省必多"②。

明末人任源祥反对折收白银而主张征课本色的观点更具有代表性。他认为折色(指赋税改征白银)有"五害",本色有"五善"。其折色用银的五害是:银非民之所固有,输纳艰难;轻宝易匿,便于官役侵

---

① 吴应箕:《楼山堂集》第十二卷,《江南平物议》。
② 冯琦:《冯宗伯琢庵文集》卷四,《东省防倭议》,又参见《明史》卷二一六本传。

欺；银非贸易不可得，人多逐末；银不制之于上，如泉府之操其柄，又不产之于下，如布帛之可衣，菽粟之可食，而偏重在银，使豪猾得擅其利；银虽多，非国之本货，一旦有急，京边空虚。相反，如征收本色，则有五善：取其所有所生，而不责之以所无，民不苦，课不逋；税粮科则各有原额，数目易晓，不得借端挪移，上下其手；输纳不用银，银不足贵，人多不逐末而务本，田地皆辟；务本则勤俭而人心思善，风俗易成；所征本色于都会要害之地，建仓收贮，从其常便，数年间京边要地，本货充盈，军国之需裕，富强之形成①。以上所列举的各条理由，几乎均能从任土所宜，重本抑末，金银饥不可食，寒不可衣等等传统教条中，找到其思想渊源。至于他认为只有在"舟车不通之处"才可能便于折色，其余皆便于本色，这一想法更是不切实际。因为他只考虑到税粮的运输问题，不曾想过在交通闭塞地区的人民比较其他交通发达地区更难于获得白银以交纳赋税折色。其实，最根本的原因在于广大人民群众的生活水平很低，只能行用铜钱，白银尚不是普遍的流通工具。如果白银已普遍流通，赋税征银岂不更为方便。

（五）荒政思想

这一时期谈论荒政问题者以林希元为较突出。他于嘉靖中条陈《荒政丛言疏》，其中举出荒政有二难、三便、六急、三权、六禁和三戒，为纲六，凡目二十有三，虽条目周备，殊无理论创见。值得注意的是，他将"兴工役以助赈"正式列为必备的救荒措施之一。这比起董煟的《救荒活民书》仅提到"以工役救荒"②而未能作为既定的救荒政策者，是一个发展。以工代赈思想颇类似于近代所谓公共工程政策。北宋沈括对此办法非常赞赏。这从他记载范仲淹任杭州太守时所进行的救荒措施的笔录中可以看出来。他写道：

"吴中大饥，殍殣枕路。……希文（范仲淹又称范希文）乃纵民竞渡。太守日出宴于湖上，自春至夏，居民空巷出游。

---

① 任源祥：《赋役议》下。转引自贺长龄：《皇朝经世文编》。
② 《救荒活民书》卷一。

又召诸寺主首谕之曰：'岁饥工价至贱，可以大兴土木之役'。于是诸寺工作鼎新。又新仓廒吏舍，日役千人。监司奏劾杭州不恤荒政、游嬉不节及公私兴造，伤耗民力。文正（范之谥号）乃自条叙所以宴游兴造，皆欲以有余之财以惠贫者。贸易饮食工技服力之人，仰食于公私者，日无虑数万人。荒政之施，莫此为大。是岁两浙惟杭州晏然，民不流徙，文正之惠也"①。

以大建工程和鼓励消费来刺激生产并增加就业这一思想，先秦《管子》和西汉桑弘羊早已谈及。但他们只是一种理论设想，范仲淹的确是第一次成功地把《管子》的这一理论在救荒时付诸实施。惟不论范仲淹或沈括，他们都仅从救荒的角度来考虑，那就比《管子》作者从一般消费刺激生产并增加就业的考虑所达到的经济理论水平大有逊色。所以，这一措施虽已"著为令"，不断在荒年执行，日久即沦为一般的救荒措施之一，逐渐被人们所遗忘。沈括能发现这一经济观点之可贵，特别把它记录下来，已经是很难得的。以后林希元鼓吹"民出力以趋事，而因可以赈饥；官出财以兴事，而因可以赈民，是谓一举而两得"②，则系进一步将范仲淹及沈括等人所理解的以工代赈措施，作为固定的方式纳入供封建统治者选择采行的诸项救荒政策之中。

（六）其 他

这一时期还有不少对个别财政问题的议论。如万历时王宗沐力主恢复漕粮海运，认为这是"圣子神孙万年之全利"；他还把漕运看作人体之血脉，"血脉通则人身康，运漕通则国计足"③，对于漕运在充实国家财政中的作用给予高度重视。徐贞明（公元？—1590年）则要求不依靠东南漕运，力主兴修水利，在北方推广稻田，并建议采用虞集的按垦田多寡授爵的办法。徐贞明将虞集募富民海滨垦田主张作了充分的发

---

① 沈括：《梦溪笔谈》卷十一，"皇祐中吴中大饥条"。
② 林希元：《林次崖先生文集》卷一，《荒政丛言疏》。
③ 王宗沐：《广饷道以纾宵旰事》，转引自《古今图书集成·食货典》第一七七卷，《漕运部》。

挥,并倡言西北垦田有十四利。他的总精神是反对军屯,坚持由"富民得官屯驻"。他强调富民和豪右的作用,把"豪右"的利益与封建国家的利益统一起来。他说:

"豪右之利,亦国家之利也,何必夺之。周礼使世禄地主之有力者,与其广潴巨野之可以利民者,曰主以利得民,曰薮以富得民,彼小民有利而力不能兴其利,官为之倡,豪右从而率之,则借豪右之力以广小民之利,方欲借之,矧曰夺乎"①。

徐贞明从封建国家利益出发而宣扬"借豪右之力",以及鼓吹富农(领有封建官衔的)经济作用的论调,在其《潞水客谈》中体现得非常突出。在他以后二三百年时间内,不断有思想家继续传播他的主张,甚至比虞集的原建议被引用的次数还要多些。

此外,宗室禄米开支的日益庞大也是这一时期人们普遍关心的问题。如林希元谈到宗禄时指出:"今日天下之弊,独此为最大。今日救天下之弊,独此为最先。"为了减轻这一沉重财政负担,他建议紧缩宗室禄米的发放范围,范围以外的宗室亲属,令有司代为设立田产,每人不出二顷,"使其营运自养,免其赋役,以别于黎庶,此后不复之管"②。陆楫(公元1515—1552年)的解决方案主要是将宗室爵位袭封者的等级依次降低,借以限制因宗室繁衍而不断增长的受封人数,从而使禄米发放"可省数十倍"③。林润(公元1530—1569年)亦指出:"天下之事,极弊而大可虑者,莫甚于宗藩禄廪"。当时一年税粮收入为四百万石,而宗室禄米支出一项即达八百五十三万石,以全年收入尚不足供禄米之半,故他呼吁采取相应的财政对策。结果于嘉靖间始行宗室禄米部分改折纸币支付。在当时已是钞法不行的条件下,宗禄折钞实际上是减少宗禄的一种手段,但它并未使郡王以上的上层宗室受到多大损害,只是造成"将军以下益不能自存"④的局面。

---

① 徐贞明:《潞水客谈》。
② 林希元:《林次崖先生文集》卷二,《王政附言疏》。
③ 陆楫:《蒹葭堂杂著摘抄》。
④ 《明史·食货志》六,《俸饷》。

第十三章 明代财政思想

万历前后谈采矿问题的也很多，大都从封建财政角度考虑，"争言开矿以济困乏"，不完全是研究采矿本身问题。特别是在万历二十四年（公元1596年）以后，常将采矿与矿盐的残酷搜刮混为一谈，使采矿在人们思想中造成极恶劣的影响。虽然矿冶业在民间已有相当的发展，而在一些保守派士大夫头脑中，这仍然是十分有害的事业。如冯琦宣称"自古未闻开矿富国者"，故认为"夫足用者，开利孔，不如塞弊窦"①，坚决反对开矿。又如姚思仁曾论开矿八害："矿盗哨聚，易于召乱，一也；矿头累极，势成土崩，二也；矿夫残害，逼迫流亡，三也；雇民粮缺，饥饿噪呼，四也；矿洞遍开，无益浪费，五也；矿砂银少，强科民买，六也；民皆开矿，农桑失业，七也；奏官强横，淫刑激变，八也。"② 与封建前期以阴阳迷信为理由而反对开矿者比较，姚思仁的论点未涉及迷信可算一种进步，但和当时已有巨大发展的民间矿业相对照，那就不能不算是落后保守的观点了。此外，盐法也是当时封建士大夫很关心而议论较多的问题，但除了倾向于让私商自由经营而外，一般均系纠缠于个别盐政措施的利弊，甚少原则性的分析。

第五节
明末财政思想

明末财政思想的特点，首先在于大起义农民提出了"均田免粮"③的经济口号。这里"均田"的涵义不同于明中叶流行的所谓均田均税之说，那仅是清丈土地以核实粮徭负担这一财政措施的美称，而起义农民的"均田"思想则反映了他们以暴力均分土地财产的革命要求。与"均田"口号相联系的是"免粮"，专就"不当差，不纳粮"这一号召本身考察，它仅是反抗封建政权的繁重赋役压榨。这比起我国历史上不

---

① 冯琦：《答刑崑田》，转引自《明经世文编》卷四百四十。
② 《明史》卷八一，《食货志》五。
③ 查继佐：《罪惟录》卷三十一，《李自成传》。

断爆发的无数次农民起义的经济要求,并无特别不同之处。但把它与"均田"口号结合起来,那就意味既不向地主阶级交纳地租,也不负担封建国家的赋役,全部否定了封建剥削。以往剥削阶级思想家所提出的土地方案如井田、占田、均田之类,无不以负担封建国家的赋役为其主要内容,甚至方案提出的主要目标之一就是为了保证封建赋役的压榨。而明末起义农民的"均田免粮"要求,却反映了更加彻底的反封建剥削的思想,标志着农民反对封建剥削的思想的历史最高峰。除了革命农民的激进经济观点而外,这一时期由于内忧外患,财政枯竭,形势岌岌可危,故谈论财政经济问题者较前代任何时期都多。如万历以后各种经济类书大量出现,当然其中也有少量是专为科场考试之用或专谈立身处世之道的。至于不以"经济"或"经世"命名而部分涉及财政经济问题的专著在这一时期也出现较多。足见以往封建学者认为明代专好"空疏之学"的说法是片面观点。不过,有关财政经济问题的论著虽然较多,却少理论性创见,只是在若干具体财政问题上才有值得称述的观点。

一、徐光启的财政观点

徐光启(公元1562—1633年)是中国封建士大夫中第一个向西方传教士学科学的高级官员,也是向西方追求真理的先行者。他最杰出的贡献在农学方面,《农政全书》为其代表著作。因此,他在理财问题上的基本观点必然是强调农业。惟他的重视农业与传统的重农思想有所不同。首先他所理解的农业范围较为广泛,包括树艺、蚕桑、牧畜以及家庭手工业的生产,不像以往专重谷类或五谷桑麻的生产。其次,以往重农思想家一般均轻视工商,视之为末业。而他则认为"末富,未害也"①,充分体现了他的时代农工商经济均相当发展的特征。

徐光启非常强调农业是财富"所自出"这一根本原理,要讲求富

---

① 徐光启:《农政全书》卷九,《垦田疏》。

国之道，必须懂得这个原理。在他看来，当时所以贫穷的原因是封建统治集团不懂得甚至违背了这一原理，不在全国各地广泛地发展农业生产，只集中地压榨江南地区，其结果是江南地区不胜赋税的繁苛，而其他地区有旷土而不耕，闹得全国愈来愈贫困。他指出，松江一地"不过百里而遥，农亩之入，非能有加于他郡邑也"，竟因漕运关系每年须负担约一百万担赋税，三百年来人民尚能勉强生存者，皆由于"有木棉之利"，"全赖此一杼一机而已"。不仅松江如此，"苏、杭、常、镇之布帛枲纻，嘉、湖之丝纩，皆恃此女红末业，以上供赋税，下给俯仰，若求诸田亩之收，则必不可办，故论事者多言东南之民勤力以事上，比于孝子顺孙不虚耳"①。由于封建王朝只知每年从东南漕运数百万石粮食供京师吏禄及西北边防之用，以致西北田地荒废，而东南田赋越来越重，形成极不合理现象。

尽管徐光启所认识的社会贫困的原因并未接触到本质问题，但他所指出的那些不合理现象，的确是当时应该解决的严重问题。对于江南田赋过重问题，他不像一般封建士大夫那样要求采取减少东南地区的漕粮运输负担的办法，而是倡议在西北地区开辟水稻田。他说，若能开辟水田，"凡水皆谷也"，不应多费水来运粮，而应多用水来生产稻谷；当时的政策却是"东南生之，西北漕之，费水二而得谷一"；如在西北兴水利，开荒地，可以解决西北及京师的粮食问题；西北多生产粮食一石，即可减少东南的漕运数石②。强调大力开展水利并在全国范围内广泛发展农业生产这一思想，在他的理财思想体系中是非常突出的，这也是他的重农思想与以往不同的一个主要方面。

他主张发展农业生产有一个总的目标，即"粟多而价贱"。为了实现此目标，他大力宣扬垦田。关于垦田问题，他接受虞集和徐贞明鼓励富民雇人开垦荒地的主张，建议不仅按开垦亩数或向政府缴纳米粮数量授予垦田富民不同等级的官爵，并大大地降低其赋税负担。如以"二十人耕水田百亩，入米十石为小旗，内以五石为本名粮，余半纳官；

---

① 《农政全书》卷三十五，《蚕桑广类》，"丘浚大学衍义补"条注。
② 徐光启：《徐文定公集》卷二，《漕运议》。

……三百五十人耕一千七百五十亩,入米一百七十五石为指挥同知,内以八十七石五斗为俸,余半纳官,……四百人耕二千亩入米二百石为指挥使,内以百石为俸,余半纳官"①。照虞集办法是开垦三年后才规定税则,徐光启主张从开垦之月起即预行规定,以免引起疑虑。上田一亩仅出米一斗,其中以五升为垦田的官俸,实际只纳税五升,可谓很低的税率。以上具有官衔的垦田富民并无一般封建官吏的实权,"予之空名为封君而不得治理民事和将兵"②,其主要任务在于组织农业生产。其官俸仅为资本与工作的报酬,并在其自身上缴的赋税中扣除。所以,垦田富民事实上是挂有封建官衔的经营地主。对于兴修水利的富民,也采类似办法。如"开河渠,造闸坝等,有肯一力造办者,有集合群力造办者,俱报官勘明兴工,功成报勘,如费银一千两,准作水田一千亩,一体授职入籍,但无入米,家无官俸。"③ 总之,他发展垦田水利的原则是反对官办,主张让富民经营,国家则给他们一些财政上的或政治上的优待以资鼓励。

徐光启也颇注意"会计"。两宋以来已有些学者重视会计了,但以往所谓会计大致指对封建国家财政收支的筹划、监督等。而徐光启所谓的"会计"似乎侧重在指核算技术与知识。他说:"算学久废,官司会学,多委任胥吏粮谷之司"是很不妥当的。所以,"理财之臣,尤所亟须"。足见他所说的深通"会学"的"理财之臣"不是一向理解的封建中央主持财政的大员,而是泛指一般经营财务的官吏。在另一个地方,他将"会计加编"与"征收耗剥,起解铺垫,诸色役费"④ 等地方苛派联系起来考虑,似乎也是指地方财政而言。因此,他的这一观点,不仅是否定"讳言财利"的传统思想,强调"理财"的重要,更突出的是他要求"会学"与会计业务能在各级封建机构中被重视。这却是以往思想家所不曾注意到的一个不小的问题。

---

① 《农政全书》卷十二,《徐贞明西北水利议》条注。
② 《农政全书》卷九,《垦田疏》。
③ 《农政全书》卷九,《垦田疏》。
④ 转引自王重民:"徐光启在我国科学史上的成绩和贡献",《文汇报》1962年4月24日。

第十三章　明代财政思想

二、宋应星的财政议论

宋应星（公元1587—？年）是我国古代重要科学家之一，其名著《天工开物》在工矿技术及生物学、化学等方面有许多贡献。关于封建财政方面，宋应星特别强调催科频繁给人民带来的痛苦和使生产蒙受的损失，比沉重的捐税本身还要大。他说小民虽甚贫困，如催征次数不多，合并交纳，尚能勉强负担。可是实际并不如此，"甲日条编，乙日辽饷，丙日蓟饷，丁日流饷，戊日陵工，己日王田，庚日兑米，辛日海米，壬日南米，癸日相连甲乙日，去年前年先前年旧欠追呼又纷起"，而"牙役承行最利其分款而追，则点卯润笔常规，可逐项而掠取也"①。看来他对财政征课手续简便的原则是很重视的。

对于当时盐政的改革，他主张由官府生产，让私商自由运销。以淮盐为例，他说："夫计口食盐，一人终岁必盐五十斤，价值贵时五钱而溢，贱时四钱而饶，而场煎炼资本四分而上，则一口每岁代煮海生发子息四钱有余，食淮盐者亿万口，则每岁出本四千万两以酬煮海之费"，何至于为每年一百五十余万两的盐利而用尽追索拘捕方式还无法收足。他建议将盐政的"烦苛琐碎法尽行革去，惟于扬州立院分司，逐场官价煎炼，贮于关桥见存厂内，各省买盐商人多者千金万金，少者十两二十两，径驾各方舟楫直扣厂前，甲日兑银，乙日发引，一出瓜、仪闸口，任从所之，一带长江百道小港，再无讥呵逼扰"②。如行此办法，不要半年时间可以收到极大成效。

对于军队屯田，他提出了几条原则③：一是军官也要参加劳动，使"上作而下从，贵行而贱效"；二是访求"习知土宜与谷性者"授以官衔，"立为田畯之长"以指导生产；三是种稻五亩必收十石，种麦五亩必收千斤，其他作物以此类推；四是室庐之侧，陇埠之上亦须遍种瓜

---

① 宋应星：《野议·催科议》。
② 《野议·盐政议》。
③ 《野议·屯田议》。

495

蔬，不许有寸地荒闲；五是只要求一人屯种能提供二人粮食，不必作过多的要求，这样就不必配牛；最后是屯田只宜行于边区，不能用于内地，因内地有"流寇"。他认为这样定可以做到士饱马腾，何以数十年来"舌干唇敝"，竟无人懂得"此至易之事"？

无论他的盐政或屯田的意见，均仅满意于数字上的计算，不认识在剥削阶级统治的社会中，在数字计算上毫无问题的事情也会成为无法解决的严重问题。汉末仲长统之论什一税，唐末李翱和南宋初林勋之论田赋，均犯了这个毛病。科学技术专家宋应星在这个问题上是更加困惑的。他曾怀疑：何以当时官府宁肯岁费银一二十万两，制造以千金就能在市场购买到的糊窗用纸；何以不用市场价格数钱白银一斤的佳茶，却要用每斤费银十两的外省贡茶；又京靴价格每双不过白银七钱，何以内使靴费一次发给就是一百三十万两等等[①]。此类怪事，不特明末如此，20世纪20年代之初，北京城内的鸡蛋价格每个最高不到五分钱，而当时紫禁城内的溥仪所食的鸡蛋却要两元钱一个，可知这种情况绝非个别的。如果不从封建剥削制度在这个时期所具有的腐朽贪墨的本性去考察，封建财政上的这些问题是永远不能理解的。

三、李雯的盐政思想

李雯（公元1608—1674年）的财政观点较明末一般思想家更为可取。在财政指导思想上，他力主采行"管、桑之术"。东汉以来，赞成《管子》及桑弘羊的财政经济政策者本来就不很多，就是那些同情桑弘羊的思想家，大都只欣赏其盐铁均输之能使"民不益赋而国用富饶"，甚少从理论上接受其财政经济观点。但李雯重弹《管子》、桑弘羊的"末事举而本富兴"[②]的观点，却不同意所谓"富者靡之，工巧者为之，

---

① 《野议·军饷议》。
② 李雯：《蓼斋集》卷四三，《策》五，《盐策》。

舍此无以为食也"①，这是对《管子》、桑弘羊的奢靡消费观的局部的否定。

在这样的观点支配下，自会力主经济的管制政策。但他主张的管制政策又和《管子》、桑弘羊的故智有所不同。他认为："力田者本谋，而盐铁为奇利；菽粟为资粮，而山海为宝藏；舍是二者而欲讲求于足国之术，未之见也"②。不过，他认为管制政策又必须采商业经营原则，故又说："古之管天下之利者必居四达之衢，四方水旱、财物之轻重必尽知之也"。即不仅要了解商情动态，还要吸收商人的经验，并给以一定的利益③。具体地说，是要能掌握谷物与金钱二者，即可减低甚至不征赋税。这显然是受《管子》的财政观点（指扩大经济收入，缩减强制的租税收入）的影响。他建议的办法是增加垦田，以增加谷物的收入。政府取得谷物，不采取征课或屯田方式，而是以政府设官管理的铜、铁、木材等重要生产品与垦田者的谷物相交换。如垦田者须以其收获之一半交给官府，而官府利用等价的铜若干，铁若干，盐若干或木材若干以为交换，此外不再缴税。官府取得大量谷物之后，"置常平之仓，管天下之利而灌输之"，以获取大量金钱④。他的建议的特点是以铜、铁、木材、盐等以交换农业生产者的谷物，再由政府出售谷物以取得货币，这和《管子》或桑弘羊的办法均不相同。看来，他是吸取《管子》、桑弘羊、刘秩、刘晏之说的某些成分，而又不适当地和物物交换方式结合起来，才形成这种无实际意义的建议。他可能由于明末通货膨胀和物价波动剧烈，才设想出这种避免物价波动影响的实物交换办法。

李雯较突出的贡献是他在盐政方面的建议。他一贯主张不仅要重视商业，并要"以商贾而行商贾之事"才"利便"。如以官僚或儒者而行商贾之事，必然产生许多毛病。同时，他又说："夫管榷之事，巧者有

---

① 《蓼斋集》卷四三，《策》三，《俗靡》。
② 《蓼斋集》卷四，《策五》，《盐策》。
③ "又自选能吏或与贾人裁权变，择时而任人。又斥余财以与之，下甚劝而善吾事，以大度之人，御纤悉之计，而利尽四海矣。"（见《策》三，《财用》）。
④ 《蓼斋集》卷四三，《策》三，《财用》。

余,拙者不足,官冗财伤则利微,吏省权一则利博"。因此,他得出的结论是:"夫盐之为利一也,与其榷于官,不如通于商。"① 这已是明中叶以后比较流行的观点。其具体办法是:

>"使天下之商贾得自煮盐,分海滨之场,或为百亩,或为数顷,画其疆里而尽给之,使得自养其灶丁。向者豪强侵利之家,亦不必为之禁绝,使皆列之于商贾而得置牢盆以自便。彼得辞私盐之名,必有所甚乐。朝廷为之设官以平其价值,理其讼狱,辨其行盐之地分,然后度其岁之所出者重为之额而一税之。……至元人而天下之赋盐居其八,今吾朝举天下之盐不及二百万,盖天下皆私盐,则天下皆官盐也。"②

汉、唐以来谈盐法者,即使是强调由私商经营的人,也还主张由官府控制盐的主要生产工具——牢盆。李雯建议的特点是连牢盆也让商人自置,不加控制,成为真正的盐业自由经营。其"盖天下皆私盐,则天下皆官盐也"一语,也成为我国盐政史上的名言。二百年后的魏源所谓"化私为官"③ 的盐政主张,其思想渊源即来自于此。他又说:"盐之产于场,犹五谷之生于地,宜就场定额,一税之后,不问其所之,则国与民两利。"④ 所谓"一税之后,不问其所之",也成为盐政史上的千古名言,与宋应星所说的"一出瓜、仪闸口,任从所之"的主张相同。而宋氏之说可能比李雯的主张还早些,由于没有得到像顾炎武这样的名家为之传播,所以湮没无闻,让李雯一人专美。我们不是专门研究盐政,主要是通过他对盐法的意见以反映其财政指导原则中重视和保护商业的思想倾向。盐这种商品是具有天然垄断条件的商品,如果在盐法上也坚持彻底的自由生产与经营,则对一般商品的生产经营观点,就可想而知了。

---

① 以上引文均见《蓼斋集·盐策》。
② 《蓼斋集·盐策》。但他也不是主张私盐全部商营,如西北、京师及塞下之盐仍主张由官办,用来交换商人的蒭粟。
③ 魏源:《古微堂外集》卷七,《筹鹾篇》。
④ 《蓼斋集·盐策》。顾炎武:《日知录》卷十,"行盐条"及20世纪所编的《盐政辞典》均加以称颂。

第十三章 明代财政思想

李雯推重管、桑之术并不是复古,而是将我国历史上早熟的重商观点移植到更适应于它的近代土壤上。不仅在重商原则方面如此,他的全部财政观点均具有反传统财政教条的性质,继承了两宋以来的进步倾向。只可惜他的反抗精神仅表现在学术思想方面,而其于明亡后临到生死关头缺乏民族气节,则不足取。

第十四章

明清之际的财政思想

从明末到清初即从 17 世纪后期到 18 世纪初这个历史时期,一向被中国学术界认为是启蒙时期。由明至清剧烈的政治变化,引起人们对被推翻的明王朝的政治经济措施及其赖以建立的理论基础的严肃思考。一个启蒙思潮就此产生,其目的是对许多长期以来占支配地位的教条重加评价,因而在这一时期出现了许多杰出的进步思想家。这种意识形态的变革对于财政思想领域的影响,主要是沿着两宋以来即已开始的对传统财政教条的批判思潮之继续,却更多地体现了新兴市民阶层的利益。只是这一思想变革仍属纯中国型的思维形式,与 19 世纪中叶崛起的渗透着西方影响的思维形式迥然不同。下面先研究明末三个代表启蒙思想家黄宗羲、顾炎武和王夫之的财政思想,然后分析清初颜李学派的财政思想。

第十四章 明清之际的财政思想

第一节
黄宗羲与顾炎武的财政思想

一、黄宗羲的赋税思想

黄宗羲（公元1610—1695年）的财政思想基本上反映了当时市民的观点，不过在某些方面仍未完全摆脱封建观点的束缚，不像他在政治哲学上表现的那样具有更无拘束的想象力和更无畏的反抗精神。在他的财政言论中，谈得最多的是赋税问题。

他的基本租税思想是从维护私有财产权利的市民观点出发，反对封建统治者视天下为"君"的"产业"，在创业时"屠毒天下之肝脑"，在守成时又"敲剥天下之骨髓"，人民成了封建统治者"囊中之私物"①，人民财产毫无保障。因此，他抗议任何对私有土地的课税，他说：

> "古者井田养民，其田皆上之田也。自秦而后，民所自有之田也，上既不能养民，使民自养，又从而赋之，虽三十而税一，较之于古，亦未尝为轻也"②。

他一再强调"民自有之田"，把它和"上之田"严格地区分开来，并肯定向私人田产征收赋税即不成其为"君父"，忿慨之情，跃然纸上。用这样激昂的情调来为私有财产辩护，连南宋叶适和明中叶的李贽也不及他鲜明而坚决。必须指出，我们不能将黄宗羲的这一观点看成是替封建地主阶级的土地私有权利而辩护。如结合他赞成"人各有私也，人各

---

① 黄宗羲：《明夷待访录·原臣》。
② 《明夷待访录·田制一》。

自利也"① 的政治观点,特别是他强调工与商"盖皆本也"② 的反传统本末观点来考虑,应该说他的这一租税观点是当时信奉私有财产权利神圣的福音的市民意识的反映。

黄宗羲又曾指出,即使农民的土地问题获得解决,仍不足以解除其痛苦,因为农民还须负担沉重的租税。他说:

> "吾见天下之田赋日增,而后之为民者日困于前。……则天下之害民者,宁独在井田之不复乎!"③

土地的暴狂集中和赋役的残酷沉重是明末的两个极严重的社会经济问题。农民领袖李自成起义之能所向无敌,就在于他提出了符合农民要求的"均田免粮"口号。以往思想家屡屡将土地与财政问题搅混在一起考虑,认为只要土地问题解决,财政问题即可迎刃而解。明末的历史条件,使黄宗羲能将土地问题与财政问题明确地区分开来并提出不同的解决办法,这是在理论分析水平上提高了一步。

他抨击明末财政有三害。第一是"积累莫返之害",即封建徭役代金不断增加,一一并入正赋之内,使赋税负担日益沉重。更有意思的是他认为土地税应分为两等,官府所授之田按十分之一的税率纳税,而人民的私有田地按二十分之一的税率纳税④。这显然是维护土地私有权利的观点。他又将二千多年来传统的响亮口号"什一之税",根据市民观点作了新的评价。他说,古代以公家之田(井田)养民,什一之税也只适用于上上之田;秦以后土地是民所私有,政府既不养民而由人民买田自养,又向人民征收赋税,虽三十而税一,与古代比较已不算轻。如以什一之税为古法并以它为标准向人民自有之田课税,那是九等田地均按上上之田征税,人民安得不穷困⑤,何况后世还不仅是什一而税。黄宗羲把一向被公认为理想轻税率的什一税,看作最高税则,在儒者中已是离经叛道。他坚持降低税率的理由又不是从人民的负担能力出发,主

---

① 《明夷待访录·原君》。
② 《明夷待访录·财计三》。
③ 《明夷待访录·田制一》。
④ 《明夷待访录·田制三》。
⑤ 《明夷待访录·田制一》。

第十四章　明清之际的财政思想

要以是否为私有土地作为根据，在税率问题上也渗透了强烈的市民观点。

第二，"所税非所出之害"，这主要是迷恋古老的"任土所宜"原则。具有市民观点的黄宗羲仍不免让古旧财政思想的残余在他的头脑中作祟。他主张在财政交纳上须谷帛与铜币并用，特别是在反对以白银定税额之同时，也反对以白银作货币。以"白银为税"是明代后期极严重的社会经济问题之一，当时学者不谈这一问题的甚少。他在这一问题上的错误是把以银为税和以白银为货币二者混同起来，不懂得废除"以银为税"并不妨碍仍以白银为货币。这也是他的财政思想中比较守旧部分。

第三是"田土无等第之害"，意即当时税制是计亩征税，未考虑土质肥度的差异。他建议仿照方田法丈量天下土田，按其土质分为一亩二百四十步，三百六十步，四百八十步，六百步及七百二十步等五等，仍计亩征税。这一建议是很不现实的。在不很大一块土地上的土质可能参差不齐，各家的土地面积又大小不等，势必逐户予以丈量，而丈量前又须先确定土质肥度等级，只此对土质肥度高低的争论，就会没完没了，使清丈任务永无完成之日，其他缺点尚未考虑。如与王安石的千步方田法比较，这一方案真是幼稚可笑。不过，他看出中下等田面积稍广，能有轮番休耕机会，以恢复地力一点①，倒是可取的。

总的讲来，黄宗羲的赋税思想，其突出之处是抛弃传统的"什一而税"口号，主张轻税，特别是对私有土地坚持轻税体现了新兴市民观点，其余如"任土所宜"，反对以银为税及有关计亩征税的设想之类，如不是幼稚想法，便是陈旧的财政思想的残余的表现。这也表明他的财政观点虽有其不同凡响之处，尚不能与他的反映新兴市民意识的政治哲学思想相比拟。

二、顾炎武的财政观点

顾炎武（公元 1613—1682 年）一生专事于经世致用之学，曾广为

---

① 《明夷待访录·田制三》。

考查天下郡国利病的真实情况,把研究工作和暗图复兴故国的活动结合起来。他的名著《日知录》与《天下郡国利病书》等都是穷数十年的精力,经过深入调查,至死方休的不朽著作。其中涉及财政经济方面的许多意见,和他的政治哲学思想一样是充分代表新兴市民的观点,惟对财政理论问题也是缺乏新创见解。

他尤为强调"私"这个体现新兴市民阶层利益的观点,宣扬"用天下之私以成一人(天子)之公,而天下治"。他甚至主张使县官成为世袭职务,把州县看做自己的私产,借以鼓励其提倡生产的积极性而达到富国裕民的目的①。他设想中的时代要求是改变封建专制主义,扩大地方权力,使地方能根据具体情况从事于富国裕民之道。所谓县令职务的世袭,以百里之地为私产等,不过是以荒唐的形式来表达市民社会对"私有财产神圣"理想的追求。

他从人人能自私自为则天下治的基本观点出发,把人民贫困的原因归咎于封建政权的"弊政":第一是"南人困于粮"②。他说苏州等处粮税每亩高达八斗甚至有高达一石者,人民焉得不冻馁或逃亡。第二是"北人困于役"。他说:"至有六旬老妇,七岁孤儿,絜米八升,赴营千里。于是强者鹿铤,弱者雉经,阖门而聚哭投河,并村而张旗抗令"③。第三是全国皆然的弊政,即田赋以银交纳。他说,"夫田野之氓,不为商贾,不为官,不为盗贼,银奚自而来哉。"④ 由于以银为赋又派生了所谓"火耗"的额外之征⑤,加深了人民的苦痛。

顾炎武所特别关心的是普遍的贫穷问题。关于如何才能使国富或使家富的办法,从财政政策上看,他是分别对待的。富国之策不外乎是节约社会产品的使用和开发山泽之利。他认为:

"今天下之患,莫大乎贫。用吾之说,则五年而小康,七年而大富。且以马言之:天下之驿递往来以及州县上计京师,

---

① 顾炎武:《亭林文集》卷一,《郡县论》五。
② 顾炎武:《菰中随笔》卷二上。
③ 《亭林文集》卷六,《答徐甥公肃书》。
④ 顾炎武:《日知录》卷十一,"以银为赋"条。
⑤ 《亭林文集》卷一,《钱银论》下。

第十四章 明清之际的财政思想

白事司府,迎候上官,递送文书,及庶人在官所用之马,一岁无虑百万匹,其行无虑万万里。今则减十六、七,而西北之马赢不可胜用矣。以文册言之:一事必报数衙门,往返驳勘必数次,以及迎候生辰拜贺之用,其纸料之费率诸民者,岁不下巨万。今则减十七、八,而东南之竹箭不可胜用矣。他物之称是者不可悉数。且使为令者得以省耕敛,教树畜,而田功之获,果蓏之收,六畜之孳,材木之茂,五年之中必当倍益。从是而山泽之利亦可开也。夫采矿之役,自元以前岁以为常,先朝所以闭之而不发者,以其召乱也。……今有矿焉,……县令开之是发于堂室之内也。利尽山泽而取诸民,故曰,此富国之筴也。"①

古代思想家主张节用崇俭者甚多,大致不外两种类型:第一是从国家财政角度出发,反对奢侈浪费以解决财政困难,从而减轻人民的租税负担;第二是从个人消费角度出发,把节俭作为治生的美德。顾炎武主张节约消费却是从另一些新的角度考虑,因而使他的节约思想达到了一个前所未有的新水平。首先,他谈节约消费不完全是以封建财政的要求为范围,而是从国民经济立场出发,节约不必要的消费,即为改变国民经济的贫穷状况之一道。其次,他不像以往学者专谈货币经费的节约,而特别强调社会产品的节约,如节约繁文缛礼可以大大地节约纸张,从而又使作为纸张原料的竹箭不可胜用。最后是节约为了生产,节约的结果可以腾出物质资料及劳动力,以从事于促进农牧的增产,并开发山泽之利源。在财富的生产上,他既和以前许多思想家一样首重农业,却同时也提倡发展工矿生产以为富国之源。关于开发山泽之利,他主张由各地方政府开发,不赞成由中央政府开发。这是和他强调地方分权的政治观点是一致的。

富家的办法,他除了建议将最高地主的皇庄土地分配与农民以资耕种而外,更重要的是主张减轻田赋。他所谓减轻田赋包含两个意义:一是减轻一般的土地税;一是减低官田的上缴租额。除减轻地主田赋之

---

① 《亭林文集》卷一,《郡县论》六。

外,他又主张限制私租,规定私人土地的每亩最高租额。他说:"既减粮额,即当禁限私租,上田不得过八斗,如此,则贫者渐富,而富者不至于贫。"① 这表明他已认识以往减轻田赋只是对地主阶级有利,必须在减轻田赋之同时,使地主也减低地租,才能使农民真正得到好处。顾炎武以一个曾有过八百亩江南土地的缙绅地主提出这样的主张,总是很难得的进步思想。另一方面,田赋的减低是普遍的规定,适用于任何地主。而限私租则系规定最高额,因此,私租剥削在限额以下的地主均能因田赋减轻而得到利益,就是那些私租超过限额的地主也会因田赋的减轻而不致遭受过多的损害,这又表明他始终维护着土地私有权利使其不受损害。

在顾炎武的财政思想中,还进一步体现了国家专卖和经济干涉政策倾向的日益削弱。以食盐贸易来说,他主张较自由的国内贸易,封建国家只需收取盐税,反对"束缚"、"急使"盐商的干涉政策。他指出:

"两淮岁课百余万,安所取之?取之商也。……若商不得利,则徙业海上,饥无所得粟,寒无所得衣,是坐毙耳。……且商人皇皇求利,今令破家析产,备受窘困,富者以贫,贫者以死。彼所恋旧堆之盐,预征之课,未忍割而徙业。若束缚之,急使之,一无所顾,今天下安得岁增民间百余万粟,输九边以为兵食者乎?"②

从商税课征角度而重视商业的社会功能,并为盐商鸣不平,自明中叶以来已是较为流行的观点。不过,像顾炎武这样恳切而鲜明地为商人资本说教,认为使商人蒙受损失会不利于封建财政经济的,却还少有。

他反对盐铁专卖,主张由人民自由贩卖,认为这样才是"得中正之法"③。对于商品税,他主张于出产地征收一次,以后即任其通行不再课税,极为赞同李雯所谓:"一税之后,不问其所之"的税制④。这

---

① 《菰中随笔》卷二上。
② 顾炎武:《天下郡国利病书》卷二八,《江南》十六。
③ 《天下郡国利病书》卷三五,《山东》一。
④ 《日知录》卷十。"行盐"条引李雯语。

第十四章 明清之际的财政思想

是直接提出了市民社会对贸易与租税的近代要求。关于茶叶贸易，他也赞同北宋嘉祐时代的办法："给茶本钱，纵园户贸易，而官收租钱。"①总之，他反对国营专卖与经济干涉主义，坚持让商人资本获得更多的自由活动机会，盐与茶不过是其着重论述的事例而已。这和他的自私自为论一样是充分代表新兴市民的观点。

顾炎武把金银尤其是白银称为"害金"②，即系由赋税征银一点所引起。他是从古旧的任土所宜原则出发来反对以白银为税的。他说，农民的收入为粮食，"国家之赋不用粟而用银"，这是"舍所有而责所无"③，使农民即使在丰收情况下也是不幸。以银为赋在当时农村所造成的惨状，他有非常深刻的描述：

"往在山东，见登、莱并海之人多言谷贱，处山僻不得银以输官。今来关中，自鄠以西至于岐下，则岁甚登，谷甚多，而民且相率卖其妻子。至征粮之日，则村民毕出，谓之人市。问其长吏，则曰，一县之鬻于军营而请印者，岁近千人；其逃亡或自尽者，又不知凡几也。何以故？则有谷而无银也。"④

可见顾炎武反对以银为税的态度更为坚决。除反对以银为赋外，他非常注意加强地方的财政收入，这和他在政治制度上强调扩大地方权力的观点是相配合的。照他的意见，除划定田土等第和规定田赋税则应由封建中央政权决定外，一切财政收支均由地方自行处理。而收入的支用还须首先保证地方的经费开支，然后才解缴中央。所有临时用款及接济其他州县的经费均严格地限制在规定的地方赋税之内支付，不能另外摊派⑤。这是明确划分封建中央和地方政府的财政权力的观点，也是西汉以来追求集中和统一财政权力的思想趋势之异化。

顾炎武的另一财政观点是重视生产发展对赋税的作用。他指出：

---

① 《日知录》卷十，"行盐"条。
② 《亭林文集》卷一，《钱粮论》上。
③ 以上引文均见《日知录》卷十一，"以钱为赋"条。
④ 《亭林文集》卷一，《钱粮论》上。
⑤ 《亭林文集》卷一，《郡县论》七。

507

"必有生财之方而后赋税可得而收也。"① 秦、汉以来有许多的思想家已提到奖励农业以培养税源，而顾炎武则概括地提出要"有生财之方"以为赋税征课的基础，不把生财的范围局限于农业一种。而且他的这一提法也使财政与生产的关系更加明确，比传统的"百姓足君孰与不足"的提法深入了一步，更接近于近代经济理论水平。

在顾炎武的财政思想中，除了宣扬自私自为和反对经济干涉政策系体现了市民阶层的意志而外，他从减低地主田赋的思想引申出限制私租的思想，亦非易事；坚持地方财政自治虽不完全正确，却是他的新创见解；发展生产以培养税源的观点虽然正确，惜亦未能作进一步发挥。关于反对以银为税和强调任土所宜问题，他讲得最多，但理论上如非过时也无什么重要意义。所以，他的财政思想有可取部分，也有落后部分。

第二节
王夫之的财政思想

王夫之（公元1619—1692年）是一位坚贞的爱国主义者，一生著作宏富。他的论述中涉及财政问题的言论特别多，惟大多数为分析或批判历史上的具体财政措施之论，较少理论原则性的阐述。而他对财政经济问题的分析和评价，又常以是否有利于民族利益为极重要的衡量尺度，这一点在他对待财利的看法上表现得尤为突出。下面分别研究他的财利概念及其他财政观点。

一、对待财利的基本态度

王夫之十分强调"义利之辨"，他以为"天下之大防二，而其归一

---

① 《日知录》卷十二，"财用"条。

也。一者何也，义利之分也"①。他所谓的两大防，一是华夷之辨，一是君子小人之辨，而归根结底都是义利问题。

早期儒家所谓君子与小人在王夫之的心目中成了两种绝不相同的人。"君子"不论懂不懂得"义"，都是好义的；而"小人"即使不懂得"利"，也不能成为君子；君子所以不懂得利，那是因为他们想懂得而不可能②。更突出的是他把小人和一般劳动群众等同起来，把他们关心自身物质经济生活的活动看成是禽兽的行为。这就把孔子的"君子喻于义，小人喻于利"的思想作了淋漓尽致的发挥。从这种鄙视财利的观点出发，他斥《管子》"衣食足而后礼义兴"的名言为"邪说"③，把廉耻礼乐等看成自在的东西，不依赖于一定的物质经济条件而早就存在，这是十足的唯心主义观点。同时，他又以个人物质欲望之不易满足为理由，来否定物质经济条件作为道德规范赖以建立的基础的命题，这显然是将两个不相关联的事物相类比。总之，他的这些论点和他在世界观上承认物质第一性的唯物观点是背道而驰的。

强调义利之辨必然要反映在对待理财的态度上。王夫之不厌其烦地对"有国者"进行"以义为利"的说教，要求他们切不可作任用小人而"屑屑然求财货之私己以为利"的"好利之主"④。在这种理财思想的支配下，他反对国家的积蓄，认为"聚钱布金银于上者，其民贫，其国危；聚五谷于上者，其民死，其国速亡"。连被人们传颂了二千多年的"三年耕必有一年之食"的国家粮食储备理想，他也加以否定，说这仅可实行于古代的百里小国，不适宜于"四海一王"的后世。至于历史学者所公认的隋文帝恭俭为治，不加赋于民，造成当时财政经济繁荣的情况，他也加以非议⑤。

这样的财利观点，完全同他的唯物主义基本观点背道而驰。对此，唯一可能的解释是他突出地强调了华夷之防。他认为人们既从事于追求

---

① 王夫之：《读通鉴论》卷十四。
② 王夫之：《俟解》。
③ 王夫之：《诗广传》卷三。
④ 王夫之：《四书训义》卷一。
⑤ 以上均见《读通鉴论》卷十九。

物质财富,就可以"爵饵",可以"利啖","充其所为,至不知君父",以至于"夷狄可君君之矣"①。故任何在他看来会不利于华夷之防的活动他都猛烈地加以攻击,由此而在包括财政经济事务的若干问题上形成偏狭甚至反动的意见。此外,在满洲贵族征服中原后,他避居荒山窑洞数十年,脱离丰富的社会经济生活实践的生涯,也可能是形成他的偏狭或反动见解的原因之一。不过,当他撇开狭隘的民族主义思想指导而独立探讨具体财政问题时,毕竟提出了不少代表市民阶层利益或反传统的财政观点。

二、租税思想

在王夫之的财政言论中,谈得较多的是租税问题而且具有不少新颖见解。这些见解大致涉及如下几方面:

(一) 将井田解释为赋税制度

他肯定传说中的井田制为租税制度而非土地制度。他认为古代社会由游牧过渡到农业以后有一个很长时期,"田无定主,国无恒赋"。另一方面,由于众多诸侯国的存在,又使各地赋税征课情况极为混乱,"诸侯自擅其土,以取其民,轻重悬殊,民不堪命",缺乏统一的征课制度。从三代开始才由国家"画井分疆,定取民之制"。汉代以后的土地"世业相因"②,成为土地私有制。从这种对土地所有制变迁过程的理解,引出他对一向传说的归田授田之制的否定看法。他争论说:

> "归田授田,千古必无之事。其言一夫五十亩者,五十亩而一夫也;一夫七十亩者,七十亩而一夫也;一夫百亩者,百亩而一夫也。此言取民之制,而非言授民之制也。"③

---

① 参见《俟解》及《读通鉴论》卷二十一。
② 以上引文均见王夫之:《宋论》卷二。
③ 王夫之:《四书稗疏》,"五十而贡,七十而助,百亩而彻"条。

第十四章 明清之际的财政思想

这是说以往常被美化了的一夫授田百亩的井田制是古代国家课税的标准，即每百亩出一夫之税，而不是"归田授田"的土地制度。

王夫之对他所理解的一夫百亩的税制未作进一步说明，但断言道学家一向将周代"百亩而彻"解释为"通力合作，计亩均收"的制度是不可能的。他说这种赋税制度只是有利于"惰者"和"奸者"。由于一井中"通力合作"的农户家庭人数尤其是壮年劳动力各不相同，而各户的土地面积却是相同的。这样，如"计亩出夫"则丁少人家感到劳动力不足而丁多人家感觉有余；如计亩"均收"则必然有的人家粮多而有的可能还吃不饱；如"耕尽人力而收必计口，则彼为此耕而此受彼养，恐一父之子不能得此，而况悠悠之邻里乎"。他的最终结论是："人自治其田而自收之，此自有粒食以来，上通千古，下通万年，必不容以私意矫拂之者。"① 王夫之所指出的这些建立在协作耕种基础上的分配方面的困难，只是土地私有制条件下才存在的矛盾。

从他常提到的"一夫百亩"是赋税制度而不是授田制度的观点看来，他想象的三代租税制度大致是：归耕者自用的土地的经界由国家划定以杜绝纠纷，其目的是为了确定税则；一夫五十亩、七十亩或百亩是课税单位，在此单位内的土地不论耕种与否均须负担一夫之赋役，以免农民有地不耕或不努力耕种；一家可能有一个纳税单位以上的土地，视各家的劳动力情况而定。在耕作粗放而土地又相对多的条件下，按数十亩或百亩规定课税单位不是没有道理的。古代金文中有"一田"、"二田"、"五田"等等记载，而西晋占田制也以五十亩为课田单位，可知他的设想未尝没有根据。如果按照他的这种设想，则春秋时鲁国的"履亩而税"仅为改变课税的土地单位，而商鞅的废井田开阡陌亦仅为打破旧的课税单位束缚，放任土地自由买卖，为地主土地私有制开辟道路。无论王夫之关于井田乃"取民"之税制的解释是否正确，它与二千年来拥护或反对井田制者的意见比较，确有其独到见解。

---

① 以上引文均见《四书稗疏·论语下篇》，"彻"条。

（二）土地兼并问题

王夫之把土地兼并看成积重难返不易改变的客观事实，同时又认为土地兼并情况之产生，不能归咎于豪强地主，而是由于赋税太重、吏胥为奸，才给豪强造成土地兼并的机会。他对这一点有极明确的说明：

"言三代以下之弊政，类曰强豪兼并，赁民以耕而役之，国取其十一而强豪取十五，为农民之苦。乃不知赋敛无恒，墨吏猾胥奸侵无已，夫家之征并入田亩，村野愚懊之民以有田为祸，以得有强豪兼并者为苟免逃亡、起死回生之计。唯强豪者乃能与墨吏猾胥相浮沉以应无艺之征"。①

"均一赋也，豪民输之而轻，弱民输之而重。均一役也，豪民应之而易，弱民应之而难。于是豪民无所畏于多有田而利其有余，弱民苦于仅有之田而害其不能去。有司之鞭笞，吏胥之挫辱，迫于焚溺，自乐输其田于豪民而代为之受病。"②

照这样说法，强豪地主反而是贫弱者的救命恩人了！他只看见赋役繁苛、吏胥为奸之弊，忽视了豪右的危害，这是片面观点。唯其如此，故他认为解决强豪兼并问题，决不能采取夺取强豪土地以分给贫民的方式或限田政策，其根本办法是减轻赋役和严禁吏胥苛扰，使农民不畏有田，则豪右无机可乘，兼并之风自止。当然，他也不是消极地采取减轻赋役措施之一端，还主张在租税制度上采取措施以影响土地兼并。

第一是改变以田亩为赋办法为以户口为赋。他说：

"惟度民以收租而不度其田。……有余力而耕地广，有余勤而获粟多者，无所取盈；窳废而弃地者，无所蠲减。民乃益珍其土而竞于农，其在强豪兼并之世，尤便也。田已去而租不除，谁敢以其先畴为有力者之兼并乎？"③

---

① 王夫之：《噩梦》。
② 《宋论》卷十二。
③ 《读通鉴论》卷十四。

有税无田的农民所遭受的痛苦,宋、明以来早已成封建税制中的重要问题,王夫之反以它为防止兼并的良药,岂非闭门造车之论。且地广粟多而赋税不增,固有利于鼓励农民生产,却更有利于强豪增强其兼并。

第二是按土地的自种或佃耕而为差别的征课。他以为这样就会不利强豪的兼并:

"……分自种与佃耕而等差以为赋役之制。人所自占为自耕者,有力不得过三百亩,审其子姓丁夫之数以为自耕之实,过是则皆佃耕之科。轻自耕之赋而佃者倍之。……水旱则尽蠲自耕之税,而佃耕者非极荒不得辄减。"①

自耕者赋轻而佃耕者赋重,从保护土地小私有者一点看来是进步思想。但把自耕最多亩数规定为三百亩,这就为中小地主开了方便之门;另一方面,加重佃耕土地的赋税,实际会转嫁到佃农身上,对强豪无甚损害,只是加深了农民阶级中占绝大多数的佃农的痛苦。

总之,王夫之片面地认为赋税繁重是造成土地兼并的主要原因,而他建议的减轻赋役及更改租税制度,又适足以纵容土地兼并活动或因赋税转嫁而增重佃农的负担。他在租税征课与土地兼并二者关系上的观点所以会存在以上缺陷,和他信奉私有土地财产权力神圣的信条,也是分不开的。

(三) 为货币定税额辩护

王夫之的租税观点最值得一提的是他倾向于以货币为缴纳租税的手段。自两汉以来,封建财政的货币收入比重渐有增加,到唐中叶实行两税法后,货币征课的范围更加广泛。但以封建统治阶级常滥发铜币或纸币,币值的变动甚大,使封建财政和人民的经济生活均发生很大困难;再加上战乱不时出现,也强化了封建政权征收实物的需要。因此,在这一长时期内,以货币为财政征收手段的重要性虽随商品经济的发展而日有增大,但实物征收也常在个别时期恢复它的支配地位。长期以来,除

---

① 《读通鉴论》卷二。

极少数思想家外，基本上都因袭先秦财政旧说，在理论上主张任土所宜原则，不接受以货币为税的思想，虽卓越的启蒙思想家如黄宗羲和顾炎武也未能免此。

当然，王夫之还不是主张一切租税均以货币缴纳。可是，他主张以货币缴纳的倾向，比以往任何思想家均鲜明而强烈。他指出在货币经济发达的时代，只有米粟才不能完全改以货币缴纳，虽然人民已受到缴纳米粟的苦痛①。米粟之所以不能完全改征货币，是由于封建官吏与军队的食粮须有一定的保证；但在辽远地区所征谷米也须改征现金②，因把谷米"转输于数千里之外，……一石之费，动逾数倍"，如有"漂流湿坏"，还要"重责追偿"，贮藏过多过久，反而不堪食用③。如遇凶年，也需将应征谷米改收现金，这样会促使"富室自开廪发筥，以敛金钱而价自平"④。这样看来，田赋中征课实物不折收现金的部分也不会太大了。王夫之在这一问题上侧重于以货币缴纳，也主张保留小部分租税以谷米交纳。但他主张保留小部分谷米征课系基于封建政权的直接需要，而不是像那些坚持任土所宜原则的人们自认为系从纳税农民利益出发，看不见农民缴纳实物所忍受的痛苦。

关于货币征课，王夫之以布帛为例提出四大理由来论证以货币缴纳比以实物缴纳更便于人民。由于以货币为税是我国财政思想史上常遭非议的问题，我们不妨详细地引述他的观点如下：

"绢帛纻布之精粗至不齐矣。不求其精，则民俗之偷也，且以行滥之物输官。……如必求其精且良欤，而精粗者无定之数也。墨吏猾胥操权以苛责为索贿之媒，民困不可言矣。钱，则缗足而无可挟之辞矣。以绢布棉缕而易钱，愚氓虽受欺于奸贾，而无恐喝之威，……此折钱之一便也。

"树桑者先王之政，后世益之以麻枲吉贝（棉花），然而不能所在而皆植也。桑枲之土取给也易，而不产之乡，转买以

---

① 《读通鉴论》卷二十四。
② 参见《读通鉴论》卷二十及《噩梦》。
③ 《读通鉴论》卷二十八。
④ 《读通鉴论》卷十六。

第十四章 明清之际的财政思想

充供。既以其所产者易钱,复以钱易绢缯纩布,三变而后得之;又必求中度者以受奸商之腾踊,愚氓之困,费十而能得五也。钱,则流通于四海而无不可得,此又一利也。

"丁、田虽有定也,而析户分产,畸零不能齐一,……绢缯纩布必中度以资用。单丁寡产尺寸铢两之分,不可以登于府库,必计值以求附于豪右。不仁之里,不睦之家挟持以虐,孤寒无所控也。钱,则自一钱以上,皆可自输之官,此又一利也。

"丝枲……色黯非鲜则吏不收,而民苦于重办。吏既受。而转输之役者,民也。舟车在道,稍不谨而成飘敝,则上重责而又苦于追偿。其支给也非能旋收而旋散之也,有积之数十年而朽于藏者矣。……是竭小民机杼之劳,委之于粪土矣。钱,则在民在官,以收以放,虽百年而不改其恒,此又一利也。"①

严格地讲,以布帛为租税征课的手段,还不能算是实物征课。因为布帛在前代也曾充作货币使用。不过王夫之确是把布帛当作实物来作例证的,因而反对以布帛为税也就是反对实物征课。他的这些论点基本上均可适用于谷米及其他实物征课项目。自公元780年实行两税法,开始以货币定税额以来,九百年间走了许多反复曲折的道路,并一直成为那些死守"任土所宜"老教条的保守派的攻击对象。王夫之所列举的观点,在他以前的史书上已分别出现过不少的先行思想材料,并非他的创见,但他却是第一次从理论上有力而系统地替货币课税辩护。这是人民在实物税条件下所遭受的苦痛的总结并扼要地表达了货币税对实物征课的优越性。因此在中国财政思想史上是一份值得注意的文献。

三、否定农业单一税和什一税

王夫之公开否定传统的农业单一税和什一之税。早期儒家所提倡的

---

① 《读通鉴论》卷二十四。

单一税制从未见诸实行。但在它的影响下，任何土地税以外租税以及其他形式的财政收入，即使不遭到封建士大夫的猛烈攻击，至少也被其看作不得已的权宜之计，不可奉为准则。两汉以来的租税议论及有关盐铁收入问题的言论，绝大多数均属于这一类型。

王夫之否定农业单一税的理由，与他对国民财富涵义的广泛理解是密切相关的。他说：

"今夫中区之产八，谷不与赋于大农，其滂溢横射，走天下全利者，蹉政为上。……川、湖、六、霍茶荈（晚茶也）之所出也，铅铁铜锡炉甘苧竹有所产；吴、松原蚕；滨江芦荻鱼利；山后石煤；边蕃互市；福、广番舶；……是故中国财足自亿也。"①

他在这里将工矿、山泽开发及海外贸易都认为是生产财富的源泉。把商业也看作生产财富的，这是幼年的资产阶级及其思想家所常有的错误概念，中外皆然，具有市民意识的王夫之自所难免。根据这一理解，他抛弃传统的农业单一税思想，坚持人人有纳税的义务。

王夫之借用《周礼》的语言来表达17世纪的时代要求，他指出：

"古者以九赋作民奉国，农一而已，其他皆以人为率。夫家之征，无职事者，不得而逸焉。马牛车器，一取之商贾。役，则非士及在官者无不役也。是先王大公至正重本足兵之大法，万世不可易者也。"②

总之，"不论客户、土著、佃耕、自耕、工商、游食，一令稍有输将，以供王民之职。"③ 交纳赋税是一种义务，"王民之职"，不能专课农民。他以为"桑麻、金锡、茶漆、竹木、棕苇之属"的生产，不费很多劳动，"人不必待以生，而或不劳而多获，……固当取于民以用者也。"这些商品不仅应缴纳租税，而且应比谷米之税要重些。盐与茶多

---

① 王夫之：《黄书·宰制》第三。
② 《读通鉴论》卷三十。
③ 《噩梦》。

为大贾富民所经营，税率高一些可以"宽农田之赋"；至于酒税则非特别重不可，再重也"不为民病"，还可产生"厚民生、正风俗"的作用①。总之，一向为学者所反对或认为非理财之正法的许多赋税，他均视为正当的财政收入。同时，他还认为封建国家所需用的物品如铁、皮、竹、木、丝、麻等也可以部分由官府自己制造或种植。他说："洪武棕园、漆园之役，可为万世法"，并可设国家牧场自养军马②。这些国营事业，除供给本身需用外，是否也出售于市场，他未明白指出，但就他不同意汉代贤良文学的盐铁议论，说他们"言之似近理而实不然"，并称道"汉之所以舒农民而培国本者，非后世之所能及"，③足见对桑弘羊扩大经济收入的理财政策并不反对，这又是对"不与民争利"的传统理财教条的否定。

在农业税率上，他坚持二十而取一或更轻的税率，否定了二千多年来被崇奉为"中正之制"的"什一之税"教条。他的论点是：三代沿上古旧习，国小君多，"聘享征伐，一取之田"，什一之税是不得已而为之④。且田土有不易、一易、再易之别，均按百亩征收，故名为什一，"折衷其率，亦二十而取一也。"⑤ 后世是"以天下奉一人"，仍主张"十取其一"，这是"以供贪君之慢藏"，也是"至不仁之言"⑥。他还用具体数字证明古代的赋税重于后世，得出"古之赋税且三倍于今而有余"⑦ 的结论，摧毁了"三代"政治为黄金时代的梦想。他在这个问题上的论点，颇类于南宋叶适，但较叶更为全面而有力。这些也是构成他所谓"封建不可复行后世"而"势在必革"⑧ 的论断的重要根据。

---

① 《宋论》卷二。
② 《噩梦》。
③ 《噩梦》。
④ 《读通鉴论》卷二十。
⑤ 《读通鉴论》卷二。又见《宋论》卷十。
⑥ 《读通鉴论》卷二十三，又卷二十及《宋论》卷十亦有类似论调。
⑦ 《噩梦》。
⑧ 《读通鉴论》卷三。

四、征商问题

王夫之对待商业资本的态度，同时存在着传统的旧观点和未来新信仰的矛盾。作为一个封建地主阶级的知识分子，他在思想上浸透着传统的轻商教条。这种憎恨商人的例证在他的著作中随处可以找到。他将商人看作所谓小人中最坏的部分，把他们视同禽兽或夷狄。根据这些看法，他对西汉初的抑商政策是很赞成的，这意味他赞成以征商作为抑商的必要手段。

然而，王夫之毕竟是中国启蒙时期的进步思想家，尽管他仍受着旧的抑商观点的束缚，而于正在成长中的市民社会的崇拜商业资本的新观点也具有同等强烈的信仰。他不仅懂得商业的社会职能，宣扬商贾负贩之不可缺也，民非是无以通有无而赡生理"①；对当时商业资本的活动也大事赞扬，认为必须通过商业的流通才能"生人之用全，立国之备裕"。② 他曾在《黄书》中详细地列举了重要商业城市的主要产品及其贸易，并指出即使在很贫瘠的小乡镇，也有财力雄厚的商人为"贫弱"通有无，为农民提供各种生活资料。不仅如此，在他看来，大贾富民已是掌握国脉民命的神灵，"大贾富民者，国之司命也。"这样的看法和前面提到的他的轻商观点比较，王夫之真是判若两人。因此，他反对当时的封建官吏借铲锄"豪右"为名，使富民大贾还比不上"偷情苟且之游民"，大声疾呼："故惩墨吏，纾富民，而后国可得而息也。"③ 在这种坚决保卫商业资本利益的思想支配下，他虽很强调向商人抽收捐税，但其征商的目的，显然和战国、西汉借征收商税以抑商者的目的有所不同。他以为从古以来，"兵车之赋，出于商贾，盖车乘马牛，本商之所取利，而皮革、金钱、丝麻、竹木、翎毛、布絮之类，皆贾之所操"，故军器费用应由商贾负担。至于盐茶酒税一向由商人缴纳更不待言。总之，要使工商游食之民均负担租税，才不致使赋税全落到土地所

---

① 《宋论》卷二。
② 《读通鉴论》卷二十七。
③ 《黄书·大正》第六。

第十四章 明清之际的财政思想

有者肩上,才能"通四民之有余、不足、劳逸、强懦而酌乎其平。"①这一征商观点和他否定农业单一税的思想也是相一致的。所以,他主张征收商税是从"人各效其所能"的原则出发,不是借此以打击商人阶级。这也体现了新兴市民的平等要求,不完全是为了减轻土地所有者的负担。

五、荒政与屯田

王夫之不赞成以开仓赈济为救荒的主要办法,认为"开仓廪以赈之,弗获已之之术也。"② 主张在荒年多办公共工程,"以聚失业之人",要"留工作以待荒年"才是救荒的重要办法③。他所谓"工作",在南方为兴修水利,在北方是修整边防工事。募工进行,既可解决对饥民的救济问题,又有利于经济及边防,可谓一举两得。这是前人已提出过的以工代赈的救荒原则,他不过讲得更为具体而已。如把因年荒而引起的"失业",扩大为一般的"失业"的话,则他提出的大办公共工程以解决"失业"问题的办法,到20世纪30年代才由庸俗经济学者凯恩斯加以倡导并由美、英统治阶层接过去大肆宣扬。

另外,他十分强调商业资本兼充高利贷资本在救荒中的作用,他在《黄书》中说:

"卒有旱涝,长吏请蠲赈,卒不得报稍需岁月,道殣相望。而怀百钱,挟空券,要豪右之门,则晨户叩而夕炊举。故大贾富民者,国之司命也。"

一旦遇有水旱灾荒,官府赈济,远水不救近火。只需登大贾富民之门,不论现购或赊欠,立刻就能解决问题。因此在他看来,大贾富民成了使贫民消灾免难的救星。

关于屯田,他主张屯于边区,反对在内部进行屯垦。一方面是边屯

---

① 以上引文均见《噩梦》。
② 《读通鉴论》卷二十一。
③ 《噩梦》。

可以垦人民"不耕之土",而屯于内地是夺"耕民可垦之田",这又是从私有财产权力神圣出发。另一方面,屯于边区是有利于国防[①]。他曾指出屯田有六利:

"屯田之利有六,而广储刍粮不与焉。战不废耕,则耕不废守,守不废战,一也。屯田之吏士据所屯为己之乐土,探伺密而死守之心固,二也。兵无室家则情不固,有室家则为行伍之累,以屯安其室家,出而战,归而息,三也。兵从事于耕则乐与民亲,而残民之心息,即境外之民亦不欲凌轹而噬龁之,敌境之民且亲附而为我用,四也。兵可久屯于边徼,束伍部分,不离其素,甲胄器仗,以暇而修,卒有调发,符旦下而夕就道,敌莫能测其动静之机,五也。胜则进,不胜则退有所止,不至骇散而内讧,六也。有此六利者,而粟米刍藁之取给,以不重困编氓之输运,屯田之利溥矣哉。"[②]

屯田的理论与实践至王夫之的时代已有将近两千年的历史。他对屯田本身的财政经济意义无甚创见,无非是从屯田获取粮食可以避免"重困编氓之输运"之类,但他对军队屯田所引起的军民关系的改善却有所认识。他认识把战争任务与生产任务同时并重的重要性;军队生产自给能减轻人民负担;兵士参加农业生产劳动能改善军民关系;能增强军队的战斗纪律和生活纪律。这些均为值得珍视的见解。王夫之所列举的屯田之利各点,无不为了巩固边防,财政目的还在其次,这又是他的爱国主义思想的突出表现之一。

六、力役与常平

在力役方面,王夫之主张改班匠之制为雇佣制度。班匠制是封建手工工人的劳役制。服班匠劳役的人户系明初所规定,后世子孙虽有的已

---

① 《噩梦》。
② 《读通鉴论》卷十。

第十四章 明清之际的财政思想

转业为士农商吏，仍应交纳匠籍的劳役代金。王夫之主张封建官府所需用的工匠，改用"招募和雇"即雇佣劳动，所需工资和路费由全国工匠所缴的三天劳役代金内支付①。在王夫之提出这一主张时，清王朝已将匠籍制废除，可能他避居荒山窑洞不曾知道。但从财政思想角度考察，他否定匠役制，坚持劳动自由雇佣原则是应当肯定的，而在当时条件下也是进步思想。他对雇佣劳动的赞许，不仅限于官营手工业范围，从他说"赁佣于富室"②也可维持一家生计看来，他也和顾炎武一样，主张私家采用雇佣劳动形式。可是，他虽主张取消匠籍，却还承认工匠应缴三天的劳役代金，这就不是真正的雇佣劳动制了。"封建主义被资产阶级化时，资产阶级社会也取得了一个封建的外观"③，根据马克思的这一说法，那么，王夫之所谓"招募和雇"仍拖着三天封建劳役代金的尾巴，也就不足为奇了。

对于常平问题，王夫之首先指出如谷粟太贱，则农民生活开支及农具费用将无从取给，自身生活尚不能解决，谁还努力耕种。因此，他说："粟贵伤末，粟贱伤农，伤末之与伤农，得失何择焉。"④ 这种主张宁"伤末"而不"伤农"的观点，表明他关于粮食价格的见解尚不及范蠡、李觏的深入，也反映了中小地主反对粮食跌价的阶级意识。为了解决粮价太低于农民不利的困难，他同意采用耿寿昌的常平制度来人为地影响市场价格，"贱则官籴买之，而贵则官粜卖之"⑤。惟须根据各地条件斟酌实行，不能规定全国普遍适用的办法；尤须由各地所谓"贤士大夫"其实是地主阶级知识分子负责经管，不能由政府官吏专司其责⑥。

常平制度无非是官府运用籴粜方式来影响市场价格以平定粮价。但王夫之一面称赞耿寿昌常平之法为"利民之善术"⑦，一面却又反对采取人为的调节粮价的政策，主张价格的自由涨落，他说：

---

① 《噩梦》。
② 《读通鉴论》卷二十五。
③ 马克思：《剩余价值学说史》第1卷，三联书店1949年版，第43页。
④ 《读通鉴论》卷七。
⑤ 《读通鉴论》卷十六。
⑥ 《读通鉴论》卷四。
⑦ 《读通鉴论》卷四。

"乃当其贵,不能使贱;上禁之弗贵,而积粟者闭粜,则愈腾其贵。当其贱,不能使贵;上禁之勿贱,而怀金者不售,则愈益其贱。故上之禁之,不如其勿禁也。"①

看来,他已认识到市场价格的客观作用不是封建君主的权力所能转移的。这又意味着对常平价格制度的否定。他特别反对人为地压低价格,他指出:

"丰岁谷熟而减其价,则粜者麇集,谷日外出而无以待荒。岁凶谷乏而减其价,则贩者杜足,谷日内竭而不救其死。乃减价者,小民之所乐闻而吏可以要民之誉者也,故俗吏乐为之。亦念闻减价而欢呼者何民乎?其必逐末游食,不务稼穑,不知畜聚之民也。若此者,古之谓罢民,……冀官之减价……而以拒商贾于千里之外,居盈之豪民益挟持人之死命,以坐收踊贵之利。罢民既自毙,而官又导之以趋于毙。呜呼!俗吏得美名而饥民填沟壑,亦惨矣哉!"②

这种论调在南宋时代已有不少人指出,没有什么新奇。不过,他既主张"谷贵伤末"亦在所不惜;而在这里又认为岁凶谷价不高不足招徕四方之商贾,这无异承认谷贵也利末了,最后仍走到高谷价既利农又利末的道路。这说明他既重视地主阶级的利益也未忽视新兴市民的要求。总之,他在常平问题上的态度是摇摆的,一面对市场价格的自发活动具有强烈的信念,一面对陈旧的常平价格制度又有所留恋。

七、其　他

王夫之还有另一些关于财政方面的意见,我们在这里一并指出。首先,他和许多思想家一样,坚持量入为出原则,但不完全反对将"因

---

①　《读通鉴论》卷十六。
②　《读通鉴论》卷二十五。

第十四章　明清之际的财政思想

出以求入"作为权宜之计①，如果他在这方面能进一步加以发挥，那将是很可珍贵的财政思想。其次，在财务行政方面，他认为全国应有一种统一的制度，不能忽视边远省份的理财情况。滇、黔、粤右等地不专靠内地补助，须能以当地之财足当地之用。另一方面，陕、甘等地的长期财政截解，甚至"数十年而无斗粟一锱"解缴中央和"收支无可稽考"的情况也须纠正。对于漕粮，他主张在京师就地或在附近地区取给，反对以数千里外的苏、松、常三府运济燕京。他特别注意马政，说"国以马为强弱"，主张在宜于养马地区广设牧场。他注意养马，除供军事及驿递之用外，还想以马代替肩舆，他说"且乘人者，夏桀之虐政也，马不给用，而狡胥之顽躯皆以累良民之项领。马既蕃衍，则严乘人之禁"②，这是市民意识的人本主义观点的体现。第三，王夫之将《春秋》的"初税亩"作了新颖的解释。他认为古代所谓"一夫百亩"是一种概括的说法，实际是上地不易之田一夫百亩，一易中地为一夫二百亩，再易下地为一夫三百亩。后来人口增加，有条件深耕施肥，逐渐变瘠地为肥壤。但田赋不论上中下地统照向例按百亩为标准征课。鲁宣公"履亩而税"是农民所耕土地按实际亩数征税。这样，税率不变却可大大增加收入③。现代学者赞成此说的不少。我们在前面研究他将井田制理解为税制的思想时，也曾提到这一点。他的这一套思想，从现在看来似乎是比较合理，而且用它来分析古代土地问题所碰到的矛盾也较少。

总的说来，王夫之的财政观点和他的整个经济思想一样，是新颖的创见和守旧的主张的大掺杂，而不论是新的或旧的，基本上均为犀利而极端的见解。新颖的总是发前人所未发的独特创见，而守旧的则是不顾一切地死守陈旧教条甚至发展为反动观点。大体说来，他的独特创见绝大部分均为关于历史财政经济问题的分析，而对现实财政问题的新颖见解较少。另一方面，他的落后甚至反动的见解，却主要表现在对现实财政经济问题方面，但应该指出，他的落后反动见解产生的根源不完全是来自于他的地主阶级的阶级本性，而主要是受他的狭隘的民族主义思想

---

① 《读通鉴论》卷二十四。
② 关于他的财务行政方面的意见和引文均见《噩梦》。
③ 《春秋稗疏》卷下，"税亩"条。

的影响。因此，他的反动观点决不能和那些坚决站在封建地主统治阶级立场，"残民以逞"的反动论调混为一谈。他的许多财政观点均体现着新与旧的思想的交织，这和他以一个地主阶级知识分子而接受新兴市民意识的经历是分不开的。在对待财利、常平等问题的看法上，均存在着这种新旧思想交织的矛盾。如单纯从财政思想角度考察，则以他对租税问题的分析较为深入，而且不乏独特或进步观点，其中较值得一提的有：赞成以货币为租税缴纳手段，抛弃传统的农业单一税思想，否定什一税为理想农业税率，以及对于井田为税制和"初税亩"的新颖解释等等。

第三节
颜李学派的财政思想

颜李学派又称四存学派，为17世纪后期到18世纪前半期的一个重要学派。由颜元（公元1635—1704年）建立，经其门人李塨（公元1659—1733年）发扬光大。它和16世纪的泰州学派同为我国历史上注重实际，专务"经济"、"经世"之学的学派。颜元及其学派较泰州学派更侧重于财政经济措施的研讨，因此发展出下述一些理财观点，尽管数量不算多却是很有价值。

一、肯定物质经济问题的首要地位

自9世纪以来，讳言财利的儒家教条曾不时被进步思想家所怀疑和批判，颜李学派对之的批判则更为激烈。如颜元批判西汉以来流行的所谓"正其谊不谋其利，明其遭不计其功"的形而上学观点，指出："世有耕种而不谋收获者乎，世有荷网持钩而不计得鱼者乎。"[①] 所以，他

---

① 钟锭：《习斋先生言行录》。

第十四章 明清之际的财政思想

认为应将此错误的提法矫正为"正其谊以谋其利,明其道而计其功。"①自宋代叶适而后,批判董仲舒的这一形而上学观点者,以颜元为最透辟而有说服力。

尤须指出的是,颜李学派第一次把物质经济问题作为重要课题来悉心研究和大力宣扬。前此不论永嘉的"功利之学"或泰州的"百姓日用之学"都是为了用来说明哲学的主要命题,而不是以讲经世致用之学为主题。颜元的学派把经世致用作为基本问题来考察,作为研究的对象,这就决定他们必然将物质经济问题无论在理论上或实践上均放在首要地位。颜元认为儒者出而担任国家职务就必须策划"经济","儒之出也,惟经济。……离此一路……即另著一种四书、五经,一字不差,终书生也,非儒也。"② 前已指出,若干世纪以来所谓"经济"乃泛指一切经世实用之学,除食货外还包括礼、乐、政、刑等学识在内,现代所谓"经济"只是其中的一个重要组成部分。颜元自己曾表示:"将以七字富天下,垦田、均田、兴水利"③,反映了所谓经世致用之学的基本内容。他所谓"富天下"的原则本身是极为简陋的旧见解,不是什么创见。可是,他把"富天下"放在首要地位的思想却很值得注意。这是儒家讳言财利思想的一百八十度大转变。自唐末对讳言财利的传统观点提出异议以来,将重视物质财富作为无可置疑的观点而正面加以宣扬,似乎可以说到颜李学派才开始。至少从宋、元、明以来各学派来说是如此。在财富思想的历史发展过程中,这种转变确是不当忽视的,虽然初看似乎是很平凡的。

颜元重视物质财富的态度,还可以从他所谓"王道"的内容体现出来,他说:

"王道无大小,用之者大小之耳。为今计,莫要于九典五德矣。除制艺,重征举,均田亩,重农事,征本色,轻赋税,时工役,静异端,选师儒,是谓九典也。"④

---

① 颜元:《四书正误》。
② 颜元:《习斋记余》卷三,《寄桐乡钱生晓城书》。
③ 李塨等:《习斋先生年谱》卷下。
④ 颜元:《存治编·济时》。

《九典》大部分同财富的生产与分配有关，这也是以往儒家中少见的议论。颜元的基本理论是"三事三物之学"。所谓"三事"，即《尚书·大禹谟》中的"正德、利用、厚生"。初看好像"德"是居于第一位，但他的追随者的解释是："正德，正利用厚生之德也。"① 这样一来，"三事"尽为物质经济问题。颜元很推重刘晏，并为一向被儒者非议的王安石打抱不平，认为王之所忧、所见、所欲见的经济改革，是当时朝野学者所不懂得和不敢为的事业②。甚至认为"宁使杨、墨行世，犹利七而害三"③，反映了他对儒者空谈不务实际的痛恨。颜李学派的另一主要成员王源（公元1647—1710年）则认为理财问题极其重要而且属于一种专门的学识。一方面，货财系"上下所恃以为用，而国家不可以或无者"；另一方面，理财如不得其术，则"公私皆困"，苟得其术，则"公私皆利"，"至于公私皆利，岂非圣人之道乎"④。因此，他主张把"理财"设为学习的专科或定为国家用考试方法取士的科目之一，李塨也同意设理财专科。

由此可知，颜李学派对待财富的态度，已撕毁了封建士大夫不公开面对财利问题的虚伪面具，透露出市民社会倾慕物质财富的真实精神，只是在语言上还借用《尚书》、《周礼》的辞句而已。而在教育方面主张设理财专科尤属创见。

二、土地税思想

颜李学派的财政主张除下面将要提到的王源的商税思想而外，均比较简单，原因是他们的经济政策的重点是放在土地问题上。这个学派在早期曾倾向于孟轲设想的井田制，稍后则欣赏北魏均田制，最后认为董仲舒的限田制在一定地区也是可行的。一言以蔽之，这些土地制度在不

---

① 李塨：《瘳忘编》。
② 《习斋记余》卷六，《总评王荆公上仁宗万言书》。
③ 《习斋记余》卷九，《礼运》。
④ 李塨：《平书订》卷十。

第十四章 明清之际的财政思想

同条件下或不同地区均各有其实行的可能。如果真能像他们所想象那样实行井田或均田，则财政征课措施均有古籍中的现成办法可资借鉴。颜元曾举出在他所理想的井田制下，"治赋之要有九，治赋之便有九"①，十八点全系援引以往旧说，没有什么新颖见解。

在研讨土地问题时，颜元曾提出一个十分响亮的口号："天地间田，宜天地间人共享之"。土地应由天地间人共享这一原则，正是颜李学派强调均田的理论依据。但实现大致均平的土地分配制度所需的土地从那里得来，却是使这个学派困扰了许多年的一个重要问题。问题的焦点在于他们绝不考虑损害封建地主的权益，而又想让众多的无地农民各获得一小块可资耕种的土地。为此，他们设想了许多措施，诸如清官地，辟旷土，收闲田，没贼臣之产，鼓励献田，允许以土地赎罪等等。从财政措施上看，他们所设想的办法大致有两个，一是"买田"，即由官府出资购买地主手中的过限或多余田土；二是规定入官之田与民田的不同财政负担，使官田负担低于民田，借以鼓励私有土地所有者将田地"归之官而更受之于官"，最终实现"天下之田尽归诸官"②，也就是解决均分给农民的土地来源问题。

关于买田，王源将其列为收田六策之一而加以鼓吹。还有人具体建议每户有田以五十亩为限，限外之田"必分之于人，必卖之于官而后已"。这些建议的主观愿望是善良的，就是未考虑到万一地主阶级逾限之田既不"分之于人"又不"卖之于官"时，将何以善其后。而且即使地主愿卖土地了，封建政权哪有如许金钱来收买全国绝大部分的土地呢？看来，这些建议通过买田来均田的人们的头脑中，充满了建立在土地私有权力上的土地自由买卖观念，根本不去考虑封建国家的财政条件和实际支付能力。关于官田与民田规定差别赋役负担的办法，以王源的"畺田"为代表。他主张以六百亩为一"畺"，为六十亩长十亩宽的长方块，其中有公田百亩，余五百亩系私田，实行还受田制，实为变相的井田。其沟浍之制略仿《周礼》，故为孟轲的井田与《周礼》井牧之制

---

① 颜元：《存·治编·治赋》。
② 《平书订》卷七。

527

的混合物。王源以为承种畕田的农民每年除缴公田之谷外，每户仅负担绢三尺、绵一两或布六尺、麻二两，每丁仅服役三日，较民田赋役轻得多，这样就会吸引土地私有者为避免较重赋役而献私田给国家，也就是转为畕田之民。殊不知，畕田制所实行的共耕公田之法，是一种早已过时的以劳役地租为征课对象的土地税制度，且不论此制为百亩公田，五百亩私田，其税率已达六分之一，重于一向被视为理想税率的什一之税，即以劳役地租形式来说，它给畕田农民所带来的各种封建束缚，势必大大强于民田上的小私有农民所受者。可见试图以畕田之制中的差别赋税规定来吸引土地私有者，完全是不切实际的空想。

尽管如此，颜李学派谋求以财政方式获得用作分配的土地，毕竟还有一点解决土地问题的主观愿望。尤其是王源主张"惟农为有田"，以现代概念来说就是接近于"耕者有其田"的思想，他的"有田者必自耕"，"不为农则无田"[1] 一类思想，均反映了农民的土地要求，是很值得珍视的。

关于以土地税为主的农业税，王源主张"取公田之谷，户缴布帛数尺，丁钱百文"[2]；李塨不甚坚持井田制，颇倾向于均田或限田，故主张本色与折色兼行[3]。至于土地税，他不同意王源的畕田制规定的六分之一税率，故将它改定为十分之一[4]。此外，盐政仿唐刘晏办法，茶酒亦照前代办法从重课税，加重征烟税以寓禁于征[5]，以及反对以银为税等等。

三、王源论商税

王源在商税问题上坚决反对传统的轻商观点，指出："本宜重，末

---

① 《平书订》卷七。
② 《平书订》卷十。
③ "远京者折色，近京者本色；难运之方折色，易运之方本色；供上者折色，本处支费者本色。"（瘳忘编）
④ 《平书订》卷七。
⑤ 《平书订》卷十一。

第十四章 明清之际的财政思想

亦不可轻。假令天下有农而无商，尚可以为国乎？"他不独反对轻商，还坚持商人须跻身于士大夫之列才是杜绝商税偷漏的根本途径。他说：

> "夫商贾之不齿于士大夫，所从来远矣。使其可附于缙绅也，入资为即且求之不得，又肯故漏其税而不得出身以为荣哉。"①

如非新兴市民阶级的力量已成长壮大，王源不可能对商人漏税不加斥责，反提出为商人与封建士大夫争社会地位的要求。他进一步主张将管理商务行政的封建国家机构即"大司均"提高到六卿的地位。为了保护商人阶级的利益，他提出宁肯增加官僚集团的俸禄，也"不使卿大夫夺农商之利"②。特别是他建议商税按照商人的资本多寡征收，取消一切繁苛的商税，并要保证商人不至亏本，"仅足本者则免其税，预计其不足本者则官如其本买之。"③ 这当然是绝对符合商人阶级利益的设想。王莽虽曾对滞销商品"用其本价取之，毋令折钱"，也只适用于"五谷布帛丝绵"等重要商品，不是对一般商品均如此④。像王源主张的这种有利于商业资本发展的税制，在中国历史上是从来不曾有过的。

王源建议的商业税制度，颇近似于近代的所得税制。他坚决主张废止数千年来行之已久的对物课税制度，认为这种制度使"商旅之困惫已极，……宜尽撤之以苏天下而通其往来"⑤。他所建议的新商税税制如下：

商业分为行商和坐商两大类。坐商由县同（即各县主管财务官吏）发给印票，书明姓名、里籍、年貌与行业，资本若干。如增减资本或改变行业，则须换发印票。以后即按资本的月利一分为基础抽取十分之一，即每月百分之零点一，全年为资本总额的百分之一点二。税额均在年终缴纳并登记在各人印票之内。为防止商人隐匿资本，将坐商按其资本额由一百贯起至十万贯分为九等。不足一百贯者为散商，不列于九等，免税。九等商人的尊卑、礼节、服装、乘马、可否使用奴仆及使用奴仆的人数，均有严格区别，不得擅自违反。换言之，即企图利用人们

---

① 以上引文均见《平书订》卷十一。
② 《平书订》卷四。
③ 《平书订》卷十一。
④ 《汉书·食货志》。
⑤ 《平书订》卷十一。

529

好胜及虚荣的心理，使商人不愿隐匿资本。同时，不论何等商人，只要纳税满二千四百贯即授以"登仕郎九品冠带"，再满二千四百贯又增一品，至五品为止。取得此种虚衔的商人即天然列于官僚士大夫之数。这是利用封建社会等级身份的提高以诱使商人不隐匿资本并一努力交纳商税。

行商由本县发给印票，但不按原报资本利润额纳税，而是按每次资本额以每十贯交纳百钱（即每次资本额的百分之一）为准纳税。到他县贸易则仅查验印票，不再课税。所贩货物在他县出售后，也按其所得利润抽取十分之一，原在本县所缴印票税及旅费亦应摊入本钱内后再行计算利润。仅足本者免税，不足本者由官府按其本钱收购，惟酒烟两种商品例外，不予收购。如采购外县商品，亦按照本县办法由他县发给印票，并缴百分之一的印票税，行商的等级及其身份待遇与坐商同，但资本额以出发时带出的资本为标准，在他县的资本周转次数虽多亦不能改变等级，必须回本县后才能根据资本额数加以改变。

至于经营盐、茶、烟、酒四种商品商人，则仍实行按物课税的老制度。

王源所谓商人的涵义包括甚广，如"客店、舡户、渔户、车夫、骡夫、猎户、樵夫俱入商籍"①。可以说除耕地农民及少数手工工人外均称商人，至于手工业主更是一向作为商人看待的，因此，他所谓商税的应用范围非常广泛。公元1世纪初，王莽对城市各行各业的课税方式，就是按各该行业成员的利润额抽取十分之一②，但还不及王源之具体而更类似于近代所得税制，只是尚未按累进税制征收。所得税在租税史上是一个很晚出现的税制，它的出现以商品货币关系的高度发展为前提。近代所得税制最早于公元1798年创自英国，在19世纪上半期才初具规模，到19世纪下半期至20世纪初才先后被各资本主义国家所采用。王源在17世纪末年就提出了初步的所得税概念，既体现清初商品生产的发展和市民阶级的成长，也表现了他观察经济事物能力的敏锐。虽然这一税制创议未曾付诸实施，但在财政思想史上也是足资记载之美事。

---

① 以上引文均见《平书订》卷十一。
② 《汉书·食货志上》。

第十五章

清中叶到鸦片战争前夕的财政思想

满洲贵族统治者建立清王朝后,很快地顺应了对他们说来较为先进的封建生产方式,积极地利用封建思想意识作为巩固其统治的工具,到18世纪前夕,清政权已日益稳定。但是,由于封建生产关系本身的衰朽以及资本主义因素在封建社会母胎内的滋长,封建思想意识也开始发生动摇。尽管对新兴市民社会的憧憬仍不是发自市民阶层本身而是由某些要求局部改革的地主阶级思想家的思想中间接反映出来,但依然是市民阶层意识的体现,也是封建地主经济晚期思想领域的一个不可忽视的重要特征。因此,从清中叶到鸦片战争这一时期的财政思想也不能例外。在此一百余年中,随着抗清斗争思想的消沉,地主阶级思想家所注意的财政问题,不外是在巩固清王朝统治的前提下,提出一些处理现实具体矛盾的办法。虽然在各种具体措施的争论中也透露出若干新财政观点与旧财政观点的对立,终究带有很大的局限性。这一趋势到19世纪中叶才有所变化。

第一节
摊丁入地及其他田赋思想

一、摊丁入地思想

我们在前面分析明代一条鞭税制时已经指出，此税制规定所有赋役征课均实行"量地计丁"，"计亩征银"，将代役丁银摊入田亩征收。惟一条鞭仍以人丁作为丁银的计算标准，因而人口的变动使丁银额无法固定，于是一条鞭的征收总额也就无法固定，给地方官吏造成"口出为是"、任意横派的机会。这一问题发展到清初，已经形成十分尖锐的矛盾，一方面，满汉贵族地主利用免税免役特权或通过"飞洒"、"诡寄"等非法手段，将丁税负担的大部分转嫁到无地或少地的贫苦农民身上，以致"十九之丁，尽征无田之贫民"[①]；另一方面，"丁额无定，丁银难征"[②]，按丁征税的不稳定性已经影响到封建国家的财政收入，而赋役负担的沉重以及官府催征之急迫，又成为引起农民逃亡并导致农民革命斗争不断爆发的重要因素。因此，清统治者为了缓和阶级矛盾特别是为了确保封建财政收入的稳定，又在明代一条鞭法的基础上，实行了进一步的赋役改革。

清王朝先于康熙五十二年（公元1713年）规定：依照康熙五十年各地所报人丁数作为丁税的固定税额，"以后滋生人丁，永不加赋"[③]。这样，丁税与田赋一样均可固定下来。对于固定丁税额的原因，康熙谕旨的解释是，"人丁虽增，地亩并未加广"，故将来不可按增加后的人

[①] 盛枫：《江北均丁说》，引自《清朝经世文编》卷三十。
[②] 王庆云：《石渠余纪》卷三，《丁随地起》。
[③] 《清朝文献通考》卷十。

第十五章 清中叶到鸦片战争前夕的财政思想

丁数加征钱粮①。其实，人丁与地亩作为封建税制中的两个不同征课对象，长期以来一直是分开处理的，两种税额消长并无直接联系。因此，单纯以田亩未能扩大作为固定丁税额的理由，显然不足为凭。但无论如何，将丁税征收额予以固定，总是清代赋役改革过程中的一个重要步骤。不过，所谓"滋生人丁，永不加赋"的规定，在原报人丁数发生死亡变故的情况下，仍存在着如何将固定的丁税摊派到变化了的现有人丁身上的问题。为了解决这一问题，曾于康熙五十五年由户部又设计了按人派丁的所谓"抵补"办法，将一户内开除与新添人丁互抵，若不足数以亲族丁粮多者抵补，又不足再以同甲丁粮多者顶补，直至补足固定丁税额内的人丁数为止，有余则归入滋生册造报②。这样虽然固定了丁税总额，但具体到每个人丁其负担仍可能是不确定的。为了克服这一弊端，清政府最终提出了摊丁入地的形式。

"摊丁入地"系以康熙五十年的固定丁银总额为准，按照各地田亩多寡将此丁银额依一定比例摊入田赋计征。亦称"丁随地起"。因摊丁入地后丁银与田赋银合二为一，故又谓"地丁合一"，或简称"地丁"。摊丁入地正式成为封建国家的法定赋税制度，始于康熙末年。雍正元年（公元1723年），直隶巡抚李维钧奏言"丁银偏累穷民，若摊入田粮内，实与贫民有益"③，此奏获准。于是，摊丁入地得到广泛推行，至雍正七年已普及到全国大多数省份。惟个别省份或边远地区迟至乾隆、嘉庆甚至道光年间尚未实行，乃其余事。

毫无疑义，摊丁入地是一条鞭制的延续与发展。但一条鞭之"量地计丁"，在征收程序上往往是先按地亩折算出应负担力役的人丁数，然后再按此人丁数计征丁役银；也就是说，一条鞭的设计者在强调以田亩为征课基础的同时，并未完全取消以人丁作为课征对象的丁税项目。此后康熙末年宣布"滋生人丁永不加赋"，只是将人丁数从而丁税总额加以固定，仍继续保持人头税的存在。而雍正初年以后摊丁入地的结果，丁银并入田赋银内实际已形成田赋的一个组成部分，不复成为独立

---

① 《清圣祖仁皇帝实录》卷249。
② 王庆云：《石渠余记》卷三，《记丁随地起》。
③ 《雍正硃批谕旨》第二函二，《李维钧奏折》。

的课征项目。乾隆三十七年（公元1772年）又停止编审户口①，这样就从封建税制中最后清除了相沿达两千年之久的古旧人头税。以后事实上虽在执行过程中征收人头税或征发封建徭役仍不绝如缕，但那是另一问题。因此，摊丁入地的实现，不仅是明初尤其是明中叶创行一条鞭法以来各种赋役改革的完成形态，而且体现出封建赋税思想上的又一重大转变。

从租税理论角度考察，对人课征与按田亩征税二者虽同属于直接税性质，但在封建经济条件下，丁役或人头税较田赋具有更为明显的累退性，因而也是更为不合理的课征制度。因为征课丁役或人头税所依据的只是家庭人口和成丁人数这些外部标志，它们往往与纳税人的实际负担能力极不相符，实际上是粮无升合的贫民须承担大部分丁役丁税，而田连阡陌的大地主们却仅担负其中很小一部分并能以种种手段逃避之，易于造成税负的畸轻畸重状况。田赋固然也是以土地面积的外部标志作为课征依据，但在以土地为私有财产主要内容的封建社会内，按拥有田土的多寡来征收赋税比起单纯以人丁为征课对象，显然较能体现人们的负担能力，尽管按田土征课有可能使工商业者得以脱免。所以说，实行摊丁入地从而在原砌上废止对人课征制度，这是中国封建税制改革上的一个显著进步。

再从古代赋役思想的历史发展趋势来看，也可见对人课征思想由兴盛而衰亡的缓慢演进过程。对人课征最初集中表现在徭役制的盛行上。徭役是封建制下人民的特殊负担。自周代起，徭役即有力役与职役之别。力役是人民在一定时间内为某种事项所提供的劳役，秦汉而后，因商品货币经济的发展，各种力役日益成为落后的征课形式，除小部分直接征力役外，大部分逐渐改以实物或货币交纳代替，变成赋税的一种形式。到唐代这一代替过程已基本结束，唐初实行的租庸调税制中的所谓"庸"基本上就是这类赋役的代役金，不论其是以货币或以绢帛交纳，事实上已变成赋税之一种。所以两汉以后学者在论述财政负担沉重问题时多指赋税而言，较少涉及力役沉重问题。职役系为各级地方行政机构

---

① 参见吴振棫：《养吉斋余录》卷一。

第十五章 清中叶到鸦片战争前夕的财政思想

承担的无偿公职,此部分徭役一直继续存在,到北宋时一度成为严重社会矛盾。王安石实行募役法,以普遍征收免役钱得来的收入来支付负担职役人员的报酬,才基本解决了这一矛盾,事实上也是以赋税征课形式代替职役。从秦汉起,封建赋税在继续征收田赋、山泽、关市之税以外,开始征课口赋、算赋以及不实际参加徭役者的"更赋"和奉养封君们的"户赋"。曹魏时代又开始征收"户调"。唐初汇总以上各税构成租庸调制,其赋税思想是:"有田则有租","有身则有庸"和"有家则有调"①。于此可见,在封建地主经济的税制体系中,无论是徭役代金还是具有相同性质的人头税,其作为对人征课部分总是占有相当大的比重。惟自唐中叶起,原属对人征课的租税项目在性质与形式上均开始发生变化。最初是两税法改以人丁为征课标准为以贫富资力为征课标准,由此揭开了否定古老对人课征制度的序幕;继之明代一条鞭制又将宋元以来遗留的或新增加的各种力役统统改为交纳代役丁银,而丁银额的确定又一律以田亩为计算基础,这样就为丁银最后并入田赋开辟了道路;这一发展趋势直至清初规定"盛世滋丁永不加赋",然后再将固定的丁银实行摊丁入地后,才告完成。至此,在地丁合一的形式下,丁税的存在只是徒具空名,实际上均由田赋征课形式所替代。这也就意味着对人课征或人头税思想,经过数千年之久的漫长演变过程,终于为时代所抛弃而成为历史的陈迹。

对于以上演变进程,清代一些有识之士也有所体会。如王庆云曾指出:"昔杨炎并租庸调为两税,而丁口之庸钱并入焉。明嘉靖后行一条鞭,均徭、里甲与两税为一。丁随地起,非权舆于今日,亦曰通其变,使民不倦而已。"因此,他把摊丁入地看作是唐中叶以来历代赋役变革的必然发展结果,即便将丁税并入田赋后会使以往的人头税负担均落到"农夫"身上,他也认为是历史趋势使然。他说:摊丁入亩的结果,"是古来夫布之征,口率之赋,一切取之农夫,而户册所谓富民、市民者,拥货千万,食指千人,不服田亩,即公家一丝一粟之赋无与焉。臣

---

① 陆贽:《陆宣公奏议全集》卷四,《均节赋税恤百姓》。

以为此势之所然,不得已也。"① 这样也就根本否定了坚持征丁论者所持的主要理由。以一个封建士大夫而公然为免除工商富人人头税负担辩解,如不是对人征课的弊端已为人们所普遍认识,决难产生这种宁使工商富人免税也不愿重新恢复人头税制的观点。甚至还有人把因取消对人课征而使人民不识丁徭之名,看作是清朝财政税制上的一大盛事,如谓:"本朝立制以来,丁银既有定额,而复均丁于地,无遗漏偏佑之虑,生斯世者,几不识丁徭之名,盖数千年未有之盛"②。从"有身则有庸","有家则有调"的浓厚人丁税观念,到纳税者"几不识丁徭之名",这确是封建赋税思想的一大变迁。仅此彻底否定人头税一点,即足以表明摊丁入地制度在中国财政史上的重要地位。

至于否定人头税制对于社会经济的发展有何意义与影响,一般赞成摊丁入地论者大多认为借此可以减轻贫民的沉重负担,缓和农民逃亡现象。这一看法固然有其事实依据。然而更重要的还在于否定人头税制,意味着封建传统的人身依附关系的削弱。这样,既可使劳动人民在从事农业生产时多少摆脱一些封建束缚,因而使农业劳动生产力得到某种程度的解放;同时又为工商富人的生产经营,以及无地或少地农民转业从事于工商活动,创造了较为自由的环境。从前述封建士人为"佣工负贩者"辩护,竟至为"拥货千万,食指千人"的无田富民、市民不纳"公家一丝一粟之赋"开脱责任的议论中,已经透露出摊丁入地之后,势必有利于新兴工商业摆脱封建人身依附关系的束缚而获得进一步发展的消息。惟封建知识分子鼓吹摊丁入地,完全是出于缓和阶级矛盾和稳定封建财政收入的考虑,至于地丁合一后人丁税不复存在,由此使封建人身依附关系松弛,进而又推动了作为瓦解封建经济的重要因素的新兴工商业的成长,那却是他们所始料不及的。

除了否定人头税制这一主导思想而外,摊丁入地还体现出其他一些租税原则。值得一提的,一是强调租税负担的均平。有人曾指出,在摊丁入地之前,赋役负担极为悬殊;"或粮数石而一丁或粮十数石而二三

---

① 以上引文均见王庆云:《石渠余记》卷三,《记丁随地起》。
② 引自朱云锦:《户口说》,《清朝经世文编》卷三十。

第十五章 清中叶到鸦片战争前夕的财政思想

丁,或粮数升而一丁,甚或无粮而有丁,或有粮而无丁",究其原因,总由吏胥上下其手,富者巧于夤缘,"因之粮多而丁日减";贫者无力周旋,"因之粮少而丁日增"①。长此下去,对于封建财政显然也是一个严重威胁。因此,摊丁入地从一开始就以解决赋役严重不均问题为其宗旨。换言之,摊丁入地实质上就是免除无田或少田贫民的部分税额而转由田连阡陌之富户承担。负担均平是一传统财政原则,但像摊丁入地那样公开宣布"以各色丁粮均派入各邑地粮之内,无论绅衿富户,不分等则,一例输将"②,把均平负担的重点放在田连阡陌的绅衿富户身上,却具有其时代特色。二是继续贯彻税制简化原则。摊丁入地后,丁银并入田赋之中,仅以田亩为征课对象,这就进一步简化了税种和征收手续,三是坚持以白银定税额。惟赞成摊丁入地者中仍有人对此颇多非议,如认为米谷为田之所产,白银为商贾之所流通,若以银为征纳工具,则在谷贱伤农之外,又增加银贵伤农一弊③。这是明中期以来经常出现的老观点。总之,以上各项原则均非摊丁入地制所独创,但它在继承前人思想的基础又有所发展或赋予新的时代内容,则是无可置疑的。

摊丁入地同封建时代的任何赋役改革措施一样,存在着其历史的和阶级的局限性。姑且不论在具体执行过程中不可能真正杜绝对人课征的种种弊端,即便把丁税全部并入田赋之内,取消对人课征,富户地主们仍能将增加的丁税负担通过提高地租剥削率方式转嫁给佃农。如在浙江仁、钱二县,封建官府还明令规定"其租户完租者,每亩米加二升,银加二分,以助产主完丁之费"④,可见加在佃农身上的封建负担,只不过是由增加了的地租形式取代了旧的人头税形式而已,其所受剥削依然如故。不仅如此,由于原有丁税已并入田赋而不再单独存在,故以后在实际上仍不时出现的课征丁役丁税现象,即意味着继续加重人民的财政负担。对于这一点,摊丁入地的反对派们也常常引以为重要论据,如李光坡曾十分担忧地指出,将丁银额摊入田赋额之内,"万一行之既

---

① 曾王孙:《勘明沔县丁银宜隋粮行议》,《清朝经世文编》卷三十。
② 吴振棫:《养吉斋余录》卷一。
③ 王庆云:《石渠余记》卷三,《记丁随地起》。
④ 《浙江通志》卷七十一,户口。

久，大农之官、方岳之吏忘乎此额是并丁于粮，而以为有粮未有丁，再设科丁之条，万世之害实由于此"①。实际上，与其说在正税之外不断新增额外的苛捐杂税是封建税制不可克服的弊端，毋宁说这正是封建统治阶级借以扩大财政收入的惯用手段。这一点也可以从清代火耗归公思想中得到体现。

二、火耗归公思想及其他

"火耗"一词始见于元代②，惟自明中叶创设一条鞭制后，普遍实行田赋征银，而民间所纳多系零碎银两，州县须照规定成色熔化成块上交，为弥补熔铸折耗，田赋加征火耗遂成为定制，这也就为地方官吏乘机多征赋税提供了一种新的榨取手段。至清初，征收火耗益重，其折耗率有的高达正税银两的百分之五十，连同其他各种附加税，其额外征收额竟有高出正税至数倍者，于是成为广大人民十分沉重的财政负担。

清初曾严厉禁止征取火耗，却"禁之而不能"，继而放宽禁令仍图有所限制，又"限之而不能"。其中主要原因就在于自明代征收加耗（征银后即改为火耗）以来，其加耗或火耗收入一直是供应地方经费开支尤其是弥补官俸之不足的重要来源。特别是在清代官俸制度下，满洲宗室贵族享有优厚的俸禄待遇，而一般汉族官员的俸禄则相当低微，如外官一品年俸银为一百八十两，二品一百五十五两，以下每品依次递减十五至二十五两，至八品仅为四十两，九品官又分正从二品，其年俸银更是区区三十一两五钱至三十三两一钱之数③。如此微薄的俸禄，显然不足以维持地方官吏的家庭生活。无怪乎清初对于私征火耗者"屡有厉禁"，终不能禁绝州县官吏以此作为中饱私囊的重要手段。在这种情

---

① 引自李光坡：《答曾邑侯问丁米均派书》，《清朝经世文编》卷三十。
② 《元史·刑法志·食货》："其有巧立名色，广取用钱，及多秤金数，赶除火耗，为民害者，从监察御史廉访司纠之。"此为"火耗"名称见于史籍之始，而课火耗一事显然先于此即已存在。
③ 参见《清朝文献通考》卷四十二，《国用考》四，《俸饷》。

第十五章 清中叶到鸦片战争前夕的财政思想

况下,山西巡抚诺岷、布政使高成龄等人于雍正二年(公元1724年)首创火耗"提解归公"之议。这一建议为封建统治者所采纳,其理由是:

> "州县火耗,原非应有。因地方公费,各官养廉,不得不取给于此。且州县征收火耗,分送上司,以致有所借口,肆其贪婪,上司瞻徇容隐,此从来积弊也。与其州县存火耗以养上司,何如上司拨火耗以养州县乎。"①

可见,火耗归公思想的基本精神,就是在肯定火耗为地方经费来源的前提下,将征收火耗的权限由地方政府所有收归中央统一掌握,以免地方自擅其权而肆意扩大火耗征收额之弊。从财政原则上看,火耗归公意味着地方财政权力的削弱和中央财政权力的加强。因为自明初以来,封建赋税中的实物加耗部分及以后的银两火耗部分,一直是由地方官府自行规定其征收率②并自行处理其收支,形同地方赋税。而火耗归公后,虽仍用于"地方公费"及其"各官养廉"之需,却已是中央留供地方使用的经费,在收支系统上系归中央统一掌握。因此,火耗归公思想与明初以来赞成由地方官府自行处理加耗或火耗收支的指导思想,特别是与顾炎武注意加强地方财政收入的观点相对照,正体现出明清时代财政思想发展中的两种不同倾向。

火耗归公的意义是"明定其额而归之公",使征收官吏受到公耗定额的限制而不得滥行课征。当时主张"归公"论者已意料到一经确立火耗定额,"必至有增无减",成为人民无法摆脱的一项固定负担。故在他们看来,提解火耗"非经常可久之道",只是"一时权宜之计",待将来国家财政状况好转,府库充裕,则"提解自可不行,火耗亦可渐省"。事实上,关于"火耗渐省"一类的许诺,"卒无有议及者",徒为一纸空文。不仅火耗定额本身成为国家正税后即难以取消,而且在火耗定额之外又会出现新的火耗附加税。正如火耗归公只不过是将新增火

---

① 以下关于火耗问题的引文,均见王庆云:《石渠余记》卷三,《记耗羡归公》。
② 明代海瑞曾提出由国家统一规定耗银的固定征收率,惟耗银的收支仍由地方政府自行处理。

耗项目纳入国家正税范围内一样，历史上一些著名的赋役改革如唐中叶的两税法和明代的一条鞭法，其精神均不外是将正税以外的许多附加捐税以货币形式统一征收，简化赋税征课手续，其征课范围却是不断扩大的。到清代的地丁合一制可算是封建田赋的最后征课形式，而田赋正额以外的额外征课仍在不断增加。由此形成封建地主经济后期带有某种规律性的征课特点：每隔一个历史时期，即须在整理税制的名义下，将名目繁多的各种附加捐税以某种简化形式纳入正税之中，表面看来税制简化了，实质上人民的财政负担并未减轻，相反却日益加重了。这正是历代封建统治集团不断扩大财政收入的有效办法和主要途径。

附带指出，在传统"薄税敛"思想的支配下，长期以来日趋繁重的赋税发展趋势，不必体现在税率的提高上，先秦儒家宣扬什一而税，但也有人主张更低的税率，如白圭主张"二十而取一"，西汉初实行"三十而税一"[①]，到东汉而未改。曹魏改为"田租亩粟四升，户出绢二匹绵二斤"[②]，此租调税率到唐代仍大致沿用，两税法也大致是按此标准改征货币，到明清，亦无多大变化。故田赋税率一般是较低的。历代人民所苦赋税之重，是由于规定税率之外的附加税太多或一年预征数年之税。统治阶级宁愿采取巧立名目或预征等方式以榨取田赋收入，却不愿采取最简单的提高土地税率方式，就是不敢轻易触犯"薄税敛"传统教条。这也是薄税敛思想曾起过的形式上的限制作用。

除火耗归公思想而外，这一时期陈道（公元1707—1760年）主张从"均租"入手，实现"租定赋平"，也与以往的均赋观点颇为不同。清初，因明代旧有的丈田及赋役册籍大都"漫漶湮没"，故田赋征收常常参照民间地租额作为依据，按地租额的一定比率实行缴纳，如田租一石，税粮三升之类。但是，各地田无定额，斗斛又往往随人自占而大小不一，以致"有田多而赋少者，亦或赋多而田少"。鉴于此，陈道建议以均租为重点而实行土地清丈。他说："昔之议丈者，以平赋税，今则重在均租"。特别是在那些"田皆主佃两业"的地区，"佃人转买承种，

---

① 《汉书·食货志》。
② 《三国志·魏志·武帝纪》。

第十五章 清中叶到鸦片战争前夕的财政思想

田主无能过问,其弊滋多,故清丈视昔尤急"。土地经清丈后,其租额分为三等,上田亩租二石,中一石六斗,下一石二斗;地或五六斗,赋税如之。也就是说,先确定各类田土的地租等级,然后再以此地租等级作为田赋的征课基础。用陈道的话来说就是:"通计邑境粮数,等次而均分之,无溢无歉,租定赋平"①。

在中国赋税思想史上,能联系私租的轻重而谈论田赋问题者,不乏其人。其中较多的人是从减赋角度出发,指出在私租不变的情况下减轻田赋只能有利于地主阶级,而于广大佃农毫无裨益;还有思想家已认识到私租过重是农民贫困的主要原因,如唐代陆贽和北宋苏洵;甚至有人公开提出由封建政权强迫地主阶级减收私租一成的建议如元代卢世荣。当然,也有人鼓吹在田赋增重时,应相应提高佃农租额,如摊丁入地后浙江仁、钱二县有关提高私租额的规定,即为明显一例。但是,无论主张减租或增租观点,均不曾像陈道那样完全以私租的多寡作为征收田赋的计算标准。从一般田赋观点来看,既实行土地清丈,则直接以田亩作为课征基础岂不更为省事,何必多此一举地先"均租"然后再"平赋"。然而,这正是陈道的观点的特殊之处,反映了他所处的时代田主对于佃农的人身控制已有所减弱,佃农阶层的反抗力量日益增强,故封建地主政权在征收田赋时,不得不考虑先行确定较为"合理"的地租剥削率,然后再从足够的私租收入中瓜分一部分作为封建国家的田赋收入。实际上,这是封建国家利用政权的力量来维护地主们的剥削权益不受侵害。惟从田赋思想史上考察,强调均平田赋必须以均租为前提的观点,却是以前不曾有过的。

最后值得一提的是赵翼(公元1727—1814年)的"籍没财产代民租"观点。这里的"民租"不仅限于田赋,而主张以没收的财产来代替民租,显然是以减免田赋为其主要内容。在赵翼看来,朝廷权臣的无止境刻剥,"无一非出自民财",故"以横取于民者仍还之民,此法最善"。于是他提出:"籍没贪吏之财以偿民欠,籍没权要之财以补官亏,

---

① 以上引文均见陈道:《江西新城田税说》,引自陆耀:《切问斋文钞》卷十五。

亦衰益之一术。"① 尽管这一观点未敢触及封建最高统治者,只是把矛头指向权要官吏,毕竟透露出对于封建统治集团横取民财之不满,在某种程度上表达了深受剥削的人民的意愿,而强调以没收贪官财物作为免除人民逋欠和弥补国家财政亏空的手段,这在财政思想史上也是别具一格的。

第二节
清代中期矿政、商税观点及经济干涉政策的演变

清代中期(18世纪)是清政府的稳固统治时期,封建地主阶级知识分子普遍地歌颂清封建王朝的"盛德",而在财政思想方面却无独特贡献。这一时期除了摊丁入地思想系沿袭一条鞭法以来的赋税改革趋势而有所发展外,较值得注意的是有关矿政、商税尤其是外贸商税问题的议论。至于国家专卖或经济干涉政策倾向的日益削弱,则不过是将宋以后财政思想发展的这一趋势进一步扩大而已。

一、矿政问题

明末矿税矿监为当时一大弊政,加速了明王朝的覆亡。因此,清初曾严禁开矿,以后虽有所松弛,仍时开时禁,一直持十分谨慎的态度。关于采矿方式,最初很强调由官府督办,其生产物的百分之四十乃至一半作为矿税上交官府,剩余部分则留给矿民抵充工本②。这样一种高税率政策显然是不利于商民自行开矿的。对于这一政策,当时也有人提出了不同意见。如蔡毓荣(顺治、康熙时人)即指出矿产"若令官开官

---

① 赵翼:《廿二史劄记·籍没财产代民租》。
② 参见《清朝通志》卷九十,《食货略》十,《坑冶》。

第十五章　清中叶到鸦片战争前夕的财政思想

采,所费不赀",无利于国家财政。"莫若听民开采而官收其税之为便也"。他赞成开矿完全是从增辟封建财政收入来源的角度出发,认为遗弃矿产"自然之利",十分可惜。而他在具体经营方式上,却将招商承办原则引入了矿政领域。他的具体建议是:广示招徕本地有力之家或富商大贾,悉听自行开采;税率为每十分抽税二分,官府征税既要杜绝额外诛求,又要防止额内侵隐之弊;凡有司招商开矿得税一万两者准其优升,开矿商民缴税三千至五千两者,酌量授给顶戴官衔,以资鼓励;严禁别开官矿,严禁势豪霸夺民矿。在他看来,只要遵守以上各条,则"商民乐于趋事,而成效速矣。"① 这里有不少观点如反对官办,主张商民自由经营以及用较低税率和按纳税多少授以官职方式来鼓励商民等等想法,我们在前面分析宋以后的盐政、荒政、垦田、漕运等一系列具体财政措施时,曾不止一次地见到。然而综合地运用这样的观点来指导封建矿政问题,肯定招商开矿较官开官采为便,似乎以蔡毓荣为较早之一人。

看来蔡毓荣所提出的开矿指导原则未被封建统治者所采纳,尽管在具体做法上可能吸收了蔡氏的某些建议。因为清政权首先考虑的是如何巩固其政治统治,至于谋取更多财政收入的问题,还在其次。如雍正年间曾多次下达谕旨,指出如实行"招商开厂,设官收税",其利之在公在私尚属细事,势必会聚众藏奸,危及封建统治,故"断不可行"②。直至嘉庆四年(公元1799年),封建统治者还以聚众闹事和"国家经费自有正供"为由,对言矿利者予以革职查办的严厉处罚③。这表明清统治阶级对于明末反矿监矿税斗争始终心有余悸,担心重演昔日事件。

但与此同时,赞成招商开矿的观点也不断增多。如雍正六年(公元1729年),广西巡抚金𫓶奏请"召募本地殷实商人,自备资本开采。所得矿砂以三归公,以七给商"④。乾隆九年(公元1744年),江西道

---

① 以上引文均见蔡毓荣:《筹滇理财疏》。引自《皇朝经世文编》卷二十六,《户政·理财上》。
② 《清朝文献通考》卷三十,《征榷考》五,《坑冶》。
③ 参见《清史稿·食货·矿政》及《仁宗实录》卷四十三。
④ 《世宗实录》卷七十六。

监察御史卫廷璞也鼓吹"开采必视乎商力",惟在商力不足地区应先行试点,果有成效,再行推广。同年,策楞又提出须由当地官府"督同商人"开矿。他考虑到商人的成本问题,认为官府如直接"委员经理,定以二八抽课,另收余铜,以供养廉",则"恐未开厂以前,先已挪动帑项;既开以后,所收不敷公用而抽收太多,有亏商本"。为了避免这些弊害,故他建议不必由官府直接经理矿务,而是"督同商人"进行,颇类于近代所谓"官督商办"形式。其具体内容大致是:在矿区定例每县召一总商,承充开采,听其自召副商协助;一县中有矿山数十处远隔不相连者,每山许召一商;倘商人资本无多,听其伙充承办。而官府则在各山陇设山总或陇长,约束稽查;应募矿工每十人设一甲长管领,并须取保互结,以严行防范。承办商人主要负责具体采矿业务和纳税事宜,纳税后的剩余生产物全部由官府按现价收买从而使商人补偿成本费用和获取赢利,其商总还须协助官府稽查各商一切私存、漏课之弊。官府在矿区委派专职人员主要担负监督和征课职责,其职责除了包括严防矿工聚众生事和征收矿税、火耗、运输脚费及收购矿产品等事宜而外,还负责稽查透漏矿税现象;查验承办商人的工本;划分各商的承办区域,指界注照;按月通报商民采获若干,抽课耗若干,给价收买若干,每季总理造册,送司核请汇题等。此外,官府专职及兼管人员的报酬及办公费用,均由矿厂按月支付①。

于此可见,这一时期反对矿厂官办而主张招商承办的呼声虽日渐增高,事实上承办商人仍难以摆脱种种封建束缚。在官府"督同商人"的名义下,封建官吏仍可以合法地侵占商人资本,并能以查验工本、"约束商匠"等各种借口直接插手承办商人的生产经营活动。这恐怕也是策楞的"召商试采"意见当时所以能被最高统治者采纳的一个重要原因。但无论如何,将招商承办思想扩大到当时封建统治者控制甚严的矿政领域,总是一种进展。到道光二十四年(公元1844年),连谕旨中也承认:"官为经理,不如任民自为开采,是亦藏富于民之道"。故宣称"民间情愿开采者,准照现开各厂一律办理,断不可假手吏胥,

---

① 以上引文均见《高宗实录》卷二二〇和卷四三四。

第十五章 清中叶到鸦片战争前夕的财政思想

致有侵蚀滋扰阻挠诸弊"①。这样就在采矿事业逐渐成为封建财政收入又一重要利源的同时,不断削弱了官办官营的倾向而日益倚重于商人的力量。至于在 19 世纪末、20 世纪初,对于包括矿业在内的各种企业经营方式,涌现出许多反对"官督商办"或"官商合办"的观点,那已是早期资产阶级代表人物在反抗封建束缚的斗争中所发出的新的时代呼声。

二、商税观点

商税问题可分为国内商税和外贸商税两方面。关于国内商税,清初以来主要是继承宋明时代反对苛征商税的思想趋势而进一步予以强调。连封建统治者也一再声称"设关征税,原寓讥察奸宄之意,非专与商贾较锱铢",如有"例外多征以病商民者,一经查出,定行重处"②;或谓"榷关之设,国家借以通商,非以苦商"③。至于谕旨中有关减免商税以"体恤商民"一类的词句,更是不胜枚举。惟其多泛泛而论,实际上苛征商人现象仍很普遍。故当时徐旭龄(顺治、康熙时人)曾指出:"今日民穷极矣,所恃通财货之血脉者,惟有商贾。乃今商贾以关钞为第一大害,……商贾望见关津,如赴汤蹈火之苦也。"为此,他主张减省关津官吏,认为"省一官即省千万商贾之膏血"④。恤商之情,溢于言表,到 18 世纪,要求清除烦苛之商税已成为比较普遍的呼声。以甘汝来在乾隆年间所上的《清除烦苛之榷税疏》为例,他从肯定"商贾通有无以便民,司市贡货贿以足赋"的观点出发,认为征商税率应"不过十取其一,以充赋课,下不病商,上可益国"。否则,如果"总藉口于赢余无出,而诛求不已,毛发无遗。嗟兹商旅,何堪剥削。况其病不独在商也。商增一分之税,即物长一分之价,而民受一分之

---

① 《宣宗实录》卷四〇四。
② 《清朝文献通考》卷二十六,《征榷考·征商》,顺治六年(公元 1649 年)。
③ 《世祖实录》卷五四,顺治八年。
④ 徐旭龄:《省官役以清关弊疏》。引自《皇朝经世文编》卷五十一,《户政·榷酤》。

害。是所谓赢余者，非富商之资本，实穷民之脂膏也。"① 关于商税转嫁及其对市场价格影响的观点，早在公元九世纪已有十分明晰的表述。惟那时这仅是个别思想家的独特观点，又侧重于如何更有效地增大财政收入的目的；而九百年后，这一观点已为较多思想家所接受，并且成为替商人辩护和反对苛征商税的有力论据。

这一时期的商税思想，最值得注意的是在对外贸易方面。还在康熙初年，已有人把开放海禁与海外通商视为一大利源，这以慕天颜的议论为代表。他认为当时发展农业生产已是"点金无术"，而谋求开矿又是事繁工费，"所取有限，所伤必多，其事未可骤议"②。在他看来，要改变这种财政经济的困窘局面，惟一的办法是破目前之成例，以"开海禁"作为"穷变通久之道"。他说：

> "惟番舶之往来，以吾岁出之货，而易其岁入之财。岁有所出，则于我毫无所损，而殖产交易，愈足以鼓艺业之勤；岁有所入，则在我日见其赢，而货贿会通，立可以祛贫寡之患。银两既以充溢，课饷赖为转输，数年之间，富强可以坐致。"

自15世纪起，即有不少思想家主张开放海禁，与海外通商，让本国人民能往来于东西两洋从事对外贸易活动。但是他们反对海禁的论点则是政治的理由多于经济的理由。只有明末的徐光启是例外，他在《海防迂说》一文中曾指出"有无相通，邦国之常。交易一事……市同利，不市同害"的正确外贸观点。慕天颜能认识到对外贸易系"以吾岁出之货，而易其岁入之财"，并据此而极力为开海禁辩护，这一观点应当说比单纯或主要从政治角度立论稍胜一筹。不过，他认为开海禁可以得到很多的外国商品与外国银钱，因而叹惜清初禁海二十年来"所坐弃之金钱，不可以亿万计"，却是没有经济常识之论。看来他提倡开海禁主要是为了解决财政不足问题，所以很强调外贸商税的征课制度，要求"出海之途，各省有一定之口；税赋之入，各口有一定之规"。为

---

① 甘汝来：《请除烦苛之榷税疏》。引自《皇朝经世文编》卷五十一。
② 以下关于慕天颜观点的引文，均见其著《请开海禁疏》，引自《皇朝经世文编》卷二六，《理财上》。

第十五章　清中叶到鸦片战争前夕的财政思想

此，他又提出了一套由官府严格管制海外贸易活动的具体设想，如划一其口岸之处，籍算其人船之数，严稽其违禁之货，察惩其犯令之奸，依靠文武官员加强监督巡防，责之以当地驻军，弹压之以道官，总理之以郡佐，一切给票、稽查、抽分、报纳诸例，俟议定之后，逐一妥酌举行。他对于开海禁可以增加财政收入寄予很大期望，认为其他办法均系"微利轻财，未足以补救今日"，而断言"必当致财之源，生财之大，舍此开禁一法，更无良图"。像这样公开宣扬以开放海禁作为致财、生财之唯一良法的观点，在元、明以来渐趋发展的要求发展对外贸易的思想中，可谓独树一帜。他在强调财政目的而外，也注意到开海禁有利于恢复和发展江南沿海经济，又推而广之，认为与海外通商的意义，"所资在天下之大，百世之远，宁仅江南一隅，足饷一时已哉"。这一见解是颇具眼光的，它已超出了单纯财政目的的狭隘范围。

关于海外贸易问题的认识，更值得称述的还是18世纪20年代的蓝鼎元（公元1680—1733年）的观点。在一般理财观点上，他肯定"财用"是封建"国计"所当特别关心的事，并认为"生财之大道在百工，故通功易事，明主不敢一日壅其源"。这是坚持财富来自工业的突出观点。在他所处的时代，工商是很难严格区分的，因此重视工业的思想家也总会重视商业。从财政上看，蓝鼎元在谈到充实"国用"的源泉时，正是将工商并提。如他说："古者关市并设，而常开关以通市，而工之出于市者已多，以是国用有由足也。"[①] 由此也说明他重视征收关市之税以为足国用的办法，只是更加强调"工"在市场中的重要性而已。这是属于国内商税问题。

对于外贸商税，他较少直接谈论这一问题，或者说这不是他讨论对外贸易的重点，而他却是徐光启而后第一次从贸易经济角开放海禁贸易辩护。他主张"大开禁网，听民贸易。"海外贸易之度替所以必要，他的埋由是：

"以海外之有余，补内地之不足，……内地贱菲无足轻重之物，载至番境，皆同珍贝。是以沿海居民操小巧技艺以及女

---

① 以上引文见蓝鼎元：《鹿洲全集·藏稿》，"子庶民则财用足"条。

工针箱，皆于洋船行销，岁收诸岛银钱货物百十万入我中土，所关为不细矣。"①

以现代眼光看来，徐、蓝二人的对外贸易见解很平凡，但历史地考察，就不那么简单了。宋以前主张对外贸易的思想家如荀况、桑弘羊、韩愈等总认为对外贸易会带来远方的珍奇异物。元、明时代主张海外贸易的思想家如卢世荣、丘浚、许孚远等大都认为中国不需要海外的商品，而海外则很需要中国货物。到乾隆十八年（公元 1793 年），中国皇帝给英吉利国王的敕书中还说："天朝物产丰盈，无所不有，原不借外夷货物，以通有无。"② 即以欧洲而论，16 世纪至 18 世纪的重商主义也多主张尽可能少进口外国商品而尽多输出本国货。所以，在对外贸易上以有易无观点的出现决不是很容易的。同时，他主张让人民自由经营海外贸易，政府不加管理，也是以往少有的新颖见解，与元、明时代赞成海外贸易者之偏重官府垄断经营或官府严格管理下的商营又大有区别。这恐怕也是他未多接触征课外贸商税的一个原因。

蓝鼎元不仅对于海外贸易原则有较明确的认识，对于海外贸易的具体知识亦颇有理解。这从他驳斥当时反对海外贸易的三个论点的意见可以看出来③。这三个反对外贸的论点是：一、海商会卖船与番人；二、运米接济异域；三、被海盗劫掠。他指出所谓"卖船与番"等三种情况是"从来无此事"。关于他对第一、第三两种情况的反驳意见，这里不必赘述。至于第二种情况，他的驳议是：闽、广产米无多，福建不敷尤甚，每岁尚靠洋米进口以佐民食；番地出米最饶，原不待仰食中国，断无运米接济异域之理。这一意见也从以后颁布的外贸关税政策中得到证实。如乾隆十七年（公元 1752 年）曾重申前旨：对于外洋货船随带米石至闽、粤等省贸易者，"万石以上免其货税十分之五，五千石以上免其货税十分之三。原因闽、粤米价昂贵，以示招徕之意"④。这里以递增的差别免税率鼓励洋米进口，以解决闽、粤一带的缺米问题。

---

① 《鹿洲全集·鹿洲初集》卷三，《论南洋事宜书》。雍正二年。
② 《皇朝掌故汇编·外编》卷八，乾隆五十八年，《赐英吉利国王敕书》。
③ 以下驳斥意见见《鹿洲初集》卷三，《论南洋事宜书》。
④ 《高宗实录》卷四二四。

第十五章　清中叶到鸦片战争前夕的财政思想

可见蓝鼎元当初看到的洋米进口现象，约三十年后依然存在并须利用大幅度降低关税政策予以鼓励。

蓝鼎元肯定对外贸易的发展可以使各处钞关"多征税课，以足民者裕国"，增加国家财政收入。但他坚持开放海禁不像慕天颜那样主要是从"足国用"的财政目的考虑，而是更多地反映了当时商业资本及沿海居民的要求。他说，禁海以后使商人费四五千金所造的洋船停舶断港荒岸之间，听其朽蠹。一船之朽败等于"废中人数百家之产，伤心惨目，可胜道耶"。而深习水性，惯熟船务之舵工水手，既不能肩担背负以博一朝之食，只好铤而走险，或为贼驾船，或谋犯乱。至于闽、广沿海居民，望海谋生者十居五、六，禁海以前，家给人足，游手无赖亦为欲富所驱尽入番岛，因无在家窃劫为非之患。禁海以后，百货不通，民生日蹙，居者苦艺能之罔用，行者叹至远之无方，也是伤心惨目之一端。由此表明他主张开海禁而不甚强调外贸商税收入，是谋求在发展对外贸易以使沿海商民丰足的基础上，自会实现国家财政的充裕，此所谓"以足民者裕国"。这可以说是他将"民不足君孰与足"的理财原则创造性地应用于对外贸易领域。

三、经济干涉政策的演变

前面已多次指出，宋以后的财政思想的一个重要趋势，就是国家专卖或经济干涉政策倾向的日益削弱。到 18 世纪，这种倾向更加显明。甚至连矿政、对外贸易这些以往多由官府垄断经营或国家严格控制的事业，也有越来越多的封建人士呼吁改为招商承办或让私商自由经营，封建国家只需收取捐税而不必多加干预。至于这一时期在其他封建财政领域，更是普遍地渗透着反对经济干涉而转向依赖商人经营活动的新的思想趋势，且较前代又有所发展。下面就从荒政、常平、盐政、漕运诸方面分别进行论述。

关于荒政，清初统治者已很重视利用富商的作用。如康熙三十二年（公元 1693 年），西安米价翔贵，最高统治者专门谕示户部"可招募身家殷实各省富商，给以正项钱银，并照验文据，听其于各省地方，购买粮米运至西安发粜，所得利息听商人自取之。如此往来运贩，待西安米价得平之日，但收所给原银，于地方大有裨益"①。这样，封建国家只需从财政收入中拨出部分税款暂时垫付给富商，即可通过他们买贱卖贵的赢利活动自然收到平抑米价之效，此举于国家无损，于富商有利，于地方大有裨益。这比起由官府直接抛售或收购谷米以平米价的传统平粜做法，显然更富于商业精神。

惠士奇（公元1671—1741年）则把米商看作消灾免难、掌握民命的救星，故坚决反对官府于荒年抑价以妨害米商的经营活动。他针对江南地区的荒歉现象指出：

"江南既无藏谷，数十州之众咸仰食于商，则米商实为民之司命。彼价重则垄集，价轻则转而之他，视利所趋，四方无择也。抑价之令下，则米商以折阅而不至，后恐米益乏，价益腾跃，将使菽粟如珠玉，其谁能抑之。且抑之是教民争也。"②

这样推重商人在荒政中的作用，认为保证江南民食的职责非米商莫属，此论正与王夫之的"大贾富民者，国之司命"一说相媲美。可见，到了清中叶，一些早期启蒙思想家的大胆观点，也开始为一般地主阶级知识分子所接受了。

常平制作为一项封建传统财政措施，与荒政有着密切联系。实际上，汉以后历代政府设置常平仓的指导思想，就是为了调节粮价，备荒赈恤，也就是作为备荒、救荒的重要手段。因此，在荒政中重视利用商人力量的倾向，自会突出地反映在常平问题上，如嘉庆初的章谦在谈市粜时就曾为商人的社会功能辩护，他说："商察岁时之丰歉，知四方之贵贱，以有通无，衰多益寡。故谷贱而商粜至，其价必增，价增则利农；谷贵而商贩至，则其价必减，价减则人与农俱利。"他把商人的功能在传统的所谓"以有通无"之外，加上一个"衰多益寡"的商品分配作用，并认为商人的活动对农民及一般消费者均属有利。他错误地根

---

① 《圣祖实录》卷一五八。
② 惠士奇：《荒政》，引自《皇朝经世文编》卷四十一。

第十五章 清中叶到鸦片战争前夕的财政思想

据汉代"行商坐贾"的解释,将商人分为两类——商与贾,说"商尚有利于民,而贾者直国家之大蠹也",因为"贾居奇","非至贱不籴,非至贵不粜,挟其至贵至贱之权以乘小民之急。"① 不理解居奇行为无论行商坐贾均有可能,而贾同样具有"以有通无,裒多益寡"的作用。他的这种贬折"贾者"的观点的产生,主要由于他所抄引的古籍中,如《管子》,既将商列于四民之中,而又有"蓄贾"之禁,于是曲为之解,将贾从商人中区分开来,其用心仍是从另一角度为商人辩护。

在常平问题上,这一时期尤以袁枚(公元1716—1798年)的观点为最有代表性。他首先以官、商对比方式分析了以往由官府办理常平事务的弊端,指出谷物登场后,官往买、商亦往买,可是,商买而谷仍贱,官买而谷必贵,其原因就在于"商东买而西卖,官一买而不出故也。"在否定官办常平的认识基础上,他充分发挥了对于商人从事常平业务的意义与作用的理解。他说:

"夫钱谷之在民间犹血脉之在人身也,商贾之在民间犹气之行血脉也。气一日不行,血一日不流,则人病。今欲人之强健而故意约束之、壅遏之,则其有余者为疽痈,而不足者为痨瘵。枚愚以为钱之所在即谷之所在也,今之民未闻有抱青蚨而饿死者;商之所在即仓之所在也,今之商未闻有积死货而不流通者。"②

他将人们从事货币与谷物的交换活动看作人体内的血脉,"犹血脉之在人身",又把商人的社会职能理解为促进这种商品交易的顺利进行,"犹气之行血脉"。如果"故意约束"商人的活动,势必"壅遏"流通渠道,就像气血不通致使人体生病一样,会造成商品分配"有余"或"不足"的社会疾病。以上分析极力强调商业流通作用的重要性,其意义决不仅限于常平领域,这是以往在财政事务中一般承认商业作用的观点所不可比拟的。至于他认为有钱即有谷,有商人活动即可保证民食供给,这已是资本主义性质的典型观点,不到商品经济相当发展的水

---

① 以上引文均见《清朝续文献通考》卷六〇,《市籴》五,嘉庆三年(公元1798年)。
② 袁枚:《小仓山房文集》卷十五,《复两江制府策公问兴革事宜书》。

551

平和对于这一发展具有较深刻的理解,根本无法认识。

类似袁枚这样谈论常平而宣扬商业流通重要性的观点,在清中叶已不是个别现象。以上如惠士奇、章谦的言论,均体现出同样的思想倾向。又如方苞(公元1668—1749年)也将商人的"逐贵去贱"活动视为防止米价腾贵的灵丹妙药。他说:"大凡米价腾贵之地,一遇客商凑集,价必稍减。此地稍减,又争往他所,听其自便,流通更速。"① 描绘了一幅自由竞争的美妙图景,与一向鄙视商人"逐贵去贱"的传统思想正相反对。

另外,晏斯盛于乾隆十年(公元1745年)建议仿照乡村社仓,在大市镇设立"商社"的观点,也颇为新颖。他认为,乡村久已流行的社仓制度,对于农业青黄不接之际的升斗之需,不无小补;惟是大市大镇,商旅辏集,却未有类似的调剂或赈济机构,以致商人队伍中"贸易而兴盛者有之,消乏者亦有之,其间负贩邦杂而流落无归者亦有之"。对于兴盛之家来说,"衣食足而礼义生,恒产裕而恒心不失";而消乏之家及小商贩或流落无归之徒,则"窘迫颠连者出其中,好勇疾贫者亦出其中,若遇荒欠之年,生意冷淡,市米顿希,常社之粮,莫分余粒,未能安堵而高卧"。因此,他建议在盐、当、米、木、花本、药材六行及各省会馆"随力之大小,各建义仓",也就是所谓"商社"。仿效农村社仓之法,实行"商贾牟利而积于其次",以备荒年或生意清淡时赈济弱小或沦落商民之用②。要求把农村的社仓制度移植到市镇中去,建立起以城市商民为其主要赈济对象的"商社"机构,这在中国古代财政仓廪制度史上,恐怕是闻所未闻的新观点。尽管这一观点本身不具有什么理论意义,但它反映了重视商业思想的日益发展,已经把赈济商民问题提上了封建财政事务的议事日程。

在盐法方面,为盐商呼吁的观点也日益普遍。如顺治初的王国佐在条奏长芦盐法事宜时,一再强调要"省商费"、"伸商冤"、"济孤商"、"鼓富商"③。稍后卢纮论盐法,也指出应于国于民于商三者俱利,不可

---

① 方苞:《方望溪先生文集·集外文》卷一,《请除官给米商印照札子》。
② 以上引文均见晏斯盛:《请设商社疏》,引自《皇朝经世文编》卷四十。
③ 《皇朝文献通考》卷二十八,《征榷考》三,《盐》。

第十五章 清中叶到鸦片战争前夕的财政思想

偏废，因为"国利民利，而商未有不利也；商专害，而国与民固未有能利者也。"① 这样就把商人的利益同封建国家和一般消费者的利益看作是完全一致的了。雍正时人曹一士则把"商贾买盐于灶，而官取税于商"，视为"不易之法"②。这是对于盐商自由经营形式的充分肯定。他甚至不同意官府专卖制与私商经营并行，斥之为与商"争利"而坚决予以否定。这又是在"讳言财利"的传统招牌掩护下贩运为私商辩护的新货色。同时，对于清代盐政实行由商人垄断食盐运销的所谓纲法或引窝制度，也有人提出了批评。如两淮盐政高恒曾于乾隆时指出，本来盐商应知道"长价不如广销，惟实力办运，期于流通获利"，但囤积引窝的结果，却使窝价骤涨，"以致办运之商，成本加重，口岸卖价不能不增，私盐毕集，官引遂至壅滞，实为盐法大害。"③ 这确是揭露了盐法由以往私商自由竞争制变为专商垄断制后必然会产生的弊端。但要消除这一弊端，在封建制度下亦非易事。如道光年间曾改变盐法世袭专商制，实行商人凭票运销食盐的票法，而若干年后又变相地恢复了纲法，便是明证。

关于漕运问题，这一时期一方面主张漕粮折银的呼声日渐高涨，体现出折银废漕的必然趋势；另一方面，谈论漕运问题者也更为重视商业活动。惟这些议论自明中叶以来均已有人提到过，不必赘言。这里仅举出蓝鼎元的有关论点以为佐证。他主张漕运兼资海运之说。他根据元人海运漕粮的经验，结合清初情况作了如下建议：在开始试办期间，先拨苏、淞漕粮十万石试之；运船以闽、广"赶缯"为主，因为江、浙"沙船"只能行内海，而最好是用台湾"舢板头"船。他建议在江南开厂制造"赶缯"及"舢板头"船以作海运漕粮之用。至于运粮方式则准"搭载私货，体其情而恤其劳，自无不踊跃从事。且南方货物皆可骈集京师，而回空之船亦可载北货以资江、浙，上下海关，俱可多征税课，尤裕国裕民之道也"④。他的这一主张基本上是沿用明代丘浚

---

① 卢紘：《盐法议》，引自《皇朝经世文编》卷五十，《户政·盐课下》。
② 曹一士：《盐法论》，引自《皇朝经世文编》卷四十九。
③ 《高宗实录》卷七三九。
④ 蓝鼎元：《鹿洲全集·鹿洲奏疏》卷四，《漕运兼海运》。此疏上于雍正五年。

之说，惟在运货船支的采用上补充了一些新的具体内容。由于清统治者厉行海禁，这一主张未被采纳，直到19世纪前期才经魏源的提议而见诸实行。从经济理论上考察，他的这一观点并未较前人增加什么新的内容，仅说明他能接受前人的合理见解并重视商业活动。他还附带指出，"况舢板头船一设，可以无处不入，天下岛澳险阻，皆坦然在掌握之中，是海督水师甲于天下而京东有万里金汤之势矣。"① 在资本主义炮舰尚未叩门的雍正时代，这样的天朝自大的自我陶醉思想是可以理解的。

第三节
鸦片战争前夕的财政思想

鸦片战争前夕，由于财政经济矛盾的日益尖锐，地主阶级思想家侈谈财政经济问题的也特别的多，惟大多数都是一知半解的采摘以往陈说，特别是援引儒家的传统财政教条，以求应付现实的财政经济矛盾，这里没有一一介绍的必要。须指出的是，唐、宋以来对某些重要财政传统观点的批判运动，经过长期而缓慢的发展，到18世纪初已经汇成一股相当强大的力量，迫使地主阶级的顽固保守分子不得不出面维护传统财政教条已经动摇的支配地位。因此，在这一时期，反对与维护传统财政教条的对立，势必以更加尖锐化的形式表现出来，体现了新旧两种不同社会思想意识的矛盾斗争。这里，我们仅分析吴铤、俞正燮、谢阶树等三人的财政思想。

一、吴铤的财政思想

吴铤（公元1800—1833年）在他仅有的著作《因时论》中曾多次

---

① 蓝鼎元：《鹿洲全集·鹿洲奏疏》卷四，《漕运兼海运》。此疏上于雍正五年。

第十五章 清中叶到鸦片战争前夕的财政思想

地讨论封建财政经济问题，主要有以下几个方面。首先，他认为财政的基本原则是要求能使人人富足，"夫富者先王所以长治久安之道也，一家富而一家治，一国富而一国治，天下无一人不富而天下治。"① 这是从他的限田幻想所引申出来的又一幻想，但实质上却反映了中小地主阶层惧怕破产追求富足的主观愿望。在封建赋役问题上，他反对将力役之征并入田赋②。因为力役之征如不并入田赋，即可减低中小地主阶层赋税负担。他不懂得主张力役并入田赋，在中国财政思想上是一种进步。他反对重征商税，主张采元代"三十而税一"的税率。这一观点并不是代表商人阶级的要求，他认为关市之征实际加不到商人身上。因为商人"计其值以权子母，酌其入以逐什一"，加重商税使"百物腾贵，黎民重困"③，这里他也认识到商税的转嫁作用。由于他强调"惟农为衣食之源"，虽认为人民的生活"仰给于农、工、商"，可是，"遇有旱涝"连工、商也无办法，所以"工商为逐末"④，不能加以鼓励。这样看来，他所谓"黎民重困"的"民"，实质上仍主要指具有一定购买力的广大中小地主阶层。关于盐法，他赞成李雯的主张："一税之后，不问所之，则国与民两利。"⑤ 对于财政收入中的货币问题，他既同意可以行钞，却又主张财政上供不能用钱，应恢复"租庸之制"以实物上缴⑥。钱且不能上缴，钞币又怎可上缴？钞币不能上缴，又如何保证其畅行，这些矛盾，他是未曾意识到的。由此可见，吴铤在封建财政问题方面，没有什么出色见解。

这里特别要指出的是，他察觉到封建财政经济体系，已腐朽不堪，矛盾重重，无论在"生之，制之，分之，取之，为之，用之"等方面，均"未得其道"。他认为游民过多，从事农业生产者太少，这是"生之未得其道"；古代的山泽园廛，听人民自由利用，现在设为关市夺民之

---

① 吴铤：《因时论》九，《论财用》，转引自盛康：《皇朝经世文续编》卷三十五。以下所引《因时论》或《前因时论》均转引自同书。
② 吴铤：《前因时论》十二，《赋役》。
③ 以上引文均见《前因时论》十八，《税敛》。
④ 以上引文均见《因时论》十，《田制》。
⑤ 《前因时论》二十五，《盐法》。
⑥ 《前因时论》十一，《钱币》。

利,人民收入减少,政府专靠田赋压榨,这是"制之未得其道";土地自由买卖,使豪强兼并,"一家而兼数十家之产",而"无田者半天下",这是"分之不得其道";"轻重异程,厚薄殊轨,无以定其恒",这是"取之未得其道";"田主不知耕,耕者多无钱",这是"为之未得其道";吏民商贾无等级地仿效淫靡,与封建大官员争胜,甚至"僭拟于君长",这是"用之未得其道"①。换言之,无论在劳动力安排、山泽的管理、封建财政榨取、土地兼并、农民的要求、土地利用,或社会消费等等方面都出现严重的矛盾。吴铤的这一分析是相当精辟的,尽管他所觉察的还都是表面现象,有的还带着浓厚的封建等级观念,甚至有的很不切合实际。以往思想家就他所提到的个别方面有极精辟的论述,而像他这样作全面阐述的还不曾有过。但由于阶级的局限,使他不能从精辟的分析,得出解决矛盾的正确办法,只能得出"为政之道,莫先于定田制"的结论。即便在定田制问题上,他也由主张均田降低到限田再降低到在西北实行屯田、营田,而在边区则为三百亩限额的占田②。这些都是在封建地主所有制不能动摇的条件下,毫无现实意义的天真幻想。

由上可知,吴铤的财政思想,除对封建财政经济体系之矛盾重重有较精辟的分析一点外,其余都是很平凡的。但另有一特点必须指出,吴铤的《因时论》据盛康所征引者看来,约有半数的篇章是直接谈财政经济问题;约有十个篇章是谈用人问题,间接与财政经济有关系,可以说《因时论》基本上是探讨封建财政经济问题的专著。在19世纪中叶以前,这样以专谈财政经济为主的私人著作,是极其少有的。

二、俞正燮的征商论

俞正燮(公元1775—1840年)坚决否定向来征商为抑末之说。他

---

① 《因时论》十,《田制》。
② 《前因时论》十五,《屯田营田》。

第十五章 清中叶到鸦片战争前夕的财政思想

写于 19 世纪 20 年代后的《征商论》①，就是对这一传统观念作的一个总清算。他认为，《易经》、《尚书》等古代典籍中重视商业的言论和事迹，均可表明经商自古就是人民的正当职业，"商贾民之正业"；而《周官》所谓征商，与征农毫无二致。由此出发，他进一步对孟轲的"仁政本不征商"观点，商鞅的"重赋抑末"一说以及西汉以来的抑商思想，提出一个总的分析批判，可以说是南宋以来否定征商为抑末思想的极有力的论证。他指出：

"四民皆王者之人，君臣之义无所逃于天地之间，不应商贾独以仁政不事君，专以征科苛责农民。上下相接以义，商贾若是末，则圣王循天理不得因末为利。若云重征以抑末，则如何禁绝之，乃反诱而征之哉？"

可见，他既反对"商贾独以仁政不事君"的不征商说法，又反对将征商理解为"重征以抑末"。不仅如此，他还采取逻辑推理方式，根本否定了两千年来以征商为抑末的传统教条。他说：

"夫圣人仁政，固征农矣，仁政独不宜授田课植农桑而不征欤？农岂亦末作周利，当征之使反本循天理而冻馁欤？然则不征商非仁政，征商非抑末也。夫征商与征农，其义一也。"

这是以征商为抑末之矛，攻征农为仁政之盾。既然征商与征农同为征课，何以一个为抑末，一个为仁政，由此推导出"征商一非抑末"，"征商与征农，其义一也"的极明确结论。从反传统观点的演进过程来看，南宋叶适虽提出抑末厚本为"非正论"，但又说："果出于厚本，而抑末虽偏，尚有义"②；明清之际黄宗羲公开打出"工商皆本"的旗帜，仍不免带有"古圣王崇本抑末"为"救弊之一端"③ 的传统痕迹；清前期王源进一步反对"轻末"，亦未完全摆脱"重本抑末之说固然"④ 的陈旧看法。只有到了俞正燮手中，重本抑末的传统教条才被彻底加以

---

① 以上引文除另注外，均见俞正燮：《癸巳类稿》卷三，《征商论》。
② 叶适：《习学记言》。
③ 黄宗羲：《明夷待访录·财计》三。
④ 李塨：《平书订》卷一。

否定，从而在财政征课上把征商与征农置于完全等同的地位上。

征商思想的演变过程，反映了宋元明以来商人地位的不断提高。到 19 世纪前期，竟有人将商人的地位抬高到封建士大夫之上，如沈垚（公元 1798—1840 年）认为作为封建美好传统的"睦姻任邮之风，往往难见于士大夫，而转见于商贾"。又说，在"天下之士多出于商"，"天下之势偏重在商"的形势下，商人队伍中已涌现出大批"豪杰有智略之人"，"其业则商贾也，其人则豪杰也"①。这一推崇商人为"豪杰"的论点，如与西晋傅玄鄙夷商贾"其人可甚贱"② 一说相比，简直是霄壤之别。在此思想基础上，自会产生根本否定征商为抑末的新观点。俞正燮的时代已是鸦片战争的前夜，此时的魏源在谈论财政事务中也大倡其重商之说，他们同为我国 19 世纪后半期较广泛流行的重商思想的先行者。

三、谢阶树的《约书》

谢阶树的主要著作《约书》，专谈财政经济问题的有《守土》、《制治》、《保富》、《治地》、《勤业》、《理财》等篇，而在其他各篇中涉及财政经济的也不少。他所涉及的大都为理论原则性问题，一般的是将以往的传统教条作反复地咀嚼而予以唯心主义解释，完全是代表当时顽固保守的大地主集团的利益的观点。除开他宣扬地主阶级的富不是剥削而来，以及借口富民"助君相养民"而鼓吹贫富悬殊的合理性等观点③，这里不必讨论外，在理财问题上，他奉为至宝的理财原则不外是传统的崇俭黜奢论。为了黜奢，他甚至提出国家"与其富也不如贫"的观点，如说："善理财者不使国贫，亦不使国富，国贫则难乎为上，国富则难乎为下。……苟不得其中，与其富也不如贫。何也？贫则俭而知惧，富则奢而多骄，既骄且侈，天必生事以耗之矣。"既反对富国，必不赞成

---

① 沈垚：《落帆楼文集》卷二十四，《费席山先生七十双寿序》。
② 傅玄：《傅子·检商贾》。
③ 谢阶树：《约书》卷十一，《制治》，及卷八，《保富》。

第十五章 清中叶到鸦片战争前夕的财政思想

治财之臣,"国家多一治财之臣,不如少一耗财之事",可见节用是他的基本财政观点。对于国家财政收支,他的理想是"散而不使之竭,聚而不使之溢,多而不见其赢,少而不见其绌",只要"足用"即可①。对于民间致富活动,他又说:"致富莫如劝农,而保富莫如抑商",并主张恢复"士恒为士,农恒为农,工恒为工,商恒为商"的古老世袭制度②。于是他斥责"管仲崇富利,利则不公",而"尽地力、开阡陌、管盐铁,以求富利",都是败坏"先王井田封建之法";"皇皇求财利惟恐不足者,乱世之政也,……是故理财之道,莫大于清其心以清君心"③。诸如此类的顽固保守观点还不少,我们无必要一一征引,更不值得分析批判。总之,他的基本思想是坚决反对当时要求变革的思潮,捧出"世可变,道不可变"的古旧陈说④,诡言"害不十不易制,利不十不变法"⑤,事实上是根本不需要改变。即使要变法,也必须"正之以道",归根到底还是不变,因为道是不变的。谢阶树的《约书》是1821年开始写的,这时候,要求变革的思想已在一些具有进步倾向的地主阶级思想家中广泛流行,所以,他为顽固保守的大地主集团的利益而斗争的写作目的,是很显明的。

---

① 以上引文均见《约书》卷九,《理财》。
② 《约书》卷八,《保富》,及卷十一,《制治》。
③ 《约书》卷六,《尚友》,《论世》,及卷八:《理财》。
④ 《约书》卷六,《论世》。
⑤ 《约书》卷十一,《制治》。

第四部分

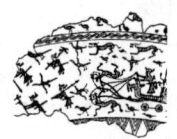

鸦片战争到"五四运动"时期的财政思想

以下我们研究从鸦片战争到"五四运动"这一半封建半殖民地经济时期的财政思想。

1840年的鸦片战争,清政府的军事力量及其锁国政策被击溃,中国封建统治阶级传统的妄自尊大心理也开始动摇,人们对传统的思想意识及社会价值所产生的怀疑日渐增长。先进的中国人决心从侵略者的武库里寻求卫国保种的物质和精神武器,从此开始了一个"向西方学习"的运动,直到20世纪上半期为止。这一思想变化趋势同样在本时期中国财政思想的发展中得到体现。

这一时期中国固有的古典财政思想,特别是那些被僵化了的儒家财政教条,由于它们赖以产生的经济关系已经腐朽并趋于瓦解,已日益不适于用来解释或指导在急剧变革中的财政经济实践,但它们在退出历史舞台以前仍保持着相当的影响。一些为它们辩护的死硬派,没有一个人曾在理论方面对它们有任何发展,只是乞灵于一些古旧财政辞句来保护衰朽的封建地主阶级的既得利益。

另一方面,新的财政思想由于新的经济关系尚未形成,必然是幼稚而不完备的。特别是在我国当时的历史条件下,新的财政思想几乎全是由海外引进的,且不谈其引进方式应否依样画葫芦地照搬问题,也还有一个是否准确照搬问题,至少是不可能对引进的财政思想很快有所发展,须有一个适应和消化的过程。

总之,半封建半殖民地经济的过渡性质,决定着这一历史时期的财政思想基本上只是传统财政观点的反刍和外来财政学说的复述。就这两种类型的财政思想而言,大抵在鸦片战争后的最初五十多年中,中国传统的旧财政思想为维持其一向的支配地位,曾全力抵制外来的资产阶级财政学说的传播。但无论它怎样拼力抵制,外来学说的实力却日复一日的加强,中国古典的财政思想终于失败了。由国外引进的各种财政学说,在那时的确是些新生事物,对旧封建经济的瓦解也起过不小的作用。惟那时所引进的无过于一些东西洋财政的常识,除有限几本翻译得较差的英文政治经济学教科书曾涉及若干财政知识之外,很难有真正的财政理论专著。在20世纪最初的一二十年中,东西洋资产阶级财政学迅速地从各个方面排挤了中国的古典财政思想,使之变成为仅供守旧者怀念的古旧陈迹。

既然半封建半殖民地时期传统的旧财政思想无所发展,而新引进的财政思想又只是浅显介绍,这就决定了我们对本时期财政思想的整理和总结,须采取与鸦片战争以前不同的方法,亦即不能也不必要把重点放在若干新的、卓越的财政观点的评价上,而应侧重分析各种新旧财政思想的斗争演变过程,旧的如何消灭及何时消灭,新的如何发展传播及其程度与影响。

关于本时期的财政思想,我们将分为从第一次鸦片战争到太平天国革命、太平天国革命失败到甲午战争前后及清末民初等三个历史时期分别进行论述。

第十六章

鸦片战争到太平天国时期的财政思想

在第一次鸦片战争后最初二十年间,中国古典的财政思想,无论是传统的还是反传统的观点,仍是绝大多数封建人士谈论财政问题的基本思维方式。但另一方面,受列强炮舰政策的震撼而引起的亘古未有的思想意识大变化,也在财政思想领域开始了一个无先例的"向西方学习"的运动。尽管这一学习运动在本时期还只是刚刚提倡尚未为人们所广泛接受,但它毕竟代表了中国近代财政思想发展的总趋势。

第一节
魏源等人的财政思想

鸦片战争后的最初十年中,有关财政经济论述不仅较以往为多,而且体现了一些新的内容,对此后约八十年的财政思想具有非一常深刻的影响。在这些思想家中以魏源的财政思想最为杰出并最具有影响力。为了解那时的财政思想概况,有必要将其他思想家的财政观点作一些概略的叙述。

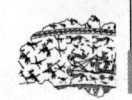

中国财政思想史

一、十九世纪四十到五十年代的一般财政论述

这里主要论述龚自珍、包世臣、汤鹏、徐鼐等人的财政观点。

（一）龚自珍的财政思想

龚自珍（公元1792—1841年）被近代学者肯定为19世纪中期启蒙思想的主要代表人物，但他在财政思想方面的成就远不及他在经学、诗词和哲学等方面的成就。较值得一提的是，他接受了两宋以来若干进步思想家不讳言财利的观点，宣扬"富殖德又殖寿"，强调五经大义均从饮食开始，认为"五经财之源也"①。强调人民饮食的重要是正确的，把儒家经典都看成为首先解决人民的饮食问题的看法也甚新颖，惟在19世纪中叶仍坚持如此狭窄的财富概念就不适合时代的要求。当然，龚自珍也不曾完全否定货币财富，他已认识到在某种情况下，货币财富还是必要的，如他指出：

"有匹妇之忧，有城市之忧，有人主之忧。匹妇之忧，货重于食；城市之忧，食货均；人主之忧，食重于货。"②

这是从个人、城市或国家的角度，来考察物质财富与货币财富的相对重要性。龚自珍认识到从整个社会考察，财富的物质形态具有特别重要的作用，而从个人角度考察，则财富的货币形态具有更重要的作用，这是极值得称述的观点。所可惜的是他未始终贯彻这一观点，在较多的场合是强调个人与个人间的物物交换。在特殊情况下，他也从整个国家角度强调货重于食，力主"禁银出海"③。大体说来，他不耻言富的思想却是一贯坚定的。甚至在乡试文中也坚决地批判讳言财利的传统思想，指出"未富而讳言利是谓迂图，……未富而耻言财允为过计。"毫

---

① 龚自珍：《定盦续集》卷三，《陆彦若所著书序》。
② 《定盦续集》卷二，《乙丙之际塾议第十六》。
③ 《定盦文集补编》卷二，《送钦差大臣侯官林公序》。

第十六章 鸦片战争到太平天国时期的财政思想

无疑问,他所谓富裕系指剥削统治阶级,决不要求一般劳动人民的富裕,因为"贫贱者天所以限农亩小人,富贵者天所以待王公、大人、君子。"① 这是需要特别指出的龚自珍的财利观的阶级内容,也是他的时代的典型思想。当然,他也尖锐地揭露了封建财政的腐败现象,指责封建统治者"开捐例、加赋、加盐价"是"割臀以肥脑,自啖自肉"②;而征收胥吏之贪墨中饱,造成"国赋三升民一斗"③ 的惨况。由此引申出他要求"更法"、"改图"的主张。但在解决具体财政问题上,他未能提出什么独特见解。

龚自珍提到的财政问题不算多,其基本观点是赋税应以实物交纳。"其名田者赋于官,亦用是"④,这里所谓"用是"包括牛、马、盐、酒之类,不知牛马等物怎样以实物交纳。税率则坚持什一之税⑤。对关税主张裁减,认为"国家断断不恃榷关所入"⑥。他又认为,赋税"以田计者为上古法;以货(货币)计者为中古法;以人计者,董仲舒曰商鞅法,贡禹则曰实汉法。"对清代的财政剥削制度他推崇备至,认为地丁合一是"仁莫大焉,……革二千年的苛政"⑦;有漕粮省份合地丁计算税率只为十分之一,无漕粮省份"尚未及三十分之一",并"绝无力役之事"⑧。这是盲目的颂扬,并不符合历史事实,因为在他自己的时代,清统治者也承认有"东南赋重役轻,西北则赋轻役重"的事实存在⑨。他的《西域置行省议》及《御试安边绥远疏》一向被称为相当周密的建议,惟就其垦田部分看来基本上未超出徐贞明所论述的范围。

(二)包世臣的财政改革主张

包世臣(公元 1775—1855 年)一生主要为封建政府地方大员作钱

---

① 龚自珍:《明良论》一。
② 《定盦文集》卷中,《西域置行省议》。
③ 《定盦杂诗·己亥杂诗》。
④ 《乙丙之际塾议第十六》。
⑤ 《定盦文集》卷二,《农宗》篇。
⑥ 《送钦差大臣侯官林公序》。
⑦ 《定盦续集》卷二,《地丁正名》。
⑧ 《定盦续集》卷三,《升平分类读史雅诗自叙》。
⑨ 《清室宗实录》,道光二年(公元 1822 年)上谕。

粮幕僚，故对农政、漕运、盐政和钱币等问题有很丰富的知识，被公认为"善经济之学"。他是当时享有极高声誉的封建统治阶级的财务谋士，且具有一定的爱国思想，曾积极主张抵抗英殖民主义者的侵略。

包世臣接触到的财政经济问题比较广泛，许多具体封建财政经济问题他大都能指陈时弊（当然不是洞悉问题的实质）而提出某些有一定根据的救弊办法，不是书生迂腐之见。他较突出的特点是以"言利"自居。他自命平生"所学大半在此，如节工费、裁陋规、兴屯田、尽地力，在在皆言利也"①。至于讲求漕运、盐政和钞法，更是言利之大者。不讳言财利虽是继承宋、明进步思想的观点，非包氏自己的创见，而他少年时代即以经世之志自许，在儒家讳言财利教条的束缚下，能数十年如一日的以"言利"自居，殊非易事。只是他并未把"言利"提到理论原则的高度来分析，仅局限于封建财政经济具体措施的讲求，这就使他在否定讳言财利这一教条上的形象不够高大。

他认为德、威、财三者是立国的三件要事，而财尤其重要②，把"财"的重要性提到德、威之上，即为对儒家经典——《大学》所谓"德者本也，财者末也"的否定。他对作为财政来源的财富生产活动持乐观态度，强调"仓府空虚，非天下之公患也"，惟他早年只承认农业生产品是财富，"天下之富在农而已"③，晚年才将货币也包括在财富之内，说"是故银虽末富，而其权乃与五谷相轻重。"④其实这两种看法都是片面的。前者不懂得工业也能生产财富；后者没有弄清楚个人财富与国民财富之区别。在他所坚持的各种财政经济改革中，利用私人商业活动是其一贯的指导思想。这一早已开始了的思想趋势的阶级基础，是数世纪以来日益成长壮大的新兴市民阶级，到包世臣的时代，它已准备向近代资产阶级过渡，因而要求摧毁对私商的封建束缚的声浪亦越来越高。所以，包世臣的这一思想，既有它的历史来源，也有它的日益增大的客观基础。

包世臣在封建财政的重要措施如海运南漕和票盐等方面的改革建

---

① 包世臣：《安吴四种·齐民四术》卷二，《答族子孟开书》。
②③ 《安吴四种·中衢一勺》卷七下，《说储上篇前序》。
④ 《齐民四术》卷二，《庚辰杂著》二。

第十六章 鸦片战争到太平天国时期的财政思想

议,在当时可算是权威性的专家意见。其优点是在这类财政改革上能吸收前人论述的合理因素并在具体细节上考虑得精细周详,有较大的说服力。至于在理论方面,包世臣很少能超出前人成就的范围,只在某些问题上比前人稍为彻底一些,而在有的方面甚至还不如前人之彻底。关于海运南漕问题,他比在他以前约一百年的蓝鼎元的建议没有增加多少理论内容,只是蓝鼎元认为江、浙的沙船不宜远洋航行,故主张另造舢板头船和赶缯船备用,而包世臣则根据当时沙船的航行经验,认为可以适用,故主张招商承运,不再打造船只,这就在利用私商活动问题上较蓝鼎元更前进了一步。此外,他主张规定海运漕粮的合理损耗率,也是明丘浚及清蓝鼎元所不曾考虑到的。在票盐问题上,他就不如明末李雯的主张之彻底。因为他只重在消除食盐的运销垄断,不解决生产垄断问题;而李雯的主张则是生产与运销均完全由私商经营,封建国家只抽盐税而已。唯一的特点是他的财政改革的指导思想是利用私人商业的活动来解决矛盾。因此,他经常强调采取"顺人情,去太甚,默运转移而不觉"[①] 和 "发令勿骇乎众情"[②] 的缓和妥协方式,甚至常露出刑名师爷的惯技,在改革中给胥吏预留贪墨分润的余地,因而使他作为改革家的形象不够高大。包世臣在这类财政问题上的论述最多也最负时誉,其所产生的客观效果也应予肯定。可惜,他在理论方面并无超过前人的特殊发展,毋庸详加赘述。

总的说来,包世臣还是一个具有一些要求改革倾向的地主阶级思想家,只是把注意力集中在一些封建财政具体措施的改进上,不免有些琐细。同时,他的思想受到两个局限:第一是只愿随大流,不敢较早地提出独立的合理意见。例如对纸币问题,据他自己说在王鎏轰动一世的《钱币刍言》刊行(公元1831年)前许多年他早就有行钞的设想,却等到行钞问题已引起广泛争论时才公开表示意见;又如海运南漕办法,他对前人在此问题上的阐述早就理解和赞同但未敢提出,直到清王朝要求讨论海运南漕利弊后,才敢公开建议。既随大流,焉能先进。第二是

---

① 《艺舟双楫》卷一,《读亭林遗书》。
② 《齐民四术》卷二,《答姚伯山书》。

囿于地区局限，未能放眼全国。他一生的幕僚生涯都辗转于江南地区，所论述的又是本地区财经事务，作为一个地区的财务专家，他是当之无愧的；但一个思想家贵能突破地区局限，提出一些较普遍适用的原则，至少也应有突破地区成见的愿望。包世臣却满足于作一个地区专家，把他的代表作也命名为《安吴四种》。所以，他在一个地区的具体财政经济问题上颇像个"巨人"，而涉及一般理论原则性问题时，就成了"矮子"。

（三）汤鹏的财政议论

中国封建经济到19世纪中期已腐朽到了亟待变革的时期，加以鸦片战争的失败，于是各色各类的封建士大夫纷纷发表救世之论，其涉及财政经济问题的论著的数量，比以往任何时期都多。他们不必都抱有维护封建统治阶级利益的主观意图，但在长期的封建思想意识的笼罩下长成，其议论常会在客观上起着维护封建统治的作用，连有些被誉为进步的思想家也难免此。至于绝大多数不能冲破传统教条的人们，问题还不在于他们是否有创见，而是在反复咀嚼前人的财政思想材料时能否吸收其精华。所以，对这类人的大量论著多加介绍是完全不必要的。然而举出少数几个人的意见以为示范，也不无意义，至少使我们体会到，前人能作出哪怕是微末的财政经济思想创见，确属难能可贵，而能真正吸取前人的学术成就，亦非易事。

汤鹏（公元1801—1844年）曾弹劾当权贵族，以"敢于言事"著称。他的基本政治倾向是赞成变革，认为"变然后宜，宜然后利"，但把变革作了庸俗的解释，列举了"君子之四十变"，均是些无关紧要琐碎事项，却说历史上有名的商鞅、王安石之变法还不懂得"君子之所谓尚变"①。他又主张"均"，认为"制民产"，取"民利"、"宽民力"等等皆应"均"②。所以，"变"和"均"是他的基本观点。他把财政经济议论的着重点放在解决贫穷问题上，即所谓"医贫"。他提出

---

① 汤鹏：《浮邱子》卷五，《尚变》。
② 《浮邱子》卷三，《释均》下。

第十六章　鸦片战争到太平天国时期的财政思想

了不少"医贫"的具体办法，在财政方面限民田以抑兼并；封建贡赋须均平；财政征课须征粟不征银；官府不能垄断山海之利；减轻或裁撤苛捐杂税；实行屯田垦田；盐让商人自由经营；封建统治者不能奢侈滥用；大臣及最高统治者不应言利等等①，把以往出现过的财政措施，不论是进步的还是落后的或者是错误的，尽可能罗列出来。总的说来，不外是反对奢侈浪费，减轻工商业的捐税负担。这些想法的出发点可能是善良的，然而仅有善良的意愿未必就真能"医贫"。他的财政思想的一个严重缺点就是受唯心主义理学的影响太深，实际上在大谈财利问题，而又不主张"言利"；既要求变革而又主张"复古"；把所提出的解决贫穷问题的一切办法总归结为"讽《周礼》则思以礼制欲，讽《大学》则思以义为利"。连宋、明理学的框框都突不破，如何能深入到社会经济问题的本质，徒流为不解决实际问题的书生之见。再加上他从事写作常习惯于不分轻重主次地大量罗列问题，如在其《尚变》一文中谓"君子"之变就有四十种，在《刺奢》一文中竟列出反奢侈有"十美"、"九召"、"七拟"、"五导"、"四本"和"一要"。别的且不谈，仅就这么多一、二、三、四已足以见其论述之烦琐，不可能有杰出创见，即使有也会被这种烦琐论述所冲淡而使重点不能突出。

（四）徐鼒的《务本论》

徐鼒（公元1801—1862年）尚未入仕对，有人曾于1841年夏面对英殖民主义者的武装侵犯，建议开银矿以助军饷，他表示反对并草拟了一篇《拟上开矿封事》，主张"重农桑"以"贱银价"，被时人指为迂腐之见。考中进士后又升任翰林院检讨，写成《务本论》上下篇，以发挥其前文未尽之意。这两篇论文是他的财政经济议论的代表作。

他列举六大理由反对开矿，如"济军务而转妨军务"、"裕国帑而实耗国帑"、"广盗贼之薮"、"扰闾阎之业"、"肥贪猾之橐"和"泄山川之灵"②，均为汉、唐以来反对开矿者陈说之杂烩，正反映了他的见

---

① 参见《浮邱子》卷十，《医贫》。
② 徐鼒：《未灰斋文集》卷一，《拟上开矿封事》。

解之"迂"。在开矿"封事"里,他强调了一个主要观点:"自古国家未有恃银以为用而国不贫者,银愈多则贫愈甚"。为什么恃银以为用就会"贫"呢?他举了两个理由:一是恃银为用银必贵,银贵则粮价贱,故银愈贵而农民愈困。如果以此理由来反对以银为税,那是正确的,明、清之际的顾炎武早已指陈其弊;如果用来泛指白银的货币作用,那就是荒唐的。银贵意味着铜钱贱,农民买卖均以铜钱为支付手段,银贵与民贫何关。粮价贵贱虽与货币价值的高低有关,但更主要的还决定于农业丰歉本身,何独责于银贵。且粮贱未必即为民贫,千百年来所经常歌颂的富裕太平盛世无不以"米石三十钱"一类低贱粮价为标榜,徐氏对此应如何理解?另一理由是恃银为用则公私藏银者众,致使流通中银少而价贵,这又是无知之论。政府征课白银是为了应付财政支出,安能久藏不用;商人以在流通中牟利为本事,藏银不用,利从何来。商贾既以白银为财富,银愈贵则他们愈富有。且所谓商业利润既可以为白银也可以为铜钱,货币价值高可以获利,低也可以获利,甚至在货币价值低时所获利可能更大。徐鼒仅把银少而贵肯定为民贫的唯一原因,一无是处。

在《务本论》中,他把这些谬见加以发展,提出务本的"重农桑"、"贵谷帛"和"禁淫侈"三个方案,三者的关系是,"重农桑必先贵谷帛","贵谷帛必先禁淫侈"①。他的最基本的意见是要做到"朝廷之租赋,民间之交易一出于谷帛"。这是西汉贡禹废钱用布帛的古旧观点的翻版。在西汉时代,这种观点虽然已是落后的,还有可以原谅之处,尤其在财政征课上废钱用布帛,自西汉以来常常是封建统治者用来稳定其财政收入不受币值波动影响的重要手段。但到19世纪中期,白银久已在许多方面排挤了铜钱在流通中的作用并成为封建财政征课的主要工具,而国内商品经济又有更大发展。此时,还主张以谷帛为货币并完全取代白银在财政收支中的地位,那就是绝对荒谬,不值得批评。此外,他在"禁淫侈"的具体规定中,主张严格规定一般人民和各品级官员应使用的衣饰品种,违者予以处罚。这又是古老封建尊卑体制的余毒在作祟,假使人人皆农,没有商贾,则达官命妇也只好"夏葛冬

---

① 《未灰斋文集》卷三,《务本论》。

棉",无法享用狐貂锦绣、金珠玉器。类此糊涂矛盾思想不一而足。

总之,徐鼒的财政指导思想上,始终坚持"重农"、"务本"的传统而不能越雷池一步。农业应该被重视,这是自明之理。但因重农而在财政征课上一味鼓吹废钱用谷帛,却是十分荒唐而愚蠢的。由此也表明,在经济思想史研究中所应该探索的,不在于某某思想家是否重农,而是在重农的前提下如何对待工商活动。如果按照前一探索方式,将中国三千年封建经济时代的无数思想家的著作逐一推敲,结果将发现无人不重农,使思想史的研究成为单音节语录的千万遍重述;而在财政思想史的研究中,征课物从劳役、实物到货币的演变,商税之日趋重要等等问题,将无法由重农观点中得到理论解释。如照后一种探索方式,以农业的重要性为前提条件,然后根据马克思主义观点逐一分析人们对待商品货币关系的态度之演变,不独内容不会单调,还可更充分地体现商人资本在封建经济各个发展阶段上所起的促进或瓦解作用。这不仅关系到中国财政思想研究的历史特点和方法问题,对封建经济的发展和衰微也具有极重要意义,故有必要借徐鼒的荒唐财政议论,在这里附带予以指出。

二、魏源的财政思想

魏源(公元 1794—1857 年)是具有强烈资产阶级倾向的地主阶级改革家。因他曾作过多年的幕僚,对漕运、水利、盐政等重要财政经济问题提供过不少改革意见,成为当时有名的专家。他要求改革的内容随客观形势的发展,前后有所不同。鸦片战争前他主要致力于改革漕政及盐政,借助于商业资本以消除盐漕积弊和增加封建财政收入。鸦片战争后他激于民族义愤,积极讲求富国强兵、抵抗外来侵略之术。到此时期,他的资本主义思想倾向日益昂扬,认为英国殖民主义者制胜的根本原因,在于有"船坚炮利"之"长技",只有"师夷长技"才能"制夷",故必须向西方学习,"转外国之长技为中国之长技"[①]。稍后,他

---

① 魏源:《海国图志》卷二,《筹海篇》三(议战)。

又认识到如要能自己制造船炮,必须了解西方的先进生产技术并须发展工商业,最后甚至对西方资产阶级国家的所谓民主政治也表示倾慕。他此时向西方寻求富强之术的思想,不仅对19世纪后半期的洋务运动和资产阶级维新派思想有很大影响,并对日本明治维新也产生了一定影响。他不懂得向西方学习发展资本主义工商业及其先进技术的结果,必然导致封建地主政权的垮台,这和他想巩固地主政权的目的是互不相容的。然而,魏源在"竭力以天朝尽善尽美的妄想而自欺"的时代,第一次公开宣扬向西方学习的号召,尽管在客观上起了与他的意向相反的后果,但无论从革命的或改良的角度来看,其历史意义都是相当巨大的。

在财政思想方面,其资本主义倾向更加突出,成为他的基本财政观点。他积极要求变革,力图以新时代的商业精神来处理各种现实的封建财政经济问题。过去也有过不少重商或运用商业经营原则来处理封建国家财政的思想家,但他们只是采用或反映商人阶级的观点,而这个阶级在那些时候还不过是作为一个嵌镶在封建地主经济体系上的附属物而存在的,因此重商与现实社会经济的本质还是极不配合的。在魏源的时代,国内商业资本已发展成瓦解封建生产方式的因素而国际资本主义又臻于全盛,故他所谓"师夷之长技",主要是向西方学习资本主义的生产技术与经营方式,从而他主张的改革也就带着某种新时代的性质,不像历史上许多财政经济改革那样是从一个封建性质的措施改变为另一个封建性质的措施。

他把发展商业资本的思想贯穿到所分析的各种财政经济问题上,成为19世纪上半期及以前各历史时期最全面的重商思想。在魏源以前的一切财政思想中,不论是进步的或落后的,卓越的或庸俗的,均为道道地地而又古色古香的中国固有的财政思想。明末的科学家们虽在自然科学方面吸取了西方的科学技术,而在财政思想方面仍未突破固有形式。魏源留心西方学术在编著和补充《海国图志》一书的过程中点滴地吸收了不少西方资本主义的财政经济知识,所以,他的财政思想,虽然基本上仍属于固有的财政思想体系,却出现了不少由西方吸收来的新因素。这就使他的分析突破了旧有的思想方法,透露出一些近代经济分析的曙光，从整个中国经济思想的历史发展过程来看，他是能放眼观察世界，具有若干近代经济学气息的第一人。而在财政思想领域，他的财政思想也标志着我国传统的财政思想之历史变革的转折点。

（一）利国与利民的新理财涵义

从表面看来，魏源和历代封建知识分子一样，主张先利民后利国，或者说将利国寓于利民之中，如谓："专主于便民者，民便而国亦利；专主于利国者，民不便而利归中饱，国乃愈贫。"① 这样理解财政与经济的关系，实际未超出千百年来一直为人们所啧诵的"百姓不足君孰与足"的儒家信条。但深入地考察，就会发现魏源所说的"利国"或"便民"的涵义，另具有新的时代内容。

以"利国"而言，他既承认工农业生产品是财富，也承认货币财富，他说："何谓开源之利？食源莫如屯垦，货源莫如采金与更币"。惟在不同的情况下，二者的重要性却有所不同，所以，他说：

> "语金生粟死之训，重本抑末之谊，则食先于货。语今日缓本急标之法，则货又先于食。"②

仅就他号召在"缓本急标"时应"货（指货币）先于食"一点来说，已是一个不易得出的反传统观点。但其最基本的看法仍是以农工业产品尤其食粮为国家贫富的标志。他在《海国图志》中明确地说："米利坚产谷棉而以富称，秘鲁诸国产金银而以贫闻。金玉非宝，稼穑为宝，古训昭然，荒裔其能或异哉"。③ 由此可以看出，魏源还未完全摆脱封建生产方式的局限，尽管他的"利国"思想中已有不少新兴阶级的商业观点。

在便民方面却较充分地表现了他对新的社会结构的憧憬。他沿用司马迁"本富"、"末富"的旧说，把"末富"（对他来说即为以商致富）看作是较能摆脱封建束缚的致富途径。他说：

> "天下有本富，有末富，其别在有田无田。有田而富者，岁输

---

① 魏源：《元史新编》卷八十八，《食货·盐法》。
② 魏源：《圣武记》卷十四，《军储篇》一。
③ 《海国图志》卷六十一，《外大西洋·弥利坚国》。

租税、供徭役，事事受制于农，一遇饥荒，束手待尽。非若无田之富民，逐什一之利，转贩四方，无赋敛徭役，无官吏挟持，即有与民争利之桑、孔，能分其利而不能破其家也。是以有田之富民可悯更甚于无田。"①

这不仅是反映了即将没落的地主阶级的悲哀，更重要的是为新兴的富裕者唱赞歌。历史上许多思想家都把易于逃避赋役作为攻击商人阶级的论据，而魏源却把它倒转过来，认为"无赋敛徭役，无官吏挟持"是商人阶级所具有的足以摆脱封建束缚的特点。这是宣布以"末"致富是较为稳妥可靠的途径，改变了一向认为土地收益最为牢固的传统致富观点。所以，我们说他对于利国与利民关系的理解，已超出封建传统理财思想的范围而跨入一个新的认识领域。

(二) 财政改革中的生产经营问题

财政改革是魏源取得声誉的主要原因，其成绩表现在盐务与漕运两方面。他并未将这些改革的成功经验提高到理论水平，多系抄引前人陈说。如他实行票盐制的基本精神是"化私为官"②，系接受明清之际的李雯早已提出而为后来盐务专家所传诵的名言："盖天下皆私盐，则天下皆官盐也"③。而主张南漕海运早有丘浚、蓝鼎元及包世臣力主其说，亦非魏源的创见。但他在谈论具体财政措施时，提出一些涉及生产经营方面的问题，颇具见地。

在工农业政策方面，他特别注意屯垦、开矿和造船。他指出"阜食莫大于屯垦"④。开矿也是封建国家极重要的"开利之源"的项目之一，所以在他的《圣武记》的第一和第二《军储篇》中，基本上均为论述采矿政策并驳斥当时反对采矿者的谬论。造船更是他所宣扬的"师夷长技"的重要内容。造船不仅是造战舰，也要造商船，并须利用造船厂的机器设备以生产军械火药和民用品如"量天尺、千里镜、龙

---

① 《古微堂内集》卷三，《治篇十四》。
② 《古微堂外集》卷七，《筹鹾篇》，及《淮北票盐志叙》。
③ 李雯：《蓼斋集》卷四十三，《盐策》。
④ 《圣武记》卷十四，《军储篇》四。

第十六章 鸦片战争到太平天国时期的财政思想

尾车、风锯、水锯、火轮机、火轮舟、自来火、自转碓、千斤秤之属。凡有益于民用者,皆可于此造之"①,广泛地进行机制商品的生产。这里,他不独提出了传统的社会产品目录中许多前所未见的项目,并提出了一个与传统的反奇技淫巧思想相对立的新观点,即所谓"有用之物,即奇技而非淫巧"②。这是对三千年来一贯被信奉的反奇技淫巧思想的根本否定。因此,魏源不仅在社会产品目录方面第一次注入了崭新的近代商品项目,并将一向满足于手工产品的需要提高到较精密的机械制品的水平。这一观点所体现的时代特质与以往截然不同,甚至与他同时的许多名家均望尘莫及。

关于生产经营政策,魏源极力反对官营而力主私营。自两宋以来,主张将盐、茶等政府专卖商品改由私商经营者日渐增多,这是封建经济内部的商品经济长足发展的必然反映。但魏源所主张的私营范围则相当广泛,凡他所提到的官营事业如采矿、盐业、造船及机械制造、屯垦乃至于漕运,无不主张鼓励或委托私商经营。他认为矿业"禁民采而兴官采"会利不胜弊,"民开而官税之,则有利无弊",故"许民开采,二十分取一为税,此开采最善之法"③。对盐业,魏源则主张改变具有垄断性的"纲商"为具有自由竞争性质的"票商",这是进一步消除官府对经营盐业商人的封建盘剥。造船及器械制造则主张在官设的一处造船厂或火药局外,"沿海商民,有自愿仿设厂局以造船械、或自用、或出售者听之。"④ 这里特别要指出的是他建议军用民用机械均可让私商设厂仿造,如与那些连让私商采矿都怕"聚众为乱"的顽固思想相比较,他的建议又是一个极为大胆而又彻底摆脱了传统陈说局限的新观点。他主张屯垦的基本原则是"按名给地,永为世业",以避免屯垦者把土地"视为官产,久而生懈"⑤之弊。关于漕运,他坚持由海商代为承运并已行之有效。与魏源同时而稍早的包世臣也力主雇佣海商船支运送漕粮。后者系旨在解决漕运问题的初步建议。而魏源则在解决漕运问

---

① ② 《海国图志》卷二,《筹海篇》三(议战)。
③ 《圣武记》卷十四,《军储篇》二。
④ 《海国图志》卷二,《筹海篇》三(议战)。
⑤ 《圣武记》卷十四,《军储篇》四。

题的精密筹划之外,更洋溢着对私商经营方式的坚强信念,宣称"官告竭,非商不为功也"①,"以商运决海运,则风飓不足疑,盗贼不足虞,霉湿侵耗不足患也。以商运代官运,则舟不待造,丁不待募,价不更筹也"②。简直是除信赖私商承运而外,"别无事半功倍之术",并应定为"一劳永逸"③的长远制度。总之,在他的心目中,生产经营的私有形式已是无可置疑的完美形式。

在私营商业的组织形式方面,他又鼓吹采用"公司"的组织形式。他说:"公司者,数十商辏资营运,出则通力合作,归则计本均分,其局大而联",并将广州十三行也比作公司,与英国东印度公司同等起来④。他对于近代资本主义的公司组织形式的理解似是而非,但在我国除林则徐曾提到资本主义早期流行的合伙经营组织方式外,提及近代资本主义公司组织形式的当以魏源为最早。

(三) 租税思想及其他

魏源关于租税的原则阐述比较少,但也有些新颖见解:一是对税源的培养作了形象化的表述,如他说:"善赋民者,譬植柳乎!薪其枝叶而培其本根。不善赋民者,譬剪韭乎!日剪一畦,不馨不止。"⑤ 二是他看到"减课而有溢课之实","绌课必由于重税"⑥,这是唐李翱所谓"轻敛之得财愈多"⑦的思想的再现。三是他很重视盐税、关税等收入"以裨农赋之不足",并坚决主张改革弊端、剔除浮费以便利商人,从而增加关、盐税收入⑧。盐利自两汉以来久已成为封建财政收入的重要项目之一。海关收入在乾隆中尚不甚重要,最高统治者甚至要加重海关税使"洋船无利而不来,以示限制,意不在增税"⑨。至道光时关税日

---

① 《古微堂外集》卷七,《海运全案序》。
② 《古微堂外集》卷七,《道光丙戌海运记》。
③ 《古微堂外集》卷七,《复蒋中堂论南漕书(代)》。
④ 《海国图志》卷二,《筹海篇》四(议款)。
⑤ 《古微堂内集》卷三,《治篇》十四。
⑥ 《古微堂外集》卷七,《筹鹾篇》及《淮北票盐志叙》。
⑦ 李翱:《平赋书序》(见《全唐文》卷六三八)。
⑧ 见《淮北票盐志叙》及《海国图志》卷二,《筹海篇》四。
⑨ 《清朝文献通考》卷二七,《征榷》二,乾隆二十二年。

第十六章 鸦片战争到太平天国时期的财政思想

益重要,仅粤海关一处从道光元年到二十年间的收入即达三千余万两①。所以,魏源提出扩大商税收入以补农业税收入之不足的观点,既有客观的依据,也体现中国封建经济正起着急剧的质的变化,比龚自珍所谓"国家断断不恃榷关所入"之说就高明得多了。

魏源财政思想的特点不仅在于他曾提出一些创造性的观点,更在于能适应客观经济的发展形势,尽可能地利用商业资本来为封建财政服务。前已指出,他重视商业,宣扬商业资本的作用的观点是极为突出的,不论是改革漕运、盐务,乃至鼓吹"师夷技",莫不以争取商业资本的支援为基本原则。以改革漕运为例,他一再提到商人及商业资本的利益,如谓:"海运之事,其所利者有三:国计也,民生也,海商也"②;又说:"是役也,国便、民便、商便、官便、河便、漕便,于古未有"③;还说:"其优于河运者有四:利国、利民、利官、利商"。像他这样把商业的利益以同等的重要性与国计民生并列提出的人,可谓从来所罕有。

在推行财政措施和增加财政收入方面,他不仅尽可能利用国内商业资本,而且十分重视对外贸易问题。在外贸政策上,他坚持禁绝鸦片输入而提倡正常国际贸易。他对国际贸易问题的杰出阐述,首先,是纠正了"天朝"无所不有的盲目自大思想和认识到国际贸易是双方互利的正确观点。他还建议派军舰为中外商船护航。这在当时的西方国家已是司空见惯,而在中国主张给洋、私商护航,却是破天荒的见解。最值得珍视之点是他对国际"贸易差额"的分析,已达到相当高的理论水平,但以不属于我们研究的范围,只好割爱。仅由于他在贸易差额分析中考虑到对外收支盈亏对于国家财政的影响,故顺便一提。

总之,魏源尽可能地利用国内外商业资本来为封建财政服务,这无疑是否定了封建制度下的超经济压榨,其现实的结果是增加了封建财政收入,而最终却给资本主义成分的发展开辟了道路。

---

① 林则徐:《林文忠公政书》乙集,《两广奏稿》卷四,《密陈夷务不能歇手片》。
② 《古微堂外集》卷七,《复魏制府询海运书》。
③ 《古微堂外集》卷七,《海运全案序》。

第二节
太平天国时期的财政思想

迄今为止,我们一直以封建地主阶级思想家的财政议论或封建地主政权的财政经济措施作为主要考察对象,而代表农民阶级利益的财政要求,至多只是通过某些地主阶级进步思想家的言论或农民起义的革命口号中折射出来,未能得到独立而系统的阐述。直至太平天国政权(公元1851—1864年)的出现,才为我们研究农民阶级政权的财政指导思想,提供了一个极为光辉的典范。此外,在太平天国统治的后期,地主阶级阵营内的财政思想也在鸦片战争以来向西方寻求真理的新趋向的基础上有所发展,如冯桂芬的财政经济论著在19世纪后半期曾有过不小的影响。故本节除讨论太平天国的财政思想而外,也将冯桂芬的财政思想列入这一时期论述。

一、太平天国两个宝贵文献所反映的财政思想

太平天国给后代留下两个极为宝贵的历史文献——《天朝田亩制度》与《资政新篇》。从财政思想史角度考察,这两个未经实行的经济方案,均体现了农民革命领导人对于理想财政制度的探索和追求,尽管这两个方案各自所设想的财政制度在本质上是相互排斥的。

(一)《天朝田亩制度》反映的财政思想

洪秀全(公元1814—1864年)于1853年攻克南京,并将之改称天京且定为太平天国的首都以后,即颁布了《天朝田亩制度》,这个制度不单涉及财政措施,还是包括政治、军事、文教、经济、宗教等方面的总革命纲领,而以解决农民土地问题为各项措施的基础。因此,要探讨

第十六章 鸦片战争到太平天国时期的财政思想

其关于财政设施的规定,须先了解它的土地分配思想。

洪秀全从"凡天下田,天下人同耕"[①]的基本思想出发,否定了封建社会的命根子封建地主土地所有制,要求对农民实行土地平均分配。其土地分配方式有两个特点:一是将所有田地按其肥度分为九等,并按家庭人口多寡实行好田丑田搭成分配;二是男女平等分配,只是未规定每人应分土地的标准数额。以上两点充分体现了他在土地分配方面的平均主义思想,并以此为基础实现一种"有田同耕,有饭同食,有衣同穿,有钱同使,无处不均匀"的崇高理想。在经济不甚发达的封建社会中,这一理想既是具有很大鼓动力的战斗口号,也是农民革命政权的财政分配制度的指导原则。《天朝田亩制度》中所设计的"国库"制度,即为这一指导原则的体现。

"国库"制度的基本要求是:首先,生产物公有,消灭个人财产私有制。每当收获时,除留每人足够维持到新谷收获所需的食粮外,一律上交"国库"(又称"圣库"),连保留部分的食粮也须由社会基层组织的负责人"两司马"代为存储,必要时取用,不能私人保存。此外,凡麦、豆、苎麻、布、帛、鸡、犬各物及银钱,均应上交国库。总之,"天下人人不受私物,物归上主,则主有所运用,天下大家处处平均,人人饱暖"。在财务行政单位的划分上,每二十五家组成一"两",每"两"设一分库,由"两司马"主管基层单位的各种财政事务,其职掌如"存其钱谷数于簿,上其数于典钱谷及典出入"等。所有二十五家的婚娶等事所需钱谷,严格按统一规定数额向国库领用,不得超额,"总要用之有节,以备兵荒"。如系鳏寡孤独废疾者可以免除劳役,由国库给养。这是把太平天国革命初期在行军中实行的军需供给制度,扩展到全社会中普遍运用。

其次,国库制度的经济基础是一家一户的小农经济形式,此外不存在其他社会生产部门。如《天朝田亩制度》规定每家须"树墙下以桑","五母鸡二母彘,无失其时","凡妇蚕绩缝衣裳"。至于"陶、

[①] 《天朝田亩制度》,《太平天国》(一),本节以下引文均录自《天朝田亩制度》,如无必要,不另作注。

治、木、石等匠"均由二十五农家中的人兼做,在农闲的时候进行。这是比典型的封建自然经济还要古老的社会生产形式,本不需要存在货币的交换。但由于客观上已有大量货币在流通,所以又规定"银钱"也要上交"国库",有需要时再由国库发给。

洪秀全设想的国库制度也披上西方宗教的外衣,把这一财政制度说成是"上帝"、"真主"的"救世旨意"。实际上,《天朝田亩制度》中的财政构想部分,和制定的整个经济纲领一样,基本上均为我国原有先进思想的总结。以"人人不受私物,物归上主","处处平均,人人饱暖"的国库宗旨而论,即是对历代革命农民的观点如"人人平等"、"太平"、"贫富均匀"、"均平"、"财产共有"等革命思想的继承。而东汉起义农民之设置"义舍"及"义米肉",清初以来日益发展的民间天地会组织之有"米饭主"规定,有饭大家吃,所得财物完全归公等等,更是太平天国"圣库"制度的直接思想渊源。至于古代文献中若干合理思想如"计口分田"、"大同理想"、"树墙下以桑"、"五母鸡二母彘"乃至于社会基层组织的伍两编制等等也被吸收在内。这一切,虽不一定完全能彼此配合,却充分体现了在小农经济限度内所可能构成的最高理想。

从财政思想上考察,《天朝田亩制度》的历史意义,是在它第一次提出的"均平"社会经济模式中,也第一次提出了农民革命政权的新型财政制度方案,适应着贫苦农民群众数千年来要求摆脱封建财政剥削的愿望。不论这一方案曾否贯彻实行,它在中国财政思想史上确是无先例的革命性创举。

然而,《天朝田亩制度》的财政方案系建立在个体小农群众实行土地共有的基础上,土地共有虽能适应他们的绝对平均主义的意愿,却不能满足个体土地小私有者的强烈要求。同时,在以小农经济为主的条件下,要突然变个体小私有制为共有制,仍属超出现实的空想。即使一时勉强实行,也"不得不退到当时条件所容许的有限范围以内来。"① 因

---

① 参阅恩格斯:《德国农民战争》,《马克思恩格斯全集》,人民出版社1959年版,第7卷,第405页。

此，圣库制虽是农民起义时期的军需供给体制，但在太平天国农民政权建立和巩固后，在所控制的广大区域内却因私有制经济的存在而无法实行，最后仍回到由土地私有者"照旧交粮纳税"① 的财政税收体制上来。惟征收方式各地有所不同，有的地区是土地谁种谁有并须纳税；有些地区仍许地主收租纳税，但减低租额；有的地区则实行"着佃交粮"，规定由佃农直接向太平天国交粮纳税，不必再向地主交租；各地小工商业仍许其自由买卖，只需交纳工商税，非由两司马加以监督限制；对外贸易也正常进行，并"设海关完税抽厘"②。"所以人类始终只提出自己能够解决的任务"③。

（二）《资政新篇》反映的财政思想

《资政新篇》是洪仁玕（公元 1822—1864 年）于 1859 年由香港到达天京后所上的条陈，洪秀全阅后甚为嘉许，批准公布。

《资政新篇》的基本观点与《天朝田亩制度》判然两样。它是我国仿行西方自由资本主义经济制度的最早而有系统的一套经济纲领，完全超出了封建传统理财思想的眼界，洋溢着发展资本主义经济的崭新时代精神。它首先提出一条政策原则是要"因时制宜、审势而行。"④ 用现代语言来说，主要是改变当时的落后小农经济，使其走上资本主义经济的道路。它的建议的内容包括经济、政治、文化等各方面，而以经济改革为重点，其理财措施有以下各项：

建议开采金、银、铜、铁、锡、煤、琥珀、蠔壳、琉璃、美石、盐之类的矿藏。这样多的采矿种类，19 世纪后半期的先进人物中能设想到的也很少。采矿方式系由发现矿藏者任"总领"，"准其招民采取"，其矿产品收入的分成标准是"总领获十之二，国库获十之二，采者获十之六"。

---

① "照旧交粮纳税"系太平天国政权于 1854 年正式颁布的税收政策。见张德坚：《贼情汇纂》卷七，《伪本章式》。引自《太平天国》（三）。
② 柯悟迟：《漏网喁鱼集》，第 57 页。
③ 马克思：《政治经济学批判序言》，《马克思恩格斯全集》，人民出版社 1962 年版，第 13 卷，第 9 页。
④ 本段引文除有另注外，均见《资政新篇》，引自《太平天国》（二）。

其重要财政制度改革是：建议在各省郡设立"钱谷库"，以支应政府人员的薪俸和其他公费开支，其业务设官司理，"每月报销"；也主张设官征收内地的工商、水陆关税、每礼拜呈缴省、郡、县库存贮，或供地方市镇公务支用。他的这一财政方式与《天朝田亩制度》中的"圣库"供应制度绝不相同。照此办法是人民按政府规定交纳一定税额，不是把足够自用食粮以外的产品全部交圣库。政府服务人员实行薪俸制而不是供给制。

《资政新篇》的财政论述较为简略，其主要特点是与《天朝田亩制度》的基本精神完全相反。而更为重要之处，是它特别强调以资本主义的经营方式来发展中国经济。所有各种工矿贸易企业，均坚持私人出资经营，并采用专利权方式以鼓励其发展，对能创造发明火车轮船以及其他工艺品者，"准其自售，他人仿造，罪而罚之"，俟专利期满才许"他人仿造"。这不仅是对封建国家专卖或经济干涉政策的根本否定，同时也抛弃了太平天国设立"诸匠营"或"百工衙"一类的国营手工业生产制度。它又提出每人每日须劳动三个时辰（即六小时）的工作日制度，否则被定为"惰民"，这是从另一角度给资本主义发展准备充足的雇佣劳动力来源。更值得指出的是，《资政新篇》经济纲领的指导思想是彻头彻尾的自由资本主义时期的典型思想，其中很难找到中国型的旧财政经济观点的痕迹。关于《资政新篇》的财政制度未接触到农民最关心的土地问题，这也许是前此早以法令形式公布了旨在主要解决农民土地要求的《天朝田亩制度》，故不便再提出一种与此制相矛盾的解决办法。而洪仁玕既具有较强烈的资本主义倾向，其不重视农民的土地问题也无足为奇。至于洪秀全与洪仁玕均企图把这两个互不相容的经济纲领同时推行，这是由于他们的历史局限，不能及早地认识其矛盾。又由于两种纲领均未见诸实行，他们也无从发现其矛盾。尽管如此，太平天国这两个珍贵文献的出现，无论从理论的角度或政策的角度考察，均为包括财政思想在内的整个中国经济思想史的研究，增添了新的光辉异彩。

二、冯桂芬的《校邠庐抗议》

冯桂芬（公元1809—1874年）可算是19世纪60年代以来主张"向西方学习"的知名人物。其主要财政思想见于1860—1861年写成的《校邠庐抗议》一书中，这是十九世纪后半期较具影响的著作之一。

在《校邠庐抗议》中，冯桂芬提出四十条改革意见，其中以涉及经济问题者为多。冯在经济方面的主张主要是改革旧封建国家财政。不论其观点正确与否，在那一时期的封建士大夫中象冯桂芬这样的人是不多见的。特别是他公开呼吁"采西学"，接过了在他以前十余年中几乎绝响的进步号召，从而使他成为地主阶级内向西方寻求真理的先进人物中自魏源以来的第一个后继者，此后近四十年间在封建士大夫中起着一定影响。当然，如将《校邠庐抗议》与在它成书前两年颁布的《资政新篇》相比较，后者真不知要高明多少倍。惟从中国经济思想发展过程的连续性考虑，由于《资政新篇》在太平天国革命政权覆灭后，被视为"逆书"未流传开来，不曾对当时及稍后的思想界发生影响，故冯桂芬提倡"采西学"的思想影响，仍不能忽视，冯桂芬的"抗议"之矛头既指向英、法殖民主义的军事侵略，也对准太平天国的革命政权，总的说来是为封建地主政权之巩固而出谋划策。他后来出谋勾结殖民主义武装以联合镇压太平军的经历，使他不配为爱国主义思想家，但也不必因此而全盘否定其前期著作对后代的积极影响。

在冯桂芬的思想体系中，最值得称述之处是接过了魏源向西方学习的号召而高唱"采西学"。嗣后以传播西方资本主义知识闻名于世的王韬，亦对冯氏推崇备至。由此表明了19世纪后半期所谓"西学"的传播源流，其来龙去脉是很清楚的。冯桂芬关于财政的论述特别的多，其中有不少曾被当时及稍后的学者们所称颂，但一般说来，他的财政议论在理论上多系因袭前人故说，甚少创新意见，只是在一些具体财政措施上，偶有新义。下面将分别加以论述。

中国财政思想史

（一）富国观点

冯桂芬主张富国的直接目的，是为了使清政府能够摆脱当时的财政危机，而他所提出的"筹国用"设想，总的来说仍不外是发展农业、工矿业一类的老生常谈，只有在个别具体问题上有些可取的观点。以他的农业议论为例，值得一提的观点有：

其一，他曾受林则徐等人的影响，主张在北方兴修水利，以便推广高产水稻的生产，代替低产的粱麦作物。他说："夫一亩之稻可活一人，十亩之粱若麦亦仅可活一人"，所以"庶而求富，莫如推广稻田"①。富民自然也就可以"裕国"。这种提高农田单位面积产量以增加人民财富从而富国的思想，较古代劝农仅为阜民食或明清以来发展北方农业仅为减轻江南漕粮负担的思想，尤胜一筹。当然冯桂芬未始没有多少减轻一些家乡江苏地区漕粮负担的私念，但此并非其主要目的。

其二，主张人少地区采用西人机器耕种，"或用马或用火轮机"为动力，"一人可耕百亩"。采用机耕的思想是以往不曾出现过的新观点。他又意识到在人口众多的中华，普遍推广机耕，势将使大量农雇工的人口无所得食，因而作出机耕"不可常用而可暂用"之论断②。这表现出他对机器使用与劳动力就业间的关系有一些模糊认识。

其三，扩展了农业概念的内容及其作用。他把农业的内容由农桑进一步包括茶业在内。两千年来，重视农桑者无不强调这是人民衣食之源，还有很多人高唱"重农桑"是为了"抑末作"。冯桂芬在重视粮食生产的同时也把"拔茶树桑"称为"善政"，甚至将茶、桑说成是"富国之大源"，因为通过丝茶出口可以致富。他以上海的对外贸易为例，指出："岁四、五千万，而丝茶为大宗"，得到白银的输入以为补偿，足以抵销鸦片洋货的进口而有余③。这一议论的特点是既扩展了传统的农业概念的范围，又将发展农业的作用增加一个对外出口的功能。

冯桂芬的这些新议论，虽没有什么了不起的意义，但在19世纪中

---

① 《校邠庐抗议》卷上，《兴水利议》。
② 《校邠庐抗议》卷上，《筹国用议》。
③ 《校邠庐抗议》卷上，《筹国用议》及卷下，《劝树桑议》。

叶的封建士大夫中却属不同凡响。在《校邠庐抗议》一书中类此精辟论点是很不少的,无怪乎有很多人对此书会击节叹赏。

对于采矿,他认为同"树茶"一样是"裕国"之要道,却未详细论到。只约略地批判了一些反对采矿的谬论,仅指出"开矿非利其税",如将开矿利得"全以与民,不失为藏富之道"①。看来他是主张矿业民营的,他坚持开矿还有另一目的,即我国未开的矿产甚富,如我国不自行开采,势将被"诸夷"前来开采,利益全归外人,这显然是半殖民地状态下无可奈何的议论。他的开矿论述远不如魏源之精辟而周详,不过魏源着重在开银矿以充实币材,而他则将开矿视为各文明国家之"常政",应非专指银矿一端,但如与洪仁玕所列举的开矿项目相比较,似又瞠乎其后了。

冯桂芬发展近代工业的思想,基本上未超出以农产品为原料的制成品范围。他也强调要推行职业教育,以制造船炮为例,"聘夷人数名"讲授其技术,派有思考能力的人向他学习,学成后转教各工匠。他主张学习西方技术不必亦步亦趋,而是"始则师而法之,继则比而齐之,终则驾而上之",把赶超西方作为目标,并以此为"自强之道"②,应当说也是一个卓见。

(二) 均赋议

封建地主经济时代的田赋,由于不仅各地亩积大小不统一,且因种种历史原因各地税率也不相同,更兼纳税人户的"贵贱强弱"各异,故每亩土地所负担的税额相差极为悬殊,此为历代土地赋税之通病。而苏、淞、太地区的赋税负担,自明初起又因政治原因大为加重,迄清代而未改变。当地人士对这一问题已争吵了数百年。冯桂芬只不过以一个拥有十顷土地的官绅地主而重弹旧调。他在《均赋税议》中历举王安石以来曾实行过的各种土地清丈办法,主张统一田亩度量标准,采用近代罗盘、算术方法清丈,其应纳税额以一县应纳之粮均摊于一县之田,

---

① 《校邠庐抗议》卷上,《筹国用议》。
② 《校邠庐抗议》卷下,《制洋器议》。

按亩均收,以后永不加赋。这是把两宋以来土地清丈的经验与议论加以综合采用。这一建议虽经他积极奔走并写成"劝官"、"劝绅"、"劝衿"、"劝民"等文广为宣传,终因太平军的节节胜利和社会阻力很大而成为具文。直到60年代初太平军退出苏、常地区后,因革命与反革命战争而残破的农业生产力一时未能恢复,赋税无法完纳,反动统治阶级为了培植财政收入来源并示惠于地方地主集团,以巩固其统治而进一步向太平军进攻,才由冯桂芬代表李鸿章草拟奏疏,申请减赋①。后来苏州绅士特为冯桂芬立祠堂,可知他的减赋,毕竟是为地主阶级谋利益。地主阶级的赋税减轻了三分之一后,冯桂芬也曾提出要把佃农地租减少到最高不超过每亩一石二斗,但实际是口惠而实不至,遂引起不少人对他的减赋、减租办法表示反对。关于这个问题,我们将在后面专门进行讨论。

(三) 折南漕及其他财政议论

苏淞地区漕粮负担沉重是那个地区的地主阶级代言人已叫嚷了数百年的另一老问题,明、清学者倡议改革漕政意见者不知凡几。我们在前面论及的魏源就曾对漕运提供过可行的建议。冯桂芬主张京师官民所需的食粮不必由官府自南方漕运接济,苏淞地区应解漕粮可按每亩折银若干上缴京师,而京师所需食粮可在京津等地招商自运,向市场供应,官府用粮则以南方上缴漕银向市场购买②。此即所谓"折南漕"。在明代正统六年(公元1436年)已开始将部分漕粮折征银两,经苏淞等府实行后曾一度在全国推行(约在公元1491年)。明、清两朝曾分别断续地实行一段时期,名为"折漕",又称"漕折"。所以,冯桂芬的折南漕主张只是建议恢复久已中断的"折漕"旧法,不仅不是创见,连名称也是沿用旧名,只加上一个"南"字。但以往京城官、军、民食粮不惜远从数千里之外的江南漕运,是由于京城附近无法满足需要。随着商品经济的发展,到冯桂芬的时代折南漕建议才有长期实行之可能。所

---

① 冯桂芬:《显志堂稿》卷九,《请减苏淞太浮粮疏》。
② 《校邠庐抗议》卷上,《折南漕议》。

第十六章 鸦片战争到太平天国时期的财政思想

以,此建议虽系因袭以往老办法,却含有一定的时代因素。

对于土贡,他也建议除少数地方特产可由当地进贡外,其他大部分土贡物品均改由官府在市场上"发价购采"。其理由是在各地贡物的征收和解运过程中,由于官吏勒索中饱而使"国与民交蠹",故不得不对"任土作贡"之古制加以变通①,改由市场购买方式以为代替。其实,在历代封建政府的土贡征课中,官吏中饱现象司空见惯,何至于到19世纪60年代才引起人们的注意。因此,否定传统土贡制度的正确解释仍应从商品经济的发展中去寻找答案。因为只有商品经济的发展,才可能为根本取消土贡制度提供必要的市场条件。

对于内地关卡,他主张"举各关而尽撤之,以税额入诸厘捐",其理由是"关无善政"②。这议论是很不妥当的。清廷为解决因镇压太平军而产生的财政困难,举办厘捐,又称"厘金",沿途设卡,重复征收商品税,是此后数十年中阻碍中国经济发展的一大弊政,其害处比内关之不善所带来者不知大多少倍。冯桂芬只看到现存内关之不善,主张以弊端尚未显著的新设的厘捐来代替,是很不明智的。关政、厘政均为封建财政,前者无善政,后者何能成善政,这是只见目前不能明察未来。

盐政问题上,他对明末李雯主张盐税"宜就场定额,一税之后,不问其所之"的主张表示疑议③,认为先将税额确定是可以的,但运经各地关卡仍应一一纳税。他主要认为盐税在财政收入中占相当大比重,不敢轻易变动,不懂得李雯观点的深远意义。盐在出场时抽税一次,此后通行全国不抽税,意味着否定官府特许盐商的分区专卖制度,推行私商自由经营制度,如仍保存前一制度,许多弊端均无法避免,致使盐价加贵,税收减少。他的办法事实上是替两淮大盐商的利益辩护。

此外,其他财政议论还不少,多属于封建财政具体问题的兴革,是否可行已是疑问,更谈不到理论意义。就连上述常被人称道的"均赋""折南漕"等议论,也只是综合以前陈说而在个别细节上稍加"私意",无关大体。不过,正因为他能广集以往陈说才为当时士林所称道。

---

① 《校邠庐抗议》卷上,《改土贡议》。
② 《校邠庐抗议》卷上,《罢关征议》。
③ 《校邠庐抗议》卷上,《利淮鹾议》。

中国财政思想史

（四）批判减赋、减租的议论

苏、淞地区租赋问题的特点不仅是土地所有者（包括地主与自耕农）的田赋重，佃农的田租也比较重。从理论上讲，田赋来自地租，田赋重必然使田租也重。但苏、淞地区另有特殊情况。自南宋末特别是明初以来，苏、淞地区的土地多置为官田。由于官田的佃户能受到某些免役的好处，故官田田租一般较私租为高。有的佃农甚至愿以交纳全部产品为条件而争取作官田佃户，因为他们有官佃身份既可免去沉重劳役，又可利用江南地区丰富的农副业资源以资糊口。至于私租则以秋粮为主，而三春菽麦全归佃户，此外佃户还有其他副业如渔牧之类的收入。此所以江南私租虽较重，而清代前期的佃农抗租斗争的次数在全国各省中仍较粤、闽、赣、浙、湘、川等省为少。明嘉靖中官田虽多已转变为私人财产而田赋负担之重仍未大减，当然田租仍是较重的。总之，江南佃户的私租负担问题也和田主的田赋负担问题一样，是数百年来久已为江南学者们关心的问题。其中，代佃户呼吁者有之，以明清之际的顾炎武最为杰出；替地主阶级辩护者有之，可以清初的黄中坚为代表①。以上是苏淞地区田赋、田租问题的历史发展情况。

冯桂芬在为地主们争取到减赋利益之后，曾虚情假意地表示也要减私租，曾与地主们议定："每亩一石以内正数减为九七折，一石以外零数五折，仍不得逾一石二斗"②。这个"议定"后来地主们曾推脱敷衍，拒不履行③，可知"议定"对田租确系有所减低的。相反的，如"议定"仅是一种不损害地主利益的花招，则他们何必拒不履行，以致遭受人们的非议。不论"议定"的内容如何，反正田租事实上并未减低，仍照旧例收租，故引起人们对冯桂芬的批评。

首先是王炳燮，他曾两次致函冯桂芬，坚持地方田赋已减三分之一，则佃户田租也须减少二成左右，至少也应普减一成，才能"永无

---

① 顾炎武的意见见《日知录》卷十，《苏淞二府田赋之重》。黄中坚的意见见其《蓄斋集》，卷六，《恤农》。
② 冯桂芬：《显志堂稿》卷四，《江苏减赋记》。
③ 盛康：《皇朝经世文续编》卷三十七，金文榜：《减租辩》。

588

第十六章 鸦片战争到太平天国时期的财政思想

短欠"①。这显然是因田赋减低甚多而田租减低不能与之相适应才提出的批评。

其次是金文榜,他明确指出减赋已实行两年而未见减租,对官府与地方均表示不满。他坚持减租的理由是佃户已"生路日蹙",如再不减租会逼得佃户"攘臂而起,辍未耜以力争"②。

另一位批评者是陶煦(公元1821—1891年),他对冯桂芬的减租议定进行直接攻击,指出冯氏在代李鸿章草拟的减赋奏疏中系以佃农的苦痛为借口而减赋,结果是地主阶级享受利益,佃户之租未减。可陶煦写成《重租论》后,却终身不敢轻于示人,前一时期怕开罪冯桂芬,冯死后又怕得罪一些地主。在他的《租核》一书中,对苏州农民的生活苦痛和私租剥削的实况作了较详细的论述。这些情况,在二百年前顾炎武所著《官田始末考》以及《日知录·苏淞二府田赋之重》等著作中已有很详细的论述。陶煦就是受到《日知录》的启发才重视地租问题。苏淞一带的赋重、租重以及要求减赋、减租的呼声,何止顾、陶二人。这表明在封建地主土地所有制下,农民一直处于苦难之中。

对冯桂芬的"减赋"、"减租"的批评主要集中在减租未能见诸实行一点上。尽管冯桂芬在与地主们议定减租办法时确曾有具体的减租规定,但冯对减租议定的实现并未像他对"均赋"、"减赋"那样做过积极不懈的努力以求其实现,是应该有愧色的。

争取减租的思想是中国封建经济后期的一个重要特征,因减租与减赋有着密切关系,故也是中国财政思想史研究的重要课题之一。中国汉、唐时代的思想家(如董仲舒、王莽、陆贽),大抵均把财政负担不均的罪恶归咎"豪民","兼并之徒",而未涉及一般地租剥削沉重问题,这是由于封建地主经济前期的生产关系与生产力的矛盾尚未尖锐化。两宋以后封建生产关系已开始走下坡路,并随时间的推移而日益腐朽,故从北宋苏洵起,人们所论及的地租剥削问题已指的是一般地主,以后逐渐多称"田主"或"富民",少用"兼并豪党"等恶名。这并不

---

① 王炳燮:《毋自欺室文集》卷六,《再与冯景亭文》。
② 《皇朝经世文续编》卷三十七,金文榜:《减租辩》。

表示"兼并豪党之徒"之不存在，而是反映封建生产关系已腐朽到一般中、小地主的地租剥削也使佃户不能忍受。所以封建地主经济前期的农民革命多为反对封建政治迫害或豪强掠夺而爆发，到了封建经济后期才出现日益增多的农民"抗租"、"减租"的斗争。封建统治阶级对待财政问题的政策也前后有所变动，汉、唐时代经常诏令减赋或免赋以讨好地主阶级，元、明以后常于减赋之同时也下减租的诏令，甚至常常为减租而颁发诏令。至于元、明而后的地主阶级思想家创为减租之议者也不少，如元初的卢世荣，明代的许孚远，明清之际的顾炎武，清初的王锡爵、赵用贤等等。陶煦在清末又为田租问题著成专书。这一切均为封建关系趋于腐朽的客观现实在人们头脑中的反映。

另一方面，地主阶级为了维持其地租剥削而著书立说者更是多得不胜枚举，如前面提到的黄中坚即为一个显著例子。要封建地主阶级减租，如果不使用革命暴力，就是与虎谋皮。冯桂芬在提倡西学及许多封建财政体制的兴革问题上均能仗义执言，可称勇士，惟独接触到减租问题时，勇气就大为消减，正如马克思嘲笑英国的托利党人那样，说他们高唱维护王权、维护宪法，但"直到危机的关头才被迫承认，他们仅仅是热衷于地租"[1]。冯桂芬在很多别的问题上都是改革家，惟在地租问题上，他就成了"托利党"。

---

[1] 马克思：《路易·波拿巴的雾月十八日》，《马克思恩格斯全集》，人民出版社1961年版，第8卷，第150页。

第十七章

太平天国革命失败至甲午战争前后的财政思想

从太平天国政权覆亡到19世纪末这三十余年中,向西方寻找真理的思潮除60年代曾有过一个暂时静止阶段外,自70年代初起又掀起了更为广阔的热潮。从财政思想上看,这一时期尚表现出以下的特征。第一,西方财政思想在传播领域日益扩展的同时,仍经常遭受着传统的旧财政思想的顽强抵抗。所以,此时的财政思想方面的斗争代表着封建主义的旧财政思想和本质上是资本主义的新财政思想之间的斗争。这一斗争直到19世纪之末亦未停止,只是传统的财政教条在前期仍占优势,后来才日益削弱,而资本主义财政思想的传播情势则与此相反。第二,那些倾慕西方资本主义财政经济制度的传播者们也不时运用中国型的旧财政观点和术语,乃至于"先王"、"圣道"等等牌号来装饰自己。他们有不少的人可能是真诚地相信这种中西合璧才是完善的,也有不少的人可能是如马克思所说的"请出亡灵来给他们以帮助……演出世界历史的新场面"①。第三,迷信或盲目贩卖西方资本主义财政经济那一套的买办式思想有相当广泛的市场。就连一些为了寻求救国救民的真理才

---

① 马克思:《路易·波拿巴的雾月十八日》,《马克思恩格斯全集》,人民出版社1961年版,第8卷,第121页。

积极传播资本主义财政经济常识的先进人物也不例外,只是在程度上各有深浅而已。第四,"向西方学习"在财政方面就是学习西方资本主义财政知识。这一时期,除个别人物外,所引进的主要是西方资本主义的财政常识,一般均未深入到理论领域。

根据以上诸特征,我们将这一时期的财政思想分为四节,按照不同类型代表人物的财政思想分别进行论述:第一节是西方通俗财政知识的传播者如王韬、薛福成、郑观应;第二节是资产阶级财政理论的传播者如马建忠和严复;第三节是戊戌维新派的财政思想,如康有为和陈炽;最后一节是洋务派首领与封建顽固派的财政思想。须指出的是,以上所列举的思想家中,有些人如郑观应、严复、康有为等的生活年代一直延续到20世纪20年代,但以他们的整套思想包括其财政思想基本上是在前世纪末年形成并起过积极的作用,20世纪以后没有明显进展甚至有的还有些倒退,故我们仍把他们作为前世纪末的思想家,列入本章财政思想的考察范围。而有的思想家如梁启超,在19世纪的最后四五年也写了一些有关财政经济的文章,而较定型和较有影响的却是在20世纪之初,故对梁氏财政思想留待下一章再行讨论。

第一节
西方通俗财政知识的传播者

本节所涉及的思想家的财政议论,与冯桂芬及以前的思想家相比,是不算多的。大抵前代思想家在探讨经济问题时,往往涉及财政方面者比较多,这是由于封建财政困窘不断出现,是亟待探讨的课题。王韬而后,封建财政仍属困窘,但发展近代工商业以致富强的迫切要求已被提到日程上来,而封建财政的来源也日益由田赋转向工商税的收入,故探讨发展近代工商业问题是一箭双雕。这在"向西方学习"方面,也体现了中国财政思想发展过程上的某种转变。

第十七章　太平天国革命失败至甲午战争前后的财政思想

一、西方财政知识的早期传播者王韬

研究王韬（公元 1828—1897 年）的财政思想，必须先了解他的思想的基本倾向。他是 19 世纪 70 年代以来传播西方资本主义知识的著作家中颇值得注意的一个。这是由于他在香港、上海居住过几十年，1870 年起又曾去英国逗留过三年多，故对西方资本主义经济情况的了解比同时期侈谈西学者都多。又由于他从 60 年代起即开始写作论文，七八十年代又在香港主编《循环日报》，这是他传播西方财政经济知识的有利条件。他对资本主义经济的直接感受，无论从广度、深度来讲，在当时封建地主阶级知识分子占统治地位的思想界都是空前的。在那时具备他这种条件的人是极为稀少的，只有容闳（公元 1828—1912 年）是例外，但容氏是政治活动家，在那时又无著作问世，其《西学东渐记》（英文原名为 My Life in China and America）于 1909 年才在美国出版，对思想界无从发生影响。所以，王韬是当时最有资格在传播西方财政经济知识方面作出较多贡献的著者，他也这样做了，不过没有达到他应该达到的水平。

王韬早年是一个"重农桑而抑末作"传统教条的卫道者，嗣后提出"借商力以佐国计"①，旅英后才形成"商富即国富"，须"恃商为国本"② 的观点。他认为世界的商务已发展到"越乎境外"的时代，"此古今贸易之一变也"，并指出通商之益有三：工匠之娴于技术者得以自食其力；游手好闲之徒得有归；商富即国富，一旦有事可以供输"糈饷"。他进一步指出"商"不仅可以使国富，并可以强"兵"，例如"泰西诸国以通商为本，商之所至，兵亦至焉，……商力富则兵力裕"，所以与泰西各国通商，"必如西国兵力、商力二者并用，方无意外之虞"。但商、兵二者之中，整顿兵伍比较难，而"兴旺贸易易为功"，

---

① 王韬：《弢园文录外编》卷十二，《臆谭·理财》。
② 《弢园文录外编》卷十，《代上广州府冯太守书》；又见王韬：《弢园尺牍》卷九。

仍须先发展商业。

"恃"商业为国本之思想,在当时的确是非常独特的。王韬之以商为"国本",绝不意味轻视农业,他曾提出要"驱天下之游民、废民、惰民、莠民而尽归于农"①,此外提及重视农业之处在他的著作中还有很多。另一方面,所谓"恃商为国本",决不意味只重"商",而不重视工业,事实上是将工业暗含在"商"这一名词之内。当近代工业正处在它的萌芽时期,尚未发展成独立体系以前,它常是与商业相交织或附寄于商业而存在。所以人们在称"商"时常是兼指手工业、工业而言,有必要时始工、商并提。大抵19世纪后半期的一些独重商业的思想,其所谓"商"的真意均须作如是理解。

"恃商为国本"是当时短期弥漫的重商思想的突出表现形式之一。正由于重商思想之弥漫,人们在谈财政问题时,已不像以往那样把重点放在盐、漕和其他具体财政措施的改革上,而是强调如何发展商业(包括工、矿、外贸)以致国家于富强。不仅王韬如此,同期的其他人士莫不如此。在这样的基本思想倾向的基础上,王韬的财政思想可概括为以下几点。

(一) 理财概念的资本主义实质

王韬很强调要"尚理财之说",反对"闭言利之门"②。他说:"为天下计者,必以强兵为先,足财为务。"③ 这是继承自王安石以来多次出现的财政观点,非出自他之创见。不过,他所谓"理财"的内涵却与以往大有不同。以往主要指整理赋税及少数官营事业之收入以满足封建财政的要求而言。王韬则是主张扩大国营经济事业的收入并通过民营工商业的发展以增加税源,故他所谓"兴大利"的范围包括"广贸易"、"开矿"、"兴铁路"、"兴织纴"、"造轮船"及其他国营、私营近代企业④,具有一定的资本主义经济性质。

---

① 《弢园文录外编》卷一,《重民上》。
② 《弢园文录外编》卷二,《兴利》。
③ 《弢园尺牍》卷二,《与杨醒逋》。
④ 《弢园文录外编》卷二,《兴利》。

第十七章　太平天国革命失败至甲午战争前后的财政思想

王韬谈理财而提及工矿企业之处甚多。他把"治财"重点放在采用西法开采煤、铁、金、银、铜、锡等矿藏上,甚至说:"取之于民不如取之于天地自然之利"①。但他只提出发展工矿企业的原则号召,并未作深入探讨。大抵在19世纪后半期一些向西方寻求救国救民"真理"的先进思想家,莫不如此,非只王韬独然。关于工矿企业问题,他提出了两个观点:

第一,提倡机器的使用以兴办工矿交通事业。为"兴大利",对农业、纺织业,特别是后者的采用机器操作更是他所一再提倡的。他说:"织纴之利必以机器为先,事半而功倍,巧捷异常,而其利无穷"②。他在提出此意见时,我国的近代工业虽未发展,而外人在华设立缫丝、砖茶、火柴、面粉、皮革等工厂已有十年以上的历史,机器制造之优于手工生产久已是既成事实,故他的这一建议只是客观情况的反映。惟王韬主张农业与纺织业采用机器生产可算开风气之先。

在机器生产问题上,他的思想有一个较突出的转变。他早年是反对采用机器的,不独反对使用轮船、火车,认为不适于中国国情,更反对机械农耕,他说:农家播耕之具如皆以机械运转固"能以一人代百人之用",但"一行此法,数千万贫民必至无所得食"③。自英返回后,观点大变,批判持类似见解者为"迂拘之士",指出:"或曰机器行则夺百工之利,轮船行则夺舟人之利,轮车行则夺北方车人之利。不知此三者皆需人以为之料理,仍可择而用之。而开矿需人甚众,小民皆可借以糊口"④。他的批判根本未触及机器排挤劳动力这一问题的本质。而这个问题曾困扰此后的思想界达二三十年之久,迄未取得理论上的解决。王韬第一次论述这个问题,不能作出令人满意的答复亦不为怪。能提出问题而试图解答已属不易,而主张在工业生产方面采用机器操作,更表现出他的理财思想中对于资本主义经济知识的理解和应用。在此之前,容闳已于1863年向曾国藩建议发展近代工业,特别强调中国应自行建

---

① 王韬:《弢园尺牍续钞》卷三,《拟上当事书》。
② 《弢园文录外编》卷二,《兴利·纺织之利》。
③ 《弢园尺牍》卷四,《与周弢甫征君》。
④ 《弢园文录外编》卷二,《兴利》。

立机器厂。他说:"欲立各种之机器厂,必须先有一良好之总厂以为母厂,然后乃可发生多数之子厂",有此母厂"即可造出各种根本机器",并由此"以制造枪炮、农具、钟表及其他种种有机械之物"①。容氏建议建立机器制造业,不是建立一个机器厂,而是建立"多数各种之机器厂"。这表明他所理解的西方资本主义经济知识,在19世纪后半期的侈谈西学的人物中是无与伦比的。王韬的观点虽远不如数年前容闳建议创设机器制造业的意义之深刻,较他的先行者冯桂芬则又胜一筹。

第二,关于工矿企业的组织形式问题。他一再强调采用"民间自立公司"形式以开办近代工矿企业。这一观点魏源早已倡导,并非王韬的创见,他只是接受前人的进步观点而加以进一步的宣扬。他又提出采矿、铁路、轮船、机器制造等及其他企业由"富商"经营是要使"富民出其资,贫民殚其力"②,换言之,大量推行雇佣劳动制度。推行雇佣劳动制度的思想有不少前代思想家早已有所议及,但大都仅从封建官营企业着眼去考虑,王韬则泛指一切事业而言,因而就更有资本主义性质。关于工矿企业的经营形式,他的基本意见是"官办不如商办",其理由是:

> "官办费用浩繁,工役众伙,顾避忌讳之虑甚多,势不能尽展其所长。商办则以殷实干练之人估价承充。初开之时,由商禀请委员督理矿务,设兵防卫。费由官助,试办一二年,然后按其多寡加征矿税。……最要者莫如官商相为表里,其名虽归商办,其实则官为之维持保护。……今欲矿务之畅行,莫如酌仿轮船招商之例而小为变通。招商局中集众非一,虽封疆方面皆预其间而隐为之规画。于是各富商无不踊跃,咸尽其心力,所以其事易集。苟矿务亦能仿此以行,衙署差役自不敢妄行婪索,地方官吏亦无陋规名目私馈苞苴,而委员与商人自能和衷共济,不至稍有挟持。"③

---

① 容闳:《西学东渐记》第十五章,《第二次归国》,商务印书馆1934年版,第87、88页。
② 《弢园文录外编》卷一、《重民中》;又卷二《兴利》亦有类似主张。
③ 《弢园文录外编》卷十,《代上广州府冯太守书》。

第十七章 太平天国革命失败至甲午战争前后的财政思想

这里提出的"官办不如商办"的主张,不能等同于19世纪末期反对官督商办的论点;他所谓"官商相为表里",也不能像有些近代学者那样认为这是王韬对洋务派的官督商办形式还存在幻想。因为王韬发表这一议论时,中国还只有几所官办的军事工业如"江南制造总局"、"马尾船政局"等,当然谈不上有由民营之可能。官督商办的"轮船招商局"又刚成立一年多,营业尚称顺利。轻工业的"上海机器织布局"的筹建那还是以后几年的事情。故王韬的"官办不如商办"绝不是针对官督商办后来所暴露的弊端而发。"官商相为表里"的思想也不只是他个人的意见,连数年后上海几个绅商倡议集股开办机器织布局时,其筹办人还顾虑"不有官委经理,则必尽责无权,尽心无保障",于是才请求李鸿章、沈葆桢批准加委,由此出现了第一个官督商办纺织企业①。中国近代工业的经营形式曾经历过官办、官督商办、官商合办和民办等过程,这是半封建半殖民地经济的产物,不能完全归咎于某些人的主观意愿。王韬切盼近代工业的兴起,而封建财政既无此资力,民间对集股又有所顾虑,特创为"官商相为表里"之说,亦自有客观经济基础。合乎新兴客观要求的意见,即使不是进步的,至少不应受责难。但他只看到封建官府参与其间能"维持保护"之有利方面,指望它能与商人"和衷共济",忽视了这是引狼入室的劣计。他是后来弊窦丛生的官督商办制的早期宣扬者,而绝不是事后对洋务派官督商办企业存在幻想的人。但无论如何王韬所主张创办的均是具有资本主义经济性质的近代新兴工矿企业。

(二)"量出为入"原则

王韬在考察英国财政制度时,接触到一个财政原则问题,他说:英国"所征田赋之外,商税为重。其所抽虽若繁琐,而每岁量出以为入"。这是他从英国每年编制国家预算的实践中得来的体会,并不一定懂得它是一条较新的财政原则,在实行时还带有某种限制,故只认为这

---

① 李鸿章:《李文忠公全集·奏议》卷四十三,《试办织布局折》。

是"藉以养民而便民,故取诸民而民不怨,奉诸君而君无私"①,也没有说中国非实行量出为入的财政原则不可。但在"量入以为出"的儒家财政教条统治下的旧中国,能提到"量出为入"的思想家,唐代杨炎而后王韬还算是第一人。

(三) 反对厘金制度

在税制积弊的改革方面,他特别反对厘金制度,指出"今之所谓开源节流者,皆予厘税二事殷殷致意"②,"抽厘加税,无微不至"③,故坚决主张"撤厘金"而代之以丁税④。厘金税制对于发展国民经济的阻碍作用,冯桂芬尚未认识到。十余年后在近代工商业广泛兴起的时候其阻碍作用更为突出,王韬是较早主张废除厘金者。但他主张代以"丁税"却是落后思想,他只看到发展近代工商业的利益,不懂得人头税的落后性及其给人民带来的苦痛。

(四) 其他理财议论

王韬还主张"设官银肆"⑤,即开设官营银行;主张"铸造金、银、铜三品之钱以便民用"⑥,惟80年代以后只提"铸银钱"⑦,大概已察觉到同时铸造金、银、铜三币之说是不切实的肤泛之论。后来他又强调"行钞币"也是"富国"之一目⑧,尚不懂得纸币流通就是为了代替金属货币的流通。他还积极宣传建立保险制度,特别强调对外贸易保险。他认为中国商人出口货物须向洋商保险是利归于洋商,如自设保险公司,"以中国之人保中国之货,……其利乃得尽归我"。既要推行外贸保险就必须用本国的航海轮船,故轮船和保险二公司要"相辅并行",

---

① 《弢园文录外编》卷四,《纪英国政治》。
② 《弢园尺牍续钞》卷三,《拟上当事书》。
③ 《弢园尺牍》卷二,《与杨醒通》。
④ 《弢园文录外编》卷二,《除弊》。
⑤ 《弢园尺牍续钞》卷四,《与伍庸秩观察》。
⑥ 《弢园文录外编》卷二,《兴利》。
⑦ 《弢园尺牍续钞》卷四,《与伍庸秩观察》。
⑧ 《弢园尺牍续钞》卷四,《与伍庸秩观察》。

第十七章　太平天国革命失败至甲午战争前后的财政思想

这样，海外华侨来投保者必多，既"申贸易之权"，又可提高国家威望①。这也是不理解保险原理的天真幻想。当时中国能有几艘远洋轮船，每年能收多少保险费，一旦遭受损失，公司如何赔偿得起。以上这些都表明，仅凭经济常识论证问题是无济于事的。同时也说明，王韬在提倡发展近代工商业的理财议论中，几乎无处不是与抵制资本主义的经济侵略联系起来考虑的。但他的思想还未发展到公开反对资本主义侵略的水平，只是着眼于防止利权外溢，以免使中国财政经济陷于"枯槁"，或不让"西人独据利薮"②。故在财政上他对于外人控制中国海关的关税协定也一再表示反对。这些都是当时主张向西方学习的先进人们的共同愿望，而他的表现还不算特别突出。

总之，就前面提到的那些学习西方资本主义财政经济的议论来说，王韬的论述仅止于未讲违反常识的胡话而已，却未提高到理论水平。在他提到的财政知识中，只有量出为入原则这一点倒是个理论性问题，但又未作进一步分析。虽然如此，王韬在早期传播西方财政经济知识方面的功绩，还是不可磨灭的。自1861年冯桂芬的《校邠庐抗议》刊行到70年代前期这段时间，是向西方学习运动的暂时停顿时期。其间只有郑观应曾发表过一些尚未成熟的早期著作，谈不到有多大影响。王韬从70年代开始就不断地、大量地介绍有较真切感受的西方财政经济知识，并通过报章形式作较广泛的传播。即使他所谈的仅是些西方财政经济常识，在那时也是很新鲜的知识，其作用已不算小，至少也是对19世纪80年代及以后风起云涌的大讲西学的浪潮起了先行者的作用。

二、薛福成的财政思想

薛福成（公元1838—1894年）是19世纪后半期另一个具有较多西方资本主义财政经济的感性认识的思想家。他曾出使英、法、比、意等

---

① 《弢园文录外编》卷十，《代上广州府冯太守书》。
② 《弢园文录外编》卷十，《代上广州府冯太守书》。

国，在欧洲住过几年，故能根据一些西方的感性知识提出对现实财政经济问题的看法。他和王韬一样虽未进入到资产阶级财政理论分析的境界，但论点一般尚符合于那时的财政经济常识，而不是信口开河。但薛福成仍不同于王韬，一方面薛是洋务运动中一个能出谋划策的所谓"千员"，另一方面他的思想成熟时期比较晚，有可能多吸取先行者的成果，因此尚能提出一些较敏锐新颖的观点。至于反对外国侵略的态度，薛福成也是比较坚决的。

薛福成早年就强调要"变"，认为"天道数百年一小变，数千年一大变"，故不应被"一切成说所拘"，在强邻环伺之下，非讲求"富强之术"不能以自救，这就使他卷入用夏变夷或用夷变夏的老争论①。晚年他又提出"西法为公共之理"的说法，认为学习西法不过学习被西人发展了的中国上古"圣人之制作"而已②。这又是象王韬一样的另一种形式的自我陶醉的腔调。他宣扬要崇尚"从前九洲之内所未知，六经之内所未讲"③的新事物。以一个封建社会内正飞黄腾达的士大夫敢于扬言要突破神圣的"六经"的樊篱，就是一种不平凡的思想。下面首先从理财方针上来考察他进一步摆脱封建传统观念而向资本主义意识的转变。

（一）理财方针的转变

薛福成的理财思想在60年代还仅是"厚民生"、"广垦田"、"筹海防"之类。随着形势的发展，到1879年著《筹洋刍议》时已认识到要获致富强，必须以"工商为先"，但他仍然坚持要以"耕战植其基"④。自1889年起出使英、法、比、意四国，他在资本主义经济环境的直接熏陶下，重视商务的思想日渐突出，发出下面的议论：

"夫商为四民之殿。而西人则恃商为创造国家、开物成务之命脉，迭著神奇之效，何也？盖有商则士可行其所学而学益

---

① 薛福成：《筹洋刍议·变法》。
② 薛福成：《庸庵海外文编》卷三，《西法为公共之理说》，又见其《出使日记续刻》卷六。
③ 《庸庵海外文编》卷三，《英吉利利用商务辟荒地论》。
④ 以上引文均见《筹洋刍议·商政》。

第十七章 太平天国革命失败至甲午战争前后的财政思想

精,农可通其所植而植亦盛,工可售其所作而作益勤,是握四民之纲者,商也。"①

到英三年后,他的这一思想又有进一步的发展,把原来商握四民之纲提法改变为工实"居商之先",更强调工的作用。他说:

"泰西风俗,以工商立国,大较恃工为体,恃商为用,则工实尚居商之先。士研其理,工致其功,则工又必兼士之事。"②

这样,事实上成了工握四民之纲。他还把两千多年来"藏富于民"的传统观点改造为"藏富于商"。在这个问题上他的观点是始终一致的,从 70 年代之末写《筹洋刍议》起,到出使四国为止,一贯坚持,把它看作谋国之精神③。"藏富于商"的思想是否与他的工居商先的最后观点相矛盾呢?前已指出,19 世纪后期鼓吹兴办近代工商业的思想家,一般都不理解工与商在生产与流通方面的本质区别,常是在谈商时把工隐含在内,在谈工时而寓商于其中,只有在具体的专事探讨工与商的相对重要性时才将二者严格区分开来。薛福成即为一个显著的例子,如他在提出"振百工说"之后,又曾在其《海关出入货类叙略》一文中建议"劝商民购机设厂,先仿洋法纺纱,以蕲(祈求也)渐及织布"④。"商民"而开设机器厂以纺纱和织布,显然不是"商"而是近代工业家了。

总之,从传统的以农为基到"商握四民之纲",再到"工体商用"或"工居商之先",正体现了他在向西方学习过程中对于基本理财方针的认识之重要转变和不断深化。

(二) 开源节流与厘税

我们先谈薛福成的一些较保守的财政思想。他在 1875 年的《应诏

---

① 《庸庵海外文编》卷三,《英吉利利用商务开辟荒地说》。
② 《庸庵海外文编》卷三,《振百工说》。
③ 《筹洋刍议·船政》和 1892 年写的《西洋诸国导民生财说》(见《庸庵海外文编》卷三)。
④ 《庸庵海外文编》卷三,《海关出入货类叙略》。

陈言疏》中说："理财之政，不必开其源也，惟在节其流而已"①。旅英后却改变以往观点，高唱"浚其生财之源"，即发展工、矿、商务等事业，他说：欧洲各国平均"每十方里居九十四人，中国每十方里居四十八人，是欧洲人满实倍于中国矣。……为其能资生之源也，……虽人满何尝不为富也"②。在厘金问题上，他在1865年时已提出要逐渐裁厘金③，又在上述《应诏陈言疏》中也建议"裁厘金"以"恤民隐"。可是在1879年写《筹洋刍议》时反而不同意裁厘金，强调"厘金悉取诸商，……且所抽之厘仍加诸所收之货之价，则于商无所损，而其利实取之众人，所以积少成多而无大怨"，并说每年二千万两左右厘税"能剿除群寇，懋成中兴之业"④。且不谈他歌颂镇压农民革命这一反动观点，仅就财政理论来说，他清楚地指出了商税转嫁这一点是正确的，但未认识厘金制的多次重复课税给工商业带来的严重损害。自19世纪80年代后期以来，厘金之弊已成为众矢之的，而他在使英时的论述中，还把海关每年所抽的二千多万两厘税，说成是未被洋商带走之货款⑤，这又显得他的国际贸易和财政关税的常识尚不够充实。大概他早期所谓"裁厘税"的真正含意不是裁"撤"厘税，而是裁"减"厘税，如这样理解，则他的前后思想就不矛盾了。在《筹洋刍议》中，他曾清楚地说明，"各厘卡量加裁并，论其大势，宜密于近海而疏于内地。用新定税额（原每经一厘卡抽百分之一，新法一次抽百分之二十）一征之后，任其所之，不复重征"⑥。这可能是他的前后一致的想法。这种办法也是不够妥当的，如一次抽税从百分之一提高到百分之二十，以后所须经过的厘卡如不到二十处，也等于是加重了厘税。

下面我们就分析他的其他一些较有意义的财政议论。

---

① 《庸庵文编》卷一，《应诏陈言疏》。
② 《庸庵海外文编》卷三，《西洋诸国导民生财说》。
③ 薛福成：《庸庵文外编》卷三，《上曾侯相书》。
④ 《筹洋刍议·利权一》。
⑤ 《庸庵海外文编》卷三，《海关出入货价叙略》。
⑥ 《筹洋刍议·利权四》。

（三）量出为入与财政收支关系

薛福成肯定我国"制国用"的传统原则——"量入以制出"，是"古今不易之通义"①，但也欣赏"西国通例，量出为入"②，即"按年预计国用之大者而量出以为入"③。可惜他未进一步分析为什么会有这两种完全相反的财政原则，并应以何者为宜。西方财政采取量出为入原则，最早系王韬从英国贩运来的（不是继承唐代杨炎的观点）。薛福成的这一观点可能得之于王韬，因为他在出国前所写的《筹洋刍议》中已提到它，并说欧洲各国之所以采用此原则是为了"养老济贫"，这正是王韬的说法。尽管二人对西方采行量出为入原则尚未懂得其真意，但以一个在《周礼》制国用的教条下培养起来的封建士大夫而接受此说，即属不易。

对于财政收入与支出的关系，他说，一个国家财政收支是："其入焉者无不旋出焉者也，其出焉者无不旋入焉者也"④，换言之，即国家财政征课，总是随收随支或随支随收的，绝不是把收来的税款均积存起来。他还把一向传为美政的"隋文帝之积谷于仓"等斥为能聚而不能散以致引起变乱之坏事⑤。我国自唐、宋以后讨论货币问题的人，有不少是把封建财政的货币收入看作只收而不支，因此，常错误地将流通中货币短少的原因，归咎于财政捐税所收的货币过多之所致。薛福成的说法无异是批判了这一错误观点。

（四）外资问题

薛福成对于"借外资"持十分谨慎态度，认为这只是在资金"万无可筹"情况下的暂时之策。其理由是，外洋诸国如土耳其、西班牙、日本等之面临贫困颠危之势，"皆为国债所累"，以致每年收入不足以

---

① 《筹洋刍议·利权一》。
② 《筹洋刍议·利权二》。
③ 《庸庵海外文编》卷三，《西洋诸国导民生财说》。
④ 《庸庵海外文编》卷三，《西洋诸国导民生财说》。
⑤ 《庸庵海外文编》卷三，《西洋诸国导民生财说》。

偿付债息,于是必然造成对国内人民的"苛敛横征"。而当时我国各省以关饷收入作抵押举借外债,虽仅逾千万,亦已呈现"异常耗竭"之状;尤以借外债充作军费,其债息重至一分二厘,如果"因累于输息而辗转加借,十年之后积累益巨,利不胜害",故"不可不慎"①。这种担心在当时国际殖民主义的魔爪已不断伸入我国各经济领域的情况下,自有其道理。值得注意的是,他已看到举外债如用于修建铁路,那与借债以济军饷有所不同,因为兴办铁路可以"兴大利","则本息有所取偿而国家所获之利又在久远"。也就是说,他已考虑到引进外资是用于生产事业还是用于非生产性活动的问题。对于借外债用于军饷一类的非生产性开支,他认为只能用于暂时而不可施之长久,从长远来看,这将是"利不胜害"。而对投资于修铁路之类的生产事业,却可使国家获得"久远"之利又不必担忧外债本息之偿付问题。虽然修铁路可以兴大利,但薛福成仍对铁路借款提出一些前提条件,如我国铁路事务不准外国债权人借机干预以致"不能自主";"不准洋人附股";明确规定铁路借款本息应由铁路营业收入偿还,不得动用海关收入等②。于此可见,在借外债问题上,他首先考虑的是如何确保铁路的自主权以及国家财政收入不受影响。至于借外债本身的理论原则及其具体措施,未及作深入探讨。

(五) 矿屯及其他

关于采矿问题,薛福成有两个新的想法。首先,他把采矿比之于耕田,认为开矿不仅可以收"天地之美利",同时可以安置许多劳动力。他说:"夫开一矿仰食者不下数万人或数千人。果能养数万人,是不啻得十万亩良田也",所以开矿无异是"为天下多扩良田"以解决"人多田少"问题③。我国在鸦片战争以前赞同采矿的思想家是极少的,鸦片战争后一些积极鼓吹采矿的人们多从扩大国家富源着想。像他这样把采矿当作垦田并借以增加就业的思想,虽无特大的意义,毕竟是前所未有

---

① 《筹洋刍议·利器》。
② 《庸庵文续编》卷上,《代李伯相议请办铁路疏》。
③ 《庸庵文外编》卷二,《书周官矿人后》。

第十七章 太平天国革命失败至甲午战争前后的财政思想

的新见解。

其次,关于采矿的经营方式,他认为官营或商营均无不可,但以"矿屯之法为最善"。所谓"矿屯",即将以往军队屯田方式应用于矿山的开采。他指出,在边远省份"矿苗最旺之山"实行矿屯有六利:一是矿产可抵军饷,节约甚巨;二是采矿劳动能葆军民朴勇之气;三是能使"苗蛮有慑服之心,客匪(指外国侵略者)绝占据之望;"四是军士有预定之饷,开办之初可省工费开支,成本既轻,事乃易集;五是可增加人民"谋食之资";六是可以杜绝金、银、铜、铁等之进口①。薛福成的矿屯思想是把陈旧的军屯制度在新的形势下加以改造和运用,虽无深远意义,仍是一个创造性的建议。马建忠因开采漠河金矿不易招商集股,也曾建议"仿古屯田之法",派数营军队屯驻淘金。马氏的矿屯建议是1887年提出的,此时《筹洋刍议》已正式刊行,故可能是得自薛福成著作的启发。但因马建忠的资产阶级经济学水平较高,所以,他所列举的军屯淘金的"九便",就带有较多的资本主义色调。屯垦制度,不论采取何种经营方式,不论其对象为种田或采矿,在封建社会均为国家的财政措施,有时甚至是极重要的财政措施,不能把它等同于一般的采矿事业。

除了采矿的军屯方式而外,对于一般工商企业,薛福成积极提倡推行股份公司制度。在写作《筹洋刍议》前后,还很谨慎地主张。招商股以开铁路"②,或在织布业中试行招商股设立公司经营,俟有成效再行推广。到出使英国时,他简直把股份公司制度说成是可以"移山"、可以"填海",无所不能的妙法③。

他对资产阶级社会的"专利"办法也备极推崇。他说,中国一两千年来缺少"为斯民辟妙用,为天下扩美利"的创造发明,均由于"政权"对专利,特许等办法未加以鼓励之所致。其结果是"此兴一艺而彼效之,此营一业而彼夺之",创造者往往亏本而仿效者反获便利。故建议凡创造发明经政府核定其价值后其权利可以自由出售,甚至出售

---

① 以上引文均见《筹洋刍议·矿政》。
② 《庸庵文编》卷一,《创开中国铁路议》。
③ 《庸庵海外文编》卷三,《论公司不举之病》。

给外国也可以；如发明创造的意义重大还须赐予官爵①。当然，这些都是西方世界久经施行的办法，无足为奇。不过，以一位如此相信专利权的倡议者，而又不赞成上海织布局十年专利不准另立新局的规定②，似乎不甚相侔；也许他认为专利系对工艺技术发明而言，不包括商业上的特许权在内。

此外，薛福成强调学有专长，把"会计"与工程、牧、矿等并列为应该讲求的学问③。这里所谓"会计"，以现代经济术语来说是指国家财政收支计划的编订和稽核而言。

大体说来，薛福成的财政议论，尽管有个别的新颖或独特见解，一般是停留在西洋财政经济常识的水平，未能上升到理论的高度。然而他的大部分财政议论基本上是符合于当时资本主义国家的财政经济常识的，与同时代其他许多著者雾里看花的财政议论相比，就高明多了。就其财政议论对洋务派官僚头头如曾国藩、李鸿章等人的影响作用来说，应较马建忠为大。因为他在行政上是个干才，财政经济上也能提出些果敢切实的建议，而马建忠则主要向李鸿章提供一些西方政治和经济的书本知识以扩大其视野，但不一定能起特大作用。薛福成的《筹洋刍议》和《海外文编》在19世纪八九十年代的封建士大夫中也是较具影响的著作，比王韬的《弢园文录外编》影响还大些，只是后者在传播资本主义财政经济常识方面对一般读者的作用为较早、较广泛而已。

三、郑观应的《盛世危言》

郑观应（公元1842—1922年）既是我国第一代成功的新兴民族资本家，也是19世纪后期鼓吹采行西方资本主义经济而影响很大的又一位著作家。他的代表著作是1893年刊行的《盛世危言》。此书在戊戌变法前夕曾与冯桂芬的《校邠庐抗议》一起被清朝最高统治者敕令印

---

① 《庸庵海外文编》卷四，《书工商核给凭单之利》，又见《振百工说》。
② 《庸庵海外文编》卷二，《强邻环伺谨陈愚计疏》。
③ 《庸庵海外文编》卷三，《治术学术在专精说》。

第十七章 太平天国革命失败至甲午战争前后的财政思想

发给各臣僚阅看,足见其影响之大。他曾以鼓吹"商战"名闻于世,成为19世纪末和20世纪初极为流行的口号。他的议论涉及的方面很广,几乎礼、吏、户、兵、刑、工等问题均有所论述,而重点却侧重在阐述有关对内对外的商务问题。关于财政问题的论述,相对地说并不算多。非独郑观应如此,当时的有名学者大都如此。这不是由于当时的封建政权已不存在财政问题,事实上财政仍是相当困窘的,而是因为在国际帝国主义列强的威胁下,先进的人们均将注意力集中到如何改变现实的政治经济状况以挽救国家于危亡,而将封建财政困难问题置于次要地位。

关于财政收支问题,他坚持"量入为出"原则,要求"必以出入之数维均"(即近代所谓预算平衡),并建议颁行"度支清帐"(即国家预算)。他说这是中外各国"通盘理财之法"①。甲午以后,不少人(包括来华传教士)注意中国度支问题,那时所谓"度支"即现在的"财政",而度支问题主要是指国家财政中预算问题。他们引述日本、俄国实行预算制度的事实以证明清政府也可采取预算制度,但论文的标题仍用"度支"二字以适应中国习惯,也表明"预算"这一名词尚未流行。

在税制方面他主要谈厘金问题。可能由于他早年是在沿海大城市从事商业活动,对内地厘捐之害不甚了然,故认为厘金"取于商者甚微,益于国者甚大,较之按亩加赋,得失悬殊"②。到甲午后才列举厘金十病,主张予以废除,而所列弊病绝大多数均为卡丁之苛索刁难事例③,此为封建税吏之通病,非厘卡所独有。他对税则问题有一条总的意见,即"土货出口税宜从轻,凡我国所有者轻税以广去路(指出口),我国所无者重税以遏来源。"④ 这又是仅凭常识所作出的判断,从外贸和税制理论角度考察这是很片面甚至是有害的意见,与后面将要分析的马建忠关于进出口税的意见相比较,可谓有天壤之别。马建忠的《富民说》

---

① 郑观应:《盛世危言》卷四,《度支》。
② 《盛世危言》卷四,《税则》。
③ 《盛世危言》卷四,《厘金》。
④ 《盛世危言》卷四,《税则》。

写于1890年，到1896年才刊行，大概郑观应在写其"税则"一文时尚未见到马氏之作。

他也主张举债，向本国人民或外国商民举债，"借数十亿不如借数百亿"，最好是外债。举债的目的，是为了借轻利的新债以偿还以往利重的旧债①。为着少付利息，借新债以还旧债，偶一为之是可以的，安能成为长久之计。何况把举国债的作用仅归结在利息之高低上，忽视了举国债更重要的其他利病问题，这是商人阶级的庸俗见解。

对于盐政，在甲午之役后他还主张"限制川私，恢复淮盐楚岸"②，亦即不准川盐向两湖销售，而让淮盐垄断楚岸。这是专为两淮盐商利益而辩护，不是从整个国家盐生产考虑的老调。对漕粮，他主张停运，折收漕银，在天津等地购买南米③。19世纪之末，津沪海运轮船数量大增，官府自办漕运事实上已是多此一举。所以郑观应主张"停漕"。

此外，对于开设银行的作用，他也多从财政角度考虑，认为：一个作用是设立银行以代替国库，这样才可以避免国家财政收入由官吏保管时受官吏侵抑之弊。此种设想，汤寿潜在其《汤氏危言》④中已曾提及，不自郑观应始，至于这种设想是否正确，那是另一问题。另一个作用是通过银行以发行钞券，政府可以由此获取利润。从这些议论看来，他还没有真正懂得银行在国民经济中的重要作用。

但郑观应仍有两点与财政有关的独特见解。第一，在财务行政方面，他坚决反对帝国主义分子赫德及其一伙把持海关总税务司及各口税务司的税政大权，主张改以华人担任。而一些媚外投降分子，却以"华人贪鄙，不如外人清廉"之谬说为借口，替清王朝任用海关洋员辩护。郑观应借用他人之话痛斥这种谬说："如谓华人尽不如西人，……岂十八省之督抚亦必须以西人为之乎？"⑤可谓痛快淋漓，一语破的。因此，他对协定关税制度也坚决反对，惟与当时许多思想家一样，不是

---

① 《盛世危言》卷四，《国债》。
② 《盛世危言》卷四，《盐务》。
③ 《盛世危言》卷四，《停漕》。
④ 汤寿潜：《危言》卷一，《官号》第22，刊行于1890年。
⑤ 《盛世危言》卷四，《税则》附录，吴广霈文。

第十七章　太平天国革命失败至甲午战争前后的财政思想

主张坚决予以废除，而是等待将来不平等条约期满时，再行修订取消。第二，在河工问题上，他曾设想在宁、陕以北掘湖，引黄河之水以灌戈壁沙漠①，这确是非常突出的新颖意见，尽管在当时毫无实际意义，而在现在看来倒不是完全荒唐的。

　　总的说来，郑观应确曾涉猎过不少西方书刊，可是他似乎很少研读西方资产阶级的经济学著作，更不曾利用那一套理论来全面地或局部地分析当时中国所面临的现实财政经济问题。因此，在他的全部论述中，基本上均谈的是与工商业有关的具体财政经济问题，其中还嗅不出什么资产阶级经济学，哪怕是庸俗经济学的气味。具体财政经济措施无疑是必须重视的，但要在理论分析的配合下，才能得出合理的、科学的结论。特别是我国19世纪后半期的思想家，在逐渐摒弃传统的中国型财政思想的同时，要求发展类似于西方资本主义的财政经济体制，如果缺乏财政经济理论的指导是很难较快实现的。在郑观应的时代，除极个别思想家如马建忠和严复而外，绝大多数均把整个精力纠缠于一些具体财政经济措施的论述，而仅凭个人的一些具体的感性财政经济知识，就缺乏摧毁封建财政经济的理论武器和指导资本主义财政经济发展的理论原则，也就会使走上资本主义轨道的进程大大缓慢下来。

第二节
资产阶级财政理论的传播者——马建忠与严复

　　在19世纪末期所有谈论财政经济事务的思想家中，只有马建忠和严复两人才是真正研究过资产阶级财政理论的人。

---

①　《盛世危言》卷八，《治河》。

一、马建忠的财政理论

马建忠（公元1845—1900年）曾于1876年被派往法国巴黎政治学院学习，主要是研习国际政法制度，而国际商约、贸易、税则等又系其必修课程①，故他对西方资本主义经济体系不仅有直接的感受，并具有资产阶级庸俗经济学、财政学、国际贸易的一定理论水平。所以，马建忠是我国19世纪后半期除容闳而外唯一的学习过资产阶级财政经济学课程的学者，稍后的严复虽对资产阶级古典经济学有较深研究，那是出于他个人爱好。从马建忠的论述中，我们才发现它具有资产阶级经济理论分析的色调，而不是仅为财政经济常识。由于他归国后主要从事外交和经济行政工作，其代表著作《适可斋记言记行》到1896年才刊行，故在此以前对当时思想界的直接影响并不算大。但是洋务派内部所起的作用却不小，因为他从70年代中期留学法国时代起，就曾不时对"借款、造路、创设海军、通商、开矿、兴学储材"等问题向李鸿章条陈意见或答复征询，颇被李氏"称赏"，"所议多所采行"，对李的财政经济见解有一定影响。

（一）保护关税思想

马建忠鼓吹重视商业尤其是重视对外贸易，宣称西方各国"考其求富之源，一以通商（指对外贸易）为准"②，这一思想主要见于其1890年所著《富民说》一文中。此时在国内已弥漫着一片重商思想，我们在前面曾述及王韬早已提出"恃商为国本"，郑观应在80年代则大倡"商战"之说，薛福成也于1890年首倡"商握四民之纲"之论。在国外，马建忠赴法留学时正是西欧各国相互签订自由贸易商约后大事推进对外贸易的高潮时期，所以他一到欧洲首先吸收到的就是剧烈的国

---

① 马建忠：《适可斋记言》卷二，《上李伯相言出洋工课书》。
② 马建忠：《适可斋记言》卷一，《富民说》。

第十七章　太平天国革命失败至甲午战争前后的财政思想

际贸易竞争的气息。但此时西欧的外贸思想已不是在其历史上曾风行过数百年的重商主义思想，而是经过长期的批判、继承而发展起来的资产阶级庸俗经济学所谓的外贸思想。它自会保存某些重商主义的思想因素如保护政策之类，但绝不是重商主义。这是我们研究他提倡保护关税思想时必须首先掌握的一个理论观点。

中国在当时条件下，金矿既未大量开采，即使着手开采也非短期内能见大效，而进出口的"漏卮"问题又相当严重。针对实际情况，马建忠建议采用保护关税制以为补救。他指出："欲中国之富，莫若使出口货多，进口货少"，但最后他仍未忘情于"采取矿山自有之财，……宝藏之聚，无待外求"①。使出口货增加，他也把重点放在传统的丝茶贸易上。对鼓励丝茶的出口，他指出两点意见：一是"轻减丝茶之厘税"，二是严格按照"值百抽五"的规定征课出口关税。在出口税率问题上，他表现了严重的软弱性。他明知道"外洋恤商之策首在重征进口货而轻征出口货"，但仍不敢主张改革根据不平等条约所规定的进出口均抽百分之五的协定关税制度。那时的清廷媚外政权对进口洋货只按百分之五的税率征税，而不敢稍事增加，土货出口则仍按以往高价的百分之五征税，并不因土货市场价格之大跌而改按现值课征，实际上等于提高了出口税若干倍，更加上厘税的多次重复征课，出口商人焉得不困。在这种情况下，马建忠建议丝茶出口应按现值"值百抽五"征收并酌减厘税，这固然是妥协软弱的办法，但对丝茶出口商人已是受益匪浅。这样还怕封建政府不能接受，他又加以劝说，指出"税轻厘减则价贱，价贱则出口货增，出口货增则税厘更旺"，其收入终必增多不会减少。关于出口税问题，他又提到：原则上应是"出口货概不征税"以增加出口品在国外的竞争力量，即使征税其税率也不应过高，但是，如系"国内独有之土产，不畏他人争利者，则不妨于出口重征之"②，并列举秘鲁之雀粪，意大利之硫磺，中国之茶叶为例，即可征课出口重税。在茶叶问题上与上述减税意见并不一定矛盾，前面是针对协定关税

---

① 本段引文除另注外，均见《适可斋记言》卷一，《富民说》。
② 《适可斋记言》卷四，《复李伯相札议中外官交涉仪式洋货入内地免厘禀》。

的不合理情况而发,这里是指在国家关税完全自主情况下应采取的课税原则。

关于进口税,原则上是"重征进口货"以保护国内工商业之发展。但应随进口货种类之不同加以区别对待。他建议将进口货分为四大类征课关税:第一是原料之类,"国内所产者少,必仰给于别国"者,可以减征进口税;第二是"外来制成之货,本国亦有者,重其征以护商民";第三是对本国不生产的进口制造品之课税又可再分二种,"有其货为民生所必需者,则宽其征",如果"其货惟富豪始能置者,则重其征";第四是本国所无之进口货,"民虽不得不用而究不能多用者,亦重征之,如英国于进口之茶、糖,法国于进口之咖啡等是也"①。同时,对这四类商品所征课的税率还须根据各类或一类中的商品的不同情况进一步加以增减。马建忠对此也有较具体的阐述,无必要详细抄引。

此外,关于财政关税的理论原则,他还提及一些其他的问题,总的来说,他是坚持保护关税制度。他反对关税协定,力求关税自主,自有其贸易、财政理论为依据。不单是像当时一般学者那样仅指出这是国家的"体面攸关"或西国为关税"自主"我国不能"协定"等一类的泛泛理由。当然,他是一位半殖民地半封建国家资产阶级的思想家,不可避免地有其软弱性。所以,尚不敢主张废除这项不平等条约,主动取消关税协定,而仅是建议等到修订条约时再同帝国主义者的代表商酌改订,与虎谋皮。

对关税征课的具体规定,他曾论及:"税制有通行与订约之殊","税则有估价与按物抽征之别","估价有官价与时价之异","物外运者有存税暂交之别"②,"就物之品类定税则之轻重,或裕国库,或护商民,不能一致"③等等。这些均系资产阶级财政学内容的 ABC,但是,如未研习过这类著作,即使是天才也不可能独自设想出来。

---

① 以上诸条均见《适可斋记言》卷四,《复李伯相札议中外官交涉仪式洋货入内地免厘禀》。
② 《适可斋记言》卷二,《巴黎复友人书》。
③ 《适可斋记言》卷四,《复李伯相札议中外官交涉仪式洋货入内地免厘禀》。

（二）外资引进问题

马建忠作为一位长期以来被人们误会的历史人物，一个重要原因就在于他是我国最早坚持引进外资以发展生产的思想家，而在19世纪晚期的中国提倡此说，真是"称之者一，谤之者百"①，甚至在20世纪80年代以前还经常遭到现代学者的非议，这也是学术思想上的一件不幸之事。

引进外资，马建忠称之为"借债"，特别是其《借债以开铁路说》成为近百年的众矢之的。其实他所谓"借债"，绝不是政府与政府间的借贷，而是由国家在国际资本市场上推销修建国营铁路的债票。在20世纪70年代之末谈此问题，即使不受批评，也将为社会舆论所不齿。故马建忠的不幸是无足为怪的。问题的焦点在于人们习惯于数千年来从私经济角度观察事物的传统，一听说是"债"，不论公债私债，内债外债，全看成是坏事。马建忠学来了西方从财政金融角度看问题的知识，认定国"债"不仅不完全是坏事，有时甚至是很好的事，他说："……泰西各国，无一非债欠数千兆，而英、法、德、俄之称雄如故也。"②历史的事实证明，他的这一观点不是没有道理的，例如，18、19世纪自由资本主义迅速成长繁荣的重要因素之一，就是能很方便地举债——募集股本或发行公司债。而近二三十年来，世界上负债最多的国家首推美国，并无碍于其既富且霸。马建忠以这一观点与当时的人们谈举债问题，肯定会格格不入。下面我们就分析他的"借债"议论。

马建忠主张以举债方式兴办的工商企业，范围是很广泛的，包括采矿、纺织、丝茶等等③，而最引起非议的则为国家借债以开铁道。首先，他根据对中外政治经济情况的对比分析，肯定在中国"立富强之基者莫铁路若也"。然后指出我国兴建铁路在地理条件、铁材、人力等方面都是很有利的，唯一的问题是如何筹集资金。在他看来，封建财政困窘，无能为力，而富商又多顾虑，故只有两种方式可行，即所谓

---

① 见梁启超为《适可斋记言记行》所撰序言。
② 《适可斋记言》卷一，《铁道论》。
③ 《适可斋记言》卷一，《富民说》。

"国帑虽空独不能赊贷而化无为有乎！民资虽竭独不能纠股而集少成多乎"①。在此两种方式中，民间集股的风气未开，集股很难，"无已则有借洋债之一法"②。这里他又列举各国国债的事实以消除人们认为"称贷有伤国体"的顾虑③。他肯定地说，国债"不可行之于军务，必不可不行于商务"④。通过19世纪50年代到70年代欧、美各国举债兴办铁路、机械厂、电报等企业的经验，他总结出"借债之经"的三条原则：即"取信之有本"、"告贷之有方"和"偿付之有期"，但仍指出"行权之道存乎其人"⑤。

关于举洋债的具体办法，他的论述更是考虑周详，充分体现了他对西欧资本主义金融市场的理论与实质均有较深理解。例如，怎样与伦敦或巴黎的公私银行商谈举债；利息率的高低与发行债券的折扣；铁路未投入营运以前所需支付的利息的筹划以及投产后先行提成以备到期还本；如何赎回债券等。并特别强调指出这种方式的举洋债绝不需要抵押品，也不必要以国家关税的担保，只要能提出较精确的工程设计和未来利润之预期以示外洋，必可取款云云⑥。他所论述的这些问题，均系欧洲各证券金融市场的例行活动和企业财务著作中的基本知识，到今天看来还基本上是正确的和可行的。不料这一议论竟遭到了长期的非议。资本主义世界的历史事实证明，一个后进国家要发展其经济，都得举外债，几乎没有例外，这是铁的事实。当然，其结果有的成功，有的失败，但失败是其他原因造成的，与举债这种取得资金的方式无关，马建忠所建议的为兴修铁道而举债系西方资本市场的经常活动，如果能由此而获得借款的话，它的本身并无可非议之处，主要问题在于人们所听到"外债"二字就谈虎色变。

除了这种从西方资本市场募集债款的方式，他还提到另一种由国家商业部门或由国营的商业总公司出面所举的外债，其用途系转借给各种

---

① 《适可斋记言》卷一，《铁道论》。
② 《适可斋记言》卷一，《借债以开铁道说》。
③ 《适可斋记言》卷一，《铁道论》。
④ 《适可斋记言》卷一，《富民说》。
⑤ 《适可斋记言》卷一，《借债以开铁道说》。
⑥ 《适可斋记言》卷一，《借债以开铁道说》。

急需资金的企业并利用这些企业所归还的本息以偿付外债之本息①。这类的国债实际上是在国内起着一般银行的贷放作用。此类国债常会联系着两个问题,一是举债是否需要抵押品以为担保,二是借到外债后是否真正作生产贷放之用。举债需抵押品和把债款作非生产之用的情况在封建制度下是可能出现的,但不是必然出现的,例如 18 世纪的沙俄、19 世纪的日本经济振兴时就没有出现类似问题。所以,马建忠倡议举洋债以兴办各种工商事业之论的本身,从理论上讲是不能非议的。至于因此而遭受诽谤,或后来出现不良后果,那是历史的不幸事件,不能责怪倡议者本人。

(三) 矿屯思想及其他

所谓矿屯是采取军队屯垦方式,但不是用来种田而是用以开矿。矿屯之名薛福成在其 1885 年刊行的《筹洋刍议》中早已提及,马建忠的"矿屯"之名可能采自薛氏,但另有其特点。马建忠的思想是较为灵活的,不是拘于一格,如矿屯淘金问题上他就不赞成"官督民采",也不主张"招股"设立公司经营。他的矿屯的指导原则与以往屯田论者均有所不同,而是强调"淘得之金,听其自市,官若收买,毋任抑勒"②。此外,他列举了矿屯淘金的九便,也有不少与传统采矿各说相异的新观点,不妨赘录如下:

> "临边(中俄边境漠河)设戍,建威消萌,以屯以淘,役不再举,便一也。醵股招商,旷日持久,移屯卒为矿丁,则朝令夕行……便二也。机器开矿,成亏难知,若淘金则一铲一畚,随处可备,无待筹费即可开工,便三也。……今令驻扎该处之兵专事淘金,不与他役,夏秋就地淘金,春冬仍归伍防,屯政矿工,并行不悖,便四也。矿久禁闭,偷挖必多,强敌觊觎,匪徒勾结,肇衅贻患,在在堪虞,今招入伍以佐屯军,……便五也。分地赴功,人争有奋,以旧金山为率,人日得金

---

① 《适可斋记言》卷一,《借债以开铁道说》。
② 本段以下引文均见《适可斋记言》卷四,《上李伯相论漠河开矿事宜禀》(1887 年)。

一两，则淘金所入较坐饷为优，平居既以饱腾，临事必能敌忾，便六也。计名授地，悉准营制……按册可稽，既杜虚冒之弊……便七也。半年淘金，省饷无算，万夫萃处，贸易必繁，部库不劳于挽输，闾里且资其生聚，无采金之名而节养兵之费，收实边之利而靡迁民之苦，便八也。矿产既富，趋集愈众，更于其间平治道途，……使通达于腹地，联络乎三省，便九也。"

据他自己说，这一建议的优点是："不劳役，不费财，可固防，可制敌，内以戢匪徒之出入，外以杜强邻之窥伺"，此外，开采的黄金既多可以降低黄金对白银之比价，也就是提高银价。

马建忠的矿屯思想除前面已提到的一些与近代经济学有关的新观点而外，与以往的屯垦思想相比较也有其特点。自西汉初晁错建议移民实边以来，在过去二千多年中不知实施过多少垦殖计划和出现多少垦殖建议，内容极为丰富，这是个尚待整理的学术领域。其内容虽较复杂，大致不外乎：将内部人民迁移到边地从事垦殖，以各种方式利用商人资本的作用来满足边防所需，利用边防兵士自行种田或兼雇当地人民协种等形式，而矿屯则为较晚出现的方式。马建忠的设想吸取了以往的有利经验，摒弃其繁难部分，而用崭新的形式加以表达。如以边防部队为基干并利用当地人民和商人以为协助，避免移民实边之繁难；产品不归官府而由生产者自行出卖其应得部分；军民均轮班工作使防务与生产两不耽误，把以往深山采矿易滋乱萌的思想改变为收容当地"顽民"使其与军队同仇敌忾；不仅以军兵自给为目的并以发展贸易与交通为务等等，这些不仅不要国家多费一钱，还可获得巨大收益。总之，从他的分析中很难发现以往关于屯垦旧言论的痕迹，却充满着近代对此问题分析的色调。

除矿屯方式而外，马建忠很欣赏西方工商业由"商人纠股设立公司"的自由经营方式，但又认为在当时"民贫于下，财绌于上"[①]，"散

[①]《适可斋记言》卷一，《富民说》。

第十七章 太平天国革命失败至甲午战争前后的财政思想

借于凡民则苦其零星难集"①，不能不寄希望于官府出资而起一点催生作用。马建忠曾列举世界历史事实表明，有不少国家的政府确曾在类似的客观形势下起过有利作用②。我国自 19 世纪后期以来，在经营组织形式方面之官营，官督商办、官商合办和民营的进程，与国外后进国家兴办近代工商业的进程大致是一致的。不幸的是当时清政府未曾起过像国外那样的有利作用，这才是问题焦点之所在。我们可以谴责清政府及其官僚集团对近代工商业之发展未起到应有的作用，但不能认为政府参与工商业一定要起坏作用，更不能认为官督商办、官商合办等形式本身也是错误的。这些官商合资企业的本身，后来确实出现了不少弊端，但其开风气之先的创始意义仍是不能否定的。我们一再提到近代工商业的经营形式问题，既是借以理解官督商办、官商合办等经营形式在我国社会经济发展中所起的历史作用，而从财政思想史角度考察，这也是宋以后国家专卖或垄断事业逐渐改为招商承办的财政思想，趋势在近代条件下的继续和演变。总之，马建忠是一位对资产阶级财政、贸易学识具有相当理论素养的学者，在他的经济论文中，我们才第一次见到真正近代水平的经济分析，这与那个时代仅基于财政经济常识的一般肤浅讨论有天壤之别。可惜他只是传播一些西方资产阶级经济学的书本知识，并未表现出他自己的真知灼见，在一些财政问题上也未能仗义执言，例如协定关税之可耻及其弊害他应该很理解，但不敢建议废除，只主张在修订条约时提出改订，至于根本废除不平等条约更是他所不敢设想的。又如厘金税制对商业发展的坏影响，他理解得比谁都透彻，连王韬也早提出要裁撤厘金，而他只能提出减厘；又如对十年之内不准他人新设织局的垄断制度，他已清楚地论述其对纱布生产的不利，也未能公开提出反对意见。所以，马建忠在西方学术知识上是渊博的，而在政治上是软弱的。

---

① 《适可斋记言》卷一，《借债以开铁道说》。
② 以上引文均见《适可斋记言》卷一，《铁道论》。

二、严复的财政思想

严复（公元1854—1921年）是19世纪末20世纪初的重要思想家，曾被誉为"五四"以前向西方寻找"真理"的四大代表人物（洪秀全、康有为、严复、孙中山）之一。对于我们来说，最关心的是他在1897—1900年译成，出版于1902年的亚当·斯密的《原富》一书。如果马建忠是我国第一个将近代应用经济学引到国内的思想家，严复则是中国接触英国古典政治经济学的第一个人。他的财政思想基本上表现在为《原富》译本所作的数万言的各种"按语"和《译事例言》之中。

严复对资产阶级经济学著作涉猎得较多，能较广泛地理解古典经济学（包括财政学在内）的许多理论范畴，与当时其他侈谈财政经济问题的人们比较，真是判若天壤。但是，如将他所接触到许多重要财政理论一一列举，无异是将斯密的财政理论加以复述，殊无必要。因此，我们只从以下几个方面对严复本人的财政思想作一些概括的分析：（一）自由主义的理财观点；（二）将中国传统财政观点不恰当地附会斯密之说部分；（三）运用《原富》的理论观点对中国历史的和现实的财政问题的分析批判部分。

（一）自由主义的理财观点

这是严复受斯密学说影响最深刻部分。他从《原富》所宣扬的"自由放任"和"个人自利"观点出发，极力鼓吹经济的自由主义。他说：

> "民之生计，只宜听民自谋，上惟无扰，为裨已多"[1]。
>
> "夫所谓富强云者，质而言之，不外利民云尔。然政欲利民，必自民能自利始；民各能自利，又必自皆得自由始。"[2]

---

[1] 《原富》，商务印书馆1930年版，第346—347页按语。

[2] 严复：《原强》。

第十七章 太平天国革命失败至甲午战争前后的财政思想

他的"自由"、"自利"虽来自西方,而我国古代经济思想对他也有其影响。如他曾指出要"因势乘便,顺民所欲"①,"听民自由,无所梗阻"②,并认为"未有不自损而能损人者,亦未有徒益人而无益于己者,此人道绝大之公例也"③。同时,他又引证司马迁的话说:"各劝其业,乐其事,若水之趋下,日夜无休时,不召而自来,不求而民出之,岂非道之所符而自然之验耶。"④

正由于鼓吹经济自由,自然会反对财政上的干涉政策,指出国家干预经济是"强物情,就己意,执不平以为平,则大乱之道也"⑤,因此,严复对国际上的保护贸易,国内的官督商办均加以反对。这里必须指出,他的所谓经济自由绝不是主张任何事业均由私人经营,有些事业如邮政、电报、学校等他还是认为以国家经营为宜,而且在集资经营方式尚未成为习俗的情况下,国家亦可出而"为之先导"⑥。这一观点也是得自斯密之说,且和司马迁所谓"其次利道之,其次教诲之,其次整齐之"的精神相符合。

在中国财政思想史上,干涉与放任这两个不同的财政指导原则的斗争,贯穿着整个封建地主经济时期。在封建地主经济前期,干涉原则占据优势,如盐、铁、酒专卖制度,均输平准政策、常平制度、山泽管制以及五均市制等等财政措施都是在干涉思想指导下产生的。但是封建经济也是分散的、小私有的自给经济,过多的干涉更易激起它的自由放任的要求。所以即便在封建地主经济前期,放任思想也未因干涉原则的盛行而销声匿迹。自两宋以后,由于封建社会内商品经济的发展,国家专卖和经济干涉政策倾向日益削弱。以往由国营专卖或控制的事业,逐渐改为招商承办或让私商自由经营,而封建国家只收取凭证费或捐税,愈到封建末期,这种倾向就愈加明显。然而,在 19 世纪中叶以前,财政思想的这一演变趋势,仍未超出中国型的古典财政思想的范围。只是到

---

① 《原富》,商务印书馆 1930 年版,第 38 页按语。
② 《原富》,商务印书馆 1930 年,第 134 页按语。
③ 《原富》,商务印书馆 1930 年版,第 585—586 页按语。
④ 《原富》,商务印书馆 1930 年版,第 347 页按语。
⑤ 《原富》,商务印书馆 1930 年版,第 57 页按语。
⑥ 《原富》,商务印书馆 1930 年版,第 724 页按语。

19世纪最后三十年间，在向西方学习的过程中，人们才愈来愈多地运用他们对于西方国家经济的感性知识，来分析和探讨官办或商办近代企业一类涉及财政指导方针的重要原则的问题。这些财政议论对于我国的传统思维方式固然是一个重大突破，而对西方财政经济知识的理解仍只是一些肤浅的常识，直至严复的《原富》译本问世，才使我国数千年来一直延续的干涉与放任的论争，第一次掺入西方资产阶级古典经济理论的色调。这不仅在他以前没有先例，即使在20世纪之初那些懂得和介绍资产阶级经济学的人中，亦鲜有能直接从资产阶级古典经济学吸取滋养者。因此，严复鼓吹经济自由主义对于中国财政思想转变的影响，是不容忽视的，尽管严复本人的表述方式仍穿着中国古典财政思想的外衣。

（二）将中国传统财政观点不恰当地附会斯密之说部分

严复对斯密原意有误解或将我国传统财政观点不恰当地比附斯密之说，有其论述为例。下面只是举出其中一些较重要例子。

其一，严复把斯密所谓"自然价格"译为"经价"或"平价"，因而指出中国古代的所谓"均输"、"平准"、"常平"诸法"所欲求而一之者，皆此所谓平价者也"[1]，并举王莽的"市平"（即各重要商品在一季中的各种标准价格）以为证。此即似是而非之论，不一定同斯密的"自然价格"的概念相符合。斯密所谓的"自然价格"，是指一种商品的足以补偿其工资、地租和利润的价格而言，事实上即斯密所设想的商品价值之一种。王莽的"市平"仅是指每一季度第二个月的一定商品的市场价格的平均值，显然同斯密所讲的不是一个东西。至于"均输"、"平准"、"常平"等更与"自然价格"概念风马牛不相及。

其二，他把斯密所谓"租"（地租）、"庸"（工资）、"赢"（利润）[2]，理解如我国唐代的租庸调制，也是很不确切的。唐代租庸调中所谓"租"不完全是土地税，还兼指一些和地税无关但按地亩征收的

---

[1] 《原富》，商务印书馆1930年版，第55页按语。
[2] 《原富》，商务印书馆1930年版，第53页按语，三者中的"赢"有时作"息"。

第十七章 太平天国革命失败至甲午战争前后的财政思想

捐税;所谓"庸"主要指劳役代金,决不等于工资;所谓"调"是民间家庭手工业对政府的交纳,既非利润,更不是利息。因斯密曾提到政府对工资、地租和利润的课税,严复就把它们与唐代的租庸调制联系起来,这是不正确的。

其三,严复把法国重农学派主张的土地单一税,认为"即中国一条鞭法也",又是错误的。土地单一税是专对土地收入的征课,此外概行免税。而明代所实行的"一条鞭法"仅是将地税、劳役代金及许多农村杂税进行统一征收的课税方法,而且工商业税仍是要继续征收的。故绝不能把二者混为一谈。又他反对重农学派的理论"赋所由来,原于畎亩"的论证方式是:"今试使英、法诸国,计国中岁用,罢一切之赋而悉取于租。设所言果信,彼有田之家,必能辗转取盈,令彼岁入与前相埒。设其不能,则谓诸税终出于租者,不待攻破矣,此所谓以矛陷盾者也。"[①] 其大意是:如将一国的所有赋税全部改由地主阶级缴纳,在此情况下,倘使田主们能将其赋税转嫁一部分出去使其收入仍然与以往相等,这说明赋税是可以转嫁的;如果田主们不能将部分赋税转嫁出去,这说明他们负担了其他行业的赋税,从而赋税最终皆来自土地之说也不攻自破。这完全是一种诡辩,并不解决问题。严复不理解重农学派主张土地单一税并不完全以赋税能否转嫁为其主要论据。其基本理论根据是只有农业才是财富生产的唯一源泉,也是一切赋税的真正来源,故主张对农业进行直接的征课。如果不先否定农业是财富生产的唯一源泉这个前提,仅用赋税能否转嫁为理由,是不能攻破重农派学说的。因为在此前提下,由于肯定别的行业均为不生产财富的,不可能最后负担任何赋税,其负担必然转嫁到农业中去。同样理由,农业的赋税负担也无法转嫁到不生产的其他行业中去。所以,重农派认为其他行业的赋税是可以转嫁的,而对地租的课税则无法转嫁。关于对地租的课征的不能转嫁及其有关问题,李嘉图已有明确论述[②]。严复是极崇奉李嘉图地租理论的,可惜未注意到这一点。

----

① 《原富》,商务印书馆1930版,第853—854页按语。
② 李嘉图:《政治经济学及赋税原理》,郭大力、王亚南译,商务印书馆1972年版,第146—148页。

(三) 运用《原富》的理论观点评议中国历史的和现实的财政问题部分

严复在这方面的意见也很多，如果一一列举出来，仅就这部分来说已比当时许多侈谈财政经济的人们可能接触的问题要多得多。惟因它们多系祖述斯密之说，无必要多所赘述。下面只着重指出其中的较重要部分。

其一，否定传统的"不言利"思想。他引证《汉书·食货志》中刘歆的话来肯定"理财正辞，为礼家一大事"，但"汉氏以后，俗儒以其言利，动色相戒，不复知其为何学矣"①。他说：人们既是"生又不能无所养"，不如多言财利之事，使财富"各得其分而无不平"的好。何况"国势之治安，民风之肆好及吾一身一家之事蓄教养"都离不开"财"②。故人们之所以乐于研究"计学"（严复"经济学"一词的中译名）和这门学科之所以兴盛，原因也就在此。严复对传统的"不言利"思想的批判，与他以前的学者的批判又有所不同。首先，他不是仅从经济常识立论，而是从政治经济学角度出发阐述财富的生产、流通、分配等的重要意义。其次，他对"不言利"传统观点的批判，已不再像过去的进步思想家那样，把对象局限在封建财政范围之内，而是扩大到讲求关于整个国民经济的各种财利问题。因此，他虽对王安石的经济改革不很同意，认为他不是让人民自由进行经济活动并在人民财力丰饶的基础上改善国家财政收入。可是，他也指出："千古相臣，知财计为国之大命而有意理财养民者，荆公一人而已。其法虽病，然事难助寡使然，而其用意固为千古之大虑，不容后人轻易排击也。"③ 此外，他对我国古代典籍如《周礼》、《管子》等，重要人物如李悝、桑弘羊、王莽及其他人物的财政措施和"平籴"、"平准"、"均输"、"常平"、"市平"等等的评论，既不一味诋毁，也不盲目推崇，作出了一些合于近代经济学要求的客观评价④。

---

① 《原富》，商务印书馆1930年版，第59页按语。
② 《原富》，商务印书馆1930年版，第57页按语。
③ 《原富》，商务印书馆1930年版，第494页按语。
④ 《原富》，商务印书馆1930年版，第53、55、57页按语。

第十七章　太平天国革命失败至甲午战争前后的财政思想

其二，关于漏卮与贸易差额问题。在 19 世纪末期，漏卮与外贸逆差是当时举国上下极为关心的问题，被认为是财政困窘和国民贫困的主要原因。

他对许多人士大为焦虑的"漏卮"问题，根据斯密的学说提出了特殊的看法，认为这是"无所是而全非"之论。他指出：所谓"漏卮"问题，实际不外是因进出口贸易之负差所引起的金银出口问题①。这是不值得特别焦虑的事。在他看来，第一，国家有金银不一定就富，如墨西哥、秘鲁等国均产金银而其国并不算富，反之，英、法等国被视为富却不生产金银②；第二，金银之进出口虽为补贸易差额之用，但金银本身亦可作为一般商品而进口或出口③，故进出口商品的差额与金银之进出口数量不可能完全相同。第三，不仅金银出口不足为虑，连进出口贸易逆差也不是什么不得了的事④。严复对这些问题的基本观点是得之于《原富》。照斯密的自由贸易学说：过分的重视金银出口或贸易逆差，就必然要采取各种保护政策以抑制进口，鼓励出口。这对一国来说并不一定是好事。因为对外贸易必须在彼此均有利条件下才能畅行，如只对一国有利必然使对象国有损，此种情况绝不可能长期存在。不如采取自由贸易政策反而能充分发展国际贸易，人己两利，致国家于富强。严复对"漏卮"问题的观点，从理论上特别是从长期的观点来看，基本上是正确的。但也不可否认国家在短期内要对因金银进出口的差额所引起的比价变动进行某些调整，或对进出口贸易差额采取某种改善措施。严复也不同意当时广泛流行于国内和国外的所谓贸易顺差能使国家致富之说。他根据斯密的观点强调"国中贸易，利国过于国外贸易"⑤。从古典经济学角度看来，一国之是否富裕主要决定于国民财富生产的多寡，并不以进口金银之多寡为标志。而且只有在国民财富生产兴盛的条件下，才可能大量出口国内货物以换取国外之金银进口，特别是一些不出

---

① 《原富》，商务印书馆 1930 年版，第 478 页按语。
② 《原富》，商务印书馆 1930 年版，第 531 页按语。
③ 《原富》，商务印书馆 1930 年版，第 232 页按语。
④ 《原富》，商务印书馆 1930 年版，第 3—4 页。
⑤ 《原富》，商务印书馆 1930 年版，第 426 页按语。

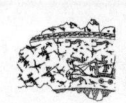

产金银的国家更需要先发展国内的生产与贸易才能换取国外的金银。古典学派这种看法到今天已成为经济常识，但在斯密或严复生活的时代，确是独排众议之论。

此外，严复还反对关税协定和外人代管海关行政，也反对洋船在我国内河航行、领事裁判权等等，但其着眼点在于国家的主权和体面，未充分从经济上阐明其弊害。

其三，关于赋税。"薄税敛"口号是古代财政征课中的一个传统教条，虽然事实上封建统治者从未真正履行过这一口号，而在理论上却始终不敢触犯此教条。严复既以《原富》理论作为依据，故其对于赋税问题的论述也就超出了"薄税敛"的传统视野。他首先强调"治人者"向"治于人之人"征课赋税系出于实现"公利"的需要，故缴纳赋税也就是"国民之公职"①。既然国家赋税"非为私"，而是"取之于民者还为其民"，则财政征课也应以"赋无厚薄唯其宜"为原则。所谓"宜"，并不在于税率本身的高低，"就令不征一钱，而徒任国事之废弛，庶绩之堕颓，民亦安用此俭国乎"？这对于一味鼓吹"薄税敛"的观点确是一个有力驳斥。在他看来，赋税之"宜"的基本条件应是赋税课征须以人民的负担能力为转移，"民非畏重赋也，薄而力所不胜，虽薄犹重也"。但他不是消极地去适应人民的现有负担能力，而是主张国家积极地"为民开利源，而使之胜重赋"。这样也就为"重赋"学说提供了理论根据，必须指出，严复的"重赋"概念不同于以往所谓苛征暴敛，他是在致力于发展国民经济从而不断提高人民的负担能力的基础上，相应地增加赋税税率。因此严复的观点是从整个发展过程来看，税率呈现不断上升的趋势，而在每一个发展阶段上，仍必须坚持课征"不越赋出有余"②的原则。以此"重赋"学说与单纯咀嚼"薄税敛"的传统观念相比，正显示出前者在经济理论分析上远胜于后者的近代分析色彩。

关于具体的课征对象，他赞成斯密反对向资本课税，认为"欲财

---

① 《原富》，商务印书馆1930年版，第845页。
② 《原富》，商务印书馆1930年版，第893页。

第十七章 太平天国革命失败至甲午战争前后的财政思想

生必不宜于母财而加之赋税",如果"加赋税于母财者,无异司汽机者,欲汽力之长,而夺其薪炭也"①。除资本这种"养民之财"不宜征税而外,他认为用于提高劳动技能的培训投资即所谓"教民之财",亦属于资本支出也不应课税。按照斯密的观点,最适合的征税对象是地租,而从严复对重农学派的土地单一税主张的批判来看,他并不坚持这一观点。对于工资课税,这是斯密所坚决反对的,而严复却认为不对工资课税仅适用于"庸率(工资率)之至微而仅足资生"的情况,如果工资在扣除生活,学习及"资其羸病衰老"的费用而外还"有余",则"有余而取之于民生为无伤……亦于国财为不耗"②,肯定在一定条件下可以工资作为课税对象。这表明他对斯密的赋税理论之维护新兴产业资产阶级利益的基本精神,尚未能领会。至于中国的赋税问题,他着重指出"尽于取下至多而纳之府库者寡"③的中饱弊端,并反对厘金制,认为这是"天下之弊政"④,无甚新颖见解。

其四,关于国债。对于国债问题,他认为应以募集民间"滞财"为主,如此则"民固献其所有余,未尝损其后利之母"⑤,不会对正在使用的赢利之资本产生影响。根据资本应用于赢利的思想,他又分析了"西国之债以利,中国之债以害"的原因,就在于西方国家举债用于"拓国攘利之饶",或用于"便民通商之益"故其"国债虽重,国财日休,此犹斥母以来赢息耳";而中国举外债皆用于偿还赔款本息,"其息利既不在民,于国财又无所增益,……是中西之负债同,其所以负债者大异"⑥。不仅如此,所欠外债又通过增加国内赋税的途径最终都压在人民身上,"夺吾民衣食之资"⑦。这一分析对于当时我国举外债的真实情况,确是较为深刻的揭露。

---

① 本段引文除另注外,均见《原富》,商务印书馆 1930 年版,第 847—848 页按语。
② 《原富》,商务印书馆 1930 年版,第 893 页及 848 页按语。
③ 《原富》,商务印书馆 1930 年版,第 864 页按语。
④ 严复:《上今皇帝万言书》,见《戊戌变法》(二),上海人民出版社 1957 年版,第 327—328 页。
⑤ 《原富》,商务印书馆 1930 年版,第 954 页按语。
⑥ 《原富》,商务印书馆 1930 年版,第 944—945 页按语。
⑦ 《原富》,商务印书馆 1930 年版,第 959 页按语。

其五，荒政及其他。关于荒政，他认为中国传统的常平、社仓等制度是不必要的，指出在饥馑之年限制粮价上涨或在个别产粮地区禁粮出口的办法也不妥当，主张由各地商人移贵就贱，"谷价自平"。他虽举出《周礼·大司徒》"荒政"条中的"五曰舍禁，六曰去讥"以为根据，主要还是受斯密的谷物自由贸易思想的影响。

除以上各点而外，严复对帝国主义的侵略本性也有一定程度的认识，指出帝国主义者对殖民地必然是无例外地要"既尽其利，必残其民"[1]；又认识所谓"门户开放"和"瓜分"一样，事实上均是为了他们自己的利益，而不是"有爱于我"[2]。惟其对于国内政治上、经济上的种种积弊，只期望随着经济条件的发展而作相应改革，而反对革命的变革。

总之，严复从《原富》所阐述的经济理论出发，对许多同时代人物的财政经济见解均提出不同的看法。在他看来，当时人人大谈的"洋务"、"时务"，非问题之关键所在，并指出："今之谋国者，过在不知事理，不在不知洋务时务也"[3]。他所谓"事理"，直截了当地说就是资产阶级经济学，如不懂得这种"事理"，仅凭办洋务、讲时务、开议院、设商部等等，均不足以解决问题。这样，他自会赞同把经济学看成是理财中最大的一门学问，而在这门学问中又以斯密的《原富》为最切合中国现实要求的对症良药。

严复蔽于他自己的阶级偏见，只认识资产阶级经济学才是应向西方寻求的"真理"。不过在当时条件下，他所达到的资产阶级古典经济学的理论水平是相当高的，不独所有19世纪后期向西方资本主义经济学习的人们远不能与他相比论，就是在五四运动以前也是少有的。虽然如此，严复仍只有对许多财政学说或问题的片断见解，缺乏对任何一个财政理论范畴的较完整的表述，何况其中尚有不少理解不够深透之处。对于资产阶级财政学体系的系统理解与传播，那已是20世纪初尤其是20世纪20年代以后的事情了。

---

① 《原富》，商务印书馆1930年版，第634页按语。
② 《原富》，商务印书馆1930年版，第584页按语。
③ 《原富》，商务印书馆1930年版，第724页按语。

第十七章 太平天国革命失败至甲午战争前后的财政思想

第三节
戊戌维新派的财政思想

本节述其财政思想的戊戌维新派人物,与前述王韬、薛福成、郑观应等人一样,同属于西方财政知识的传播者。因为他们积极从事19世纪末的变法维新活动,形成了一个独立的政治集团,故将他们的财政思想与王韬等人分开来论述,戊戌变法运动自1895年公车上书之日起到1898年的百日维新,为时只有三年,其主要代表人物将全部精力用于宣扬变法维新的必要性与迫切性。即使在百日维新期间也来不及推行任何显著的政治改革,更无从顾及国家财政问题,因此,维新派代表人物的财政思想是相当贫乏的,只有梁启超于运动失败逃亡到日本后才在20世纪之初转述了一些西方财政观点。由于戊戌变法是中国近代史上很重要之一页,我们也得总结一下他们的财政思想。下面主要讨论康有为和陈炽的财政思想,梁启超留待后面讨论。

一、康有为的财政议论

康有为(公元1858—1927年)是19世纪末20世纪初向西方寻求"真理"的重要代表人物之一,也是戊戌变法的风云人物的首脑。他的变法维新活动很快即以失败而告终,而且即使他能侥幸成功,也不足以挽回中国沦为半殖民地的命运。但他的政治活动在思想领域却产生了极大影响。

康有为在戊戌政变以前的财政思想,基本上同当时或稍早的一些向西方资本主义经济学习的思想家的观点大致相同。由于他的时代较晚,有条件总结前人的思想。故所接触的财政经济问题的面较为广阔,并在个别问题上有所前进。他在这一时期的理财观点以其1804年的《上清

帝第二书》即"公车上书"为最具有代表性。

他坚持变法的指导思想是："非变通旧法，无以为治。变之之法，富国为先"①。康氏所谓"富国"的涵义，首先是指除货币发行和邮政事业外，一切工矿交通事业均应"一付于民"，"纵民为之"②，特别是主张连军事工业也让私人经营，这一观点在那时的历史条件下是非常大胆的。其次是在一片宣扬重商声中，他发展了薛福成"振百工"和陈炽"劝工强国"之说以及张謇1895年指出的"富民强国之本，实在于工"的观点，提出"定为工国"的口号③。他不懂得一个国家是否以工立国，这要由它的工业发展水平来决定，绝不是一条封建最高统治者的上谕所能任意"定"得了的。可能他所谓"定为工国"的真正意图是争取逐步实现资本主义工业化，这倒是正确的。可惜，他主张工业化的理由，仅限于农业国不能和工业国相竞争，以及农业国之民是愚而守旧，工业国之民是智而日新等点，全未涉及如何发展国民经济问题，缺乏理论上的足够说服力。

康有为在戊戌变法时期所独有的理财思想不外以上两点，没有什么特别卓异的创见。但他变法的经济纲领的特点不在于具有多少他自己的创见，而在于他能将前人和同时代人的进步理财观点加以综合，构成其进行政治斗争的整套纲领。此外，康有为对待国际帝国主义的经济侵略，如在华开矿、筑路、设厂，把持海关税政以及其他外人在华特权，均曾大声疾呼地加以反对。只是在如何抵抗或摆脱侵略的方式上，他也和前面已论述过的王、薛、马、郑等人一样是软弱的，甚至在某些问题上较以上诸人还更为软弱，对英、日帝国主义存在幻想。

除此而外，他在1885年到1887年之间写成但秘不以示人的《人类公理》这一理想著作中，曾设想要略仿古井田之制，全球土地，公有，按土地所产多寡约十而税一，此外不再征其他捐税，但私人遗产须以一

---

① 康有为：《上清帝第二书》，见《戊戌变法》（二），上海人民出版社1957年版，第140页。
② 《上清帝第二书》，见《戊戌变法》（二），上海人民出版社1957年版，第141、142页。
③ 康有为：《请励工艺奖创新折》，见《戊戌变法》（二），上海人民出版社1957年版，第227页。

第十七章 太平天国革命失败至甲午战争前后的财政思想

半归公。还设想由政府多办公营企业如大铁路、大轮船、大矿务、大制造局等。一般企业虽让私人出资经营，而政府亦可募集公债举办。大办公营企业主要是补充财政来源什一税之不足①。这些财政观点均是中国传统的什一税概念和当时流行的点滴西方知识的混合物，并无重要意义。

戊戌政变后，康有为逃亡海外，亲身体验了资本主义经济实况，又阅览过一些空想社会主义书籍。于1901年到1902年在印度将这些新感受到的相互矛盾的事物和思想拼凑起来，扩展其《人类公理》原作，写成《大同书》稿，但早年仍和《人类公理》一样秘而不敢示人，现在已被有些人誉为他的代表杰作。在他所设想的"大同"社会中，全世界共同建立一个统一的"公"政府，废除国家，更不向任何人"收赋税"②，似乎就不存在现在意义的财政弊病了。但他未考虑到以一个全世界为范围的大同社会，必须有更庞大的公共经费支出，这种经费如何取得，他未置一辞，足见他对大同社会的财政问题是很欠周到的。

在《大同书》以后，他于1913年在《不忍杂志》刊出了《理财救国论》，据他自己说是写成于1905年前后。这是他的唯一的一部财政专著。在此书中，他所谓"理财"的核心办法是普遍设立银行网，大量发行纸币，就可以"富力无敌于天下"③。康有为是一位十足的"银行万能论"者，将银行看成可以使"无而能为有，虚而能为实，约而能为泰"④。国家的一切开支均可以从银行取给，银行简直成了点石成金的魔指。果系如此，一个国家既有中央银行就不应发生任何财政困难，任何一个私人银行也就不可能破产倒闭了。这是极荒唐的财政银行理论。他又把城市地价上涨所引起的"人民坐增其富源"看成是美事，不理解城市地价的暴涨只给土地所有者带来不劳而获的好处，而不能使国家富裕。至于他把土地的抵押说成是"富国之要图"⑤，亦不懂一块

---

① 以上内容均见梁启超著《南海康先生传》（见《饮冰室合集》文集之六，第79—80页）。
② 康有为：《大同书》，古籍书店1957年版（以下均同此版），第234页。
③ 康有为：《理财救国论》，第4页。
④ 《理财救国论》，第3页。
⑤ 《理财救国论》，第56页。

宅地由甲向乙抵押，既不增大一寸土地也不加多一分钱，何能是"富国之要图"？根据这些理财救国论点。即足以表明康有为连财政经济常识也掌握得不够充分。在理财问题上，他还有一个很荒唐的意见，1902年他曾建议实行"公民税"，每人"以岁纳十元取得公民头衔"，并说："但以公民一事论，已可筹数万万圆"。那时候的农村人民有的终身还见不到一元银钱，何来每年十元以捐此"公民"头衔，更何贵乎有此"公民"头衔。"公民"头衔尚须用钱才能取得，成何体统。这简直是胡思乱想，是把盛行于殖民地的"人头税"和中国传统的捐官弊政结合起来的产物。

总之，康有为在戊戌前的财政思想，虽无独到见解，但仍起过某种进步作用。在戊戌后的财政思想，尤其是他的《理财救国论》，则是极尽荒唐之能事。从中国财政思想的历史发展过程来看，以他这样一位煊赫的变法维新领导人物来说，仅有这些财政议论已是极不相称的。特别是他生活在19世纪之末20世纪之初，又曾遍游三十多个国家，阅读不少西方经济书籍，就不应在戊戌以后还出现如此幼稚的财政议论。这并不是对他故意苛责，马克思主义经典作家曾指示我们，对近代思想家的要求应比对古代思想家要高些。

二、陈炽的财政思想

陈炽（公元？—1899年）是19世纪末的一位爱国主义思想家，甲午之战前夕即写成《庸书内外篇》，主张仿行西方资本主义经济以图自强。甲午后与康有为等发起组织强学会，积极参加变法维新运动。他的财政思想以其1896年刊行的《续富国策》为最有代表性，这是国人自撰的专门探索财政经济问题而又旨在仿效西方经济学的第一部著作。但此书内容分农、矿、工、商四类共有六十四个项目，其中有不少是当时流行的自然科学技术和社会科学知识，内容非常庞杂。他的财政经济论述的一个极显著的特点，是往往将当时条件下所接触到的外来新生事物，用中国旧有的古老观念加以附会。例如，他认为西方的一切文物制

第十七章 太平天国革命失败至甲午战争前后的财政思想

度,除"银行以兴商务,赋税不及农民"二者外其他如"矿产化学"、"机轮制造"、"几何天算"、"倚商立国"、"公法睦邻"、"气球炮堡"等等,无一不是从中国古圣先王那里抄袭去的陈法的基础上发展起来的①。这种类型的思想认识,在19世纪后半期的中国是较为广泛存在的,而陈炽却是其中把它推到极端的最典型的一位思想家。因此,我们分析陈炽的财政思想时,要舍象掉他的这种自我陶醉的糟粕,着重研究他所阐述的一些可取内容。

陈炽的《续富国策》顾名思义,是以"富国"为其旨归。在这一问题上,他对古代财政制度进行了严厉批判。首先,他说:"三代后之言财用者,皆移之尔,或夺之尔,未有能生之者。移之者何?除中饱是也;夺之者何?加赋税是也"②。这是指以往奴隶制的和封建制的国家机器对国民财富生产没有起扶助作用,而主要是进行掠夺。即使是清除贪污中饱,其结果仍是将私人财富"移"到国家手中而已。自先秦以来,谈赋税问题者大都从巩固封建国家统治角度着眼而主张轻税以"富民"或"纾民"。陈炽却是从平民角度出发把赋税看作是对他们财富之"移"与"夺",这是具有一定时代精神的财产权利不容侵犯的色调。其次,他进一步指出③:

"若生财之道,则必地上本无是物,人间本无是财,而今忽有之。"

也就是说,要从事生产以增加财富才是"富国之源"。可见他所理解的"富国"涵义在于财富的生产,即必须是一种创造,不能仅是靠流通或转移而获得;同时也是不把以货币形式表现的财富考虑在社会财富之内。这样的财富生产概念,在以往确是极为罕见的。因为历代思想家在接触到财富问题时,一般除重复《大学》的生众食寡的老调外,多从财富的分配特别是从"治财"即财政再分配角度谈问题,很少论及财富的生产本身。陈炽的生产概念虽较简单,已是很少有的。此新概念可

---

① 见陈炽为《盛世危言》所作的序。
②③ 《续富国策·自叙》。

能系得之于传教士李提摩太的生利分利之说①。

最后，我们将研究他对"义利之辩"的议论。对于这个长期以来被士人重视的命题，他作了一些新的解释。他把"圣人之义"理解为"圣人之仁也"；所谓"利"是"公其利于天下"即公利，"故天下之工于言利者，莫圣人若"②；用这样的逻辑反对"讳言财利"的传统教条。他又指出："不闻夫财利之有无，实系斯人之生命，虽有圣神，不能徒手而救饿。"③ 以此论点来反对"不言利"的思想，本是不错的。可是他又说："天下滔滔，大抵皆中人尔"，圣人之"言利"是"为天下之中人计也"④，结果仍回到《论语》的"君子喻于义，小人喻于利"的老一套思想上去了。他又说："人竞利则争，争则乱……利而私于一身，则小人无忌惮矣"；要有"义"才能使天下得其"平"⑤。这又是荀卿的"义与利者，人之所两有也"⑥ 的旧观点。陈炽的许多经济观点均犯此老毛病，在他宣扬资产阶级"福音"的同时，总是要把古先"圣贤"拉到战场上来为他作挡箭牌。如果"圣人"早就在"言利"了，何能产生"不言利"的传统思想，更不会出现所谓"义利之辩"。关于"义利"这个已谈论二千多年的问题，到陈炽手中，已成尾声，此后思想家不大提到它了。这里，还须补充一点他对此问题的很风趣的看法："吾虑天下之口不言利者，其好利有甚于人也，且别有罔利之方而举世所不及觉也。"⑦ 这倒可以揭露一些所谓"讳言理财"者的伪善面目。

谈富国且宣扬重商是当时的历史潮流，陈炽自然不能例外。在他的富国思想中，已约略地认识到生产与流通的区别，而将商业的作用看作在于流通。他指出：

"商之本在农，农事兴则万物蕃而利源可浚也。商之源在

---

① 李提摩太《生利分利之学》，上海广学会刊本，1894年。
② 《续富国策》卷四，《商书·分建学堂说》。
③ 《续富国策》卷三，《工书·攻金之工说》。
④ 《续富国策》卷四，《商书·分建学堂说》。
⑤ 《续富国策》卷三，《工书·攻金之工说》。
⑥ 《荀子·大略篇》。
⑦ 《续富国策》卷三，《工书·攻金之工说》。

第十七章 太平天国革命失败至甲午战争前后的财政思想

矿,矿务开则五金旺而财用可丰也。商之体在工,工艺盛则万货殷阗而转运流通可以周行四海也。"①"工者,商之本也,生人之利用之源也。"②

这表明,他已认识到"农"、"矿"、"工"是"本"、"源"、"体",换言之,是生产的本身,而商则是为生产服务的,亦即流通为生产服务。陈炽已不是像他的前人那样,仅仅把农、工、商并列起来,泛泛地说明三者的相互关系,而是将"商"在富国中的地位区别于农矿工的作用。如将前面提到的"生财之道"结合起来考虑,则农、矿、工三者才真正是使"地上本无是物,人间本无是财,而今忽有之"的"富国之源"。反转来说,亦即"商"不是"忽有"本来没有的"物"和"财"。此为很显明的商业不能创造财富的新观点,比清初颜李学派的李塨所谓"若商则无能为天地生财,但转移耳"③的表述,更为明确而具体。

陈炽也和马建忠、郑观应一样主张创立商部,惟其主张设商部的理由与马、郑又有所不同。他是结合封建国家财政收入和商人利益二者来考虑设商部问题的。当时清中央政府的财政收入主要来自厘金、关税和盐课三项,土地税收入已退居次要地位。此三项捐税均由商人交纳。所以,他说:"无商是无税也,无税是无国也。……然则商之于国也,国之于商也,固已共戚同休,迥非昔比矣",这确是有客观现实根据的议论。

由于陈氏重视私商经营,因而十分赞成近代公司制度和自由竞争,并重视商业信息,特别是注意了解各国商品行销情况以及"各国进口税则之轻重"④。对于当时出现的"漏卮"问题,他不把重点放在限制外货进口方面,而是强调发展机器生产,以减低成本,增强"土货"在国外的竞争力量。

对工矿业,他建议采行专利制,"劝工之法奈何,仿各国给凭专利

---

① 《续富国策》卷四,《商书·创立商部说》。
② 陈炽:《庸书外篇》卷上,《考工》。
③ 李塨:《平书订》卷一。
④ 《续富国策》卷四,《商书·考察商途说》。

633

而已矣。"① 他还给以往鄙视"工"的传统思想翻案,列举出儒家经典上关于工事的记载以证明"圣人"一向是重视工业的,他说:"圣贤之言,谆谆以百工与士大夫相提并论……故曰,劝百工则财用足也。"②

陈炽对阻碍工商发展的厘税,未公开表示反对。他认为股份公司制度实行后,各公司资本雄厚,能减轻成本以获取赢利,同时也不敢像零星商贩那样进行"偷漏走私"。这样,官府就可以大量"减卡裁丁",裁减征收厘金的关卡数目和员丁人数,节约财政开支,公私两利③。他反对协定关税,外船在中国内河航行,外人在华开矿设厂等特权,还主张在"租界"之外另设"华市"④,以与租界相对峙而收回部分权利。他对列强经济侵略的认识比较清楚,却毫无理由地相信英、美等帝国主义不会用武力侵略中国,但求能商务往来就已满足。对于向西方学习,他也提出了一些较合理的原则,如把学习西法和使用外国侵略分子这两件事严格区分开来,"西法之善者可行也,西人之狡者可畏也",其建议是中国应该"兼采西法"和"专用华人"⑤。

陈炽对西方经济学的理解,系得之于当时有限几部西方经济学教科书的中译本,可算是甲午之战前后除马建忠而外能或多或少地选用一些经济理论对现实问题进行分析的学者。但由于他所能大致理解的是关于货币银行方面的西方知识,因此在财政议论方面未能提出较为可取的观点。

这里,附带提一下另一位戊戌变法重要人物谭嗣同的财政议论。在财政原则上他强调"开源"而反对"节流",也反对征重税,尤其反对不加区别的重征进口税,认为这样不一定对本国有利⑥,他坚决反对厘金,主张实行印花税制,以征坐商而不征行商为原则⑦;对食盐与土货

---

① 《续富国策》卷三,《工书·劝工强国说》。
② 《续富国策》卷三,《工书·劝工强国说》。
③ 《续富国策》卷四,《商书·纠集公司说》。
④ 《续富国策》卷四,《商书·创立商部说》。
⑤ 《庸书外篇》卷上,《西法》。
⑥ 谭嗣同:《仁学》,《谭嗣同全集》,卷一。
⑦ 《试行印花税说》,《谭嗣同全集》,卷一。

第十七章 太平天国革命失败至甲午战争前后的财政思想

"则一征于出产之地而不问所之"①,这是明末以来久被传颂的盐政名言。此外,如设商部,定商律税则,实行预算、决算及会计制度等等,谭氏均曾提及只是未作深入论述。他曾提到过的近代科学名类有三四十种之多,足见他对学术之重视。关于预算、决算、经济、统计等近代财经术语,他在1894年《报贝元徵书》中均已提到,预算、决算等名词,除黄遵宪在1887年写成的《日本国志》中已曾论及外②,谭嗣同恐怕算是国人中直接使用这些术语较早之一人。由于谭嗣同的思想转变和形成的时间比其他人均短促,大约不过两三年左右时间,故没有掌握足够的财经理论武器,只凭从国内得到的一点间接而肤浅乃至不一定正确的财经知识为基础,以从事对现实财政经济问题的分析与批判,自不免产生驳杂不纯,泥沙俱下的现象,甚至常出现一些脱离现实的离奇思想。例如他主张实行印花税制以代替厘税,是否能消除厘金的弊端已是问题,又建议印花税票兼作纸币使用③,就十分离奇了。而且他提到的财政概念虽然不少,却停留在名词的使用上,甚少阐述其内涵。因此,我们只顺便提一下他的财政观点,不作系统介绍。

第四节
洋务派首领与封建顽固派的财政议论

"洋务派"是一个极不严格的名词,它可以用来称呼19世纪后期所有拥护或采行西法、西学的人们,而较习惯的用法是专指少数封建统治集团中办理对外事务和兴办近代工矿企业的权要及其切近的追随者。如采用前一涵义,则这一历史时期所有在巩固或不改变封建统治前提条件下面积极学习西方资本主义知识和事物并力求其实现的人们,从魏源到康有为均属于同一类型。他们之间的差别,仅由于时间有早迟,故对

---

① 《报贝元徵书》,《谭嗣同全集》卷三。
② 参见黄遵宪:《日本国志》卷十七,第15页。
③ 《试行印花税说》,《谭嗣同全集》卷一。

西方的理解也有由少到多，由浅到深的差别，或在变法步骤上存在着主张逐步改革与要求"全变"的多少快慢之别，并无本质上的差异。如采用后一涵义，也应从历史角度辩证地分析，不能毫无区别地把那些主张办理新式工矿交通企业的洋务派官僚头头的观点，通通看作落后反动。总之，那个时代的洋务思想或洋务运动的基本倾向是提倡斟采西方的新生事物，特别兴办新兴工商业为国家开辟财源，这也是洋务派首领们的共同特点。而所谓封建顽固派，则指那些仍带着花岗石头脑而坚决反对仿效西方以变法的顽固分子。下面就从此角度，对封建顽固派与洋务派首领各自所持的财政观点，作一综合分析。

一、封建顽固派代表人物的财政议论

早在1874年，曾围绕着仿效西法问题展开了洋务与反洋务的第一次论争，此次反对洋务的思想以刘锡鸿的议论为最具代表性，其中不少议论均涉及理财原则或财政问题。到戊戌前后仍有人重弹此调如宋育仁与曾廉。下面分别论述他们的财政观点，并不是为了他们的议论本身有何值得论列之价值，而是借以表明传播西方财政知识或理论的新生事物的发展受到顽固派多大的阻力。

(一) 刘锡鸿的财政言论

刘锡鸿曾于1876年充郭嵩焘的副使出使英国，后来又被派为驻德公使。他无论在出国前或出国后均坚决反对西法，反对兴办新式工商业，顽固地坚持"重本抑末"的旧观点，斥兴办工商业为"言利"。在反对仿效西法上，他有一个最基本的论点，就是西洋的一切经济政治设施，均不适合于中国的国情。根据这一论点，他强调富国必须"务本知俭"[①]，不适当地把"商贾"特别是新兴资本主义工商业和"奢靡"联系起来，认为由于商贾本身的豪奢用度会引起全社会的奢靡风尚。所

---

① 刘锡鸿：《刘光禄遗稿》卷二，《乙亥九月二十四日复丁雨生中丞书》。

第十七章 太平天国革命失败至甲午战争前后的财政思想

以,"黜奢"的实质就是反对举办新式资本主义工商业,继续维护已腐朽的封建主义生产方式。他的这一论断成为当时及稍后的"黜奢崇俭"论的理论根据。表现在具体财政原则上,就是墨守"节用"原则,用他的话来说,"财源已无可开,能节财流,即是富国第一善策。……求帑藏之充实,亦只宜节用以储财,万不可于财源设想"①。从表面看来,他反对"开财源",似是担心由此会"增税款加赋额",因而"足以扰民"②,其实不然。因为当时提倡开辟财源以富国的呼声,主要来自主张效法西方举办新式工矿交通企业的人们。对此,刘锡鸿却认为是"欲理财而财益浮销矣,欲造船而船未必能坚,欲制器而器未必能利矣"凡此种种设施"无非枉耗财用"③;又断言以"官督"开采金银铜铁及煤矿"不但有弊且无利。"④ 总之,对于当时清廷在洋务派官僚头头推动下,投资兴办的近代工商业,一概表示反对。这也就是他反对"开财源"的实质。至于增税扰民一说,也完全是他用来对抗近代工商业的一种借口。因为对于当时扰民最甚的厘金弊政,他非但不同意取消,反而在肯定厘金收入为军费主要来源的前提下,宣扬官府对于国人之华货征收厘金,"虽尽取之亦不为过"⑤。可见其所谓"增税扰民"与反对"开财源"的观点一样,均系顽固坚持封建传统理财教条的反动立场之体现。

此外,刘锡鸿指出使用农业机器"可为富民省雇耕之费,亦可使贫民失衣食之资者",故农业及铁木厂机器"皆非余所心属"⑥。这是机器夺民生之计谬论的先声,与所谓"黜奢崇俭"论同为当时又一重大争论问题。所以上世纪末两大引起争论问题的产生,他的谬论实为始作俑者,确系当时顽固分子中的典型代表人物。其他如为了节省"办海防之财力",宁愿请鸦片战争的祸首英国殖民主义者的舰队来"保卫"中国的海防。甚至为保持"天朝"大员的威仪,不屑亲自接见外来使

---

① 《刘光禄遗稿》卷二,《读郭廉使论时事书偶笔》。
② 《刘光禄遗稿》卷二,《读郭廉使论时事书偶笔》。
③ 《刘光禄遗稿》卷二,《答李伯相书》。
④ 《刘光禄遗稿》卷二,《录辛未杂著二十二则寄答丁雨生中丞见询》。
⑤ 刘锡鸿:《英轺私记》。
⑥ 《英轺私记》关于《机器耕作》条。

臣，他竟建议仿海关税务司成例，成立"洋务司"交由两个美国人主管，办理一切外务事宜。这些均是其力求苟且偷安的顽固态度之变相反映。以上诸点虽不都是财政问题，但对我们理解当时封建顽固派的理财思想的反动本质，是不无裨益的。

（二）宋育仁的财政言论

19世纪90年代之初从使英、法的宋育仁，曾刊行《时务论》大谈"富强之道"，惟其在理财问题上的思想却相当保守。他在出国以前主张复古，所谓"复古"系照《周官》一书所规定的理财原则行事。他说："圣人之论治，先富而后教，由兵而反礼，其始务在富强，其术具在《六经》而《周官》尤备"。他推崇《周官》的这一指导思想，在从使英、法之后，仍继续坚持。陈炽在此点上与宋的观点相同，这也许是他请宋为其《庸书》作叙的原因。然而陈炽终究不像宋氏那样是一个复古主义者，宋育仁则明确指出：

"《周官》圣人经世之术，外国略得其意而其效立睹。……外国之为治有得失乎？有失者彼夷狄之法，其得者乃古昔圣人之意也。今取证于外国富强之实效而正告天下以复古之美名，名正言顺，事成而天下悦从，四海无不服。舍此而思其次，则无策以自救"①。

《周官》一书自两宋以来很多思想家均视为经国理财之准则，那是无足为奇的。因为前代封建士大夫在儒家的其他经典中找不到可资遵循的具体财政经济规定，故视《周官》为至宝。而宋育仁到19世纪之末还想以《周官》的规定为准则，那就有些落后顽固；又在亲自体验过西方资本主义实践之后，还认为西方富强之术系渊源于《周官》，那就是荒唐了。

当然，他在谈论理财时也接触到一些资产阶级经济学知识，如说："西人书《富国策》，言理财之术贵在分业"，此系指分工概念而言；又

---

① 以上两段引文均见宋育仁：《时务论》。

第十七章 太平天国革命失败至甲午战争前后的财政思想

说:"西人理财之策,专重在积厚资以为本,速转运以滋息"①,涉及资本问题。但是,他所谈到的一些具体财政问题,大都是胡说乱道,毫无可取之处。例如,他说西方"征商"有明税暗税之别,"明税由官府直取于民","暗税由商敛于民,纳课于官"。其实,他大概说的是直接税与间接税,只是未真正将二者弄清楚。又如对兴修铁路问题,他指出其"利凡十三而其弊亦有三端",他说的十三利无甚特点不必赘述,其三个缺点是:"徒益末商,有防治本";敌人夺路长驱,"一朝而至……出我不意";"中国妇女不出门,火车往来,妇女罕行,岁入生息,已减其半,……如倍其资,益令褰足"②。他说的这三个弊病可能或多或少的受到刘锡鸿《英轺私记》的影响。这些封建士大夫在谈及伦常纲纪问题时常是头头是道,一接触实际理财问题就令人啼笑皆非。

(三) 曾廉的财政言论

1898年,曾廉应诏上书,借此机会猛烈抨击变法。他质问变袪将"置祖宗于何地",并要求斩康、梁"以塞邪慝之门"。他反对资本主义工商业、反对机器生产的言论基本上是因袭刘锡鸿的说法。他对采行西法的攻击尤为剧烈,曾说:

> "今西法之行者,曰铁路,曰矿务,曰制造,昨又农工商局开矣。美其名不曰收回利权也。则曰广殖民生也。然臣见其耗财,未见其生财也。以为久而后成欤?则津海铁路、开平煤厂行已久矣,何以不闻其利国也"③。

自19世纪六七十年代开办洋务企业以来,出现了不少弊病是毫无问题的,但如曾廉所说那样没有"生财",却又是绝对错误的。如果洋务企业真的于国无利,何以能维持数十年之久,而且越办越多。轮船招商局、上海机器织布局等开办时均获利甚多且不必说,就拿他所指责的开平煤矿来说也是有成效的,津海铁路也因经营有利而力图延长。这些

---

① 宋育仁:《礼俗》,见陈忠倚:《皇朝经世文三编》卷七十七,洋务九。
② 以上引文均见宋育仁:《泰西各国采风记》。
③ 曾廉:《瓠庵集》卷十二,《应诏上封事》。

639

仅从其利润收入而言，还未考虑它们对国民经济所起的有利作用。顽固分子一概予以否定，如不是一叶障目，便是别有用心。

在当时封建政府财政十分困难的情况下，曾廉也承认"财"对于国家的重要作用，如谓："夫财者，朝廷之所以驱使天下之大权也，未有无财而可以治天下者也"①。但他又把"竞言财用"与"讳言财用"并称为导致国家削亡的两个祸根②。这一观点看起来矛盾，实际是把讲求财用严格限制在封建传统理财观念所允许的范围内，而对于"竞言"西法以富国的主张，则斥之为"夺民之利"，认为它违背了以农富国的传统宗旨。所以他攻击主张变法者说："开矿则欲其利归官，修铁路开银行则欲以公垄断，毕竟财于何生，国于何富，不之计也。二三十年以来，愈言富而愈贫，言强而愈弱，其以此也"③。曾廉作为一个衰落的封建大地主，鼓吹以农富国而又坚决反对已大量出现的资本主义工商业，显然是为濒于瓦解的封建落后生产方式辩护，从而也是十分顽固的。

二、洋务派首领的财政思想

在早期积极兴办洋务企业的清廷大员中，以李鸿章为最具有代表性，尽管他对洋务思想的论述并无系统。张之洞大办洋务企业的时代已在洋务运动的末期，他也发表过不少有关洋务问题的议论，可算是清廷大员中洋务思想后期的代言人。这里简单介绍一下李鸿章与张之洞的理财观点。

（一）李鸿章的理财观点

李鸿章（公元1823—1901年）是清廷大员中积极坚持办洋务的早期代表人物，在与顽固派的斗争中他也是站在最前线。在1874年的一

---

① 《瓠庵集》卷十三，《再答杨生子玉书》。
② 《瓠庵集·经义》。
③ 《瓠庵集》卷十八，《与薇省帖》。

第十七章　太平天国革命失败至甲午战争前后的财政思想

次大辩论中,他的中心论点是:"穷则变、变则通",必须变通旧法才能适应"数千年来未有之变局"和对付。"数千年来未有之强敌"①。

他经常标榜办洋务的目的是求"自强",而"自强之本"是"取外人之长技以成中国之长技"②,这一思想的渊源系来自魏源与冯桂芬,并是那时的流行观点。但是要"求强"必须先"致富",不富即不能强,"尤必富在民生,而国本乃可益固"。而致富即须理财,故又称"欲自强必先理财"③。类似语句在王韬、薛福成、马建忠的著作中也是常见的。因此,李鸿章不独不讳言财利,反而为"言利"辩护,指出国家为筹集经费,其所征关税、厘金"何一非言利,又何一可停止?若概以言利斥为不可行,将百事皆废矣。"④ 在他以前,另一创办洋务的清廷大员曾国藩也大谈理财的必要性,认为治理军政事务,"非财用充足,竟无下手处",并引用王安石和叶适的理财议论相标榜,借以证明"避理财之名,以不言有无、不言多寡为高,实则补救时艰断非贫穷坐困所能为力",而讲求理财"良为通论"⑤。可见,重视理财是洋务派官僚们的共同特点。至于李鸿章提出与洋商"分利","收回利权",堵塞"漏卮"之议,也是那一时期的普遍要求,不足为奇。

提到李鸿章为理财而创办洋务企业,自会联想到他提倡"官为扶持……以助商力之不足"⑥ 的所谓官督商办问题。因为自甲午之役以来的八十年中,绝大多数的学者均将官督商办作为李鸿章的罪过之一。我们在前面的分析中已指出 19 世纪后期的进步思想家几乎没有人不主张在兴办近代工商业之初须有官府出而为之助。尽管各人所设想的"助"的方式有所不同,而必须有官为助的这一观点则是一致的。在这些人中有的到后来也反对官督商办如郑观应,那是甲午之战以后的事。这表明在 19 世纪七八十年代,官府参与近代企业的兴办是一种占主导地位的思想。即以当时很特殊的一个官督商办企业上海织布局为例,这一组织

---

① 李鸿章:《李文忠公全集》,《奏稿》卷二十四,《筹议海防折》。
② 《李文忠公全集》,《奏稿》卷九,《置办外国铁厂机器折》。
③ 《李文忠公全集》,《奏稿》卷四十三,《试办织布局折》。
④ 《李文忠公全集》,《海军函稿》卷三,《议驳京僚陈阻铁路各奏》。
⑤ 曾国藩:《复周子佩太守》,见《曾国藩未刊信稿》第 205 页。
⑥ 《李文忠公全集》,《奏稿》卷三十六,《复陈招商局务片》。

形式就是商人方面首先提出来的而且成效并不坏。因此，在评价官督商办企业时，须看到此种组织形式是一定历史条件下由官办到官督商办，到官商合办，再到民营的发展过程，也须看到它必然出现某种弊端的各种原因。当然，出现弊端李鸿章须负一定的责任，但不能主观地把一切责任均归咎于某一个不必要负完全责任的历史人物身上。至于李鸿章的另一条罪状，也就是上海织布局成立后，宣布十年之内，"只准华商附股搭办，不准另设新局"①。这一"十年专利"的规定，从当时的具体历史事实看，也未必对民营工商业的发展起过多大的阻碍作用。

李鸿章在早期洋务运动中的作用，不在于他自己提出了什么独立的理财观点，可以说他的基本理财观点与薛福成、马建忠的观点是相互影响、相互融合的。他从薛、马思想中吸取了不少滋养而付诸实行，薛、马之说亦因他的支持而益张，否则他们不能长期相处。所以，在评价李鸿章及其他清末官僚高唱"理财"而兴办洋务企业时，既要认定他们大都会借机肥私舞弊，更要看到在顽固势力的严重窒碍下，创办新式工商业之不易和这些工商业创办对国民经济所起的积极有利作用。这里自然也包括突破封建传统理财观念的局限而开辟新的财政来源的意义。

（二）张之洞的财政议论

张之洞（公元1837—1909年）在19世纪末和20世纪初各种维新的、革命的思想已风起云涌时，仍大力为已过时的洋务思想辩护。他维护封建统治尤其是维护封建名教的思想是十分牢固的，尽管在对待近代工商企业的思想上尚有所改进，这只能使他不致沦为顽固派，而每当客观形势发展时他总是落后于形势。所以，李鸿章关于洋务问题的论述是在抵抗顽固势力的斗争中出现的新观点，而张之洞论述洋务系为了反对较新的变法思想和更新的革命思想而提出的保守辩护观点。二者同为洋务思想，却不能混为一谈。关于张之洞思想的这一特点，也在官督商办、利用外资等理财问题上得到充分体现。

其一，官督商办问题。他在1887年升任两广总督后，才由一个洋

---

① 《李文忠公全集》，《奏稿》卷四十三，《试办织布局折》。

第十七章 太平天国革命失败至甲午战争前后的财政思想

务派的反对者开始大办洋务企业。此时,官督商办的弊病已日益暴露。而他对所兴办的各大企业,仍强调"权"与"利"二者须分开对待,商民只可求"利",而"权"必须操之于官,"二者相辅,商得其利,官收其功"①。在若干年后处理粤汉铁路湖南段问题时,他自己也知道以往的一套调子行不通了,改唱"官商分权"之说:"商无权则无人入股,官无权则隐患无穷"②。所谓"商权"指用人、用财等事,均由股东公议决定。但他又想尽各种办法使财政、用人之权最后须经官府核准并限制商股投票权,使商权有名无实,以致无法行通。最后不得不改为"官商合办",直到临死前的《遗折》中还坚持要"官民各半"、"官为主持"。

在他主办洋务企业这二十多年中,最初几年官督商办的弊害已日益暴露,十年后更成众矢之的,许多官督商办企业已先后改为官商合办,再改为民营。但他仍一直坚持成见,甚至把用巨资由美国赎回作为商办的粤汉铁路湖南段,硬改为官督商办,并对其广东段民营方式提出责难。"官权"思想之作祟可谓到了极点。

其二,利用外资问题。张之洞办洋务企业的一个特点是其资金来源多靠利用外债,以兴办铁路企业最为典型,如芦汉路借法、比债,粤汉路借英债,川汉路借德债等等。在当时条件下要举办此类大型企业,利用外资实为势所必然。李鸿章在兴办洋务企业时也常向外国在华银行或洋行举短期债。而张之洞所说的外债多系由资本主义国家政府出面贷放的债款,其用途包括练海陆军,造铁路、枪炮,办工商企业,开学堂等等,他说:

"此数事乃中国安身立命之端,万难缓图。若必待筹有巨款始议施行,则必致一切废沮自误而后已。今日赔款所借洋债已多,不若再多借十分之一二,及此创巨痛深之际,一举行之,负累虽深,而国势仍有蒸蒸日上之象,此举所借之款,尚

---

① 张之洞:《张文襄公全集·奏议》卷十一,《筹设海防要策折》。
② 《张文襄公全集·奏议》卷六十八,《湘路商办窒碍难行,应定为官督商办并举总理协理折》。

可以从容分年筹补。果从此有自强之机，自不患无还债之法。"①

办海陆军、设学校等政务也要向列强借外债，这是绝对错误的，对此马建忠早已有所论述。而且他所经办的外债均有抵押品，并在借债所兴办的企业内由贷款国洋员担任主要职务，就更加荒谬。

关于引进外资问题，由于清廷统治集团的软弱无知以及张之洞之流的荒谬理解和行径，使人们思想中对举外债造成一种误解，认为举外债必须有抵押品，并出让某些权利，丧失主权。以至清末以来人们一听到举外债，就谈虎色变，意谓将损害国家主权。马建忠是我国历史上第一位倡议举外债以修铁路的思想家，他所说的外债是指在英、法的资本市场上发行铁路股票以筹集资本，是资本主义世界创办工商企业的习惯方式，根本不需要什么担保和抵押。但以人们囿于对外债的误解，以致马氏晚年常因此而受到非议。张之洞的荒唐不在于建议借外债，而在于他将担保、抵押乃至一些损害国家主权的措施视为借外债的必需条件。因此，在研究中国近代史上的引进外资问题时，应避免把一个经济落后国家举外债以兴办近代工业的正常途径，同那些由于经办官僚之无知而接受的苛刻借债条件搅混在一起，从而视前者为畏途。

前面我们谈了许多张之洞在理财方面的落后保守思想，最后我们将提一下他在当时条件下颇为难得的一个财政观点。1904年他曾列举几个理由奏驳美国人精琪（G. W. Jenks）建议的金汇兑本位制。其中的第一个理由就是从财政角度反对设立由洋员主持的"司泉司"财政机构，他说："财政一事，乃全国命脉所关，环球各国无论强弱，但为独立自主之国，其财政未有令他国人主持者，更未有令各国人均能预计者"②。这是那时反对精琪计划都具有的正确观点。但在此前三年，他自己就曾建议让日本人出资在东三省兴办近代企业，由日本人派顾问主持，并主张"门户开放"，使各国共同为我订此章程。此虽是前后相矛盾的主张，毕竟是他在认识上的一个进步。

---

① 《张文襄公全集·奏议》卷三十七，《吁请修备储才折》，此折系他与刘坤一联名所上。
② 《张文襄公全集·奏议》卷五十六，《奏驳虚金本位疏》。

第十七章 太平天国革命失败至甲午战争前后的财政思想

在此奏议中他又从外贸关税角度提及 19 世纪之末以来大多数人所焦虑的"镑亏"问题。他说：

> "镑价日涨，于中国赔款则有损，于中国商务则有益。夫抵制进口外货，畅销出口土货，实为富民保民之第一要义，环球万国之公理。……今以金贵银贱之故，赔款每年虽多二三百万，而商民获土货外销之利可多至二三千万，能形之益已多，且出口货多，税亦加多。"

他不独不焦虑"镑亏"问题，还认识到金贵银贱有利于中国土货之出口，这在那时是很稀有的见解。仅严复才可能具有此认识，但未像他这样讲得明确。康有为在 1910 年刊行的《金主币救国议》中还大谈"镑亏"之害，其认识水平尚不及张之洞之高。张之洞的其他理财议论均系落后保守的，唯独在此问题上高人一筹，真可算是"愚者千虑，必有一得"。

中国财政思想史

第十八章

清末民初的财政思想

清末民初,即从20世纪开始到五四运动前夕这二十年时间内,西方财政学在我国日益广泛流传,不过在理论方面一般不外是对资产阶级财政学说的转述,谈不上有什么特殊的创见。另外,传统的中国型旧财政思想,由于不适合现实的客观财政经济形势,几乎全部坍台。即使一些从近代眼光看来尚有其意义的财政观点,或因尚未被整理出来,或因其表达方式不够准确、不够通俗,也一并为人们所遗忘。从此人们不再用中国型旧财政思想来作为解决现实财政问题的理论根据,甚至连引证它们的文章也很少见了,如果还提到的话,一般也只是把它们作为古董来欣赏和怀念。

上述情况,决定着我们研究这一时期的财政思想须采取与以前各章不同的分析方式。19世纪后半期,封建主义旧财政思想体系还有相当的市场。因此任何对它们的批判,均是一种反封建传统的斗争,即使成就微末,也值得珍视;另一方面,对西方资本主义财政知识的传播,尽管是点滴而又肤浅的,却体现着新生事物之萌芽,自不能有所忽视。这些均有必要予以较全面而细致的爬梳整理,以发现财政思想中随时代发展而展开的斗争演变过程。20世纪开始后,一些谈论财政问题的学者,大都不再像19世纪后期的人们那样,专靠国内刊行的少数拙劣译著以间接而不成系统地吸取滋养,多能直接从国外财政学著述系统地吸取其

第十八章 清末民初的财政思想

营养。但是，他们所大量传播的均为西方资产阶级财政理论，这也是时代的局限所使然。因此，如将他们所接触到的财政议论也加以全面地介绍，不过是对西方财政理论的复述，无此必要。所以，我们对这一时期的一些代表人物的财政思想，只着重分析整理其接受外来财政理论的演变过程和其他一些颇为特异之处，不作全面细致的介绍。这绝不是由于20世纪开始后的思想家的财政观点比前一世纪后期的人们要少些，而实际上是多得多。此外，这一时期出现的一个很重要的现象，是翻译的国外财政学著作和国人自撰的介绍西方财政理论的书籍，愈来愈多，但均为依样画葫芦，更无一一介绍之必要。

下面分析梁启超、孙中山和同期的其他人物的财政思想，均将根据上述原则来进行。同时，为了便于掌握本时期中国旧有的封建财政思想体系迅速崩溃的全貌，我们将对20世纪最初二十年间近代财政科学在我国传播与应用的概况，作一大致描述。这样也可避免因单纯介绍个别人物的财政思想而未睹当时整个国家的财政政策及其指导原则也在发生深刻变化的缺陷。

第一节
梁启超及北洋政府官员的财政思想

本节所研究的历史人物，均曾先后在民国初期的北洋军阀政府内担任过财政要职。但从近代财政思想史上考察，梁启超在传播资产阶级财政学说方面具有不可抹煞的作用，而其他财政官员如周学熙、梁士诒等人，则不过撷拾西方财政学的牙慧来为军阀、统治集团筹集钱财而效力。

一、梁启超的财政思想

梁启超在戊戌变法前后即已与康有为并称，在19世纪的最后四五年就写了一些有关财政经济的文章，而较定型的观点却是在20世纪之初才形成。他的财政著作的数量之多，在20世纪初期是无可比拟的。北洋军阀段祺瑞曾把他看成精通财政的人物并于1917年任命他为财政总长，后以缺乏主持政务能力，没多久就干不下去而被解职。据说他在交卸时有公款八十万元不知去向，无法交代，但人们相信不是他贪污了的，只好不了了之。可见他对财政问题只会纸上谈兵，毫无处理实际事务的能力。这也反映出他在财政理论上，基本上是传播或整理他人的学术成果，不可能有杰出的创见，尽管他在传播和整理过程中也会提出一些独立的看法。

梁启超无论在政治或学术上均少有一贯坚持的见解，观点经常改变，每每前后矛盾。在一个社会急剧变革时期，客观条件不断变化，人们的思想自会随之而改变。19世纪60年代以来的思想家中不产生某种前后思想观点矛盾的人很少，只有改变得多少快慢之不同，而变得特多的要算梁启超。就财政思想来说，这类例子就很多。如对保护关税问题，他早年认为这是"西国旧制"，凡讲求"富国学"者"皆知其非，以为此实病国之道"，故推崇自由贸易之论①；数年后他又称西方重商主义实行重征进口税的保护政策"诚救时之不二法门"，建议"移植"于中国②。在货币本位制问题上，他最初从国家财政收入角度考虑，认为在金贵银贱情况下，如以银定税率，则既定税额的实际收入势必降低，又将在偿付赔款时受"镑亏"之苦，故绝不能采用银本位③；但此后三年又说金本位目前不易办到，应暂照习惯，采用银本位制④。关于奢俭之争，他在戊戌变法前夕，与谭嗣同一起大唱"崇奢黜俭"之论⑤，调子比谭还高。亡命日本后数年，又批判别人"奢非恶德之说"⑥，好像他自己从来就没有宣扬过"崇奢"论似的。又如关于财政原则，他先是坚持采用"量出以为入"原则，指出"财政之所以异于

---

① 梁启超：《饮冰室文集》卷二，《史记货殖列传今义》。
② 《饮冰室文集》卷十二，《生计学学说沿革小史》。
③ 《饮冰室文集》卷二十六，《币制条议》。
④ 梁启超：《饮冰室丛著》第十种，《政闻时言·大政方针宣言书》。
⑤ 《饮冰室文集》卷二，《史记货殖列传今义》。
⑥ 梁启超：《管子传》。

第十八章 清末民初的财政思想

私人生计者有一大原则焉,曰:量出以为入"①,但在三年后又把"严格之量入为出"列为他的"大政方针之一"②。

他思想中所以经常产生这种前后矛盾的观点,主要是因为他要求坚持君主制并为之辩护,一旦发现有利于此的"西哲之余唾",不论理解是否正确、全面或和自己前此观点有无矛盾,马上著文予以引述并常过分地予以强调。实则他对新接受的观点未必真正理解,而被放弃的旧观点亦未必全非。虽然如此,我们不能以此苛责梁氏,在社会经济急剧变革时期,存在着前后思想观点矛盾者不乏其人,只是他的矛盾观点较别人更多一点而已。

在分析梁启超及以后思想家的财政思想时,我们将采取一种不同于分析20世纪以前思想家的尺度。以往的思想家的财政观点,除严复和马建忠外,均属于旧中国型的财政思想。陈炽虽然写了一部《续富国策》,却未真正理解西方《富国策》的内容,仍应列入旧理财思想的范围。因此评价他们的财政思想,只能着重在他们所表达的前人所未有的新议论,而对这些新议论,却不能作过高的理论要求。从梁启超起就不应是这样,他的财政思想成熟于二十世纪之初,又一再宣扬什么财政学的这个"公例",那个"原则",并以此而标榜自己或评论他人。所以评价他的财政思想就得首先以近代财政学的尺度去衡量,然后予以分析批判。

梁启超的财经论著不仅在数量上超越前人及其同期的学者,其所接触过的财经范畴的面也甚为广泛。他在戊戌政变前后的财政思想多来自有限几部西方经济学译著和马建忠、薛福成、陈炽、李提摩太等人的著作,尤以受严复《原富》译稿的影响较大。从1903年起。他逐渐摆脱国内中译本财经书籍的局限,日益从外文财经著作中直接吸取滋养。再加上他还提及不少中国古代的理财思想,这就使他所涉猎的范围更加广泛。可以说,在他以前的思想家从来没有一个写过这么多的财经论述和涉及过这样广泛的财经内容。但也要指出,他所涉及的财经范畴虽较广

---

① 《饮冰室丛著》第十种,《政闻时言·地方财政先决问题》。
② 同上书,《政闻时言·大政方针宣言书》。

阔，大多数均止于提到名词概念而已，未作较深入的介绍，且有不少的理解错误。这也由于他主要从日文资产阶级论著中吸取滋养，而那个时代的日文论著不论是翻译的或自撰的，基本上还处在述而不作的阶段，一般是从欧美贩来的庸俗经济学货色，且因追求速效，有时难免欠于精审。梁启超不分良莠，也无从辨别其良莠，顺手拈来，只要是东、西洋人士的论著，无不视为瑰宝，兼以未作系统钻研，其理解肤浅、片面或者错误之处，在所难免。他的财政理论的知识一直停留在这样的水平，以后无大进展。晚年主要精力转而专攻史学，其财政学知识更加落后于当时所达到的理论水平。以上也是梁启超的财政思想的大致发展过程。

（一）主要财政观点

梁启超的财政议论很多，尤以论述公债者为最突出，所以在1917年曾短期出任财政总长。如以近代财政学为尺度来衡量，他的财政议论存在许多似是而非之论，当然也有若干正确的财政观点。下面只指出一些较为突出的，其中他对公债问题的论述，因内容较多，将单独列出专门进行分析。

1.《货殖列传今义》。梁启超在戊戌以前的财经论述，除《论金银涨落》和《论加税》两篇短文外，以《史记货殖列传今义》最有代表性。可是此文中却存在不少错误理解。在财政思想方面，如将司马迁所谓"其次利导之"误解为"如能出新法制新器者，许其专利"，司马迁何能有专利概念。又如将"平粜齐物"理解为通过税则调剂，"有国家者曷能平之，能齐之者恃有税则以左右之也"，不懂得平粜绝非抽税。此外，如以往他强调自由贸易原则，在这篇著述中又强调采用海关"税则以左右之"，前后矛盾。此时他还未弄清近代财政概念与古代理财一词的区别，把二者混为一谈，说什么"财政者，天下之事也。……故大学理财之事，归于平天下也"。不懂古代所谓理财不仅限于国家财政收支活动，其涵义更为广阔。其他似是而非之论还不少。

2.论生利与分利。他从《大学》的"生之者众，食之者寡"谈起，认为近代经济学家"言殖产之术，未有能外者"。我们在分析我国旧理财思想时，对这一格言通常予以肯定，指出它是反对苛征暴敛论者经常提倡的重要理财原则。但从近代经济学的逻辑思想来考察，它是颇欠妥当的。既然"生之者众"应该使"食之者"亦随之而众；"生者"同时也是"食者"，何能一众一寡；即使为了增加储蓄，也不能一味追求生众食寡。由此可以说明在研究古代和近代财政思想时，其要求须是有差别的。

3. 租税转嫁。他说："田赋虽征诸地主，而负担实转嫁于佃丁也；厘金虽征诸于行商，而负担实转嫁于小贩及消费物品之贫氓也"①。总之他认为一切租税都是转嫁的，不懂得货物税可以转嫁，而征之于地主的田赋则是不能转嫁的。这是重农学派以来各派资产阶级经济学所公认的原则。至于"小贩"，虽然会受厘金转嫁的影响，他们却可以将它再转嫁于最后消费者，并不直接承受租税转嫁的影响。梁启超将"小贩"也看作承受租税转嫁之受害者又是错误的。

4. "平税"政策。在1902年时，他曾说："人群主义"（指社会主义）是"斯密发其端，而其徒马尔沙士大倡之"，又说："亚当·斯密……行平税之政"②，意谓社会主义系实行"平税"政策。同年稍后不久又说：亚当·斯密创自由政策，自由竞争引起兼并，"于是近世所谓社会主义出而代之。社会主义者其形若主放任而内质实干涉者也"③，社会主义也就成了以干涉政策取代自由竞争的产物。到1908年还说，《管子》一书中的"奇异之政策，而与今世学者所倡社会主义有极相类者"④，连管子也变成社会主义者了。这恐怕也与他将《管子》的财政政策错误地理解为"无税论"，因而牵强附会地和他所说的社会主义"行平税之政"挂上钩不无关系。仅就上面这些例子，即足以反映梁启超早期财政经济思想之混乱，一知半解便信口评说。

5. 关于整理币制。对于整理币制的财政意义，他也很重视。认为"中国救亡图强之第一义，莫先于整理货币，流通金融，谓财政枢机于

---

① 《饮冰室丛著》第十种，《政闻时言·湘乱感言》。
② 梁启超：《饮冰室专集》卷二，《自由书》。
③ 《饮冰室文集》卷三，《新民说》。
④ 梁启超：《管子传》第十一章，《管子的经济政策》。

中国财政思想史

兹丽焉，国民生计命脉于兹托焉"①。此又系夸大其词。值得肯定的是，他在谈论整理币制时，明确批判了以铸币作为增加财政收入的手段。他说：

"国家之铸币也，万不能视之为筹款之具。无论财政若何支绌，只能向他处设法筹补，而断不容求诸铸币局。盖国家之铸主币，只有耗费而无赢利。其铸辅币所得赢利，适足以弥补铸主币所耗费一部分，若弥补耗费之外，而仍有赢余，则亦偶然之事，而国家铸币之本意固绝非在欲得此区区也。若视铸币为筹款之具，则惟有滥铸辅币之一法，而滥铸辅币，则其流毒视征恶税，剥夺民财，且将十倍也。"②

数千年来，封建统治者常是利用铸币权的垄断，来进行各种方式的货币贬损，以填补自己无厌的榨取要求。这是中国货币史上经常出现的丑恶榨取伎俩。在这漫长时期内，虽然反对以铸币为财政筹款手段者也不乏其人，而其反对理由除了提到"民失其资"一点而外，甚少作进一步的理论论证。梁启超断然否定以铸币作为"筹款之具"的论点，虽系抄袭资产阶级货币理论，毕竟是中国财政思想史上发前人之所未发的新见解。

6. 其他财政观点。除我们在前面已提到的财政原则、租税转嫁等问题外，梁启超还强调"预算编制为理财第一要义"③，但不强事追求预算之平衡④。又标榜"最良之税则"如所得税、遗产税、地价差增税等，"足以均贫富之负荷"⑤。尤其有意义的是转述资产阶级财政学所谓财政"节省"之涵义以儆告当时财政上的"浪费"，他说：

"故各国财政学者欲求浪费与非浪费之区别，常主四义以绳之：（甲）有劳费而无效果者则为浪费……（乙）可以无须

---

① 梁启超：《余之币制金融政策》，见《币制汇编》第七编，第182页。
② 《饮冰室文集》卷二十五，《各省滥铸铜元小史》。
③ 《饮冰室丛著》第十种，《政闻时言·读度支部奏定试办预算大概情形及册式书后》。
④ 《饮冰室丛著》第十种，《政闻时言·外债平议》。
⑤ 《饮冰室丛著》第十种，《政闻时言·湘乱感言》。

第十八章 清末民初的财政思想

尔许劳费而能得同样之效果或更良之效果者，则其额外所用皆为浪费，……（丙）将以求大效果之劳费而用以易小效果，则为浪费，……（丁）当用此劳费时预计可得若干之效果，而后此乃反其所期，或绝无效果，或虽有而不逮预计远甚者，则其所用皆为浪费，……。"①

可惜用这些有一定意义的财政支用标尺来要求半封建半殖民地的北洋军阀政权，那是对牛弹琴。

（二）公债思想

现在我们转谈梁启超的财政议论中的极为突出部分——公债问题。他自1904年起就开始撰写与输入外资有关的著作，以后十年间共至少发表十篇外资问题的专著，占他的经济论著中的一个相当大的比重。他对公债问题的探讨，条分缕析，周密细致，在资产阶级的财政学限度内瑕疵甚少，可算是梁启超的所有经济论述中最好的一部分，与他的其他财政论述的情况正好相反。无疑的，这部分必然是有日人著作为蓝本的。下面是他的公债议论的一些重要观点。

第一，公债对发展国民经济之作用。他强调发行公债不仅以财政用途为限，其尚有促进社会经济发展的作用。他说：

"公债之用，匪独在财政也，抑国民生计之滋长，实有待之。……民之持有现钱者贷诸国家而取其息，则此现钱为母财而能殖子者，一矣；国家获此现钱还以兴业，则其母财而能殖子者，二矣；民以现钱易得债券，脱有不时之需，还可质债券以得现钱，券息未亏而现钱复资以治产，则其母财而能殖子者，三矣；如是辗转相引，可以以一现钱而并时为百数十人所利用。"②

把公债的作用描绘得如此美妙，可谓煞费苦心，但也不是没有它的道

---

① 《饮冰室文集》卷七，《节省政费问题》。
② 《饮冰室丛著》第十种，《政闻时言·外债平议》。

653

理。此外，他还列举了公债的二十几种用途，不必赘述。

第二，外资的作用。梁启超于1904年就开始谈利用外资问题，那正是人们普遍对利用外资有反感的时候。马建忠在19世纪70年代后期倡为举外债以兴铁路之说，以致其后半生常因此而遭到人们的非议。而梁启超对他独表同情，看来，梁氏此说在一定程度上是受马的启发。他说："外资之来，非特投资者享其利也，而主国亦食其赐。此实不刊之公例也。故不审实情，而徒畏外资如虎，憎外资如蝎者，未可谓为完全之理论也"①。他在那时能提出这样的论点，是需要有相当理论认识才敢于出此。经过七十多年，到今天此论点才渐被人们所理解。但这论点并不是马建忠或梁启超的创见，而是世界历史早已证明了的事实。固然，旧中国及一些其他国家都曾因举外债而蒙受苦痛，但那是另有原因，不是利用外资的必然结果。

第三，外资的用途。梁启超已考虑到引进外资时可能出现的不良后果。他指出"外资可怖之问题"不在于外资之"来源"与"受纳法"，而在于外资之"用途"与"管理法"。他所谓用途是指"用于生产的往往食外资之利，用于不生产的势必蒙外资之害"。所谓管理法系外资输入后"能全盘布局，分期偿还，则虽多而或不为病；反是则末路之悲惨，则不可思议"。他进一步指出，那时中国用外资之害还不在于不生产的外债，而在于"生产的"外债，主要是"因外债而丧失铁路及矿权"②。这说明他所设想的外债是不提供担保抵押品的，并坚持不能用放债国人员来管理经营由外资兴办的事业。

第四，举外债的对象。他在早期还主张"由政府出面借外债或借外资"③，后来则主张"对外国之个人而负债，勿对外国之国一家而负债"，并建议由大清银行与外国资本家直接交涉，不由外国政府做中间人。更好的办法是向外国人发售我国债券，其发行方式是由我国各银行与欧美资本家共结成辛迪加代向外国市场抛售，并主张平价发行，不采

---

① 《饮冰室文集》卷六，《外资输入问题》。
② 《饮冰室文集》卷六，《外资输入问题》。
③ 《饮冰室文集》卷六，《外资输入问题》。

第十八章 清末民初的财政思想

"折扣发行法"①。在募集外资的方式问题上,他的办法离不开外国资本家,其理解还不及马建忠透彻,同时坚持平价发行方式,只有由政府在国内直接发行时才有可能,如果经由中外银行组成辛迪加代为发行,平价发行不可能有人愿为代劳。

第五,公债的偿还问题。在公债偿还问题上,他的观点更为特殊。他认为国家所举公债绝不必要还清。他说:

"夫欧、美、日本诸国之公债,实生计界交易流通之一物品也。……苟政府一旦将所有公债扫数还清之,则全社会之机关且立滞。故民之购买公债者,其目的非待政府之还本也,始收薄息而利用此物以为商业上种种便利计耳。若不需之时,则适市而售之,不患无人承受,而现银可以立得,彼国之所以薄息而能募多数之债者皆此之由。"②

就资本主义世界的经济情况来说,他对不能全部还清公债的理由尚未讲透。资本主义各种企业闲余资金大都变为债票,即官府有价证券,一般银行多以此为交付中央银行的准备金,而中央银行亦运用对此种证券的收放作为控制整个国家金融活动的重要工具之一。所以,没有(即还清)债券不可能,亦确实对社会经济不利。梁启超的理由虽未说透,其所掌握的资本主义经济的这一要点却是正确的。他还认为甚至提前还清公债也是不必要的,"富有国家,公债累累,而预算有盈余也不以提前偿还"③。在评议资本主义国家的负债情况时,理解梁氏的这一启示是不无用处的。

至于他说外资之输入必然引起通货膨胀,这是不正确的。正如列宁指出的,资本输出必然伴随着商品输出。所以,外资输入不必是大量资金之流入。他又说,外资输入的结果,"往往导致通货使自本国流出",也不是事实。外资的输入在一定时期必然导致入超,但由于外资引进部分所导致的入超,尚可由外资分期偿还而不必以金银偿付,故不会使通

---

① 《饮冰室丛著》第十种,《政闻时言·外债平议》。
② 《饮冰室丛著》第十种,《政闻时言·论直隶安徽湖北之地方公债》。
③ 《饮冰室文集》卷七,《国民筹还公债问题》。

655

货外流，更不会使他所谓的"通货"（指铸币、纸币、支票等）外流。再如他认为外资输入后必然要"产生贫富悬殊之社会问题"，这是把财产私有制下的恶果不必要地同外资联系起来，即使不引进外资，中国资本主义的发展也会出现此现象。在此问题上他还有一种庸俗看法，即由外资所产生的两极分化，"极富一阶级，全属外国，而吾国则属大多数之极贫一阶级者也"①。果然如此，则他自己在此文前面所谓"主国亦食其赐"的"不刊之公例"就不能成立。但一些不健全的观点并不足以损其对外资问题的特出论点，纵使这些论点系从国外照搬来的，而在那个时代能照搬或接受这些论点，已不是容易的事。

（三）在传播西方财政学说方面的作用

梁启超在中国财政思想史上的贡献还不在于他的财政思想的本身，而在于其思想所产生的另一些积极有益的作用。我们在前面早已提到，他财政著述作为其整个经济著作中的一个相当重要部分，不仅数量方面超越前人和他的同辈，其所接触的财政范畴的面也甚为广阔，为他的同辈所不及。

此外，还有一点值得特别指出，在辛亥革命以前真正接触到西方资产阶级经济学的有著名作家中，只有马建忠、严复和梁启超。马建忠涉及财政经济理论的面较为狭窄，论文不多而流传也不够广，且马氏以中国型的旧财经名词术语来表达资本主义经济事务，不免令人有雾里看花之感。严复虽是真正传播资产阶级古典经济学的唯一学者，可惜他刻意使其译文古奥典雅，如把城市称为"邑"，乡村称"野"，工资税称"庸税"之类，因而使斯密原著的思想更加晦涩难懂，没有发挥它应有的传播作用。梁启超的经济论著虽存在不少错误论点，仍有不少正确的转述。他在20世纪初数年中所使用的经济词汇基本上以严复的《原富》译文为蓝本：如"租"、"庸"、"赢"之类，稍后逐渐采用日文通用经济术语并参用我国习惯用语如工资、地租、利润之类，就更使其行文接近生活实际而易懂。梁启超为文本来就别具风格，流畅而较易理

---

① 《饮冰室文集》卷六，《外资输入问题》。

解,而所使用的又是现代经济术语,这就使人们从他的经济论述中第一次嗅到以现代风格进行的经济分析。再加上他有戊戌变法的一段光辉历史,在知识分子中有较大影响,其所起作用就更为深远。尽管他的论点可能是错误的,然而他的逻辑形式、分析方法和所用词汇,仍是属于现代化的,与我国传统的经济论述判然有别。故他在近代经济学的传播上的功绩是相当突出的,而财政思想又是其经济议论中最精彩部分,因此,他在传播近代财政学上的贡献就更为突出。从我国财政思想史角度考察,由古老的中国型财政论述到近代的财政分析,是极大的转折或飞跃,在促成这一飞跃方面的贡献,没有任何人可以与梁启超相匹敌。

辛亥革命后,由于兴办高等学校日益增多,而在这些学校中,资产阶级经济学成为课程之一,再加上财政困难一直是北洋军阀政权所经常要面临的问题,因此,对于作为应用经济学重要组成部分的财政学的研究更引起人们的兴趣。而此时梁启超的研究课题也逐渐集中于国故的整理方面,对财政学的知识只是抱残守缺,自会日益落后于当时的近代财政理论的一般水平,而他也不再以精通经济学术来标榜自己了。但从我国近代财政思想史上来看,仍不能抹煞他于20世纪之初在传播资产阶级财政学说方面所起的积极作用。

二、周学熙与梁士诒的财政方案

以上研究过的近代秉政人物特别是洋务派头头,既是政府财政政策的制订者或执行者,则他们带有西方色彩的财政思想,也往往直接体现为政府的财政方针,形成统治阶级中占主导地位的思想。惟在19世纪末、20世纪初的清朝末年,一般政府大员所提出的财政主张,除掺杂若干西方财政常识外,大多仍未摆脱中国传统财政思想的窠臼。直到民国初年,政府官员们才较多地接受了西方财政理论的影响,并依照这一理论来指导或处理各项财政事务。对于他们来说,接受西方财政理论的指导,更重要的不是出于传播资产阶级财政学知识的需要,而是迫于财政困难的严峻现实已无法运用中国传统财政思想加以解决。故不得不从西方财政学的武库中寻求新的更为有效的榨取工具，以满足新兴剥削统治阶级的更大贪欲。下面列举北洋军阀政权初期曾先后执掌财政大权的周学熙和梁士诒作为代表，借以说明当时财政大员的基本思想特征。

（一）周学熙的整理财政方案

周学熙（公元 1865—1947 年）曾于 1912—1913 年和 1915—1916 年两次出任袁世凯政府的财政总长。1913 年未经国会通过而非法与五国银行团签订条件苛刻的"善后大借款"合同，即是周氏担任总长时所为，并导致他的辞职。隔两年复职后又随袁世凯称帝失败而再度解职。他的财政思想主要由他为了摆脱袁世凯政府的财政困难所提出的整理财政方案表现出来。其主要内容包括：

第一，划分中央和地方财政权限，确定国家税和地方税的不同征收范围及其具体税目。1913 年颁布的《划分国家税地方税法草案》，即是他这一思想的具体体现。此举是为了加强中央财政权力，通过区分国地两税，把大部分地方财权收归中央，如规定"盐务全归中央直接管理，各省不再干涉"[①]，就是明显一例。

第二，以"量出为入"作为制定国家预算的基本原则，如谓："本部按照新定税项及国家行政范围，编制岁出入总预算，采量出为入主义"[②]。早在 19 世纪 70 年代，已有人对西方的"量出为入"原则表示赞赏，以后三四十年间仍不断有人加以宣传。但在辛亥革命以前，清末政府虽自 1905 年起提出筹办预算之事，却从未将"量出为入"正式规定为编制国家预算的指导原则。当时连财政大员盛宣怀（公元 1844—1916 年）在提到预算筹饷事宜时，也只是在坚持"古制"的前提下要求参照"各国预筹算计之法"，除了强调"以全国之财治全国之事"或"以天下之财公诸天下之用"[③] 的传统说法而外，并未正式提及"量出为入"原则。因此，周学熙主张编制预算时"采量出为入主义"，可算是近代第一次明确规定以"量出为入"作为指导预算编制的正式原则。

---

① 周学熙：《财政计划说帖》，《周止庵先生别传》第 79 页。
② 引自贾士毅：《民国财政史》上册，商务印书馆 1917 年版，第 150 页。
③ 盛宣怀：《愚斋存稿》卷三，《奏疏》三，《遵旨具陈练兵筹饷商务各事宜折》。

第十八章 清末民初的财政思想

第三，扩大课税范围。他主张根据19世纪下半期的欧洲"最新之思想及最近之学说"更新税制。其基本精神是将租税征课由原来专征"生产机关"或"消费物品"如田赋、契税、牙税、当税、关税及厘金之类，扩大到征课"一般之收入"。避免因"专对生产事业以事征收，土地有税，家屋有税，营业有税，惟无财产而但有收入者，则可免国费之负担。以致全国国民一部分负重大之税额，一部分独免纳税之义务"，因而违背"普及公平之原则"。这里所说的征课"一般收入"，指增设印花、遗产及所得三种新税。在他看来，印花税和遗产税系"对于行为而征收，即为中国向来未有之税目，而又无重复之可虞"；而开征所得税尤"与最新之学说相近"，且实行"累进"征课，"与公平之原则既符，而亦易达普及之目的"①。周学熙主张推行的新税，在理论原则上是正确的，只是在当时条件下只实行了印花税，而所得税条例虽于1914年颁布，终因袁氏政权之垮台未能实行，至于遗产税只是一种设想而已。

第四，公债。他担心国民缺乏对公债的信任及使用习惯，故指出举办公债须具备三个条件。一是"扩充流通公债之机关"，以银行及股份懋迁公司作为发行公债的媒介；二是"广求公债之用途"，允许以公债"充银行发行钞票之准备及其他公务上之保证，且许民间随意买卖抵押"；三是"确实公债之担保"，主要以契税及印花税作为担保的"确实可靠的财源"。以上条件具备后，再拟定举债总额、目的及其利率标准，以此取得国民的信用②。周学熙曾于1912年办理过"民国元年六厘公债"，以上诸条可看作这次募集国内公债的指导思想。这里指出以一定税源作为发行国内公债之担保，只是表明在经济不发达而政治又不稳定的情况下，发行国内公债，不能不加上一条无法履行的许诺，以装饰自己并给购票人以某种安慰。

第五，重视培养税源。他指出："今日理财须以培养税源为第一义，而培养税源须以保护产业为第一义。"至于怎样"保护"，他提出

---

① 贾士毅：《民国财政史》上册，商务印书馆1917年版，第148—149页。
② 贾士毅：《民国财政史》上册，商务印书馆1917年版，第155页。

须分两步走,"首在恢复,次言发达"。所谓"恢复",系指保护生产机关使恢复其向来之纳税力。如田赋以农民为其"直接负担者",故"当先恢复农民之纳税力";而盐、关、茶、酒等税虽经转嫁最后由一般人民来负担,但其为第一次纳税者非工即商,"必工与商先有能堪纳税之力,而后税源可裕"。恢复措施尚属"治标之计",在恢复的基础上须进而求产业之发达。诸如利用公债、输入外资、统一币制、银行提供"低息"贷款,以及减免与裁并厘金等"恶税"或"重复之课税",改良税制等等,都是促使产业发达的保护措施①。

此外,周学熙还主张"聘用外国财政大家"参与我国财政事务,并设想要"采国家社会主义"②,俟政府财政收入增加后,即将私人难以创办的公司或事业,"均由国家直接经营之",以此为"富国"、"强国"之基③。这又是为北洋军阀政权的国家垄断资本张目。

由上可见,周学熙的整理财政方案,无论在指导方针、财政原则还是具体政策上,从形式到内容均以西方或东洋财政理论为基础,很少再保留有中国传统财政思想的陈旧痕迹。周学熙为弥补财政亏空和取得帝国主义的支持,亦不惜以损害甚至出卖国家主权为代价,如他参与签订的善后借款合同将中国盐税管理权拱手交给外人;又如鼓吹聘用外国财政专家有助于"大开利源",而未考虑在当时条件下会带来引狼入室的恶劣后果。19世纪之末的不少进步思想家,亦在不同程度上对于帝国主义国家存在着某些幻想,甚至有人如谭嗣同竟幻想由某些帝国主义国家采取干涉内政的方式以迫使中国从事变法。但那是一个怀有强烈爱国热忱力图改革而又缺乏能与时代相应的理论为指导的思想家,病急乱投医之所致。周学熙则不然,从上述整理财政方案来看,他对西方财政学说已有较深入的研究,不能不懂得维护国家财政主权的重要意义。而且他又是在进入20世纪已十余年之后才出任财政要职,对于当时帝国主义国家已经充分暴露的经济侵略面目更应有所认识。在这种情况下他的有损于国家主权的所作所为,就不能再用幼稚或缺乏理论指导来解释。

---

① 贾士毅:《民国财政史》上册,商务印书馆1917年版,第166、167—168页。
② 周学熙:《财政计划说帖》,《周止庵先生别传》,第80页。
③ 见贾士毅:《民国财政史》上册,商务印书馆1917年版,第168页。

第十八章　清末民初的财政思想

为了少数统治集团的财政剥削目的，一面从西方理论武库中寻找新的剥削工具，一面不惜以出卖国家主权为代价，这就是周学熙之流的财政思想之基本特征。关于这一特征，还可以从下面分析梁士诒的财政思想中得到证实。

（二）梁士诒的财政议论

梁士诒（公元1869—1933年）自1903年入袁世凯幕府以来，先后在邮传部、铁路总局、交通银行等部门历任要职，为一个旧政治派别"交通系"的首领。1913年周学熙辞去财政总长之职后他以次长代理部务，次年又相继任税务处督办和内国公债局总理。其间他曾重任总税务司英人安格联为"内国公债局董事"及"会计协理"，该局所有债款收支及偿本付息事务，"均由其总理，以专责成"①，开外人参与并控制我国公债发行事务之先例。梁士诒的财政观点与周学熙基本相同，但对西方财政理论的理解深度不如周氏，而在追求财政榨取目的和出卖国家财政主权方面却更加露骨。下面只需举出几点作为例证。

首先，关于"量出为入"原则。梁士诒在财政部任职期间，对其前任已确定的这一原则，并未作进一步阐释。到1925年他在论述财政原则时，才提到"量入为出"只适用于个人预算而不适于国家预算，其理由是"外国国家及地方预算，无不量出为入，出者即百废具举，有益于人民者，即行举办；入者舍赋税外，无他途也"。由此看来，他是把"量出为入"原则完全看作采自外国，未涉及我国传统的"量出为入"思想。宋、明以来除极少数几个学者曾提及杨炎的"量出以制入"外，一般均不理解我国古代已有此原则之提出，19世纪中叶以后更是如此，不能独责梁士诒。同时他又认为一切"现在经济学理及应用，皆不外乎《大学》中所谓'生之者众，食之者寡，为之者疾，用之者舒'｜六字"。至于传统的"量入为出则财恒足"说法，只不过是朱熹在注释"用之者舒"一语时，"目光太狭"，未能解出其中"发挥

---

① 凤冈：《三水梁燕孙先生年谱》上，第202页。梁士诒，广东三水人，又号燕孙、故有"三水梁燕孙先生"之称。

经济运用"之本意①。言下之意,"用之者舒"本来已包含了量出为入的涵义,只是朱熹未能体会出来罢了。这一解释显然是很牵强的。直到1930 年,他仍死抱着《大学》中这一训条,认为"到如今二千四百余年,施之世界,几可谓一字不能易"。他将"生之者众"解释为"增加生产力",后世的农、工、商业政策甚至殖民政策"皆本于此";"食之者寡"指节用政策;"为之者疾"是汽机、电力、铁道、轮船、飞机的本源,甚至它"已窥见到今日之减少工作钟点而反对之";"用之者舒"在这里又说成是金融政策,举凡银行转账、存贷、汇兑、票据、信用贴现、钞票、公债、社债、证券包括交易所等等,"皆本于此"②,真是极尽附会牵强之能事。

其次,关于改革税制。他也主张"整理旧税"和"增加新税",增加新税主要指开征印花税和所得税,其理由几乎完全得自周学熙。如果说还有什么不同的话,那就是梁士诒更露骨地表达了改革税制的财政榨取意图。他指出当时政府的浩繁支出"若照旧时的收入,万不足以供各项政务之用。故增加新税实为今日切不可缓之事",虽明知此举会增重人民负担,仍执意施行,以解救袁氏政府财政的"倒悬燃眉之急"③。

最后是关于公债问题。发行公债是梁士诒整理财政的重点。他曾负责举办"民三内国公债"和"民国四年六厘公债",宣称募集公债是"补助财政之良规",它和增加租税同为"理财之道",二者只有缓急之不同,"缓则以增加租税为常规,急则以募集公债为通例"。按照他的说法,发行公债不仅"便国","尤在利民",其利有五端:一是人民购买公债有国力担保,又受到中外耳目监督,其"本息无虞稍欠";二是购买公债既可"优获息金",且"分期购取,专款归还,化散为整,暗中获益尤巨",故此为"储蓄最稳最便之方";三是得以债票抵纳租税,便于公私周转,"可免临时筹措现款之烦";四是"购债无须足款,而偿本则以足款计算";五是债票可依个人需要而随时转卖,使市场上多

---

① 引文均见《三水梁燕孙先生年谱》下,第 392—393 页。
② 以上引文均见同上书,第 593 页。
③ 以上引文均见《三水梁燕孙先生年谱》上,第 141 页。

一流通证券,"商业收效,尤在无形"①。从理论上看,此"利民"五端,尚无悖谬之处。惟其意图是通过募集公债来维持袁氏复辟政权的反动统治,尤其是借此以扩充他的金融集团的垄断利益。如他主持发行民三公债,既欲达弥补袁氏政权财政"概算之缺"的目的,又通过让中国、交通两银行包卖其债票全额的三分之二以上,以使旧交通系的垄断势力大受其益。更必须指责的是他鼓吹发行公债"尤以中外合办,参用洋员,为力求征信之确据",先是开门揖盗,任用英、法帝国主义分子掌握我国募集公债之权柄,其后又倡言由英国汇丰银行与中、交两行"合募"民四公债,加深了对外国侵略势力的依赖。发行公债不一定是坏事,梁士诒为了维护反动政权和自己财团的利得而办理公债事务,置国家主权和民族利益于不顾,这才是绝对不能容许的。

第二节 孙中山及其他资产阶级革命派的财政思想

本节主要研究孙中山的财政思想,对于其他资产阶级革命派人物,因他们的基本财政观点与孙中山大致相同,故只需列举出其中较有特色者,如廖仲恺和章炳麟的财政思想作为代表稍事分析。

一、孙中山的财政思想

孙中山(公元 1866—1925 年)是近代中国向西方寻求救国救民"真理"的代表人物,是中国革命的伟大先行者。他在中国革命史上的宏伟功绩及其他政治和经济思想,不属于本书的研究范围,这里只着重分析他的财政思想和政策。

---

① 以上引文均见《三水梁燕孙先生年谱》上,第 217、244、204 页。

19世纪后半期向西方学习的思想家，绝大多数都迷信西方资本主义文明尽善尽美，总是对之亦步亦趋地"效颦"，以为这样就可以救国救民。而他们中绝大多数对资本主义制度的理解又都枝枝节节，很不全面。孙中山和这些人不同，他接受西方资本主义知识，绝不是无条件照搬，总尽力在借用西方办法的基础上有所取舍和改进。尽管他所提出的改进仍未超越资本主义的范畴，至少已是发现了西方的制度或学说存在某些缺陷，而非一味盲目崇信。

孙中山思想另一特点，是他的革命思想包括他的财政思想均在不断向前发展。19世纪末到20世纪初的思想家的思想观点，由于客观条件的不断变化，大都起了一些变化。可是他们中的多数均系由进步转到落后，甚至反动。像孙中山这样持续进步，一直保持着其革命光辉者，即使在资产阶级民主革命派中也是极少有的。

从财政思想角度考察，孙中山对我国古代财政思想具有一定程度的理解。而对资本主义财政经济理论和措施的理解程度，无论从质或量方面，均较梁启超及同时代的人更为深入。但孙中山毕竟是一位政治家，尽管他所涉及的财政经济理论问题甚为广阔，但主要是为他自己宣传的民生主义服务，仍不是一种纯学术性的阐述。下面我们将着重分析他的经济纲领中所体现的财政思想。

（一）平均地权纲领体现的财政思想

土地问题是我国历史上已纷扰了二千多年仍未解决而且是在那个时代不可能解决的问题。孙中山作为一个中国的伟大政治家和革命家，自不能回避此问题，因此他将"平均地权"作为其革命的首要经济纲领。

平均地权纲领的基本特征，是重视运用财政手段来加以实现。这一思想虽然主要导源于美国人亨利·乔治，但在不少方面又与乔治的主张有所不同。乔治在其《进步与贫困》一书中断言，贫富不均现象产生的原因是土地私有垄断，只有实行土地公有化才能解决社会贫困问题。他提出的解决办法是让土地仍留在地主手中，任其自由买卖，国家通过单一地价税将绝大部分地租强征到国家手中，只留较少部分地租仍归原地主享有，这样一来，地主"私有"土地是空有其名，而国家征收了

第十八章 清末民初的财政思想

大部分地租,即达到了事实上的"公有"。孙中山从乔治那里吸取了主要的滋养,也认为土地垄断是独占自然力,地租收入是"不劳而获"[①]。他早期的"平均地权"纲领是将乔治方案加以改造的产物。其具体措施是:土地价格由地主自行申报。政府按地主自报的土地价格征收百分之一的地价税,并有权随时按照地主自报地价收买其土地。随着社会经济发展而上涨的那部分地价则全部归于国家,为国民所共享[②]。对于这一通过财政征收或购买方式而实现平均地权的方案,我们可以进一步分析如下。

首先,逐渐实行土地公有化或国有化是对封建地主土地所有制的根本否定。但乔治仅主张重征地租税,让地主仍保留土地所有权的空名,根本不是土地公有化。孙中山处在中国资本主义尚在封建社会母胎内发展的时代,他所提出的"土地公有化"主张,不管是否完备及其现实性如何,其本身就具有反封建的进步意义。但他所谓"国有化",多少总具有些古代"溥天之下,莫非王土"以及王夫之、颜元、太平天国的土地共有共享的意味,不必要用现代所谓国有或公有去理解。否则,平均地权后土地仍由私人所有并交纳土地税,有何"国有"、"公有"之可言。

其次,乔治只主张以土地单一税方式将由于社会经济发展而增大的那部分地租收归国家,此外一切维持现状[③]。孙中山在同盟会时代还赞成土地单一税制,后来才放弃此税制,将重点放在对增价土地的处理方面,即国家对已增价的土地有权按照原申报的土地价格收购。这种方式是较为灵活而巧妙的:第一,在政府无财力收购土地或有财力而无收购必要时,可以暂不收购。在一个领土广阔而财力不裕的国家,此种方案更为必要。第二,由地主自由申报地价,可能反映一种基本上符合实际情况的土地价格,从而保证了较稳定的国家财政税收。因为地主怕将来政府照价购买,绝不敢低报地价,同时也不会高报地价以免负担较多的

---

① 《孙中山选集》下卷,人民出版社1956年版,《民生主义第二讲》。
② 平均地权纲领在同盟会宣言中只作了原则性的规定,后来在1912年《社会主义的派别与方法》的讲演中作了较具体的说明。由于它并未正式推行,故只有大致的原则表述。
③ Henry Georye: Progress and Poverty. ed. P. 287.

地价税。这是孙中山的独立创见。

最后，按地主自由申报地价抽税有其巧妙之处，但仍存在重要缺点。因为平均地权的实质是针对都市地价而起，都市地价上涨最多之处皆是商业特别繁盛区域的地基。此种地基的价格与上面建筑物的价值尤其是因土地区位而形成的价值如何划分，已是一个非常复杂的困难问题。兼之地价上涨后的土地买卖双方可以采取各种诡计隐瞒已上涨的地价，而国家仍照原申报的低地价抽税自蒙损失，徒让城市地主坐享厚利，更非公平合理之计。倘将此办法应用到农村耕地上，倒比较简单而易实行，可是农村耕地又很少有因工商发展而暴涨的情况。结果是按自由申报地价抽税而涨价部分归公的平均地权方案，对都市土地来说是应行而行不通，对农村耕地来说是能行通而无此必要。

最早的平均地权方案并未考虑如何解决农民土地问题。直到1912年8月他在北京与袁世凯谈话时才第一次明确提出"耕者有其田"的主张①。又自1924年起，才正式将解决无地农民的土地问题列入平均地权纲领②。但孙中山在论及"耕者有其田"的办法时，曾提出两种不尽相同的方式。他先说政府可依靠联络起来的农民做基础，对于地主"照地价去收重税"，"如果地主不纳税，便可以把他的田地拿来充公，令耕者有其田，不至纳税到私人，要纳税到公家"。这是把违法地主的田地没收，交原佃户"有其田"。如果地主仍愿意纳重税，那就采取另一种"和平解决"方式，要农民与政府合作，"慢慢商量"解决的办法，使"农民可以得利，地主不受损失"。不论这两种方式如何配合，能否实现，他设想的是通过财政征课方式来实现耕者有其田的理想。也就是说用和平方式解决土地问题。资产阶级的阶级局限使他不敢采取暴力革命方式，只能运用征税和购买土地方式来解决极为严重的农民土地问题。所以，其不能付诸实施乃势所必然，毫无足怪。

---

① 凤冈：《三水梁燕孙先生年谱》上，第123页。
② 见《中国国民党第一次全国代表大会宣言》、《民生主义》第三讲及孙中山在农民运动讲习所的演讲。

（二）节制资本纲领体现的财政思想

孙中山的"节制资本"思想渊源于辛亥革命胜利之初，而作为经济纲领则是他在1919年所写的《三民主义》原著中才正式提出的。节制资本纲领可概括为两个方面，即节制私人资本和发展国家资本。

从财政上看，他把由国家资本经营的银行、铁道、航路等有关国民生计之大企业收入视作国家财政收入的主要来源之一。他曾将国家财政的收入来源分为三种：第一种是地价税。他认为这是"最易施行于中国"的课税项目，其具体课征方式已如前述。第二种是铁路收入。鉴于当时美国铁路收入已有流入私人手中的趋势，他特别强调铁路"由政府直接管辖，故其全额收入，将供政府之使用"。根据他在《社会主义之派别与方法》讲演中的设想，以六十万万本金能建筑二十万里铁道，可保四五十年之久，每年可获利六万万，十年即收回成本，以后每年收入再用来兴办其他生产事业，利仍归公，"则大公司大资本尽为公有之社会事业，可免为少数资本家所垄断专制"，而国家地方经费均由此出，又可间接减轻人民的租税负担。可见他对铁路收入寄予极大期望。第三种是矿业收入。以上三种收入，"大抵可以即时征收，且极便利"。至于其他尚待开发的税源，亦指"各种公共兴办之事业"，如自来水、电厂、瓦斯、森林等。在他看来，上述各种收入，"将供给国家政费之需而有余"，其余额又可用来兴办教育及慈善事业①。总之，国家财政收入除以征收地价税为其主要来源而外，应把重点放在国营企业收入的不断增加上，这是孙中山的发展国家资本思想的又一重要内容。它和19世纪末期以来许多思想家一味强调由私人集资兴办近代工商企业而国家只需收取捐税的思想，也是不同的。

至于节制私人资本的办法首先是采用所得税制来限制私人资本。这一主张是他在1924年的民生主义讲演中才正式提出，以前并未论及。他说，"现在外国所行的所得税，就是节制资本之一法"，又说，"行这

---

① 以上引文除录自《社会主义的派别与方法》外，均见孙中山在1912年为英文《大陆报》撰写的《中国之铁路计划与民生主义》（《总理全书·杂著》第1集上）。

种办法，就是用累进税率，多征资本家的所得税和遗产税。"① 关于西方的所得税制，我国自20世纪初以来曾不断有人提及，北洋军阀政府还颁布过所得税条例以图增加税收而未能实行。但从未有人像孙中山那样公开主张以累进所得税制作为节制资本的主要手段，这又是他在吸取西方思想时与众不同的独特观点。以一个资产阶级革命家对有损资本家利润的所得税制而能加以赞扬，足见他企图防止资本主义弊害和贫富悬殊的思想要求之强烈。此外，孙中山并未提出直接限制私人资本的其他办法。只概略地提到"今欲利便个人企业之发展于中国，则从来所行的自杀的税制，应即废止"②。

（三）租税思想

孙中山无专门论述租税问题的著作，除前面由平均地权和节制资本纲领所体现的租税观点而外，还有一些租税议论。他早年曾指出西方各国"货之为民生日用所不急者重其税，货之为民生日用所必需者轻其敛。入口抽税之外，则全国运行，无所阻滞，无再纳之征，无再过之卡"，此系各国富强之一原因；与此相反，我国却是"过省有关，越境有卡，海口完纳，又有补抽，处处敛征，节节阻滞"③，这是对国内仍坚持厘金税制的批评。以后他又指责厘金制为"自杀的税制"④，并把废绝厘金与"严定田赋地税之法定额，禁止一切额外征收"等规定一起写入政纲。他还提到地方财政与国家财政的划分问题，如规定土地税、地价增益、公地生产、山林川泽之息、矿产水力之利等收入，皆归地方政府所有，用于经营地方事业及育幼、养老、济贫、救灾、卫生等各种公共需要；地方缺乏资力而由国家协助开发或兴办天然富源及大规模工商企业，其所获纯利由国家与地方均分；地方政府须将年收入的百分之十至五十上缴国家财政；对外则要求取消外人管理关税之权

---

① 《孙中山选集》下卷，人民出版社1956年版，《民生主义第一讲》。
② 《孙中山选集》上卷，人民出版社1956年版，《实业计划》。
③ 《孙中山选集》上卷，人民出版社1956年版，《上李鸿章书》。
④ 《孙中山选集》上卷，人民出版社1956年版，《实业计划》。

等等①。

(四) 利用外资

在经济落后的中国,要实现他的宏伟实业计划,第一个要解决的便是利用外资的问题。在前面各节我们提到马建忠与梁启超均主张借外债,惟均不如孙中山对此问题分析之全面。首先,他批判当时流行的视借外债为蛇蝎的错误思想,他说:"惟借债修路一事,在前清之时已成弊政。国民鉴于前者之覆辙,多不敢积极主张。殊不知清政府借债修路,其弊端在条约之不善,并非外资即不可借"②。他进一步运用外国的经验,证明新兴国家在缺乏资本而又不能不大兴近代工业的条件下,非借外债不可的成功先例,指出:"美洲之发达,南美阿根廷、日本等国之勃兴,皆得外债之力"③。因此,只要能坚决维护祖国的主权,亦即利用外国的资本和人才之权决不授之外人,便不至发生弊害。故发展经济之权,"操之在我则存,操之在人则亡"④。只要做到"使借债之条约,不碍主权,借债亦复何妨"⑤。

在《实业计划》中,他提出了利用外资的几个要点:第一借债须分别向几个国家进行,不能集中于一个国家。第二可以按照借债合同雇用外籍技术人员,此等人员必须照合同规定履行义务,合同期满时留用与否由我国决定,不得苛求勒索。第三必选有利之图以吸外资,以免不利于偿还。第四从事经办借债人员必须具备有关的知识,才不致受外国资本家蒙骗,并是利用外资能否成功和有利的关键。孙中山在另一著作中,还指出利用外资,应采取"纯粹商业性质之办法",即与外国资本家或公司商借,不要通过外国政府商借,以"杜绝外来之干涉"⑥。

他的这些利用外资的原则,到现在看来,仍有其现实意义。可惜孙中山没有赢得时间和机会以实现他的愿望就与世长辞。倘使他能生活到

---

① 《孙中山选集》下卷,人民出版社 1956 年版,《中国国民党第一次全国代表大会宣言》。
② 《总理全集》第 2 集,《建设铁路问题》。
③ 《总理全集》第 2 集,《民生主义与社会革命》。
④ 《孙中山选集》上卷,人民出版社 1956 年版,《实业计划》。
⑤ 《总理全集》第 2 卷,《建设铁路问题》。
⑥ 《总理全书·杂著》第 1 集上,《中国之铁路计划与民生主义》。

北伐成功以后,则在半封建半殖民地的中国,可能也会出现像美国、日本等国那样利用外资以振兴国民经济的局面,尽管她可能是资本主义的国家。

孙中山的财政思想,尽管均未超越资本主义范畴,但的确是代表了那个时代的一种新精神。他没有较系统的财政论述,作为一个伟大的革命先行者也不必要有系统的财政理论的论述,但他所提到一些财政观点,一般均是正确的。这表明他对西方的财政理论已有相当程度的正确掌握。最为独特之处还在于他的基本经济纲领均系以财政手段的运用为核心。例如,平均地权以地主自由申报地价为纳税基础;耕者有其田以重征土地税方式迫使地主出卖土地,作为农民获得土地的来源;节制私人资本以实行所得税为主要手段;发展国家资本作为国家财政收入的主要来源等等。至于大量利用外资以发展国民经济,更是财政手段之充分运用。不论他的经济纲领能否实现他预期的革命目的,而运用财政手段为主要武器这一点,的确是很突出的。

二、其他资产阶级革命派的财政思想

当时的资产阶级革命派是一个极为复杂的组合,各种思想类型的人都有,任何一个反对清政权的人均可被结合到这个革命队伍中来。故在辛亥革命后,有的蜕化变质,有的变成它的反对派,当然仍有不少是孙中山思想的忠实追随者。下面我们先介绍资产阶级革命派廖仲恺的土地税思想,然后再介绍曾一度是资产阶级革命派的章炳麟的财政思想。

(一) 廖仲恺的土地税思想

廖仲恺(公元 1877—1925 年)早年曾专修经济学科,1903 年起追随孙中山参加革命运动,他一生的主要工作是在革命派组织和政府中从事财务行政领导工作,具有较丰富的财政理论与实践知识。他是孙中山极忠实的追随者,对民生主义作了有力的传播,故其财政观点基本上是阐扬孙中山的学说。下面主要研究他的土地税思想并进一步探讨它的思

第十八章 清末民初的财政思想

想渊源。

廖仲恺在1924年兼任广东省财政厅长时,曾力求实现孙中山的平均地权纲领,拟订了《广东都市土地税条例草案》,规定普通地税按千分之四至千分之十五征收,土地增价税按千分之一百至千分之三百累进征收,虽未做到土地增价归公,也算具体而微①。此条例未及实行,他即殉职。值得注意的是,他在制订此《草案》的"理由书"中,对于征收土地税的意义和必要性,作了较充分的阐释和发挥,他从"社会道德"和"国家理财"两个方面论述了这一问题。

所谓"社会道德方面",主要是论证了课征土地税为实现"平均地权"的必经之途。他指出,土地为生产"要素"且其数量"有限",随工商业发达和人口增殖,对于土地的需求日益增加,而"求过于供,则地价自然腾贵,无待人工之改良,是以土地增价,实为社会之产品"。可是地价贵则地税随之增长,使地主不劳而获,"坐收增益",而推进工商业发展的商贾劳工"反博得负担之增加",这是最"不平"之事。因此,平均地权的"要旨",就是"土地皆有税,且重课其不劳而获之收益"。他进一步解释说:

> "夫地价税,良税也,重征之不以为苛。由社会道德方面言之,重税土地,则地价贱,地价贱则地租低落,而使用土地之权得以平均。"

这是因为地价系"土地收益以普通利率还完之数",即土地价格系由土地收益和一般利率折算而成。而地税是"不能转嫁之负担",必须从土地收益中扣除,土地收益既减少,"还完"为地价之数亦随之而小,在利率为一定的情况下,土地减少收益,即减少其售价,故土地价税是减少地价之工具。最后,"地价既减,人人得以贱租使用土地,故曰平均地权"。以上论述系运用西方经济学中的土地价格理论来说明土地税的影响和作用,将孙中山的平均地权纲领作了深入而明晰的理论阐述。

---

① 以下引文除另注外,均见廖仲恺:《广东都市土地税条例草案》,此《草案》收入《廖仲恺集》,人民出版社1963年版。

廖仲恺还从"国家理财方面"讨论了"土地为适宜课税之物"的五条理由：第一，"土地为有形不动之物，按物征收，无可逃避"；第二，"地价易于考定"，土地买卖价格及土地本身的估价，"无过高或过低之弊"；第三，因土地不能伸缩且地价涨落"有常"，故"税收额可预定"；第四，征收城市土地税较单征田赋更为"普及"，又可消除"彼税而此免"之不平，且"纳税能力，宅地远胜于田亩"；第五，倘举办土地价税，以全国四百万平方英里土地，名城大邑不下千百，"每年收入当以百兆计"，由此既能满足"国用浩大"之需，又可废除"所有不良之税"，舍繁归简，"以舒民困而裕国计"，此系"整理税收之道"。另外还考虑到土地因人工改良而增价者非系不劳而获，故于地税征收时，此土地改良费"应由地价项下扣除半数免除之"，借以鼓励土地建筑物的发展。以上诸条不外是说明征收城市土地税具有公平、普及、便利、确实及税源充足等优点。这些理由如专就城市土地而言，固然有其道理，但如用来根本改善国家财政，则未免过于偏狭。这恐怕与当时革命派政府的势力范围主要限于广东省若干都市不无关系，故其领导人在考虑开辟新的财政收入来源问题时，只能把考虑的重点放在都市土地税的征收上。

从财政思想发展的渊源上考察，前已述及孙中山的地价税思想主要导源于美国亨利·乔治和英国约翰·密尔。廖仲恺在他的《草案》中又提到爱尔兰学者巴氏。从当时的实际情况来看，《广东都市土地税条例草案》的制订，更有可能是受到德国在华租借地的土地税制的影响并直接以后者作为模式。

我国近代按地价征收土地税，肇始于1898年德国侵略者从清政府手中强迫租借胶州湾之后。是年德人公布"胶州湾德意志保护领域土地取得条例"八条，根据此条例规定，德国总督府有权以租借前的价格为标准，向当地土地所有者购买建筑所需的土地，然后实行承建招标，再按投标结果将收购的土地转卖给中标人，从中获取增价利益。对于转卖给中标人的土地，总督府征收百分之六的原价税。条例还规定征收土地增价税，对于取得德国当局出售的土地后再行转售他人者，须就其纯益额，也就是按照土地买卖价格扣除改良土地费及百分之六原价税

第十八章 清末民初的财政思想

收所获得的赢利额,课征百分之三十三点三的纯益税。如果当局认为土地所有者申报的土地价格过低,有权优先收买该土地。又如某块土地在二十五年内未曾转售,当局亦有权按其增殖程度,征收百分之三十三点三的增价税①。这一条例的施行,据说当时收入"不甚丰"。但毕竟是在我国领土范围内第一次开征的地价税。至于有人说德人于1914年4月在青岛实行土地税制,"实开我国征收土地税之先河"②,那是后来之事。

以上不厌其详地介绍德人在我国胶州租界内开征土地税的沿革及其税法主要内容,无非是借以说明廖仲恺所制订的土地法条例乃至孙中山的后期地价税思想,不仅受到英美经济学家的学说影响,而且参考了德人在胶州颁布的土地税法。据说当时广东军政府曾专门聘请德国土地税专家单维廉氏起草土地税条例草案,凡七章三十一条,"按其内容大都取法于胶州"③。这是我们在分析孙中山、廖仲恺等人的地价税思想时,不应忽视的一个思想来源,故有必要在此予以指出。

(二)章炳麟的财政议论

章炳麟(公元1869—1936年)是近代颇负盛名的国学家。他的财政议论没有什么新的内容,并常是将现代财经思想或问题罩上一套我国古代经济词汇,结果不仅是旧瓶装新酒,而是把新内容也变成旧货色。我们简单介绍他的财政议论,主要由于他早年曾有一段时间是资产阶级革命派,主持过《民报》,具有一定的影响。同时借此表明在革命派阵营中亦有极落后保守的财政议论,而在一定时间具有某种积极影响的财政议论不必都是先进的。

他的财政议论主要是关于租税问题。1902年他再度亡命日本开始参加革命派,在与孙中山谈论土地问题时,他先认为解决土地问题的办法应"衰定赋税"。据他的记录说,孙中山的答复是:"兼并不塞而言定赋,则治其末矣。夫业主与佣耕者之利分,以分利给全赋,不任也。

---

① 以上条例内容参见何廉、牵锐:《财政学》,国立编译馆1935年版,第337—138页。
② 童蒙正、李吾颖合著:《财政学》,正中书局1946年版,第163页。
③ 贾德怀:《民国财政简史》下册,商务印书馆1960年版,第592页。

故取于佣耕,率参而二。"① 这段记录是否正确表达了孙中山的原意很值得怀疑,但借此以证明章炳麟那时接受了平均地权的口号(不管他如何理解)却是绝对不成问题的。因为他接着说:"善哉!田不均,虽衰定赋税,民不乐其生,终之发难,有帑廥而不足以养民也"。肯定"衰定赋税"应以"均田"为前提。惟其关于均田的具体办法,不外是将北魏以来均田制的规定加以现代化,其中增加了池沼、坑冶、专利等项,并将"还受"规定改为以买卖方式进行,其余全系因袭均田制旧法。至于他设想新垦的土地虽田连阡陌亦"得特专利五十年",岂不造成新的大地主;而坑冶采矿的占地面积多少"得恣有之",任其自由,岂不造成大资本家,这两点正是孙中山力求要加以防止的。总之,他的设想既给大地主、大资本家开了方便之门,还漏掉了土地增价归公的特点。这表明他的"衰定赋税"观点从一开始就与孙中山的地价税思想大不相同。

章炳麟很强调田赋的"衰征",认为土地肥瘠等条件不同,故"田赋必不能量以一概……其赋则相地衰征,自有差等"。他还主张将"相地衰征"原则的适用范围由田赋扩大到工商税,指出:"工商转贩一物而远近贵贱不同,故亦相地而差赋税"②。按照土地的肥沃程度或道途远近以征课差别赋税,这是我国古代早已出现的财政思想,章炳麟只不过是因袭这一古老思想而在适用范围上有所扩大而已。这种古旧的"衰征"观点,与孙中山从西方经济学吸取滋养的地价税思想何能同日而语。所以他在辛亥革命以后,公开攻击孙中山的土地单一税主张是无足为怪的。他指出:

"社会主义在欧美尚难实行,奚论中土?其专主地税者,尤失称物平施之意。此土本无大地主,工商之利,厚于农夫,掊多益寡,自有权度,何乃专求之耕稼人乎?或言取税必合财政学理,此亦皮傅之言,苟病于民,虽妙合学理何益?今之言

---

① 章炳麟:《訄书·定版籍》。
② 章炳麟:《代议然否论》,《民报》,第24号。

财政学理者，无异昔之举《周官》以钳人口也。"①

这里所谓"专主地税"，系指孙中山所主张的土地单一税制。尽管孙的这一观点未曾在其政策性文件中公开发表，后来又完全放弃了此观点，但它毕竟和孙的其他土地税观点一样，体现了限制地主阶级利益而为资本主义工商业的发展开辟道路的基本精神。章炳麟反对孙的这一观点，恰恰是站在有利于地主阶级的立场上要求以租税手段限制"工商之利"。由此出发，自会对维护工商资产阶级利益的西方财政学说也一并加以反对。更有甚者，他在近代工商业已经勃兴的条件下仍重弹"自古以重农为国是"②的老调，主张回到"樵苏耕获，鼓腹而游"③的原始生活及宣扬仿照晋代法律使商人"额帖白巾，两足异履"④，"身及父子方营工商者不得入官"⑤等古老贱商思想，真是落后反动得惊人。

章炳麟不仅攻击孙中山的土地单一税思想，还反对他的土地涨价归公的土地国有主张，其理由是："夺富者之田以与贫民，则大悖乎理；照价而悉由国家买收，则又无此款，故绝对难行"⑥。这样就从反对征收地价税和国家收买涨价土地两个方面，整个否定了平均地权纲领。

除上述陈旧租税思想而外，他也从西方财政学中接受了一些观点，如主张"限袭产之数，不使富者子孙躐前功以坐大"⑦。以后又明确提出征收"遗产相续税"，对于家主死后遗留给其子弟的财产，"当依其所遗之数抽税"。又如提倡仿行"国家社会主义"，对于农工商各业均"行累进税"，期以"改正税则而平均负担，国家收入自必倍增于前日"⑧。在财务行政方面，他提出如下意见：

"凡经费出入，政府岁下其数于民，所以止奸欺也。凡因

---

① 章太炎：《与人论政书一》，《太炎最近文录》，第59页。
② 章太炎：《五朝法律索隐》，《民报》，第23号。
③ 章太炎：《四惑论》，《民报》，第22号。
④ 章太炎：《五朝法律索隐》，《民报》，第23号。
⑤ 章太炎：《代议然否论》，《民报》，第24号。
⑥ 章太炎：《中华民国联合会成立会之演说录》，《太炎最近文录》。
⑦ 《代议然否论》。
⑧ 《中华民国联合会成立会之演说录》。

事加税者,先令地方官各询其民,民可则行之,否则止之,不以少数制多数也。"①

这是要求由人民来监督政府的财政收支活动。以一个受传统财政思想束缚极深的国学大师,能在 1908 年提出这样财政公开的主张,是应予肯定的。此外,对于借债问题,他在 1912 年的《论国民捐之弊》中分析了当时借债之弊,在于"使外人稽核款内之用途",但又认为外人干涉尚未发展为"监督全国之财政",故外债尚可抵偿,其弊未甚。总之,"欲救目前之急,犹非借债不能,但当以借款之大小及其条件之得失,分利害之途耳"。可见,章炳麟既赞成借债,又对借债持比较谨慎态度,尤其反对外人干预我国公债事务。他还反对以抵押方式举借外债。如他在同年所写的《布告反对汉冶萍抵押之真象》中,即批评孙中山向日本贷款时以汉冶萍公司由"中日合办"作为条件,指出:"大冶之铁,萍乡之煤,为中国第一矿产,坐付他人,何以立国?"这一批评意见固然可能夹杂着某些其他不满因素,但就反对以抵押方式举借外债本身而言,这确是中国近代财政思想史上应予注意的一个重要问题。

第三节
"五四运动"以前近代财政科学的传播与应用概况

从 1900 年到"五四运动"前夕这十几年中,资产阶级财政学传播的情况有很大变化。首先是传统的旧财政思想的维护者在前一世纪之末的斗争中败下阵来,于是资产阶级财政学说独霸了财政讲坛。其次是这一时期不断引进了有关国外资产阶级财政学原理及其分支学科的著作。如果说 20 世纪以前国内学者所传播的均为西方财政的一般知识的话,则此时所传播的才算是资产阶级财政学的系统理论。自此以后,我国无论在财政思想的逻辑体系,表达方式乃至名词术语,还是在各项财政政策或

---

① 《代议然否论》。

第十八章 清末民初的财政思想

措施的内容与形式上,与20世纪以前相比,均完全换了一个面貌。下面我们将着重论述财政科学在本时期内的总的传播情况,以及运用西方财政理论来指导我国现实财政活动的各种尝试。

一、国外财政学说的引进与发展概观

西方财政学在我国的传播自19世纪80年代之初即已开始,惟最初二十年间大多系零星枝节地介绍资产阶级财政学中的个别理论,未曾完整地引进过关于财政学原理的系统专著。不仅对于财政理论是这样,连"财政"或"财政学"这个名词在我国也是进入20世纪以后才逐渐为人们所普遍接受。

在20世纪以前,侈谈西方财政知识者甚多,但极少有人使用"财政"一词,一般均用"理财"之类的传统词汇加以附会。梁启超于1897年提到"财政者,天下之事也","财政之患,故患乎财藏于一人若数人"等语,可算是国人中接触财政概念较早之一人。惟此二句引语之前句系用于解释《史记·货殖列传》一文中的"平粜齐物,关市不乏"原文,又引申为对外贸易问题;而后句系注释《货殖列传》中的"财币欲其行如流水"一语,主要指加速货币流通问题。可见他所谓"财政",其含意不同于近代财政概念。此后四年,严复在说明他翻译《原富》一书的原因时,又提到"其中所指斥当轴之迷谬,多吾国言财政者之所同然"。这里"财政"一词系泛指理财一类的政务,非专就现代所谓财政而言。1902年金邦本译自日文的《欧洲财政史》,这是在中国出现的第一次以"财政"一词命名的书。自此以后,"财政"这个辞的使用日益普遍,到1906年,连清政府的诏书中也大谈所谓"清理财政"。辛亥革命之后,北洋军阀政府又于1912年设置了财政部和财政总长以取代清末度支部,完全废弃了"度支"这一传统概念,"财政"之名日益成为约定俗成的专用术语。

从1902年在我国首次出现以"财政"命名的专著起,到"五四"

以前已有十余部财政书籍问世①。这些财政著作反映了几个特点：

第一，在同期出版的约四十部各类经济学书籍中②，以财政学著作的数量为最多。这主要由于财政困难是清朝末期和北洋军阀政权经常面临的问题，一些附属于它的资产阶级学者不得不为之出谋划策。另一方面，那时的国外财政学家有的认为财政学根本不是经济学的一个分支而属于政治学范围，有的认为它是政治与经济之间的边沿学科、故专攻政治学的人也可研究财政学。基于这些原因，自20世纪开始致力于财政学研究的学者就比较多，出现一种为其他经济分支学科所未有的盛况。

第二，这些财政著作中首先出现的是翻译本，而且全部是译自日文的财政著作，甚至连上述《欧洲的财政史》专著也系由日文转译而成。存在这一特殊情况是由于自甲午之役以后国人对日本的看法起了很大的转变。20世纪初以来不断有留学生负笈东洋，而那时的东京又成了变法失败分子和资产阶级民主革命派的避难所。大批志士仁人麇集日本，自会较易于从那里转运资产阶级的财政学著作。直至1919年以后，财政学著作译自日文者才有所减少，译自西方者大为增加，这也显示引进国外财政学说的情况已有变化。另一须注意的现象是，在二十世纪最初十年中出现的三部财政著作③，均系翻译本。而在1911年一年即出现了三部国人自撰的财政著作④，以后自撰财政著作不断增多，在数量上压倒了翻译本。这表明辛亥之后引进国外财政学说的过程已由单纯翻译阶段又深入一步，特别是开始较系统地运用西方财政理论来研究中国财政问题。

第三，本时期内虽已有不少财政书籍问世，而属于原理一类的财政学书籍只有有限几本，不仅内容简单，且全系抄袭日人著作，有的甚至

---

① 关于"五四"以前的财政学著作可参阅胡寄窗著《中国近代经济思想史大纲》第449页附注一。

② 关于"五四"以前的经济学书籍的统计数字参阅胡寄窗著《中国近代经济思想史大纲》第十六章第二节。

③ 这三部财政译著是：金邦本译《欧洲财政史》（1902年），黄可权译《财政学》（1907年），张锡之等译《比较财政学》（1909年在东京印刷）。三部译著均系译自日文原著。

④ 1911年出版的三部国人自撰财政著作为：熊元楷著《财政学》，吴琼著《比较预算制度》，梁启超著《中国国债史》。

连日本术语也照抄。如 1907 年出版的黄可权编译的《财政学》内尚用"手数科"、"所有税"、"官业"等日本术语,自不足以广流传。至于其他关于财政学个别理论的专题研究著作,其中译自日文原本者自不必说,而国人自撰者也多以日人财政著作为蓝本。对于"五四"以前在中国传播的财政学著作的总的发展水平,梁启超曾指出:

> "自有清以迄今,兹理财之书,汗牛充栋。求一包罗宏富,能坐言而起行者,未之多觏。至若分门别类,就系统条理而为精密之研究,更由大纲缕析如剥茧抽丝、经纬交错,又如众星拱北,缠度分明,为晚近著作界开一线之光明者,尤戛戛乎其难之。盖此类著述不独坊肆小册多语焉不详,即学校讲义亦东鳞西爪,全貌莫窥。"①

这里对于当时学术界及高等学校内有关财政学著述或教科书水平的描述,确系真实的情况。但无论如何,进入 20 世纪以来,资产阶级财政学著作的大量输入,加速从各个方面排挤了中国古典财政思想的残余势力,进一步巩固了外来财政学说在我国财政思想领域中的独霸地位。不仅学术界是如此,而且在本期内清末政府尤其是北洋军阀政权的财政指导思想中,也已是处处留下了资产阶级财政理论的痕迹。

二、应用西方财政理论的初步尝试

前面各章讨论近代代表人物的财政思想时,实际上均已涉及他们对西方财政理论的不同理解,以及他们如何运用西方理论来分析我国的现实财政状况并提出对策的情况。现在我们将着重研究 20 世纪前 20 年清政府和北洋军阀政权,为了挽救财政危机,以西方财政理论为指导而提出的一系列与中国传统财政方式迥然不同的财政改革方案。下面先分析这一时期所提出的关于国家预决算编制、划分国家与地方税收系统以及

---

① 梁启超为晏才杰所著《租税论》(新华学社 1922 年版)所作的序。

公债政策与思想等三个问题。关于改革税制方面的政策与思想,因内容较多,将放在最后单独予以讨论。

(一) 国家预决算的筹办与实施

在研究这一问题之前,有必要先阐述一下"预算"这个词在我国使用的大致经过。我国古代虽自11世纪以来早已存在关于国家财政的预决算思想雏形,但在封建时代,最高统治者的个人支用和国家财政开支无法区分,不可能产生严格意义上的国家预算,也从未使用过"预算"这一名称。在世界范围内最早采行预算制度的英国,到1763年才第一次采用"预算"这个名词。我国是谁最先使用此近代财政术语,尚待考查。但有一点可以肯定,在国人介绍西方预决算制度的著述中,当以黄遵宪于1887年刊行的《日本国志》一书为最早。他在此书中曾提到:"泰西理财之制,有预算决算之法",其基本精神是:"征敛有制,出纳有程,支销各有实数,于预计之数无所增,于实用之数不能滥,取之于民,布之于民",又称"日本近仿泰西治国之法,每岁出入,书之于表,表示于民"①,以示日本预算制度是模仿泰西。谭嗣同在1891年写的《报贝元徵书》中提到预算、决算等近代财政术语,恐怕要算是黄遵宪而后涉及这些术语较早的国人著作。但同时的其他著者在谈到国家预算问题时,仍使用"度支"二字以适应中国习惯。如1896年某英人曾撰《驻日本英使预计日本度支》一文,曾提及"日本今年预算,1896—1897年用度……本年预算簿中……"等语而其论文题目却标以"度支"二字。当时还有蔡尔康、林乐知等人,一再谈中国度支问题。又郑观应在甲午后所写的《度支》②一文后附录了一篇时人论文,题为《俄国出入度支总数考》,也提到俄国君主制下亦可"讲求预算",但郑氏本文仍称"度支清帐"。可见在19世纪90年代中期,"预算"一词尚未被广泛采用。1898年百日维新期间,光绪帝采纳变法人士意见,诏令改革财政,编制预算决算。此诏固随变法失败未及施

---

① 黄遵宪:《日本国志》卷十七,页十五。
② 郑观应:《盛世危言》卷四,《户政·度支》。

第十八章 清末民初的财政思想

行,而"预算"一词却因此为人们所习知。数年后慈禧政府也将筹办预算内容塞进所谓立宪诏书,从此"预算"一词成为法定财政术语。

现在我们回到本题,谈谈我国国家预算的思想发展过程。前面提到戊戌维新期间关于编制国家预算决算的诏令,尚仅包含户部将每年出款入款,分门别类,列为一表,按月刊报等简单内容,还谈不上真正意义的预算方案。其后慈禧政府为了抵制革命,于 1905 年(光绪三十一年)派遣五大臣出国考察宪政,翌年又下诏预备"仿行宪政",演了一出预备立宪的闹剧,其中一项重要内容就是清理财政,筹办预算。1908年,经宪政编查馆奏准,颁布"清理财政章程",凡八章三十五条。这一章程虽系旨在掩人耳目的一纸空文,却是我国第一个以西方财政制度为蓝本而设计的筹办和编定国家预决算的系统方案①。

上述章程颁布后,宣统二年(1910 年)正月又拟定"预算册式及例言"凡二十一条,附以比较表,共为一册,发至在京各衙门及各省清理财政局,依式填注。其中规定以每年正月初一到十二月底止为预算年度;预算册内先列岁入,后列岁出,各分"经常"与"临时"两门;出入银数以库平足银为标准,并以"两"为记账单位,小数至"厘"为止。

同年秋,度支部汇编宣统三年总预算,送交资政院议决颁行,是为我国办理预算之始。翌年,又拟"试办宣统四年全国预算",未及编竣,即发生辛亥革命。从财政思想史角度考察,这是我国首次出现的采用西方模式的国家预算编制方案,标志着以往数千年的传统财政体制的一个重要转变。

民国以后的编制预算方案是在清末方案的基础上加以补充和修改。1912 年即民国元年,北洋军阀政府财政部开始编制"民国"二年预算,并将预算年度由宣统年间的历年制改为以每年 7 月 1 日至次年 6 月 30 日作为执行预算的起迄期间。此系仿照美国财政制度而采取的非日历年度制。此预算书至 12 月才修正完毕,又因参众两院休会而无法议决,故未曾执行。

---

① 《宣统政纪》卷 5,第 10—15 页附录:"妥酌清理财政章程清单"。

"民国"二年，财政部对编制"民国"三年度预算提出改进意见。其要点是：先由各省选具岁入岁出概算，由各主管部分别核编汇总，编成概算书提交国务院议决后，再编定总预算书。亦即规定了先编概算这一新内容。"民国"四年曾将美国式非日历年制的预算年度废除，恢复日历年制，到"民国"八年又改用美式非日历年制。

总之，我国近代预算制度虽始于 20 世纪之初，但在最初 20 年间，其编制工作时举时辍，其编制方案屡屡变动，迄未形成一个较固定的预算章程。到 1932 年才参照所谓欧美最新法制，公布了预算法，又于 1938 年重新修正，付诸实施。至此，我国预算编制工作才算有一定轨道可循。但这仅就其编制工作而言，至于预算的执行情况，由于那时始终处在政治动乱状态下，不可能也无必要贯彻执行预算，有关规定，视同具文。因此，与它有关的决算制度，虽在 30 年代初已规定有章程，1938 年又曾公布决算法，更是徒有虚名。惟从引进西方的国家预决算思想来看，又是极为重要的转折。因为，从此以后，中国不仅年年编造预决算书，并是按照近代财政学中的预决算编制指导原则和模式而编定的，只是在个别细节上有所变动以适应中国的国情而已。

（二）国家与地方财政收支系统之划分问题

中国古代向无中央与地方财政的明确划分，一切财政收支，原则上均以中央的名义行之。唐代虽将全部租税分为"供京"、"留使"与"留州"三项，但留使与留州均系中央留供地方使用的经费，在收支系统上仍归中央统一掌握。以后也有个别思想家如顾炎武坚持地方财政自治但未涉及地方税项目，又如明初以来的田赋加耗事实上成为归地方政府自行支配的税收项目，可是从未有人将此问题提到划分中央与地方财政的原则高度加以考虑。

划分国家与地方财政问题之正式提出，始自光绪三十四年（1908 年）清政府派员考察西方财政制度之后。其时宪政编查馆与资政院曾在预备立宪筹备事项中提及订颁国家税地方税章程的三项条款，是为我国建议划分国地两税之滥觞。

宣统年间，有关国家税与地方税划分问题的讨论逐渐增多。如宣统

第十八章 清末民初的财政思想

二年（1910年）御史王履康强调须先定国税，然后再厘订地方税章程。他的理由是：

> "今值国税未定文时，断不能先从地方税为入手办法。……盖以国税为地方税之先导则可，以地方税为国税之张本则不可；以地方税避国税之重复则可，以国税避地方税之矛盾则不可。……民力只有此数，无论何项筹款，无一非取之于民。故今日而厘订税则，所最重者，只能于原有之数，斟酌国税与地方税分配之法，万难于额外加征，更增小民以无穷之负累。故国税不定，即欲分配，其道无由。……而地方税之若何遵循，断无不渊源于国税。故必俟国税既定后，再将地方税章程赓续厘订，似于国计民生两有裨益。"①

同年，度支部亦提出"厘订国家税暨地方税章程办法"，不同意王履康先定国税后定地方税的意见，认为："国家税与地方税，名义虽分，征权则一。查各国地方税，多有附加之税，自非与国家税同时厘订"，并指出二税划分之后，"所有一切经费皆应分别支配"，而皇室经费亦应同时厘定，以臻完备。此奏曾被批准，却未能见诸实行。

由上可见，清末讨论国地二税的划分问题，尚纠缠于谁先定谁后定等枝节问题，对于西方财务行政体系尤其是地方财政制度的理解还是很肤浅的。进入民国以后，有关划分二税问题的讨论才有所深入。

民国元年（1912年），江苏都督程德全（公元1860—1930年）力主整理财政，须同时划清国家与地方经费界限。他认为财政支出如外债、军政、司法及行政官厅等项经费应归中央负担，而民政、实业、教育各费应由地方负担；而在财政收入方面如关税、盐税及其他各种间接税，应属中央收入，属地方收入者为地税。此税制将国家与地方的经费开支范围，同二者各自的税收项目结合在一起，而不是单纯从财政收入角度来考虑国家税与地方税的厘订。其次，他提议将田赋收入改归地方财政所有。田赋历来属于国家统一征收的主要赋税项目，他提出应归地

---

① 《宣统政纪》卷38，第15—16页，宣统二年七月戊申。

方收入,确是我国田赋思想史上的一个创议。

此外,划分国地收支系统还须考虑另一些问题,这也是当时讨论的重点。这主要涉及三个问题:一是关于国家与地方的界限,须明确以国家税为国家收入而充国家行政之用,非专指中央所在地的行政,亦包括各地方行政区域内的国家行政;又以地方税为地方收入而充地方行政之用,则不包括地方行政区域内的国家行政。二是关于地方团体的级数,议定为省、县及市乡三级机构。三是关于国家行政与地方行政的范围,暂定外交、陆军、海军、司法等项行政,应为绝对的国家行政;而内务、教育、农商、交通、财政等项行政,则应按其性质分属国家或地方行政。1913年冬北洋军阀政府财政部又拟订了国家与地方政费标准,作为编制预算的依据,首次颁布"划分国家税地方税草案"及"国家费目地方费目标准案"。有人对此评价甚高,认为"地方财政之权舆,实基于此"[1]。其实,这两个法案也是一纸空文,并无什么实效。此税法草案"系抄袭日本,日本系抄袭法国",故"可谓为法国日本税法制度的化身"[2]。就草案本身来说,其税项划分完全偏重中央一方,地方税收是虚有其表。例如,此税法草案的1914年修正案规定田赋、盐课、关税、统捐、厘金等重要赋税收入,均划归中央掌握;属于地方征收者,不过田赋附加税及其他无关重要的杂税杂捐而已。至于修正案设想将来开征的新税其重要部分均作为国家税,只有一些不重要的税目才列入地方税。这一设计亦系照搬国外的税制模式,其强调的重点仍在于地方特别税不得"妨碍国税",以及对地方附加税的增长幅度加以限制。即便如此,专制独裁的袁世凯政府仍宣布取消国家税与地方税的划分方案,由主管财政部门统一支配包括地方用款在内的各项财政收支,无异是恢复由地方解款而由中央统收统支的清代旧制。直到1916年袁氏政权垮台,才恢复税法草案。惟实际执行时却将国地两税划分制度与解款制度折衷而设所谓"专款制度"[3]。

嗣后,随着地方分权思想的日益流行,要求扩大地方政费范围的言

---

[1] 贾德怀:《民国财政简史》下册,商务印书馆1960年版,第565页。
[2] 金国珍:《中国财政论》,商务印书馆1931年版,第521页。
[3] 吴兆莘:《中国税制史》上,商务印书馆1937年版,第125页。

第十八章 清末民初的财政思想

论,大量出现。但在二十世纪第二个十年中仅有议论,卒未见诸法规。1923年底贿选总统曹锟公布的宪法,曾以法规形式允诺扩大地方财政,又因曹锟倒台而被搁置。直至1928年,经全国财政会议公布"划分国家收入地方收入标准案"及"划分国家支出地方支出标准案"。前一标准案将向来属于国家征收之田赋、契税、牙税、当税、屠宰税等,均改归地方;并将以后新开征的营业税,也由国家税划入地方税。后一标准案的地方支出范围亦较以往类此方案的规定为扩大。此后又一再有所修订补充,赋予地方财政较多权力,但在国民党政府的反动统治下,难于期望其能贯彻执行。

(三) 公债思想与政策

中国古代除高利贷性质的官方或民间借贷关系而外,不存在公债问题。唐代曾出现过的官府借商行为,实际上是封建政权对商民的变相摊派和勒索,不能算作国家债务。故近代公债思想纯系舶来品,而且从一开始就带有殖民主义的印记。须指出的是,在向西方寻求救国救民"真理"的进步人物尤其是资产阶级革命派那里,他们尚能吸收西方公债理论的合理部分,揭露外国侵略者企图利用外债来控制我国财政主权的阴谋,并对筹集公债可能带来的弊端,有一定的认识。而本时期内所讨论的历届政府的公债政策,则纯粹是基于维持反动统治的目的,一味依赖外国和滥借公债,至于大量筹集公债会产生怎样的结果,全然置之不顾。下面分别研究这一时期的外债和内债问题。

关于外债问题。我国第一笔外债是1853年至1854年间由苏松太道台吴健章向上海洋商所举借,用于雇募外人船炮以镇压上海小刀会起义。1858年至1859年间,为扑灭广东人民反抗外国侵略者的斗争,两广总督黄宗汉又以粤海关税作为担保,向美国旗昌洋行借银三十二万两,开我国以关税抵押外债之恶例。到19世纪60年代中期,江苏、福建、广东等省地方政府已先后向英、美等国洋商借过十数笔外债[①]。1865年,清政府为赔偿与俄国缔约的损失,向英国银行借款一百四十

---

① 彭泽益:《十九世纪后半期的中国财政与经济》,人民出版社1983年版。

余万英镑,实为我国以中央政府名义举借外债之始。此后借用外债日益成为清政府弥补财政亏空的重要途径,这也是清末在财政收入方面与以往历代封建政府不同的一个显著特征。顺便指出,1887年,清政府为追加海军经费,曾向德国银行团借债五百万马克,由该团将此债票转售于欧洲证券市场,这是我国公债首次出现在欧洲市场上[①]。

一般说来,19世纪60年代至80年代的数十次外债的数额较小,其使用范围除用作镇压农民革命的军费外,尚用于兴办海军、河工、铁路等事项。这些外债至1902年已全部还清。

从甲午战争起,外债骤增,或因筹措战费而举债,或系由战败的巨额赔款转化为外债。其中甲午之战赔款二万万两,等于当时清政府两年的全国财政收入。为偿还此款,不得不连续七次借入外债。1901年的庚子赔款,其本息共达十万万两,分三十九年还清,由清政府发出债券交各国政府收执,悉数转为外债。这两次用于赔款的外债数额之大,担保范围之广,还款条件之苛刻,为前所未有。这也是自此以后我国思想界极为关注外债问题的主要原因。

辛亥革命以后,袁世凯窃取国家政权,于1913年以办理"善后"为名,向五国银行团借款二千五百万英镑,以盐税、海关税等为抵押,分四十七年偿清,并规定由外人协助管理盐税征收事务,从此盐税也被外人控制。而帝国主义为了扶持袁世凯政权,也不断提供贷款。仅从1912年1月到1913年6月,贷款就达三十二次之多,几乎每月给两笔贷款。这一外债"被用于反对中国的民主派",反映了"整个欧洲的资产阶级"与袁世凯军事独裁集团的反动联盟[②]。

袁政权垮台后,出现军阀割据局面。各派军阀为了扩充自己的势力,更加丧心病狂地出卖国家民族利益,以取得帝国主义的贷款支持。如段祺瑞政府只要能借到外债,无论从铁路、轮船、工厂、矿山到各种税收,乃至一个城市、一个商场的收入,都可用来作为借款的担保或抵押,甚至对日本提出的霸占山东各项权利的要求,也表示"欣然同

---

① 罗介夫:《中国财政问题》,上海太平洋书店1932年版。
② 列宁:《落后的欧洲和先进的亚洲》,《列宁全集》,人民出版社1959年版,第19卷,第83页。

第十八章　清末民初的财政思想

意"。据不完全统计,从 1912 年到 1927 年,军阀政府共借外债四百六十七次,借款总额超过十三亿美元,其中用来支付军费开支者,竟占百分之五十四以上。

对于这一时期我国的外债情况,当时及以后有不少学者曾指出其弊端。这些分析虽大多以西方财政制度作为理想模式,其中也不乏肯綮之见。例如,金国珍在其《中国财政论》中,给我国以往举借外债情况总结了九个特征:一是中国向欧美各国借款,必须有抵押品,而欧美各国彼此借款均无须此抵押;二是中国向外国政府或私人借款,均通过外交手续进行,而外商履行外交手续,系借本国政府势力保护,通过贷款取得更多好处;三是各国政府向中国贷款均以银行为代表,以处理还本付息事宜;四是各债权国享有对中国的优先贷款权;五是债权国在中国拥有其势力范围;六是中国用作借款抵押的财产或税源收入,均归外人管理;七是外国借给中国的债款均存入外国银行;八是外国通过贷款可在中国享有各种特权;九是外国向中国放款,均有政治目的,如不能满足其政治要求,即拒绝贷款[①]。金氏在当时条件下,未能也不可能深入分析产生以上各种现象的最本质的原因,但这些现象已足以证明中国近代外债政策的辱国丧权性质。

面对北洋军阀统治期间外债剧增,债信丧失的状况,时人纷起要求整理无确实抵押品之债款。而马寅初独排众议,于 1924 年 8 月在武昌中华大学暑校进行演讲时指出:军阀专横,政府信用丧失殆尽,无法向外国借债,借此正可避免增加人民的外债负担,若一旦整理就绪,信用恢复,军阀政府势必大借外债,助长内战,致使国无宁日。因此他认为:"借债与政府者,固罪不容于死,而整理者亦未能辞其咎"。此虽偏激之论,却是有所为而发。后来还有人把 1926 年段祺瑞政府倒台后的一段时期内未曾举借外债,归功于"债务紊乱,信用全失八字之赐"[②]。足见当时人们对于北洋军阀政府的外债政策,已反感到何种程度。

---

①　以上各条均见金国珍:《中国财政论》,商务印书馆 1931 年版,第 612—615 页。
②　金国珍:《中国财政论》,商务印书馆 1931 年版,第 647 页。

关于内债问题。我国内债的发生迟于外债。内债之最早可以追溯到清末光绪二十年（1894年）的"息借商款"。此系仿照早经实行的"息借洋款"（外债），而以"中国商人"为举债对象，其目的是为了应付甲午战争的军费。息借商款之法曾就预定还期、酌给利息、颁布印票、定准平色、拨抵款项、严防弊端等问题拟定了六条章程，但未规定举债总额。此外规定借款达一万两以上者，"给以虚衔封典，以示鼓励"等条文①，仍带有浓厚的封建色彩。至于举借过程中的官吏勒索、捐借不分等弊端，更是时有所闻，连自诩开息借商款这一"创举"的户部亦承认此次借款"不独刻剥商民，亦恐琐屑失礼"②。故于第二年即告停借。因此，这次息借商款虽是中国举行内债之滥觞，但尚未完全具备近代公债的形式。

1898年清政府为了偿付"马关条约"所规定的第四期赔款，又发行"昭信股票"。这是我国仿效西法以发行内债的第二次尝试。它与前次内债比较，在筹办思想有两点值得注意：一是已意识到以往举借外债有"种种吃亏"，而当时各国对我国"争欲抵借"债款，也不是什么好事。二是指出我国人民手中的闲散资金如"不能自用，乃以资人"，所以海外华侨和通商口岸的华民向洋人"买票借款者甚多"，许多官吏亦将私财"寄顿于外国银行，或托名洋商营运"，此外本国银号票庄还存有大量资金未能利用③。正因为如此，故决定发行内债以"自强"、"自足"。此次国内公债发行总额为一万万两，年息五厘，以田赋盐税为担保，分二十年还清，债票准其抵押售卖，并报户部昭信局立案。其十七条章程兼采"中外通行办法"，比起息借商款章程要周详和细致④，也更具有近代公债形式。惟当时人们对公债的理解，很难摆脱封建传统观念的束缚。在官绅看来，公债不过是他们对皇上的"报效"，如同过去的捐输一样。而广大人民群众更不可能把公债看作一种债务债权关系，

---

① 《东华续录》光绪朝，卷一百二十一。
② 《东华续录》光绪朝，卷一百二十六。
③ 见黄思永：《奏请特造股票筹借华款疏》，及户部：《奏准自造股票筹借华款疏》。引自《东华续录》光绪朝，卷一百四十二。
④ 参见户部：《拟定给发昭信股票详细章程疏》。引自《东华续录》光绪朝，卷一百四十三。

第十八章 清末民初的财政思想

而只视之为一种变相的租税负担。因此,这次募集内债同上次一样遭到失败。而它引起银钱号的倒闭,产生官吏勒索、驱民使投洋教等流弊之多,又远超过息借商款。1912年辛亥革命爆发,清王朝为了苟延残喘发行所谓"爱国公债",未及发完,其专制政权即被推翻。

以上三次内债均由清政府举办,尚未包括地方公债。此外,农工商部曾于1909年奏准仿照欧洲各国制度,试办"劝业富签公债"。其募集办法是"附签票于债券之中,给以轻息而不还本",债款"专备兴办农、工、商、矿各项实业及补助商办各项实业之需"[①]。实际上,这是一种类似彩票性质的集资办法,是否用于兴办实业,亦令人难以置信。当时就有人指出,此法拟借公债一千万元,以三百万元用作中签债票的奖金,剩余七百万元,先扣除一百万元作为农工商部的办公经费,另六百万元存入官办银行,以年息六厘计,每年即可得三十六万元。如按原定六十年期限计算,除去每年支付未中签的九百万张债票二厘利息外,共可得纯利一千零八十万元。这样"子复为母,母复为子,不必兴办他项实业,而农工商部之财,将横绝宇内"。此所以该部对于筹办实业未闻计划,"先有此巧取豪夺吮膏吸髓之谋"[②]。

如果说清政府尚以举借内债作为筹款的一种尝试,那么继起的北洋军阀政权则完全靠借债度日。尤其自1914年第一次世界大战爆发后,由于外债来源减少,军阀政府更加依赖于内债之筹集。对于这一时期的内债发行问题,当时及以后有不少人提出了批评意见,主要反映在以下几方面:

首先,让外人参与和控制内债发行事务,即肇始于这一时期。我们在前面分析梁士诒的财政思想时已经指出,1914年袁氏政权设立内国公债局主持内债发行事务,竟聘英人安格联任会计协理,凡属公债款项出纳事务,除总经理签字外,均须安格联副署才能生效,实质上是将内债基金的保管权拱手交给帝国主义分子掌握。这也是人们抨击民三公债的一个主要原因。此后民四公债又由英国汇丰银行会同中国、交通二银

---

① 《宣统政纪》卷20,卷6—8页。
② 见黄瑞麒的奏疏,《宣统政纪》卷22,第2—4页。

行合募,后人亦指斥此"实为外国银行经募内债之滥觞"①。

其次,这一时期举债之滥,债信之低,也是人们经常批评的一个重要内容。据统计,自1912年到1926年的十五年间,仅政府正式发行的内债就达二十九种之多。此外还有国库证券、以盐余为担保的盐余借款、内国银行短期借款、各银行垫款或透支之类。以后因公债不受欢迎,又改发各种库券,如"教育库券"、"四二库券"、"一四库券"、"春节库券"、"秋节库券"、"治安库券"等等。北洋军阀政府发行的债券又分为有确实担保和无确实担保两种,然而较为可靠的担保品如关税、盐税,均在帝国主义列强控制之下,归军阀政府支配的关余与盐余,为数无几。以此有限债券基金而滥发公债,势必面临债信的破产。连财政总长周自齐也不得不慨叹,如果停付本息,"直接丧失国家之信用,间接牵动社会之金融"②,其他人之批评可想而知。

再次,我国在20世纪以前只有一家近代银行机构(即1897年开设的中国通商银行)。一些由私人或地方集资创办的商业银行,到20世纪初期才开始出现。辛亥革命以后,新式华商银行大量设立以及金融市场的形式,却与公债投机结下了不解之缘。那时新设立的绝大多数私家银行均以公债投机为主要业务。它们既可用债券作为发行准备,赖以周转资金,又因债券利率高、折扣大而可获得优厚利润。此所以政府滥发公债,银行亦乐于滥放,由此促成公债投机之风的盛行。这一现象招致当时不少学者的指责,认为银行助长了投机之风。

总之,北洋军阀政府的财政收入除了仰海关总税务司之鼻息,分润一点关余和盐余以维持开销外,举内债就成为筹款的不二法门。有本事向银行和总税务司筹借经费成为充任财政总长的条件之一。尤其是改发库券以后,为了应付使领馆经费,发清积欠学校的薪金或充作节关的行政经费,每逢过年过节常常发行库券。

---

① 贾德怀:《民国财政简史》上册,商务印书馆1960年版,第270页。
② 周自齐:《财政部整理内国公债确定本息基金呈大总统文》,引自《内国公债库券汇编》第一册。

三、税制改革思想与政策

我国数千年的封建财政，主要仰赖田赋收入，同时注重盐利及其他专卖品的经济收入，由此形成以田赋为主，以盐利等收入为辅的封建租税体系。而古代十分流行的租税思想如负担平均、培养税源、什一而税及其他各种赋税原则，一般也是围绕着农业税或盐利等问题而加以阐发。虽然自唐宋以后，随着封建财政中商税比重的增大，为商人呼吁的言论不断增多，但这些言论除了具有摆脱抑商思想束缚的反传统意义而外，对于赋税思想本身很少有原则性的发展。

进入半封建半殖民地阶段以后，出现了外国侵略势力对我国财政税收活动的控制局面，兼之封建租税制度日益腐朽的现实，不少志士仁人为了维护民族利益，改变落后面貌，纷纷学习和吸收西方财政理论，借以寻求建立我国自己的新式税收体制的道路。而统治集团及其谋士们迫于形势并出于维护自身利益的需要，也侈谈依照西方"最新思想"或"最新学说"来改革我国现行税制。尤其自 20 世纪初以来，这种论调成为十分时髦的观点。兹以清末及北洋军阀政府时期拟采行的各种税制为例来说明当时西方财政税收理论之引进，对我国传统的赋税思想，产生了怎样的影响。

（一）创办新税

本时期内先后创设了印花、所得、遗产、通行、营业、登录等新税。通过分析创办这些新税的理由，可以有助于我们进一步认识西方租税理论在我国的流行及其支配地位。

1. 印花税。印花税最早在 1624 年创行于荷兰，以后又广泛推行于西方各国。我国筹办印花税之议，始自 1896 年御史陈璧。当时因赔款累累，财政奇绌，故陈氏提议举办此税以为解决财政困难的补苴办法。此后清政府曾饬令我国驻各国使臣搜集所在国的印花税章程，并向总税务司英人赫德征询英国的印花税章程情况。惟当时除少数人认为印花税较"强迫施行"的人口、家屋二税要"和平的确",不会造成"民心涣散"①而外,大多数人不知印花税为何物。加上当时执政大臣和地方官吏多持异议,致此税制终清之世未能著效。但中国移入欧西诸税种,此系最初的一种。

北洋军阀政府于1913年首次开征印花税,颇著成效。此时推行印花税制,其理论是援引西方租税观点,宣扬"其定率之取数至轻而征收之范围至广",为"良好之税源"②。由于军阀政府"滥印滥抵,置信用于不顾",而各省亦"强派勒销,滋扰商民",结果"良税反成苛政"③。

2. 所得税。西方的所得税制自1798年创行于英国之后,在19世纪后期到20世纪初才开始盛行,美国到1914年才开始实行此税制。我国公元1世纪的王莽和17世纪末的王源早有按所得利润什分之一纳税的租税概念④,已颇类乎近代的所得税。但19、20世纪之交不少朝野人士主张创办所得税的思想,则完全是渊源于西方。1914年,袁氏政权始颁布所得税条例,当时财政部就举办此税所提出的理由是⑤:

> "盖国民纳税之力,随贫富而异,若各种赋税,咸采比例法征收,则富者负担较轻,而贫者负担反重。轻则富者益富,重则贫者益贫,贫富悬隔,殊非社会之福。今所得税采累进税制,以重富者之义务,而补诸税之缺点,是为合于税法平均之原则。各税仅局限于一部而不能普及,田赋仅课地主,房税仅课住户,牙、当各税,仅课牙、当两商。至所得税,除不及纳税标准者外,凡一般国民、随所得金额之大小,咸有纳税之义务,是为合于赋税普及之原则。善良之赋税,尤以有伸缩力为要。国民之纳所得税者,咸系中流社会以上之人,衣食既足,礼义自知,当承平时轻其税率,增进富力,一遇有事之际,欲

---

① 参见贾德怀:《民国财政简史》上册,商务印书馆1960年版,第157页。
② 晏才杰:《租税论》,新华学社1922年版,第685页。
③ 贾德怀:《民国财政简史》上册,商务印书馆1960年版,第158页。
④ 见本书第八章第一节二和第十四章第三节三。
⑤ 以下理由引自晏才杰:《租税论》,新华学社1922年版,第207—208页。

增税率,轻易举办。是为合于赋税伸缩之原则。且所得税既普及于全体,复用累进法以赋课之,则其收入之额,必较地税为钜。日本所得税岁入在三千万元以上,英国所得税占岁入总额十分之一、二,乃其证明。是为合于赋税能得多额之原则。"

以上关于征收所得税合于平均(即平等)、普及、伸缩(即弹性)、多额(即充裕)诸原则的理由,显系抄袭西方租税理论。其实就所得税本身而论,正如马克思所指出的,它在经济上"唯一的优点……就是征收这种税国家花费小一些",因而"只是对政府有利"[①]。不过,条例虽已公布,却未正式开征,直到国民党政府统治时期才得以陆续实行。

尽管在北洋军阀政府统治时期,所得税法始终未见实施,但它毕竟是在中国近代史上最早出现的新型税法之一。而且创行此税法的观点,均系以西方财政学说为依据,未求助于中国传统的租税教条。

3. 遗产税。早在古埃及、古罗马的税制中,已能发现遗产税的渊源,而近代遗产税则由荷兰创设于1598年,以后逐渐推行于欧洲各国。遗产税制作为一种舶来品,在我国至民国以后才有人提议创办。先有铎尔孟在1914年至1915年间提出"拟办遗产税说帖",其理由可概括为以下几点:一是继承的遗产属于"傥来之物"而非劳动所得,对此"抽取什一以供国家之用,当无不乐从";二是此税仅在承袭遗产时征收一次,"更非寻常赋税之比";三是各国均以遗产税为"深合法理",并且"早经实行,成效卓著";四是此税"揆之中国情形,尚无窒碍难行之处"[②]。

铎氏对西方遗产税思想的理解还是很肤浅的。至于他断言此税在中国推行"无窒碍难行之处",更属无稽之谈。姑不论中国封建传统的遗产继承习惯与西方的继承法相比,有着很大差别,而在继承法尚未确定,登记法、户籍法尚未颁布之前,遽行遗产税必多窒碍。

---

① 马克思:《〈莱茵观察家〉的共产主义》,《马克思恩格斯全集》,人民出版社1958年版,第4卷,第211—212页。

② 以上各点均见晏才杰:《租税论》,新华社1922年版,第714页附"铎氏拟办遗产税说帖"。

稍后，章宗元又提出"遗产税条例草案"，其理由更具有西方租税理论的色彩。如谓遗产税"系分富民之有余，而不加贫民之负担。取之于未得之财产，使纳税者不觉严苛；惕之以权利之存亡，使纳税者不敢讳饰"①。他还考虑到中国人民的财产继承习惯与欧美之不同，提议中国推行遗产税，只需征收嗣子继承的遗产，而免除对亲生子的"天然之传遗"课税。同时，他所谓的遗产，系专指不动产而未包括动产，而税率则采用比例税制而非累进税制，这显然是其重要缺陷，因而受到许多批评。

1915年夏，北洋政权在章氏建议基础上，遵照西方遗产税原则，议定了"修正遗产税条例草案"。其主要修正点如下：一是亲生子亦须缴纳遗产税，惟其税率较嗣子继承之课征税率为轻，而嗣子继承又依其亲疏关系之远近划分若干纳税等级，愈远亲者其课税愈重。二是动产与不动产一律征收遗产税，除非国家有特别规定，如对遗金存于国家银行者或用遗金购买国家公债者，特许免税。三是免税点提高到三千元，税率亦改为累进课税；而于未成年继承人的教育婚配费用，予以酌量扣除。

此遗产税法修正案的指导思想，显然是更多地吸取了西方的租税原则，也是我国传统的租税理论中从来未出现过的思想。但它和所得税法一样，在北洋军阀统治的混乱年代，徒具税法形式，从未付诸实施。

4. 通行税（又名运输税）。通行税在英法等国早经创行，而我国向无此种税目。1913年冬，财政部曾拟具"通行税法草案"提交国务会议。草案中不厌其详地列举西方和东洋各国的通行税"定率之法"，来证明这是非吾国所独有的"良税"。通行税制的关键问题，不在此税制之本身，而是在当时外国侵略者垄断我国铁路交通及内河航运事业的情况下，草案作者慑于国际帝国主义的压力，在理论上肯定对"外人所办之车船也应一律适用"，而实际上又托辞"涉外之关系"暂时免予征

---

① 本段关于章宗元的观点均见晏才杰：《租税论》，新华学社1922年版，第716—717页附"章氏遗产税条例草案"。

第十八章　清末民初的财政思想

课。其结果只是针对我国自己办的交通运输事业课税①。因此，一些有识之士曾提出尖锐批评，认为这无异是"为丛驱雀，为渊驱鱼，于财政、路政，有损无益"②。上述提案虽曾一度付诸实施，旋因外交、交通二部提出疑义，不久即废止。

5. 营业税。营业税自1791年创行于法国后，各国相继仿行。我国原有牙、当二税，其性质颇与此税相类。牙税发源较古，当税亦始于清康熙三年（1664年）。惟牙、当二税仅系向当铺、牙行或牙商征税，较之西方营业税之按工商业营业额征税，在课税对象、范围或方法上，均存在很大差别。

我国的营业税法，正式颁布于1931年，但在此前的北洋军阀统治时期，已开始出现一些属于近代营业税性质的税法。如1913年的"贩卖烟酒特许牌照税条例"，次年的"特种营业执照税条例"以及1915年的"普通商业牌照税法草案"等，这几项新税法均是那一时期西方财政理论在我国已经普遍流行后的产物。

以上三种营业税法中，仅贩卖烟酒特许牌照税得以始终举办。当时的财政学者多对举办营业税寄予很高的期望，认为"今后政府苟欲整理财政，力图税制之更新，必当力谋施行此税（指营业税），以期人民负担之公平"。另外，他们还主张我国将来实行营业税时，一是不应采用纳定额营业税的"幼稚"办法；二是须将牙、当二税同时废止以免重复课税；三是在我国商法尚不完备的条件下，推行此税法宜先采用"外标法"，即"以店铺或工场之租赁价格及雇用伙友之数为标准"，俟人民程度增高之后再行改用"查定法"，亦即"以营业所得之利益为标准"。这些观点不论正确与否，其内容直至名词术语都是地地道道的西方租税理论的货色，不再带有中国古典财政思想的丝毫痕迹。

6. 登录税。这是我国在1915年至1916年间仿效西方而筹办的另一种新税。当时曾由财政部拟就"登录税法草案"，宣称"其主旨在确定人民权利，防御他人侵害"。此案还对东西各国实施登录税情况作了大

---

① 以上引文均见晏才杰：《租税论》，新华学社1922年版，第722—724页附"通行税法草案理由书"。

② 金国珍：《中国财政论》，商务印书馆1931年版，第510页。

致考察，至于课税方法，则"酌量采用"日本的定额课税和比例课税两法①。

此草案内容，虽系抄袭国外登录税法，但也在一定程度上适应了民族资产阶级的要求。因为根据税法规定，任何人的财产、身份或特权经登记或注册纳税后，即可得到政府的保护。税法草案规定的课税范围包括土地、房屋、轮船、民船、民业铁路、公司、律师、医师、著作权、特许权、商标权、矿业权、渔业权、记名债券等项，其中大部分项目均与民族资产阶级切身利益有着密切关系。当然，所谓人民权利，只是就税法原则而言，至于财政部拟办此税则主要出于解决财政困难的考虑，结果此案亦未能实施。

以上是20世纪前20年间，我国仿行西方而颁布的一些重要税法。其中除印花税于1907年拟定法规，1913年开征外，一般都是在1913年至1915年的二三年间创设的。由此可见，从20世纪初尤其辛亥革命起，随着国外财政学专著的引进和传播，人们不仅对西方租税理论有了比较系统的了解，而且开始运用西方理论来指导我国的财政实践，从而涌现出一系列过去闻所未闻的新税法。尽管这些新税法大多未曾实行，但从中国财政思想史角度考察，这毕竟是我国第一次运用西方租税理论来创设自己的税法体系的新尝试。还须指出，辛亥革命的胜利，尽管政权被北洋军阀所篡夺，毕竟已出现了某种新的生命力，故能在短短数年内提出这许多新法案，虽未贯彻实行，能以法律条文表现已是以往所难能的。

（二）整理旧税的意见

这里所谓旧税，系相对于20世纪初以来所创议的新税而言。旧税中既包含一些十分古老且一直在封建财政收入中占据极重要地位的税目如田赋、盐税等，也包含一些自19世纪中叶以来才开始创设或其作用才日益重要的税目如厘税、海关关税等。清末尤其是20世纪初以来，关于整理旧税的各种意见和方案，恐怕是本时期财政议论中最多的一部

---

① 晏才杰：《租税论》，新华学社1922年版，第656页附"登录税法草案理由书"。

第十八章 清末民初的财政思想

分。对此，我们不必一一介绍，只需论述其中较为重要的田赋、关盐二税以及裁厘加税等问题的整理意见。

1. 田赋整理及其归属问题的争议。田赋收入历来是封建财政的主要来源。鸦片战争以后，虽然关、盐、厘金等税收入大幅度增加，但在清末及北洋军阀政府时期，田赋仍是国家财政收入的大宗。因此，如何改进田赋制度积弊，成为那一时期整理税制论者待解决的课题之一。

清末处理田赋积弊的主旨，还是沿袭唐、宋以来的传统将土地清丈奉为圭臬。所不同的是，清末在讨论土地清丈问题时，常常有洋人的意见参与其间，而洋人所提出的方案，又往往被人们视作最理想的模式。例如，当时海关总税务司英人赫德条陈的清丈计划，虽未实行，但至20世纪30年代中期，"一般讨论改良地租者，多以之为张本"[①]。

其实，赫德计划无甚新奇之处。它只是将我国田亩总数及收入作了一个抽象的匡算，并在清丈之同时强调土地买卖须在县署进行更换地产物主姓名的登记，以保证田赋交纳的名实相符和防止逃税漏税而已。清末的田赋收入通常仅为银三四千万两之谱[②]，而赫德提出的匡算数字可达五亿两，自然具有极大诱惑力，被不少人推崇为整理田赋的楷模。

赫德计划之所以未被采实行，据后人分析其最重要的原因是政府如果每年有五亿两田赋收入，则没有必要再设置营业税、所得税等新税，其结果"必变成单一税，失却税制平等之原则"。特别是认为此计划"与亨利·乔治之平均地权相合，而成为共产矣"。据说当时张之洞正是慑于此，才不敢实行这一计划[③]。除了赫德的田赋整理计划外，日本人常吉也依照其本国制度，拟出一套在中国实行土地清丈的具体方案，受到不少人的称道。这些均反映我国古旧的田赋观念已日益不能适应近代要求，因而有被国外租税理论或模式所取代的发展趋势。

民国以来，北洋政府先后采取了一系列田赋整理措施，如田赋征收改银两为银元，征收费用限制在正额百分之十以内，附加税不得超过正额的百分之三十，取消遇闰加征办法而改用阳历，筹办田地清丈事宜等

---

① 金国珍：《中国财政论》，商务印书馆1931年版，第118页。
② 《清朝文献通考》卷六十三，《国用》四、六。
③ 见金国珍：《中国财政论》，商务印书馆1931年版，第119页。

等。但从财政思想上考察，这一时期值得注意的是有关田赋的归属问题的争议。

我们知道，中国田赋一向归中央政府管辖，地方没有支配权，因此也不存在田赋归属问题。自太平天国革命后，各省截留田赋虽已司空见惯，但在理论原则上仍无人对中央政府田赋管辖权表示过疑义。至20世纪初，由于清政府难以筹足《辛丑条约》规定的巨额赔款，遂将部分赔款摊派于各省，由各省筹款以承担分赔的责任。于是各省纷纷借口赔款而名正言顺地增收田赋附加或增派，为以后有关田赋归属问题的争论，埋下了伏笔。

民国初年，在田赋负担最重的江浙地区，首先有人从划分国家与地方收支系统角度出发，要求将江浙漕粮划归地方政府支配。而反对者则以漕银牵动全国田赋为由，仍主张将其归属中央统一管辖。这一争论，很快由江浙一地的漕粮归属问题，演变成全国的田赋究竟应归国家还是地方的问题。此后在北洋军阀统治的十余年内，主张田赋仍归国家之论略占上风。不过，主张田赋归地方之论，显然顺应了民国以来要求地方自治的思想潮流，因而此观点随着时间的推移而日益流行。1923年昙花一现的"曹锟宪法"，还第一次将田赋列为地方税。

要求将田赋划为地方税，在中国财政思想史上是前所未有的新问题，完全超出了封建田赋思想的传统视野。而维护应归国有的论点，除利用中国传统思想作为护符外，也竞相援引西方学理或外国成例作为自己论点的重要依据。由此表明，田赋归属问题的提出，不仅基于20世纪初以来的特定历史条件，而且同西方财政学说在我国的广泛传播有着密切的关系。

20年代以后，田赋归属地方之论逐步取得压倒优势，在长期的争论中，要求田赋应归地方的人们已经形成一套比较完整的辩护理由。稍后，有人曾将这些理由归纳为如下十点：

（1）地方扣留或吞没田赋已成公开之秘密。故不如划归地方，以却此弊。（2）各省工商业发展不一致，贫富不同，若取同一税率，未免不公平，根据"税率划一之税归中央，不划一之税归地方"的原则，田赋宜归地方。（3）各地的田亩尺度及其计量单位不同，田赋必不能得其平,故在各种尺度或单位未划一的情况下,田赋应归之地方。(4)各省的交通便利情况不同。若课以同一的田赋,则交通便者讨便宜,交通不便者受痛苦。故不如将田赋归之地方,使有酌量交通情形之余地。(5)各省的货币购买力不同,若按同一税率征收,则货币购买力高的江浙一带受益,而购买力低的云贵地区受损,故田赋宜归地方,使自定适宜之税率。(6)中国地广民众,中央政府没有巨大财力与人力来改良田地。只有由各省自办,才能轻而易举。(7)民国以来,各地举办的教育、警察、卫生、司法、交通等地方事业加多,经费自应加多,故田赋应归地方。(8)西方许多财政学者如英人巴斯特波尔(Bastable)等皆赞成田赋归地方,且土地涨价,乃由地方社会所造成,故田赋应由地方征收为宜。(9)英、法、日本等国的田赋归中央,是因为这些国家地方小,交通方便,而中国则地方大,交通不便,故英法田赋可归中央,而中国不可归中央。(10)田赋归地方后,地方还要承担向中央供应漕粮的任务,因为皇帝虽废,军队犹存,当然仍应供漕粮①。

以上各条不论正确与否,其主要特点是引用西方财政理论来论证田赋归属地方的必要性和妥适性。通过这些理由,不仅使我们了解民初以来关于田赋归属问题争论的大致内容;而且显示出这一时期的田赋议论与传统田赋思想相比所发生的深刻变化。

2. 关税与盐税。清末以来,关、盐二税日益引起税制改革论者的重视,其程度较田赋问题有过之无不及。其所以如此,主要取决于以下两个客观原因。

首先,关、盐二税在国家财政收入中所占比重不断提高,形成了与田赋以及下面将要讨论的厘金四足并立的税收新格局。为了便于了解这一新格局,不妨对清初以来关税、盐税与田赋三者之间收入比例的变化情况,作一简单考察。早在顺治时,盐税收入仅及田赋的十分之一;此时的关税即后代所谓内地常关税,其收入尚不及田赋的二十分之一②。鸦片战争以后,租税构成比例开始发生显著变化,道光之末地丁、盐

---

① 以上各点参见金国珍:《中国财政论》,商务印书馆1931年版,第535—537页。
② 参见《清史稿》卷一百二十五,《食货志》六,《会计》。

表 18-1　清末和民国政府时期的预算收入情况

单位：两

预算年度	预算总收入	田赋	百分比	关税	百分比	盐税	百分比
宣统三年（1911）	296 962 700	46 164 709	18.9%	42 131 062	14%	约 45 000 000	15.3%
民国二年（1913）	557 031 236	82 403 612	14.8%	68 224 283	12.2%	77 565 534	13.9%
民国三年（1914）	382 501 188	79 227 809	20.7%	79 403 057	20.8%	84 879 873	22.2%
民国五年（1916）	472 124 695	97 553 513	20.7%	72 346 314	15.3%	84 771 365	17.8%
民国八年（1919）	490 419 786	90 548 787	18.5%	93 964 656	19%	98 815 071	20.1%
民国十四年（1925）	461 643 740	90 081 199	19.5%	120 365 710	26.1%	98 859 403	21.4%

第十八章 清末民初的财政思想

课、关税已成为"岁入之大端"①。到光绪中，田赋收入仍保持清初的水平，约占财政总收入的百分之二十六点四，而关税（含海关和常关）收入则占收入总额的百分之二十三点二。盐税七百四十二万七千六百零五两虽仅占总额的百分之八点三，但这一数字系单指盐税正课而言，未包括当时已超过正课的盐厘在内②。在20世纪前20年间无论关税还是盐税的增长，均已呈现出逐渐超过田赋收入的发展趋势。这从清末和北洋政府时期所编制的历次预算中可以看得十分清楚③，如表18-1所示。关、盐二税的财政地位既如此重要，人们在讨论税制改革时自会对此二税格外予以注意。

其次，由于帝国主义入侵所造成的财政窘迫，使晚清和北洋政府日益仰赖关、盐二税作为抵补战争赔款和外债的主要担保品。如以关税作第一次鸦片战争后赔偿英国军费的担保。此后，甲午与庚子两笔巨额赔款，均以关税作为担保。另一方面，先是1843年清政府与英国议定值百抽五的固定关税税率，致使中国丧失制订海关税则的自主权；继而英国等外国殖民主义者又通过把持海关总税务司一职，以操纵中国海关的行政管理权；辛亥以后，外人进一步攫夺中国海关收支权，规定由总税务司全权保管税款，税款存入外人开设的汇丰等银行。连偿付外债、赔款及支付海关行政经费后所剩下的关余，中国政府未经外国驻华公使团同意，都无权动用。至此，我国海关自主权丧失殆尽。盐税用作外债的担保稍迟于关税，其中最突出者为1913年袁世凯政府的所谓"善后大借款"，就是以盐税作抵押，并规定须由外人参与管理征收事务，开外人控制我国盐税之先河。嗣后，除继续以盐税抵借外债外，所剩的盐余也经常用作向银行借款和发行内债的担保。

由上可见，在清末及北洋军阀统治时期，关、盐二税不仅在数量上跻于国家财政收入的首位，而且十分典型地体现了我国近代税收制度的

---

① 南开大学历史系编：《清实录经济资料辑要》，中华书局1959年版，第578页。
② 以上数字参见《清史稿》卷一百二十五，《食货志》六，《会计》。
③ 清末及北洋政府时期的历次预算中有关田赋、关税、盐税三项的预算收入及其占总预算收入的比例见下表本书780页（表中数字参见《清史稿》卷一百三十三，《食货志》四，《盐法》，又卷一百二十五，《食货志》六，《会计》，以及贾德怀：《民国财政简史》下册，第667—679页附录）。

半封建半殖民地性质。此所以在这一时期有关税制改革的大量议论中，尤以涉及关税和盐税问题者居多。不过，就关、盐二税本身而言，当时人们讨论的重点又有所不同。对于关税，主要是谋求解决关税自主问题，而盐税则偏重于讨论采用何种措施以清除传统盐商垄断制度所造成的积弊。

第一，关税自主观点。20世纪初以来，国内要求收回关税自主权的呼声，不断高涨。特别是进入民国以后，一些财政专著相继依据西方财政原则，对我国关税主权丧失的原因及其收回办法，作了较为系统的考察和分析。例如晏才杰在其《租税论》一书中，从近代财政科学出发，强调国家主权是制定关税税率的前提条件。他认为，关税税率的高低，固然对国家财政有巨大影响，但是"征收多寡不过利益问题，而所以制定此征收准则之税率，则属于主权问题"；自通商以来历次修改关税税则，其所以要由外人参与，或对外国交涉时总是处于被动地位，原因就在于"缚于成约"，未能收回关税自主权。惜乎他自己只认识了问题，仍无彻底抛弃"成约"的勇气，也同当时其他为统治集团服务的谋士学者一样不敢违背"成约"，唯恐国际上"再以隙授人"，甚至主张在当时国内尚缺乏关税管理人才及军阀横行的情况下，暂借助外人"长才"以为"一时之权宜"①。照他这样说法，则以往聘请赫德等主管我国关税也应是正确的权宜之计，与他自己反对外人主持关税的观点相矛盾。

另一方面，在辛亥革命后，由于国际商品物价继续上涨，我国关税税率实际已降到百分之五以下，致使关税收入大幅度减少。面对这一形势，连北洋政府也侈谈要关税自主。然而他们所谓关税自主并非像国内人民所呼吁的那样，要求废除不平等条约包括其中所规定的片面协定关税税率，而是仅仅谋求在条约所允许的限度内，将现行税率"修改至切实值百抽五"，或能"分别奢侈品或需要品自定分级制税率"。第一次世界大战后在巴黎和会及华盛顿会议上，中方代表又屡次提出我国关税问题。有人认为，中方代表这些提议，反映出中国关税"渐有解除

---

① 以上引文均见晏才杰：《租税论》，新华学社1922年版，第528—530页。

第十八章 清末民初的财政思想

片面协定之倾向"。其实不然。以我国代表顾维钧在华盛顿会议上所发表的"对于中国关税问题之宣言"为例。表面上，这一宣言慷慨陈词，指斥"中国现行之关税制，实侵犯中国之主权"，并援引西方财政学说及各国成例谴责"中国现行税制实非根据科学原则"。实际上，对于恢复关税自由问题，宣言中特别申明中国"毫无干涉现在行政管理之意"，也"无以抵押外债之关税移作他用之计划"，也就是仍旧承认由外人来掌握我国的海关行政管理权及关税收支权。宣言中还申明中国要求的"自定"税率终不得超过与各国商议确定的"最高税率"①。这样兜了一圈，仍未超出协定关税的窠臼，哪里是什么要求关税自主。由上可见，北洋军阀政府时代所标榜的关税自主，充其量不过是"请求"帝国主义各国同意将我国关税税率稍事增加而已。对于取消这一丧权辱国的片面协定税率的呼声，却置若罔闻。

第二，盐法改革观点。与关税问题不同，盐政早在先秦时期特别是秦汉以后，一直是历代关心理财的人们议论的重要财政课题。这里，只需指出从20世纪起，有关盐法改革的大量议论与以往相比，显现出的若干新特征。

关于改革盐法的争议。盐商独占运销食盐地区的引岸或专商制度，自宋、明时期逐渐形成之后，一直沿袭到近代，支配盐政达数百年之久。其间虽先后于明代嘉靖和清代道光中在部分地区取消盐商专利，实行任便商人凭票纳税销盐的票法，但不久均仍恢复专商制度。到19世纪后期向西方学习的热潮中，通过中外盐税和盐法制度的比较研究，不断有人提倡改革现行盐法。尤其是进入20世纪以后，倡言改革盐法之议蔚然成风，并在20年代之初，围绕着"越界为私"的盐商专利制度，展开了一场激烈的论争。

当时以国会议员李文熙为代表的反对改革派，竭力为传统的引岸专商制辩护。他指出讨论盐法首先应明了盐具有三种特性，一是为人生日用所必需；二是非他物可以代替；三是非任何地方可以生产。在他看

---

① 以上引文均见《顾代表对于中国关税问题之宣言》，见晏才杰：《租税论》，新华学社1922年版，第570—572页附录。

来，唐宋以来分厂分岸的专商制度，正是基于盐的这三种特性而产生。盐商在没有行销的把握时，多不愿冒险前往，故必须分给他们"专权之地"而"禁旁人竞争"。同时，在划分行盐地区的过程中，还须贯彻"人多之地，则多与以盐；人少之地，则少与以盐"的原则，"使供求相应"。至于"越界为私"的规定，系用以保障这一制度的推行，若无此规定，"则分厂分岸之制乱，而历代计口授岸之根本大法破矣"。

他还列举了引岸制度的四利和废止此制的八害。四利是：保护盐商使不致破产，调和各种经济使之平均；预防大资本家垄断和维持厂岸小民之生计。八害是：必然发生竞争，有竞争必有失败；盐商破产；工人失业；远地因无人肯去而顿缺食盐之供给；钱庄遭受严重影响从而经济必起恐慌；与盐商有关系者皆受损失；税收因无从稽考而减少；盐税减少又影响到外债的偿还，故外人必定出而干涉[①]。

以上辩护理由，不仅集反对盐法改革的观点之大成，还引用了不少西方经济学说中的理论观点乃至名词术语，为古老的盐商垄断问题，披上了一层近代经济理论的外衣。对此，主张改革盐法的一派进行了针锋相对的反驳。他们的意见大致如下：

首先，关于商品盐的三种特性，他们反驳说这正是他们主张改革盐法的理由，"反对派何得窃之为己有"。因为，一则米面也是生活必需品，"何以米面无专利，独盐有专利耶"。二则盐既非他物可以代替，论理更不应许其专利。三则盐受产地限制不能构成专利的理由，如烟酒各物亦非各地皆能生产，却无引制；且自民国以来，已有十二个省废止引制，而远方各地并未因此而绝盐，其盐价甚至比未废引制的省份还便宜，"盖大利所在，人争趋之，固无虞其因远勿届也"。

其次，关于维持引岸制的四利，他们予以全盘否定，指出：根本不必保护盐商的权利；所谓调和各种经济，亦不过调和盐商经济，于各省经济无益；"中国除盐商之外，无所谓大资本家，打破盐商，则不啻打倒资本家"；他们强调改革后的盐法制度"非绝小民之生计"，且小民

---

① 以上李文熙的观点均参见金国珍：《中国财政论》商务印书馆1931年版，第215—217页。

第十八章 清末民初的财政思想

谋生并非仅此制盐一途而无其他营生之路。

最后，关于废除引制的八害，改革派亦给予逐条批驳，其中除了与上述理由相同者不必赘述外，他们着重分析了以下几点：一是盐商在自由竞争中，因为富有经验，可操胜利之算，"破产一层，殊可不虑"；即令破产，他们已是"私囊早饱，亦有何害"。二是政府发给商人运销食盐的引票，非系有价证券，故"废止引票，不能与废止有价证券比"，不会使钱庄受影响从而引起经济恐慌。三是稽考无由、税收减少之说，也与事实不符。因为当时不少引盐地区已改为自由口岸，"其税收不惟不减，而且日加"。且废引后，可"另设稽核分所，何曾不能稽考"。四是废引后不必担心干涉，因为"外人亦主张改良盐税"①。

在这场争论中，尽管改革派论点从财政学说角度衡量不够高明，毕竟在当时获得了广泛支持，并形成各种各样的改革方案。这些方案归纳起来主要反映了两类改革意见：一类意见提倡在产盐地征税而盐的运销任其所之，即所谓就场征税制；另一类意见则坚持由国家垄断盐的生产和运销，实行官专卖制。这两类意见均可从中国古代盐法中找到其思想根源。不过，此时盐法改革论者的论证已不再拘泥于中国古代的陈说，而是竞相以西方财政理论或各国盐法成例作为重要依据。

以盐专卖制为例，在这一时期改革论者所考虑的主要不是此制在我国西汉时期早经实行，而是认为它作为"各国所行之政府独占法"，不仅行之有效，而且符合财政原理，即"盐税为国民所共同负担，非少数商人所应垄断，收归国有，整理得宜，收入自倍"②。

当时主张实行专卖制的许多议论中，以张謇（公元1853—1926年）的方案影响较大。据说他是在"采取各国陈法，参酌中国情况"之后，才提出一套民制、官收、商运、民卖的所谓"不完全专卖制"。在他看来，实行此制是两全其美。一方面，可以废除盐商专利的传统制度和解决它所带来的各种积弊；还可减轻和划一盐价，改良盐质，按质论价，除去私盐，增加税收。另一方面，又能避免立即实行完全专卖制所造成

---

① 以上各点均见金国珍：《中国财政论》，商务印书馆1931年版，第217—219页。
② 晏才杰：《租税论》，新华学社1922年版，第284页。

的困难。如采用民制,系考虑到非如此则数百万制盐人一旦失业,必将流为盗贼或私贩;而坚持商运,也是因为"盐商系世业,习惯已久,一旦去之,殊非易事"。因此他建议十五年后,再改商运为官运。不过这里所谓运商,非指个别专卖盐商,而是指有组织的运商公司。其管理办法,根据张謇的设想,先由政府发行五千万盐业公债,运商须按照其资本的三分之一比例,购买此公债充作保证金,所有损失,概由运商自己负担。至于民卖,系指众多小商人从运商公司处购盐后再转售给广大消费者,由此取代专利盐商历来所把持的零售业务①。

张謇的方案虽受到不少人的赏识,但也招来一些非议,主要是认为中国一无资本,二无经验人才,加上人们的抵触情绪,故不易实行盐专卖制。因此当时的盐法改革论者,多倾向于采用就场征税制,称此制"实为第一步整理盐务之要着"②。就连主张专卖制的张謇本人,后来也转而赞成征税制③。

关于就场征税制,当时及后人一般肯定它的实行能带来如下好处:断绝私盐,免除沿途的留难,改良盐质和平衡盐价。特别是第四点,纯系运用西方的自由竞争及供求原理作为其理论依据。如谓"一听无数商人之自由竞争,自为定价,则不独盐价不能昂贵,而且常剂于平。盖盐少则价贵,贵则竞相争至;迨盐多而价贱,贱则退缩不前,此供求之原理也"④。

在北洋政府时期,虽盛倡就场征税制,却长期议而不决。直至国民党当政后又经过十多年的周折,才实现就场就仓征税,但这些并不妨碍我们发现20世纪初特别是民国以来盐法改革的思想,基本上是从西方财政理论中吸取滋养这一特征。

但是,民国以后有关盐法问题的讨论中出现另一个突出现象,即那一时期的盐法改革往往是出于在华帝国主义分子之主张,尤以当时操有我国盐务实权的英国人丁恩(Richard Dane)的意见为代表。

---

① 以上张謇的方案参见金国珍:《中国财政论》,商务印书馆1931年版,第224—227页。
② 晏才杰:《租税论》,新华学社1922年版,第285页。
③ 张謇赞同征税制的文章,发表在当时的《盐政杂志》第三十五期上。
④ 见贾德怀:《民国财政简史》上册,商务印书馆1946年版,第97页。

第十八章 清末民初的财政思想

丁恩曾于1913年根据善后借款合同而设立的盐务稽核所内,担任洋员会办兼盐务署顾问。据说他在职五年期间,曾对盐政作了一次"卓有成效"的改组,使盐税收入的数额跃增到仅次于关税[①]。这里所谓改组是指他对我国的盐务管理所提出的六条改革意见。其要点如下:

第一,应放任民间自制食盐以"公平之价"转卖给商人。如果民间制盐质劣价高或供给不足,政府可出面干预,利用"自设制造所"造盐的办法进行矫正补充,以"调节市价"。

第二,对于那些地方僻远,产量过小,因而难于监督或不敷监督费用的民间制盐所,予以关闭;而其他重要的制造所则使之集中,"盖集合则竞争起,适度之竞争,无害于事",故国家应鼓励适度竞争,"以图盐价之低减,盐质之改良",且政府的监督经费亦由于制造所集中而"大可节省"。

第三,办理盐政最紧要之点,是一律"在产地征收"盐税,制盐所无论官设还是民设,均应"同样纳税"。

第四,盐在产地完税后进入运销地区,所有厘金及地方杂税,"宜悉免除之"。对于运销营业中的垄断行为,应"极力禁止",但在改革初期,"殊有假借其力,以图运搬便利之必要"。其具体办法或是选适宜地点由政府提供资金设盐代理商,向各地运销食盐;或者指定经纪人,划定区域,规定价格,使之贩卖官盐,官则给以佣钱。

第五,中央政府在产盐区内设置税局和国库分局,使盐税收入"由盐务机关直达中央",以避免"由各省间接纳付之不便"。在私自制盐或贩盐严重的地区,国家还应从盐务预算中拨款给地方,"使之与政府协力禁遏之"。

第六,派遣盐务分局的洋员到各产盐地,实地调查"关于产地之名称,经营之良否,每年之产额,贩卖之价格,以及其他重要事项",并向经营不善者提出改良之方法。而中国盐务官员,则"使之襄助洋员,以图实行舞弊取缔方法"。至于盐税税率,规定每百斤三元,但眼

---

① 见〔美〕阿瑟·恩·杨格:《一九二七至一九三七年中国财政经济情况》中译本,中国社会科学出版社1981年版,第21页。原著出版于1971年。

下暂按每百斤二元起征①。

丁恩方案的内容较之国人的有关论述更为周详而细致,连选择盐税存放地点一类的细节问题,也未轻易放过。无疑,丁恩并非真是帮助我国改良盐法,而是为了保证和提高盐务收入以确保善后大借款本息的偿还。丁恩之后,其他外人还相继提出一些盐法方案。有的甚至鼓吹中国应采行关税制或海关制,亦即中国政府只在海关对进出口的本国或外国食盐征税,盐至内地则免于征税。对于这种赤裸裸的经济侵略要求,当时连那些对帝国主义尚抱有幻想的国内学者也有所觉察,认为"此制一行,则一面国家税收受损失,他面外国洋盐必乘机侵入,反客为主,中国盐业必归全废之境"②。

上述有关改革现行盐法的议论,均以肯定盐税的存在为前提,到20世纪20年代初,已有人在租税专著中公开宣扬中国将来应"废止盐税"。在他们看来,盐税只是"财政制度幼稚之国家"的一种重要财源,而依据近代租税原理,此税实具有"妨害产业发达,违反课税公平原则"等弊害。因此先进各国有的已废止盐税如英国和比利时等国,有的则实行减轻税率或其他改良办法,"一方维持国家之税源,一方仍能减少人民之苦痛"。他们认为,在我国当时条件下,考虑到盐税"已于国税上占一重要位置",且充作外债的担保,"不能遽议废止"。但"迟之数年或十年",俟我国关税税率提高,各项"较善之新税"陆续举办,从而国家财政收入逐渐增加之后,即当"仿照英、比等国办法,毅然废止盐税,以谋产业之发达,而图税制之革新"③。

关于盐税本身的存废问题,在20世纪以前从未有人对此提出过异议。因此,废止盐税论的出现,在中国盐税思想史上,不能不算是一个崭新的观点。尽管此观点所依据的理论原则纯系西方舶来品,且提出后又一直被束之高阁,但它毕竟是以发达产业和减轻人民痛苦等社会目的出发而作出的有益探索。

---

① 以上各点参见金国珍:《中国财政论》,商务印书馆1931年版,第233—235页。
② 金国珍:《中国财政论》,商务印书馆1931年版,第220页。
③ 晏才杰:《租税论》,新华学社1922年版,第284—285页。

第十八章 清末民初的财政思想

（三）裁厘加税问题

厘金税或厘捐是中国近代财政史上新出现的重要税目，它在国家财政中的重要作用与其他古老税目如田赋、盐税以及进入近代以后日益重要的关税并驾齐驱，且有后来居上之势。厘金制度自 1853 年由雷以諴（公元 1806—1884 年）首创于扬州起，至 1931 年裁撤为止，在将近八十年时间内，始终是谈论财政问题者的主要议题之一。围绕厘金问题而发生的争议，大致可以分为三个阶段。第一个阶段为 19 世纪 50 年代至 60 年代，第二个阶段从 19 世纪 70 年代到 90 年代之末，第三个阶段系从 20 世纪初起直至 20 年代与 30 年代之交。下面就按照这三个阶段分别进行论述。

第一个阶段是厘金制的初创和全面推行时期。雷以諴建议征课厘金有以下几个要点：一是"为军需紧急试行商贾捐厘助饷"，也就是用征收厘捐来应付镇压太平天国革命的巨额军费支出。二是以商人经营活动作为征课对象，其原则体现"古人征末之微意而变通行之，入少则捐少，入多则捐多，均视其买卖所入为断"；同时他也认识到商税转嫁的作用，"名为行铺捐厘，其实仍出自买客，……所谓征于无形而民不觉者也"。三是强调仅课以百分之一的厘捐，且"商贾之转运无穷"，故"于民生毫无关碍，而聚之则多"。四是开征厘捐系权宜之策，"俟军务告竣，再行停止"[①]。

雷以諴创设的厘金制在清统治阶级集团中赢得一片赞扬声，而他们一般均肯定此制具有集少成多、简便灵活、收效显著等优点。如有人认为"厘金之为数至微，百货长落随时，本无一定之价。以至微之数，附诸无定之价，官取诸商，商取诸货，货价取诸时。如果经理得宜，亦复何虞扰累"[②]；还有人宣扬厘金"不限以科则，不拘以程式"，且系"按货估值，计钱抽厘，本厚者出多，息微者出少"，故称其"取之约而法均"[③]；诸如此类，其说法不一，却均系渲染厘金征课为"良法"。

---

① 以上引文均见雷以諴：《请推广厘捐助饷疏》，引自盛康：《皇朝经世文续编》卷三十九。
② 骆秉章：《骆文忠公奏议》卷十二，《沥陈湖南筹饷情形折》。
③ 郭嵩焘、毛鸿宾：《详陈厘捐源流利弊疏》，见盛康：《皇朝经世文续编》卷五十六。

厘金制创办后不久,即有人揭露此制之弊端,较早者如监察御史尹耕云于1857年从反对重复征课的角度,指出"一石之粮,一担之薪,入市则卖户抽几文,买户抽几文"。"五里一长,十里一局,层层剥削"的"抽厘之弊",主张"停止抽厘"①。1862年又有人指出各省厘局"但有抽厘之名,实则抽分抽钱,有加无已",不仅对行商坐贾"于发货之地抽之,卖货之地又抽之,以货易钱之时,以钱换银之时又抽之",而且将课征范围扩大到"资本微末之店铺,肩挑步担之生涯,或行人之携带盘川,女眷之随身包裹,无不留难搜括,其弊不可胜言"。再加上厘金收入大半被官吏"侵渔"或用于支应公费支出,故其"不利于民,无益于国"。另外,有人也抨击地方官吏抽厘时"多立名目,济其营私,利之所在,网罗殆尽"②。惟他们尚肯定抽厘可以"济正课之不足",只是要求对现有厘金制度"酌改章程,力除弊窦"。1864年太平天国革命失败之后,清统治集团内部要求"裁厘"的意见始逐渐增多。尽管这些意见在当时遭到保守势力的强烈反对,但它毕竟揭开了近代财政思想史上征厘与裁厘思想斗争的序幕。

其实,当时即便是一些拥护厘金制的封建大员,对于厘金的弊端也不能视而不见。如曾国藩(公元1811—1872年),他既知抽厘为"弊政",却曲为之解。其观点有两个:一是宣扬"东南用兵十年,全赖厘金一项支持",在这十年中,尽管各地"几于无处不设长,无物不抽厘,而民生亦能乐业,商贾仍复流通"③。二是征收捐厘有助于镇压农民起义,从而保全更多财产免遭损失,如谓:"有贼则尽免捐厘诸政,而所失已多;无贼虽捐厘稍涉虐政,而所全已多"④。这样又把捐厘"虐政"说成是保全财产的必要措施。不过曾国藩尚未公开揭去抽厘为一时权宜之计这块遮丑布,只是借口"不能遽而大减"有意加以拖延罢了。

值得注意的是,在1858年签订的中英《天津条约》中,规定凡进

---

① 尹耕云:《心白日斋集》卷二,《请查捐输积弊停止抽厘疏》。
② 《户部遵议整理厘捐章程疏》;引自盛康:《皇朝经世文续编》卷五十六。
③ 曾国藩:《曾文正公全集》书札,卷二十八,《复劳辛阶制军》。
④ 《曾国藩未刊信稿·复黄晓岱太史》。

第十八章 清末民初的财政思想

口洋货运销中国内地或出口土货从内地运销国外,除在口岸海关完纳值百抽五的进口税或出口税外,另缴百分之二点五的子口税,以代替沿途所经各内地关卡应征的厘金税。根据这一规定,外国商人交纳一次子口税后即可免去内地各项税捐,而本国商人则须承受层层设卡,处处抽厘的苛政。子口税规定几乎与厘金制的存在互相始终,然而20世纪60年代谈论厘金问题时,却极少有人提及此不平等条款。

总之,这一时期关于厘金问题的争议,无论是赞成者还是反对者,其论点均未超出中国型古典财政思想的范围。区别仅在于赞成厘金论者多以征商为抑末的传统教条作论据,而反对论者则较多地注意抽厘过程中的各种弊端,但双方对外国来华商人在子口税的规定下享有免厘特权,均未置一辞。

第二阶段尤其是19世纪的最后20年,由于厘金制弊端的充分暴露,要求裁撤厘金的呼声日益强烈,并对洋商和华商在厘金问题上的不平等规定进行猛烈攻击。更为突出的是一些向西方学习的进步思想家们所提出的裁撤厘金要求,不只是基于厘金制本身对发展新式工商业的严重阻碍作用,而且具有抵制外国经济侵略以扶植民族工商业的强烈意愿。如陈炽在谈到厘金时说:"洋货入口,一税一半税之外,一无稽阻,西商偶到趋媚不遑,所以待外人者如彼其厚。土货则口口而查之,节节而税之,恶声厉色,百计留难,甚则加以鞭扑,所以待己民者如此其薄",于是"中国商务尽为洋人所夺"[①]。愤激之情,溢于言表。马建忠从西方国家保护贸易原理出发,指斥"洋商入内地执半税之运照,连樯满载,卡闸悉予放行,而华商俟关卡之稽查,倒篋翻箱,负累不堪言状",是一种"倒行逆施"现象。因此,他主张改订税则,区别洋货与土货之税,华商"为我国之民,故轻其税赋;洋商夺我国之利,故重其科征"[②]。郑观应在其《盛世危言》中列举了厘金"害商病民"的十害,指出"西人货物多入中国一分,即中国商务多为倾轧一分",断言"厘捐不撤,商务难以振兴"。至于谭嗣同对厘金税制的抨击,则更

---

① 陈炽:《庸书外篇》卷上,《商务》。
② 马建忠:《适可斋记言》卷四,《复李伯相札议中外官交涉仪式洋货入内地免厘禀》。

为激烈而尖锐,他说:"中国之厘金,为呛商务喉咙之石灰气。方欲前出,乃从而曳之,窒之,倒筑之,使不得呼吸。此商脉之所以绝,商战之所以败北,中国之所以贫且弱也"①。一句话,厘金税制成为导致中国贫弱的罪恶之源。

不过,在如何裁撤厘金的方式上,以上各思想家的意见却很不一致。陈炽主张以十年为期逐年裁减,最后以落地税代替厘税。马建忠系坚持轻征土货,重征洋货的保护贸易原则;郑观应则建议"裁撤厘金,加征关税",并要求子口税应"华洋一律征收"②;谭嗣同的意见是以印花税制取代厘金,仅征坐商而不征行商。此外还有何启、胡礼垣等人提出厘金收入先让商人承包,以后逐步裁撤的方案等等。总的看来,19世纪最后二三十年的裁厘思想,与前一阶段相比,体现出两个特点:一是通过对洋商免厘特权的分析,开始认识到资本主义列强经济侵略的危险性,并鲜明地提出了发展本国工商业必须以裁厘为先决条件的时代要求;二是超出传统财政思想的视野,运用西方财经知识作为裁撤厘金的立论根据。

须指出的是,这一时期的裁厘要求虽已蔚为风气,却从未被正式提上清政府的理财议事日程,主要原因是厘金收入在封建财政中占相当大比重,裁撤厘税,将使统治集团失去一个极为重要的财政收入来源,故一直未予考虑。1895 年,王培佑曾提出"加税免厘"的主张,后经张之洞、盛宣怀等封建大员的支持和宣扬,"加税免厘"或"裁厘加税"遂成为一个合成词汇而广为流传。

裁厘思想发展到第三个阶段亦即 20 世纪初期,一个重要变化就是裁厘加税问题首次被列入政府的议事日程。这一变化系由 1902 年签订的中英商约即所谓马凯条约为其嚆矢,此后相继签订的中美、中日、中葡等商约,均包含关于裁厘加税的条款。根据这些条款,规定裁厘之后,可将进口和出口税率分别增加至百分之十二点五和百分之七点五,以为裁厘所受损失之补偿;在关税尚未增加以前可酌办出产税、销场税

---

① 谭嗣同:《试行印花税杂说》,《谭嗣同全集》卷一。
② 郑观应:《盛世危言》卷四,《税则》。

第十八章　清末民初的财政思想

（合称产销税）以及出厂税，作为加征关税不易骤行之预备；另外允许保留或增设一部分常关。

以上条款规定，是使我国改革内政之权也受到外人协定关税之束缚，连某些西方人士也承认，"在这整个方案中，外国对中国财政和行政权非分干涉的气味太浓厚了"①。故在此后二三十年内，尽管裁厘加税之声弥漫朝野上下，却始终未见实行。但另一方面，各地对厘金的征收变本加厉，并由此衍变出名目繁多、税率极不一致的各种厘金制度。面对这一现实，又不能不引起统治集团的重视。因此，这一时期的厘金议论，主要是分析裁厘加税未能实现的原因，以及根据中外条约的规定提出了形形色色的具体解决方案。

关于裁厘加税未能实现的原因，自20世纪初以来即不断有人提及，惟多语焉不详。直至20年代初，才有对此问题的系统论述，而以晏才杰为较周详②。

晏才杰称厘金为百数十年来租税的"弊政中之弊政"。他认为裁厘加税自1902年中英商约提出后，二十年间仍因循迁延不易实行，有其来自外国和我国两方面的原因：

从外国方面观察，其原因有六：一是随着交通发达，洋货行销内地可越关直入，不必以厘金"为其贸易上重大之障碍"；二是洋货多销于口岸而绝少运输于内地，故内地厘卡"亦易于脱免"；三是进口关税率名为值百抽五，实际不过值百抽二三，若裁厘加税，则"税率将增至四五倍，贸易不免受其影响"；四是厘金制不能统一，外人得占便宜，"若代以画一之税则，则我国之益即外人之损"；五是增加进口税使洋货价值骤涨，类似国货"相与竞争，于外人贸易多有妨碍"；六是"洋货输入内地有子口半税可代厘金，厘金之害只能及于本国商民，在洋商并无痛苦"。

从我国方面观察，其原因有四：一是在各种中外条约的束缚下，

---

① 〔英〕莱特：《中国关税沿革史》中译本，商务印书馆1963年版，第371页。原著系于1938年出版。

② 以下引文除另注外，均见晏才杰：《租税论》，新华学社1922年版，第五章，"厘金货物税"。

"若实行裁厘于外交上必多困难";二是厘金为财政收入之大宗且多为借款之担保,"若实行裁撤则国用无所取赏,而借款又须另觅担保";三是用增加关税抵补厘金,系"以富于伸缩性之税源而易以受条约拘束之税则,……款项提供须受外人之操纵,于行政上更多不利";四是厘金收入一向被征收官吏"视为生财之道","一旦议裁,虽当局抱有决心,而局外动有阻力"。

他在分析了裁厘加税不易实行的原因之后,呼吁国人要抱定决心,摆脱不平等约的束缚,并提一套分三步裁厘的方案:第一步先办关税切实值百抽五;第二步将关税增至百分之七点五,同时开始裁撤厘金局卡,并筹办特种营业税和特种产销税;第三步将关税增至百分之十二点五,裁撤各地全部厘金局卡,再由特种税推广而筹办普通营业税和普通产销税以及出厂税。据他估算,裁厘后之国库损失约计六千四百万元,而关税提高至第三步时可得一万万元,足以抵补裁厘损失,"实有余而无不足"。惟关税所增之款系由外人控制,"不能以抵厘金之用",故抵补厘金之策只有求助于推行新税之一端。在他看来,推行产销及营业特种税可得三千五百万元,足以抵偿第二步裁厘损失而有余,到第三步开征普通税后其收入可达七千余万元,较所裁厘金原额多出一倍,"于国家财政、国民经济均有莫大之利益"。

晏才杰的裁厘方案,系斟酌当时财政部所拟裁厘办法参以己见而成,在一定程度上反映了官方对于裁厘问题的意见。通过这一方案并结合以后的裁厘过程来看,对20世纪初期统治集团高唱的裁厘加税之说,可以作出如下几点论断:

首先是屈从于帝国主义对于我国内政的干涉。30年代初,曾有人将我国税制体系的弊端归纳为十大"缺点",其中列于首位者即"吾国税制则系完全协定的而非自定的……不惟进口税协定,出口税亦协定,不但出口税协定,即内地税亦协定"[①],如裁厘问题也须纳入中外条约,就是内地税协定的典型。不仅晏才杰所谓"自解羁缚"的方案,未能超出条约所协定的范围,当时各种裁厘方案莫不皆然。再从此后政府筹

---

① 金国珍:《中国财政论》,商务印书馆1931年版,第408—409页。

第十八章 清末民初的财政思想

备裁厘的实际进程来看,也一直是纠缠于"先裁厘"还是"先加税"的争议,难于摆脱外国侵略者的控制。直至1928年作出在两年期限内裁撤厘金的规定,亦系"按照与日本达成的谅解"而采取的措施①。

其次,裁厘仍以增加财政收入为其主要目的。当时即有人对裁厘与加税并提一事表示异议,指出"裁厘系政府出于革去秕政,解除人民痛苦的一种财政政策,而创设新税,要视民力能否负担,推行能否顺利,为其主要目的,是为另一问题,非可视为同一事件"②。实际上,无论清政府、北洋政府还是国民党政府,均以加税作为裁厘的前提条件,甚至变本加厉地征收由厘金变相而来的各种捐税。

最后,晏氏裁厘方案中所设想的新税制度,也存在不少缺陷。这里只需指出两点:第一,关于出厂税之征收,规定华商设厂要如洋商在中国通商口岸设厂一样,由海关征收"出厂税"。有不少学者对此规定的指责是:中国"实业不发达,机器所制之物甚少,不能与外人竞争",本应在税制上有所区别以发展中国实业,可是"别种事情皆与外人不同,惟出厂税相同",于理何在③。这是对帝国主义各国提出征收出厂税条款的经济侵略祸心,缺乏认识。第二,晏氏方案赖以抵补厘金的出产、销场两税,均属于消费税性质。实际裁厘以后,产销税由具有类似性质的所谓统税所取代,形成国民党统治前期以关、盐、统三税为核心的税制体系。对这一租税体系,有人指出在我国租税系统中,除田赋为直接税而外,由关、盐、统三税构成的间接税,其中大部分为消费税,如"以人民负担租税能力与实际负担额相比较,则为贫者重而富者轻也,……是则仍不免蹈袭旧制之缺点耳"④。当然,在国民党统治后期也曾相继开征或扩大印花、所得、过分利得、营业、遗产等直接税,结果却成为反动政府掠夺和压迫民族工商业的重要财政手段。但从租税思想史上考察,由以间接税为主的税制体系向直接税体系的过渡,却是近

---

① 参见〔美〕阿瑟·恩·杨格著《一九二七至一九三七年中国财政经济情况》中译本,中国社会科学出版社1981年版,第71页。
② 罗介夫:《中国财政问题》,上海太平洋书店1932年版,第242页。
③ 金国珍:《中国财政论》,商务印书馆1931年版,第413页。
④ 吴兆莘:《中国税制史》(上),商务印书馆1937年版,第136页。

代租税理论发展的必然趋势。

　　总之，本阶段关于裁厘加税之类的论述，不论其内容正确与否，其思维方式、理论根据乃至名词术语，却是彻头彻尾地援引西方财政学说。它既与第一阶段的裁厘思想之纯粹中国古典形式截然不同，也非第二阶段单凭西方财经常识（马建忠除外）作为裁厘根据者所可同日而语。

　　由上可知，20 世纪初以来的裁厘加税思想与以往比较具有其不同的特点。而这一时期人们所指斥的屈从洋人意志，一味追求财政收入，却是历届政府在创办新税和整理旧税等一系列财政问题上所共同的。

　　五四运动到中华人民共和国成立以前这三十年间的中国财政思想，基本上是更加深入而系统地引进西方财政学说，并以它为理论准则来分析和评议各种现实财政问题。但稍有前进的资产阶级财政理论的认识水平，却未对中国的政治实践产生多大的现实影响。这是由于在此时期内的中国财政始终处在割据分裂和内外战争动乱的局面，不可能真正走上西方财政体制的运行轨道。新中国的诞生带来了前所未有的统一和安定的政治局面，然而社会主义下的财政体系和理论决不会再是资产阶级式的财政体系和理论，因而也给后者在中国的继续存在敲响了丧钟。今后的中国财政思想史将从一个既不同于中国传统的或由西方引进的崭新财政思想模式开其端绪。